Monika Brand, Uwe Pugnat

Chemie

für die FOS/Fachhochschulreife

3. Auflage

Bestellnummer 15562

Bildungsverlag EINS
westermann

service@bv-1.de
www.bildungsverlag1.de

Bildungsverlag EINS GmbH
Ettore-Bugatti-Straße 6-14, 51149 Köln

ISBN 978-3-427-**15562**-1

westermann GRUPPE

Vorwort

Die Chemie ist aus dem Leben der Menschen heute nicht mehr wegzudenken. Schülerinnen und Schüler beginnen schon früh, sich mit dieser Naturwissenschaft zu beschäftigen. Meist haben sie aber nach dem Besuch der allgemeinbildenden Schulen einen recht unterschiedlichen Wissensstand.

Das vorliegende Buch ist für den Einsatz in den Fachoberschulen konzipiert. Hier kommen vor allem Schülerinnen und Schüler aus den verschiedensten Berufsfeldern zusammen. Deshalb setzt dieses Buch einfache Grundkenntnisse im Bereich der Chemie voraus. Es wird von einem Niveau ausgegangen, an das alle Schülerinnen und Schüler anknüpfen können.

Am Anfang stehen besonders die Grundlagen der allgemeinen und die der organischen Chemie im Vordergrund. In kurzer Form werden die Zusammenhänge erläutert und dargestellt. Später werden anwendungsbezogene Themen behandelt, die zahlreiche Beispiele aus der Praxis mit einbeziehen.
Jedes Kapitel schließt mit Übungsaufgaben zur Vertiefung des erlernten Wissens ab. Die Lösungen können vom Verlag bezogen werden.

Das Buch leistet damit einen Beitrag zur Vermittlung von chemischen Grundlagen und dem Verständnis sowie der Rolle der Chemie in unserer Gesellschaft.

In der 3. Auflage wurden im Kapitel III, „Chemie in Umwelt und Technik“, einige Ergänzungen und Aktualisierungen wie z. B in den Bereichen „Klimawandel“, „Erdöl und Erdgas als Energieträger und Rohstoffe“ eingefügt. Darüber hinaus wurde das Kapitel „Kernchemie“ um drei Unterkapitel erweitert.

Inhaltsverzeichnis

Einleitung

I Grundlagen der allgemeinen Chemie

1 Chemische Grundbegriffe ... 11
1.1 Der chemische Vorgang....... 11
1.2 Stoffe und Aggregatzustände... 12
1.3 Stoffgemische und ihre Trennung 13
1.4 Verbindungen und Elemente ... 16
1.5 Wertigkeit 17

2 Aufbau der Materie 19
2.1 Modell und Realität 19
2.2 Aufbau eines Atoms.......... 20
2.3 Das bohrsche Atommodell..... 21
2.4 Das Orbitalmodell 25
2.5 Das Periodensystem der Elemente (PSE) 31
2.5.1 Aufbau des PSE 31
2.5.2 Die periodischen Eigenschaften der Elemente............... 33

3 Chemische Bindungen....... 42
3.1 Ursachen chemischer Bindungen................. 42
3.2 Elektronegativität und Bindungstyp 43
3.3 Atombindung 44
3.3.1 Unpolare Atombindung....... 44
3.3.2 Polare Atombindung 47
3.3.3 Komplexbindung............ 49
3.4 Ionenbindung 52
3.5 Metallbindung............. 55
3.6 Zwischenmolekulare Kräfte 59

4 Die chemische Reaktion...... 63
4.1 Rechnen in der Chemie 63
4.2 Ablauf von chemischen Reaktionen................ 70
4.3 Chemisches Gleichgewicht 80

5 Säure-Base-Reaktionen 89
5.1 Säuren und Basen 89
5.2 Definitionen von Säuren und Basen..................... 92
5.3 Der pH-Wert 95
5.4 Stärke von Säuren und Basen... 99
5.5 Neutralisation und pH-Wert von Salzen 102
5.6 Pufferlösungen............. 106

6 Redoxreaktionen 111
6.1 Oxidation und Reduktion...... 111
6.2 Oxidationszahlen und Redoxgleichungen........... 113
6.3 Stärke von Oxidations- und Reduktionsmitteln 117

II Grundlagen der organischen Chemie

7 Grundlagen der organischen Chemie.................. 125
7.1 Einführung................. 125
7.2 Der Kohlenstoff 126
7.2.1 Vorkommen und Kreislauf des Kohlenstoffs................ 126
7.2.2 Diamant, Grafit und Fullerene .. 127
7.3 Kennzeichen organischer Verbindungen 129
7.4 Einteilung organischer Stoffe ... 131
7.4.1 Kohlenwasserstoffe 131
7.4.2 Organische Verbindungen mit Heteroatomen 136
7.4.3 Stoffgruppen der Biochemie ... 152

III Chemie in Umwelt und Technik

8 Elektrochemie 177
8.1 Batterie, Akkumulator, Brennstoffzelle.............. 177
8.2 Korrosion und Korrosionsschutz 183
8.3 Elektrolyse 185

9 Die Luft.................... 190
9.1 Die Luft und ihre Zusammensetzung 190
9.2 Die Atmosphäre und das Klima..................... 195
9.3 Luftschadstoffe 198
9.4 Klimawandel 203

10 Das Wasser . . . 206
10.1 Vorkommen und Verbrauch . . . 206
10.2 Der natürliche Kreislauf des Wassers . . . 207
10.3 Eingriff des Menschen in den Wasserkreislauf . . . 208
10.4 Aufbau des Wassermoleküls . . . 208
10.5 Eigenschaften des Wassers . . . 209
10.6 Gewässerverschmutzungen . . . 213
10.6.1 Gewässerverschmutzung durch den Haushalt . . . 213
10.6.2 Gewässerverschmutzung durch die Landwirtschaft . . . 214
10.6.3 Gewässerverschmutzung durch die Industrie . . . 214
10.7 Abwasserreinigung . . . 216
10.8 Gewässergüte . . . 218
10.9 Trinkwasser . . . 220
10.9.1 Anforderungen an Trinkwasser . . . 220
10.9.2 Trinkwassergewinnung . . . 221
10.9.3 Trinkwasseraufbereitung . . . 222

11 Der Boden . . . 224
11.1 Begriffsdefinition . . . 224
11.2 Aufbau des Bodens . . . 224
11.3 Bodenlebewesen . . . 225
11.4 Bodenbildung . . . 225
11.5 Funktionen des Bodens . . . 226
11.6 Gefährdung des Ökosystems Boden . . . 227
11.7 Müllentsorgung und -deponierung . . . 228

12 Metallische Werkstoffe . . . 230
12.1 Eisen und Stahl . . . 231
12.2 Aluminium . . . 237
12.3 Kupfer . . . 241

13 Kunststoffe . . . 247
13.1 Eigenschaften der Kunststoffe . . . 247
13.2 Kunststoffherstellung . . . 247
13.2.1 Polymerisation . . . 248
13.2.2 Polykondensation . . . 248
13.2.3 Polyaddition . . . 249
13.3 Einteilung der Kunststoffe . . . 249
13.3.1 Thermoplaste . . . 250
13.3.2 Duroplaste . . . 250
13.3.3 Elastomere . . . 251
13.4 Silikone . . . 252
13.5 Wichtige Kunststoffe . . . 252

14 Erdöl und Erdgas . . . 255
14.1 Rohöl . . . 255
14.2 Erdölverarbeitung . . . 257
14.3 Erdgas . . . 262
14.4 Erdöl und Erdgas als Energieträger und Rohstoff . . . 263

15 Kernchemie . . . 268
15.1 Isotope . . . 268
15.2 Kernkräfte . . . 270
15.3 Radioaktivität . . . 270
15.3.1 α-Strahlung . . . 270
15.3.2 β-Strahlung . . . 271
15.3.3 γ-Strahlung . . . 272
15.4 Kernspaltung . . . 273
15.5 Aufbau und Arbeitsweise von Kernkraftwerken . . . 274
15.6 Kernfusion . . . 278
15.7 Einheiten der Radioaktivität . . . 279
15.8 Biologische Auswirkungen radioaktiver Strahlung . . . 280
15.9 Anwendung radioaktiver Strahlung . . . 281

16 Chemie und Sicherheit . . . 283

Anhang Umsteigehilfe GHS-Kennzeichnung . . . 288

Bildquellenverzeichnis . . . 292

Sachwortverzeichnis . . . 294

Einleitung

Die Chemie ist die Lehre von den Stoffen und den Stoffveränderungen. Sie ist damit eine **Naturwissenschaft**. Zu den Naturwissenschaften gehören u.a. auch die Physik, Geologie und Biologie.

Die Entdeckung und der Gebrauch des Feuers wird als erste „chemische Erfindung“ der Menschheit gewertet (Reiben von hartem auf weichem Holz oder die Entzündung von Zunderschwamm durch Funkenbildung aus Feuersteinen).

Die Urmenschen entdeckten, dass durch Reibung Feuer entstehen kann.

Möglicherweise:
Kemi = schwarz, war der koptische Name für Ägypten, benannt nach der schwarzen Erde. (Es gibt auch andere Erklärungen.)

Das Feuer wurde gemeinsam mit Erde, Wasser und Luft irrtümlicherweise für eines der vier Elemente gehalten, aus denen sich das Weltall aufbaut (Empedokles 440 v. Chr.). Es diente den Menschen u.a. für die Durchführung der ersten chemischen Prozesse: Die Gewinnung von Kupfer, Blei, Antimon und sogar Eisen wurde durch das Schmelzen von Erzen möglich. In Ägypten (ab 1500 v. Chr.) gab es bereits Verfahren, die Ansätze einer chemischen Technik aufwiesen: u.a. die Herstellung von keramischen und metallischen Gegenständen sowie Essig und Bier, die Gewinnung von Heilmitteln und Giften aus Pflanzen und die Gerberei sowie das Färben von Fasern. Diese Fertigkeiten beruhten nicht auf dem Verständnis der chemischen Vorgänge, sondern auf praktischen Erfahrungen. Das Wissen über diese chemischen Methoden gelangte über die Griechen, Römer und Araber an die europäischen Völker. Hier entwickelte sich die „Alchemie“, die Kunst, Elemente ineinander umzuwandeln. Hauptziele waren, mithilfe eines „Steins der Weisen“ billige Stoffe in Gold zu verwandeln und mit einem „Lebenselixier“ Krankheiten zu heilen, um unsterblich zu werden. Zwar war dies nicht erfolgreich, aber es wurde eine Reihe von chemischen Techniken (z.B. die Destillation) entwickelt, die auch heute noch zum Einsatz kommen.

Ägyptische Metallgewinnung: Erz und Holzkohle werden in einer Grube entzündet, mit Blasebälgen wird Luft zugeführt.

Chemische Apparaturen und Destillationsverfahren aus der Zeit der Alchemie, um Substanzen zu extrahieren (Sand- und Wasserbad, Abtropfen mithilfe eines Wolllappens)

Erst im 17. Jahrhundert entstand eine **naturwissenschaftliche Chemie**, indem die bisherigen zusammenhanglosen Einzeltatsachen durch genaue Beobachtungen und durch **systematische Experimente** zusammengeführt wurden. Die Chemie begann mit Richard Boyle (1566–1643) eine selbstständige Wissenschaft zu werden, d.h. die Natur zu erforschen, ohne einen bestimmten Zweck (z.B. die Herstellung von Gold) zu haben. Boyle stellte das Experiment in den Mittelpunkt seiner Arbeiten. Von nun an war das Experiment der Prüfstein für die Richtigkeit einer **Hypothese**, also eine Bestätigung für einen vermuteten naturgesetzlichen Zusammenhang. Er selbst hat experimentell seine Hypothese vom Zusammenhang zwischen Druck und Volumen eines Gases bei konstanter Temperatur bestätigt. Dieser Zusammenhang ist bekannt als das Gesetz von Boyle und Mariotte. Experimente und die dazugehörigen **Messgeräte** (z. B. die Waage) wurden wichtige Hilfsmittel der Forschung.

Hypothese (griech.)
= Voraussetzung, Grundlage

Antoine Lavoisier und seine Frau Marie, französischer Chemiker (1743–1794); formulierte u. a. das Gesetz der Massenerhaltung

John Dalton (1766–1844), englischer Chemiker

Ende des 18. Jahrhunderts formulierte Antoine Lavoisier aufgrund seiner Verbrennungsversuche das Gesetz von der Erhaltung der Masse und Anfang des 19. Jahrhunderts veröffentlichte Dalton (s. Kapitel 2.1), der mit Gasen experimentierte, seine Atomtheorie. Die Erkenntnis, dass die Stoffe aus Atomen bestehen und diese sich zu Molekülen verbinden, brachte einen bedeutenden Fortschritt mit sich und das Wissen um den Aufbau der Stoffe nahm rasch zu.

Eines der großen Brenngläser, mit dessen Hilfe Antoine Lavoisier um 1780 u. a. die Verbrennung als eine Reaktion mit Sauerstoff erkannte. Er stellte damit auch fest, dass sich bei einer chemischen Reaktion die Gesamtmasse der Stoffe nicht verändert.

Die nun einsetzende stürmische Entwicklung der Naturwissenschaften hatte Auswirkungen auf die Herstellung von Produkten, wie z.B. die der Farbstoffe, Arzneimittel und Düngemittel. Aus kleinen Universitätslaboren oder Laboren einer Apotheke entstanden chemische Großbetriebe. In den drei zuvor genannten Bereichen hatte Deutschland bis zum Beginn des 20. Jahrhunderts eine Vorrangstellung.

Heute sind wir nicht nur von natürlichen Stoffen umgeben, sondern in unserem Leben sind chemische Erzeugnisse, vom Reinigungsmittel bis zum hochwirksamen Wirkstoff eines Medikaments, nicht mehr wegzudenken.

Das Ansehen der Chemie hat durch Chemiekatastrophen (wie z. B. in Bhopal) und Umweltskandale (z. B. Gewässerverschmutzungen) gelitten. In den vergangenen Jahren haben in Europa strengere Gesetze (Chemikaliengesetz, Gefahrstoffverordnung) und härtere Umweltauflagen zu einer Verbesserung der Situation beigetragen. In Deutschland ist es wieder möglich, in vielen Flüssen zu baden, in denen dies vor ca. 45 Jahren für die Gesundheit schädlich war.

Erkenntnisse der Biochemie, die der Heilung von bisher unheilbaren Krankheiten dienen, wirken sich ebenfalls positiv aus. Die Strukturaufklärung des Insulinmoleküls z. B., und die darauf folgende Synthese im großindustriellen Maßstab, ist ein Segen für die Behandlung der stark verbreiteten Zuckerkrankheit. Hier ist es gelungen, körperfremdes Insulin, z. B. aus der Bauchspeicheldrüse eines Schweins, durch humanidentisches zu ersetzen und damit die auftretenden Nebenwirkungen weitgehend auszuschließen. Auch die Verwendung von neuen Werkstoffen mit bisher nicht gekannten Eigenschaften, ohne die z. B. die digitale Technik oder die Konstruktion moderner Flugzeuge nicht hätte realisiert werden können, trägt zu einer besseren Bewertung der Chemie bei.

Wie alle in die Praxis umgesetzten naturwissenschaftlichen Erkenntnisse hat auch die Chemie ihre positiven wie auch negativen Seiten, z. B. können Düngemittel den Hunger in der Welt bekämpfen, aber im Übermaß eingesetzt ganze Gewässer überdüngen und den Sauerstoffgehalt so absenken, dass in dem Wasser kein Leben mehr möglich ist.

Mit dem heutigen Wissensstand sollte es möglich sein, die Chemie so einzusetzen, dass Umwelt und Ressourcen so weit wie möglich geschont werden. Dies wird nur geschehen, wenn zwischen wirtschaftlichen Zwängen (Ökonomie) und der Natur (Ökologie) ein Ausgleich stattfindet, die Chemie also nachhaltig angewendet wird.

Indigoproduktion, BASF 1890

Am 3. Dezember 1984 ereignete sich die Katastrophe von Bhopal, eine der schlimmsten Umwelt- und Chemiekatastrophen der Geschichte: In einem Werk des US-Chemiekonzerns Union Carbide Corporation entwichen aufgrund von technischen Pannen bei der Produktion eines Schädlingsbekämpfungsmittels mehrere Tonnen giftiger Gase in die Atmosphäre. Tausende Menschen kamen ums Leben.

Insulinkristalle

I Grundlagen der allgemeinen Chemie

1 Chemische Grundbegriffe

1.1 Der chemische Vorgang

In unserer natürlichen und vom Menschen geschaffenen Umwelt beobachten wir Vorgänge, bei denen sich der Stoff ändert, und solche, bei denen keine Stoffänderung stattfindet. Der Unterschied zwischen diesen beiden Vorgängen wird durch Versuche mit zwei verschiedenen Metallen deutlich:

1. Ein Platindraht wird in der Flamme eines Bunsenbrenners erhitzt, zum Glühen gebracht und strahlt dabei sichtbares Licht aus. Nach der Abkühlung besitzt der Draht wieder die gleichen Eigenschaften wie vorher, es hat also keine bleibenden Veränderungen gegeben. Es handelt sich hier nur um eine **vorübergehende** Änderung des Zustands, d. h., es liegt ein **physikalischer** Vorgang vor.
2. Ein Magnesiumband wird in die Flamme gebracht, entzündet sich und verbrennt mit starker weißer Flamme. Danach liegt eine weiße, pulverige Masse vor. Hier hat sich ein **neuer Stoff** gebildet, das Magnesiumoxid. Dieser neue Stoff hat völlig andere physikalische (z. B. Farbe) und chemische Eigenschaften als das Magnesium, es hat eine **bleibende Veränderung** stattgefunden. Es handelt sich hier um einen chemischen Vorgang bzw. um eine **chemische Reaktion**.

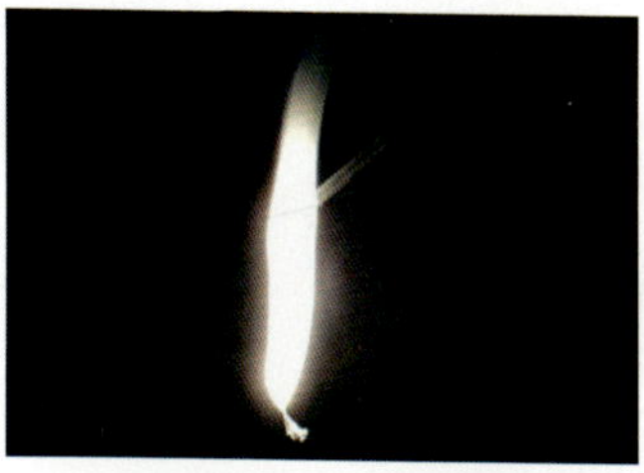

Bei der Verbrennung von Magnesium findet eine chemische Reaktion statt.

Die chemischen Eigenschaften eines Körpers sind allein vom Stoff abhängig, aus dem sich der Körper zusammensetzt.

Chemische Vorgänge sind immer mit physikalischen Vorgängen (Energieabgabe oder -aufnahme, Änderung des Aggregatzustandes usw.) verknüpft. Z. B. wird bei der Verbrennung von Koks (Kohlenstoff) aus dem festen Stoff Kohlenstoff das gasförmige Kohlenstoffdioxid und dabei wird Wärme frei.

Durch chemische Reaktionen werden Stoffe, die in der Natur nicht vorkommen (z. B. synthetische Arzneimittel) bzw. nicht in ausreichender Menge vorhanden sind (z. B. Stickstoffdünger), hergestellt. Sie bilden die Grundlage der chemischen Industrie.

Bei den chemischen Reaktionen wird grundsätzlich zwischen **Synthese** (ein neuer Stoff wird gebildet) und **Analyse** (ein Stoff wird in seine einzelnen Bestandteile zerlegt) unterschieden.

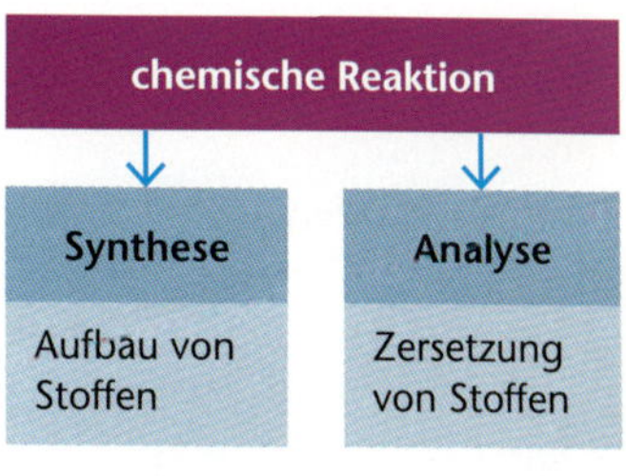

1.2 Stoffe und Aggregatzustände

In unserer Umwelt sind wir von Stoffen umgeben. Alle Stoffe haben charakteristische Eigenschaften, durch die sie beschrieben werden können. Einige dieser Eigenschaften können wir mit unseren Sinnen erfassen, wie z. B. Farbe, Geruch, Geschmack und Festigkeit. Weitere Eigenschaften der Stoffe lassen sich durch geeignete Messverfahren zahlenmäßig bestimmen, u. a. Dichte, elektrische Leitfähigkeit und Lichtbrechung (s. Kap. 1.3).

Die Stoffe können in den drei Aggregatzuständen fest, flüssig oder gasförmig vorliegen.

aggregare (lat.) = zusammenlagern

Diese drei Aggregatzustände unterscheiden sich durch die Anordnung der kleinsten Teilchen zueinander.

Aggregatzustand	fest	flüssig	gasförmig
Abstand der kleinsten Teilchen	gering 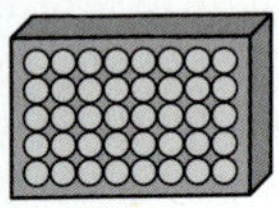	mittel 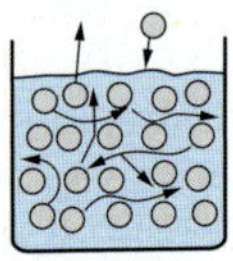	groß 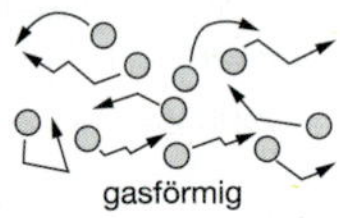
Anziehungskräfte zwischen den kleinsten Teilchen	groß	mittel	gering
Bewegung der kleinsten Teilchen	Schwingungen um einen Ruhepunkt	Bewegung in der Flüssigkeit	rasche Bewegung in alle Richtungen des Raumes

Vergleich der Aggregatzustände

Die Zufuhr von Wärme (Energie) erhöht die Bewegung der kleinsten Teilchen, ein Entzug von Wärme vermindert die Bewegung. Die Stoffe können daher durch Erwärmung bzw. Abkühlung in die einzelnen Aggregatzustände überführt werden:

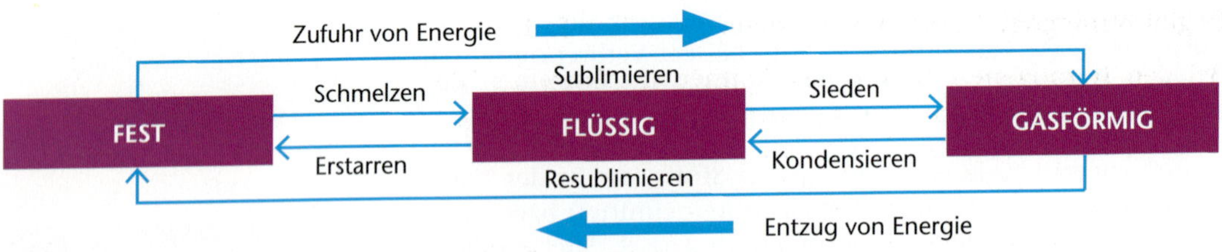

Aggregatzustände und ihre Änderungen

Feste Stoffe **schmelzen**, wenn die kleinsten Teile durch die Wärmeaufnahme so viel Energie aufgenommen haben, dass sie die Anziehungskräfte überwinden und die Ordnung des festen Körpers zerfällt. Die Temperatur, bei der dies geschieht, ist die **Schmelztemperatur**.

Die Stoffe **sieden**, wenn die kleinsten Teilchen so viel Energie aufgenommen haben, dass sie die Anziehungskräfte überwinden und aus der Oberfläche der Flüssigkeit in den darüberliegenden Raum austreten und in den gasförmigen Aggregatzustand übergehen. Die Temperatur, bei der dies geschieht, ist die **Siedetemperatur**.

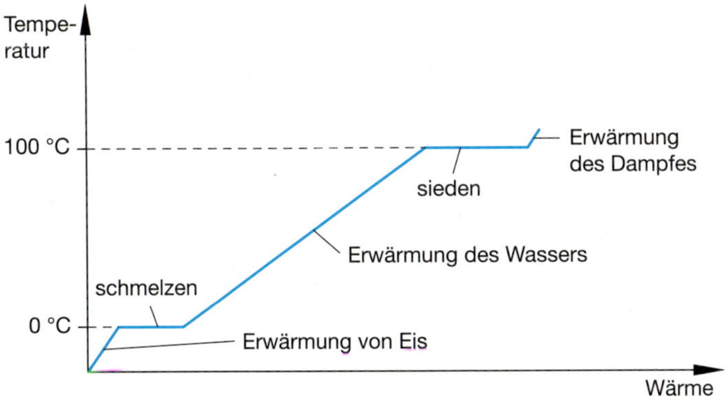

Erwärmungskurve von Eis zu Wasserdampf

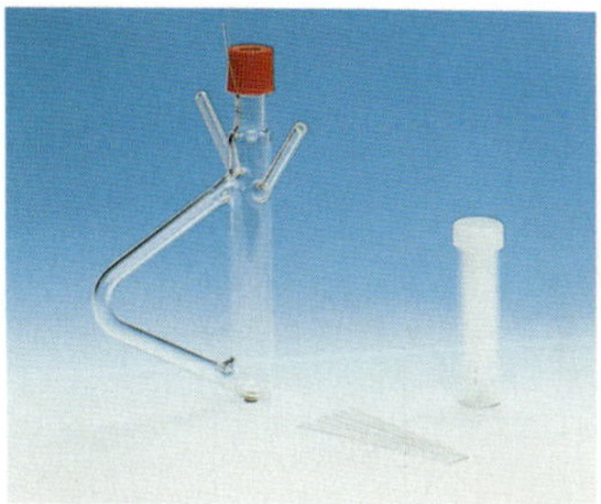

Apparatur (nach Thiele) zur Schmelztemperaturbestimmung

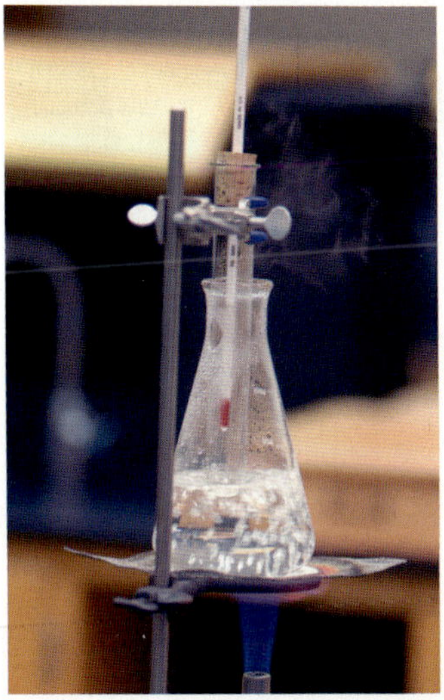

Siedetemperaturbestimmung mittels Laborthermometer und Wasserbad

Wenn die Schmelz- bzw. Siedetemperatur erreicht worden ist, wird die zugeführte Energie dazu benötigt, alle kleinsten Teilchen in den energiereicheren Aggregatzustand zu überführen. Die Temperatur steigt in der Schmelz- bzw. Siedephase nicht an.

1.3 Stoffgemische und ihre Trennung

Die Stoffe werden eingeteilt in **Stoffgemenge (Stoffgemische)** oder **Reinstoffe**.

Die **Gemische** (z. B. Luft, Kochsalzlösung, Bronze, Granit, Erze) setzen sich zusammen aus Teilchen unterschiedlicher Reinstoffe.

Es gibt **homogene Gemische** und **heterogene Gemische**.

Bei den **homogenen Gemischen** können die einzelnen Bestandteile nicht unterschieden werden, z. B. ist eine Zuckerlösung eine homogene Mischung aus Zucker und Wasser.

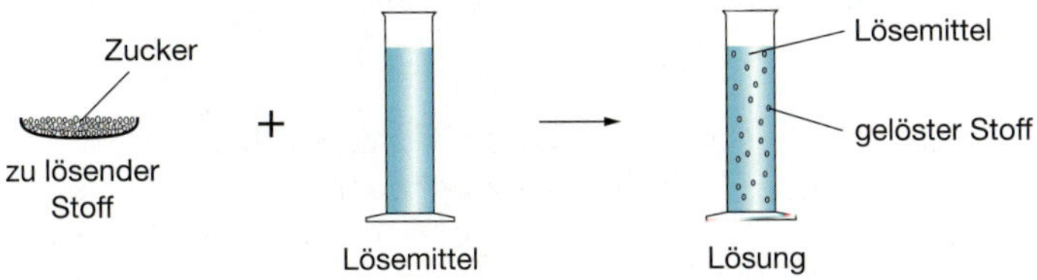

Zuckerlösung (homogenes Gemisch)

Granit (heterogenes Gemisch)

Im **heterogenen Gemisch** lassen sich einzelne Bestandteile unterscheiden, z. B. sind im Granit die Bestandteile weißer Quarz, grauer Feldspat und schwarz glänzender Glimmer deutlich zu erkennen.

Reinstoffe (z. B. Wasser, Eisen, Stickstoff) sind aus gleichen kleinsten Teilchen aufgebaut und lassen sich unterteilen in Verbindungen und Elemente.

Salzgewinnung in Salinen

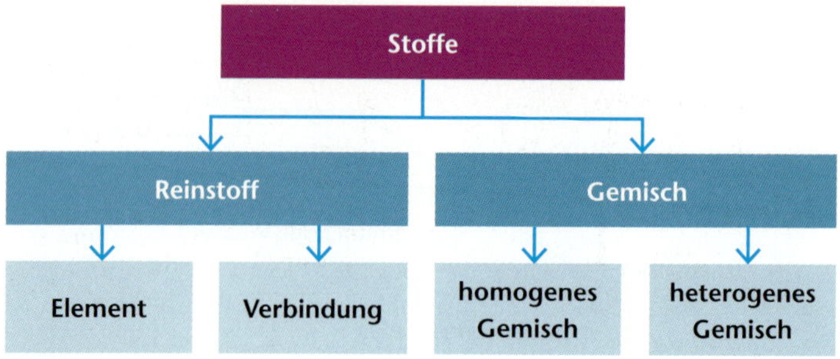

Einteilung der Stoffe

Stoffgemenge können durch physikalische Trennverfahren in ihre Bestandteile, die reinen Stoffe, zerlegt werden. Einige wichtige Verfahren zur Trennung von Stoffgemischen werden im Folgenden dargestellt.

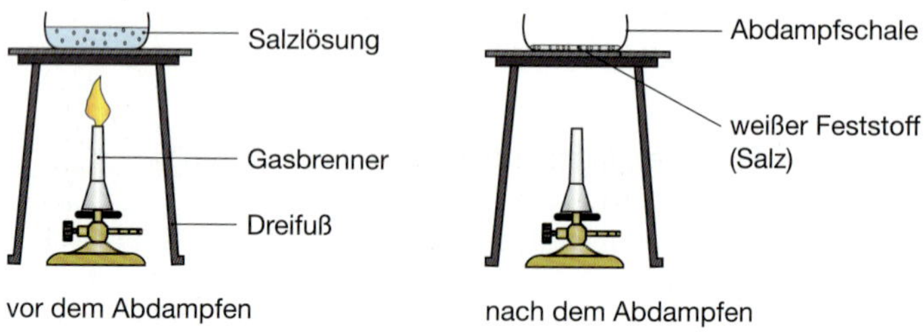

Prinzip des Eindampfens

Suspension: heterogenes Gemisch aus Feststoff und Flüssigkeit (z. B. Schlammlösung)

Das **Eindampfen** wird angewendet, um einen gelösten Stoff vom Lösemittel zu trennen (z. B. Kochsalzlösung). Durch Wärmezufuhr wird das leichter flüchtige Lösemittel verdampft und übrig bleibt der gelöste Stoff.

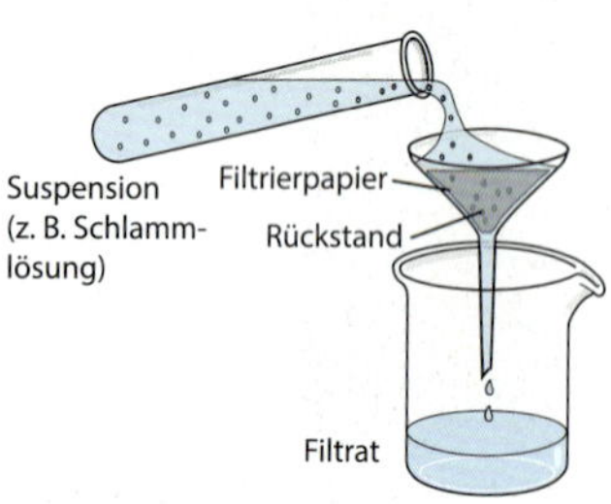

Prinzip der Filtration

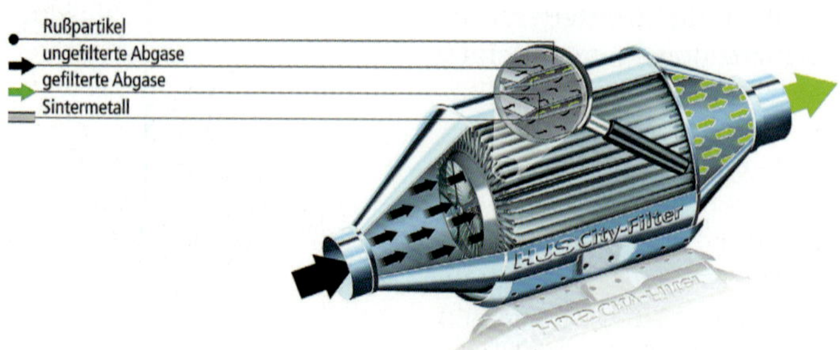

Partikelfilter im Pkw

Bei der **Filtration** werden die Teilchen aufgrund ihrer unterschiedlichen Größe getrennt. Ein Filter lässt bei bestimmter Porengröße nur Teilchen passieren, die kleiner als die Poren sind.

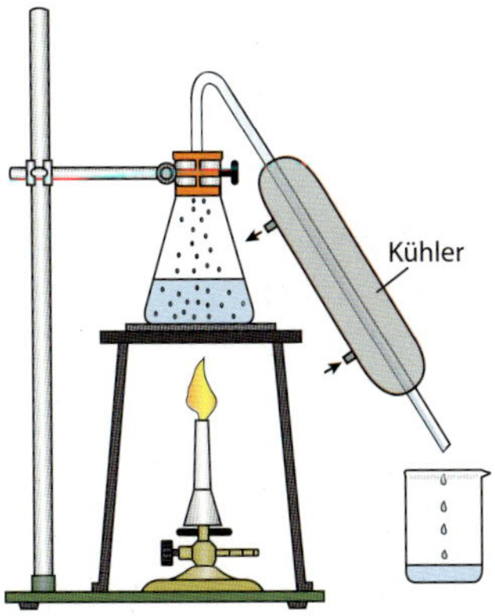

Prinzip der Destillation

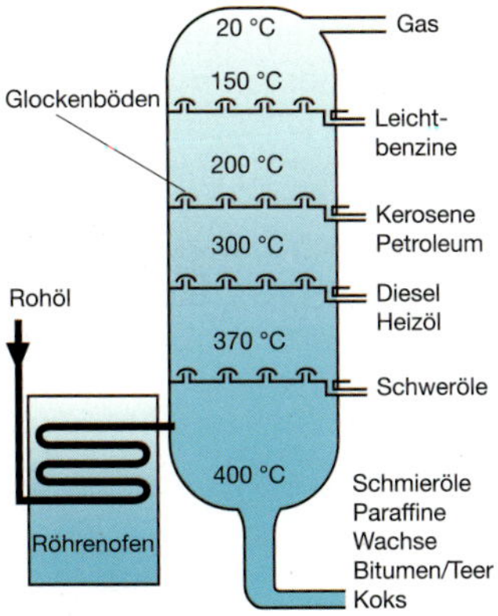

Erdöldestillation

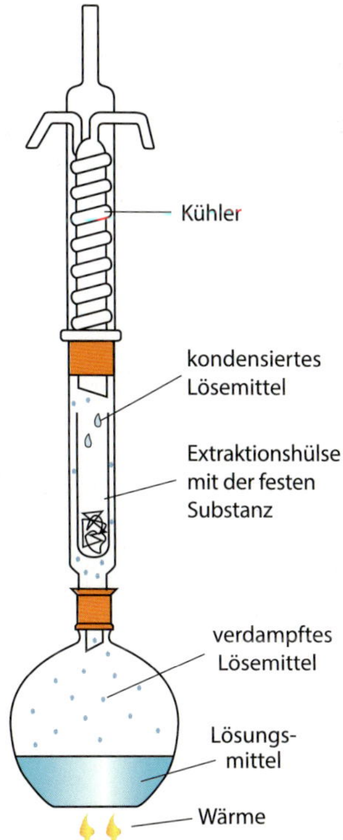

Prinzip der Extraktion

Flüssigkeitsgemische können durch **Destillation** aufgrund ihrer unterschiedlichen Siedetemperaturen getrennt werden. Leicht siedende Stoffe werden bei niedrigeren Temperaturen in den gasförmigen Aggregatzustand übergehen als Stoffe, die erst bei höheren Temperaturen sieden.

Die **Extraktion** wird genutzt, um aus einem festen oder flüssigen Gemisch mithilfe eines Lösemittels die leichter löslichen Stoffe herauszulösen.

Die wohl am häufigsten durchgeführte Extraktion ist das Zubereiten von Kaffee und Tee.

Lösen der Aromastoffe

Durch die genannten Trennverfahren können reine Stoffe hergestellt werden. Ein **reiner Stoff** kann mithilfe seiner **physikalischen Eigenschaften** (z. B. Siedetemperatur, Dichte, Farbe usw.) **identifiziert** werden. Diese messbaren Werte sind sogenannte **Stoffkonstanten**, die für einen reinen Stoff spezifisch sind. Durch Messung dieser Stoffkonstanten können im Labor erstens reine Stoffe identifiziert werden oder es kann zweitens die Konzentration bei verdünnten reinen Stoffen bestimmt werden (z. B. die Konzentration einer Zuckerlösung).

Abbe-Refraktometer zur Bestimmung des Brechungsindexes von Licht

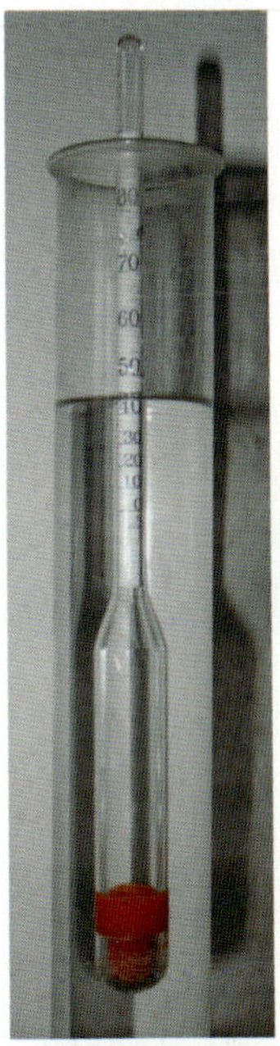

Dichtebestimmung einer Flüssigkeit mittels Aräometer

1.4 Verbindungen und Elemente

Verbindungen sind reine Stoffe, die durch chemische Reaktionen in ihre Bestandteile, die Elemente, zerlegt werden können. Die kleinsten Teilchen der Verbindungen sind die Moleküle (Ausnahme: Ionenverbindungen, s. Kap. 3.4).
Elemente können nicht mehr durch chemische Reaktionen zerlegt werden. Die kleinsten Teilchen sind die Atome.

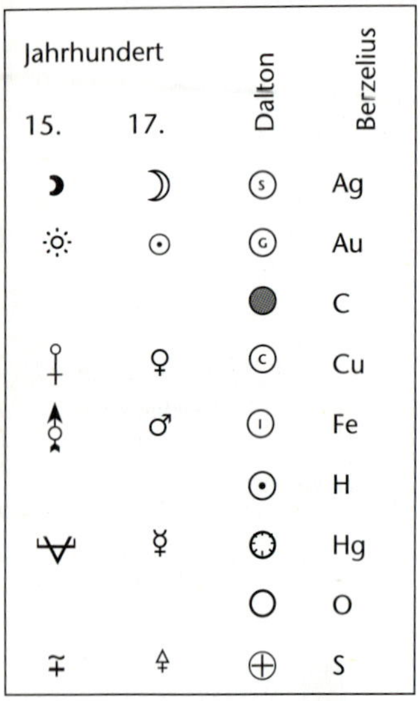

Die Entwicklung der Elementsymbole

An chemischen Reaktionen sind Elemente und Verbindungen beteiligt. Der Vorgang der Verbrennung von Erdgas kann z. B. beschrieben werden als Reaktion von Ethan mit Sauerstoff zu Kohlenstoffdioxid und Wasser.

Ethan	+ Sauerstoff	→	Kohlenstoffdioxid + Wasser
Verbindung	+ Element	→	Verbindung 1 + Verbindung 2

Die Chemie verwendet zur präzisen Beschreibung der chemischen Vorgänge eine Formelsprache. Die ersten Ansätze dieser Formelsprache entwickelten die Alchemisten des Mittelalters. Im 19. Jahrhundert entstand daraus die heute verwendete Schreibweise.

Elementsymbole

Die **Elemente** werden durch **Elementsymbole** beschrieben. Diese Symbole bestehen aus dem Anfangsbuchstaben oder zusätzlich noch einem zweiten des griechischen oder lateinischen Namens des Elements. Der erste Buchstabe wird immer groß, der zweite immer klein geschrieben.

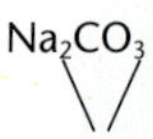

Index oder Atommultiplikator

Chemische Formeln

Die meisten Stoffe, die uns umgeben, sind Verbindungen, d. h. Stoffe, die aus Elementen aufgebaut sind. Dabei stehen die Atome der Elemente in einem bestimmten Zahlenverhältnis zueinander. Mithilfe der Elementsymbole und dieser Zahlenverhältnisse lassen sich die Verbindungen in kurzer Form, der **chemischen Formel**, beschreiben:

Beispiel:
Das Propanmolekül besteht aus drei Kohlenstoffatomen und acht Wasserstoffatomen: C_3H_8.

Name	lat. oder griech. Name	Symbol
Wasserstoff	Hydrogenium	H
Kohlenstoff	Carboneum	C
Stickstoff	Nitrogenium	N
Sauerstoff	Oxygenium	O
Schwefel	Sulfur	S
Eisen	Ferrum	Fe
Silber	Argentum	Ag
Gold	Aurum	Au
Quecksilber	Hydrargyrum	Hg
Blei	Plumbum	Pb

Einige Elemente und ihre chemischen Symbole

Allgemein gilt für chemische Formeln:
- Die Formel enthält sämtliche Symbole aller darin vorkommenden Elemente.
- Enthält ein Molekül mehr als ein Atom eines Elements, wird dies durch eine tiefer gestellte Ziffer (**Index** oder **Atommultiplikator**) hinter dem betreffenden Elementsymbol angegeben: z. B. O_2, N_2, Na_2CO_3.
- Sind Atomgruppen mehrfach in einer Verbindung vorhanden, so wird diese Gruppe in Klammern gesetzt und der Index nach der Klammer angegeben, z. B. $Ca_3(PO_4)_2$:

Die Verbindung Calciumphosphat besteht aus drei Atomen Calcium (Ca), zwei Atomen Phosphor (P) und acht Atomen Sauerstoff (O).

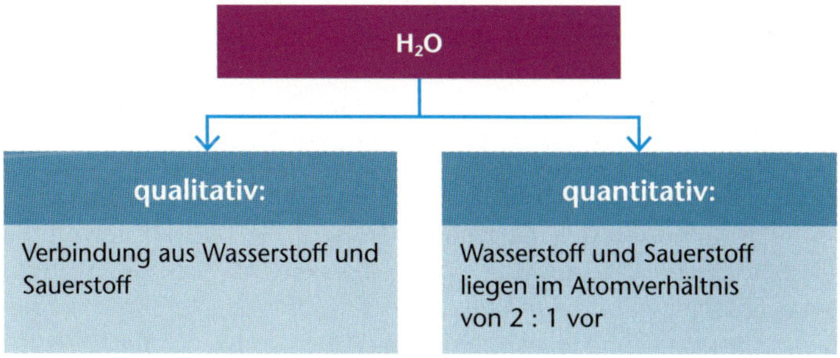

Aussagen einer chemischen Formel

qualitativ (lat.) = der Beschaffenheit nach

quantitativ (lat.) = Anzahl, Menge

1.5 Wertigkeit

Für die Aufstellung von Formeln ist es zweckmäßig, den Begriff der Wertigkeit zu benutzen.

Die Wertigkeit ist die Anzahl der Wasserstoffatome, die ein Atom eines betreffenden Elements in einer Verbindung bindet oder ersetzt. Die Wertigkeiten der beteiligten Atome sättigen sich dabei ab.

Beispiele:
Chlor ist in HCl einwertig.
Sauerstoff ist im H_2O zweiwertig.
Schwefel ist im H_2S zweiwertig.
Stickstoff ist im NH_3 dreiwertig.

Chlorwasserstoff

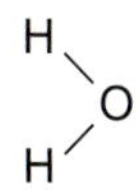

Wasser

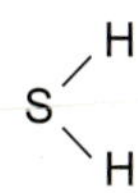

Schwefelwasserstoff

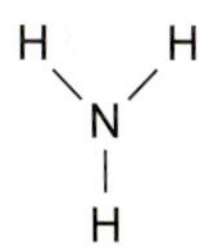

Ammoniak

In der Regel ist der Sauerstoff in Oxiden immer zweiwertig, daher kann die Wertigkeit des betreffenden Elements aus der Formel berechnet werden.

Calcium ist im CaO zweiwertig.

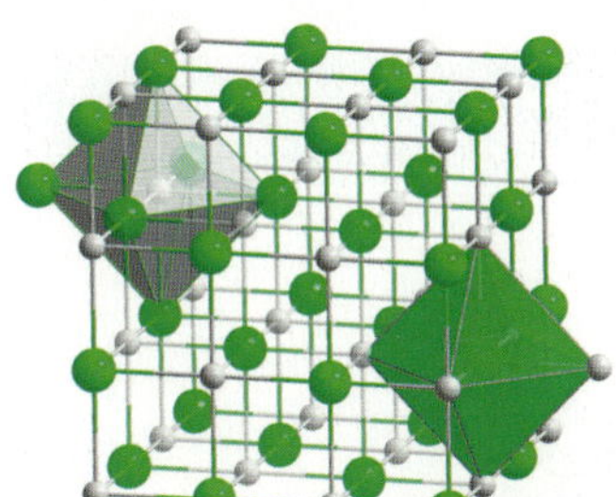

Calciumoxid

Die Wertigkeiten werden in römischen Ziffern geschrieben und zur eindeutigen Benennung von Verbindungen genutzt, besonders, wenn sie in unterschiedlichen Wertigkeiten vorkommen. Bestehen Verbindungen aus nur zwei Elementen, so werden diese **binäre Verbindungen** genannt.

binär (lat.) = aus zwei Einheiten bestehend

Beispiele:
PbO Blei(II)-oxid
PbO_2 Blei(IV)-oxid
$FeCl_2$ Eisen(II)-chlorid
$FeCl_3$ Eisen(III)-chlorid

Mithilfe dieser systematisch gebildeten Namen können leicht die Formeln binärer Verbindungen entwickelt werden.

Beispiele:

Kupfer(I)-oxid: *Cu ist einwertig, O zweiwertig, also werden zwei Atome Cu benötigt, um ein Atom O zu binden:* Cu_2O.

Kupfer(II)-chlorid: *Cu ist zweiwertig, Cl einwertig, also sind zwei Atome Cl erforderlich, um ein Atom Cu zu binden:* $CuCl_2$.

Übungsaufgaben

1. *Ordnen Sie folgende Vorgänge in physikalische und chemische ein:*
   - *Schmelzen von Eis*
   - *Verbrennung (z. B. Ottomotor, Gasherd)*
   - *Korrosion (z. B. Rosten)*
   - *Lösen von Zucker im Tee*
   - *Kompostierung von Gartenabfällen*
   - *alkoholische Gärung*
   - *elektrolytische Herstellung von Kupfer*
   - *Kondensieren von Luftfeuchtigkeit zu Wassertropfen*
   - *Neutralisation von Magensäure mit Natriumhydrogencarbonat*
   - *Verwendung von Backpulver (Natriumhydrogencarbonat)*

2. *a) Geben Sie die unterschiedlichen Eigenschaften der Elemente Brom und Gold an.*
   b) Nennen Sie die unterschiedlichen Eigenschaften der Metalle Kupfer und Chrom.

3. *Nennen Sie aus Ihrem Berufsbereich Beispiele über die Trennung von Stoffgemischen.*

4. *Schreiben Sie die Formeln für die Verbindungen, die folgende Zusammensetzung haben:*
   - *1 Atom Schwefel, 3 Atome Sauerstoff (Schwefeltrioxid)*
   - *3 Atome Wasserstoff, 1 Atom Phosphor und 4 Atome Sauerstoff (Phosphorsäure)*
   - *2 Atome Wasserstoff, 1 Atom Schwefel und 4 Atome Sauerstoff (Schwefelsäure)*
   - *2 Atome Natrium, 1 Atom Kohlenstoff und 3 Atome Sauerstoff (Natriumcarbonat)*
   - *6 Atome Kohlenstoff , 12 Atome Wasserstoff und 6 Atome Sauerstoff (Traubenzucker)*

5. *Stellen Sie jeweils die Formel auf für:*
   - *Quecksilber(II)-oxid*
   - *Quecksilber(II)-chlorid*
   - *Gold(I)-chlorid*
   - *Gold(III)-iodid*
   - *Mangan(IV)-oxid*

6. *Geben Sie die Namen an für:*
   - As_2O_3
   - As_2S_5
   - CrO_3
   - $MnCl_2$
   - Mn_2O_7

2 Aufbau der Materie

2.1 Modell und Realität

Trotz modernster Mikroskopie-Verfahren, wie z. B. der Rasterelektronen- und Rastertunnelmikroskopie, sind wir nicht in der Lage, das „Innere" von Atomen sichtbar zu machen. Bestenfalls ist es möglich, Atomumrisse zu erkennen. Unser Wissen über den Aufbau von Atomen beruht deshalb auf Modellen.

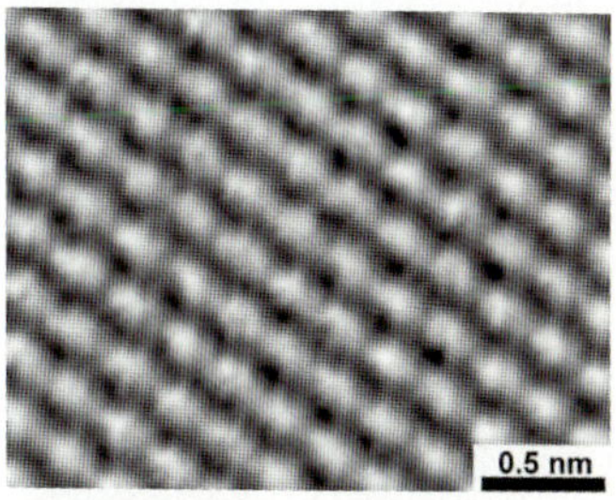

Rasterelektronenmikroskopische Aufnahme einer Grafitoberfläche

Beobachtungen, Experimente und Berechnungen werden in einen logischen Zusammenhang gebracht und daraus ein Modell entwickelt. Vermeintliche Mängel oder Grenzen des Modells werden durch neue Versuche, Berechnungen und Interpretationen ausgeräumt. So werden wissenschaftliche Modelle ständig weiterentwickelt und präzisiert.

atomos (griech.) = unteilbar

Der griechische Philosoph Demokrit von Abdera (460–375 v. Chr.) lieferte das erste – wenn auch nicht naturwissenschaftliche, sondern philosophische – Modell zum Aufbau der Stoffe. Er prägte auch den Begriff „Atom", der bis heute verwendet wird, obwohl er im ursprünglichen Sinne des Wortes nicht mehr zutreffend ist. Nach Demokrit sind alle Stoffe aus kleinsten, unteilbaren Bausteinen, **den Atomen**, aufgebaut. Natürlich wurde auch dieses Modell vielfach weiterentwickelt.

Demokrit von Abdera

So formulierte z. B. John Dalton (1766–1844) in seiner naturwissenschaftlich fundierten Theorie:

- Atome sind kleine unteilbare Kugeln.
- Die Atome eines Elements sind jeweils identisch.
- Atome verschiedener Elemente unterscheiden sich durch ihre Masse.
- Bei chemischen Reaktionen verbinden Atome sich oder lösen ihre Verbindung, ohne jedoch ihre Masse zu ändern.

Trotz vieler neuer naturwissenschaftlicher Erkenntnisse galt die Hypothese von Demokrit, dass Atome die kleinsten Materieeinheiten darstellen, viele Jahrhunderte als unumstößlich.

Erst im Jahre 1903 lieferte der britische Physiker und Nobelpreisträger Sir Joseph John Thomson mit seinem Plumpudding-Modell das erste Modell, das den Atomen eine innere Struktur zuschreibt. Thomson beschreibt das Atom als einen kompakten positiv geladenen Körper, dessen Masse und Ladung gleichmäßig verteilt ist. Zum Ladungsausgleich bewegen sich statistisch verteilt – wie Rosinen in einem Kuchen – negativ geladene Elektronen im Atom.

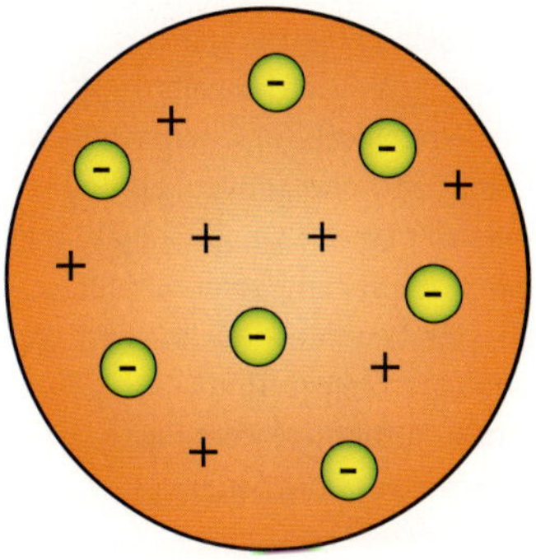
Plumpudding-Modell nach Thomson

2.2 Aufbau eines Atoms

Ernest Rutherford (1871–1937)

Dem englischen Experimentalphysiker Ernest Rutherford – ein Schüler Thomsons – gelang im Jahre 1909 mit seinem berühmten Streuversuch der Durchbruch zur modernen Atomphysik. Daraus entwickelte er 1911 das rutherfordsche Atommodell.

Der rutherfordsche Streuversuch

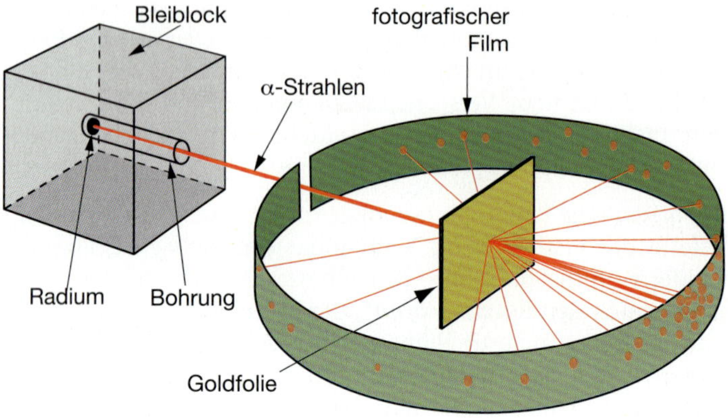

Rutherfordscher Streuversuch

▸ **α-Teilchen** bezeichnen eine Teilchenstrahlung, die aus Heliumatomkernen, also **He^{2+}-Ionen**, besteht.

▸ Als α-Strahler verwendete Rutherford das Erdalkalimetall Radium. Durch den abschirmenden Bleiblock gewährleistete er, dass die α-Strahlung geradlinig direkt auf die Goldfolie traf.

▸ Für seine Forschungsarbeit erhielt Rutherford bereits 1908 den Nobelpreis für Chemie. „Es ist beinahe so unglaublich, als wenn man mit einer 15-Zoll-Granate auf ein Stück Seidenpapier schießt und die Granate zurückkommt und einen selbst trifft.“
Ernest Rutherford über die Ergebnisse seines Streuversuchs

In das Zentrum seines Versuches spannte Rutherford eine hauchdünne Goldfolie mit einer Dicke von 0,5 µm, was ca. 1000 Atomlagen hintereinander entspricht. Diese Goldfolie beschoss er frontal mit α-Teilchen. Da α-Teilchen die Eigenschaft haben, fotografische Filme zu belichten, wurde um die Goldfolie ringförmig ein Filmstreifen angebracht.

Rutherford selbst ging davon aus, das die Goldfolie eine undurchdringliche kompakte Atommauer darstellt, an der alle α-Teilchen abprallen. Er erwartete die Belichtungspunkte der auftreffenden Strahlung im vorderen Teil des Fotostreifens **vor der Folie**. Umso erstaunter war er, als sein Experiment folgende Ergebnisse lieferte:

- Der allergrößte Teil der α-Teilchen passierte die Goldfolie völlig ungehindert und belichtete den Fotostreifen direkt **hinter der Folie**.
- Nur eine sehr kleine Anzahl der α-Teilchen (ca. jedes 100 000ste Teilchen) wurde abgelenkt oder prallte an der Goldfolie ab.

Rutherford schlussfolgerte daraus:

- Atome bestehen aus einer sehr großen leeren Atomhülle.
- Im Zentrum befindet sich ein Atomkern, der ca. 100 000-mal kleiner als die Atomhülle ist, da nur jedes 100 000ste α-Teilchen abprallte oder abgelenkt wurde.

- Der sehr kleine Atomkern muss positiv geladen sein, da die (sehr wenigen) auftreffenden, ebenfalls positiv geladenen α-Teilchen stark abgelenkt oder zurückgeworfen wurden. (Wäre der Atomkern negativ geladen, würde er die α-Teilchen elektrostatisch anziehen).
- Da Atome elektrisch neutral sind, müssen sich zum Ladungsausgleich in der Atomhülle negative Elementarteilchen befinden – die Elektronen.

▸ Die **atomare Masseneinheit u** ist eine Maßeinheit der Masse, die für die Massenangabe von Elementarteilchen verwendet wird.

1 u = 1,66054 · 10^{-27} kg
1 u = 1/12 der Masse des Kohlenstoffisotops C12

e = elektrische Elementarladung
1 e = 1,60218 · 10^{-19} C
C = Coulomb
[C] = A · s

Aufbau eines Atoms

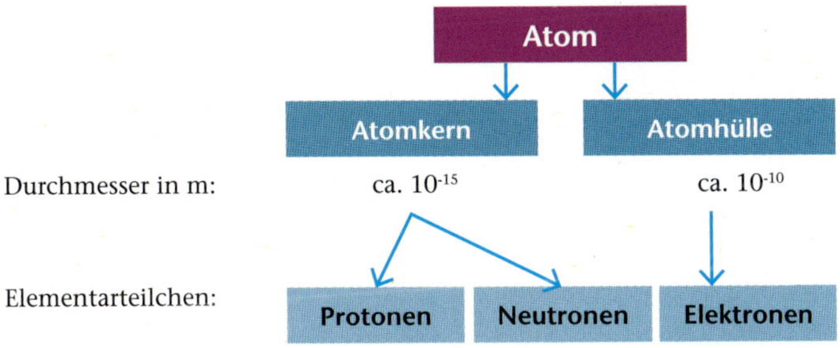

Symbol:	p^+	n	e^-
Masse in kg:	1,6726 · 10^{-27}	1,6749·10^{-27}	0,9109 · 10^{-30}
Masse in u:	1,007276	1,008665	0,0005486
Ladung in C:	+1,60218 · 10^{-19}	0	–1,60218 · 10^{-19}
Ladung in e:	+e	neutral	–e

▸ Abgeleitet von dem griechischen Wort **nucleus** (der Kern) bezeichnet man alle im Kern befindlichen Elementarteilchen als **Nukleonen**.

Nukleonen = Protonen + Neutronen

Heute weiß man, dass auch Protonen und Neutronen noch nicht die kleinste Materieeinheit sind, sondern sich aus Quarks aufbauen. Elektronen sind nicht aus kleineren Teilchen aufgebaut. Sie gehören zur Gruppe der Leptonen.

Größenverhältnisse in einem Atom

Atomkern	*:*	*Atomhülle*
Stecknadelkopf (2 mm)	*:*	*Hochhaus (200 m)*

Größen- und Massenverhältnisse in einem Atom

- Die Atomhülle ist ca. 100 000-mal größer als der Atomkern.
- Der Atomkern setzt sich zusammen aus Protonen und Neutronen, die jeweils ungefähr 1 u wiegen. Das macht insgesamt über 99,9 % der Gesamtmasse des Atoms aus.
- Die Elektronen in der Atomhülle sind mit 0,00055 u ca. 1836-mal leichter als Elektronen und Protonen. Die riesige Atomhülle ist damit nahezu masseleer.

▸ Die Dichte eines Atomkerns beträgt unvorstellbare **100 Millionen Tonnen pro Kubikzentimeter.**

2.3 Das bohrsche Atommodell

Bei chemischen Reaktionen handelt es sich um Interaktionen der Elektronen in der Atomhülle. Elektronen werden abgegeben, aufgenommen oder mit Bindungspartnern gemeinsam genutzt. Um also chemische Reaktionen vorherzusagen, zu verstehen oder zu

▸ **Quarks** sind die nächst kleineren Materiebausteine nach Protonen und Neutronen. Es werden Up- und Down-Quarks unterschieden.

▸ **Leptonen** sind Elementarteilchen, die – nach heutigem Wissen – unteilbar sind. Neben Elektronen gehören Myonen, Tauonen und Neutrinos zur Gruppe der Leptonen.

Niels Bohr (1885–1962)

▸ Die Geschwindigkeit, mit der die Elektronen um den Atomkern kreisen, ist abhängig von der Schale, auf der sie sich bewegen. Durchschnittlich beträgt sie jedoch 20 000 km/s.

▸ Die Schalen im bohrschen Atommodell werden von innen nach außen durchnummeriert. Alternativ ist auch eine alphabetische Bezeichnung, beginnend mit dem Buchstaben K (wie Kern), möglich.

▸ Die Abstände zwischen den Schalen sind nicht gleich, sondern werden nach außen immer kleiner.

interpretieren, muss man sich mit den Elektronen in der Atomhülle beschäftigen. Genau das tat der dänische Physikochemiker Niels Bohr und entwickelte das nach ihm benannte Modell. Bohr arbeitete mehrere Jahre mit dem älteren Ernest Rutherford zusammen. In seinem Modell beschreibt er den Aufenthaltsort und den Energiezustand der Elektronen in der Atomhülle und baut damit direkt auf das rutherfordsche Modell auf.

Bohr ging dabei erstmals von diskreten, gequantelten Energiezuständen der Elektronen aus und öffnete damit das Tor zur modernen Quantenmechanik. Auch Niels Bohr erhielt für seine Forschungsarbeit im Jahre 1922 den Nobelpreis.

Das bohrsche Atommodell trifft folgende wesentliche Aussagen:

- Die Elektronen bewegen sich auf Kreisbahnen um den Atomkern.
- Die Radien der Kreisbahnen – und somit die Abstände der Elektronen zum Kern – sind genau definiert. Bisher gibt es sieben Kreisbahnen. Diese werden im Modell auch Schalen genannt.
- Die Elektronen besitzen neben kinetischer Energie auch potenzielle Energie. Die Gesamtenergie, die ein Elektron besitzt, bestimmt den Radius, auf dem es sich um den Atomkern bewegt. Durch die Kreisbahnen ist also gleichzeitig der Energiezustand der Elektronen definiert. Den sieben Schalen entsprechend kann ein Elektron nur sieben diskrete Energiezustände (Energieniveaus) einnehmen.
- Die Gesamtenergie eines Elektrons ist umso größer, je größer sein Abstand zum Kern ist. Elektronen auf äußeren Schalen sind somit energiereicher als solche auf kernnahen Kreisbahnen.

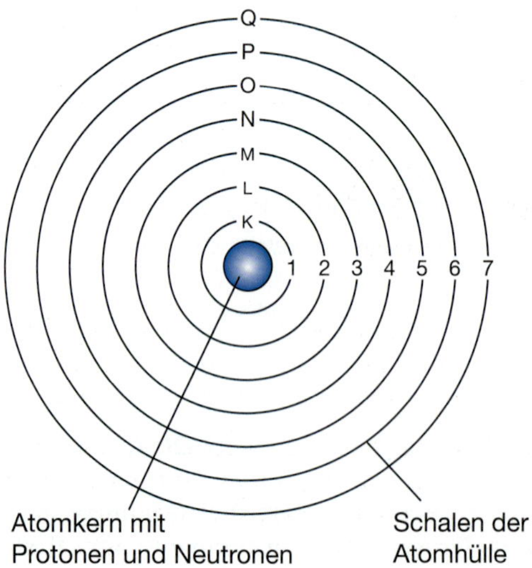

Bohrsches Atommodell, Schalenmodell

Anordnung der Elektronen auf den Schalen

- Elektronen streben (im Grundzustand) immer den energieärmsten Zustand an. Die Schalen werden deshalb von innen nach außen mit Elektronen aufgefüllt.
- Auf einer Schale können sich höchstens $2n^2$ Elektronen befinden: (n = Schalennummer)

  1. Schale → $n = 1 \rightarrow 2 \cdot 1^2 = 2$ → max. 2 Elektronen
  2. Schale → $n = 2 \rightarrow 2 \cdot 2^2 = 8$ → max. 8 Elektronen
  3. Schale → $n = 3 \rightarrow 2 \cdot 3^2 = 18$ → max. 18 Elektronen

  usw.
- Die äußerste Schale eines Atoms kann mit maximal acht Elektronen (Außen- bzw. Valenzelektronen) besetzt werden.

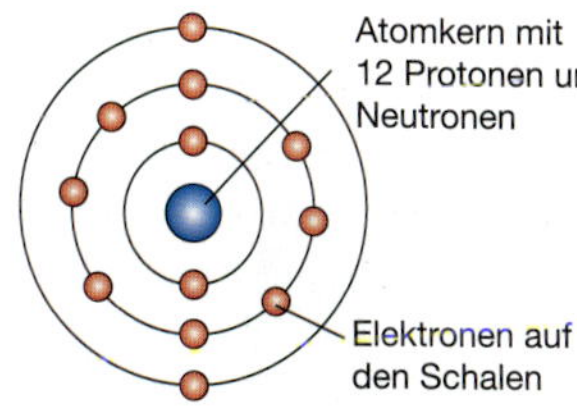

Elektronenkonfiguration eines Magnesiumatoms nach dem bohrschen Atommodell

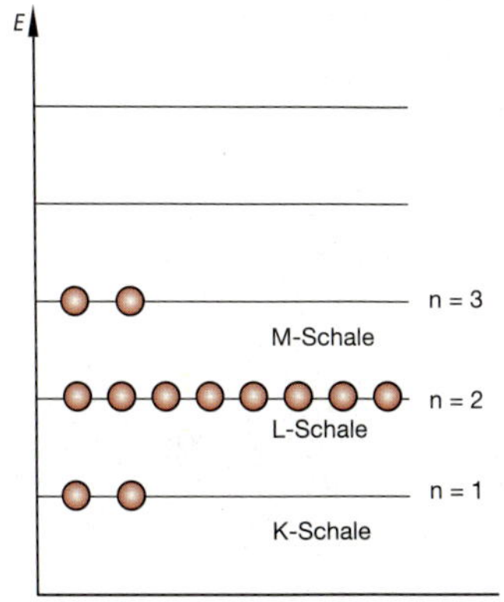

Energieniveauschema der Elektronen eines Magnesiumatoms

Das bohrsche Atommodell bestätigt das im Jahre 1869 aufgestellte Periodensystem der Elemente (PSE, s. Kap. 2.5). Dabei entsprechen die sieben Perioden im PSE den sieben möglichen Schalen bzw. Energieniveaus der Atomhülle und die acht Hauptgruppen der Anzahl der Elektronen auf der äußersten Schale.

Hauptgruppen ↓ / Perioden →

	I	II	III	IV	V	VI	VII	VIII
1	1 H							2 He
2	3 Li	4 Be	5 B	6 C	7 N	8 O	9 F	10 Ne
3	11 Na	12 Mg	13 Al	14 Si	15 P	16 S	17 Cl	18 Ar
4	19 K	20 Ca	31 Ga	32 Ge	33 As	34 Se	35 Br	36 Kr
5	37 Rb	38 Sr	49 In	50 Sn	51 Sb	52 Te	53 I	54 Xe
6	55 Cs	56 Ba	81 Tl	82 Pb	83 Bi	84 Po	85 At	86 Rn
7	87 Fr	88 Ra						

Metalle
Halbmetalle
Nichtmetalle

Gekürztes Periodensystem

▸ Das Element **Magnesium** trägt die Ordnungszahl 12. Somit befinden sich im Kern 12 Protonen und in der Hülle 12 Elektronen. Diese 12 Elektronen verteilen sich – da Mg in der 3. Periode steht – auf drei Schalen. Auf der letzten Schale befinden sich zwei Außenelektronen, was man daran ablesen kann, dass Magnesium in der 2. Hauptgruppe platziert ist.

Zu den gängigen Analysemethoden in der Chemie zählen die Aufnahmen von Absorptions- und Emissionsspektren. Sie sprechen ebenfalls für die Realitätsnähe des bohrschen Atommodells.

Alle Elektronen eines Atoms nehmen im Grundzustand den energieärmsten Zustand ein, d. h., sie befinden sich auf der niedrigsten möglichen Schale. Führt man nun dem Atom Energie in Form von elektromagnetischer Strahlung zu, so wird diese für Quantensprünge der Elektronen von unteren energieärmeren Niveaus auf höhere energiereichere Niveaus verwendet. Charak-

▸ Als **Valenzelektronen** (oft auch Außenelektronen genannt) werden Elektronen bezeichnet, die sich auf äußeren Schalen aufhalten und sich an Bindungen zwischen Atomen beteiligen können.

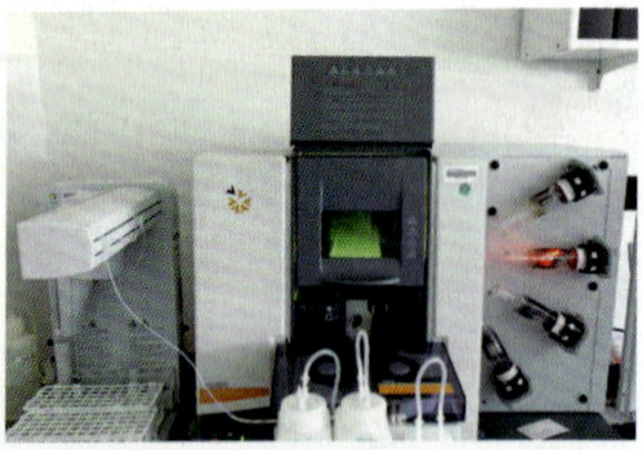

Atomabsorptionsspektrometer AAS

teristischerweise absorbiert das Atom aus dem angebotenen Strahlungsspektrum nur ganz spezifische Wellenlängen, die genau den Energiebeträgen entsprechen, die für die Quantensprünge der Elektronen erforderlich sind. Diese exakten Energiequanten stellen sich im Absorptionsspektrum als diskrete Linien dar. Da jedes Element eine unterschiedliche Elektronenkonfiguration aufweist und damit jeweils nur ganz bestimmte Quantensprünge seiner Elektronen möglich sind, zeigt auch jedes Element ein spezifisches Absorptionsspektrum, anhand dessen es identifiziert werden kann. Kehren die Elektronen in den Grundzustand zurück, emittieren sie die zuvor aufgenommenen diskreten Energiebeträge wieder. Das resultierende Emissionsspektrum ist somit ein dem Absorptionsspektrum analoges Linienspektrum.

E = Energie in eV
n = Schalennummer

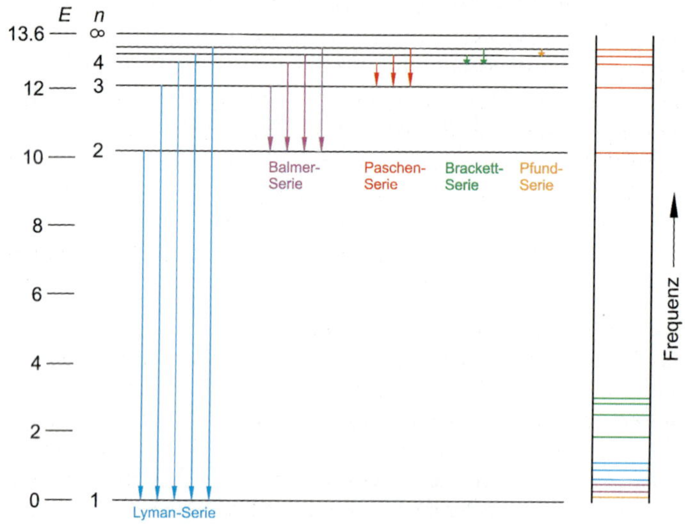

Mögliche Energiequantensprünge des Wasserstoffelektrons

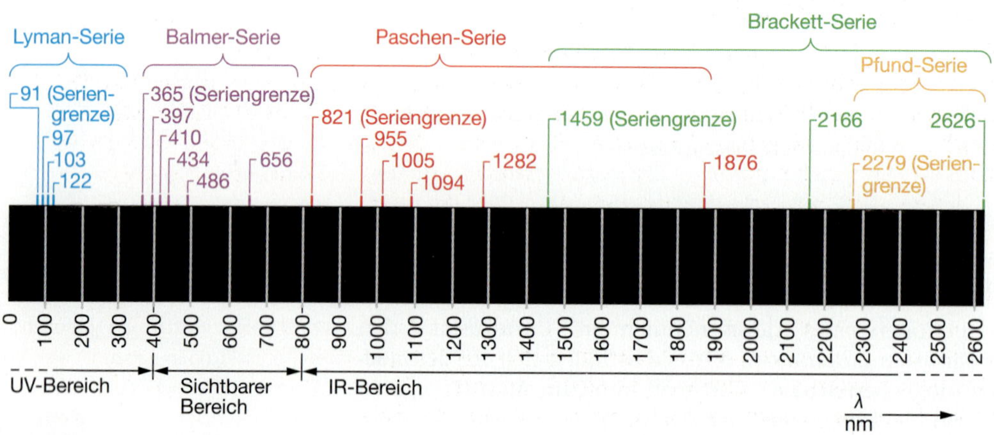

Emissionsspektrum des Wasserstoffs
Jede Spektrallinie entspricht der Abgabe eines definierten Energiebetrags beim Übergang eines Elektrons auf ein energieärmeres, niedrigeres Energieniveau.

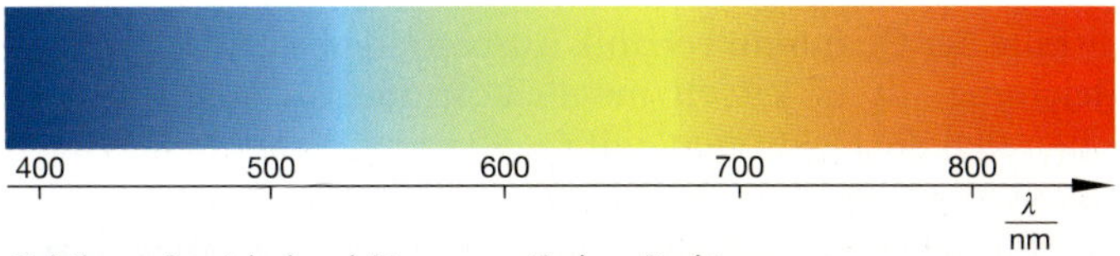

Sichtbarer Bereich des elektromagnetischen Spektrums

Absorptionsspektrum des Wasserstoffs im sichtbaren Bereich

Emissionsspektrum des Wasserstoffs im sichtbaren Bereich

Werner Heisenberg (1901–1976)

Einfluss der e^--Konfiguration auf die chemischen Eigenschaften der Elemente

Die chemischen Eigenschaften eines Elements werden maßgeblich von der Anzahl und Anordnung seiner Elektronen bestimmt. Ausschlaggebend ist hierbei insbesondere die Anzahl der Außenelektronen. Elemente mit derselben Anzahl von Außenelektronen haben gleiche (bzw. sehr ähnliche) chemische Eigenschaften. Sie stehen im Periodensystem in derselben Hauptgruppe.

Impuls = Masse · Geschwindigkeit
$p = m \cdot v$

Grenzen des bohrschen Atommodells

Das Modell ist nur zweidimensional (scheibenförmig). Es benennt zwar den Abstand, mit dem Elektronen um den Kern kreisen, macht aber keine Aussage über deren Bewegung im dreidimensionalen Raum und deren Wechselwirkungen untereinander. Präzise gilt es nur für ein Ein-Elektronen-System (H-Atom). Die Nebengruppenelemente werden durch das Modell nicht erfasst.

2.4 Das Orbitalmodell

Das Orbitalmodell ist ein räumliches Modell und merzt damit sofort eine Schwachstelle des bohrschen Atommodells aus. Das Modell basiert auf der heisenbergschen Unschärferelation. Danach ist es nicht möglich, die genaue Bahn eines Elektrons im dreidimensionalen Raum zu bestimmen. Dazu wäre es nämlich erforderlich, zu jedem Zeitpunkt exakt den Ort und den Impuls des Elektrons zu kennen. Misst man nun also den Impuls, so hat dieser Messvorgang – auch beim Einsatz präzisester Geräte und Methoden – Einfluss auf die Position des Elektrons. Umgekehrt verändert die Positionsbestimmung den Impuls des gemessenen Elektrons, zumal diesem hier auch ein Wellencharakter zugeschrieben wird. Es ergibt sich eine unvermeidbare Ungenauigkeit – eine Unschärfe –, die es unmöglich macht, die exakte „Flugbahn" eines Elektrons vorauszubestimmen. Mathematisch erfasst hat diese Unschärfe der deutsche Physiker und Nobelpreisträger Werner Heisenberg in der oben genannten heisenbergschen Unschärferelation.

▸ Die **heisenbergsche Unschärferelation** gilt nicht nur für Elektronen, sondern auch für „größere" Objekte, wie z. B. die Planeten in ihrer Bahn um die Sonne. Sie ist allgemeingültig.

Mithilfe der Quantenmechanik (insbesondere der Schrödinger-Gleichung) ist es jedoch möglich, Räume zu berechnen, in denen sich die Elektronen mit ca. 90 %iger Wahrscheinlichkeit aufhalten. Diese Räume nennt man **Orbitale**.
Das Orbitalmodell erweitert und präzisiert das Modell von Bohr. Während es im bohrschen Atommodell nur eine „Kenngröße“ für die Beschreibung der Elektronen – nämlich das Energieniveau (die Schale) – gibt, werden im Orbitalmodell hierzu noch drei zusätzliche Quantenzahlen verwendet.

▸ Das **Pauli-Prinzip** besagt, dass es in einem Atom keine zwei identischen Elektronen gibt. Wenn also zwei Elektronen dieselbe Haupt-, Neben- und Magnetquantenzahl aufweisen, so müssen sie sich in ihrer Spinquantenzahl (dem Richtungssinn ihrer Eigenrotation) unterscheiden.

Quantenzahlen im Orbitalmodell

- **Hauptquantenzahl n:**
  - definiert das Hauptenergieniveau
  - entspricht den Schalen im bohrschen Atommodell
  - Es existieren bisher sieben mögliche Energiestufen.
  - n = 1 → 1. Energieniveau → K-Schale
  - n = 2 → 2. Energieniveau → L-Schale
  - n = 3 → 3. Energieniveau → M-Schale

  usw.
- **Nebenquantenzahl l:**
  - bestimmt die Form des Orbitals
  - Es gibt s-, p-, d- und f-Orbitale (siehe Tabelle unten).
- **Magnetquantenzahl m:**
  - differenziert die Orbitale in energetisch gleichwertige, räumlich aber verschiedene Untereinheiten
  - Jede energetische Untereinheit kann mit maximal zwei Elektronen besetzt sein.
- **Spinquantenzahl s:**
  - beschreibt den Richtungssinn der Eigenrotation der Elektronen
  - Es sind die Spins +½ und –½ möglich.
  - Die beiden Elektronen einer Untereinheit müssen einen unterschiedlichen Spin aufweisen (Pauli-Prinzip).

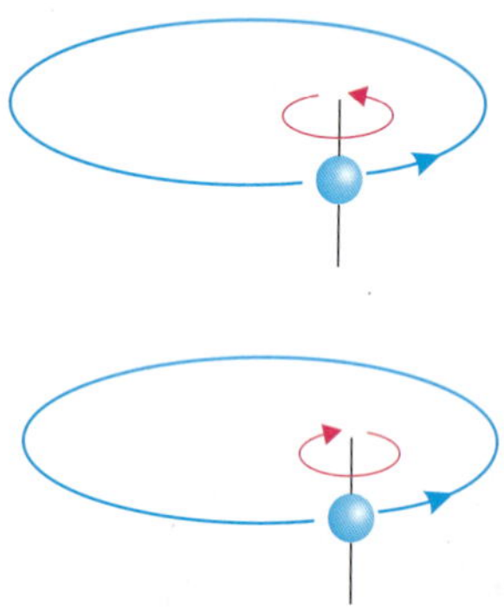

Elektronenspin +½ und –½

Orbital	Orbitalform	Untereinheiten	max. Elektronenzahl
s	kugelförmig	1	2
p	hantelförmig	3	6
d	rosettenförmig	5	10
f	(komplizierte Form)	7	14

Orbitale im Orbitalmodell

▸ Die Bezeichnung der Orbitale leitet sich ab von den englischen Adjektiven:
sharp
principal
diffuse
fundamental

▸ Um ein **Orbital** – den Raum größter Elektronendichte – komplett zu betrachten, müssen die einzelnen Koordinatensysteme (Untereinheiten) übereinander gelegt werden. Der Atomkern befindet sich im Koordinatenursprung.

s-Orbital

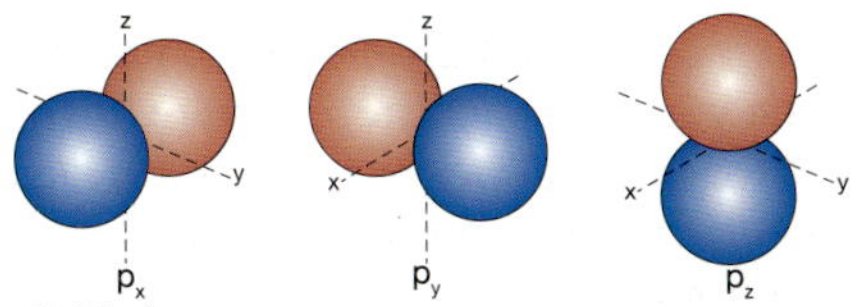

p-Orbital

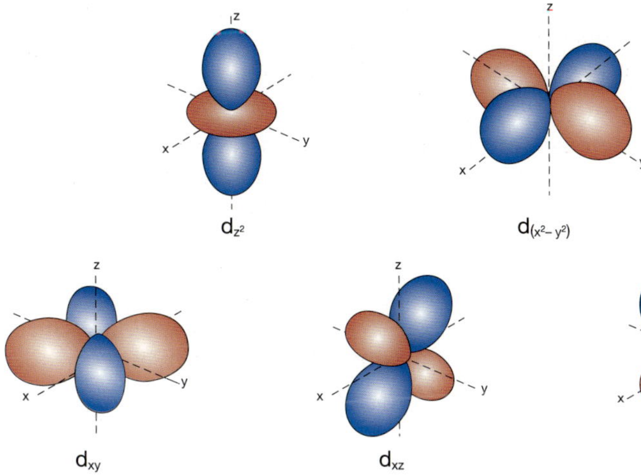

d-Orbital

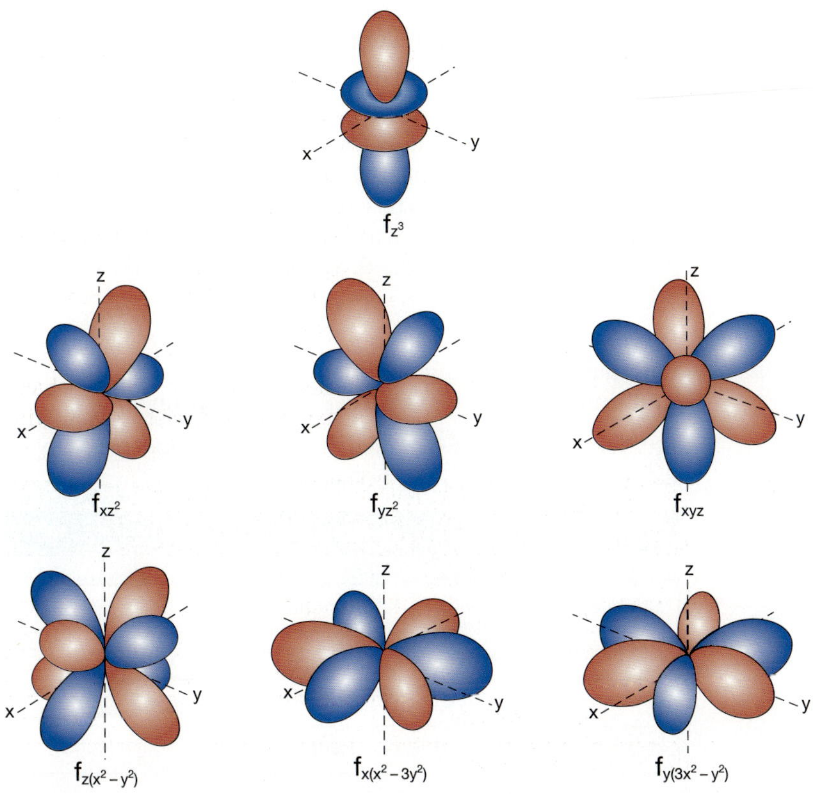

f-Orbital

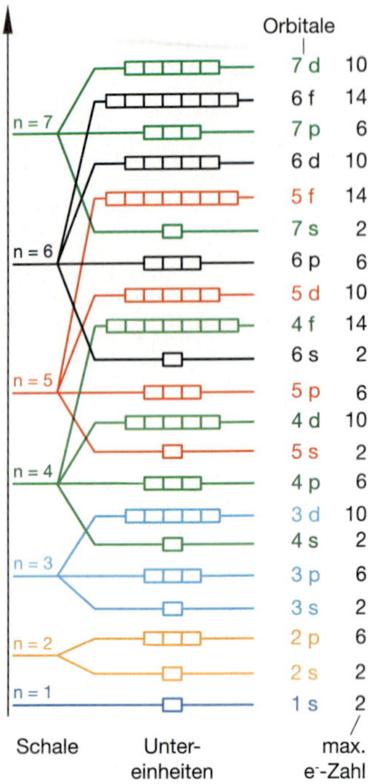

Energieniveauschema der Elektronen im Orbitalsystem

Die einzelnen Orbitale unterscheiden sich nicht nur in ihrer Form, sondern auch in ihren Energiegehalten. Innerhalb einer Schale sind Elektronen, die sich in einem s-Orbital befinden, am energieärmsten und Elektronen in einem f-Orbital am energiereichsten.

s-Orbital → p-Orbital → d-Orbital → f-Orbital

zunehmender Energiegehalt

Dem Prinzip des Energieminimums (s. Kap. 3.1) entsprechend werden die Orbitale nach steigender Energie mit Elektronen gefüllt.

Das unterste Energieniveau (n = 1, K-Schale) enthält nur ein s-Orbital und kann somit maximal zwei Elektronen aufnehmen.

Die zweite Schale (n = 2, L-Schale) unterteilt sich in ein s- und ein p-Orbital und kann mit maximal acht Elektronen besetzt werden.

Das dritte Energieniveau (n = 3, M-Schale) differenziert sich in ein s-, p- und d-Orbital. Die maximale Aufnahmekapazität beträgt hier 18 Elektronen. Aufgrund von Wechselwirkungen zwischen den Elektronen werden die energetischen Unterschiede zwischen den Energieniveaus immer geringer. In der dritten Schale kommt es erstmals zu einer energetischen Überlappung. Das 3d-Orbital liegt energetisch etwas höher als das s-Orbital der 4. Schale und schiebt sich im Energieniveauschema deshalb zwischen das 4s- und das 4p-Orbital.

Das vierte Energieniveau (n = 4, N-Schale) setzt sich zusammen aus einem s-, p-, d- und f-Orbital und kann somit maximal 32 Elektronen enthalten (2 + 6 + 10 + 14). Das 4d-Orbital liegt zwischen dem 5s- und dem 5p-Orbital. Das 4f-Orbital überlappt energetisch bis in die 6. Schale zwischen das 6s- und das 5d-Orbital.

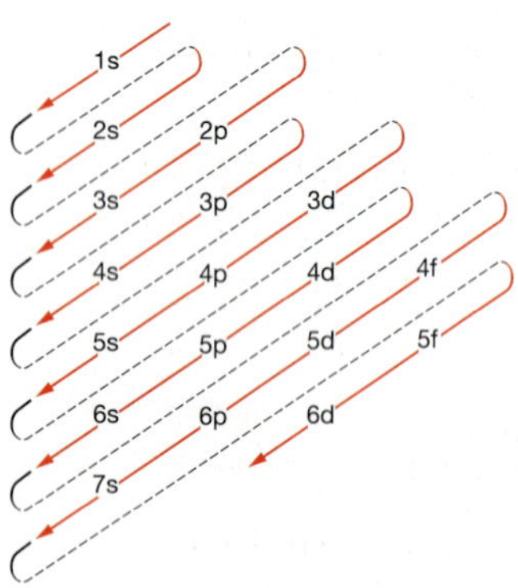

Hilfsschema zur Besetzung der Orbitale mit Elektronen

Das fünfte Energieniveau (n = 5, O-Schale) gliedert sich ebenfalls in ein s-, p-, d- und f-Orbital. Die maximale Elektronenanzahl summiert sich somit wieder auf 32 Elektronen.

Das Orbitalmodell wird auch durch das Periodensystem der Elemente (PSE s. Kap. 2.5) bestätigt.

letztes mit Elektronen besetztes Orbital	Elementgruppe im PSE
s-Orbital mit 1 e^- besetzt	I. Hauptgruppe
s-Orbital mit 2 e^- besetzt	II. Hauptgruppe
p-Orbital mit 1 e^- besetzt	III. Hauptgruppe
p-Orbital mit 2 e^- besetzt	IV. Hauptgruppe

letztes mit Elektronen besetztes Orbital	Elementgruppe im PSE
p-Orbital mit 3 e^- besetzt	V. Hauptgruppe
p-Orbital mit 4 e^- besetzt	VI. Hauptgruppe
p-Orbital mit 5 e^- besetzt	VII. Hauptgruppe
p-Orbital mit 6 e^- besetzt	VIII. Hauptgruppe
3d-Orbital	Nebengruppenelemente in der 4. Periode
4d-Orbital	Nebengruppenelemente in der 5. Periode
5d-Orbital	Nebengruppenelemente in der 6. Periode
6d-Orbital	Nebengruppenelemente in der 7. Periode
4f-Orbital	Lanthanoide in der 6. Periode
5f-Orbital	Actinoide in der 7. Periode

Orbitalmodell und PSE

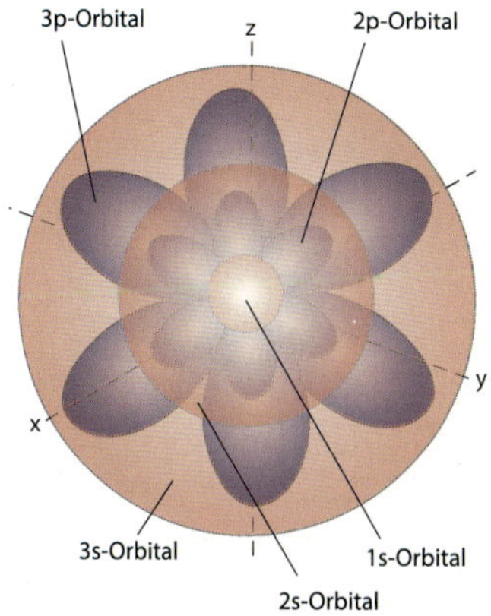

Untere Orbitale eines Atoms

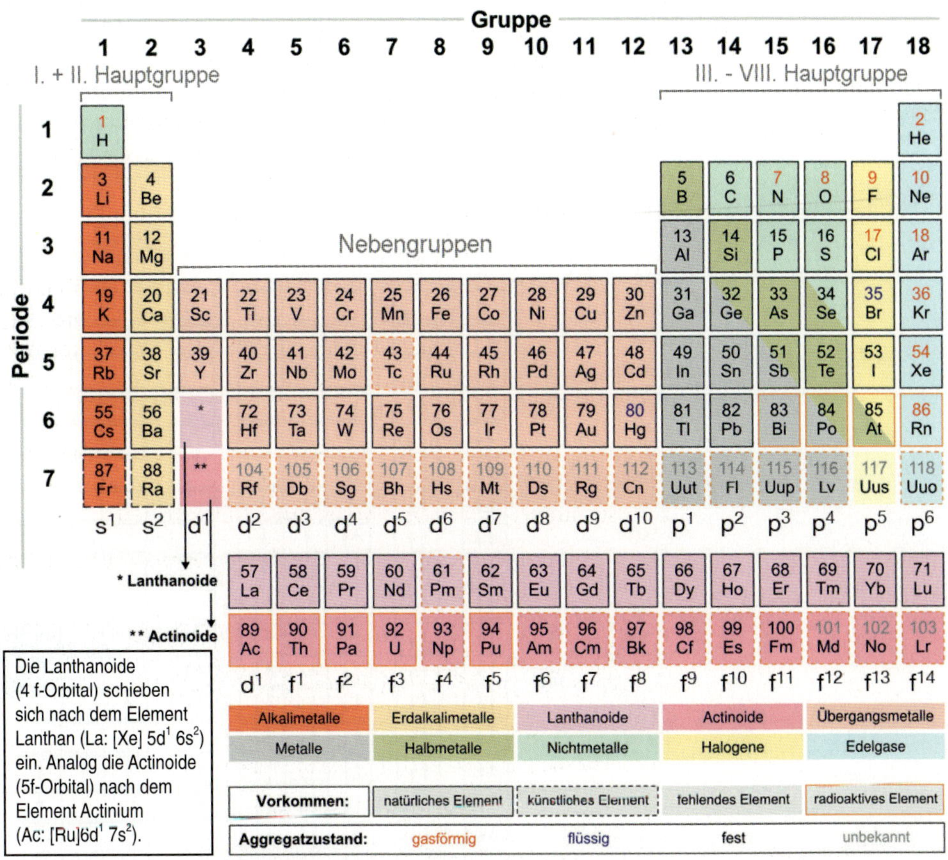

Periodensystem der Elemente (s. Kap. 2.5)

Zur Darstellung der Elektronenkonfiguration eines Elements im Orbitalsystem haben sich folgende Schreibweisen bewährt:

Beispiel: *Aluminium, 13 Elektronen*

Al: $1s^2\ 2s^2\ 2p^6\ 3s^2\ 3p^1$

Hauptquantenzahl (Schale) → 1; *Orbital* → s; *Anzahl der Elektronen im Orbital* → hochgestellte Zahl

Da oft nur die Anzahl der Außenelektronen von Interesse ist, kann diese Schreibweise noch vereinfacht werden, indem man das davorstehende Edelgas, bis zu dessen Elektronenkonfiguration die Orbitale komplett gefüllt sind, in eckige Klammern setzt und nur noch die Besetzung der darauffolgenden Orbitale auflistet.

Al: $\underbrace{1s^2\ 2s^2\ 2p^6}$ $\underbrace{3s^2\ 3p^1}$

Al: Konfiguration des Edelgases Helium — Außenelektronen

Al: [He] $3s^2 3p^1$

▸ Die Untereinheiten eines Orbitals werden zunächst einfach mit Elektronen gleichen Spins besetzt und erst danach mit jeweils einem Elektron entgegengesetzten Spins aufgefüllt.

▸ Der unterschiedliche Spin der Elektronen wird durch Pfeile ↑↓ angezeigt.

Genauere Angaben über die Anordnung der Elektronen liefert die Pauling-Schreibweise:

Aluminium, Al, 13 Elektronen:

$1s^2$	$2s^2$	$2p^6$			$3s^2$	$3p^1$		
↑↓	↑↓	↑↓	↑↓	↑↓	↑↓	↑		

Atom	1s	2s	2p			3s	3p		
H	↑								
He	↑↓								
Li	↑↓	↑							
Be	↑↓	↑↓							
B	↑↓	↑↓	↑						
C	↑↓	↑↓	↑	↑					
N	↑↓	↑↓	↑	↑	↑				
O	↑↓	↑↓	↑↓	↑	↑				
F	↑↓	↑↓	↑↓	↑↓	↑				
Ne	↑↓	↑↓	↑↓	↑↓	↑↓				
Na	↑↓	↑↓	↑↓	↑↓	↑↓	↑			
Mg	↑↓	↑↓	↑↓	↑↓	↑↓	↑↓			
Al	↑↓	↑↓	↑↓	↑↓	↑↓	↑↓	↑		
Si	↑↓	↑↓	↑↓	↑↓	↑↓	↑↓	↑	↑	
P	↑↓	↑↓	↑↓	↑↓	↑↓	↑↓	↑	↑	↑
S	↑↓	↑↓	↑↓	↑↓	↑↓	↑↓	↑↓	↑	↑
Cl	↑↓	↑↓	↑↓	↑↓	↑↓	↑↓	↑↓	↑↓	↑
Ar	↑↓	↑↓	↑↓	↑↓	↑↓	↑↓	↑↓	↑↓	↑↓

Elektronenkonfiguration der Elemente von Wasserstoff bis Argon in der Pauling-Schreibweise

2.5 Das Periodensystem der Elemente (PSE)

2.5.1 Aufbau des PSE

Unabhängig voneinander machten sich in der Mitte des 19. Jahrhunderts der deutsche Wissenschaftler Lothar Meyer und der russische Chemiker Dimitri Mendelejew daran, die bis dahin bekannten Elemente zu ordnen. Beide sortierten die Elemente nach den gleichen Kriterien und veröffentlichten im Jahre 1869 nahezu zeitgleich das Periodensystem der Elemente. Das damals aufgestellte Periodensystem hat auch heute noch Gültigkeit und wurde nur durch später entdeckte und künstliche Elemente ergänzt.

Dimitri Mendelejew (1834–1907)

Lothar Meyer (1830–1895)

Ordnungsprinzipien der Elemente im PSE

- **steigende Protonenzahl**

  Meyer und Mendelejew ordneten die Elemente zunächst nach steigender Atommasse, damals Atomgewichte genannt. Dieser Wert wurde später durch die Ordnungszahl, die wiederum der Anzahl der Protonen im Atomkern entspricht, ersetzt.

- **gleiche chemische Eigenschaften**

  Die beiden Wissenschaftler erkannten eine Periodizität in den Eigenschaften der Elemente. Elemente mit gleichen chemische Eigenschaften wurden im PSE untereinander geschrieben. Erst im Nachhinein wurde diese Anordnung durch die Atommodelle von Rutherford und Bohr bestätigt. Die chemischen Eigenschaften eines Elements werden maßgeblich von der Anzahl seiner Außenelektronen bestimmt. Elemente, die im PSE untereinander stehen, haben immer dieselbe Anzahl von Außenelektronen.

▸ Die Ordnung der Atome nach Atomgewichten, wie Meyer und Mendelejew sie vornahmen, basiert auf der Erkenntnis, dass die bei einer chemischen Reaktion beteiligten Stoffe immer in einem bestimmten Massenverhältnis zueinander reagieren.

Die Einordnung der Elemente nach diesen Kriterien funktionierte so gut, dass Mendelejew und Meyer im PSE Lücken für noch nicht entdeckte Elemente ließen. (1869 waren erst ca. 60 Elemente bekannt.) Die Eigenschaften dieser unbekannten „Lückenelemente" konnten sie erstaunlich genau voraussagen.

Eigenschaft	Voraussage von Mendelejew	gemessene Werte
Masse in u	72	72,61
Aussehen	dunkelgrau, metallisch	grau, metallisch
Dichte in g/cm³	5,5	5,32
Oxid	XO_2	GeO_2
Chlorid	XCl_4	$GeCl_4$

Vorhergesagte und nachgewiesene Eigenschaften des Germaniums

▸ **Germanium** wurde 1886 durch den deutschen Chemiker Clemens Winkler entdeckt, der dem Element auch seinem Namen gab. Das Halbmetall ist insgesamt weit verbreitet, kommt aber immer nur in geringen Konzentrationen vor.

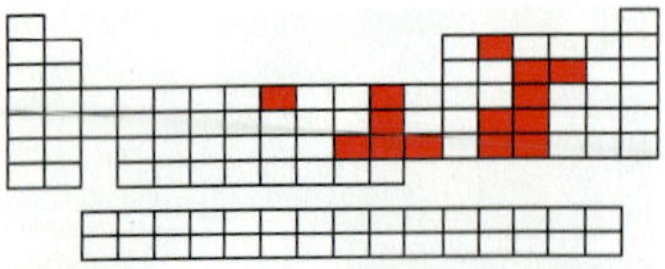

Entdeckte Elemente bis Ende des 17. Jh.

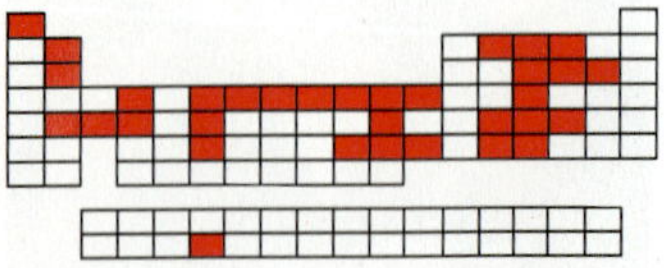

Entdeckte Elemente bis Ende des 18. Jh.

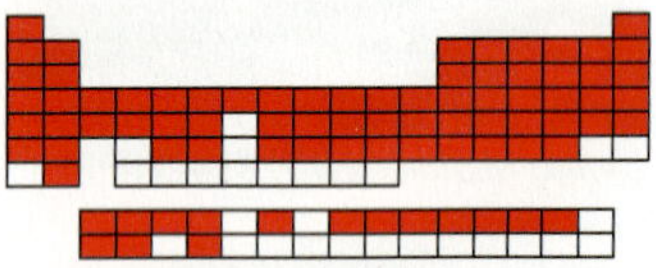

Entdeckte Elemente bis Ende des 19. Jh.

Ein ausführliches Periodensystem befindet sich auf der letzten Seite (Einband). Das PSE besteht aus sieben waagerechten Zeilen, den Perioden.

Die sieben Perioden entsprechen den sieben Schalen im bohrschen Atommodell bzw. den sieben Hauptenergieniveaus im Orbitalmodell. Die Periodennummer gibt die Anzahl der mit Elektronen besetzten Schalen an.

Die senkrechten Spalten des PSE summieren sich aus acht Hauptgruppen und zehn Nebengruppen.

Zu den Nebengruppen zählen auch die 14 Lanthanoide, die sich nach dem Element Lanthan einfügen, und die 14 Actinoide, die auf das Element Actinium folgen. Die Lanthanoide und Actinoide sind aus Platzgründen meist unter dem PSE angeordnet.

Die Gruppen (Spalten) werden von 1 bis 18 durchnummeriert. Die Hauptgruppen tragen die Nummern 1 und 2 (I. und II. Hauptgruppe) und 13–18 (III. bis VIII. Hauptgruppe).

Betrachtet man in einem gekürzten Periodensystem nur die Hauptgruppenelemente, ist alternativ auch eine Nummerierung der Hauptgruppen mit römischen Ziffern (I–VIII) üblich.

In diesem Fall ist die Hauptgruppennummer gleich der Elektronenanzahl auf der äußersten Schale (Außen- bzw. Valenzelektronen).

Im PSE ist für jedes Element angegeben:
- der Name,
- die Ordnungszahl,
- das Elementsymbol und
- die Massenzahl.

Oft ist auch
- der Elektronegativitätswert und
- die Elektronenkonfiguration verzeichnet.

▸ Das letzte natürlich vorkommende Element im PSE ist Uran (Ordnungszahl 92). Alle darauf folgenden Elemente sind künstlich hergestellt. Dabei werden in Teilchenbeschleunigern kleine Atomkerne bzw. Nukleonen aufeinander geschossen, die dann verschmelzen. Alle künstlichen Elemente sind radioaktiv und weisen meist sehr kurze Halbwertszeiten auf.

Die **Ordnungszahl** entspricht der **Anzahl der Protonen** im Atomkern und (bei ungeladenen Atomen) der Anzahl der Elektronen in der Atomhülle.

Die **Massenzahl** gibt die **relative Atommasse in u** (s. Kap. 2.2) an.

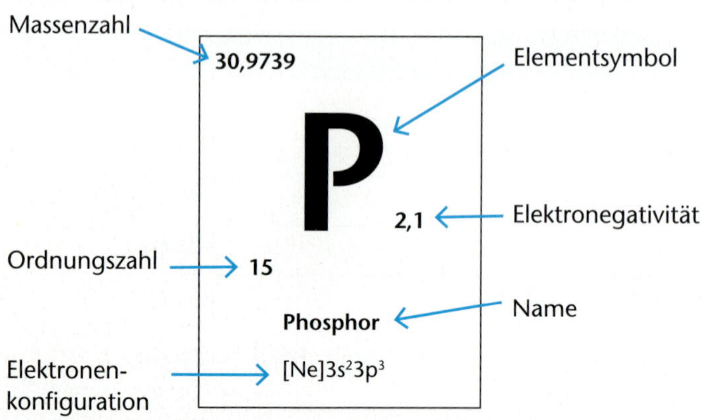

2.5.2 Die periodischen Eigenschaften der Elemente

Die chemischen und physikalischen Eigenschaften der Elemente werden maßgeblich von den Außenelektronen bestimmt. Die Elemente einer Hauptgruppe sind chemisch eng verwandt, da sie jeweils die gleiche Anzahl von Außenelektronen (im s- oder p-Orbital) aufweisen.

Bei den Nebengruppenelementen ist die äußerste Schale schon mit 2 Elektronen im s-Orbital besetzt und das d-Orbital der vorletzten Schale wird aufgefüllt. Die Nebengruppenelemente sind sich deshalb recht ähnlich. Es sind alles Metalle.

Die Stellung eines Elements im PSE erlaubt eine Vielzahl von Aussagen über seine chemischen und physikalischen Eigenschaften. Auch charakteristische Größen wie der Atomradius, die Schmelz- und Siedepunkte oder die Elektronegativität unterliegen der Periodizität. Sie ändern sich innerhalb einer Gruppe oder Periode gleichmäßig und können daher abgeschätzt werden. (Hinweis: Die wenigen abweichenden Ausnahmen werden in diesem Buch nicht erläutert.)

▸ Im November 2016 haben die folgenden vier neuen Elemente ihre endgültigen Namen erhalten:
Nihonium, Nh, OZ 113
Moscovium, Mc, OZ 115
Tennessine, Ts, OZ 117
Oganesson, Og, OZ 118
In der Natur kommen diese Elemente nicht vor. Sie wurden durch den Zusammenprall von Atomkernen künstlich hergestellt und zerfallen sehr schnell wieder.

Die Hauptgruppen im PSE

Hauptgruppe	Gruppenname/ Elemente	typische Eigenschaften
I	**Alkalimetalle** H – Wasserstoff Li – Lithium Na – Natrium K – Kalium Rb – Rubidium Cs – Cäsium Fr – Francium	▪ Wasserstoff nimmt als gasförmiges Nichtmetall eine Sonderstellung ein ▪ übrige Elemente sind weiche, silbrig glänzende, sehr reaktionsfreudige Metalle ▪ überziehen sich an feuchter Luft sofort mit einer Hydroxidschicht ▪ reagieren heftig mit Wasser und bilden dabei starke Laugen  *Natrium kann leicht mit einen Messer durchgeschnitten werden.*
II	**Erdalkalimetalle** Be – Beryllium Mg – Magnesium Ca – Calcium Sr – Strontium Ba – Barium Ra – Radium	▪ weiche Leichtmetalle ▪ reaktionsfreudig, jedoch weniger als Alkalimetalle ▪ am Aufbau der Erdrinde zu ca. 4,4 % beteiligt, dabei überwiegen Calcium und Magnesium ▪ Magnesium ist aufgrund seiner Korrosionsbeständigkeit und geringen Dichte von großer technischer Bedeutung ▪ intensive Flammenfärbung bei Magnesium, Calcium, Strontium und Barium 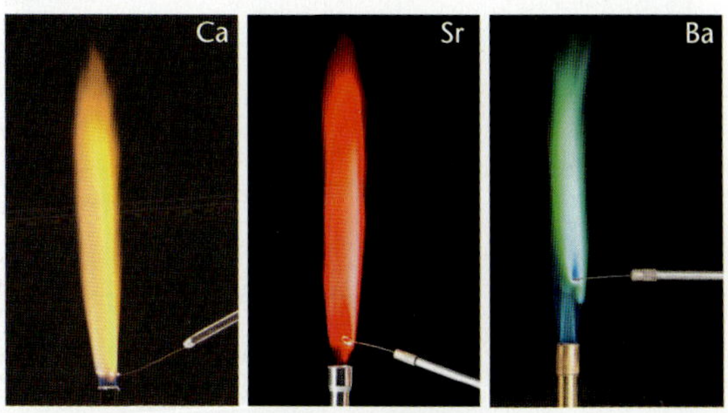 *Flammenfärbung einiger Erdalkalimetalle*

Hauptgruppe	Gruppenname/ Elemente	typische Eigenschaften
III	**Erdmetalle** B – Bor Al – Aluminium Ga – Gallium In – Indium Tl – Thallium	▪ Reaktivität der Elemente gegenüber der 2. Hauptgruppe noch weiter abgeschwächt ▪ Bor zählt zu den Halbmetallen und unterscheidet sich deshalb in seinen chemischen und physikalischen Eigenschaften von den anderen Elementen der Gruppe, die Metalle sind. ▪ in der Natur keines der Elemente gediegen vorkommend ▪ Metalle Gallium, Indium und Thallium dabei relativ selten ▪ bevorzugte Wertigkeit in Verbindungen aufgrund der drei Außenelektronen +III 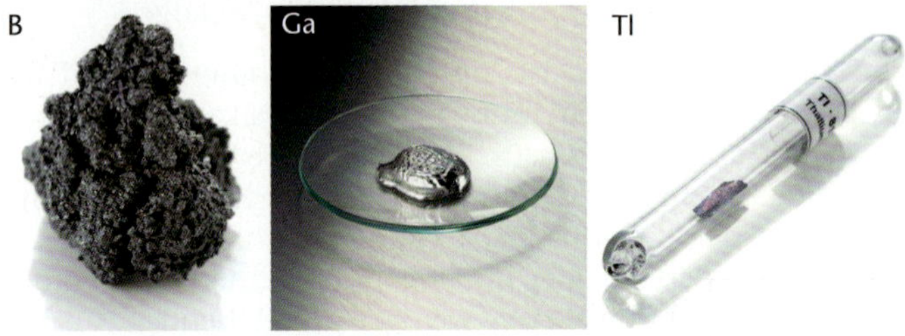 *Elemente der III. Hauptgruppe*
IV	**Kohlenstoffgruppe** C – Kohlenstoff Si – Silicium Ge – Germanium Sn – Zinn Pb – Blei	▪ Übergangsgruppe zwischen Nichtmetallen und Metallen ▪ Metallcharakter der Elemente innerhalb der Gruppen von oben nach unten stark zunehmend ▪ Kohlenstoff (s. Kap. 7.2): Nichtmetall ▪ Silicium und Germanium: Halbmetalle ▪ Zinn und Blei: Metalle  *Silicium – meist verwendeter Halbleiterwerkstoff*
V	**Stickstoffgruppe** N – Stickstoff P – Phosphor As – Arsen Sb – Antimon Bi – Bismut	▪ Grenze zwischen Nichtmetallen und Metallen auch durch diese Gruppe verlaufend ▪ Stickstoff ein farbloses Gas ▪ Phosphor in verschiedenen metallischen und nichtmetallischen Modifikationen ▪ Arsen: Halbmetall ▪ Antimon und Bismut: Metalle ▪ Eigenschaften der Elemente von nichtmetallischen in typische Metalleigenschaften übergehend  *An die Küsten der Nord- und Ostsee werden immer wieder Reste weißen Phosphors angeschwemmt, die aus Brandbomben des Zweiten Weltkrieges stammen. Unter Wasser stabil, können sich diese Phosphorreste selbst entzünden, sobald sie mit Luftsauerstoff in Kontakt kommen.*

Haupt- gruppe	Gruppenname/ Elemente	typische Eigenschaften
VI	**Sauerstoffgruppe** **Chalkogene** (Erzbildner) O – Sauerstoff S – Schwefel Se – Selen Te – Tellur Po – Polonium	▪ sehr reaktionsfreudig ▪ große Bindungsvielfalt ▪ nehmen bei Reaktionen mit elektropositiveren Elementen wie Metallen oder Wasserstoff immer die Oxidationsstufe –II ein ▪ bei Reaktionen mit elektronegativeren Elementen Oxidationszahlen +II, +IV und +VI (Sauerstoff nur +II) ▪ Metallcharakter innerhalb der Gruppe stark zunehmend  *Elemente der VI. Hauptgruppe*
VII	**Halogene** F – Fluor Cl – Chlor Br – Brom I – Iod At – Astat	▪ sehr reaktive Nichtmetalle ▪ aggressive, ätzende, toxische Wirkung ▪ starke Oxidationsmittel ▪ Wertigkeit in Verbindungen –I  *Durch Zugabe von Halogenen, meist Bromdampf, ist die Lebensdauer von Halogenlampen gegenüber herkömmlichen Glühlampen wesentlich verlängert.*
VIII	**Edelgase** He – Helium Ne – Neon Ar – Argon Kr – Krypton Xe – Xenon Rn – Radon	▪ inerte Gase ▪ volle Besetzung der Außenschale ▪ energetisch besonders stabiler Zustand ▪ liegen als einzige Elemente als freie, ungebundene Atome vor ▪ zeigen keinerlei Bindungsbestreben  *Die Dichte von Helium beträgt nur 1/7 der Dichte von Luft.*

Die Hauptgruppen im PSE

Ausgewählte periodische Eigenschaften der Hauptgruppenelemente

Eigenschaft	Definition	**Änderung innerhalb einer Hauptgruppe** (von oben nach unten)	**Änderung innerhalb einer Periode** (von links nach rechts)
Atomradius	Kürzester Abstand, bis zu dem sich ein Atom dem Kern eines anderen Atoms nähern kann.	**zunehmend** Da von Element zu Element jeweils eine komplette Elektronenschale hinzukommt, nimmt der Radius der Atome kontinuierlich zu.	**abnehmend** Innerhalb einer Periode wird die gleiche Schale mit Elektronen gefüllt. Es kommt von Element zu Element aber nicht nur ein Elektron in dieser Schale hinzu, sondern auch ein Proton im Kern. Durch die steigende Kernladung wird die elektrostatische Anziehung auf die Elektronen immer stärker. Sie werden näher an den Kern gezogen, wodurch der Atomradius sinkt. Eine Sonderstellung nehmen hier die Edelgase ein. Mit ihrer vollgefüllten äußeren Schale weisen die Atome einen energetisch so stabilen Zustand auf, dass sie sich entspannen und der Atomradius wieder zunimmt.

Hauptgruppen

Abnahme →

Zunahme ↓

I	II	III	IV	V	VI	VII	VIII
H 30							He 93
Li 157	Be 112	B 88	C 77	N 74	O 66	F 64	Ne 112
Na 191	Mg 160	Al 143	Si 118	P 110	S 104	Cl 99	Ar 154
K 235	Ca 197	Ga 153	Ge 122	As 121	Se 117	Br 114	Kr 169
Rb 250	Sr 215	In 167	Sn 158	Sb 141	Te 137	I 133	Xe 190
Cs 272	Ba 224	Tl 171	Pb 175	Bi 160	Po 167	At 140	Rn 220

Atomradien der Hauptgruppenelemente in pm

Eigenschaft	Definition	Änderung innerhalb einer Hauptgruppe (von oben nach unten)	Änderung innerhalb einer Periode (von links nach rechts)
Ionisierungs-energie	Energie, die aufgebracht werden muss, um ein Elektron aus einem Atom vollständig zu entfernen. Die Ionisierungsenergie wird in eV angegeben (1 eV = 1,60218 · 10^{-19} J). Man unterscheidet: 1. Ionisierungsenergie → benötigte Energie zur Entfernung eines Außenelektrons aus einem neutralen Atom in der Gasphase 2. Ionisierungsenergie → Energie, die aufgebracht werden muss, um aus dem entstandenen Kation ein weiteres Elektron zu entfernen 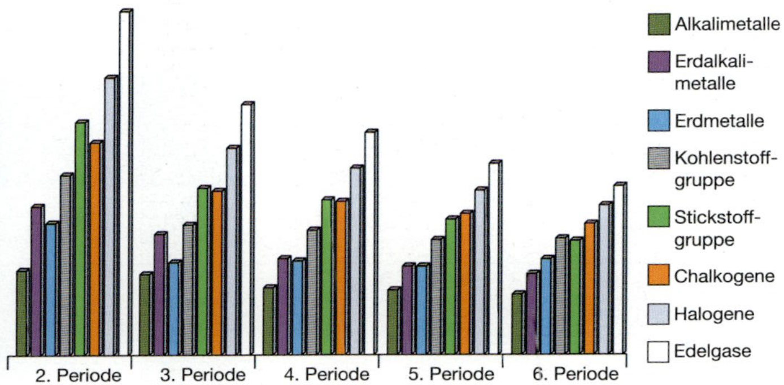 *1. Ionisierungsenergien der Hauptgruppenelemente in eV*	**abnehmend** Um ein oder mehrere Elektronen aus der Atomhülle zu entfernen, muss die Anziehung des positiven Atomkerns auf diese Elektronen überwunden werden. Die Kernanziehung nimmt jedoch mit steigender Entfernung ab. Je mehr Schalen also ein Atom aufweist, desto weiter sind die Außenelektronen vom Kern entfernt und desto leichter lassen sie sich entfernen. Hinzu kommt, dass die inneren gefüllten Elektronenschalen die Anziehung auf die Außenelektronen abschirmen. Durch diese beiden Faktoren erklärt sich auch der sprunghafte Anstieg der Ionisierungsenergien, wenn nach den Außenelektronen auch Elektronen der zweitäußersten Schale entfernt werden. Siehe S. 38, Tabelle Ionisierungsenergie.	**zunehmend** Die zunehmende Kernanziehung auf die Außenelektronen der Elemente innerhalb einer Periode spiegelt sich in den zunehmenden Ionisierungsenergien wider. Außerdem werden die Atome innerhalb einer Periode kleiner, was diesen Effekt noch einmal verstärkt.

Elementsymbol		Na	Mg	Al	Si	P	S	Cl	Ar
Gesamtzahl der Elektronen / Anzahl der Außenelektronen		11 / 1	12 / 2	13 / 3	14 / 4	15 / 5	16 / 6	17 / 7	18 / 8
Ionisierungsenergien für die Abspaltung von Elektronen in eV	1	5,1	7,6	6,0	8,2	10,5	10,4	13,0	15,8
	2	47,3	15,0	18,8	16,3	19,8	23,3	23,8	27,6
	3	71,6	80,1	28,4	33,5	30,2	34,8	39,6	40,7
	4	98,9	109,3	120,0	45,1	51,4	47,2	53,5	59,8
	5	138,4	141,3	153,8	166,8	65,0	72,6	67,8	75,0
	6	172,2	186,8	190,5	205,3	220,4	88,1	97,0	91,0
	7	208,5	225,0	241,8	246,5	263,6	280,9	114,2	124,3
	8	264,2	266,0	284,7	303,5	309,6	328,7	348,3	143,5
	9	299,6	328,1	398,7	351,1	372,1	379,6	400,1	422,4
	10	1465,1	367,5	442,0	401,4	424,4	447,5	455,6	478,7

Ionisierungsenergien der Elemente der 2. Periode

Eigenschaft	Definition	Änderung innerhalb einer Hauptgruppe (von oben nach unten)	Änderung innerhalb einer Periode (von links nach rechts)
Elektronegativität	Maß für die Fähigkeit eines Atom, innerhalb einer chemischen Bindung Elektronen des Bindungspartners an sich zu ziehen. Die Elektronegativitätsdifferenz ΔEN zwischen zwei miteinander verbundenen Atomen erlaubt eine Voraussage der Bindungsart. ΔEN: 0,0–0,4, unpolare Atombindung ΔEN: 0,5–1,8, polare Atombindung ΔEN: >1,8, Ionenbindung Die Elektronegativität ist eine einheitslose, relative Größe (s. S. 43). Elektronegativstes Element: Fluor, EN (F) = 4,0	**abnehmend** Je kleiner der Radius und je größer die Kernladung eines Atoms ist, desto größer ist auch seine Elektronegativität. Zwar nimmt innerhalb einer Hauptgruppe die Kernladung der Elemente zu, was aber von den ebenfalls wachsenden Atomradien aufgewogen wird. Hinzu kommt der Abschirmeffekt der darunterliegenden vollen Elektronenschalen.	**zunehmend** Da die Atome einer Periode zum einen kleiner werden und zum anderen ihre Kernladung wächst, nehmen die Elektronegativitätswerte kontinuierlich zu. Edelgase weisen aufgrund ihrer vollen Valenzschale keinerlei Bindungsstreben auf. Deshalb können ihnen auch keine Elektronegativitätswerte zugeordnet werden.

Eigenschaft	Definition	Änderung innerhalb einer Hauptgruppe (von oben nach unten)	Änderung innerhalb einer Periode (von links nach rechts)
Metallcharakter	Metallatome zeichnen sich dadurch aus, dass sie ihre Außenelektronen abgeben und sich in einem regelmäßigen Gitter anordnen. Die abgegebenen Elektronen bewegen sich als negative Ladungswolke frei zwischen den resultierenden Metallkationen (s. Kap. 3.5). Je mehr ein Element nun dazu in der Lage ist, desto ausgeprägter sind auch sein Metallcharakter und seine metallischen Eigenschaften, wie z. B. die elektrische Leitfähigkeit. Metalle: sehr gute elektrische Leitfähigkeit, die jedoch mit steigender Temperatur abnimmt Halbmetalle: geringe, aber doch messbare Leitfähigkeit, die mit steigender Temperatur zunimmt Nichtmetalle: keinerlei elektrische Leitfähigkeit	**zunehmend** Durch die wachsenden Atomradien und die Kernabschirmung der darunterliegenden Schalen können die Außenelektronen leichter abgegeben werden. Der Metallcharakter steigt.	**abnehmend** Die steigenden Kernladungszahlen und die sinkenden Atomradien bewirken eine Abnahme des Metallcharakters.

Hauptgruppen ↓ / Perioden →

Periode	I	II	III	IV	V	VI	VII	VIII
1	H							He
2	Li	Be	B	C	N	O	F	Ne
3	Na	Mg	Al	Si	P	S	Cl	Ar
4	K	Ca	Ga	Ge	As	Se	Br	Kr
5	Rb	Sr	In	Sn	Sb	Te	I	Xe
6	Cs	Ba	Tl	Pb	Bi	Po	At	Rn
7	Fr	Ra						

Metalle: Li, Be, Na, Mg, Al, K, Ca, Ga, Rb, Sr, In, Sn, Sb, Cs, Ba, Tl, Pb, Bi, Po, Fr, Ra

Halbmetalle: B, Si, Ge, As, Se, Te, At

Nichtmetalle: H, He, C, N, O, F, Ne, P, S, Cl, Ar, Br, Kr, I, Xe, Rn

Einteilung der Hauptgruppenelemente in Metalle, Halbmetalle und Nichtmetalle

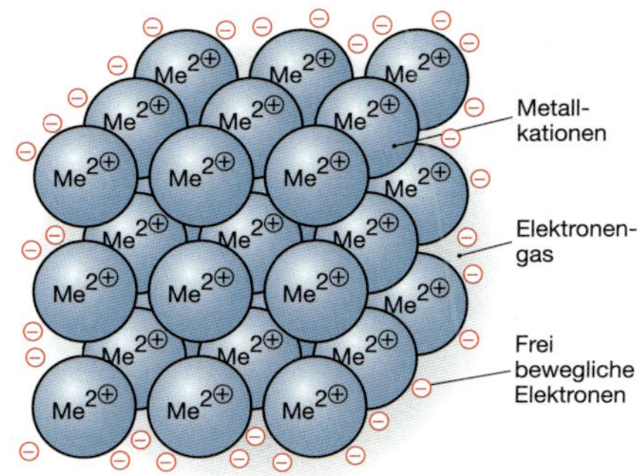

Bindungsverhältnisse in Metallen

Ausgewählte periodische Eigenschaften der Hauptgruppenelemente

Übungsaufgaben

1. *Beschreiben Sie die Entwicklung eines wissenschaftlichen Modells.*

2. *Was bedeutet das Wort „Atom" und welcher bedeutende Gelehrte hat es geprägt?*

3. *Beschreiben Sie den rutherfordschen Streuversuch und erläutern Sie seine Ergebnisse.*

4. *Aus welchen Elementarteilchen baut sich ein Atom auf?*

5. *Setzen Sie a) die Größe von Atomhülle und Atomkern,*
   b) die Masse von Protonen, Neutronen und Elektronen in ein Verhältnis zueinander.

6. *Welche wesentlichen Aussagen trifft das bohrsche Atommodell?*

7. *Zeichnen Sie das bohrsche Atommodell für die Elemente*
   a) Helium,
   b) Kohlenstoff,
   c) Argon.

8. *Welche „Indizien" sprechen für die Realitätsnähe des bohrschen Atommodells?*

9. *Wo liegen die Grenzen des bohrschen Atommodells?*

10. *Erläutern Sie die heisenbergsche Unschärferelation in Bezug auf die Elektronen eines Atoms.*

11. *Was versteht man unter einem Orbital?*

12. *Nennen und erklären Sie die im Orbitalmodell verwendeten Quantenzahlen.*

13. *Welches Orbital wird bei den Lanthanoiden und den Actinoiden jeweils zuletzt mit Elektronen gefüllt?*

14. *Notieren Sie die Elektronenkonfigurationen folgender Elemente:*
    a) Barium
    b) Silicium
    c) Eisen
    d) Krypton

15. *Warum spricht man in der Chemie vom „Periodensystem" der Elemente?*

16. *Nach welchen Kriterien sind die Elemente im PSE eingeordnet?*

17. *Erläutern Sie den Zusammenhang zwischen der Gruppennummer eines Elementes im PSE und seiner Reaktivität.*

18. *Welche Elemente zählt man zu den Alkalimetallen? Beschreiben Sie die physikalischen und chemischen Eigenschaften dieser Elemente.*

19. *Erklären Sie das inerte Verhalten der Edelgase.*

20. *Definieren Sie den Begriff Elektronegativität. Wie verändert sich die Elektronegativität der Elemente innerhalb einer Hauptgruppe und innerhalb einer Periode? Begründen Sie Ihre Aussagen.*

21. *Warum steigt die Ionisierungsenergie sprunghaft an, wenn bei einem Magnesiumatom nach den beiden ersten Elektronen noch ein drittes Elektron entfernt wird?*

3 Chemische Bindungen

3.1 Ursachen chemischer Bindungen

Goldnugget

Geschliffener Diamant

Das Bestreben aller Atome, vollständig besetzte Elektronenschalen zu erreichen, wird in der **Oktettregel** beschrieben.

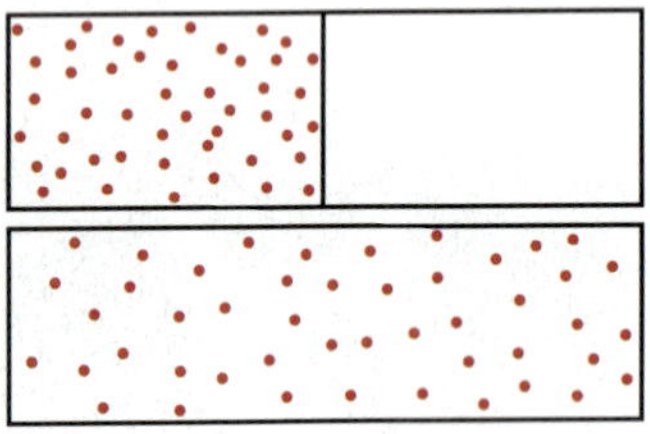

Prinzip des Entropiemaximums

Öffnet man bei dem oberen Glasbehälter den Schieber, wird sich das Gas auf das ganze Volumen verteilen, da dies der unordentlichere Zustand ist. Die Entropie steigt.

Von den auf der Erde und in der Atmosphäre vorkommenden natürlichen Stoffen liegen nur sehr wenige elementar vor. Dazu gehören die Edelmetalle Gold und Platin, Kohlenstoff in Form von Diamant und Grafit sowie die Gase Sauerstoff und Wasserstoff. Jedoch auch diese elementaren Stoffe liegen nicht als einzelne isolierte Atome, sondern als Teilchenverbände und Moleküle vor. So kommen Sauerstoff und Wasserstoff immer als O_2- bzw. O_3- und H_2-Moleküle vor. Diamant und Grafit bilden große dreidimensionale Gitterstrukturen und in einem kleinen Goldnugget sind viele Millionen Goldatome miteinander verbunden. Wirklich atomar – also als völlig freie Atome – kommen nur die Edelgase vor.

Woher rührt dieses Bestreben der Elemente sich zu verbinden? Und warum weisen die Edelgase im Gegensatz zu allen anderen Elementen keinerlei Bindungsstreben auf? Die Antwort auf diese Fragen findet sich in zwei allgemeingültigen Naturprinzipien:

- **Prinzip des Energieminimums**
  Alle Systeme streben stets den **energieärmsten Zustand** an. Dieses Prinzip gilt natürlich auch für Atome. Ein besonders energiearmer und damit besonders stabiler Zustand liegt vor, wenn **alle Schalen vollständig mit Elektronen besetzt** sind. Diesen Zustand weisen alle Edelgase von Natur aus auf. Man nennt diese Elektronenanordnung deshalb auch Edelgaskonfiguration. Edelgase sind aufgrund ihrer vollbesetzten Elektronenschalen außerordentlich reaktionsträge. Alle übrigen Elemente versuchen durch chemische Bindungen einen energetisch günstigeren Zustand – im Idealfall Edelgaskonfiguration – zu erreichen.
- **Prinzip des Entropiemaximums**
  Alle Systeme streben stets den **Zustand größter Unordnung** (größter Entropie) an. Die Entropie steigt z. B. stark an, wenn ein Stoff von dem flüssigen in den gasförmigen Zustand übergeht.

Wenn also eine chemische Reaktion freiwillig abläuft, erreichen die Reaktionspartner dadurch einen energieärmeren und/oder unordentlicheren Zustand.

Den Zusammenhang zwischen der Energie und der Entropie liefert die Gibbs-Helmholtz-Gleichung (siehe auch 4.2).

$$\Delta G = \Delta H - T \cdot \Delta S$$

ΔG = Gibbs-Energie
ΔH = Reaktionsenergie (bei konstantem Druck)
T = Temperatur in Kelvin
ΔS = Entropie

Eine Reaktion läuft spontan ab, wenn die Gibbs-Energie einen negativen Wert aufweist.

Bei Reaktionen in der festen und flüssigen Phase ist (meist) das Erreichen eines Energieminimums der ausschlaggebende Faktor, während bei Reaktionen in der Gasphase und bei sehr hohen Temperaturen die Entropie den entscheidenden Aspekt darstellt.

In diesem Kapitel wird die einfachste aller Reaktionsarten behandelt, die Bildungsreaktion: Zwei oder mehrere Atome gehen eine Bindung ein und bilden eine chemische Verbindung.

Eine chemische Bindung beinhaltet immer drei Aspekte:

- den Bindungsmechanismus,
- die Bindungskraft und
- die räumliche Struktur der resultierenden Verbindung.

3.2 Elektronegativität und Bindungstyp

Die wichtigste Größe zur Beschreibung chemischer Bindungen ist die **Elektronegativität**. Darunter versteht man die **relative Fähigkeit eines Atoms, innerhalb einer chemischen Bindung Elektronen des Bindungspartners anzuziehen** (s. auch Kap. 2.5.2).

Die Elektronegativität eines Atoms ist abhängig von seiner Größe (bzw. von der Anzahl seiner Elektronenschalen) und seiner Kernladung. Je kleiner ein Atom und je höher seine Kernladung ist, desto stärker vermag es die Elektronen eines Bindungspartners zu sich herüberzuziehen. Innerhalb einer Periode nimmt die Elektronegativität von Element zu Element zu, da die Kernladung steigt, der Atomradius jedoch sinkt. Innerhalb einer Hauptgruppe sinkt die Elektronegativität, da der Atomradius steigt und jede zusätzliche Elektronenschale die Kernanziehung stärker abschirmt.

Elemente der 2. Periode	Li	Be	B	C	N	O	F
Atomradius in pm	152	112	88	77	70	66	64
Elektronegativität	1,0	1,5	2,0	2,5	3,0	3,5	4,0

Elektronegativitätswerte der Elemente der 2. Periode im Vergleich mit den Atomradien

Elemente der 7. Hauptgruppe	F	Cl	Br	I	At
Atomradius in pm	64	99	114	133	140
Elektronenschalen	2	3	4	5	6
Elektronegativität	4,0	3,0	2,8	2,5	2,2

Elektronegativitätswerte der Elemente der 7. Hauptgruppe im Vergleich mit den Atomradien und den gefüllten Elektronenschalen

Die Elektronegativitätsdifferenz ΔEN zweier Bindungspartner erlaubt eine Voraussage der Bindungsart.

▸ Die **Elektronegativität EN** ist eine einheitslose Relativgröße. Das elektronegativste Element ist Fluor. Sein Elektronegativitätswert beträgt 4,0. Alle anderen Elemente wurden im Vergleich dazu eingestuft.

▸ Die Elektronegativität wurde im Jahr 1932 von dem US-amerikanischen Nobelpreisträger Linus Pauling eingeführt.

Linus Pauling (1901–1994)

▸ Edelgase nehmen bezüglich ihrer Elektronegativität eine Sonderstellung ein. Da sie mit ihren stabilen, komplett gefüllten Elektronenschalen keinerlei Bindungsstreben zeigen, kann für diese Elemente auch kein Elektronegativitätswert festgelegt werden.

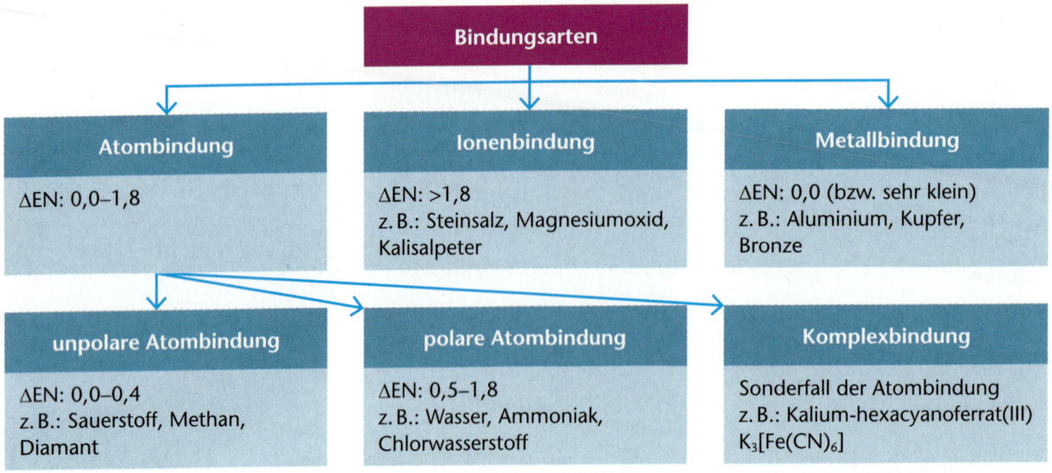

Die Übergänge zwischen den Bindungsarten sind fließend. Die Bindungsart bestimmt maßgeblich die physikalischen und chemischen Eigenschaften des Stoffs.

▸ Atombindungen werden auch als **kovalente Bindungen** oder Elektronenpaarbindungen bezeichnet.

3.3 Atombindung

Verbinden sich zwei oder mehrere Nichtmetalle miteinander, so geschieht das über eine Atombindung. Die Nichtmetalle stehen im Periodensystem rechts oben und weisen damit hohe Elektronegativitätswerte (s. S. 38) auf. Durch eine Bindung streben die Atome eine Komplettierung ihrer äußeren Elektronenschale an. Die Elektronegativitätsdifferenz ΔEN der Bindungspartner ist jedoch nicht ausreichend, um Elektronen vollständig von dem elektropositiveren auf den elektronegativeren Bindungspartner zu übertragen.

3.3.1 Unpolare Atombindung

▸ Abkürzende Darstellung der Bindung im H_2-Molekül

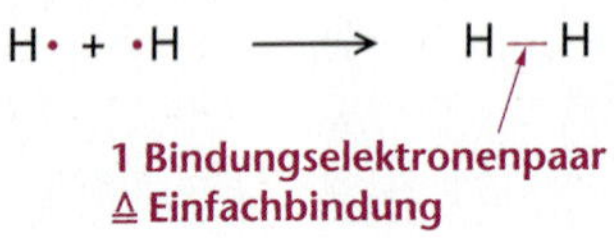

▸ Durch die gemeinsame Inanspruchnahme des Bindungselektronenpaars erreicht jedes der beiden H-Atome im H_2-Molekül die Edelgaskonfiguration von Helium.

Beträgt die Elektronegativitätsdifferenz zwischen den Bindungspartnern 0 (bis max. 0,4), so spricht man von einer unpolaren (reinen) Atombindung.

1. Beispiel: H_2-Molekül

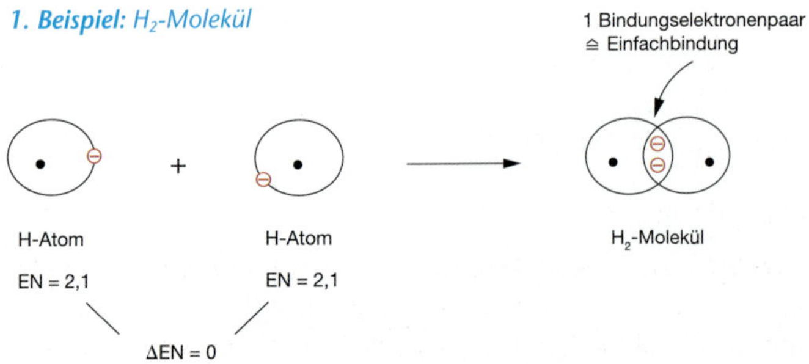

Bindungsverhältnisse im H_2-Molekül

2. Beispiel: Cl_2-Molekül

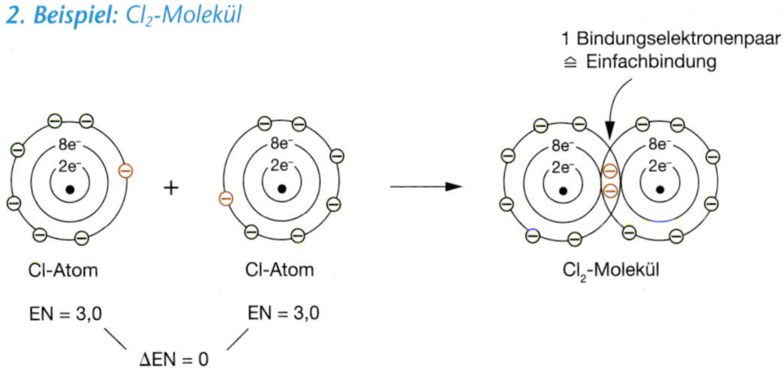

Bindungsverhältnisse im Cl_2-Molekül

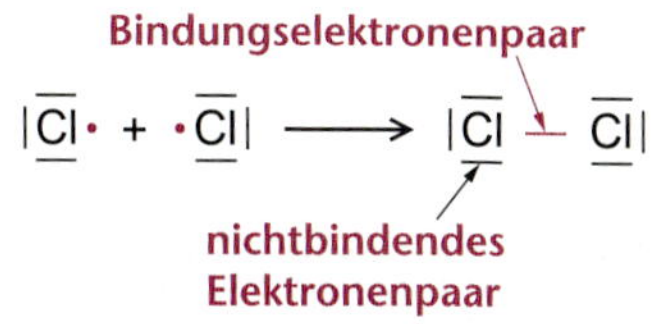

▸ Auch die nichtbindenden Außenelektronen werden paarweise durch einen Strich dargestellt.

Bindungsmechanismus

Damit überhaupt eine Reaktion zwischen den beiden Atomen stattfindet, müssen sie mit ausreichender Geschwindigkeit aufeinanderprallen. Kommt es zu einem solchen aktiven Zusammenstoß, ziehen beide Atome aufgrund ihrer Elektronegativität die Elektronen des Bindungspartners zu sich herüber. Ziel beider Atome ist es, ihre äußere Elektronenschale voll aufzufüllen. Da aber beide Atome die gleiche Elektronegativität aufweisen, sodass die Elektronegativitätsdifferenz ΔEN zwischen ihnen 0 beträgt, ist keines in der Lage, dem Bindungspartner die ihm fehlenden Elektronen zu entreißen. Stattdessen kommt es zu einer Durchdringung der Atomhüllen. In diesen gemeinsamen, überlappenden Teil der Atomhüllen geben beide Bindungspartner die gleiche Anzahl von Elektronen. Auf diesen **Bindungselektronen** beruht die Atombindung. Durch die gemeinsame Nutzung dieser Elektronen erreicht jedes Atom für sich acht Außenelektronen und somit Edelgaskonfiguration (Ausnahme: H_2-Molekül, Elektronenkonfiguration von Helium, 2 Elektronen).

3. Beispiel: O_2-Molekül

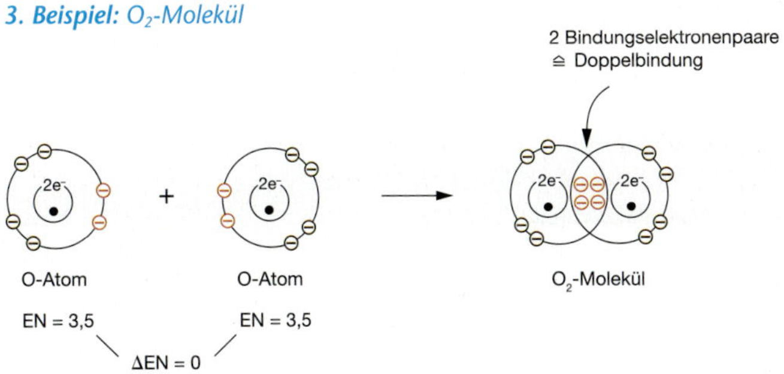

Bindungsverhältnisse im O_2-Molekül

▸ Die bindenden und die nichtbindenden Elektronenpaare eines Moleküls stoßen einander ab. Die nichtbindenden Elektronenpaare ordnen sich deshalb möglichst weit entfernt, aber symmetrisch um die Bindungselektronenpaare an.

Bindungskraft

Die Elektronen eines Atoms werden insbesondere durch die elektrostatische Anziehung des Atomkerns auf ihren Bahnen gehalten. Die gleiche Anziehung üben die Kerne der Bindungspartner auch auf die gemeinsam genutzten Bindungselektronen aus. Bindungskraft ist somit die Anziehung beider Kerne auf die Bindungselektronenpaare.

***4. Beispiel:** N_2-Molekül*

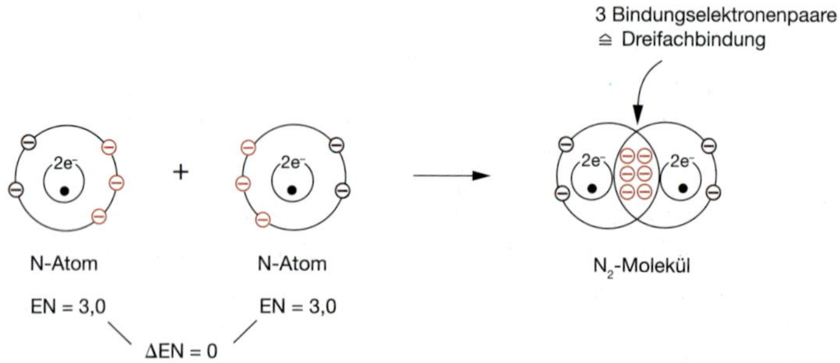

Bindungsverhältnisse im N_2-Molekül

***5. Beispiel:** CO_2-Molekül*

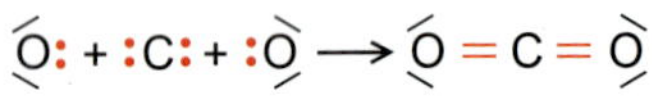

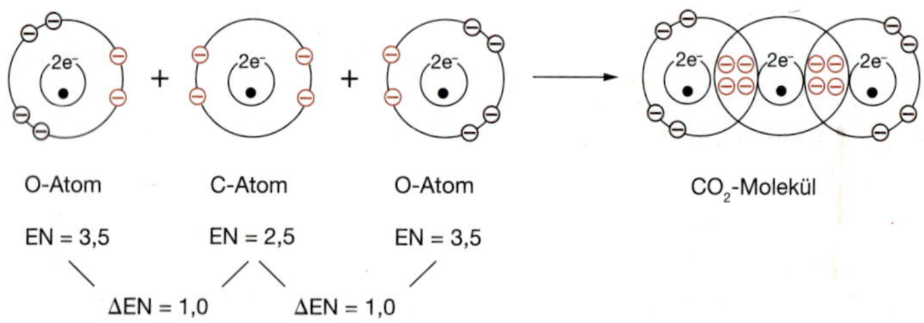

Bindungsverhältnisse im CO_2-Molekül

▸ Die Bindungen im CO_2-Molekül weisen eine Polarität auf, da die elektronegativeren Sauerstoffatome die Bindungselektronenpaare stärker zu sich herüberziehen (s. Kap. 3.3.2.).

Einfach-, Doppel- und Dreifachbindung

Nichtmetalle, wie Kohlenstoff, Sauerstoff und Stickstoff, benötigen zum Erreichen einer Edelgasschale mehr als ein Bindungselektronenpaar. Entweder gehen sie deshalb Einfachbindungen mit mehreren Bindungspartnern ein, oder sie bilden Mehrfachbindungen aus. Mehrfachbindungen sind kürzer und stabiler als Einfachbindungen.

▸ Als **Bindungsenergie** wird die Energiemenge bezeichnet, die aufgewendet werden muss, um die kovalente Bindung zwischen zwei Atomen zu spalten.

Molekül	Struktur	Länge der C-C-Bindung in pm	Bindungsenergie in kJ/mol
Ethan	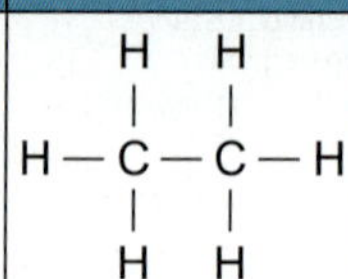	154	348
Ethen	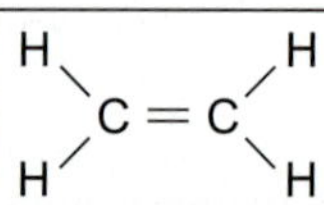	134	614
Ethin	H—C≡C—H	120	839

Vergleich von Einfach-, Doppel- und Dreifachbindungen

Räumliche Struktur

Die Atombindung ist räumlich auf die gemeinsame Atomhülle und die Bindungselektronen beschränkt. Die Bindungskraft wirkt nur zwischen den Atomkernen der Bindungspartner. Nach außen sind solche Moleküle neutral. Es gibt keine freien Ladungen oder Ladungsschwerpunkte. Nichtmetallverbindungen sind deshalb meist Moleküle mit nur wenigen Atomen. Bei Raumtemperatur sind sie gasförmig oder flüssig.

Ausnahmen bilden organische Moleküle, die aus sehr vielen Atomen bestehen können (s. Kap. 7), und Atomgitter, die außerordentlich stabil sind. Ein typisches Atomgitter ist z. B. das Diamantgitter (s. Kap. 7.2.2). Darin geht jedes C-Atom vier Atombindungen mit benachbarten C-Atomen ein.

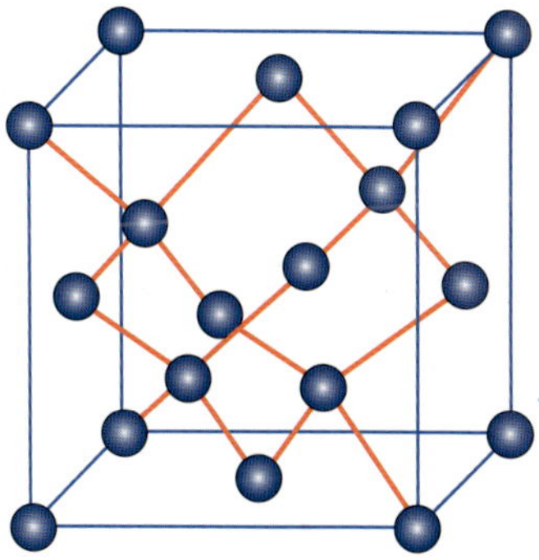

Diamantgitter

3.3.2 Polare Atombindung

Verbinden sich zwei verschiedene Nichtmetallatome miteinander, deren Elektronegativitätsdifferenz ΔEN zwischen 0,5 und 1,8 liegt, so weist die resultierende Atombindung eine Polarität auf. Dabei zieht das elektronegativere Atom die Bindungselektronen stärker zu sich herüber, kann sie dem elektropositiveren Bindungspartner jedoch nicht vollständig entreißen. Diese Ladungsverschiebung führt zur Ausbildung von Ladungsschwerpunkten. Der elektronegativere Bindungspartner trägt eine negative Partialladung und das elektropositivere Atom eine positive Partialladung. Diese Teilladungen sind – da nur eine Verschiebung und keine vollständige Elektronenübertragung vorliegt – kleiner als eine komplette elektrische Elementarladung und werden mit δ^- bzw. δ^+ gekennzeichnet.

Moleküle, in denen ein Wasserstoffatom mit besonders elektronegativen Nichtmetallen wie Fluor, Chlor, Brom, Iod, Sauerstoff oder Stickstoff verbunden ist, weisen immer eine starke Polarität auf.

***1. Beispiel:** HCl-Molekül*

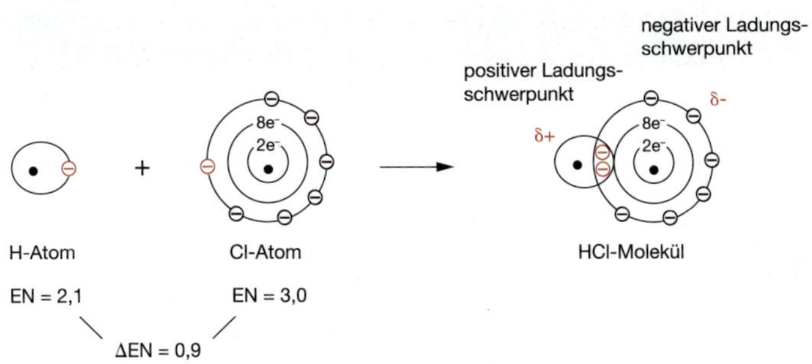

Bindungsverhältnisse im HCl-Molekül

$$\overset{}{H\cdot} + \cdot\overline{\underline{Cl}}| \longrightarrow \overset{\sigma+}{H} - \overset{\sigma-}{\overline{\underline{Cl}}|}$$

▸ Die Polarität einer Atombindung kann auch durch einen Pfeil anstelle des Bindungsstrichs ausgedrückt werden. Dabei markiert das dickere Ende des Pfeils den elektronegativeren Bindungspartner.

H ◁ Cl

Enthält ein Molekül neben den Bindungselektronenpaaren auch nichtbindende Elektronenpaare, so stoßen sich diese gegenseitig ab. Dabei beanspruchen die nichtbindenden freien Elektronenpaare einen größeren Raum, da sie nur unter dem Einfluss eines Atomkerns stehen und nicht wie die Bindungselektronen unter dem zweier Atomkerne. Auch die Abstoßung, die ein freies Elektronenpaar ausübt, ist deshalb stärker als die Abstoßung durch ein bindendes Elektronenpaar. All diese Faktoren berücksichtigend, ordnen sich die Atome eines Moleküls so an, dass der Abstand zwischen den Elektronenpaaren möglichst groß ist.

Bei zweiatomigen oder unsymmetrisch gebauten Molekülen führt die Polarität der Bindung(en) immer zur Ausbildung eines Dipols. Ein solcher **permanenter Dipol** hat Einfluss auf die physikalischen und chemischen Eigenschaften des Stoffs, da nun zwischen den einzelnen Molekülen intermolekulare Anziehungskräfte entsprechend der Ladungsschwerpunkte auftreten (s. Kap. 3.6).

▸ Das CO_2-Molekül weist aufgrund seines symmetrischen Aufbaus keinen permanenten Dipol auf, obwohl die C-O-Bindungen polar sind.

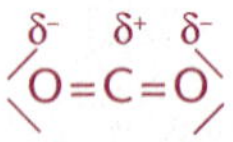

Bei symmetrisch gebauten Molekülen tritt auch bei einer starken Polarität der einzelnen Bindungen kein Dipolmoment auf, da der Schwerpunkt der negativen Partialladungen mit dem der positiven Partialladungen zusammenfällt (s. Tab. unten).

	Wasser	Ammoniak	Methan
Summenformel	H_2O	NH_3	CH_4
Strukturformel	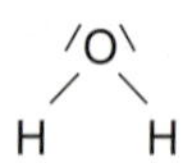	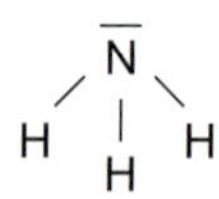	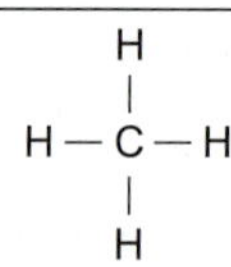
räumliche Struktur des Moleküls	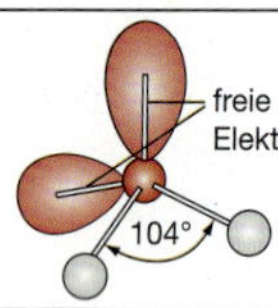	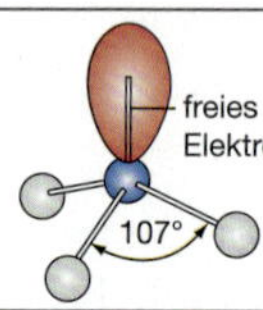	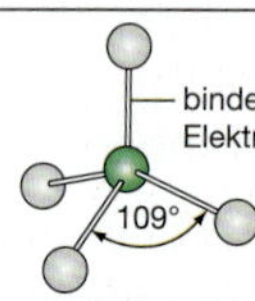
wirkende Kräfte	Die nichtbindenden Elektronenpaare benötigen mehr Raum und stoßen sich untereinander am stärksten ab. Dadurch kommt es zu einer Stauchung des Moleküls.	Das nichtbindende Elektronenpaar übt eine stärkere Abstoßung auf die bindenden Elektronenpaare aus als diese untereinander.	Das zentrale C-Atom besitzt keine freien Elektronenpaare. Die Abstoßung zwischen den Bindungselektronen ist gleich groß. Es resultiert eine ideale Tetraederstruktur.
Stärke des resultierenden Dipols	sehr großes Dipolmoment	großes Dipolmoment	kein Dipolmoment Der Schwerpunkt des symmetrischen Moleküls liegt auf dem C-Atom. Die schwachen Polaritäten der vier gleich langen Atombindungen heben sich auf.
zwischenmolekulare Kräfte	sehr starke zwischenmolekulare Kräfte	starke zwischenmolekulare Kräfte	sehr schwache zwischenmolekulare Kräfte

Aufbau der Moleküle H_2O, NH_3 und CH_4

3.3.3 Komplexbindung

Die Komplexbindung stellt einen Sonderfall der Atombindung dar. Obwohl Komplexverbindungen schon im Altertum bekannt waren, bereitete die Aufklärung ihrer Struktur und Bindungsverhältnisse lange Zeit Probleme. Erst im Jahre 1893 gelang dem deutschen Chemiker Alfred Werner der Durchbruch in der Komplexchemie.

Komplexverbindungen weisen meist intensive Farben auf und kommen in der Natur häufig vor.

Die Komplexbindung wird häufig auch als ***koordinative Bindung*** bezeichnet; abgeleitet von ***coordinare*** (lat.) = zuordnen.

Alfred Werner (1866–1919)

▸ Die **Farbigkeit der Komplexe** liegt in großen delokalisierten Elektronensystemen begründet, die aus dem auftreffenden weißen Licht bestimmte Wellenlängen absorbieren, sodass die Verbindung in der verbleibenden Restfarbe erscheint.

Beispiele:

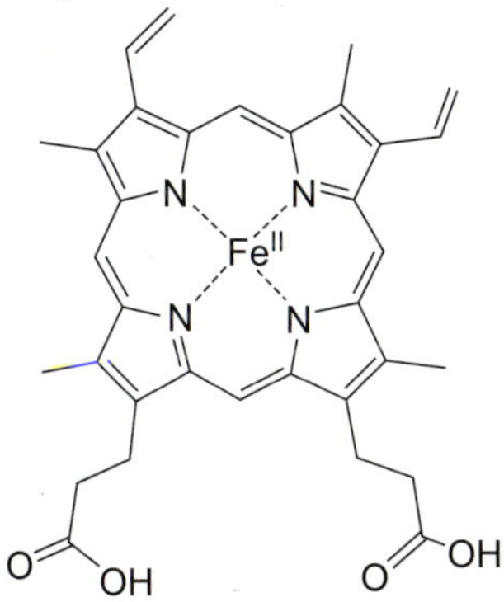

Häm-Gruppe des Hämoglobins

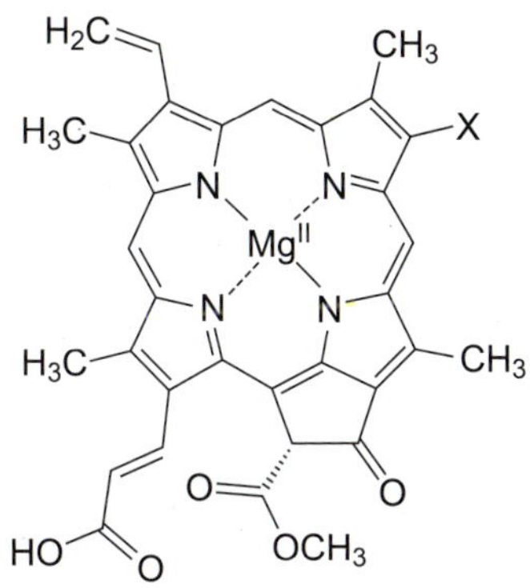

Chlorophyll

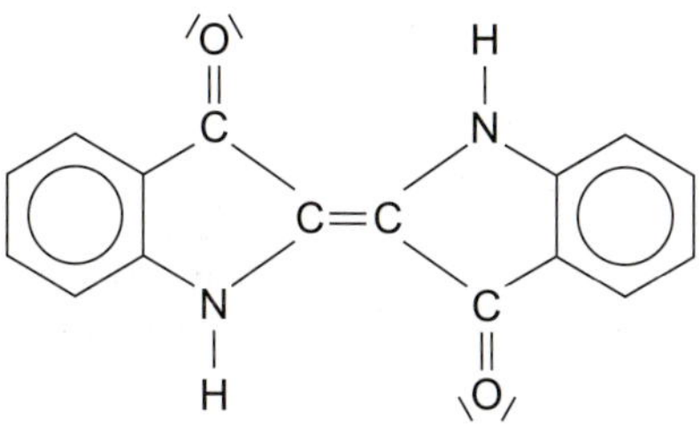

Indigo

Aber auch in der Industrie, im Haushalt, in der Technik und in der analytischen Chemie spielen Komplexe eine wichtige Rolle. So werden sie beispielsweise eingesetzt

- zur qualitativen und quantitativen Analyse von Metallionen,
- zur Bestimmung der Wasserhärte,
- als Weichmacher in Waschmitteln,
- zum Fixieren während des fotografischen Prozesses,
- zum Aufschluss von Bauxit bei der Aluminiumgewinnung,
- als Katalysatoren.

▸ Komplexverbindungen sind meist Salze, bei denen eine Ionenart als komplexes Teilchen vorliegt. Liegt das Kation komplex vor, spricht man von einem **Kationenkomplex**, bei einem komplexen Anion von einem **Anionenkomplex**. Daneben gibt es aber auch (wenige) **Neutralkomplexe**.

▸ Das sich im Zentrum des Komplexes befindliche Metallion wird als **Zentralteilchen** bezeichnet. Direkt an das Zentralteilchen gebunden sind mehrere Moleküle und/oder Ionen – die **Liganden.** Die Liganden ordnen sich so an, dass die geringste Abstoßung unter ihnen und die größte Anziehung zum Zentralteilchen resultiert. Die Anzahl der Liganden wird **Koordinationszahl** (KZ) genannt.

▸ Mehrzähnige Liganden bilden mehr als eine koordinative Bindung zum Zentralteilchen aus. Die resultierenden Komplexverbindungen sind besonders stabil. Sie werden als Chelatkomplexe bezeichnet, da der mehrzähnige Ligand das Zentralteilchen wie eine Krebsschere umfasst.

chele (griech.) = Krebsschere

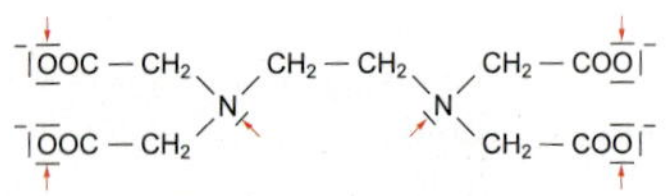

Ethylendiamintetraacetat (edta) ist ein sechszähniger Ligand. Die roten Pfeile markieren die sechs Koordinationsstellen zum Zentralteilchen.

Aufbau von Komplexen

1. Beispiel: *Hexaaminkobalt(III)-chlorid*

Komplexsalz, Kationenkomplex: $\underbrace{[Co(NH_3)_6]^{3+}}_{\text{Komplex-Kation}} + \underbrace{3\ Cl^-}_{\text{Anionen}}$

2. Beispiel: *Natrium-tetrahydroxoaluminat(III)1*

Komplexsalz; Anionenkomplex: $\underbrace{Na^+}_{\text{Kation}}\ \underbrace{[Al(OH)_4]^-}_{\text{Komplex-Anion}}$

3. Beispiel: *Diamintetrachloroplatin(IV)*

Neutralkomplex: $[Pt(NH_3)_2Cl_4]$

= *Zentralteilchen* = *Liganden*
= *Koordinationszahl* = *Ladung des Komplex-Ions*

Koordinationszahl	Geometrische Anordnung der Liganden/Struktur	Beispiel
4	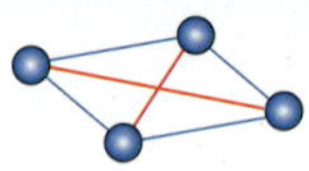 quadratisch-planare Struktur	$[Pt(NH_3)_4]^{2+}$
4	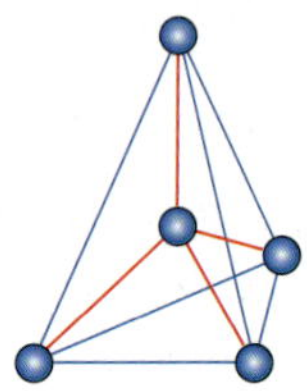 tetraedrische Struktur	$[Cu(CN)_4]^{3-}$
6	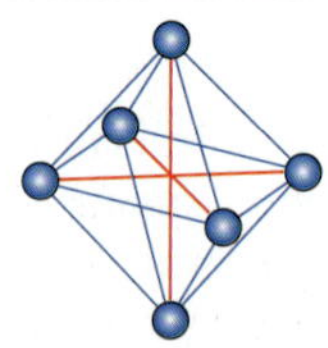 oktaedrische Struktur	$[Co(H_2O)_6]^{2+}$

Geometrie von Komplexen

Bindungsverhältnisse in Komplexen

Die koordinative Bindung stellt eine spezielle Form der Atombindung dar, in der **die Bindungselektronenpaare vollständig von den Liganden zur Verfügung gestellt werden**. Das Zentralteilchen steuert keine Elektronen zur Bindung bei. Durch die von den Liganden eingebrachten Bindungselektronenpaare erreicht das Zentralteilchen Edelgaskonfiguration.

1. Beispiel: *Hexaaminkobalt(III)-chlorid*
Das Zentralteilchen – ein Co^{3+}-Ion – weist 24 Elektronen auf. Jeder der sechs neutralen Amin-Liganden stellt ein Bindungselektronenpaar zur Verfügung. Die Elektronenanzahl des Zentralteilchens summiert sich somit auf 36. Das entspricht der Edelgaskonfiguration von Krypton.

2. Beispiel: *Natrium-tetrahydroxoaluminat(III)*
Das zentrale Al^{3+}-Ion verfügt über zehn Elektronen. Durch die vier eingebrachten Bindungselektronenpaare der Liganden erreicht es mit 18 Elektronen die Edelgaskonfiguration von Argon.

3. Beispiel: *Diamintetrachloroplatin(IV)*
Mit den sechs Bindungselektronenpaaren der Liganden erreicht das Zentralteilchen Pt^{4+} (74 Elektronen) die Edelgaskonfiguration von Radon (86 Elektronen).

▸ Als Voraussetzung für eine koordinative Bindung müssen Liganden über mindestens ein freies Elektronenpaar verfügen, welches dann Orbitale des Zentralteilchens besetzt.

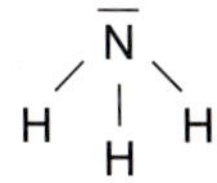

Amin-Ligand

Nomenklatur von Komplexen

1. Wie bei allen Salzen wird auch bei Komplexsalzen das Kation vor dem Anion genannt. Zwischen Kation und Anion wird ein Bindestrich gesetzt.
   Beispiele: *Kalium-hexacyanoferrat(II)* $K_4[Fe(CN)_6]$
   Tetraaminkupfer(II)-hydroxid $[Cu(NH_3)_4](OH)_2$

2. Liganden werden vor dem Zentralteilchen in alphabetischer Reihenfolge aufgezählt. Ihre Anzahl wird durch griechische Zahlwörter als Vorsilbe angegeben. Dabei tragen anionische Liganden die Endung „-o". Neutrale Liganden erhalten keine Endung.
   Beispiele: *Ammonium-diamintetrahydroxocobaltat(III)* $NH_4[Co(OH)_4(NH_3)_2]$
   Tetraaquadiaminchrom(III)-chlorid $[Cr(NH_3)_2(H_2O)_4]Cl_3$

3. Bei Anionenkomplexen wird das Zentralteilchen mit lateinischem Wortstamm genannt und erhält die Endung „-at". Bei Kationen- und Neutralkomplexen wird das Zentralteilchen mit deutschem Namen genannt und erhält keine Endung.
   Die Ladung des Zentralteilchens wird als römische Ziffer in runde Klammern gesetzt und dem komplexen Ion angehängt. Sie berechnet sich aus der Summe der Ladungen der Liganden und Gegenionen.
   Beispiele: *Kalium-hexaflouronicolat(IV)* $K_2[NiF_6]$
   Tetraamincarbonylchlorokobalt(III)-chlorid $[CoCl(NH_3)_4CO]Cl_2$

Griechische Zahlwörter/Vorsilben:
- mono (1)
- di (2)
- tri (3)
- tetra (4)
- penta (5)
- hexa (6)
- hepta (7)
- octa (8)
- nona (9)

Anionische Liganden:

F^-	fluoro
Cl^-	chloro
Br^-	bromo
I^-	iodo
S^{2-}	thio
CN^-	cyano
SO_4^{2-}	sulfato
OH^-	hydroxo
CO_3^{2-}	carbonato

Neutrale Liganden:

H_2O	aqua
NH_3	amin
CO	carbonyl
NO	nitrosyl

▸ Bei Komplexverbindungen können Isomere auftreten. So gibt es von dem Diamindichloroplatin(IV)-Ion $[PtCl_2(NH_3)_2]^{2+}$ ein Cis-Isomer (Cisplatin) und ein Trans-Isomer (Transplatin).

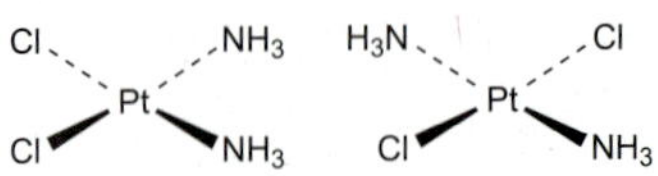

Cisplatin Transplatin

Metall	lateinischer Name	latein. Wortstamm + Endung „-at“
Eisen	Ferrum	Ferrat
Zinn	Stannum	Stannat
Silber	Argentum	Argentat
Gold	Aurum	Aurat
Blei	Plumbum	Plumbat
Kupfer	Cuprum	Cuprat
Nickel	Nicolum	Nicolat

Benennung von Metallen in Komplexverbindungen

3.4 Ionenbindung

▸ Isomere sind chemische Verbindungen mit gleichen Summenformeln und Molekülmassen, die sich jedoch in der Anordnung der Atome oder in ihrer räumlichen Ausrichtung unterscheiden.

▸ Die aus einer Ionenbindung resultierenden chemischen Verbindungen sind Salze.

▸ Die Hauptgruppenmetalle erlangen innerhalb einer Ionenbindung Edelgaskonfiguration.

▸ Positiv geladene Ionen heißen **Kationen** und negative Ionen **Anionen.**

Während die im Periodensystem rechts oben stehenden Nichtmetalle sehr hohe Elektronegativitätswerte aufweisen, sind die der Metalle nur gering. Kommt es zu einer Bindung zwischen einem Metall und einem Nichtmetall, ist die Elektronegativitätsdifferenz ΔEN größer als 1,8 und liegt damit im Bereich der Ionenbindung.

1. Beispiel: *NaCl*

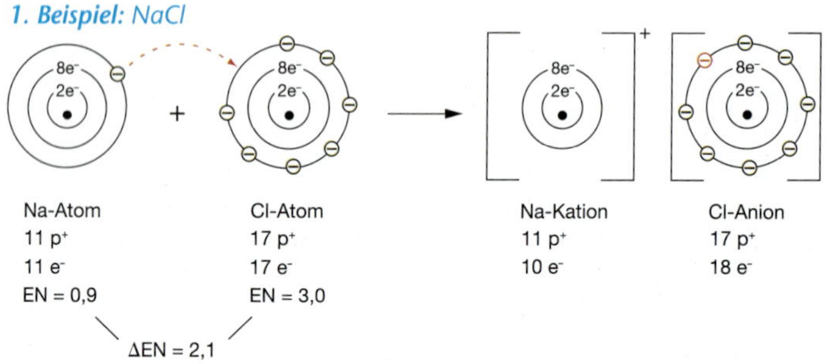

Bindungsverhältnisse im Salz NaCl

Obwohl Natrium durch die Elektronenübertragung die Edelgaskonfiguration von Neon erreicht, muss hierfür Ionisierungsenergie aufgebracht werden. Die Ionisierungsenergien der Hauptgruppenmetalle sind jedoch gering (s. Kap. 2.5.2).

Bindungsmechanismus

Bei der Reaktion eines Metalls mit einem Nichtmetall werden aufgrund des großen Elektronegativitätsunterschieds ein oder mehrere Außenelektronen des Metalls vollständig auf die äußere Schale des Nichtmetalls übertragen. Dadurch erreichen beide Bindungspartner einen energetisch günstigeren Zustand. Durch den Elektronentransfer werden aus den neutralen Atomen Metallkationen und Nichtmetallanionen.

NaCl, Steinsalz

Bindungskraft

Die Bindung beruht auf den starken elektrostatischen Anziehungskräften zwischen den Kationen und Anionen. Diese Anziehung wirkt allseitig, d. h., ein Kation zieht in alle Raumrichtungen Anionen an und umgekehrt. Um summarisch die größtmögliche Anziehung zu erreichen, ordnen sich die entgegengesetzt geladenen Ionen in einem dreidimensionalen Gitter regelmäßig an.

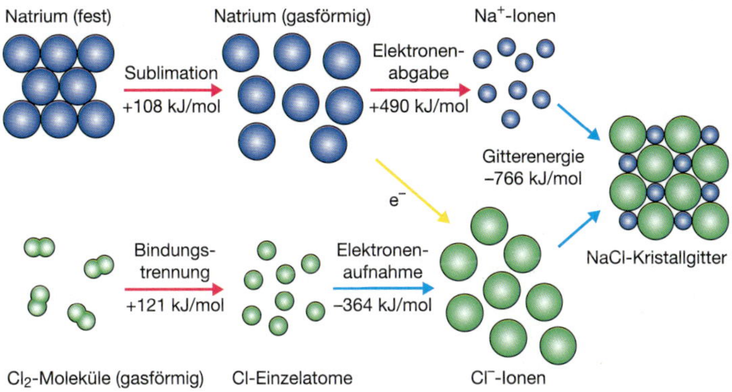

Teilschritte und Energiebilanz für die Bildung von Natriumchlorid aus den Elementen

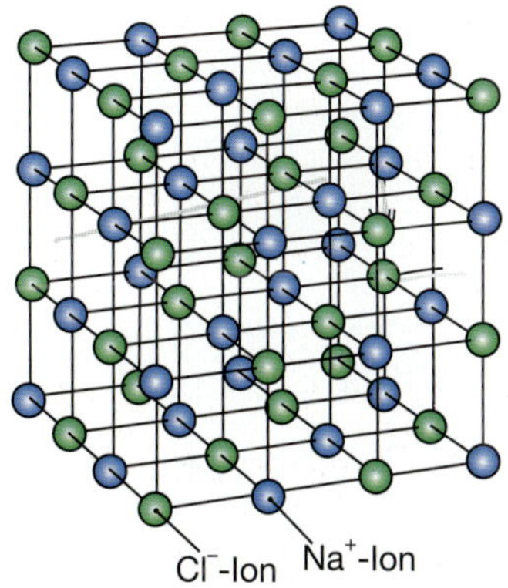

Modell eines Natriumchloridgitters

▸ Natrium- und Chloridionen liegen im Zahlenverhältnis 1 : 1 vor. Die chemische Formel lautet daher NaCl.

Räumliche Struktur

Alle Salze bilden regelmäßige Ionengitter aus. Zur Beschreibung der Gitterstrukturen verwendet man Elementarzellen. **Eine Elementarzelle ist die kleinste, immer wiederkehrende Struktureinheit, aus der sich das gesamte Gitter aufbaut.** Sie besteht aus einem Ion und den direkt benachbarten entgegengesetzt geladenen Ionen. Die Anzahl der direkten Nachbarn in einem Ionengitter nennt man **Koordinationszahl (KOZ).**

Man unterscheidet drei Gittertypen (bei Salzen des Typs AB):

- den Zinkblende-Typ (KOZ 4),
- den Natriumchlorid-Typ (KOZ 6) und
- den Cäsiumchlorid-Typ (KOZ 8).

Der Gittertyp ist abhängig vom Radienverhältnis der Ionen, wobei diese sich prinzipiell so hoch wie möglich koordinieren.

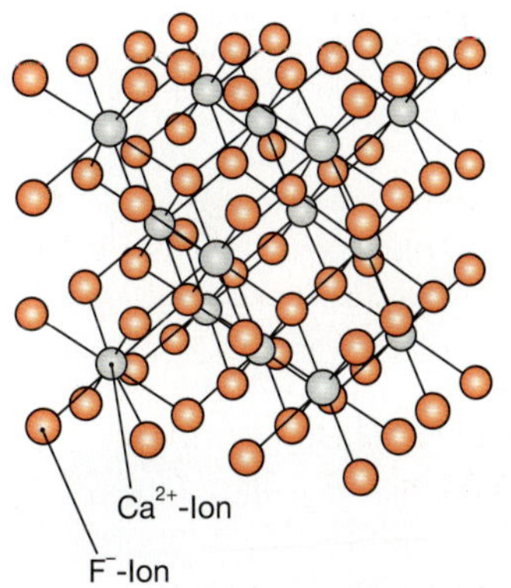

Modell eines Calciumflouridgitters

▸ Im Gitter befinden sich doppelt so viele Fluoridionen wie Calciumionen. Das Salz trägt deshalb die Formel CaF_2.

Gittertyp	Zinkblende ZnS	Natrium-chlorid NaCl	Cäsium-chlorid CsCl
Koordinationszahl	4	6	8
Elementarzelle	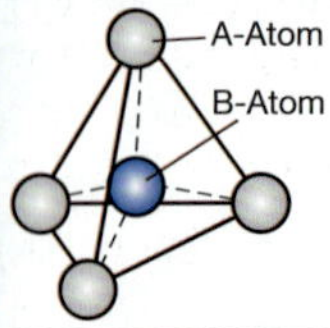 *Tetraeder*	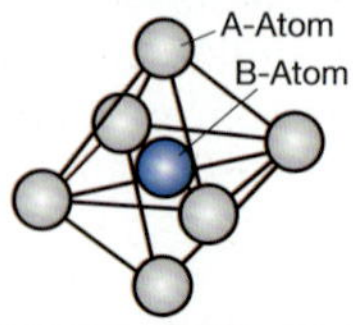 *Oktaeder*	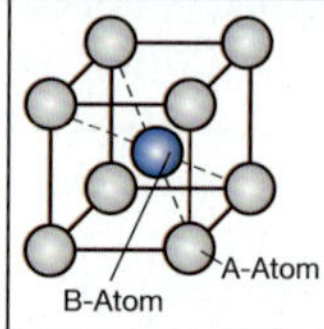 *Würfel*
Gitterstruktur	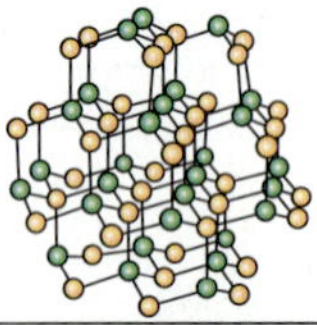	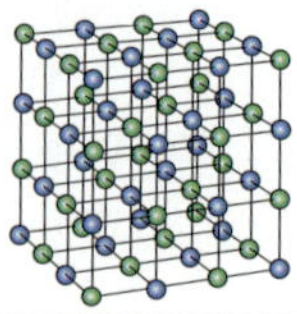	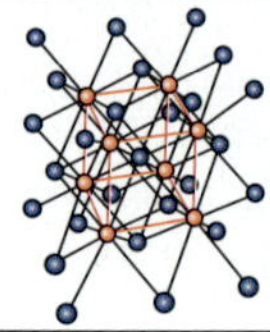
Radienverhältnis $\frac{r\text{ (Kation)}}{r\text{ (Anion)}}$	0,22–0,40	0,41–0,73	$> 0{,}73$
Beispiele	ZnS, ZnSe, CuCl, HgS, CdS	NaCl, NaBr, AgCl, CaO, FeO	CsCl, CsBr, CsI, CaS

Ionengittertypen

Die typischen Eigenschaften der Salze liegen in ihrer Bindung, der Ionenbindung, begründet:

typische Salzeigenschaft	Ursache/Begründung
kristalliner Aufbau	Ein Kristall ist gekennzeichnet durch eine regelmäßige Anordnung von Teilchen in einem Gitter. In einem Salzkristall ordnen sich die Ionen regelmäßig an und werden durch die starke wechselseitige Anziehung auf ihren Gitterplätzen gehalten.
hohe Schmelz- und Siedepunkte	Führt man einem Salzkristall kontinuierlich Wärme zu, so schwingen die Ionen immer stärker um ihre Ruhelage, bis sie ihre Gitterplätze verlassen und der Kristall schmilzt. Die Schmelz- und Siedepunkte sind bei Salzen besonders hoch, da aufgrund der allseitigen, wechselseitigen Anziehung im Gitter die Ionen besonders fest an ihre Gitterplätze gebunden sind.
Sprödigkeit/Spaltbarkeit	Wird auf einen Salzkristall eine mechanische Kraft ausgeübt, kommt es zu Verschiebungen im Gitter. Gleichnamige Ionen stehen sich dann (ganz oder auch nur teilweise) gegenüber und stoßen einander ab. An dieser Stelle kommt es zur Spaltung des Kristalls. 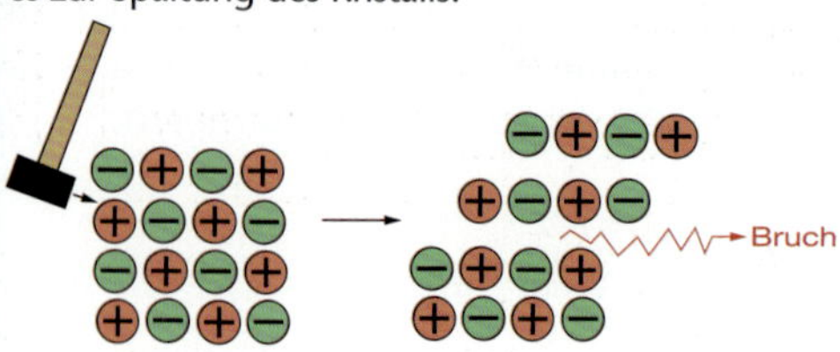 *Sprödigkeit von Salzen*

Salz	Natriumchlorid NaCl	Kaliumflorid KF	Magnesiumoxid MgO
Schmelzpunkt in °C	801	858	2642
Siedepunkt in °C	1465	1505	2800

<table>
<tr><th>typische Salzeigenschaft</th><th>Ursache/Begründung</th></tr>
<tr><td>Wasserlöslichkeit</td><td>Im Inneren eines Salzkristalls sind alle Ionen komplett von entgegengesetzt geladenen Ionen umgeben. Bei den randständigen Ionen ragen die Ladungen jedoch in den Raum. Dort lagern sich die Wasserdipole (s. Kap. 3.6) mit dem jeweils entgegengesetzten Ladungsschwerpunkt an. Unterstützt durch die Wärmebewegung werden die Ionen aus dem Gitter herausgelöst und vollständig von Wassermolekülen umgeben. Diesen Vorgang nennt man Hydratation.
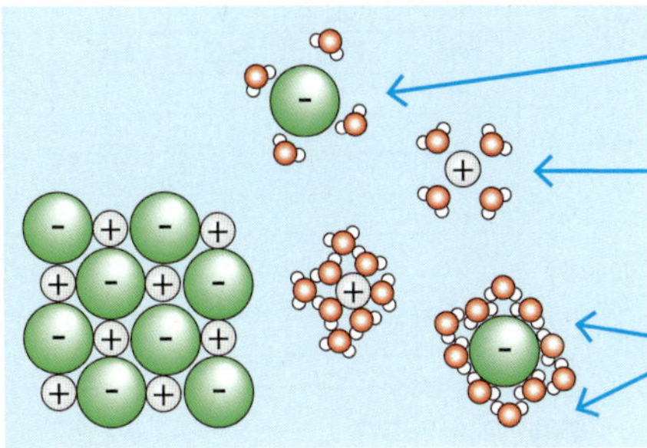

Löslichkeit von NaCl in Wasser
Der Salzkristall wird von außen nach innen – Schicht für Schicht – aufgelöst.</td></tr>
<tr><td>elektrische Leitfähigkeit</td><td>Salze sind Leiter 2. Klasse. Im festen Zustand zeigen sie keinerlei Leitfähigkeit, da die Ionen fest auf ihren Gitterplätzen gebunden sind und deshalb nicht für einen Ladungstransport zur Verfügung stehen. Erst wenn im geschmolzenen oder gelösten Zustand die Gitterstruktur aufgehoben ist und die Ionen beweglich sind, ist eine elektrische Leitfähigkeit messbar.</td></tr>
</table>

Typische Salzeigenschaften

3.5 Metallbindung

Mehr als ¾ der natürlich vorkommenden Elemente sind Metalle. Im PSE nimmt der metallische Charakter innerhalb einer Hauptgruppe von oben nach unten und innerhalb einer Periode von rechts nach links zu. Die typischen Metalle finden sich deshalb in der 1., 2. und 3. Hauptgruppe. Darüber hinaus sind sowohl alle Nebengruppenelemente als auch die , und die Actinoide Metalle.

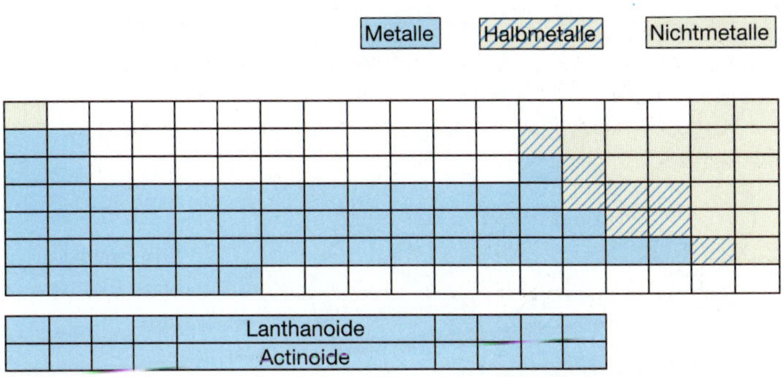

Einteilung der Elemente in Metalle, Halbmetalle und Nichtmetalle

Element	Symbol	Massenanteil in der Erdkruste in (g/100 g)
Sauerstoff	O	50,0
Silicium	Si	27,5
Aluminium	Al	7,3
Eisen	Fe	3,38
Calcium	Ca	2,79
Kalium	K	2,58
Natrium	Na	2,19
Magne-sium	Mg	1,29
Wasserstoff	H	1,02
Titan	Ti	0,43

7 der 10 häufigsten Elemente der Erdkruste sind Metalle. Zur Erdkruste zählen die Atmosphäre und der Anteil der Erde von der Oberfläche bis ca. 35 km Tiefe.

Gegenläufig zum Metallcharakter sinkt sowohl die Ionisierungsenergie als auch die Elektronegativität der Elemente. Bei typischen Metallen wie Cäsium (I. Hauptgruppe) und Radium (II. Hauptgruppe) bedarf es nur eines geringen Energieaufwandes, um die Außenelektronen abzutrennen. Außerdem ist das chemische Bestreben dieser Elemente, innerhalb einer Bindung Elektronen des Bindungspartners anzuziehen, nur minimal ausgeprägt.

1. HG	2. HG	3. HG	4. HG	5. HG	6. HG	7. HG	8. HG
H							He
Li	Be	B	C	N	O	F	Ne
Na	Mg	Al	Si	P	S	Cl	Ar
K	Ca	Ga	Ge	As	Se	Br	Kr
Rb	Sr	In	Sn	Sb	Te	I	Xe
Cs	Ba	Tl	Pb	Bi	Po	At	Rn
Fr	Ra						

Zunahme des Metallcharakters

Metallcharakter der Hauptgruppenelemente

Bindungsmechanismus

▸ Die entstehenden Metallkationen werden häufig auch als **Atomrümpfe** bezeichnet.

Durch Abgabe der Valenzelektronen bei den Hauptgruppenmetallen bzw. Abgabe von Elektronen der äußersten und zweitäußersten Schale bei den Nebengruppenmetallen erreichen die Atome einen energetisch günstigen, stabilen Zustand. Die resultierenden Metallkationen ordnen sich in einem dreidimensionalen Gitter regelmäßig an. Die abgegebenen Elektronen unterliegen nicht mehr nur der Anziehungskraft ihres ursprünglichen Atoms, sondern können sich frei zwischen dem **Kationengitter** bewegen. Sie treten auch nicht punktuell auf, sondern bilden eine negative Ladungswolke, die die positiven Metallrümpfe völlig umschließt. Man spricht deshalb auch von einem **Elektronengas**.

Atomium, Brüssel

▸ Das **Atomium** in Brüssel stellt eine kubisch raumzentrierte Elementarzelle aus einem Eisengitter dar.

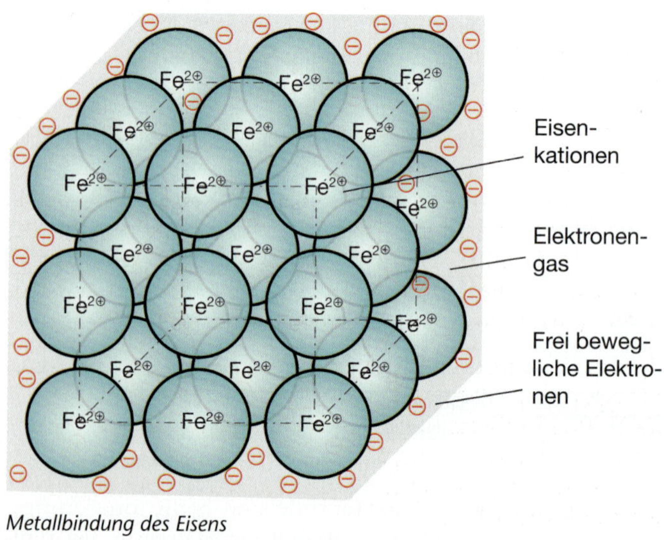

Metallbindung des Eisens

Bindungskraft

Die Bindung beruht auf der elektrostatischen Anziehung zwischen den Metallkationen auf ihren Gitterplätzen und den frei beweglichen Elektronen. Diese Anziehung ist völlig ungerichtet, da die Elektronen die Atomrümpfe als eine flexible negative Ladungswolke umschließen.

Räumliche Struktur

Metalle bilden – ähnlich den Ionenverbindungen – regelmäßige Gitterstrukturen aus. Da sich ein solches Gitter jedoch aus gleich großen Kationen aufbaut, ist eine viel dichtere Packung möglich als bei den Salzen. Die meisten Metalle kristallisieren in den folgenden Gittertypen:

Gittertyp	kubisch-raumzentriert	kubisch-flächenzentriert	hexagonal dicht
Struktur	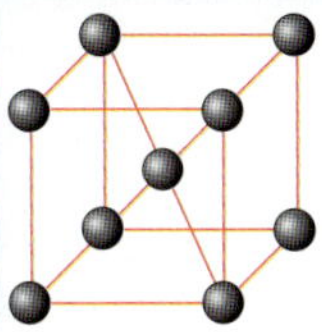	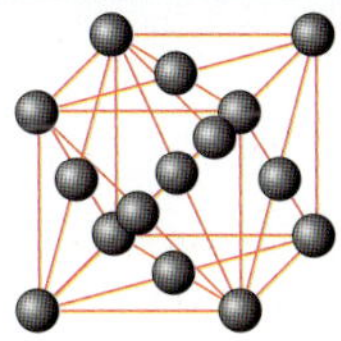	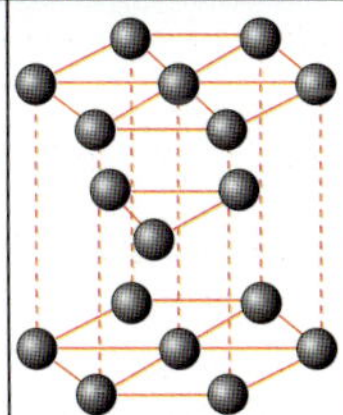
Beispiele	Eisen, Chrom, Natrium, Wolfram, Molybdän	Kupfer, Silber, Gold, Platin, Aluminium, Nickel, Blei	Magnesium, Zink, Kobalt, Titan, Cadmium

Metallische Gitterstrukturen

Bändermodell

Das **Bändermodell** erklärt anschaulich das unterschiedliche Leitungsvermögen von Leitern (Metallen), Halbleitern und Isolatoren. Die Elektronen eines einzelnen Atoms können nur diskrete Energieniveaus einnehmen. In kristallinen Feststoffen – viele Atome sind eng nebeneinander platziert – kommt es zwischen den Elektronen benachbarter Atome zu Wechselwirkungen, ihre Orbitale überlappen. Infolgedessen werden die Energieniveaus zu Energiebändern aufgespreizt. Die jeweils höchsten Energieniveaus vereinigen sich zum **Leitungsband**, die direkt darunterliegenden Niveaus bilden das **Valenzband**. Die Energiebereiche zwischen den Bändern können von den Elektronen nicht eingenommen werden (verbotene Zone).

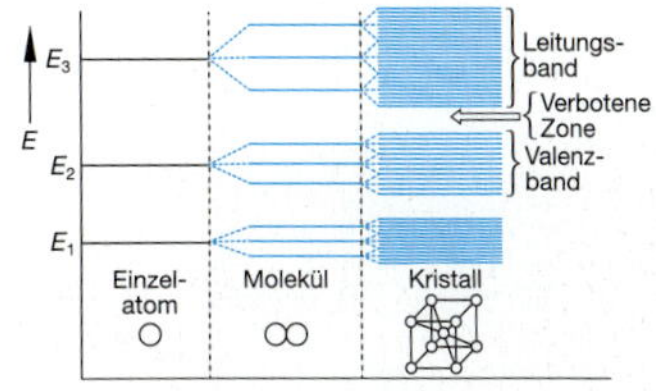

Aufspreizen der Energieniveaus zu Energiebändern

- Elektronen können sich nur im Leitungsband frei bewegen, d. h., nur wenn dieses Band mit Elektronen besetzt ist, zeigt der Stoff eine elektrische Leitfähigkeit (Leitungselektronen). Die im Valenzband befindlichen Elektronen werden für die chemische Bindung der Atome untereinander genutzt (Bindungselektronen).

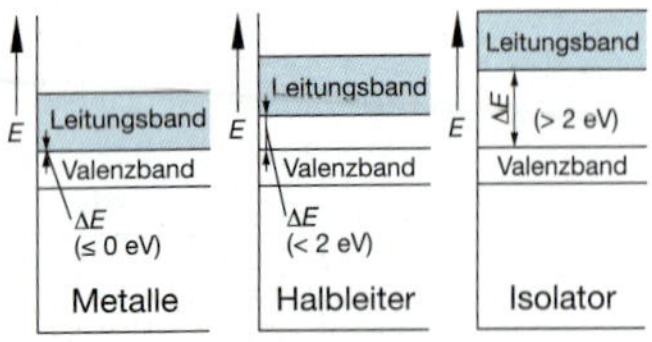

Energiebandschemas von Metallen, Halbleitern und Isolatoren

- Bei Metallen berühren sich Valenz- und Leitungsband oder sie überlappen. Es befinden sich immer Elektronen im Leitungsband. Metalle sind daher gute elektrische Leiter.
- Halbleiter weisen einen geringen Abstand zwischen Valenz- und Leitungsband auf (< 2 eV). Bei Raumtemperatur halten sich nur wenige Elektronen im Leitungsband auf; die Leitfähigkeit ist minimal. Führt man jedoch Energie, z.B. in Form von Wärme zu, können Bindungselektronen über die verbotene Zone ins Leitungsband „springen" und die Leitfähigkeit steigt stark an.
- Bei Isolatoren ist der Bandabstand so groß (> 2 eV), dass er von den Bindungselektronen nicht überwunden werden kann.

Typische Metalleigenschaften

typische metallische Eigenschaft	Ursache/Begründung
elektrische Leitfähigkeit	Durch das Vorhandensein frei beweglicher Elektronen sind alle Metalle gute elektrische Leiter. Charakteristischerweise nimmt die Leitfähigkeit mit steigender Temperatur ab, da die stärker werdenden Schwingungen der Metallkationen den Elektronenfluss behindern. Der innere Widerstand steigt.
Wärmeleitfähigkeit	Erwärmt man einen metallischen Körper lokal begrenzt, so bewirkt die zugeführte Wärmeenergie, dass die Metallkationen an dieser Stelle immer stärker um ihre Ruhelage schwingen. Diese Schwingungen werden durch die frei beweglichen Elektronen von Kation zu Kation über das gesamte Metall übertragen. Metalle sind deshalb sehr gute Wärmeleiter.
mechanische Festigkeit	Durch ihre mechanische Festigkeit sind Metalle als Werkstoffe besonders geeignet. Dabei steigt die Festigkeit mit der Anzahl der in das Elektronengas abgegebenen Elektronen. Na: Je ein Elektron wird in das Elektronengas abgegeben. Mg: Je zwei Elektronen werden in das Elektronengas abgegeben. Al: Je drei Elektronen werden in das Elektronengas abgegeben. ↓ mechanische Festigkeit steigt
Verformbarkeit	Durch die regelmäßige Gitterstruktur und das die Kationen umgebende Elektronengas können die Atomlagen aneinander abgleiten. Die beste Verformbarkeit weisen kubisch-flächenzentrierte Metalle auf, da dieser Kristalltyp die meisten Gleitebenen besitzt. 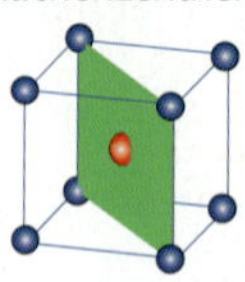 Gleitebene in einem kubisch-raumzentrierten Gitter 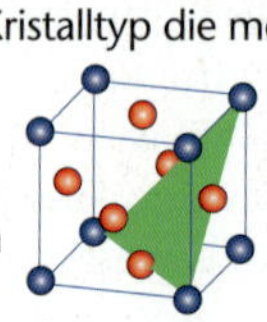 Gleitebene in einem kubisch-flächenzentrierten Gitter
metallischer Glanz	Sowohl glatte Metalloberflächen als auch Metallschmelzen weisen einen typischen Glanz auf. Die frei beweglichen Elektronen werden durch das auftreffende Licht angeregt und emittieren die aufgenommene Energie wieder.

Metallische Eigenschaften

Legierungen

In Industrie und Technik werden heute nur noch selten reine Metalle, sondern meist Legierungen verwendet. Beim Legieren werden dem geschmolzenen Metall andere Metalle (oder Nichtmetalle) beigemischt. Durch die Art und Menge der beigemischten Legierungsmetalle können die Eigenschaften des Basismetalls gezielt variiert und genau den jeweiligen Anforderungen angepasst werden.

Kupferdach

Beispiel: *Kupfer und Kupferlegierungen*

Reines Kupfer *hat eine hellrote Farbe, aber an der Luft oxidiert die obere Schicht und verfärbt sich zunächst rotbraun. Durch weitere Korrosionsprozesse bildet sich an der Oberfläche allmählich eine blaugrüne Patinaschicht ($Cu_2(OH)CO_3$) aus, die das darunterliegende Metall schützt. Aufgrund dieser Korrosionsbeständigkeit wird Kupfer für Dächer und Dachrinnen verwendet.*
Kupfer zeichnet sich außerdem durch seine sehr gute elektrische Leitfähigkeit aus und wird in der Elektrotechnik für Kabel, Leitungen und andere Strom leitende Bauteile eingesetzt. Die elektrische Leitfähigkeit nimmt jedoch, wie bei allen Metallen, mit steigender Temperatur ab. Reines Kupfer ist sehr weich und dehnbar. Es zeigt eine sehr gute thermische Leitfähigkeit und dient deshalb außerdem zur Herstellung von Heizungsrohren, Wärmeaustauschern, Kochtöpfen usw.

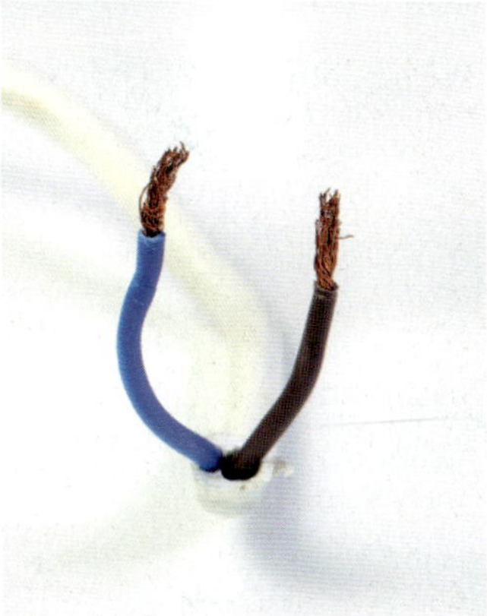
Kupferdraht

Bronze *ist eine Legierung, die zu 60–90 % aus Kupfer, 10–40 % aus Zinn und anderen Metallen (z. B. Aluminium, Blei) besteht. Bronze hat eine wesentlich höhere mechanische Festigkeit als Kupfer. Sie ist verschleiß- und korrosionsfest und lässt sich leicht bearbeiten.*

Konstantan *besteht zu ca. 60 % aus dem Basismetall Kupfer und zu ca. 40 % aus Nickel. Konstantan zeichnet sich durch seine temperaturunabhängige Leitfähigkeit aus und wird deshalb für elektrische Widerstände verwendet.*

Messing *ist eine goldfarbene Legierung, die aus Kupfer (50–90 %) und Zink besteht, wobei mit steigendem Zinkgehalt die mechanische Festigkeit zunimmt. Messing ist korrosionsbeständig, gut verformbar und elektrisch leitend. Aufgrund seines dekorativen Aussehens wird es u. a. für Armaturen verwendet.*

Kupfertopf

Bronzestatue

Messingtürklinke

Gewickelter elektrischer Widerstand

3.6 Zwischenmolekulare Kräfte

Neben den Bindungskräften innerhalb eines Moleküls wirken auch zwischen benachbarten Molekülen schwache Anziehungskräfte. Diese zwischenmolekularen Kräfte sind um ein Vielfaches kleiner als intramolekulare Bindungskräfte, trotzdem beeinflussen sie die physikalischen Eigenschaften der Stoffe.

Man unterscheidet drei Arten zwischenmolekularer Kräfte:

Van-der-Waals-Kräfte **Dipol-Dipol-Kräfte** **Ion-Dipol-Kräfte**
→
zunehmende Stärke der Kräfte

▸ Die **Van-der-Waals-Kräfte** sind benannt nach ihrem Entdecker, dem niederländischen Physiker und Nobelpreisträger Johannes Diderik van der Waals.

J. D. van der Waals (1837–1923)

Van-der-Waals-Kräfte

Die Elektronen bewegen sich in ihren Orbitalen um den Atomkern. Die genaue Position der Elektronen ist entsprechend der heisenbergschen Unschärferelation (s. Kap. 2.4) nicht zu bestimmen. Mit einer statistischen Wahrscheinlichkeit befinden sich für den Bruchteil einer Sekunde alle Elektronen auf der einen Seite des Atoms, sodass auf der anderen Seite der Atomkern frei vorliegt. Das Atom weist einen **momentanen Dipol** auf. Diese Polarität bewirkt beim Nachbaratom oder -molekül ebenfalls eine asymmetrische Anordnung der Elektronen um den Atomkern und induziert somit einen neuen Dipol (usw.). In der Summe resultieren zwischen den Molekülen schwache Anziehungskräfte: die Van-der-Waals-Kräfte.

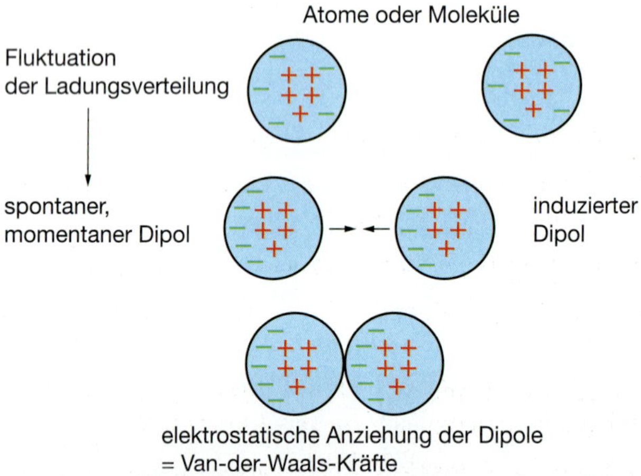

Erklärung der Van-der-Waals-Kräfte

Element	Siedepunkt in °C
Fluor	–188
Chlor	–35
Brom	58
Iod	183

Siedepunkte der Halogene

Diese intermolekularen Kräfte treten bei allen Stoffen auf. Sie steigen mit zunehmender Elektronenzahl und wachsendem Radius der beteiligten Elemente an, da dann sowohl die Polarisierbarkeit der Atome als auch die Polarität der momentanen bzw. induzierten Dipole zunimmt. Van-der-Waals-Kräfte wirken sich auf die physikalischen Eigenschaften der Stoffe aus. So hat das elektronenärmere, kleinere Fluor einen niedrigeren Siedepunkt als das elektronenreichere, größere Iod (s. Tab. links).

Dipol-Dipol-Kräfte

Zwischen Molekülen mit permanenten Dipolen kommt es zu einer elektrostatischen Anziehung, wobei der negative Ladungsschwerpunkt eines Dipolmoleküls den positiven Ladungsschwerpunkt des Nachbarmoleküls anzieht und umgekehrt. Die zwischenmolekularen Dipol-Dipol-Kräfte sind umso stärker, je größer die Polarität der Verbindungen ist. Das ist insbesondere dann der Fall, wenn die polare Atombindung ein Wasserstoffatom enthält. Man bezeichnet die Anziehung zwischen dem H-Atom eines Moleküls und dem negativ polarisierten Atom eines Nachbarmoleküls deshalb auch als **Wasserstoffbrückenbindung (WBB)**. Zwischen den stark polaren Wassermolekülen sind die WBB besonders stark ausgeprägt. Darauf begründen sich viele der außergewöhnlichen Eigenschaften des Wassers (s. Kap. 10).

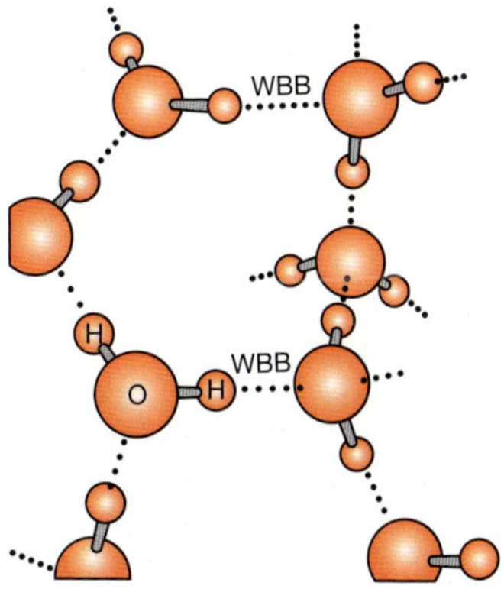

Wasserstoffbrückenbindungen zwischen Wassermolekülen

Ion-Dipol-Kräfte

Ion-Dipol-Kräfte bezeichnen die vergleichsweise starken elektrostatischen Anziehungskräfte zwischen Ionen und Molekülen mit einem permanenten Dipol. Diese Kräfte haben starken Einfluss auf die physikalischen Eigenschaften der Stoffe. So sind sie z. B. verantwortlich für die Löslichkeit vieler Salze in Wasser (s. Kap 10.5)

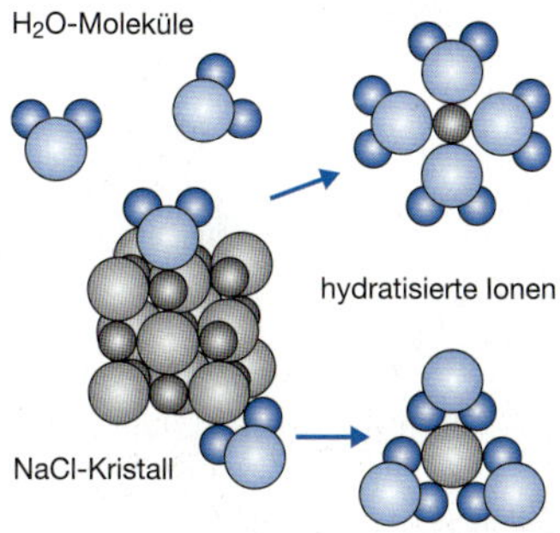

Lösen eines NaCl-Kristalls in Wasser

Übungsaufgaben

1. Was sind die Ursachen chemischer Bindungen?
2. Welche drei Aspekte beinhaltet eine chemische Bindung?
3. Welche Rolle spielt die Elektronegativität bei der Ausbildung chemischer Bindungen?
4. Erläutern Sie die Bindung des Sauerstoffmoleküls.
5. Erklären Sie an einem Beispiel, wie es bei chemischen Verbindungen zur Ausbildung eines Dipols kommt.
6. Warum weisen nicht alle Moleküle, die polare Atombindungen enthalten, auch ein Dipolmoment auf?
7. Nennen Sie Beispiele für Komplexverbindungen in der Natur, in der Technik und in der Wissenschaft.
8. Erläutern Sie am Beispiel $Na_3[Cu(CN)_4]$ den Aufbau und die Bindungsverhältnisse in Komplexverbindungen.
9. Geben Sie die Namen bzw. die Formeln für die folgenden Komplexverbindungen an:
   a) Kalium-hexacyanoferrat(II)
   b) Hexaaquaaluminium(III)-bromid
   c) Natrium-hexahydroxostannat(IV)
   d) $[Co(NH_3)_5Cl](NO_3)_2$
   e) $(NH_4)_2[PbCl_6]$
   f) $[CoCl_3(NH_3)_3]$

10. Skizzieren und erläutern Sie mithilfe das bohrschen Atommodells die Bildung von NaCl aus den Elementen.

11. Erklären Sie die gute Wasserlöslichkeit von Natriumchlorid.

12. Ist NaCl auch in Benzin löslich? Begründen Sie Ihre Antwort.

13. Sowohl Salze als auch Metalle weisen eine Gitterstruktur auf. Salze sind spröde, Metalle jedoch verformbar. Worauf ist dieses unterschiedliche Verhalten zurückzuführen?

14. Warum sind alle Metalle elektrisch leitend und warum nimmt diese Leitfähigkeit mit steigender Temperatur ab?

15. Charakterisieren Sie die folgenden Verbindungen hinsichtlich ihrer Bindungsart: KF, ZnS, MgO, Messing, S_8.

16. Welche zwischenmolekulare Kräfte können auftreten? Ordnen Sie die Kräfte nach ihrer Stärke.

17. Skizzieren Sie die Wasserstoffbrückenbindungen zwischen HCl-Molekülen.

4 Die chemische Reaktion

4.1 Rechnen in der Chemie

Aufstellen einer Reaktionsgleichung

Bei einer chemischen Reaktion entstehen aus den Ausgangsstoffen neue Stoffe (Reaktionsprodukte):

Ausgangsstoff(e) → Reaktionsprodukt(e)
oder
Edukt(e) → Produkt(e)

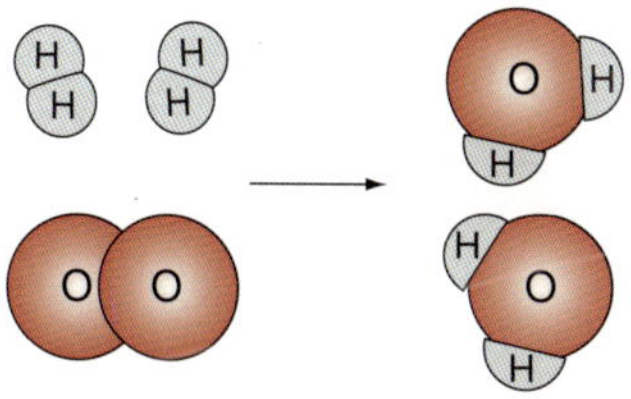

Reaktion von Wasserstoff und Sauerstoff zu Wasser: Bei der Reaktion geht kein Atom verloren, es findet nur eine Umgruppierung der Atome statt – die Gesamtmasse bleibt daher unverändert (Satz von der Erhaltung der Masse).

Damit die vollständige Reaktionsgleichung aufgestellt werden kann, müssen die Formeln der Ausgangs- und Endstoffe bekannt sein. Bei einer chemischen Reaktion ändert sich nicht die Anzahl der daran beteiligten Atome, sondern die Atome lagern sich nur zu neuen Verbindungen um, d. h., die Masse der Eingangsstoffe ist gleich der Masse der Ausgangsstoffe **(Gesetz von der Erhaltung der Masse)**.

Am Beispiel der Verbrennung von Propan mit Sauerstoff zu Kohlenstoffdioxid und Wasser wird dies verdeutlicht.
Zuerst werden die Ausgangsstoffe auf die linke und die Reaktionsprodukte auf die rechte Seite geschrieben:

$$C_3H_8 + O_2 \rightarrow CO_2 + H_2O$$

Die Anzahl der Atome der jeweiligen Elemente muss auf beiden Seiten gleich sein. In der obigen Gleichung ist dies nicht der Fall, d. h., die Anzahl muss schrittweise ausgeglichen werden.
Es wird mit den Elementen begonnen, die nur in einer Verbindung vorkommen: Kohlenstoff und Wasserstoff.

1. Schritt: Auf der linken Seite liegen drei Kohlenstoffatome vor, es müssen also auf der rechten Seite ebenfalls drei Kohlenstoffatome vorhanden sein. Demnach liegen auf der rechten Seite drei CO_2-Moleküle vor:

$$C_3H_8 + O_2 \rightarrow \mathbf{3}\,CO_2 + H_2O$$

Die „3" gibt an, wie viele CO_2-Moleküle auf der rechten Seite vorliegen.

2. Schritt: Auf der linken Seite liegen acht Atome Wasserstoff vor, aus diesen acht Atomen lassen sich vier Moleküle H_2O bilden:

$$C_3H_8 + O_2 \rightarrow \mathbf{3}\,CO_2 + \mathbf{4}\,H_2O$$

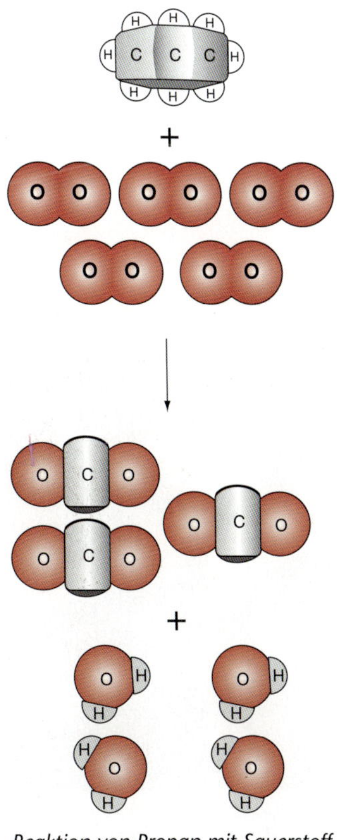

Reaktion von Propan mit Sauerstoff zu Kohlenstoffdioxid und Wasser (Verbrennung)

3. Schritt: Nun müssen noch die Sauerstoffatome ausgeglichen werden. Auf der rechten Seite werden für die Bildung des CO_2 sechs Atome Sauerstoff und für die Bildung von H_2O vier Atome Sauerstoff, also insgesamt zehn Atome Sauerstoff benötigt. Da der Sauerstoff in Form des Moleküls O_2 vorliegt, sind fünf O_2-Moleküle erforderlich:

$$C_3H_8 + 5\,O_2 \rightarrow 3\,CO_2 + 4\,H_2O$$

Die Bilanz der Atome auf beiden Seiten ist nun ausgeglichen: Jeweils drei Atome Kohlenstoff, acht Atome Wasserstoff und zehn Atome Sauerstoff sind auf jeder Seite der Gleichung vorhanden.

Beispiel:
3 CO_2
Koeffizient

Die Zahl vor dem Element oder der Verbindung wird **Koeffizient** genannt und gibt an, wie viele Atome bzw. Moleküle an der Reaktion beteiligt sind.

Massenverhältnisse bei chemischen Reaktionen

Aus einer chemischen Reaktionsgleichung kann nicht nur ersehen werden, wie viel Atome bzw. Moleküle der beteiligten Stoffe an der Reaktion teilnehmen (qualitative Bedeutung), sondern auch, welche Massen an der Umsetzung beteiligt sind (quantitative Bedeutung). Die grundlegenden Erkenntnisse und Gesetze dazu wurden im 18. Jahrhundert gefunden, da erst zu dieser Zeit präzise Waagen zur Verfügung standen.

1785 formulierte Antoine Lavoisier, der als Begründer der modernen wissenschaftlichen Chemie gilt, das Gesetz von der Erhaltung der Masse. Dieses besagt:

Bei allen chemischen Reaktionen bleibt die Masse der Reaktionsteilnehmer konstant.

Beispiel:
1,000 g Magnesium (Mg) + 0,658 g Sauerstoff (O_2) ergeben 1,658 Magnesiumoxid (MgO).

Albert Einstein (1879–1955) ist der Begründer der Relativitätstheorie und erhielt 1921 den Nobelpreis für Physik.

Nach heutigen Erkenntnissen wissen wir, dass sich nach der einsteinschen Masse-Energie-Beziehung

$$m = \frac{E}{c^2}$$

m: Masse,
E: Energie,
c: Lichtgeschwindigkeit $3 \cdot 10^8$ m/s

Masse in Energie und Energie in Masse umwandeln lässt. Bei chemischen Reaktionen ist die Änderung der Masse durch Wärmeabgabe oder -aufnahme mit den empfindlichsten Waagen nicht messbar und deshalb zu vernachlässigen.

In dieser Zeit wurde auch das Gesetz der konstanten und multiplen Proportion formuliert:

Das Massenverhältnis zweier sich zu einer oder mehreren chemischen Verbindungen vereinigenden Elemente ist konstant, die Anzahl der gebundenen Atome ist dabei immer ganzzahlig.

Beispiel:
In der Verbindung Chlorwasserstoff HCl liegen die Massen immer im Verhältnis Wasserstoff zu Chlor wie 1,0 zu 35,4 vor. Das Verhältnis der Atome beträgt 1 zu 1.

Vollständig reagieren zwei Elemente immer nur dann, wenn sie im entsprechenden Massenverhältnis vorliegen. Wird dieses Verhältnis nicht eingehalten, so bleibt von einem Element ein Rest übrig.

Beispiel:
Es gibt als Verbindung des Eisens mit Sauerstoff die Verbindungen FeO, Fe_2O_3 und Fe_3O_4. Auch hier stehen die Massen in einem konstanten Verhältnis zueinander.
FeO: Fe zu O wie 55,8 zu 16,0
Fe_2O_3: Fe zu O wie 111,6 zu 48,0
Fe_3O_4: Fe zu O wie 167,4 zu 64

Die Atome stehen, wie aus den Formeln ersichtlich ist, im Verhältnis kleiner ganzer Zahlen zueinander.

Diese Gesetze bilden die Grundlage der Berechnung der Massen bei chemischen Umsetzungen (Stöchiometrie). Weiter hatten sie historisch ihre Bedeutung bei der Formulierung der Atomhypothese (s. Kap. 2.1).

Atom-, Molekül- und Formelmasse

Die Atome eines Elements sind alle gleich und die Masse eines Atoms ist sehr gering. Sie lässt sich nicht mit einer Waage bestimmen. Für die Massenbestimmung werden heute moderne Geräte eingesetzt, z. B. der Massenspektrograf.

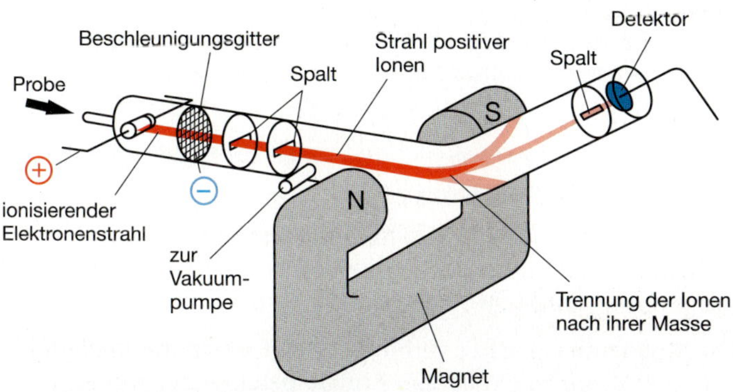

***Massenspektrograf:** Durch die Abspaltung von Elektronen werden die Atome oder Moleküle elektrisch geladen (Ionen) und durch ein elektrisches Feld beschleunigt. Ein Magnetfeld lenkt die Teilchen je nach ihrer Masse unterschiedlich stark ab. Aus der Stärke der Ablenkung kann die Masse der Teilchen berechnet werden.*

Für das Wasserstoffatom, das die kleinste Masse aller Atome besitzt, wurde ermittelt:

$0{,}000\,000\,000\,000\,000\,000\,000\,001\,674\ g = 1{,}674 \cdot 10^{-24}\ g.$

Diese Zahl bezieht sich auf ein einzelnes Atom. Für die Massenberechnung in der Chemie werden aber nicht diese tatsächli-

Ein Sauerstoffatom hat die 16-fache Masse eines Wasserstoffatoms.

chen Massen eines Atoms benötigt, sondern das Verhältnis der Massen der unterschiedlichen Atome. Diese Werte werden als **relative Atommassen** bezeichnet. Für relative Angaben sind Bezugsgrößen erforderlich, deshalb erhielt die Masse für das Wasserstoffatom den Wert 1. Für die Atome aller anderen Elemente wurde berechnet, um wie viel größer die Masse als die des Wasserstoffatoms ist. Diese Vergleichszahlen ergaben die relativen Atommassen. Seit 1961 ist die Bezugsbasis für die Atommassen nicht mehr das Wasserstoffatom, sondern das häufigste Isotop des Kohlenstoffs (^{12}C), dessen relative Atommasse auf exakt 12 festgesetzt wurde (s. Kap. 15.1).

Isotope sind Atome mit gleicher Protonenzahl (Ordnungszahl), aber unterschiedlicher Neutronenzahl.

Die Atommasse gibt an, wie viel mal größer die Masse eines Atoms als ein Zwölftel der Masse des Atoms des Kohlenstoffatoms ^{12}C ist.

Dieser Wert entspricht in etwa dem in der alten Definition für das Wasserstoffatom.

In der Chemie wird auch die aus der Atomphysik kommende Größe **atomare Masseneinheit** mit dem Symbol **u** benutzt.

Das Symbol leitet sich ab von der englischen Bezeichnung „atomic mass unit". Diese atomare Masseneinheit bezieht sich ebenfalls auf ein Zwölftel der absoluten Masse des Kohlenstoffisotops ^{12}C. Deshalb ist der Zahlenwert für die atomare Masseneinheit u mit dem der relativen Atommasse identisch.

▸ Ein u ist ein Zwölftel der Masse des Kohlenstoffisotops ^{12}C.

$$1\ \mathrm{u} = \frac{1}{12}\, m(^{12}\mathrm{C}) = 1{,}661 \cdot 10^{-24}\ \mathrm{g} = 1{,}66 \cdot 10^{-21}\ \mathrm{kg}$$

Die Atome können sich chemisch zu Molekülen verbinden. Die Zusammensetzung eines Moleküls ergibt sich aus der Formel.

Beispiel:
Chlorwasserstoff hat die Formel HCl, d. h., das Molekül besteht aus einem Atom Wasserstoff und einem Atom Chlor.

Für diese Verbindung lässt sich eine Masse angeben, indem die Massen der am Aufbau der Verbindung beteiligten Atome addiert werden. Diese Masse wird als **relative Molekülmasse** bezeichnet.

Die Molekülmasse einer Verbindung ergibt sich durch die Addition der Atommassen der am Aufbau beteiligten Atome.

Beispiel:
Chlorwasserstoff HCl

Atommasse Wasserstoff (H)	*1,008 u*
Atommasse Chlor (Cl)	*+ 35,453 u*
Molekülmasse Chlorwasserstoff (HCl)	*36,461 u*

Beispiel:
Calciumchlorid $CaCl_2$

Atommasse Calcium (Ca)	*40,080 u*
2 · Atommasse Chlor: 2 · 35,453 u	*+ 70,906 u*
Molekülmasse Calciumchlorid ($CaCl_2$)	*110,986 u*

Das Calciumchlorid ($CaCl_2$) ist ein Salz und es liegt nicht in Form von Molekülen, sondern in Form von Ionen vor. Deshalb wird hier die Masse der kleinsten Formeleinheit genommen, die **Formelmasse**. Sie gibt das Zahlenverhältnis der Ionen in der Einheit wieder. Es ist aber auch üblich, bei diesen Verbindungen weiterhin von der Molekülmasse zu sprechen.

Stoffmenge, molare Masse und Molvolumen

Die bisher eingeführten Begriffe Atom-, Molekül- und Formelmasse sind relative Größen, die sich auf die kleinsten Teilchen beziehen. Chemische Reaktionen werden aber mit wägbaren Massen durchgeführt, deshalb ist es zweckmäßig, eine Größe zu wählen, mit der eine Beziehung zwischen dem atomaren Bereich und dem Bereich der wägbaren Substanzmassen hergestellt wird. Daher wurde die Größe **Stoffmenge (Symbol n) mit der Einheit Mol (Kurzzeichen mol)** definiert. Dabei gilt:

1 Mol ist die Masse einer Substanz, die $6{,}022 \cdot 10^{23}$ Teilchen (Atome, Moleküle, Formeleinheiten) enthält.

Die Zahl der kleinsten Teilchen, die ein Mol enthält, wird als **Avogadro-Konstante N_A** bezeichnet:

Avogadro-Konstante $N_A = 6{,}022 \cdot 10^{23} \frac{1}{\text{mol}}$

Eine chemische Reaktionsgleichung wie z. B.

$$2\,H_2 + O_2 \rightarrow 2\,H_2O$$

besagte bis zur Definition des Mols, dass sich zwei Moleküle Wasserstoff mit einem Molekül Sauerstoff zu zwei Molekülen Wasser verbinden. Mithilfe der Stoffmenge kann nun näher bestimmt werden: Zwei Mol Wasserstoff reagieren mit einem Mol Sauerstoff zu einem Mol Wasser. Da es sich jeweils um $6{,}022 \cdot 10^{23}$ Teilchen handelt, ergeben sich daraus wägbare Massen.

Das Mol ist also ein Maß für die Anzahl der reagierenden Teilchen.

Mit der Avogadro-Konstanten lässt sich die Masse von $6{,}022 \cdot 10^{23}$ Teilchen, also von einem Mol berechnen.

Beispiel:
Die absolute Atommasse des Kohlenstoffatoms ^{12}C (m_{abs}) beträgt $1{,}993 \cdot 10^{-23}$ g. Um die tatsächliche Masse von einem Mol Kohlenstoff (m_{1mol}) zu erhalten, muss diese Masse mit der Avogadro-Konstanten multipliziert werden:

$$m_{(abs)} \cdot N_A = m_{(1mol)}$$

$1{,}993 \cdot 10^{-23}\ g \cdot 6{,}022 \cdot 10^{23}\ 1/mol = 12{,}002\ g/mol \approx 12{,}0\ g/mol$

Ein Mol Kohlenstoff hat also die Masse von 12,0 g. Die Masse von einem Mol eines Stoffs wird auch **molare Masse** genannt und hat die Einheit g/mol.

Amedeo Avogadro (1776–1856); italienischer Physiker und einer der Begründer der Molekulartheorie.

Joseph Loschmidt (1821–1895); österreichischer Physiker und Chemiker. Berechnete 1865 als Erster die Zahl der Teilchen in einem Gas.

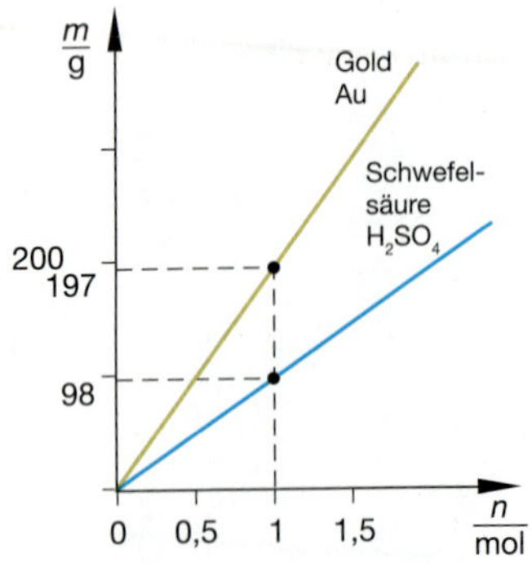

Molare Masse von Gold und Schwefelsäure: M(Au) = 197 g/mol, $M(H_2SO_4)$ = 98 g/mol

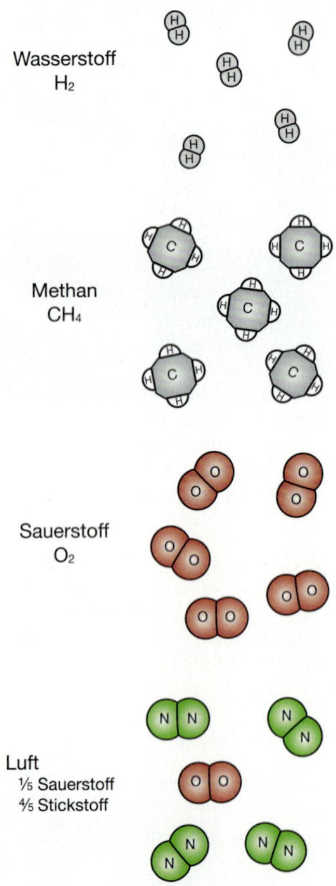

***Satz von Avogadro:** Gleiche Volumina von Gasen enthalten unter gleichen Bedingungen die gleiche Anzahl kleinster Teilchen.*

Molare Masse *M*: Masse von einem Mol oder von $6{,}022 \cdot 10^{23}$ Teilchen einer Verbindung.

Zahlenmäßig hat die molare Masse den gleichen Zahlenwert wie die entsprechende relative Atom- bzw. Molekülmasse:

1 Mol eines Elements oder einer Verbindung entspricht der Atom- bzw. Molekülmasse in Gramm ausgedrückt.

Die in diesem Abschnitt eingeführten Größen werden in der Chemie mit folgenden Formelzeichen beschrieben:

Stoffmenge *n*(X), molare Masse *M*(X) und Masse *m*(X).

Das in der Klammer geschriebene X steht allgemein für den betreffenden Stoff:

$M(Fe) = 55{,}8$ g/mol	$M(O_2) = 32{,}0$ g/mol
$n(Fe) = 1$ mol	$n(O_2) = 1$ mol
$m(Fe) = 55{,}8$ g	$m(O_2) = 32{,}0$ g
$n(Fe) = 2$ mol	$n(O_2) = 2$ mol
$m(Fe) = 111{,}6$ g	$m(O_2) = 64{,}0$ g

Bei der Verdoppelung der Stoffmenge *n* ergibt sich eine Verdoppelung der Masse, d. h., die molare Masse stellt formelmäßig den Zusammenhang zwischen der Stoffmenge *n* und der Masse *m* her:

$$m(X) = n(X) \cdot M(X)$$

Beispiel 1:

Welche Masse haben 10 mol Chlorwasserstoff HCl?

$M(HCl) = 36{,}5$ g/mol

$m(HCl) = n(HCl) \cdot M(HCl) = 10\ \text{mol} \cdot 36{,}5\ \text{g/mol} = 365\ \text{g}$

Beispiel 2:

Welche Stoffmenge haben 292,5 g Kochsalz NaCl?

$M(NaCl) = 58{,}4$ g/mol

$$n(HCl) = \frac{m(NaCl)}{M(NaCl)} = \frac{292{,}5\ \text{g}}{58{,}4\ \frac{\text{g}}{\text{mol}}} = 5{,}0\ \text{mol}$$

Das Volumen eines Gases hängt stark von der Temperatur und dem Druck ab. Avogadro vermutete 1811 (avogadrosche Hypothese), dass gleiche Volumina unterschiedlicher Gase unter gleichen äußeren Bedingungen (Temperatur und Druck) die gleiche Anzahl von kleinsten Teilchen enthalten. Demnach besitzen gleiche Stoffmengen unterschiedlicher Gase bei gleichen Bedingungen das gleiche Volumen.

Ein Mol jeden Gases nimmt unter gleichen Bedingungen das gleiche Volumen ein.

Die Bedingungen wurden als sogenannte Normbedingungen festgelegt.

Molvolumen:

1 Mol eines Gases nimmt unter Normbedingungen (ϑ = 0 °C und p = 1013 hPa) ein Volumen von 22,4 l/mol ein.

Dies bedeutet, dass das Molvolumen von Gasen unabhängig ist von der Art der kleinsten Teilchen: 1 Mol Heliumatome (He) bestehend aus Atomen (Edelgas), 1 Mol Sauerstoffmoleküle (O_2) und 1 Mol Methanmoleküle (CH_4) nehmen jeweils 22,4 l ein.

Nach der Einführung der Größen Stoffmenge und molare Masse erhält eine Reaktionsgleichung, wie die Reaktion des Wasserstoffs mit Sauerstoff, folgende Bedeutung:

2 H_2	+	**O_2**	→	**2 H_2O**
Wasserstoff	+	Sauerstoff	→	Wasser
2 Moleküle H_2	+	1 Molekül O_2	→	2 Moleküle H_2O
2 mol H_2	+	1 mol O_2	→	2 mol H_2O
4 g Wasserstoff	+	32 g Sauerstoff	→	36 g Wasser
44,8 l Wasserstoff	+	22,4 l Sauerstoff	→	36 ml Wasser[1]

Umsatzberechnungen

Eine chemische Reaktionsgleichung wie z. B.

$$2\,Mg + O_2 \rightarrow 2\,MgO$$

enthält folgende Informationen:

- Magnesium + Sauerstoff → Magnesiumoxid
- 2 Atome Mg + 1 Molekül O_2 → 2 Formeleinheiten MgO
- 2 M(Mg) + 1 $M(O_2)$ → 2 M(MgO)
- $2 \cdot 24{,}3$ g + $2 \cdot 16{,}0$ g → 80,6 g
- 48,6 g + 22,4 l (32,0 g) → 80,6 g

Mit den quantitativen Werten lassen sich Umsatzberechnungen durchführen.

1. Beispiel:
Welche Masse an Kohlenstoffdioxid CO_2 entsteht bei vollständiger Verbrennung aus 50,0 g Kohlenstoff C?
Rechenweg über die Stoffmenge:
- *Gegeben: $m(C) = 50{,}0$ g; $M(C) = 12{,}0$ g/mol; $M(O) = 16{,}0$ g/mol,*
  $\Rightarrow M(CO_2) = M(C) + 2 \cdot M(O) = 12$ g/mol $+ 2 \cdot 16{,}0$ g/mol $= 44$ g/mol

▸ Das Volumen der Gase ist abhängig von Druck und Temperatur:

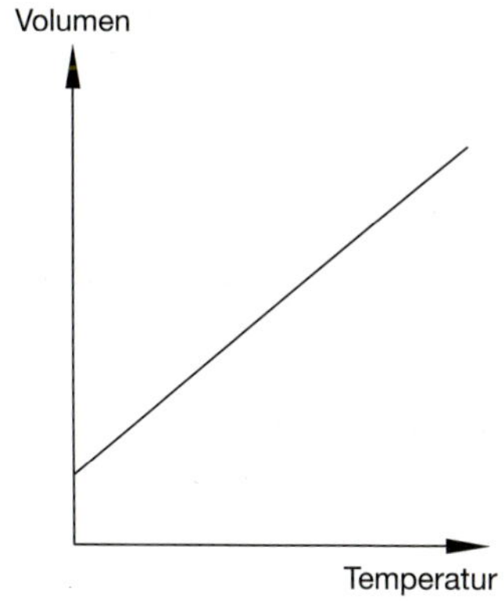

Bei Temperaturerhöhung bewegen sich die kleinsten Teilchen schneller, der Abstand der kleinsten Teilchen zueinander wird größer (Volumenvergrößerung).

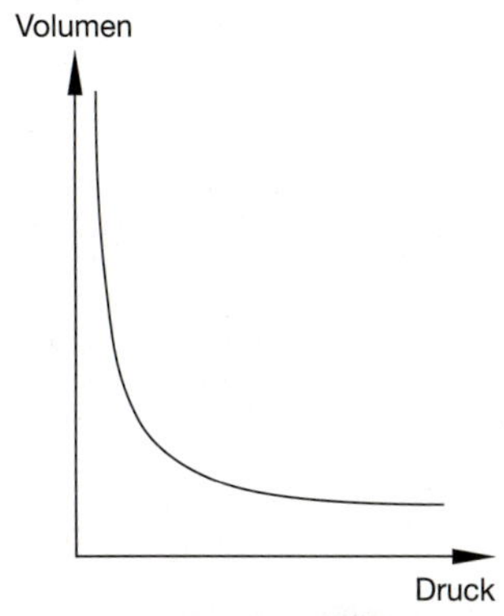

Bei Druckerhöhung werden die kleinsten Teilchen komprimiert, der Abstand der kleinsten Teilchen zueinander wird kleiner (Volumenverkleinerung).

[1] *Wenn das Wasser nach der Reaktion kondensiert und unter einer Temperatur von 100 °C vorliegt; oberhalb von 100 °C entstehen 44,8 l Wasserdampf.*

- *Aufstellen der Reaktionsgleichung:* $C + O_2 \rightarrow CO_2$
- *Berechnen der Stoffmenge n(C):*

$$n(C) = \frac{m(C)}{M(C)} = \frac{50{,}0\ g}{12{,}0\ g/mol} = 4{,}167\ mol$$

- *Da nach der Reaktionsgleichung 1 mol C zu 1 mol* CO_2 *reagiert, entstehen aus 4,17 mol C 4,17 mol* CO_2.
- *Berechnen der Masse von* CO_2:

$$m(CO_2) = n(CO_2) \cdot M(CO_2) = 4{,}167\ mol \cdot 44{,}0\ g/mol = 183{,}3\ g$$

Rechenweg über Schlussrechnung:

aus 12,0 g C entstehen 44,0 g CO_2 *oder* $12{,}0\ g \triangleq 44{,}0\ g$

aus 50,0 g C entstehen x g CO_2 *oder* $50{,}0\ g \triangleq x\ g$

als Proportion:

$$12{,}0\ g : 44{,}0\ g = 50{,}0\ g : x \Rightarrow x = \frac{50{,}0\ g \cdot 44{,}0\ g}{12{,}0\ g} = 183{,}3\ g$$

Wenn die Schritte des ersten Wegs zusammengefasst werden, ist ersichtlich, dass es sich prinzipiell um die gleichen Rechenoperationen handelt.

2. Beispiel:

Welche Masse an Stickstoff enthalten 2,5 kg Ammoniumsulfat?

$M((NH_4)_2SO_4) = 132{,}1\ g/mol;\ M(N) = 14{,}0\ g/mol$

$$(NH_4)_2SO_4) \triangleq 2\ N$$
$$132{,}1\ g \triangleq 2 \cdot 14{,}0\ g$$
$$2500\ g \triangleq x$$
$$132{,}1\ g : 28{,}0\ g = 2500\ g : x \Rightarrow x = \frac{2500\ g \cdot 28\ g}{132{,}1\ g} = 530\ g$$

4.2 Ablauf von chemischen Reaktionen

Chemische Reaktion und Energie

▸ Energie ist die Fähigkeit Arbeit zu verrichten. Die Einheit für die Energie und Arbeit ist das Joule (J).

Umwandlung von chemischer Energie im Ottomotor (hier die des Kraftstoffs) in Wärme und Bewegungsenergie

Im Abschnitt über die chemische Bindung wurde das Prinzip des Energieminimums und des Entropiemaximums (s. Kap. 3.1) beschrieben. Bei der Reaktion von Propan mit Sauerstoff (Verbrennung)

$$C_3H_8 + 5\ O_2 \rightarrow 3\ CO_2 + 4\ H_2O$$

werden zuerst die Bindungen zwischen den C- und den H-Atomen aufgebrochen und es entstehen neue Bindungen zwischen C- und O-Atomen (CO_2) sowie zwischen H- und O-Atomen (H_2O). Auf die chemische Reaktion übertragen bedeutet dies, neben den Stoffänderungen finden auch Energieumsetzungen statt.

Chemische Reaktionen laufen unter Energieumsatz ab.

Es kann Energie frei werden **(exotherme Reaktion)** oder Energie benötigt werden **(endotherme Reaktion)**. Diese Energie tritt überwiegend in Form von Wärmeenergie auf; es kann aber auch mechanische, elektrische oder Lichtenergie sein.

Der Brennstoff Propan enthält Energie, die bei der **Verbrennung** freigesetzt wird, die Verbrennungsprodukte Kohlenstoffdioxid (CO_2) und Wasser (H_2O) sind energieärmer als der Ausgangsstoff, die Energiedifferenz wird als Wärme abgegeben, es liegt eine **exotherme Reaktion** vor. Diese Reaktion läuft nach dem Start („zünden") selbstständig weiter.

Während des Vorgangs der **Elektrolyse** von angesäuertem Wasser muss auch nach dem Start elektrische Energie ständig zugeführt werden **(endotherme Reaktion)**. Ohne elektrische Energiezufuhr stoppt dieser Vorgang. Bei dieser Reaktion entstehen aus Wasser Sauerstoff und Wasserstoff. Diese beiden Verbindungen sind energiereicher als der Ausgangsstoff Wasser.

Jeder Stoff besitzt aufgrund seiner Bindungsverhältnisse einen bestimmten Energieinhalt, die sogenannte **Standard-Bildungsenthalpie** (Symbol: ***H***).

Da die Ausgangsstoffe eine andere Enthalpie haben als die Reaktionsprodukte, ergibt sich die bei der Reaktion entstehende Energie **(Reaktionsenthalpie)** als die Differenz:

$$\Delta H = \Sigma H_{\text{Reaktionsprodukte}} - \Sigma H_{\text{Ausgangsstoffe}}$$

Die Enthalpie hat die Einheit kJ/mol. Sie ist bei exothermen Reaktionen negativ (Energie wird abgegeben) und bei endothermen Reaktionen positiv (Energie wird aufgenommen).

Für die Angabe der Enthalpien in der Chemie wurden als Bezug die Standard-Bildungsenthalpien der Elemente gleich null gesetzt (bei 25 °C und 1013 hPa). Aus den Standard-Bildungsenthalpien kann berechnet werden, ob eine Reaktion exotherm bzw. endotherm ist.

1. Beispiel:

Verbrennung von Kohlenstoff:

$C + O_2 \rightarrow CO_2$

$H_{Reaktionsprodukte} - H_{Ausgangsstoffe} = \Delta H$

$H_{Kohlenstoffdioxid} - (H_{Kohlenstoff} + H_{Sauerstoff}) = \Delta H$

$-393{,}5\ kJ/mol - (0\ kJ/mol + 0\ kJ/mol = -393{,}5\ kJ/mol$

D. h., die **Reaktionsenthalpie ist negativ** und damit liegt eine **exotherme Reaktion** vor. Die Verbindung Kohlenstoffdioxid ist energieärmer als die Elemente, aus denen es gebildet wurde. Die Energie ist an die Umgebung abgegeben worden.

2. Beispiel:

Technische Gewinnung von Wasserstoff aus stark erhitztem Koks und Wasserdampf:

$C + H_2O \rightarrow CO + H_2$

$H_{Reaktionsprodukte} - H_{Ausgangsstoffe} = \Delta H$

$(H_{Kohlenstoffmonoxid} + H_{Wasserstoff}) - (H_{Kohlenstoff} + H_{Wasser}) = \Delta H$

$(-110{,}5\ kJ/mol + 0\ kJ/mol) - (0\ kJ/mol - 241{,}8\ kJ/mol) = 131{,}3\ kJ/mol$

Standard-Enthalpien (kJ/mol)

$H_2O_{(g)}$	−241,8	$CH_{4(g)}$	−74,9
$H_2O_{(l)}$	−286,0	$CH_3OH_{(l)}$	−238,6
$H_2S_{(g)}$	−20,1	$C_2H_5OH_{(l)}$	−277,6
$HF_{(g)}$	−286,6	$C_6H_{12}O_{6(s)}$	−1260,2
$HCl_{(g)}$	−92,3	$C_8H_{18(l)}$	−250,0
$HBr_{(g)}$	−36,2	$SiO_{2(s)}$	−878,2
$HI_{(g)}$	+25,9	$NO_{(g)}$	+90,4
$MgO_{(s)}$	−610,0	$NO_{2(g)}$	+33,8
$CaO_{(s)}$	−635,1	$NH_{3(g)}$	−45,6
$CaCO_{3(s)}$	−1260,7	$O_{3(g)}$	+142,3
$Al_2O_{3(s)}$	−1669,8	$SO_{2(g)}$	−296,3
$CO_{(g)}$	−110,5	$SO_{3(g)}$	−395,2
$CO_{2(g)}$	−393,5	$Fe_2O_{3(s)}$	−821,7
		$HgO_{(s)}$	−45,4

(s) = fest (lat. = solidus)
(l) = flüssig (lat. = liquidus)
(g) = gasförmig

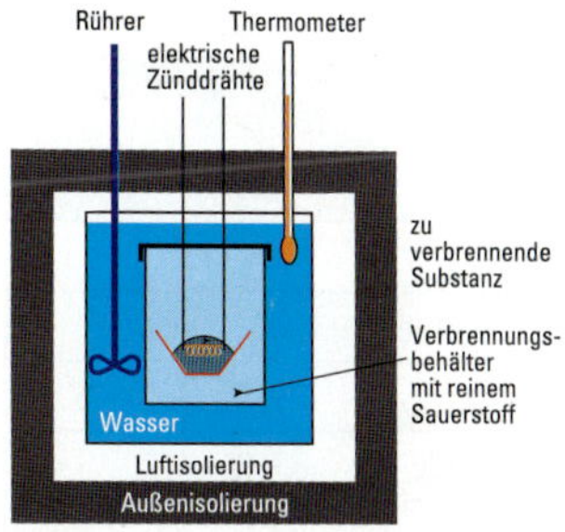

Kalorimeter: Die freigesetzte Energiemenge einer Reaktion kann anhand der Erwärmung des umgebenden Wassers berechnet werden.

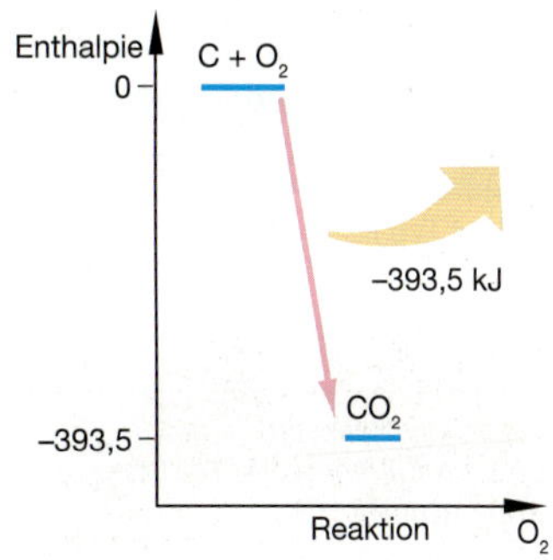

Energiediagramm $C + O_2 \rightarrow CO_2$

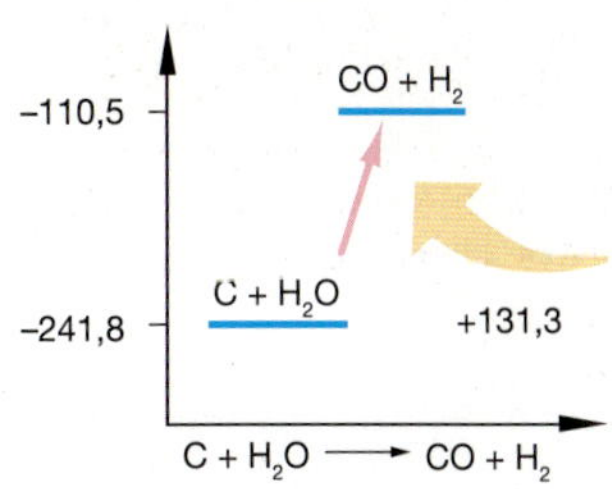

Energiediagramm $C + H_2O \rightarrow CO + H_2$

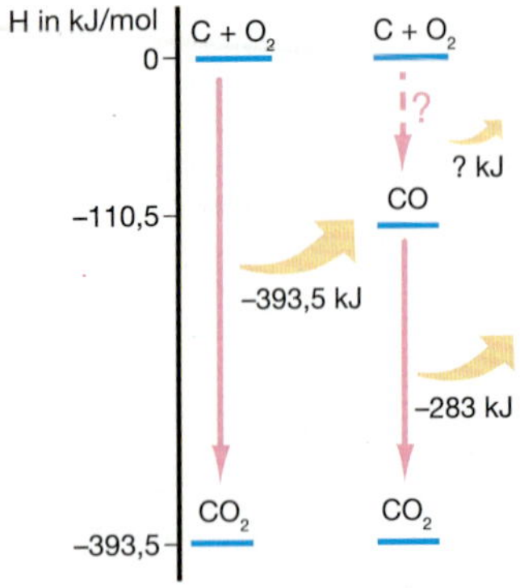

Energiediagramm der Bildung von CO und CO_2

feste und flüssige Brennstoffe	H_i (MJ/kg)	H_s (MJ/kg)
Holz	15	
Braunkohle	20	
Koks	29,3	
Steinkohle	31,8	
Anthrazit	33,5	
Heizöl EL	42,7	45,4
Benzin	42,5	46,7
Ethanol	26,8	29,9
Petroleum	40,8	42,9
gasförmige Brennstoffe	**H_i (MJ/m³)**	**H_s (MJ/m³)**
Erdgas Typ H	37,3	41,3
Methan	35,8	39,7
Propan	92,9	100,9

Spezifische Heizwerte H_i und spezifische Brennwerte H_s (Bezugstemperatur 25 °C)

D. h., die Reaktionsenthalpie ist positiv und es liegt eine endotherme Reaktion vor. Die Ausgangsstoffe Koks und Wasser sind durch die endotherme Reaktion in die energiereicheren Reaktionsprodukte Kohlenstoffmonoxid und Wasserstoff überführt worden. Dieses sogenannte Wassergas wird in der Industrie daher als Heizgas genutzt.

Die Enthalpieänderung (Reaktionsenthalpie) ist eine Zustandsgröße. Zustandsgrößen beschreiben die Eigenschaften eines Systems (z. B. wird der Zustand eines Gases durch die Zustandsgrößen Volumen, Druck und Temperatur beschrieben) und sind unabhängig von der Vorgeschichte.

Die frei werdende Enthalpie ist solch eine Zustandsgröße und hängt nicht vom Verlauf der Reaktion (eventuelle Bildung von Zwischenprodukten) ab, sondern nur von den Ausgangsstoffen und von den Reaktionsprodukten (Satz von Hess). So kann z. B. Grafit direkt zu Kohlenstoffdioxid oxidiert werden:

Weg I: $C_{Graphit} + O_2 \rightarrow CO_2 \quad \Delta H = -393{,}5$ kJ/mol

oder indirekt über Kohlenstoffmonoxid:

Weg II: $C_{Graphit} + \frac{1}{2} O_2 \rightarrow CO \quad \Delta H = -110{,}5$ kJ/mol
$CO + \frac{1}{2} O_2 \rightarrow CO_2 \quad \Delta H = -283{,}0$ kJ/mol

Nach dem Satz von Hess ist die entstehende Reaktionsenthalpie unabhängig vom Weg: Auf beiden Wegen werden jeweils 393,5 kJ/mol abgegeben.

Die Reaktionsenthalpie der Reaktion von Kohlenstoff zu Kohlenstoffmonoxid ist nicht direkt messbar, sondern wurde über die Enthalpien der anderen beiden Reaktionen ermittelt.

In der Technik wird die Reaktionsenthalpie nicht auf das Mol bezogen, sondern auf 1 kg bzw. bei gasförmigen Stoffen auf 1 m³ bei 25 °C.

Um einen festen Stoff in den gasförmigen Aggregatzustand zu überführen, muss die Schmelz- und Verdampfungsenergie aufgebracht werden. Daher ist die Enthalpie der Gase im Vergleich zu den anderen Aggregatzuständen am höchsten.

Bei wasserstoffhaltigen Brennstoffen (z. B. Propan: C_3H_8) spielt es eine Rolle, ob das Verbrennungsprodukt Wasser im gasförmigen oder flüssigen Aggregatzustand vorliegt. Daher werden zwei Kennwerte unterschieden:

Der **spezifische Heizwert H_i** gibt die Wärmemenge an, die pro kg bzw. 1 m³ Brennstoff maximal frei wird, wenn das Reaktionswasser gasförmig vorliegt.

Der **spezifische Brennwert H_s** gibt die Wärmemenge an, die pro kg bzw. 1 m³ Brennstoff maximal frei wird, wenn das Reaktionswasser im flüssigen Aggregatzustand bei 25 °C vorliegt. Hier wird die Energie, die bei der Abkühlung und Kondensation frei wird, zusätzlich genutzt.

In konventionellen Heizkesseln wird der spezifische Heizwert H_i genutzt, da die Abgase mit einer Temperatur, die höher als 100 °C ist, in den Schornstein gelangen.

Moderne Anlagen kühlen durch Wärmeaustauscher die Abgase unter 100 °C ab und nutzen daher den spezifischen Brennwert H_s, setzen also bei der Verbrennung mehr Energie frei. Diese Kessel sind die sogenannten Brennwertkessel.

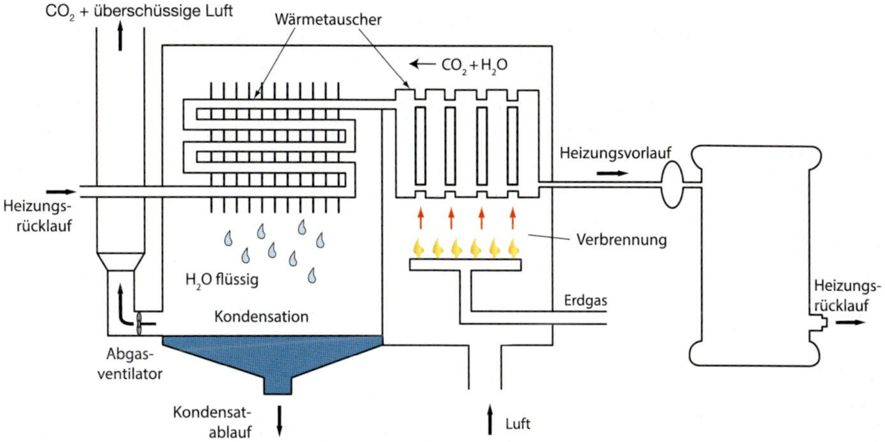

Schema Brennwertkessel

Beispiel:

a) *Es soll der spezifische Heizwert H_i (in kJ/m³) der Verbrennung von Methan CH_4 berechnet werden. Das Wasser liegt nach der Reaktion gasförmig vor.*
Aufstellen der Reaktionsgleichung: $CH_4 + 2\,O_2 \rightarrow CO_2 + 2\,H_2O$
$(H_{Kohlenstoffdioxid} + H_{Wasser/gasförmig}) - (H_{Methan} + H_{Sauerstoff}) = \Delta H$
$(-393{,}5\ kJ/mol) + 2(-241{,}8\ kJ/mol) - (-74{,}9\ kJ/mol + 0\ kJ/mol) = \Delta H$
$-877{,}1\ kJ/mol + 74{,}9\ kJ/mol = \mathbf{-802{,}2\ kJ/mol = \Delta H}$
Die Reaktionsenthalpie ist negativ, d. h., es werden bei der Reaktion 802,2 kJ/mol freigesetzt.
Umrechnung auf den Heizwert H_i:
802,2 kJ pro Mol, also 22,41 l auf 1000 l = 1 m³ umgerechnet:
$$H_i = \frac{802{,}2\ kJ \cdot 1000\ l}{22{,}41\ l} = \mathbf{35\,796{,}5\ kJ/m^3 = 35{,}8\ MJ/m^3}$$

b) *Es soll die Reaktionsenthalpie ΔH und der spezifische Brennwert H_s (in kJ/m³) der Verbrennung von Methan CH_4 berechnet werden.*
Aufstellen der Reaktionsgleichung: $CH_4 + 2\,O_2 \rightarrow CO_2 + 2\,H_2O$
$(H_{Kohlenstoffdioxid} + H_{Wasser/flüssig}) - (H_{Methan} + H_{Sauerstoff}) = \Delta H$
$(-393{,}5\ kJ/mol) + 2(-286{,}0\ kJ/mol) - (-74{,}9\ kJ/mol + 0\ kJ/mol) = \Delta H$
$-965{,}5\ kJ/mol + 74{,}9\ kJ/mol = \mathbf{-890{,}6\ kJ/mol = \Delta H}$
Die Reaktionsenthalpie ist negativ, d. h., es werden bei der Reaktion 890,6 kJ/mol freigesetzt.
Umrechnung auf den Heizwert H_i:
890,6 kJ pro 22,4 l auf 1000 l umgerechnet:
$$H_i = \frac{890{,}6\ kJ \cdot 1000\ l}{22{,}41\ l} = \mathbf{39741{,}2\ kJ/m^3\ d.h.\ 39{,}7\ MJ/m^3}$$
Damit Heizwert und Brennwert verglichen werden können, wird der Heizwert 35,8 MJ = 100 % gesetzt. Daraus ergibt sich:

$$\frac{\text{Brennwert} \cdot 100}{\text{Heizwert}} = \frac{39{,}7\ \text{MJ} \cdot 100}{35{,}8\ \text{MJ}} = 111\ \%$$

D. h., bei Erdgas als Brennstoff liefert die Brennwerttechnologie 11 % mehr Energie als die konventionelle. Bei Heizöl beträgt die Differenz 6 %.

Der Energiebedarf des Menschen wird durch langsame und schrittweise Verbrennung unserer Nahrung im Körper gedeckt. Der **Energiegehalt von Lebensmitteln**, der **physiologische Brennwert (Nährwert)**, wird ebenfalls in kJ/kg angegeben.

Ursache einer chemischen Reaktion

Beispiel für das Streben nach dem Energieminimum: Wasser fließt von oben nach unten und gibt dabei im Wasserkraftwerk Energie (elektrisch) ab.

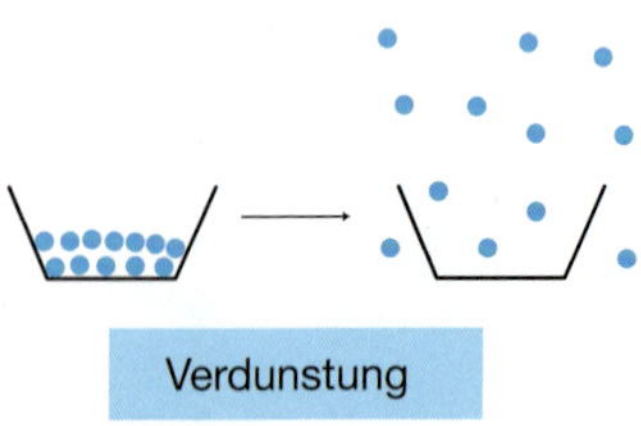

Beispiel für die Zunahme der Unordnung

In der Physik besteht generell das Bestreben, den energieärmsten Zustand einzunehmen, z. B. fällt ein Apfel immer Richtung Boden; der Apfel hat danach eine geringere potenzielle Energie. Dieses Prinzip gilt auch für chemische Vorgänge: Eine exotherme Reaktion läuft nach einer Zündung selbstständig ab, die Produkte besitzen geringere Enthalpien als die Ausgangsstoffe, sie haben also einen Zustand geringerer Energie eingenommen. Die abgegebenen Reaktionsenthalpien sind deshalb ein ungefährer Maßstab für die Stabilität einer Verbindung; denn bei einer hohen negativen Reaktionsenthalpie muss diese Energie aufgebracht werden, um die Reaktionsprodukte wieder in ihre Ausgangsstoffe zu zerlegen. Neben diesem Streben nach minimaler Gesamtenergie gibt es noch eine weitere Tendenz, die für die Ursache einer chemischen Reaktion ausschlaggebend ist: das Anstreben der maximalen Unordnung. Die Größe, welche die **Unordnung** beschreibt, ist die **Entropie**. Sie hat das Symbol ***S*** erhalten. Der geordnete Zustand eines Stoffs nimmt vom festen zum flüssigen und zum gasförmigen Aggregatzustand jeweils ab. Der gasförmige Aggregatzustand besitzt keinerlei geordnete Strukturen, die Teilchen bewegen sich statistisch gleichmäßig verteilt im Raum und haben den Zustand einer **maximalen Unordnung (Entropiemaximum)** erreicht.

Das Verdunsten von Wasser (endothermer Vorgang) erfolgt spontan. Hier ist nicht das Anstreben des energieärmsten Zustands die Ursache für diesen Vorgang, sondern die Teilchen liegen nach der Verdunstung in einer höheren Unordnung vor.

Die Ursache oder die „Triebkraft" einer chemischen Reaktion wird deshalb

1. durch die entstehende Unordnung (Entropiemaximum)

2. und die Reaktionsenthalpie (Energieminimierung)

bestimmt.

Im Allgemeinen ist es bei chemischen Reaktionen so, dass bei **niedrigen Temperaturen** das Streben nach dem **Energieminimum** und bei **höheren Temperaturen** das Streben nach dem **Entropiemaximum** überwiegt. Höhere Temperaturen begünstigen Reaktionen, bei denen die Zahl der Gasteilchen zunimmt.

Ein Beispiel ist die Bildung von Wasserstoff und Kohlenstoffmonoxid aus Kohlenstoff und Wasser:

$C_{fest} + H_2O_{flüssig} \rightarrow CO_{gasförmig} + H_{2\,gasförmig}$

Die Entropie ist ebenfalls wie die Enthalpie eine Zustandsgröße und hängt nur von den Ausgangsstoffen und den Reaktionsprodukten ab:

$$\Delta S = \Sigma S_{Reaktionsprodukte} - \Sigma S_{Ausgangsstoffe}$$

Der zahlenmäßige Zusammenhang zwischen der Änderung der Enthalpie ΔH und der Entropie ΔS wird durch die Gibbs-Helmholtz-Gleichung beschrieben:

$$\Delta G = \Delta H - T \cdot \Delta S$$

Darin bedeutet **T die absolute Temperatur** in Kelvin (K) und **ΔG die Gibbs-Energie**. Die Gibbs-Energie ermöglicht eine Aussage über den Verlauf der Reaktion. Vorteilhaft für den freiwilligen Ablauf einer Reaktion ist es, wenn nach dem Prinzip des Energieminimums ΔH negativ und nach dem Prinzip des Entropiemaximums ΔS positiv ist.

Reaktionen verlaufen also spontan, wenn die Gibbs-Energie ΔG einen negativen Wert besitzt, d.h., $\Delta G < 0$ ist.

Mithilfe dieser Gleichung kann deshalb berechnet werden, ob eine chemische Reaktion spontan verläuft oder nicht. Dabei werden drei Fälle unterschieden:

1. **$\Delta G < 0$:** Die Reaktion verläuft freiwillig in die vorgesehene Richtung.
   a) Liegen **niedrige Temperaturen** vor, so ist das Produkt $T \cdot \Delta S$ klein und der Verlauf der Reaktion wird überwiegend von der Reaktionsenthalpie ΔH bestimmt. Bei einer exothermen Reaktion ist ΔH negativ, somit ist ebenfalls ΔG negativ und die Reaktion verläuft freiwillig.
   b) Der Wert für $T \cdot \Delta S$ wird bei **höheren Temperaturen** hoch und damit ΔG negativ; d.h., in diesem Fall liegt ebenfalls eine freiwillige Reaktion vor.
2. **$\Delta G > 0$:** Die Reaktion verläuft nicht freiwillig in die vorgesehene Richtung, sie muss erzwungen werden.
3. **$\Delta G = 0$:** Die Reaktion hat keine „Triebkraft“ in die vorgesehene bzw. entgegengesetzte Richtung.

Beispiel:

Für die Knallgasreaktion soll über die Änderungen der Enthalpie, der Entropie und der Gibbs-Energie errechnet werden, ob diese Reaktion bei 25 °C freiwillig abläuft!

	$2\,H_2(g)$	+ $O_2(g)$	→ $2\,H_2O(g)$	
ΔH in kJ·	0	0	$2 \cdot (-241{,}8)$	$\Delta H = -483{,}6$
ΔS in kJ:	$2 \cdot 0{,}1306$	0,2050	$2 \cdot (0{,}1889)$	$\Delta S = -0{,}0884$

$\Delta G = H - T \cdot \Delta S = -483{,}6 - 298 \cdot (-0{,}0884) = -483{,}6 + 26{,}3 = -457{,}3$ kJ

Standard-Entropien (kJ/mol · K)

$H_{2(g)}$	0,1306	$SiO_{2(s)}$	0,0418
$H_2O_{(g)}$	0,1889	$N_{2(g)}$	0,1912
$H_2O_{(l)}$	0,0700	$NO_{(g)}$	0,2105
$H_2S_{(g)}$	0,2056	$NO_{2(g)}$	0,2405
$HF_{(g)}$	0,1738	$NH_{3(g)}$	0,1926
$HCl_{(g)}$	0,1869	$O_{2(g)}$	0,2050
$HBr_{(g)}$	0,1967	$O_{3(g)}$	0,2377
$HI_{(g)}$	0,2065	$S_{(s)}$	0,0319
$Mg_{(s)}$	0,0325	$SO_{2(g)}$	0,2485
$MgO_{(s)}$	0,0268	$SO_{3(g)}$	0,2560
$Ca_{(s)}$	0,0416	$F_{2(g)}$	0,2033
$CaO_{(s)}$	0,0397	$Cl_{2(g)}$	0,2230
$CaCO_{3(s)}$	0,0929	$Br_{2(g)}$	0,2452
$Al_{(s)}$	0,0283	$Br_{2(l)}$	0,1523
$Al_2O_{3(s)}$	0,0523	$I_{2(g)}$	0,2606
$C_{(Grafit)}$	0,0057	$I_{2(s)}$	0,1167
$CO_{(g)}$	0,1980	$Fe_{(s)}$	0,0272
$CO_{2(g)}$	0,2138	$Fe_2O_{3(s)}$	0,0900
$CH_{4(g)}$	0,1862	$Hg_{(g)}$	0,1749
$C_2H_5OH_{(l)}$	0,2820	$Hg_{(l)}$	0,0474
$C_6H_{12}O_{6(s)}$	0,2889	$HgO_{(s)}$	0,0719

(s) = fest (lat. = solidus)
(l) = flüssig (lat. = liquidus)
(g) = gasförmig

▸ Temperaturskalen:

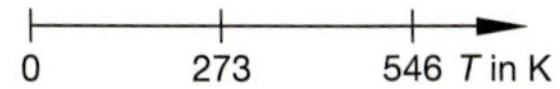

Temperatur in Kelvin K

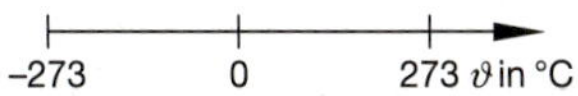

Temperatur in Grad Celsius °C

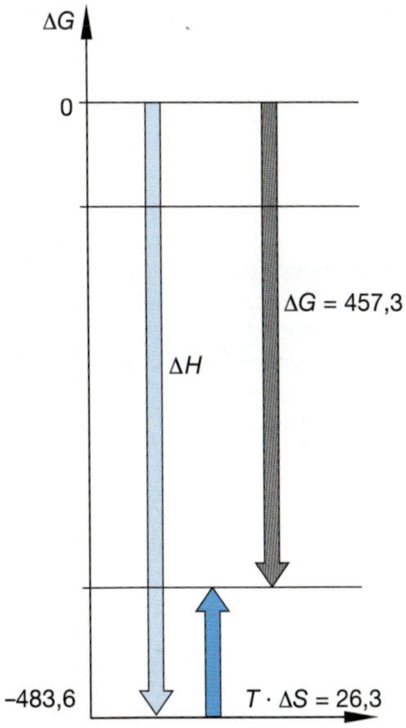

Knallgasreaktion

Die Enthalpie ist negativ und nimmt daher ab. Die Entropie (Unordnung) nimmt ebenfalls ab, da sich die Anzahl der Gasteilchen verringert. In diesem Fall trägt das Prinzip der Energieminimierung zum spontanen Verlauf der Reaktion bei, während der Effekt der Entropie entgegenwirkt.

Aktivierungsenergie

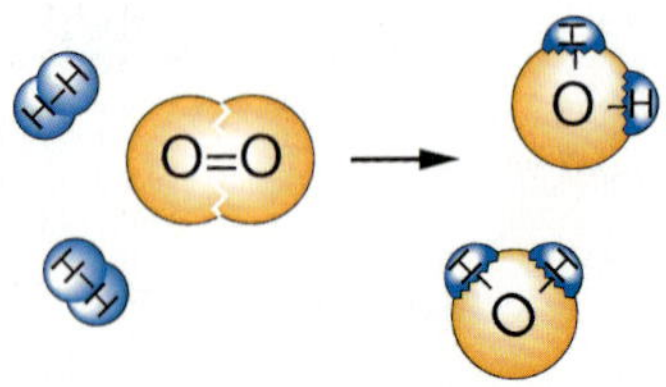

Bestehende Bindungen müssen unter Energieaufwand getrennt werden, bevor neue Bindungen entstehen können.

Eine chemische Reaktion bedeutet eine Umgruppierung der Atome. Bevor es zu einer Umgruppierung kommt, müssen die Teilchen zusammenstoßen. Die Energie des Zusammenstoßes muss hoch genug sein, um die Bindungen der Ausgangsstoffe genügend zu lockern, damit es so zur Umgruppierung, also zur chemischen Reaktion kommt.

Zum Beispiel kann ein Luft-Benzindampf-Gemisch bei Raumtemperatur nebeneinander vorliegen, ohne dass es zu einer Reaktion kommt. Wird dieses Gemisch durch eine offene Flamme gezündet, so reagiert dieses Gemisch sofort. Einige Teilchen (Benzinmolekül und Sauerstoff) haben durch die Energie der Flamme genügend Bewegungsenergie erhalten, sodass durch den Zusammenstoß die Bindungen der Moleküle gespalten werden und diese nun in einem reaktionsfähigen Zustand vorliegen und miteinander reagieren. Die dabei frei werdende Reaktionsenthalpie erhöht weiter die Bewegungsenergie der Reaktionspartner und die Reaktion verläuft dadurch von selbst.

Die den Reaktionspartnern zugeführte Energie, welche die Teilchen in einen reaktionsbereiten Zustand versetzt, heißt Aktivierungsenergie.

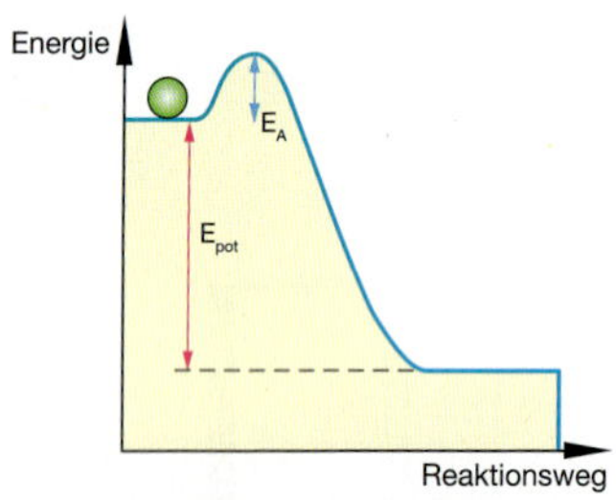

Ein Vergleich aus der Physik:
Um die (potenzielle) Energie der Kugel nutzen zu können, muss sie zunächst unter Aufwand von Aktivierungsenergie auf den Berg gehoben werden.

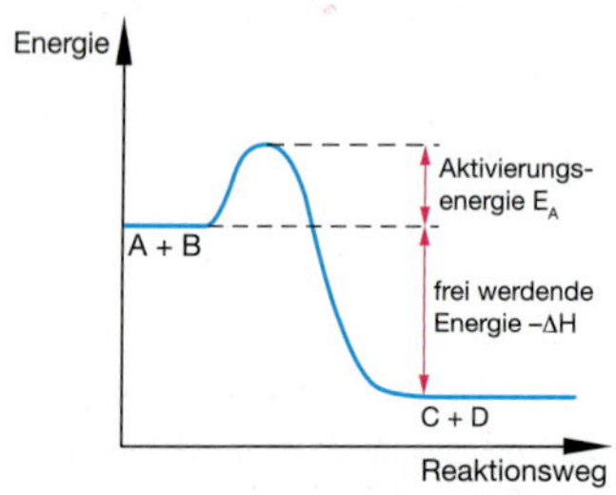

Energiediagramm einer exothermen Reaktion: A + B → C + D
Die Aktivierungsenergie ist eine „Hürde", die überwunden werden muss, ehe (bei einer exothermen Reaktion) die in den Ausgangsstoffen enthaltene Energie freigesetzt wird.

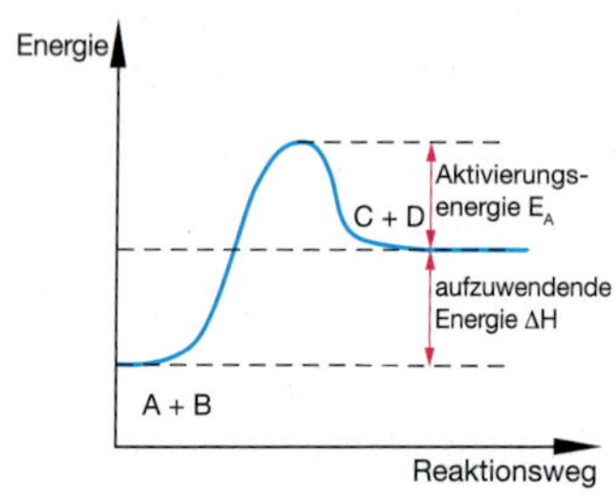

Energiediagramm einer endothermen Reaktion: A + B → C + D

Die Aktivierungsenergie stellt im Energiediagramm der Reaktion einen „Energieberg" dar, der überwunden werden muss. Auch bei einer exothermen Reaktion muss dieser Energieberg überwunden werden, bevor die Reaktionsenthalpie frei wird. Bei der endothermen Reaktion wird nach Überwindung der „Barriere" keine Energie frei, deshalb muss fortwährend Energie zugeführt werden.

Der „Energieberg“ stellt einen Zustand dar, in dem sich die Bindungen der Edukte noch nicht vollständig gespalten und die der Reaktionsprodukte noch nicht vollständig neu gebildet haben. Es liegt ein **Übergangszustand** oder ein **aktivierter Komplex** vor.

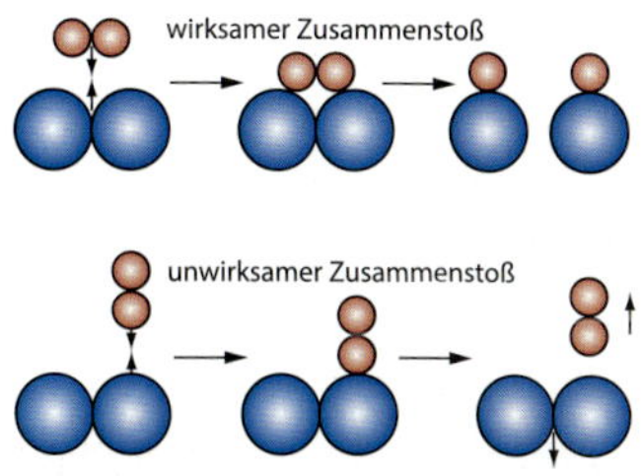

Wirksamer und unwirksamer Zusammenstoß

Zu einer chemischen Reaktion kommt es nur, wenn die Teilchen die Aktivierungsenergie und gleichzeitig auch die richtige räumliche Orientierung haben. Nicht jeder Zusammenstoß führt deshalb zur Bildung eines neuen Teilchens. Es gibt **wirksame und unwirksame Zusammenstöße**.

Bei unwirksamen Zusammenstößen trennen sich die Teilchen unverändert voneinander und bei wirksamen kommt es zur Bildung der Übergangszustände.

Reaktionsgeschwindigkeit

Chemische Reaktionen verlaufen je nach Art unterschiedlich schnell:

- Die Umwandlung von organischen Substanzen in Kohle und Erdöl dauert viele Millionen Jahre.
- Das Kompostieren von Gartenabfällen verläuft in Monaten bis Jahren.
- Die alkoholische Gärung, die Umwandlung von Zucker in Alkohol und Kohlenstoffdioxid, nimmt Tage bis Wochen in Anspruch.
- Eine Veresterung (Reaktion von Alkohol und Säuren) läuft innerhalb von Stunden ab.
- Zink löst sich in Salzsäure in Minuten.
- Die Neutralisierung von Säuren und Basen oder die Fällung von Salzen läuft in Bruchteilen von Sekunden ab.

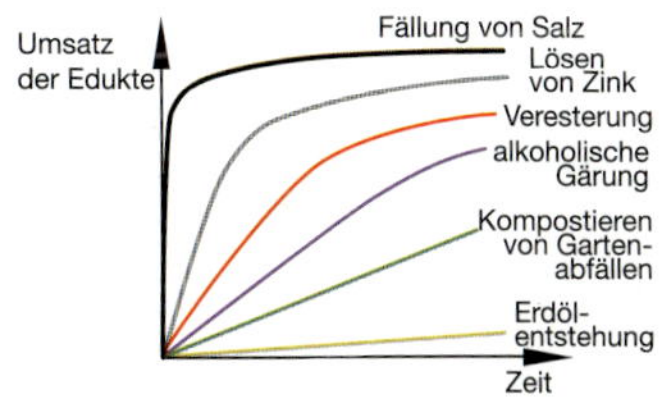

Reaktionsgeschwindigkeiten

In den vorherigen Beispielen ist die Umwandlung der Edukte (Ausgangsstoffe) in die Produkte, also die Konzentrationsänderung Δc im gleichen Zeitabschnitt Δt unterschiedlich. Die Reaktionsgeschwindigkeit r wird deshalb definiert als Änderung der Konzentration Δc pro Zeiteinheit Δt:

$$r = \frac{\Delta c}{\Delta t}$$

Bei einer Reaktion vom Typ
A + B → C + D

kann unterschieden werden in die Reaktionsgeschwindigkeit für die Bildung der Produkte (C und D) und die Zerfallskurve für die Edukte (A und B).

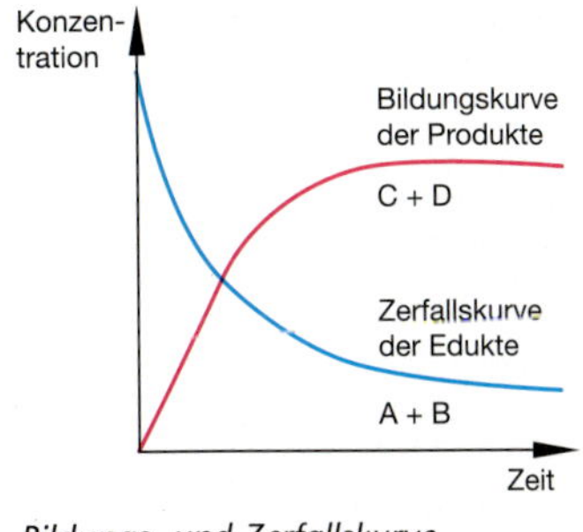

Bildungs- und Zerfallskurve

Die Kurven werden im Verlauf der Reaktionszeit flacher, da die Reaktion langsamer wird, weil weniger A und B vorhanden sind.

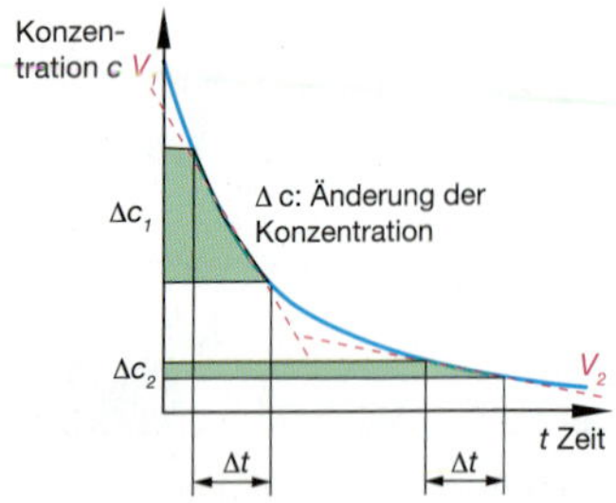

Veränderung der Konzentration eines Ausgangsstoffs im Verlauf einer Reaktion
Δc = Änderung der Konzentration
Betrachtet man gleiche Zeiträume Δt, so nimmt die Konzentration zu Beginn stärker ab.
$\Delta c_1 > \Delta c_2 \rightarrow r_1 > r_2$

Eine chemische Reaktion findet statt, wenn die Teilchen der Edukte in geeigneter Weise (Energie und Geometrie) zusammenstoßen. Je größer die Zahl der Zusammenstöße ist, umso mehr Teilchen können miteinander reagieren, d. h., die Reaktionsgeschwindigkeit steigt.

Die Zahl der Zusammenstöße und damit die Reaktionsgeschwindigkeit hängt ab von:

- **Konzentration:** Mit der Konzentration steigt die Wahrscheinlichkeit der Zusammenstöße und damit die Reaktionsgeschwindigkeit. Diese ist also direkt proportional zu den Konzentrationen:

$$r = k \cdot c(\mathrm{A}) \cdot c(\mathrm{B}) \qquad (k = \text{Konstante})$$

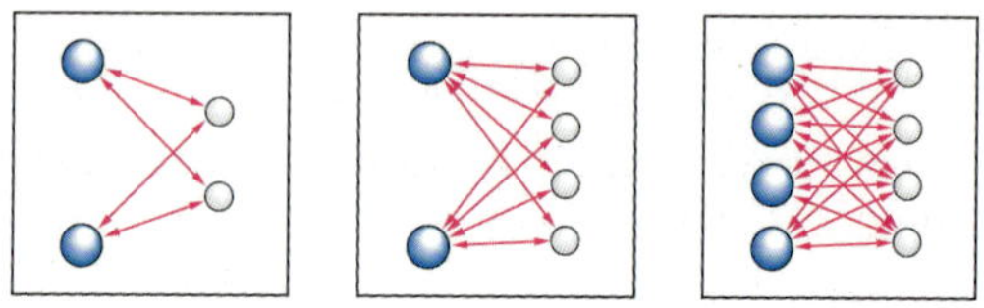

Teilchen	2	2	2	4	4	4
mögliche Zusammenstöße	4		8		16	

Stoßtheorie: A + B → Produkt

- **Druck:** Bei Reaktionen, an denen nur Gase beteiligt sind, vergrößert höherer Druck die Anzahl der Teilchen pro Volumeneinheit und damit die Zahl der Zusammenstöße.
- **Temperatur:** Durch Erhöhung der Temperatur wird die Bewegungsenergie der Teilchen vergrößert, die Zahl der Zusammenstöße erhöht sich und gleichzeitig haben mehr Teilchen die Aktivierungsenergie. Eine Temperaturerhöhung von 10 °C bewirkt ungefähr eine Verdoppelung der Reaktionsgeschwindigkeit (Van't hoffsche Regel).
- **Katalysatoren:** Da ein Katalysator die Aktivierungsenergie herabsetzt, haben mehr Teilchen die Energie, die zu wirksamen Zusammenstößen führt.
- **Stoffverteilung:** Feste Stoffe reagieren mit Gasen, Flüssigkeiten und gelösten Stoffen nur an der Oberfläche. Eine Vergrößerung der Oberfläche erhöht die Zahl der Zusammenstöße. Eine möglichst feine Verteilung des Festkörpers trägt deshalb zur Erhöhung der Reaktionsgeschwindigkeit bei (z. B. Kohlestaubexplosionen im Bergwerk).

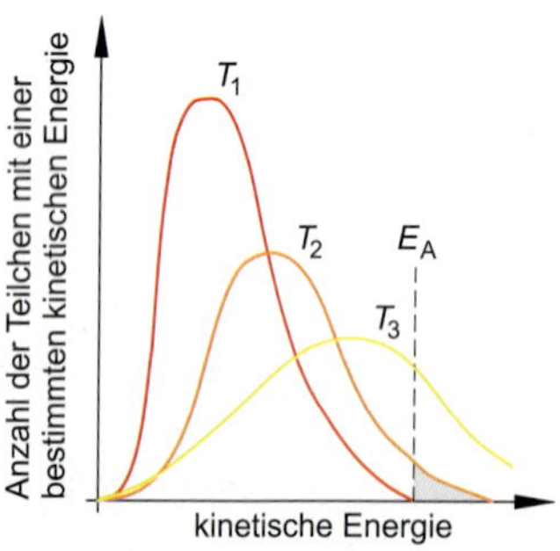

Energieverteilung bei verschiedenen Temperaturen: $T_3 > T_2 > T_1$
Eine geringe Temperaturerhöhung bewirkt eine starke Zunahme des Anteils an reaktionsfähigen Teilchen (vergleiche die Flächenanteile rechts von E_A für T_1, T_2 und T_3).

Katalysator

Es gibt Stoffe, durch deren Anwesenheit die Aktivierungsenergie herabgesetzt wird und die damit eine chemische Umsetzung erheblich beschleunigen. Die Umsetzung erfolgt also bei niedrigeren Temperaturen. Diese Stoffe werden **Katalysatoren** genannt:

Katalysatoren sind Substanzen, welche die Reaktionsgeschwindigkeit erhöhen und am Ende der Reaktion unverändert vorliegen.

Die Wirkung eines Katalysators K besteht darin, dass mit dem Edukt A eine reaktionsfähige Zwischenverbindung AK entsteht. Diese reagiert unter Freisetzung des Katalysators mit dem Edukt B zu dem Produkt AB:

ohne Katalysator: A + B → AB (langsam)
mit Katalysator: A + K → AK
AK + B → AB + K (schnell)

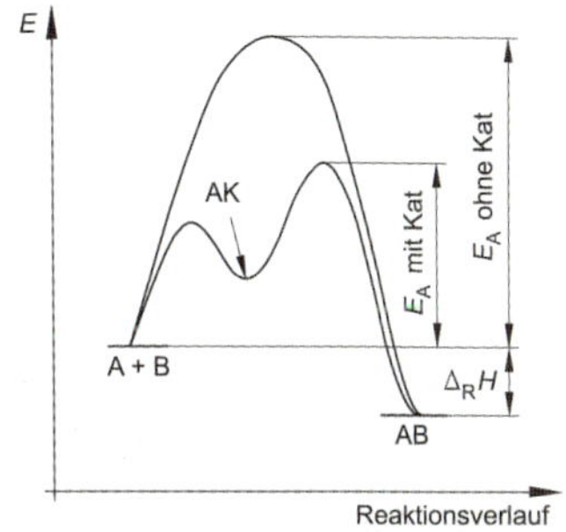

Energiediagramm einer exothermen Reaktion mit und ohne Katalysator

Für die chemische Reaktion mit dem Katalysator über das Zwischenprodukt AK wird eine niedrigere Aktivierungsenergie benötigt als über die direkte Reaktion von A mit B.

Der Ablauf einer chemischen Reaktion mithilfe eines Katalysators wird Katalyse genannt. Dabei wird zwischen einer homogenen Katalyse (Edukte und Katalysator liegen im gleichen Aggregatzustand z. B. flüssig – flüssig vor) sowie einer heterogenen Katalyse (Edukte und Katalysator liegen in unterschiedlichen Aggregatzuständen vor, überwiegend gasförmig – fest) unterschieden.

Viele großtechnische Verfahren sind erst durch den Einsatz von Katalysatoren wirtschaftlich geworden (z. B. Ammoniaksynthese mit Eisen als Katalysator, Fetthärtung in der Margarineherstellung mit Nickel als Katalysator).

Katalysatoren haben auch ihre Bedeutung für den Umweltschutz, so z. B. bei der Befreiung der Abgase in Kraftwerken von Stickoxiden (NO_x) und bei der Entgiftung von Autoabgasen durch Umsetzung von unverbrannten Kohlenwasserstoffen (C_xH_y), Kohlenstoffmonoxid (CO) und Stickoxiden (NO_x) in unschädliche Stoffe (Kohlenstoffdioxid, Wasser und Stickstoff).

▸ Ohne Katalysatoren ließen sich in der chemischen Industrie viele Produkte nicht oder nur bei höheren Temperaturen und damit höheren Energiekosten herstellen.

▸ Katalysatoren können meist nicht unbegrenzt lange eingesetzt werden, da ihre Wirksamkeit nachlässt. Ursache kann z. B. eine Änderung der Struktur des Katalysators (Altern) oder eine „Vergiftung" durch Verunreinigungen sein. Die meisten Katalysatoren müssen daher von Zeit zu Zeit regeneriert werden.

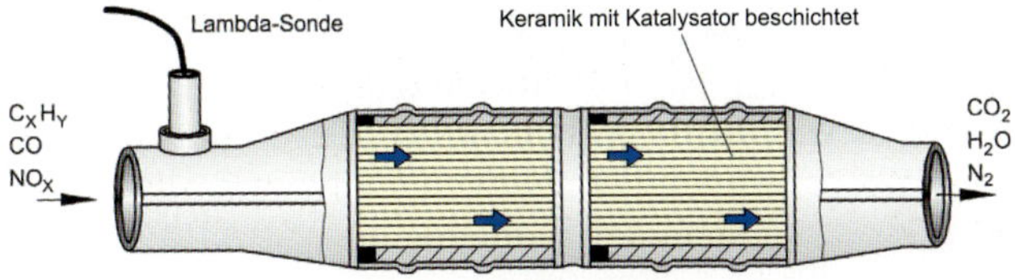

Schema eines Dreiwegekatalysators (Katalysator: feinverteiltes Platin und Palladium). Die Lambda-Sonde regelt die Luftzufuhr des Motors.

$C_xH_y + (x + {}^y/_2)\,O_2$
$\rightarrow x\,CO_2 + {}^y/_2\,H_2O$

$CO + {}^1/_2\,O_2 \rightarrow CO_2$

$NO + CO \rightarrow {}^1/_2\,N_2 + CO_2$

$2\,NO \rightarrow N_2 + O_2$

Gleichungen der Abgasreinigung

Auf der Oberfläche der Katalysatoren können sich Fremdstoffe (Katalysatorgifte) absetzen oder die Struktur des Katalysators ändert sich durch Alterung: Damit wird die Wirksamkeit des Katalysators gemindert und er muss nach einer gewissen Zeit regeneriert werden.

An vielen biochemischen Umsetzungen sind ebenfalls Katalysatoren (Biokatalysatoren: Enzyme) beteiligt. So z. B. bei der Zerlegung von Nahrungsmitteln (Eiweiß, Fett und Kohlenhydrate) und deren sanfter Verbrennung zur Energiegewinnung im Organismus (s. Kap. 7.4.3).

▸ **Enzyme** sind große Eiweißmoleküle, die mit dem zu zerlegenden Molekül wie „Schloss und Schlüssel" zusammenpassen. An der Bindungsstelle erfolgt eine Lockerung der Bindung und das Molekül wird gespalten.

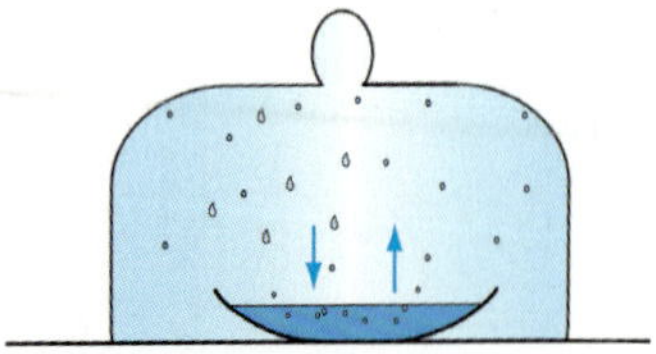

Verdunsten von Wasser – ein dynamisches Gleichgewicht
Eine Wasserschale wird mit Wasser gefüllt und in einen geschlossenen Raum gestellt. Das Wasser in der Schale verdunstet, aber es kehren auch Wassermoleküle in die Schale zurück. Nach einer gewissen Zeit verdunstet die gleiche Anzahl von Molekülen, wie Moleküle ins Wasser gelangen: Ein dynamisches Gleichgewicht hat sich eingestellt.

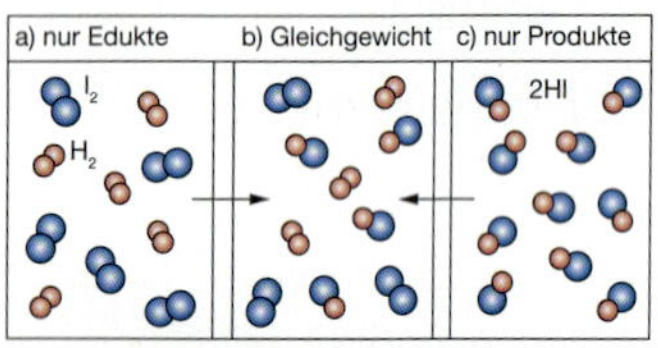

Einstellung eines dynamischen Gleichgewichts von der Edukt- und Produktseite, Gleichgewichtsreaktion:
$H_2 + I_2 \rightleftarrows 2\,HI$

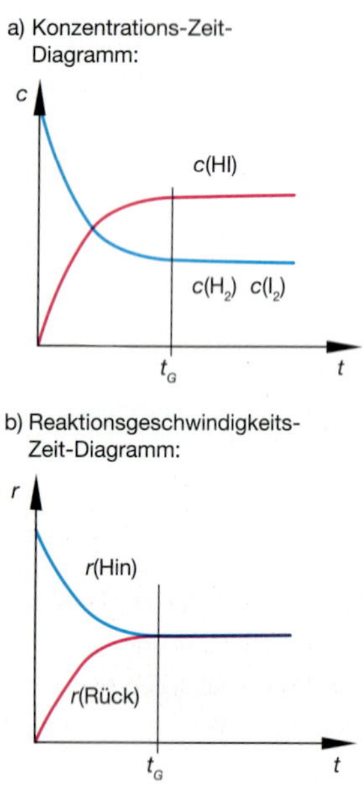

Zeitlicher Verlauf der Gleichgewichtseinstellung

4.3 Chemisches Gleichgewicht

Gleichgewicht

Viele chemische Reaktionen sind umkehrbar, es existiert eine Hin- und Rückreaktion. Zum Beispiel bei der Reaktion von Wasserstoff und Iod zu Iodwasserstoff:

$$H_2 + I_2 \rightleftarrows 2\,HI$$

Durch Zusammenstöße der Moleküle der Ausgangsstoffe bilden sich HI-Moleküle:

$$H_2 + I_2 \rightarrow 2\,HI \quad \text{Hinreaktion}$$

Da die Zahl der Wasserstoff- und Iodmoleküle sinkt, verkleinert sich auch die Zahl der Zusammenstöße und damit auch die Geschwindigkeit der Hinreaktion.

Nachdem sich HI-Moleküle gebildet haben, gibt es auch Kollisionen zwischen diesen Teilchen und es kommt auch zum Zerfall von HI-Molekülen:

$$2\,HI \rightarrow H_2 + I_2 \quad \text{Rückreaktion}$$

Die Zahl der HI-Moleküle steigt und damit auch die Geschwindigkeit der Rückreaktion.

Nach einer gewissen Zeit ändern sich die Konzentrationen der Edukte bzw. Produkte nicht mehr, es hat sich ein Gleichgewicht zwischen der Hin- und der Rückreaktion eingestellt. Dies bedeutet aber nicht, dass keine Reaktionen mehr stattfinden, sondern dass die Reaktionsgeschwindigkeit der Hinreaktion genau so groß ist wie die der Rückreaktion. Dieser Zustand wird als **dynamisches Gleichgewicht** bezeichnet.

Ein chemisches Gleichgewicht liegt vor, wenn die Geschwindigkeit der Hinreaktion r_{hin} gleich der Geschwindigkeit der Rückreaktion $r_{rück}$ ist und alle beteiligten Stoffe in einem konstanten Verhältnis vorliegen.

$$r_{hin} = r_{rück}$$

Massenwirkungsgesetz

Gleichgewichtsreaktionen kommen nicht nur in der Gasphase vor, sondern auch in gelösten Stoffen, z. B. bei der Veresterung bzw. der Reaktion von Carbonsäure (S) und Alkohol (A) zu einem Ester (E) und Wasser (W):

$$CH_3COOH + C_2H_5OH \rightleftarrows CH_3COOC_2H_5 + H_2O$$

CH_3COOH	+	C_2H_5OH	$\rightleftarrows$	$CH_3COOC_2H_5$	+	H_2O
Essigsäure		Ethanol		Essigsäureethylester		Wasser
Säure		Alkohol		Ester		Wasser
S	+	A	$\rightleftarrows$	E	+	W

Für die Geschwindigkeit der Hinreaktion gilt:

$$r_{hin} = k_{hin} \cdot c(S) \cdot c(A),$$

für die der Rückreaktion gilt

$$r_{rück} = k_{rück} \cdot c(E) \cdot c(W)$$

Im Gleichgewichtszustand gilt:

$$r_{hin} = r_{rück}$$

und

$$k_{hin} \cdot c(S) \cdot c(A) = k_{rück} \cdot c(E) \cdot c(W)$$

Durch Umstellung ergibt sich:

$$\frac{k_{hin}}{k_{rück}} = \frac{c(E) \cdot c(W)}{c(S) \cdot c(A)}$$

Der Quotient aus k_{hin} und $k_{rück}$ ergibt die Gleichgewichtskonstante $\boldsymbol{K}_c$.

$$\boldsymbol{K}_c = \frac{c(E) \cdot c(W)}{c(S) \cdot c(A)}$$

Diese Gleichung wird als **Massenwirkungsgesetz** (MWG) bezeichnet.

▸ Das MWG wurde 1867 von Guldberg und Waage aufgestellt.

Die Gleichgewichtsreaktion für die Veresterung kann allgemein wie folgt formuliert werden:

$$A + B \rightleftarrows C + D$$

Für das Massenwirkungsgesetz folgt dann:

$$\boldsymbol{K}_c = \frac{c(C) \cdot c(D)}{c(A) \cdot c(B)}$$

Die Gleichgewichtskonstante K_c gilt für eine bestimmte Temperatur und einen bestimmten Druck.

Anhand der Gleichgewichtskonstanten kann erkannt werden, auf welcher Seite das Gleichgewicht liegt:

$K > 1$: Das Gleichgewicht liegt auf der Seite der Produkte.
$K = 1$: Produkte und Edukte liegen in gleichen Konzentrationen vor.
$K < 1$: Das Gleichgewicht liegt auf der Seite der Edukte.

Weiter können mit dem MWG die Konzentrationen der Edukte und Produkte im Gleichgewicht berechnet werden.

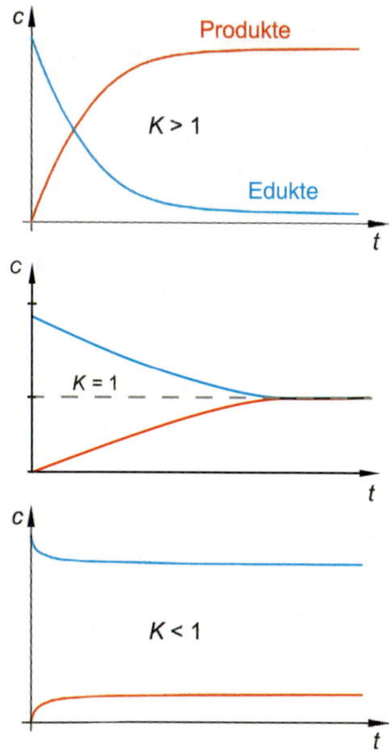

Einstellung des Gleichgewichts für die Reaktion $A + B \rightleftarrows C + D$ bei unterschiedlichen K-Werten

Beispiel:

Für die im vorigen Abschnitt beschriebene Veresterung werden jeweils 1 mol/l Säure und Alkohol eingesetzt und zur Reaktion gebracht. Es sollen die Konzentrationen der vier Stoffe im Gleichgewicht berechnet werden. Die Gleichgewichtskonstante K_c hat den Wert 4.

Vor der Reaktion gilt:

$c(S) = 1{,}0$ mol/l $c(A) = 1$ mol/l $c(E) = 0$ $c(W) = 0$

Im Gleichgewicht gilt:

Von der Säure und dem Alkohol hat sich eine gleiche Stoffmenge in Ester und Wasser umgesetzt. Diese Größe ist gesucht und geht mit x in die Gleichung für das Massenwirkungsgesetz ein:

$c(S) = 1 - x \quad c(A) = 1 - x \quad c(E) = x \quad c(W) = x$

Mit diesen Gleichgewichtskonzentrationen lautet das Massenwirkungsgesetz:

$$4 = \frac{x \cdot x}{(1 - x) \cdot (1 - x)}$$

Die Umstellung dieser quadratischen Gleichung ergibt für die Normalform:

$$x^2 - \frac{8}{3}x + \frac{4}{3} = 0$$

Die beiden Lösungen dieser Normalform ergeben $x_1 = 2$ und $x_2 = 0{,}67$.

Die Lösung $x_1 = 2$ ist chemisch unmöglich, weil sich aus einem Mol Säure keine zwei Mol Ester bilden können.

Die Konzentrationen im Gleichgewicht betragen dann:

$c(S) = 1 - 0{,}67 =$ 0,33 mol/l; $c(A) = 1 - 0{,}67 =$ 0,33 mol/l

$c(E) =$ 0,67 mol/l; $c(W) =$ 0,67 mol/l

Henry Le Chatelier (1850–1936)

Verschiebung der Lage des Gleichgewichts

Änderungen der äußeren Bedingungen, wie des Drucks, der Temperatur oder der Konzentrationen der beteiligten Stoffe, können die Lage des Gleichgewichts beeinflussen.

Diese Vorgänge der Veränderungen des Gleichgewichts hat der französische Chemiker Le Chatelier im Jahre 1854 entdeckt und im **Prinzip des kleinsten Zwangs** (auch Prinzip von Le Chatelier) formuliert:

Wird auf ein sich im Gleichgewicht befindliches System ein Zwang ausgeübt, so verschiebt sich das System derart, dass dem Zwang ausgewichen wird.

Druckänderung

Wenn an Gleichgewichtsreaktionen Gase beteiligt sind und sich deren Volumen ändert, lässt sich das Gleichgewicht durch Druckänderungen verschieben.

Am Beispiel der Oxidation von Schwefeldioxid (SO_2) zu Schwefeltrioxid (SO_3) lässt sich dieser Einfluss zeigen.

Diese Reaktion ist übrigens ein Schritt zur großtechnischen Herstellung von Schwefelsäure.

$2\,SO_2 + O_2 \rightleftarrows 2\,SO_3$

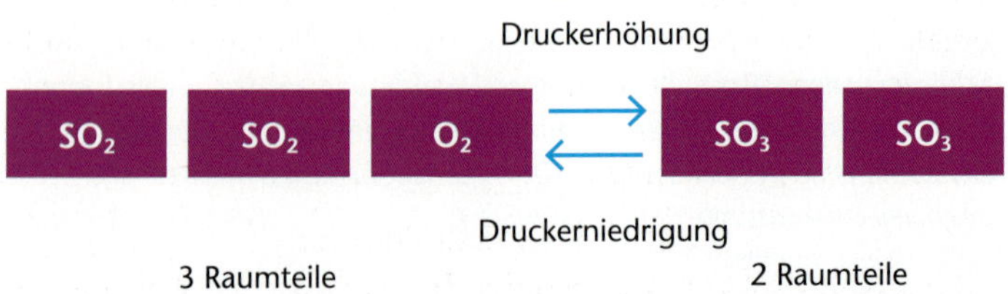

Wird der Druck vergrößert, so wird dem äußeren Zwang so ausgewichen, dass vermehrt der Stoff mit dem geringeren Volumen entsteht. In diesem Falle verschiebt sich das Gleichgewicht zur Seite des Schwefeltrioxids.

Druckerhöhung:
Das Gleichgewicht verschiebt sich zur Seite der Stoffe mit geringeren Volumen.

Temperaturänderung

Chemische Reaktionen sind immer mit Energieabgabe (exotherm) und Energieaufnahme (endotherm) verbunden. Eine Temperaturerhöhung begünstigt die endotherme Reaktion.

Ein bekanntes Beispiel für diesen Einfluss ist das Ammoniakgleichgewicht:

$$N_2 + 3\,H_2 \underset{\text{endotherm}}{\overset{\text{exotherm}}{\rightleftarrows}} 2\,NH_3 \qquad \Delta H = -2 \cdot 45{,}6\ \text{kJ/mol}$$

Wird diesem Gleichgewicht Energie zugeführt, so versucht das Gleichgewicht durch die Energieaufnahme diesem Zwang auszuweichen und begünstigt damit die endotherme Reaktion, es wird weniger Ammoniak gebildet. Um mehr Ammoniak zu bilden, muss die Temperatur erniedrigt werden.

Temperaturerhöhung:
Das Gleichgewicht verschiebt sich in die Richtung der endothermen Reaktion.

Konzentrationsänderung:

Der Einfluss der Konzentration wird am Beispiel der Veresterung, also der Reaktion von Carbonsäure (S) und Alkohol (A) zu einem Ester (E) und Wasser (W), gezeigt:

Gleichgewichtsreaktion:

$$S + A \rightleftarrows E + W$$

Massenwirkungsgesetz:

$$\boldsymbol{K}_c = \frac{c(E) \cdot c(W)}{c(S) \cdot c(A)}$$

Wird die Konzentration eines Edukts (Säure oder Alkohol) erhöht, so müssen auch die Konzentrationen der Produkte (Ester und Wasser) höher werden, damit die Konstante $\boldsymbol{K}_C$ gleich bleibt. Bei Entzug eines Produkts müssen sich mehr Alkohol und Säure umsetzen, damit ebenfalls die Konstante gleich bleibt. Praktisch wird das durchgeführt, in dem Säure im Überschuss zugegeben wird oder der Ester abdestilliert wird.

Konzentrationsänderung:
Das Gleichgewicht lässt sich durch Erhöhung der Konzentration eines Ausgangsstoffs oder durch Entzug eines Produkts zur Seite des Produkts hin verschieben.

Dabei bleibt der Wert der Gleichgewichtskonstanten $\boldsymbol{K}_c$ erhalten.

Fritz Haber (1868–1934)

Carl Bosch (1874–1940)

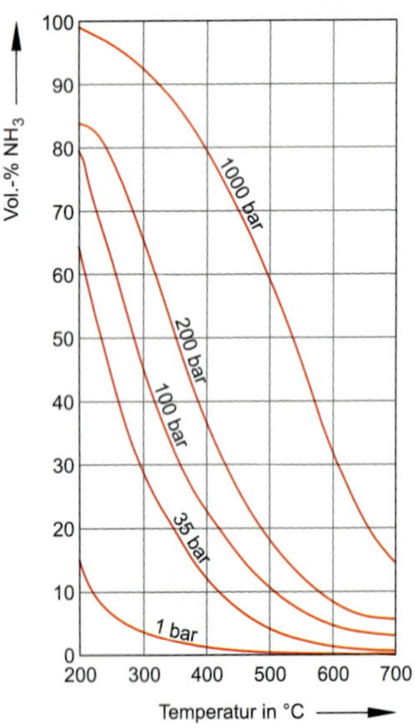

Ammoniakgleichgewicht in Abhängigkeit von Temperatur und Druck

Die technische Umsetzung des Ammoniakgleichgewichts ist als **Haber-Bosch-Verfahren** bekannt. Diese Synthese von Ammoniak aus dem reaktionsträgen Stickstoff ist von außerordentlicher wirtschaftlicher Bedeutung, da Ammoniak als Ausgangsstoff für viele Stickstoffverbindungen (u.a. Salpetersäure, Stickstoffdünger, Spreng- und Farbstoffe, pharmazeutische Wirkstoffe) eingesetzt wird.

Das Ammoniakgleichgewicht

$$N_2 + 3\,H_2 \underset{\text{endotherm}}{\overset{\text{exotherm}}{\rightleftarrows}} 2\,NH_3 \qquad \Delta H = -2 \cdot 45{,}6\ \text{kJ/mol}$$

liegt bei Zimmertemperatur praktisch rechts. Nach dem Prinzip des kleinsten Zwangs wird die Ausbeute durch erhöhten Druck (Volumenverkleinerung auf der rechten Seite) und niedrige Temperatur (Verschiebung des Gleichgewichtes nach rechts in die Richtung der exothermen Reaktion) begünstigt. Unter diesen Bedingungen verläuft die Reaktion aber nicht nach rechts, da das N_2-Molekül eine feste Bindung aufweist und zur Reaktion des N_2-Moleküls eine hohe Aktivierungsenergie erforderlich ist.

Das Problem wird durch Einsatz von Katalysatoren sowie Reaktionsbedingungen von 400 bis 500 °C und einem Druck von 300 bis 400 bar gelöst. Das gebildete Ammoniak wird dabei laufend aus dem Reaktor entnommen.

Der Einsatz eines **Katalysators** führt zu einer schnelleren Einstellung des Gleichgewichts, er hat keinen Einfluss auf die Lage des Gleichgewichts.

Das Ammoniakgleichgewicht wurde von Fritz Haber (1905–1910) untersucht und von Carl Bosch in der BASF (Badische Anilin- und Soda-Fabrik) in die Praxis umgesetzt.

Heute gibt es Bestrebungen, dass die Ammoniaksynthese mithilfe von Enzymen (Biokatalysatoren) unter erheblich geringerem Energieaufwand durchgeführt werden kann.

Beispiele:

Bei der Verbrennung von kohlenstoffhaltigen Brennstoffen spielt die Reaktion von Kohlenstoff und Kohlenstoffdioxid (Edukte) sowie Kohlenstoffmonoxid eine Rolle. Die Reaktionsenthalpie beträgt dabei $\Delta H = 172{,}5$ kJ. Diese Reaktion ist bekannt als Boudouard-Gleichgewicht.

a) Stellen Sie die Reaktionsgleichung auf.

b) In welche Richtung verschiebt sich das Gleichgewicht bei Temperaturerhöhung?

c) In welche Richtung verschiebt sich das Gleichgewicht bei Druckerhöhung?

Lösungen:

a) $C + CO_2 \rightleftarrows 2\,CO \qquad \Delta H = 172{,}5\ \text{kJ}$

b) Da ΔH positiv ist, ist die Bildung von Kohlenstoffmonoxid eine endotherme Reaktion, d. h., bei Temperaturerhöhung wird die Bildung von Kohlenstoffmonoxid begünstigt. Bei Temperaturerniedrigung scheidet sich Ruß ab.

Dies ist in Motoren und Heizungskesseln nicht erwünscht. Im Hochofen werden Kohlenstoff und Kohlenmonoxid als Reduktionsmittel eingesetzt.

c) Eine Druckerhöhung verschiebt das Gleichgewicht nach links, da der Kohlenstoff fest vorliegt und auf der linken Seite das kleinere Volumen CO_2 vorhanden ist. Dies verursacht u. a. die Rußentwicklung im Dieselmotor, da hier ein höherer Druck im Zylinder herrscht als im Vergleich zum Ottomotor.

Übungsaufgaben

Zu 4.1:

1. Vervollständigen Sie folgende Reaktionsgleichungen:
   a) $H_2 + O_2 \rightarrow H_2O$
   Wasserstoff verbrennt mit Sauerstoff zu Wasser.
   b) $HgO \rightarrow Hg + O_2$
   Zerfall von Quecksilberoxid zu Quecksilber und Sauerstoff.
   c) $Ca + O_2 \rightarrow CaO$
   Calcium verbrennt mit Sauerstoff zu Calciumoxid.
   d) $Zn + HCl \rightarrow ZnCl_2 + H_2$
   Zink reagiert mit Salzsäure zu Zinkchlorid.
   e) $Fe + O_2 \rightarrow Fe_2O_3$
   Eisen reagiert beim Rostvorgang mit Sauerstoff zu Eisen(III)-oxid.
   f) $P + O_2 \rightarrow P_2O_5$
   Phosphor reagiert mit Sauerstoff zu Phosphorpentoxid.
   g) $Ca_3(PO_4)_2 + H_2SO_4 \rightarrow CaSO_4 + H_3PO_4$
   Calciumphosphat reagiert mit Schwefelsäure zu Calciumsulfat und Phosphorsäure.
   h) $Fe_2O_3 + H_2SO_4 \rightarrow Fe_2(SO_4)_3 + H_2O$
   Eisen(III)-oxid reagiert mit Schwefelsäure zu Eisen(III)-sulfat und Wasser.
   i) $C_6H_6 + O_2 \rightarrow CO_2 + H_2O$
   Benzol verbrennt mit Sauerstoff zu Kohlenstoffdioxid und Wasser.
   j) $CuO + Al \rightarrow Cu + Al_2O_3$.
   Kupferoxid reagiert mit Aluminium zu elementarem Kupfer und Aluminiumoxid.

2. Berechnen Sie die molaren Massen folgender Verbindungen aus den atomaren Massen (siehe Periodensystem der Elemente am Ende des Buchs):
   a) Fe_2O_3; b) C_4H_{10}; c) $Al_2(SO_4)_3$

3. Berechnen Sie die Stoffmenge folgender Verbindungen aus den jeweiligen Massen:
   a) Masse Schwefelsäure: $m(H_2SO_4) = 500{,}0$ g
   b) Masse Kalkstein: $m(CaCO_3) = 1{,}0$ kg

4. Berechnen Sie die Stoffmenge der Elemente Blei und Sauerstoff aus der Masse von Bleidioxid $m(PbO_2) = 892{,}8$ g.

5. Berechnen Sie die Massen folgender Verbindungen aus den jeweiligen Stoffmengen:
   a) Stoffmenge Gold: $n(Au) = 1{,}5$ mol
   b) Stoffmenge Traubenzucker: $n(C_6H_{12}O_6) = 0{,}8$ mol
   c) Stoffmenge Kohlenstoffdioxid: $n(CO_2) = 22{,}0$ mol

6. *Berechnen Sie die Massen der Elemente Kohlenstoff und Wasserstoff aus der Stoffmenge Oktan $n(C_8H_{18}) = 5$ mol.*

7. *Ein Luftballon wird mit Methan CH_4 gefüllt. Wird dieser Ballon in der Luft steigen oder sinken? Dichte der Luft: 1,3 g/l.*

8. *Quecksilberoxid zersetzt sich in der Hitze zu Quecksilber und Sauerstoff:*
   $2\ HgO \rightarrow Hg + O_2$
   a) *Welche Masse an Quecksilber entsteht aus 85,0 g Quecksilberoxid?*
   b) *Welches Volumen an Sauerstoff entsteht unter Normalbedingungen?*

9. *Kalkstein wird erhitzt (gebrannt), es entsteht Calciumoxid und Kohlenstoffdioxid:*
   $CaCO_3 \rightarrow CaO + CO_2$
   a) *Welche Masse an Calciumcarbonat muss eingesetzt werden, um 2,5 m^3 CO_2 zu erhalten?*
   b) *Welche Masse an Calciumoxid entsteht?*

10. *Eisen kann aus Eisen(III)-oxid Fe_2O_3 durch Reaktion mit Kohlenstoffmonoxid (CO) gewonnen werden:*
    $Fe_2O_3 + 3\ CO \rightarrow 2\ Fe + 3\ CO_2$
    Welche Masse an Eisen(III)-oxid muss eingesetzt werden, um 1,0 t Eisen zu gewinnen?

11. *Welche Masse an Stickstoff enthält 1,0 kg Ammoniumnitrat NH_4NO_3?*

Zu 4.2:

1. *Wie hoch ist die Reaktionsenthalpie (bezogen auf Fe_2O_3), wenn Eisen mit Sauerstoff zu Eisen(III)-oxid Fe_2O_3 oxidiert? Stellen Sie als Erstes die Reaktionsgleichung auf.*

2. *Wie hoch ist die Reaktionsenthalpie bei der Reaktion von Eisen(III)-oxid mit Kohlenstoffmonoxid zu Eisen und Kohlenstoffdioxid? Stellen Sie als Erstes die Reaktionsgleichung auf.*

3. *Benzin kann annähernd durch die Formel von Octan C_8H_{18} beschrieben werden. Stellen Sie die Reaktionsgleichung für die Verbrennung auf, berechnen sie die Reaktionsenthalpie (das Wasser liegt nach der Reaktion über 100 °C, also gasförmig vor) und den Heizwert.*

4. *Ein Ottomotor kann auch mit anderen Kraftstoffen betrieben werden, z. B. mit Erdgas (zu 100 % als CH_4 angenommen) oder mit Alkohol C_2H_5OH aus biologischem Material oder synthetisch hergestellt aus Kohle oder Erdgas.*
   a) *Stellen Sie die Reaktionsgleichungen für die Oxidation von CH_4 und C_2H_5OH auf und berechnen Sie die Reaktionsenthalpien und die Heizwerte der beiden Verbindungen.*
   b) *Wenn gleiche Massen von Oktan bzw. Erdgas oder Alkohol getankt werden, mit welchem Kraftstoff wird eine größere*

Entfernung zurückgelegt? Zum Vergleich muss der Heizwert des Erdgases von m^3 auf kg umgerechnet werden.

c) *Gibt es einen Zusammenhang zwischen den Formeln der Kraftstoffe und dem Heizwert?*

5. *In vielen lebenden Organismen wird die Energie durch die Oxidation von Traubenzucker ($C_6H_{12}O_{12}$) zu CO_2 und H_2O erzeugt. Dabei entsteht das Wasser in flüssiger Form.*
   Stellen Sie die Reaktionsgleichung auf und berechnen Sie die Reaktionsenthalpie und den physiologischen Brennwert (Nährwert) des Traubenzuckers.

6. *Warum wird für das Betreiben eines Brennwertkessels kein klassischer Schornstein mehr benötigt?*

7. *Vergleichen Sie die Entropie von Eis und Wasserdampf in Bezug auf die Struktur.*

8. *Bewerten Sie die Änderung der Entropie aufgrund des Aufbaus aus kleinsten Teilchen. Berechnen Sie ΔH, ΔS und ΔG. Verläuft die Reaktion spontan? Wie verhält sich die Reaktion bei Temperaturerhöhung?*
   a) $N_{2(g)} + 3\ H_{2(g)} \rightarrow 2\ NH_{3(g)}$ *(Ammoniaksynthese)*
   b) $CaCO_{3(s)} \rightarrow CaO_{(s)} + CO_{2(g)}$ *(Kalkbrennen)*
   c) $2\ HgO_{(s)} \rightarrow 2\ Hg_{(l)} + O_{2(g)}$ *(Zerlegung von Quecksilberoxid)*

9. *Wie ist die Aktivierungsenergie definiert?*

10. *Zeichnen Sie für die endotherme Zerfallsreaktion $A \rightarrow B + C$ das Energiediagramm (x-Achse: Reaktionsweg, y-Achse: Energie).*

11. *Wasserstoff und Chlor reagieren nicht miteinander im Dunkeln. Bei Zufuhr von Licht reagieren die beiden Gase miteinander. Welche Bedeutung hat das Licht für diese Reaktion?*

12. *Wie wird die Aktivierungsenergie beim Luft-Treibstoffgemisch*
    a) *im Ottomotor,*
    b) *im Dieselmotor*
    zugeführt?

13. a) *Wie ist die Reaktionsgeschwindigkeit definiert?*
    b) *Welche beiden Reaktionsgeschwindigkeiten können für die Reaktion: $A + B \rightleftarrows C + D$ unterschieden werden?*

14. *Von welchen Einflüssen ist die Reaktionsgeschwindigkeit abhängig und warum?*

15. *Was ist ein Katalysator?*

16. *Was ist ein Katalysatorgift?*

17. *Welche Bedeutung haben Katalysatoren?*

Zu 4.3:

1. a) *Was ist ein chemisches Gleichgewicht?*
   b) *Warum gibt es auch in Lösungen chemische Gleichgewichte?*

2. *Im Estergleichgewicht beträgt die Gleichgewichtskonzentration für die Säure c(S) = 1,0 mol/l und für den Alkohol c(A) = 1,0 mol l. Gesucht sind die Gleichgewichtskonzentrationen für den Ester c(E) und das Wasser c(W), Gleichgewichtskonstante $K_c = 4$.*

3. *Bei einer Veresterung werden eingesetzt: Essigsäure mit c(S) = 1,0 mol/l und Ethanol mit c(A) = 2,0 mol/l. Berechnen Sie die Gleichgewichtskonzentrationen von Wasser, Ester, Säure und Alkohol.*

4. *Damit die Ausbeute an Ester steigt, wird im Estergleichgewicht das Wasser mithilfe einer wasserbindenden Substanz entzogen. Eingesetzt werden eine Säure mit c(S) = 1,0 mol/l und ein Alkohol mit c(A) = 1,0 mol/l. Die Gleichgewichtskonzentration des Wassers beträgt 0,1 mol/l. Berechnen Sie die Gleichgewichtskonzentration des Esters.*

5. *a) Stellen Sie die Reaktionsgleichung (Edukte: N_2, O_2; Produkt: NO) für die sich im chemischen Gleichgewicht befindlichen Stoffe auf. Die Reaktionsenthalpie ΔH beträgt +180,8 kJ.*

   b) Erklären Sie, wie sich Temperatur- bzw. Druckerhöhung auf die Lage des Gleichgewichts auswirken.

6. *Treffen Sie für folgende Gleichgewichtsreaktionen eine Aussage über die Lage des Gleichgewichts, wenn sich die Temperatur bzw. der Druck ändert:*

   a) $CO_{(g)} + 2\,H_{2(g)} \leftrightarrows CH_3OH_{(g)}$ — ΔH = –92,0 kJ

   b) $CH_{4(g)} + H_2O_{(g)} \leftrightarrows CO\,(g) + 3\,H_{2(g)}$ — ΔH = 205,0 kJ

   c) $CaCO_{3(s)} \leftrightarrows CaO_{(s)} + CO_{2(g)}$ — ΔH = 177,8 kJ

5 Säure-Base-Reaktionen

Im letzten Kapitel wurden allgemeine Grundlagen zur chemischen Reaktion abgehandelt. In den folgenden beiden Kapiteln sollen zwei Typen von anorganischen Reaktionen erörtert werden:

1. **Säure-Base-Reaktionen**, bei denen Wasserstoffionen oder Protonen übertragen werden.
2. **Redoxreaktionen**, bei denen eine Übertragung von Elektronen stattfindet.

In diesem Kapitel werden die Säure-Base-Reaktionen behandelt.

Dissoziation = Spaltung eines Moleküls

dissoziativ (lat.) = getrennt, spaltend

5.1 Säuren und Basen

Säuren und Basen sind Stoffe, die sich gut in Wasser lösen lassen. **Säuren** besitzen einen sauren Geschmack (z.B. Zitronensaft, Essig, saure Milch), wirken ätzend und greifen andere Stoffe (z.B. Metalle, Marmor) an. Die älteste von Menschen produzierte Säure ist die Essigsäure, sie wurde durch Luftoxidation von Wein hergestellt.

Lösen von NaCl (Salz) in Wasser

Lösungen, die die Wirkung von Säuren abschwächen, wurden *alkalisch* genannt. Dieser Name stammt vom arabischen *al kalja* und bedeutet „Stoffe aus Pflanzenasche", da diese Stoffe durch Eindampfen von Holz-Asche-Laugen gewonnen wurden. Im 17. Jahrhundert wurde für diese Stoffgruppe der Name **Base** eingeführt, da erkannt wurde, dass Säuren mithilfe dieser Substanzen unter Neutralisation Salze bilden. Diese Stoffe bilden also die Basis für die Herstellung von Salzen. Die Basen schmecken seifig, bilden auf der Haut ein „glitschiges" Gefühl, sind in stärkeren Konzentrationen ätzend und greifen ebenfalls Stoffe an.

Säuren, Basen und Salze zerfallen in wässrigen Lösungen in frei bewegliche Ionen und leiten den elektrischen Strom.

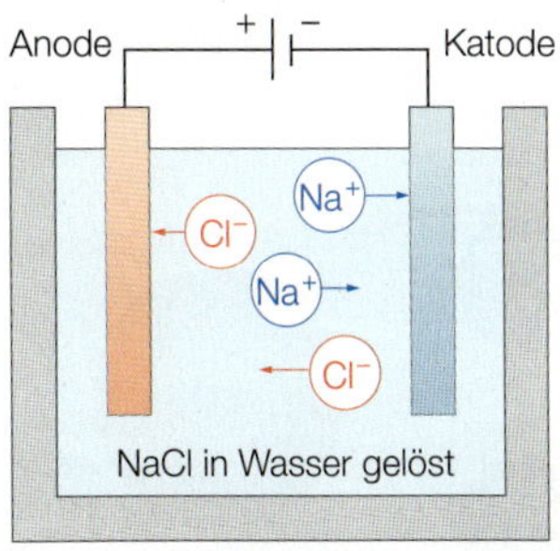

Nach dem Anlegen einer Gleichspannung gibt es in der Lösung eine gerichtete Bewegung der Kationen (Na^+) und Anionen (Cl^-).
Reaktion an der Katode:
$Na^+ + 1e^- \rightarrow Na$
Reaktion an der Anode:
$Cl^- - 1e^- \rightarrow Cl$

Der Zerfall von Stoffen in frei bewegliche Ionen wird als **elektrolytische Dissoziation** bezeichnet. Dieser Vorgang kann in einer Lösung oder in einer Schmelze stattfinden.

Die positiv geladenen Ionen werden als **Kationen**, die negativ geladenen als **Anionen** bezeichnet.

Allgemein werden Stoffe, die den elektrischen Strom durch frei bewegliche Ionen leiten, **Elektrolyte** genannt.

Es gibt Pflanzenfarbstoffe, die in Säuren bzw. Basen eine unterschiedliche Färbung annehmen. Diese Substanzen, die anzeigen, ob eine Säure bzw. eine Base vorliegt, werden **Indikatoren** genannt. Der bekannteste Säure-Base-Indikator ist Lackmus, ein blauvioletter Farbstoff, der aus verschiedenen Flechtenarten gewonnen wird. Lackmus wird von **Säuren rot**, von **Basen blau** gefärbt. Lösungen, die Lackmus rot färben, werden als **sauer** bezeichnet und Lösungen, die Lackmus blau färben, als **basisch** oder **alkalisch**.

- pH < 7: sauer
  pH = 7: neutral
  pH > 7: alkalisch

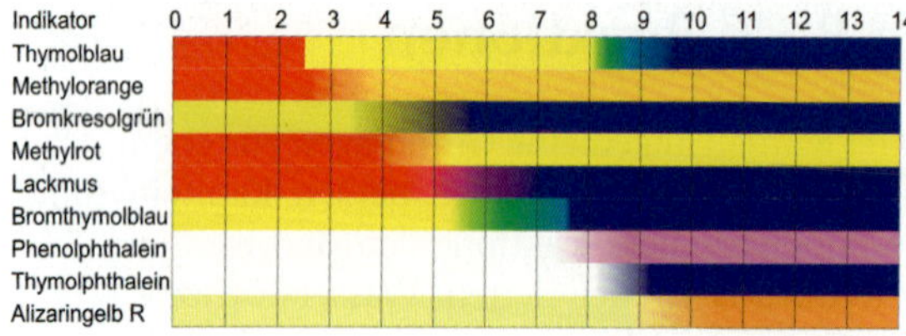

Reaktion von Zink mit Salzsäure

Säuren

Alle Säuren reagieren mit unedlen Metallen unter Bildung von gasförmigem Wasserstoff und einem Salz.

Beispiel:

Zn	+	*2 HCl*	→	$ZnCl_2$	+	$H_2\uparrow$
Metall	+	*Säure*	→	*Salz*	+	*Wasserstoff*

D. h., der Wasserstoff ist ein wichtiger Bestandteil jeder Säure. Säuren bestehen alle aus Wasserstoff und einem Säurerest, z. B. die Salzsäure HCl. In wässriger Lösung zerfällt (dissoziiert) die Säure in Wasserstoffionen (Kation: hier H^+-Ion) und in Säurerestionen (Anion: hier Cl^--Ion):

$$HCl \rightarrow H^+ + Cl^-$$

Die Ladung der Säurerestionen entspricht mit umgekehrtem Vorzeichen der Ladung aller Wasserstoffionen (zusammen neutral):

$$H_2SO_4 \rightarrow 2\,H^+ + SO_4^{2-}$$

Nach einer ersten einfachen Definition sind **Säuren** deshalb Verbindungen, die in wässrigen Lösungen in **Wasserstoffionen H^+** und in das **Säurerestion** dissoziieren.

In den Formeln für **anorganische Säuren** steht der Wasserstoff immer an erster Stelle, dann folgt der Säurerest. Der Name der Säure besteht (meist) aus dem deutschen Namen des charakteristischen Elements; der Säurerest wird aus dem lateinischen Namen gebildet.

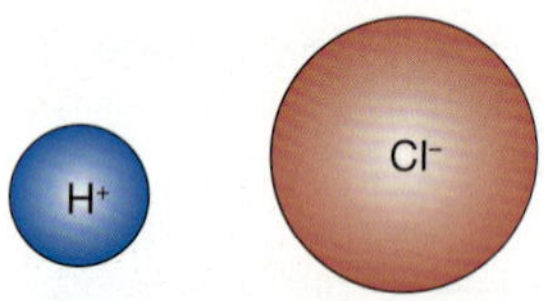

Aus Salzsäure entstehende Ionen

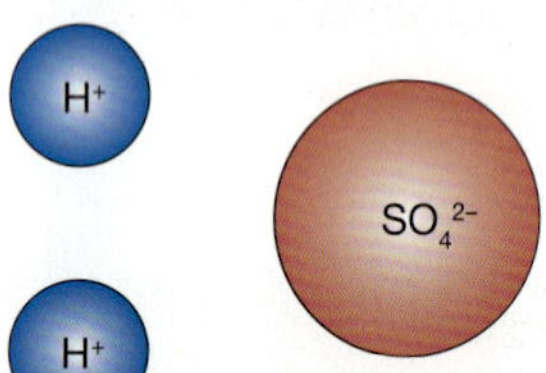

Aus Schwefelsäure entstehende Ionen

Beispiel:

Formel: H_2SO_4 — *Name: Schwefelsäure*
Ionen: 2 H^+*;* SO_4^{2-} — *Name des Säurerestions: Sulfat*

Die Essigsäure ist eine **organische Säure**. Bei den organischen Säuren befindet sich der Wasserstoff, der bei der Lösung in Wasser abgespalten wird, am Ende der CO**O**H-Gruppe. Die drei H-Atome am ersten Kohlenstoffatom sind fest gebunden und verbleiben im Säurerest:

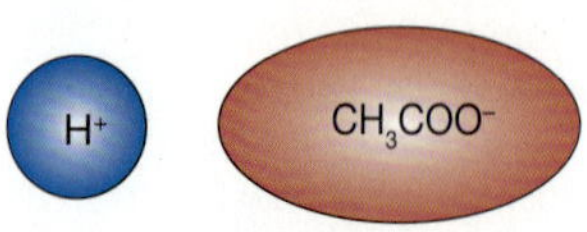

Aus Essigsäure entstehende Ionen

Formel: CH_3COOH — Name: Essigsäure
Ionen: H^+, CH_3COO^- — Name des Säurerestions: Acetat (lat. Acetum = Essig)

Aus der folgenden Tabelle ist ersichtlich, dass es Säuren gibt, die Sauerstoff im Säurerest enthalten (z. B. HNO_3) oder nicht (HCl).

Name	Formel	Säurerestion	
schweflige Säure	H_2SO_3	SO_3^{2-}	Sulfit
Schwefelsäure	H_2SO_4	SO_4^{2-}	Sulfat
Kohlensäure	H_2CO_3	CO_3^{2-}	Carbonat
Phosphorsäure	H_3PO_4	PO_4^{3-}	Phosphat
Salpetersäure	HNO_3	NO_3^-	Nitrat
salpetrige Säure	HNO_2	NO_2^-	Nitrit
Salzsäure	HCl	Cl^-	Chlorid
Essigsäure	CH_3COOH	CH_3COO^-	Acetat

Wichtige Säuren und ihre Ionen

Bei der Verbrennung von Schwefel (hier im Bild), Kohlenstoff und Phosphor entstehen Oxide (Anhydride).

Die sauerstoffhaltigen Säuren werden durch das Lösen von Nichtmetalloxiden in Wasser gebildet.

Beispiele:

$CO_2 + H_2O \rightarrow H_2CO_3$ Kohlensäure
$SO_3 + H_2O \rightarrow H_2SO_4$ Schwefelsäure
$P_4O_{10} + 6\ H_2O \rightarrow 4\ H_3PO_4$ Phosphorsäure

Die Oxide der Säuren, welche die Säure bilden, werden auch als **Anhydride** (griech. an hydros = ohne Wasser) der jeweiligen Säure bezeichnet.

Nichtmetalloxid + Wasser → Säure
(Säureanhydrid)

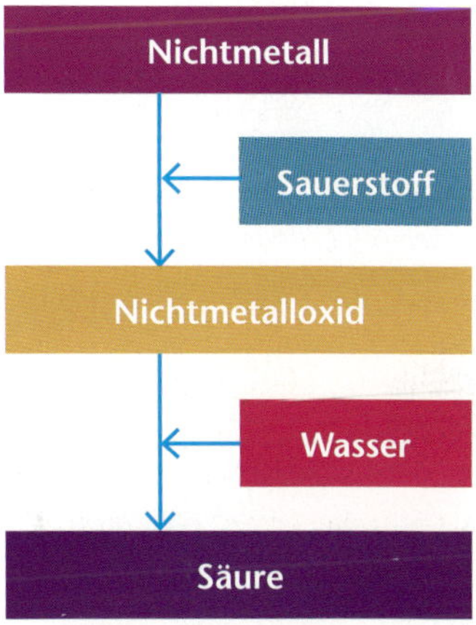

Schema der Herstellung von Säure

Die Salzsäure ist ein Beispiel für eine Säure, die sich nicht von Nichtmetalloxiden ableiten lässt.
Fast alle Elemente können Oxide bilden.
Das Periodische System der Elemente (PSE) kann durch eine Diagonale vom Wasserstoff H bis Polonium Po getrennt werden. Alle Elemente oberhalb dieser Diagonalen sind Nichtmetalle und ihre Oxide bilden Säuren. Die Elemente unterhalb dieser Diagonalen sind Metalle und ihre Oxide bilden Basen. Auf der Diagonalen befinden sich Elemente, deren Verhalten sowohl metallisch als auch nichtmetallisch ist. Diese Oxide können mit Wasser Säuren oder Basen bilden. Dieses Verhalten wird als amphoter bezeichnet.

amphotär (griech.)
= beides zugleich

1	2	13	14	15	16	17	18
H							He
Li	Be	B	C	N	O	F	Ne
Na	Ca	Al	Si	P	S	Cl	Ar
K	Ca	Ga	Ge	As	Se	Br	Kr
Rb	Sr	In	Sn	Sb	Te	I	Xe
Cs	Ba	Tl	Pb	Bi	Po	At	Rn

saure Oxide
amphotere Oxide
basische Oxide

Die Elemente mit sauren und mit basischen Oxiden im Periodensystem:
Amphotere Oxide wirken je nach Reaktionspartner als Säuren oder Basen. Nicht alle Metalloxide bilden Basen.

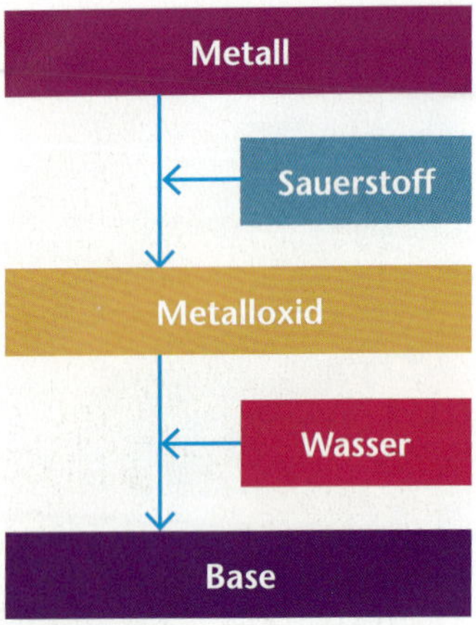

Schema der Herstellung einer Base

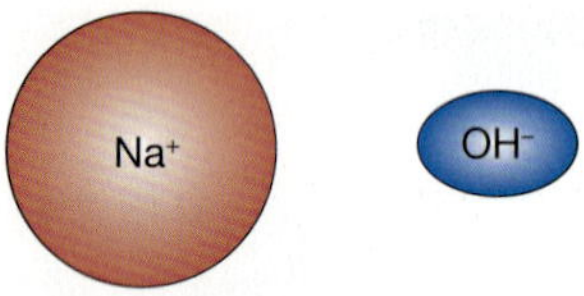

Ionen von Natriumhydroxid

Basen

Die Bildung der Basen erfolgt durch die Reaktion von Metalloxiden mit Wasser:

Beispiel:

$$CaO + 2\,H_2O \rightarrow Ca(OH)_2$$

Calciumoxid + Wasser → Calciumhydroxid

Metalloxid + Wasser → Metallhydroxid (Base)

Das Calciumhydroxid in wässriger Lösung färbt Lackmus blau und zeigt somit einen basischen Charakter.

Die Basen dissoziieren in wässrigen Lösungen in Metallionen und Hydroxidionen.

Beispiel:

$$NaOH \rightarrow Na^+ + OH^-$$

Das Hydroxidion OH^- ist der charakteristische Bestandteil der Base.

Nach einer ersten einfachen Definition sind **Basen** Verbindungen, die in wässrigen Lösungen in **positive Metallionen** und **Hydroxidionen** OH^- zerfallen.

Nicht alle Metalloxide sind in Wasser löslich und können somit Basen bilden.
Es gibt auch Basen, die sich nicht von einem Metall ableiten, z. B. das Ammoniumhydroxid NH_4OH. Diese Base entsteht aus Ammoniak NH_3 (gasförmig) und Wasser H_2O:

$$NH_3 + H_2O \rightarrow NH_4OH$$

5.2 Definitionen von Säuren und Basen

Definition		
	Säuren	**Basen**
Lavoisier 1777	enthalten Sauerstoff	
Davy 1816	enthalten Wasserstoff	
Liebig 1838	enthalten Wasserstoff, der durch Metall ersetzbar ist	
Arrhenius 1884	geben in Wasser H^+-Ionen ab	geben in Wasser OH^--Ionen ab
Brønsted 1923	geben H^+-Ionen ab	nehmen H^+-Ionen auf

Im letzten Abschnitt wurden Säuren und Basen vereinfacht durch den Zerfall in Wasserstoffionen H^+ oder Hydroxidionen OH^- charakterisiert. Es hat sich heute eine Definition der Säure bzw. Base als zweckmäßig erwiesen, die von der Reaktion der Säure bzw. Base mit Wasser ausgeht.

Säure

Das Gas Chlorwasserstoff (Hydrogenchlorid) HCl besteht aus einem Molekül und ist deshalb elektrisch nicht leitend. Wird gasförmiger Chlorwasserstoff in Wasser eingeleitet, so wird die Lösung elektrisch leitend. Zwischen dem Chlorwasserstoff und dem Wasser muss also eine chemische Reaktion stattgefunden haben, die zur Bildung von elektrisch geladenen Teilchen (Ionen) geführt hat:

$$HCl + H_2O \rightarrow H_3O^+ + Cl^-$$

Das HCl-Molekül und das H_2O-Molekül sind Dipolmoleküle.

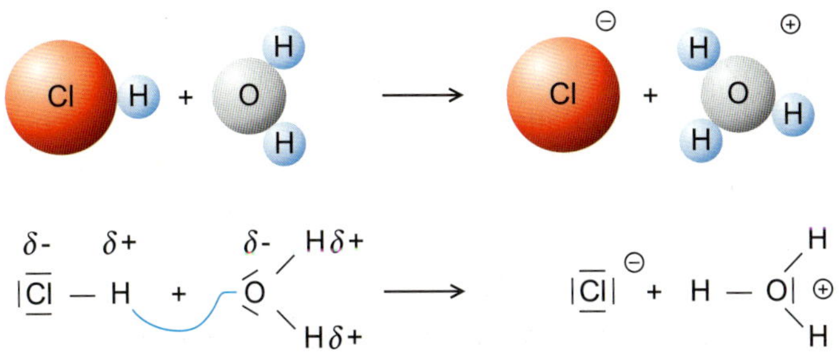

Die heute gültigen Definitionen von Säuren und Basen wurden 1923 von Johannes Nikolaus Brønsted veröffentlicht.

Bei dieser Reaktion wird die positive Partialladung des Wasserstoffatoms des HCl-Moleküls von der negativen Partialladung des Sauerstoffatoms vom Wasser angezogen und ein H^+-Ion aus dem Chlorwasserstoff wird auf das Wasser übertragen und bildet ein H_3O^+-Ion **(Oxoniumion)**. Das **H^+-Ion** besteht nur aus einem positiv geladenen Atomkern, damit ist es ein **Proton**. Der Chlorwasserstoff hat also bei dieser Reaktion ein Proton an das Wasser abgegeben. Dieser Vorgang wird nach dem Physikochemiker Brønsted zur Definition einer Säure genutzt:

Säuren sind Teilchen, die Protonen abgeben (Protonendonatoren bzw. Protonenspender).

donator (lat.) = Geber

Base

Entsprechend sind die Abläufe bei der Einleitung von elektrisch nicht leitendem Ammoniakgas NH_3:

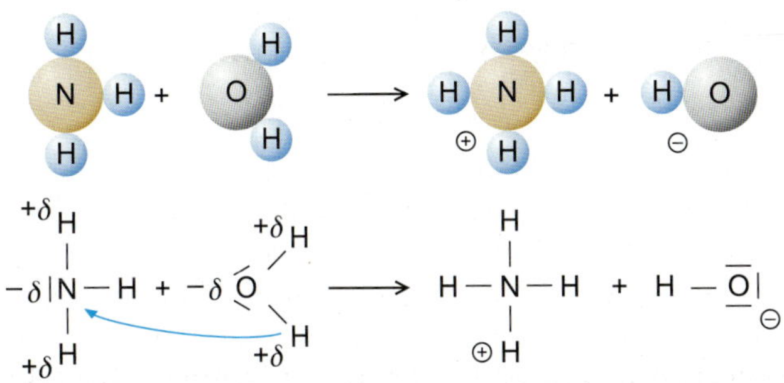

Hier lagert sich die positive Partialladung des Wasserstoffatoms vom Wasser an das freie Elektronenpaar (negative Partialladung) des Ammoniaks an und ein Proton wird übertragen, es entsteht ein Ammoniumion (NH_4^+) und ein Hydroxidion (OH^-). Diese Lösung ist ebenfalls elektrisch leitend, da sie Ionen enthält.

Hier wirkt das Wassermolekül wie eine Säure, da es ein Proton abgegeben hat. Das Ammoniak hat das Proton aufgenommen. Diese Protonenaufnahme ist nach Brønsted charakteristisch für eine Base:

Basen sind Teilchen, die Protonen aufnehmen (Protonenakzeptoren bzw. Protonenempfänger).

acceptor (lat.) = Empfänger

Reaktionen, bei denen Protonen übertragen werden, werden als **Protolysen** bezeichnet.

Die Protolysen sind alle umkehrbar, d. h., es liegen Gleichgewichtsreaktionen vor. Diese Gleichgewichte stellen sich in wässriger Lösung sehr schnell ein.

Im Falle der Säure wird vom Wasser ein Proton aufgenommen und im Falle der Base wird ein Proton vom Wasser abgegeben. Das bedeutet, dass das Wasser als Protonenakzeptor (Base) oder als Protonendonator (Säure) auftritt; das Wasser reagiert also amphoter.

Deshalb sind bei diesen Reaktionen immer zwei Säuren und Basen beteiligt. Diese werden auch als korrespondierende (zusammengehörende) Säure-Base-Paare bezeichnet.

korrespondierend

$$HCl + H_2O \rightleftarrows H_3O^+ + Cl^-$$
$$H_2O + NH_3 \rightleftarrows NH_4^+ + OH^-$$
$$\text{Säure 1} + \text{Base 2} \rightleftarrows \text{Säure 2} + \text{Base 1}$$

korrespondierend

Die korrespondierende Säure und Base unterscheiden sich in ihrem Aufbau nur durch ein Proton:

Durch **Protonenabgabe** bildet sich aus einer **Säure** die **korrespondierende Base**.

Durch **Protonenaufnahme** bildet sich aus einer **Base** die **korrespondierende Säure**.

Das HCl-Molekül ist eine starke Säure, damit hat es eine starke Tendenz, Protonen abzugeben. Die korrespondierende Base, das Cl^--Ion, ist eine schwache Base, hat also ein geringes Bestreben, Protonen aufzunehmen. Es gehören also immer eine starke Säure und eine schwache Base zusammen und umgekehrt.

Das Protolysegleichgewicht liegt deshalb überwiegend auf der rechten Seite.

Die Schwefelsäure kann mit dem Wasser in zwei Stufen reagieren:

$$H_2SO_4 + H_2O \rightleftarrows H_3O^+ + HSO_4^- \quad \text{Hydrogensulfat}$$
$$HSO_4^- + H_2O \rightleftarrows H_3O^+ + SO_4^{2-} \quad \text{Sulfat}$$

Das Hydrogensulfation gibt ein Proton an das Wasser ab und ist somit auch eine Säure.

Moleküle, die ein oder mehr Protonen abgeben können, werden als **mehrprotonige Säuren** bezeichnet.

Der Vorgang der Reaktion der Säure mit dem Wasser zu H_3O^+-Ion und Säurerestion ist ein exothermer Vorgang. Dieser ist bei der Schwefelsäure besonders stark ausgeprägt.

5.3 Der pH-Wert

Ionenprodukt des Wassers

Durch genaue Messungen kann gezeigt werden, dass völlig reines Wasser auch eine geringe Leitfähigkeit besitzt. Diese Leitfähigkeit kann nur daher kommen, dass Ionen aus einer Reaktion der Wassermoleküle untereinander gebildet werden:

$$1.)\ H_2O + H_2O \rightleftarrows H_3O^+ + OH^-$$

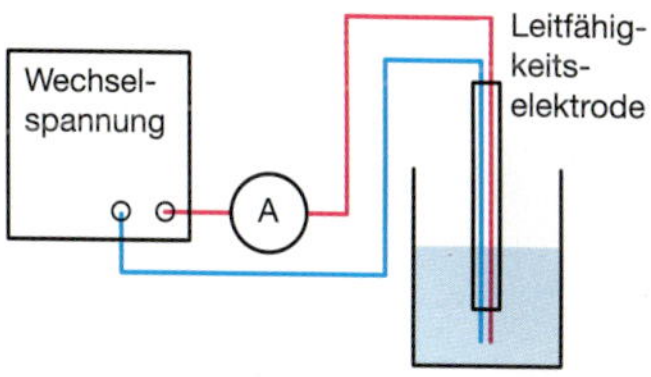

Messung der Leitfähigkeit von Wasser

Diese Reaktion wird als **Autoprotolyse** („Selbstprotolyse“) des Wassers bezeichnet. Dabei wird ein Proton von einem Wassermolekül zum anderen übertragen und es entsteht die gleiche Anzahl an H_3O^+- und OH^--Ionen. Da die Leitfähigkeit gering ist, liegt das Gleichgewicht überwiegend auf der Seite der elektrisch neutralen Wassermoleküle.

Für die Gleichgewichtsreaktion der Autoprotolyse kann das Massenwirkungsgesetz aufgestellt werden:

$$2.)\ \frac{c(H_3O^+) \cdot c(OH^-)}{c^2(H_2O)} = k$$

Die Ionen im Wasser sind H_3O^+ und OH^-, deshalb wird die Gleichung umgestellt:

$$3.)\ c(H_3O^+) \cdot c(OH^-) = k \cdot c^2\,(H_2O)$$

Das Gleichgewicht liegt extrem stark auf der linken Seite (Gleichung 1). Damit ist die Konzentration der H_3O^+- und OH^--Ionen sehr klein und der Wert von $c^2(H_2O)$ kann trotz der Autoprotolyse als konstant angenommen werden. Dieser konstante Wert wird mit der Gleichgewichtskonstanten zu einer neuen Konstanten zusammengefasst:

$$4.)\ k \cdot c^2\,(H_2O) = K_W$$

K_W wird als das **Ionenprodukt** des Wassers bezeichnet.

Das Ionenprodukt des Wassers ist von der Temperatur abhängig und beträgt bei 24 °C 10^{-14} (mol/l)²:

$$5.)\ \mathbf{K_W = c(H_3O^+) \cdot c(OH^-) = 10^{-14}\ (mol/l)^2}$$

Temperatur °C	Ionenprodukt mol²/l²
0	$0{,}08 \cdot 10^{-14}$
18	$0{,}61 \cdot 10^{-14}$
25	$1{,}00 \cdot 10^{-14}$
50	$5{,}80 \cdot 10^{-14}$
100	$59{,}00 \cdot 10^{-14}$

Ionenprodukt des Wassers bei verschiedenen Temperaturen

Dieses Ionenprodukt gilt nicht nur für reines Wasser, sondern für alle wässrigen Lösungen, z. B. Lösungen von Säuren, Basen und Salzen. Wird die Lösung saurer, steigt die Konzentration der H_3O^+-Ionen und die der OH^--Ionen sinkt entsprechend, damit das Produkt konstant bleibt.

Die Konzentration der H_3O^+- und der OH^--Ionen kann mit dem Ionenprodukt des Wassers berechnet werden. Das Ionenprodukt des Wassers ist von der Temperatur abhängig, weil sich bei steigender Temperatur die Teilchen schneller bewegen und es durch die zahlreichen Zusammenstöße der Wassermoleküle zur verstärkten Bildung von H_3O^+- und OH^--Ionen kommt.

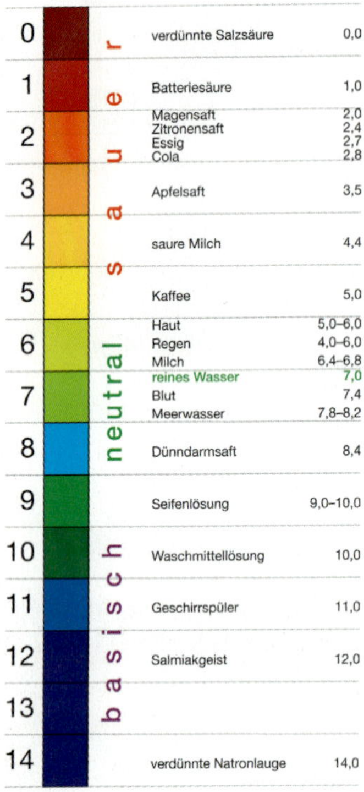

pH-Skala und pH-Wert verschiedener Flüssigkeiten

Der pH-Wert

Bei der Autoprotolyse des reinen Wassers entstehen in gleicher Anzahl H_3O^+- bzw. OH^--Ionen:

$$c(H_3O^+) = c(OH^-) = \sqrt{10^{-14}\,(mol/l)^2} = 10^{-7}\ mol/l$$

Eine **neutrale Lösung** enthält demnach **10^{-7} mol/l H_3O^+-** bzw. **10^{-7} mol/l OH^--Ionen**.

Eine **saure Lösung** enthält mehr H_3O^+-Ionen als OH^--Ionen, d. h., die Konzentration der H_3O^+-Ionen ist **größer als 10^{-7} mol/l**. Bei einer **basischen Lösung** ist die Konzentration der OH^--Ionen größer als die der H_3O^+-Ionen, d. h., die Konzentration der H_3O^+-Ionen ist **kleiner als 10^{-7} mol/l**. Es ist also naheliegend, die Konzentration der H_3O^+-Ionen als Maß für den sauren bzw. basischen Charakter einer Lösung zu nehmen. Die Angaben für die Konzentrationen der Ionen sind allerdings kleine Zahlen (ausgedrückt durch negative Zehnerpotenzen oder Dezimalbrüche). Damit mit einfacheren Zahlen gerechnet werden kann, wurde der **pH-Wert** eingeführt:

Der pH-Wert ist der negative dekadische Logarithmus der H_3O^+-Ionenkonzentration.

$$pH = -\lg c(H_3O^+)$$

Beispiel:
$c(H_3O^+) = 10^{-6}$ mol/l = 0,000001 mol/l
$pH = -\lg c(H_3O^+) = -\lg 10^{-6}$ mol/l = 6

Es ist hier erkennbar, dass der negative Exponent der H_3O^+-Ionenkonzentration ((–(–6)) = 6) der pH-Wert ist.

Mathematisch formuliert besteht der Zusammenhang:
$pH = -\lg c(H_3O^+)$ $\qquad$ $c(H_3O^+) = 10^{-pH}$ mol/l

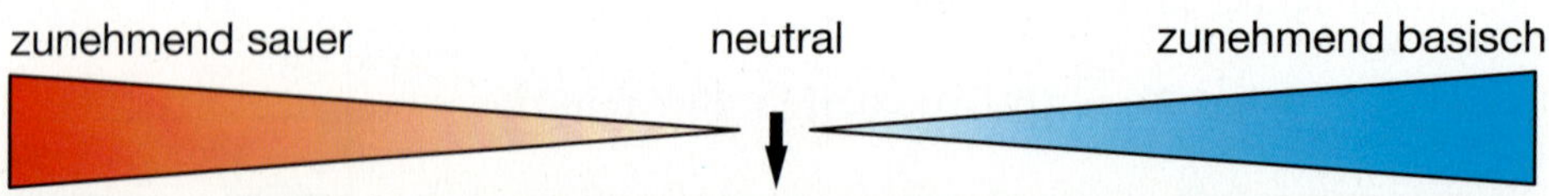

pH	0	1	2	3	4	5	6	7	8	9	10	11	12	13	14
$c(H_3O^+)$ in $mol \cdot l^{-1}$	1	10^{-1}	10^{-2}	10^{-3}	10^{-4}	10^{-5}	10^{-6}	10^{-7}	10^{-8}	10^{-9}	10^{-10}	10^{-11}	10^{-12}	10^{-13}	10^{-14}
$c(OH^-)$ in $mol \cdot l^{-1}$	10^{-14}	10^{-13}	10^{-12}	10^{-11}	10^{-10}	10^{-9}	10^{-8}	10^{-7}	10^{-6}	10^{-5}	10^{-4}	10^{-3}	10^{-2}	10^{-1}	1

Zusammenhang von pH-Wert und H_3O^+-Ionenkonzentration

Für den sauren bzw. basischen Charakter einer Lösung gilt:

Saure Lösungen:	$c(H_3O^+) > 10^{-7}$ mol/l	pH < 7
Reines Wasser:	$c(H_3O^+) = 10^{-7}$ mol/l	pH = 7
Basische Lösungen:	$c(H_3O^+) < 10^{-7}$ mol/l	pH > 7

Angewendet wird auch neben dem pH-Wert der pOH-Wert:

$$\mathrm{pOH} = -\lg(\mathrm{OH}^-) \qquad c(\mathrm{OH}^-) = 10^{-\mathrm{pOH}}$$

Für das Ionenprodukt des Wassers

$$c(H_3O^+) \cdot c(OH^-) = 10^{-14}\ (\mathrm{mol/l})^2$$

kann dann geschrieben werden:

$$\mathrm{pH} + \mathrm{pOH} = 14.$$

Die Bedeutung des pH-Werts

Der pH-Wert spielt bei vielen Vorgängen in der Natur und Technik eine erhebliche Rolle.

Für das Waldsterben ist der saure Regen (zu niedriger pH-Wert) eine der Hauptursachen. Der saure Regen zerstört die Schutzschicht der Blätter von Bäumen und gelangt über die Blätter oder Nadeln und Wurzeln in die pflanzlichen Zellen. Dort werden durch den herabgesetzten pH-Wert die enzymatischen Vorgänge gestört. Weiter werden im Boden für die Bäume giftige Metallionen (z. B. Al^{3+}) freigesetzt. Der saure Regen schädigt kalkhaltige Steine in Bauwerken. Diese Schäden werden verursacht durch eine Umwandlung des Calciumcarbonats (Kalk, $CaCO_3$) in Calciumsulfat ($CaSO_4$) oder durch Lösen des Kalksteins[1].

Am Beispiel des sauren Regens ist ersichtlich, dass der **pH-Wert** einen Einfluss auf **chemische Reaktionen** und weiter auf **biochemische Vorgänge** in lebenden Organismen und die **Löslichkeit** von Stoffen hat.

Die Organismen verfügen über Mechanismen, den pH-Wert konstant zu halten (s. Kap. 5.6). Im menschlichen Blut wird der pH-Wert bei 7,4 konstant gehalten.

Für die Landwirtschaft ist es ebenfalls wichtig, dass die Böden für bestimmte Getreidesorten oder Nutzpflanzen einen bestimmten pH-Wert besitzen. Die Farben der Blüten von Pflanzen können über den pH-Wert des Bodens beeinflusst werden. Übersäuerte Böden können durch das Streuen von Kalk neutralisiert werden.

Da der pH-Wert Vorgänge in lebenden Zellen beeinflusst, gibt es auch Auswirkungen auf Mikroorganismen: Pilze bevorzugen saure Böden, während Bakterien sich auf schwach basischen Böden optimaler entwickeln. Zur Konservierung von Lebensmitteln wird daher der pH-Wert gesenkt (z. B. saure Heringe, Essiggurken), allerdings können sich bei unsachgemäßer und übertrieben langer Lagerung Schimmelpilze bilden.

[1] *Der saure Regen trägt auch zur Versauerung des Bodens bei.*

▸ **Ursache des sauren Regens:** Verbrennungsprodukte wie Schwefeldioxid (SO_2), Stickoxide (NO_x) und Kohlenstoffdioxid, die sich mit dem Wasser und dem Sauerstoff in der Luft zu Schwefelsäure (H_2SO_4), Salpetersäure (HNO_3) und Kohlensäure (H_2CO_3) verbinden.

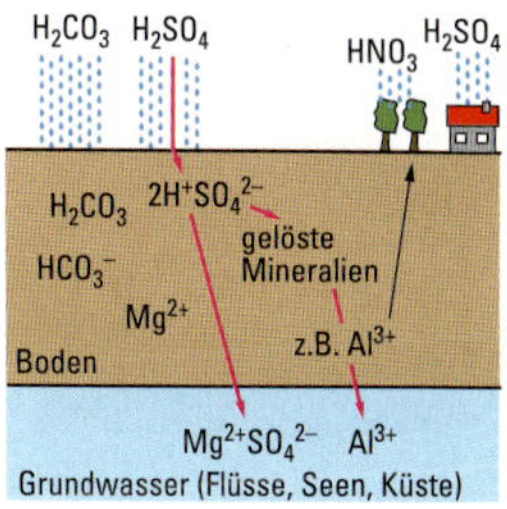

Chemische Prozesse, die mit saurem Regen verbunden sind;

$CO_2 + H_2O \rightarrow H_2CO_3$

$CaCO_3 + H_2CO_3 \rightarrow 2HCO_3^- + Ca^{2+}$

Lösen von Kalkstein

pH-Wert	4	5	6	7	8
Roggen		■			
Sommerweizen			■	■	
Winterweizen			■	■	
Gerste				■	
Kartoffel	■	■			
Zuckerrübe				■	
Rotklee		■	■		
Luzerne				■	■

Wünschenswerter pH-Wert des Bodens

Weg der Nahrung	pH-Wert
Mund	6,8–7,0
Speiseröhre	7,0
Magen	2,0
Darm	8,0

Physiologische pH-Werte

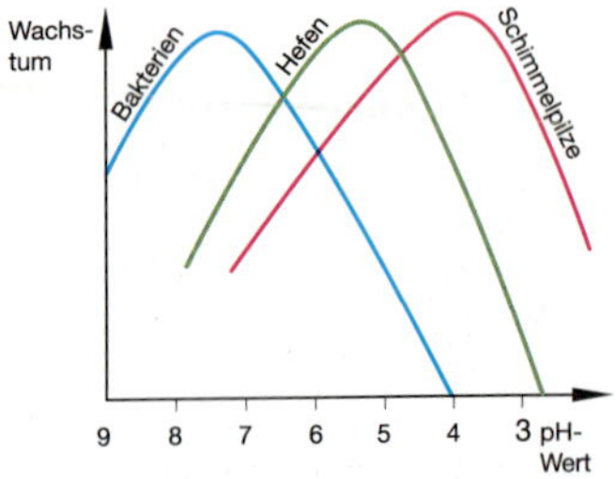

pH-Bereich für Bakterien, Hefen und Schimmelpilze

So wie Bauwerke durch sauren Regen beschädigt werden, hat die Änderung des pH-Werts auch auf Metalle, die mit wässrigen Lösungen in Kontakt kommen, eine korrodierende (zersetzende) Wirkung, z. B. kann Regenwasser das Metall von Dachrinnen angreifen.

In der Technik werden Metalle durch das elektrolytische Aufbringen (s. Kap. 8.3) von Schutzschichten gegen das Rosten geschützt (Verchromen, Vernickeln usw.). Dies geschieht in Salzlösungen mit optimal eingestelltem pH-Wert.

In der chemischen Produktion sind ebenfalls viele Vorgänge vom pH-Wert abhängig, z. B. die Sodaherstellung (Na_2CO_3), die enzymatische Produktion der Citronensäure.

In der chemischen Analytik können viele Reaktionen nur bei exakt eingestelltem pH-Wert durchgeführt werden.

In der Pharmazie müssen die Medikamente derart beschaffen sein, dass diese im entsprechenden Bereich des Körpers gelöst und aufgenommen werden.

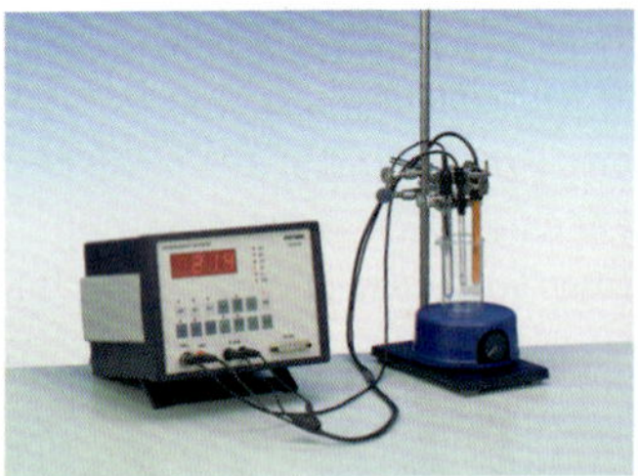

pH-Meter

Messung des pH-Werts

Der pH-Wert einer Lösung kann bestimmt werden mit einem pH-Meter oder mit einem Farbindikator.

Ein pH-Meter misst mithilfe einer Glaselektrode eine schwache Gleichspannung, die von der Konzentration der H_3O^+-Ionen abhängig ist. Diese Spannung kann am Anzeigegerät direkt als pH-Wert abgelesen werden oder das elektrische Signal wird über einen Computer ausgegeben. Die Messung über den Computer hat den Vorteil, dass die Werte kontinuierlich über einen Zeitraum aufgezeichnet und als Diagramm ausgegeben (z. B. Abwasserkontrolle) sowie chemische Prozesse (z. B. Neutralisation) gesteuert werden können.

Für eine nicht so genaue Messung reicht es in den meisten Fällen aus, den pH-Wert mit einem Farbindikator zu bestimmen. Farbindikatoren sind in der Regel schwache organische Säuren.

Wird der Indikator mit H-Ind bezeichnet, so ergibt sich für das Protolysegleichgewicht in wässriger Lösung:

$$\text{H-Ind} + H_2O \leftrightarrows \text{Ind-} + H_3O^+$$

Die Säure (H-Ind) hat dabei eine andere Farbe als der Säurerest (Ind-). Der Säurerest ist die dazugehörige korrespondierende Base. Beim Methylorange ist z. B. die Säure rot und die Base gelb.

Die Zugabe von Säure (H_3O^+) verschiebt das Gleichgewicht zur Seite der Säure (H-Ind) und die Zugabe von Base setzt die Konzentration der H_3O^+-Ionen herab und das Gleichgewicht wird auf die rechte Seite verschoben, die Konzentration der Säurerestionen steigt.

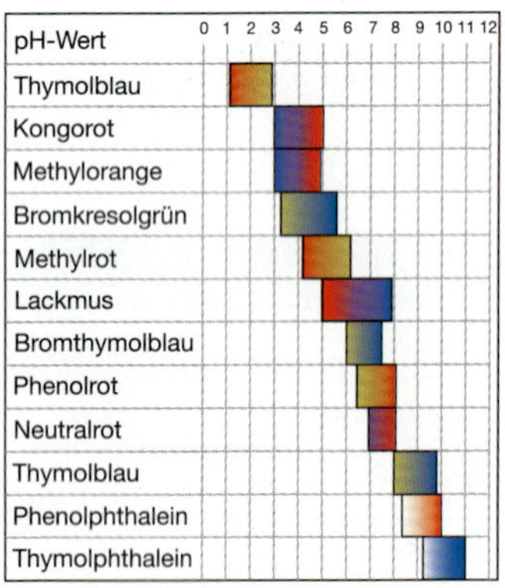

Umschlagsbereiche verschiedener pH-Indikatoren

Der Farbumschlag eines Indikators erfolgt erst, wenn die Säure bzw. der Säurerest stark überwiegt, d.h., es gibt keinen Umschlagspunkt, sondern für jeden Indikator einen Umschlagsbereich. Dieser Bereich liegt in etwa bei zwei pH-Einheiten.

Indikatorpapier mit Farbskala

Neben den Indikatoren, die einen Umschlagsbereich besitzen, gibt es noch Gemische von mehreren Indikatoren, die unterschiedliche Umschlagsbereiche aufweisen. Dies sind die Universalindikatoren. Im Handel erhältlich ist z.B. Universalindikatorpapier, das den gesamten pH-Bereich von 1 bis 14 abdeckt.

Für spezielle Zwecke gibt es auch Indikatoren, die kleine pH-Bereiche (z.B. 0,2 pH-Einheiten) abdecken.

5.4 Stärke von Säuren und Basen

Protolysegrad (Dissoziationsgrad)

Die Stärke einer Säure hängt ab von der Konzentration der Säure und dem Vermögen des Säure- oder Basenmoleküls, Protonen abzugeben oder aufzunehmen.

Eine starke Säure liegt also vor, wenn das Säuremolekül ein großes Bestreben hat, H_3O^+-Ionen abzuspalten. Diese Eigenschaft ist abhängig von der Struktur des Moleküls, insbesondere von der Bindung zwischen dem Wasserstoff und dem Rest des Moleküls.

Sind die Atome im Säurerest stark elektronegativ, so ziehen sie die Bindungselektronen an sich und erleichtern die Abspaltung des H^+-Ions.

Hydrogenchlorid HCl ist eine starke Säure, weil die Bindung zwischen dem Wasserstoff und dem elektronegativen Chlor stark polar ist und das Molekül mit Wasser unter Bildung eines H_3O^+-Ions reagiert.

Protolyse von Hydrogenchlorid in Wasser:

$$HCl + H_2O \rightleftarrows H_3O^+ + Cl^-$$
$$100\ \%$$

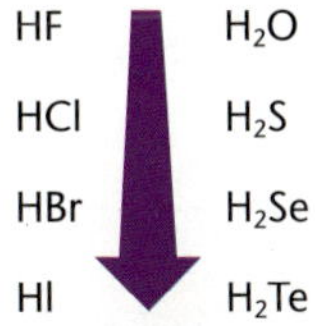

▸ Die Säurestärke nimmt innerhalb einer Hauptgruppe im Periodensystem zu.

Dieses Gleichgewicht liegt vollständig auf der rechten Seite, die starke Säure HCl zerfällt (dissoziiert) vollständig.

Bei der Essigsäure CH_3COOH ist das H-Atom in der COOH-Gruppe nicht so stark polar gebunden wie das H-Atom des Hydrogenchlorids an das Chlor, da das Bindungselektron zwischen Sauerstoff- und Wasserstoffatom nicht so stark zum elektronegativen Sauerstoffatom gezogen wird. Im Falle der Essigsäure reagieren nur 1,3 % der Wasserstoffatome zu H_3O^+-Ionen.

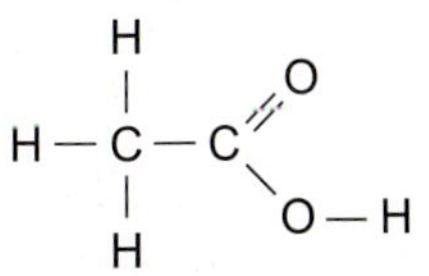

Essigsäure

Protolyse von Essigsäure in Wasser:

$$CH_3COOH + H_2O \rightleftarrows H_3O^+ + CH_3COO^-$$

98,7 % undissoziiert — zu 1,3 % dissoziiert

Bei vergleichbaren Konzentrationen der Ausgangssäuren (0,1 mol/l) liegt das Gleichgewicht bei der Salzsäure auf der rechten Seite und bei der Essigsäure auf der linken. Die H_3O^+-Ionen-Konzentration und damit der pH-Wert ist somit bei der Salzsäure erheblich höher als bei der Essigsäure.

Der Anteil der Säure- bzw. Basenmoleküle, die mit Wasser zu H_3O^+- bzw. OH^--Ionen protolysieren, ist ein Maß für die Stärke der Säure oder Base.

Dieser **Grad der Protolyse** wird als **Protolysegrad α** definiert:

$$\alpha = \frac{\textbf{Zahl der protolysierten Teilchen} \cdot \textbf{100 \%}}{\textbf{Zahl der ursprünglich vorhandenen Teilchen}}$$

Der Protolysegrad wird häufig in Prozent angegeben.

Der Protolysegrad hängt, wie auch das Ionenprodukt des Wassers, von der Temperatur ab. Weiter steigt der Protolysegrad mit der Verdünnung, da bei stärkerer Verdünnung mehr Wassermoleküle für die Protolyse vorhanden sind.

pH-Wert starker Säuren und Basen (Protolysegrad α = 100 %)

Starke Säuren und Basen protolysieren in wässrigen Lösungen bei einer Konzentration $c \leq 1$ mol/l praktisch zu 100 % in ihre Ionen. Deshalb kann die Konzentration der Säure c(Säure) gleichgesetzt werden mit der Konzentration der H_3O^+-Ionen $c(H_3O^+)$:

$$c(\text{Säure}) = c(H_3O^+)$$

Daraus folgt für den pH-Wert der starken Säure:

$$\mathbf{pH = -lg\ } c\textbf{(Säure)}$$

Für Basen gilt analog:

$$\mathbf{pOH = -lg\ } c\textbf{(Base)}$$

Beispiel:
Die Konzentration einer Natronlauge beträgt c(NaOH) = $4 \cdot 10^{-2}$ mol/l.
Wie groß ist der pH-Wert?
$NaOH \rightarrow Na^+ + OH^-$; d. h., c(NaOH) = $c(OH^-)$
c(NaOH) = $4 \cdot 10^{-2}$ mol/l; d. h., pOH = 1,4
*pH + pOH = 14; d. h., pH = 14 – 1,4 = **12,6***

pH-Wert von Säuren und Basen mit einem Protolysegrad $\alpha < 100\ \%$

Wenn keine starken Säuren bzw. Basen vorliegen, muss der Protolysegrad mit berücksichtigt werden:

$$c(H_3O^+) = \frac{c(\text{Säure}) \cdot \alpha}{100}$$

Beispiel:

Eine Essigsäure mit der Konzentration $c(CH_3COOH) = 0{,}1$ mol/l hat einen Dissoziationsgrad von 1,3 %. Wie groß ist der pH-Wert?

$$c(H_3O^+) = c(CH_3COOH) \cdot \alpha = \frac{0{,}1\ \text{mol/l} \cdot 1{,}3\ \%}{100\,\%} = 0{,}0013\ \text{mol/l}$$

d. h., pH = ***2,9***

Säuren- und Basenkonstante

Neben dem Grad der Protolyse gibt es noch die Möglichkeit, über die Anwendung des Massenwirkungsgesetzes die Lage des Protolysegleichgewichts zu beurteilen und damit zu einer Aussage über die Stärke von Säuren und Basen zu kommen:

Für das Gleichgewicht einer Säure HA in Wasser gilt:

$$HA + H_2O \rightleftarrows H_3O^+ + A^-$$

Das Massenwirkungsgesetz für dieses Gleichgewicht lautet:

$$K_C = \frac{c(H_3O^+) \cdot c(A^-)}{c(H_2O) \cdot c(HA)}$$

Da die Konzentration des Wassers als konstant anzusehen ist, kann diese mit in die neue Konstante einbezogen werden. Für die neue Konstante, die **Säurekonstante K_S**, gilt:

$$K_S = K_C \cdot c(H_2O)$$

Insgesamt kann nun für das Massenwirkungsgesetz geschrieben werden:

$$K_S = \frac{c(H_3O^+) \cdot c(A^-)}{c(HA)}$$

Analog können diese Umformungen auch mit den Gleichgewichtsreaktionen für Basen durchgeführt werden:

$$B + H_2O \rightleftarrows HB^+ + OH^-$$

$$K_B = \frac{c(OH^-) \cdot c(HB^+)}{c(B)}$$

Für starke Säuren und Basen liegt das Gleichgewicht auf der rechten Seite und damit ist der Wert für K_S bzw. K_B sehr hoch.

Die Werte für die Säure- und Basenkonstanten in der nebenstehenden Tabelle beziehen sich auf die Reaktion mit Wasser. Daher sind die korrespondierenden Säure-Base-Paare aufge-

▸ Die Säuren lassen sich durch die K_S-Werte einteilen in starke, schwache und sehr schwache Säuren.

▸ Je größer K_S, desto stärker die Säure.

▸ Je größer K_B, desto stärker die Base.

		Säure	Base	K_S	
Säurenstärke nimmt zu ↑	stark	$HClO_4$	ClO_4^-	10^{+8}	Basenstärke nimmt zu ↓
		HBr	Br^-	10^{+6}	
		HCl	Cl^-	10^{+6}	
		$HClO_3$	ClO_3^-	10^{+3}	
		H_2SO_4	HSO_4^-	10^{+3}	
		H_3O^+	H_2O	55,0	
		HNO_3	NO_3^-	$2 \cdot 10^{+1}$	
	schwach	H_3SO_3	HSO_3^-	$1{,}54 \cdot 10^{-2}$	
		HSO_4^-	SO_4^{2-}	$1{,}2 \cdot 10^{-2}$	
		H_3PO_4	H_2PO^{4-}	$7{,}52 \cdot 10^{-3}$	
		HF	F^-	$3{,}53 \cdot 10^{-4}$	
		CO_3COOH	CH_3COO^-	$1{,}78 \cdot 10^{-5}$	
		$CO_3 + H_2O$	HCO_3^-	$4{,}3 \cdot 10^{-7}$	
		HSO_3^-	SO_3^{2-}	$1{,}02 \cdot 10^{-7}$	
		H_2S	HS^-	$9{,}1 \cdot 10^{-8}$	
		$H_2PO_4^-$	HPO_4^{2-}	$6{,}23 \cdot 10^{-8}$	
		NH_4^+	NH_3	$5{,}6 \cdot 10^{-10}$	
	sehr schwach	HCN	CN^-	$4{,}9 \cdot 10^{-10}$	
		HCO_3^-	CO_3^{2-}	$5{,}6 \cdot 10^{-11}$	
		HS^-	S^{2-}	$1{,}1 \cdot 10^{-12}$	
		HPO_4^{2-}	PO_4^{3-}	$2{,}2 \cdot 10^{-13}$	
		H_2O	OH^-	$1{,}82 \cdot 10^{-16}$	

Säure-Base-Paare

führt. Zu einer starken Säure gehört eine schwache Base und umgekehrt. Für ein korrespondierendes Säure-Base-Paar gilt:

$$K_S \cdot K_b = 10^{-14}$$

pH-Wert starker Säuren und Basen

Da das Gleichgewicht von starken Säuren und Basen auf der rechten Seite liegt, sind die Konzentrationen für die Säure bzw. Base äußerst gering und es liegen praktisch zu 100 % die protolysierten Teile vor oder der Protolysegrad beträgt 100 %. Daher gelten die im Abschnitt Protolysegrad genannten Formeln.

pH-Wert schwacher Säuren und Basen

Wenn der Protolysegrad nicht bekannt ist, lassen sich die pH-Werte schwacher Säuren und Basen über die Säure- bzw. Basenkonstante berechnen:

$K_S = \dfrac{c(H_3O^+) \cdot c(A^-)}{c(HA)}$, nach Umstellung ergibt sich:

$K_S \cdot c(HA) = c(H_3O^+) \cdot c(A^-)$

Es gilt im Gleichgewicht $c(H_3O^+) = c(A^-)$, daher kann für die rechte Seite $c(H_3O^+) \cdot c(A^-)$ nach Umstellung geschrieben werden:

$[c(H_3O^+)]^2 = K_s \cdot c(HA)$

Daraus folgt für die H_3O^+-Ionenkonzentration:

$$c(H_3O^+) = \sqrt{K_s \cdot c(HA)}$$

Für die OH^--Konzentration gilt analog:

$$c(OH^-) = \sqrt{K_B \cdot c(HB)}$$

Beispiel:
Eine Essigsäure mit der Konzentration $c(CH_3COOH) = 0{,}1$ mol/l und der Säurekonstanten $K_S = 1{,}78 \cdot 10^{-5}$ liegt vor. Wie groß ist der pH-Wert? (siehe auch Beispiel S. 98, Beispiel pH-Wert von Säuren und Basen mit einem Protolysegrad $\alpha < 100$ %)
$c(H_3O^+) = \sqrt{K_s \cdot c(HA)} = \sqrt{1{,}78 \cdot 10^{-5} \cdot 0{,}1} = 1{,}334 \cdot 10^{-3}$,
daraus folgt: pH = 2,9

5.5 Neutralisation und pH-Wert von Salzen

Neutralisation

Die Wirkung einer Säure bzw. Base wird verursacht durch die H_3O^+- bzw. OH^--Ionen. Werden gleichwertige Mengen (gleiche Stoffmengen) einer Salzsäure und einer Natronlauge zusammengegeben, so entsteht unter Wärmeabgabe eine Natriumchloridlösung:

$H_3O^+ + Cl^- + Na^+ + OH^- \rightarrow Na^+ + Cl^- + 2\,H_2O$

Ionen der Salzsäure | Ionen der Natronlauge | Natriumchloridlösung

Aus der Gleichung ist zu erkennen, dass bei dieser Reaktion die Chlorid- und die Natriumionen an der Reaktion nicht beteiligt sind. Deshalb kann auch vereinfacht geschrieben werden:

$$H_3O^+ + OH^- \rightarrow 2\,H_2O$$

Säure Base

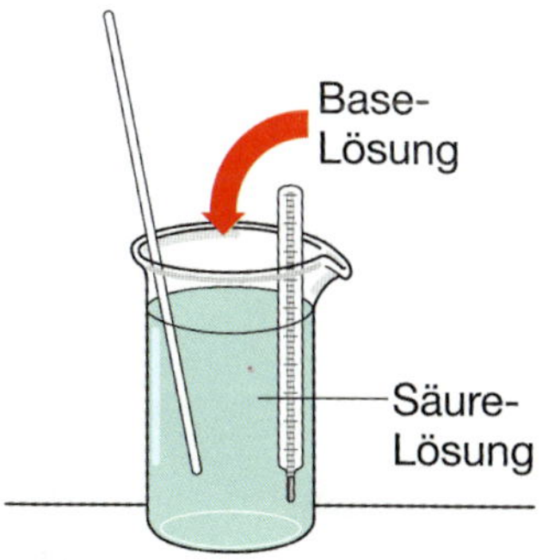

Neutralisation

Bei diesem Vorgang heben sich die Wirkungen der Säure und Base auf, H_3O^+- und OH^--Ionen treten zu undissoziiertem Wasser zusammen. Diese Reaktion wird deshalb als Neutralisation bezeichnet.

Die Neutralisation ist eine Säure-Base-Reaktion in wässriger Lösung, bei der Oxoniumionen (H_3O^+) der Säure mit Hydroxidionen (OH^-) der Base zu Wasser reagieren.

Die Säurerestionen und die Metallionen bilden ein Salz.

Auch die Neutralisation ist eine Protolyse, denn es werden Protonen vom H_3O^+-Ion (Säure) auf das OH^--Ion (Base) übertragen.

Im zuvor genannten Beispiel der Neutralisation von Salzsäure mit Natronlauge wird anschließend das Wasser der Natriumchloridlösung abgedampft und übrig bleibt das weiße kristalline Natriumchlorid (Kochsalz).

Nach Eindampfen der Lösung bleiben Salzkristalle zurück.

Eine Neutralisation findet zwischen allen wässrigen Lösungen von Säuren und Basen statt.

Die Reaktion der Salzsäure mit der Natronlauge ist eine Neutralisation einer einprotonigen Säure und erfolgt in einer Stufe. Die Neutralisation von mehrprotonigen Säuren erfolgt in mehreren Stufen.

Beispiel 1:
Neutralisation der Schwefelsäure

Die Schwefelsäure protolysiert in einer ersten Stufe:

$H_2SO_4 + H_2O \rightarrow H_3O^+ + HSO_4^-$

Hydrogensulfation

1. Stufe der Neutralisation:

$H_3O^+ + HSO_4^- + Na^+ + OH^- \rightarrow 2\,H_2O + Na^+ + HSO_4^-$

Natriumhydrogensulfat

2. Stufe der Neutralisation:

Das Hydrogensulfation HSO_4^- wirkt als Säure und gibt noch ein Proton ab:

$Na^+ + HSO_4^- + Na^+ + OH^- \rightarrow H_2O + 2\,Na^+ + SO_4^-$

Natriumsulfat

Beispiel 2:
Neutralisation der Phosphorsäure

Bei der Reaktion der Phosphorsäure H_3PO_4 mit Natronlauge NaOH gibt es je nach Zugabe von Lauge drei Stufen der Neutralisation:

$H_3PO_4 + H_2O \rightarrow H_3O^+ + H_2PO_4^-$

$H_3O^+ + H_2PO_4^- + Na^+ + OH^- \rightarrow 2\,H_2O + Na^+ + H_2PO_4^-$
Natriumdihydrogenphosphat

$Na^+ + H_2PO_4^- + Na^+ + OH^- \rightarrow H_2O + 2\,Na^+ + HPO_4^{2-}$
Dinatriumhydrogensulfat

$2\,Na^+ + HPO_4^{2-} + Na^+ + OH^- \rightarrow H_2O + 3\,Na^+ + PO_4^{3-}$
Natriumphosphat

Die Neutralisationstitration

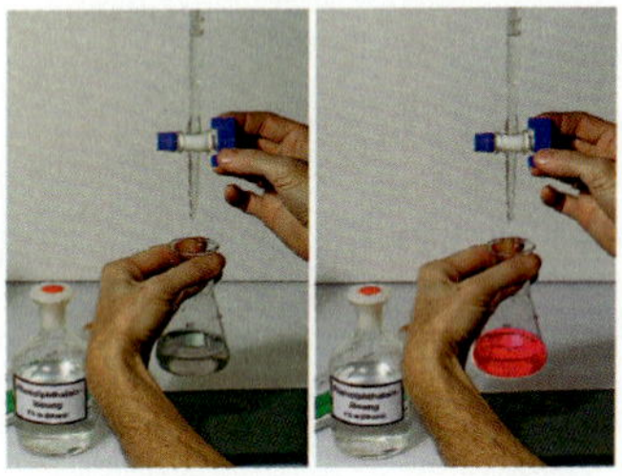

Die Natronlauge wird so lange zur Salzsäure zugetropft, bis der Indikator (Phenolphtalein) von farblos nach pink umschlägt.

Die Neutralisationsreaktion wird in der chemischen Analyse häufig zur Gehaltsbestimmung von Säuren oder Basen (quantitative Analyse) genutzt, z. B. für die Bestimmung der Konzentration einer Salzsäure mithilfe einer Natronlauge. Dabei wird eine Natronlauge (NaOH) mit genau bekannter Konzentration portionsweise zur Salzsäure (HCl) zugegeben. Durch einen Indikator wird der Neutralisationspunkt (pH-Wert = 7) festgestellt. An diesem Punkt entspricht die Stoffmenge der verbrauchten Natronlauge (NaOH) genau der Stoffmenge der Salzsäure, d. h., die beiden Stoffmengen sind einander äquivalent. Der Neutralisationspunkt ist in diesem Fall auch der Äquivalenzpunkt. Aus dem Verbrauch der Natronlauge wird der Gehalt der Salzsäure errechnet. Diese Methode ist unter dem Namen Neutralisationstitration bekannt.

Werden die bei dieser Titration mit einem pH-Meter gemessenen Werte gegen das Volumen der Natronlauge in einem Diagramm aufgetragen, so ergibt sich die Titrationskurve:

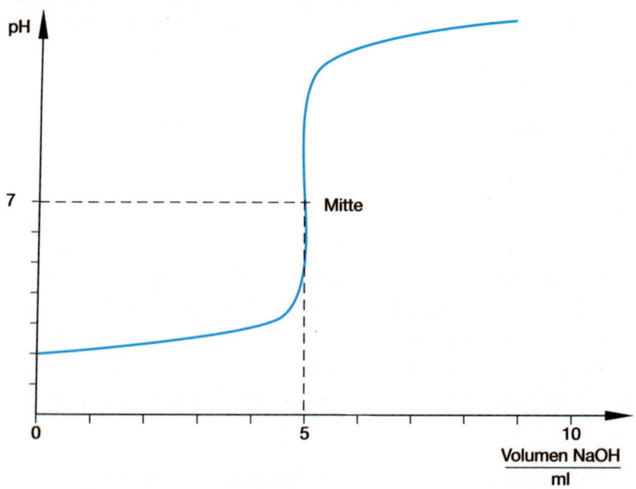

Der pH-Wert steigt zunächst langsam, in der Nähe des Äquivalenzpunkts sprunghaft und danach wieder entsprechend langsam an. Diese punktsymmetrische Kurve ist charakteristisch für die Titration einer starken Säure mit einer starken Base.

Der Kurvenverlauf ist durch die Definition des pH-Werts erklärbar (logarithmische Skala). Da sich die Kurve in der Nähe des Äquivalenzpunkts sprunghaft ändert, ist es nicht unbedingt erforderlich, dass der Indikator seine Farbe genau bei pH = 7 ändert. In diesem Fall kann auch der Indikator Phenolphthalein (Umschlagbereich pH 8,2–9,6) angewendet werden.
Die Methode zur Bestimmung der Konzentration von Salzsäure durch tropfenweise Zugabe der Natronlauge (Titration) wird auch für weitere Konzentrationsbestimmungen genutzt. Voraussetzung ist, dass die zugrunde liegende chemische Reaktion rasch und vollständig abläuft. Die dabei verwendeten Lösungen mit genau bekanntem Gehalt werden Maßlösungen genannt. Die Konzentration dieser Maßlösungen wird in mol/l angegeben.

1. Beispiel:
c(NaOH) = 0,2 mol/l; dies bedeutet, dass sich in einem Liter Lösung 0,2 mol Natriumhydroxid befinden.

2. Beispiel:
Welche Masse an Natriumhydroxid NaOH enthält eine Natronlauge, wenn bis zur Neutralisation 25,0 ml einer Salzsäurelösung mit c(HCl) = 0,1 mol/l verbraucht werden?
$HCl + NaOH \rightarrow Na^+ + Cl^- + H_2O$
D. h., die verbrauchte Stoffmenge an HCl entspricht der Stoffmenge an NaOH:
$n(HCl) = n(NaOH)$
$1000\ ml \triangleq 0{,}1\ mol$
$25\ ml \triangleq x \qquad x = n(NaOH) = \frac{25\ ml \cdot 0{,}1\ mol}{1000\ ml} = 0{,}0025\ mol$
$m(NaOH) = n(NaOH) \cdot M(NaOH) = 0{,}0025\ mol \cdot 40{,}0\ g/mol = 0{,}1\ g$
Es sind also 0,1 g Natriumhydroxid in der Probe vorhanden.

pH-Wert von Salzen

Bei einer Neutralisation entstehen aus Säure und Base die Reaktionsprodukte Salz und Wasser. Das Wesentliche dabei ist die Vereinigung von Oxoniumionen mit Hydroxidionen zu Wasser. Theoretisch müssten deshalb alle entstehenden Salzlösungen neutral sein. Dies ist der Fall, wenn eine Neutralisation einer starken Säure mit einer starken Base vorliegt; eine Kochsalzlösung reagiert deshalb neutral. Salze können aber auch gebildet werden durch die Reaktion von schwachen Säuren mit starken Basen und umgekehrt. In der wässrigen Lösung können die Ionen des Salzes mit dem Wasser reagieren (protolysieren).

Brausetablette

Beispiele:
1. *Ammoniumchlorid NH_4Cl ist das Reaktionsprodukt aus einer starken Säure und einer schwachen Base. Eine Ammoniumchloridlösung reagiert sauer, da die Ammoniumionen mit dem Wasser protolysieren. Die Ammoniumionen sind gegenüber dem Wasser eine stärkere Säure und geben Protonen an das Wasser ab. Es entstehen Oxoniumionen H_3O^+:*
   $NH_4^+ + H_2O \rightarrow NH_3 + H_3O^+$

2. *Natriumcarbonat ist das Reaktionsprodukt aus einer schwachen Säure und einer starken Base. Eine Natriumcarbonatlösung reagiert basisch, da die Carbonationen gegenüber dem Wasser eine starke Base sind und den Wassermolekülen Protonen entziehen und Hydroxidionen OH^- gebildet werden:*
   $CO_3^{2-} + H_2O \rightarrow HCO_3^- + OH^-$

- **Wässrige Lösungen von Salzen aus einer starken Säure und einer starken Base reagieren neutral.**
- **Wässrige Lösungen von Salzen aus einer starken Säure und einer schwachen Base reagieren sauer.**
- **Wässrige Lösungen von Salzen aus einer schwachen Säure und einer starken Base reagieren basisch.**

Säuren können auch durch Verdrängung mithilfe einer stärkeren Säure aus ihren Salzen hergestellt werden. Im Labor z. B. kann Salzsäure HCl durch die Umsetzung von Natriumchlorid NaCl mit Schwefelsäure H_2SO_4 gewonnen werden. Der Säurerest der schwächeren Säure Cl^- wirkt gegenüber der stärkeren Säure als Base und nimmt Protonen auf:

$$2\,NaCl + H_2SO_4 \rightarrow 2\,HCl + Na_2SO_4$$

Diese Reaktion wurde ursprünglich genutzt, um Salzsäure aus Kochsalz herzustellen. Der Name der Salzsäure leitet sich aus diesem Herstellungsverfahren ab.

Eine schwache Säure wird durch eine starke Säure aus ihren Salzen verdrängt.

5.6 Pufferlösungen

Es gibt Lösungen, die bewirken, dass sich bei Zugabe von Säuren bzw. Basen der pH-Wert nur geringfügig ändert, d.h., die Säure- bzw. Basenwirkung wird „abgepuffert". Dies geschieht dadurch, dass die Pufferlösung die Oxoniumionen H_3O^+ bzw. Hydroxidionen OH^- zu Wasser umsetzt.

Pufferlösungen sind Lösungen, deren pH-Wert sich kaum ändert, wenn Säure oder Lauge zugegeben wird. Die Pufferlösung fängt die Oxoniumionen bzw. Hydroxidionen ab.

Eine Pufferlösung besteht aus einer schwachen Säure und ihren Salzen oder aus einer schwachen Base und ihren Salzen.

Mithilfe von Pufferlösungen werden z. B. pH-Meter geeicht.

Am Beispiel des Acetatpuffers (Gemisch aus Essigsäure CH_3COOH Natriumacetat CH_3COONa) wird die Pufferwirkung gezeigt:

In der Lösung liegt die Essigsäure CH_3COOH und das Acetation CH_3COO^- vor:

1. *Bei der Zugabe einer Base reagieren die OH^--Ionen mit der Essigsäure:*
   $CH_3COOH + OH^- \rightleftharpoons CH_3COO^- + H_2O$
2. *Bei der Zugabe einer Säure reagieren die H_3O^+-Ionen mit den Acetat-Ionen:*
   $CH_3COO^- + H_3O^+ \rightleftharpoons CH_3COOH + H_2O$

Dieser Puffer hat seine optimale Wirkung bei einem pH-Wert von 4,5 bis 5,0.

Wie zuvor beschrieben, besteht eine Pufferlösung aus einem Salzgemisch, deshalb wird sie auch als **Puffersystem** bezeichnet.

Neben dem **Acetatpuffer** gibt es weitere wichtige Puffersysteme, z. B. **Phosphatpuffer** (NaH_2PO_4/Na_2HPO_4) im pH-Bereich um 7 oder den **Ammoniakpuffer** (NH_4Cl/NH_3) im pH-Bereich 9–9,5.

Viele Reaktionen laufen nur bei bestimmten pH-Werten ab. Puffersysteme sind in der Lage, den pH-Wert konstant zu halten. Pufferlösungen haben daher eine große Bedeutung in der technischen Chemie (u. a. Galvanisierung, Produktion von Farbstoffen), in der chemischen Analytik (Ausfällung von Metallen) und auch pH-Messgeräte (pH-Meter) werden mit Pufferlösungen justiert. Weiter spielen Puffer eine große Rolle in der Bodenkunde (Landwirtschaft) und in der Biologie. Puffer sind für lebende Organismen notwendig. So ist auch das Blut ein Puffersystem mit dem pH-Wert 7.

Übungsaufgaben

Zu 5.1:

1. *a) Was wird unter elektrolytischer Dissoziation verstanden?*
b) Was ist das charakteristische eines Kations bzw. Anions?

2. *Was ist ein Säure-Base-Indikator?*

3. *a) Was ist ein Säurerest?*
b) Was ist ein Säureanhydrid?
c) Was ist eine organische Säure?

4. *Wie werden Basen gebildet?*

5. *Vervollständigen Sie folgende Reaktionsgleichungen:*
a) $SO_2 + H_2O \rightarrow H_2SO_3$
b) $H_2O + \_\_\_ \rightarrow 2\ HNO_3$
c) $Zn + 2\ HNO_3 \rightarrow \_\_\_ + \_\_\_$
d) $\_\_\_ + H_2O \rightarrow 2\ KOH$
e) $MgO + H_2O \rightarrow \_\_\_\_$

6. *In welche Ionen dissoziieren folgende Verbindungen?*
a) $CaCl_2$ b) $KClO_4$ c) Na_2CO_3
d) $Mg(OH)_2$ e) $FeCl_3$ f) $Fe_2(SO_4)_3$

Zu 5.2:

1. *Geben Sie für folgende Säuren (Protonendonatoren) die entsprechenden Basen an:*
a) H_3O^+ b) H_2S
c) H_3PO4 d) $HCOOH$

2. *Geben Sie für folgende Basen (Protonenakzeptoren) die entsprechenden Säuren an:*
a) PO_4^{3-} b) HCO^{3-}
c) H_2O d) OH^-

3. *Ergänzen Sie die Reaktionsgleichungen um die Reaktionsprodukte und bezeichnen Sie das korrespondierende Säure- bzw. Basenpaar:*
   a) $HBr + H_2O \rightleftarrows$ ___ + ___
   b) $CO_2 + 2\,H_2O \rightleftarrows$ ___ + ___
   c) $H_3PO_4 + H_2O \rightleftarrows$ ___ + ___
   d) $H_2S + H_2O \rightleftarrows$ ___ + ___

Zu 5.3:

1. a) *Was wird unter dem Ionenprodukt des Wassers verstanden?*
   b) *Warum hängt das Ionenprodukt des Wassers von der Temperatur ab?*
   c) *Formulieren Sie die Gleichung für die Autoprotolyse des Wassers und bezeichnen Sie das korrespondierende Säure- bzw. Basenpaar.*
2. a) *Warum wurde für den sauren bzw. basischen Charakter einer wässrigen Lösung eine logarithmische Skala gewählt?*
   b) *Der pH-Wert ändert sich von 7 auf 4. Um welchen Faktor hat sich die Konzentration der H_3O^+-Ionen geändert? Ist die Konzentration um diesen Faktor größer oder kleiner geworden?*
3. *Ermitteln Sie den pH-Wert folgender Lösungen:*
   a) $c(H_3O^+) = 0{,}004$ mol/l
   b) $c(H_3O^+) = 1{,}0$ mol/l
   c) $c(H_3O^+) = 1{,}8 \cdot 10^{-11}$ mol/l
   d) $c(H_3O^+) = 5{,}7 \cdot 10^{-6}$ mol/l
   e) $c(OH^-) = 0{,}082$ mol/l
   f) $c(OH^-) = 3{,}2 \cdot 10^{-10}$ mol/l
4. *Nennen Sie Beispiele aus Ihrem Berufsbereich, bei denen der pH-Wert von Bedeutung ist. Begründen Sie ihre Aussage.*

Zu 5.4:

1. *In einem Liter Lösung sind 36,5 mg HCl enthalten. Wie hoch ist der pH-Wert? M(HCl) = 36,5 g/mol*
2. *Wie groß ist die Konzentration einer Salzsäure, deren pH-Wert mit 4,8 gemessen wird?*
3. *In 2,0 l Lösung sind 28,05 g Kaliumhydroxid enthalten. Welchen pH-Wert hat diese Lösung? M(KOH) = 56,1 g/mol*
4. *Welchen pH-Wert besitzt eine Schwefelsäure mit $c(H_2SO_4) = 0{,}05$ mol/l?*
5. *Welche Masse an Kaliumhydroxid müssen in 5,0 l Wasser gelöst werden, um einen pH-Wert von 10,5 zu erhalten?*
6. *Welchen pH-Wert hat eine Salzsäure mit c(HCl) = 2,4 mol/l? Die Salzsäure protolysiert zu 100 %.*
7. *Berechnen Sie den pH-Wert einer Essigsäure mit der Konzentration $c(CH_3COOH) = 0{,}001$ mol/l und dem Protolysegrad $\alpha = 12{,}3$ %.*
8. *Berechnen Sie den pH-Wert einer Ammoniaklösung mit der Konzentration $c(NH_3) = 0{,}5$ mol/l und dem Protolysegrad $\alpha = 0{,}6$ %.*

9. *Eine Ameisensäure hat den pH-Wert 2,38 und einen Protolysegrad α von 2,1 %. Welche Konzentration hat die Ameisensäure?*

10. *Welchen Protolysegrad hat eine Essigsäure mit $c(CH_3COOH) = 10^{-5}$ mol/l und dem pH-Wert 5,15?*

11. *Entscheiden Sie anhand der Tabelle „Wichtige Säure-Base-Paare" (s. Kap. 5.4), welche Verbindung die stärkere Säure bzw. Base ist:*
    a) HF oder HCl *b) CH_3COOH oder HCN*
    c) H_2S oder HNO_3 *d) HCO_3^- oder HSO_3^-*
    e) OH^- oder H_2O *f) NH_3 oder Cl^-*
    g) $H_2PO_4^-$ oder HPO_4^{2-} *h) S^{2-} oder CN^-*

12. *Berechnen Sie den pH-Wert der schwachen Säuren:*
    a) Phosphorsäure mit $c(H_3PO_4) = 0{,}025$ mol/l
    b) Schwefelwasserstoff mit $c(H_2S) = 0{,}5$ mol/l
    c) Schweflige Säure mit $c(H_2SO_3) = 0{,}1$ mol/l

Zu 5.5:

1. *Was wird unter einer Neutralisation verstanden?*

2. *Wie kann u. a. ein Salz hergestellt werden?*

3. *Bei Sodbrennen, verursacht durch einen Überschuss an Magensäure (HCl), kann Natriumhydrogencarbonat (Natron) genommen werden. Erklären Sie die Wirkung.*

4. *Formulieren Sie die Reaktionsgleichungen für:*
    a) die Neutralisation von sauren Abwässern (HCl, H_2SO_4) mit Löschkalk $Ca(OH)_2$.
    b) die Entschwefelung von Abgasen aus Kraftwerken (SO_2), ebenfalls mit Löschkalk.

5. *Vervollständigen Sie folgende Reaktionsgleichungen und benennen Sie die Verbindungen:*
    a) $NaOH + HNO_3 \rightarrow$ ___ + ___
    b) ___ $+ H_2SO_4 \rightarrow NaHSO_4 + H_2O$
    c) $H_2CO_3 +$ ___ $\rightarrow K_2CO_3 + 2\,H_2O$
    d) ___ $+ H_3PO_4 \rightarrow K_2HPO_4 +$ ___

6. *Warum wird bei einer Neutralisationstitration ein Indikator in die zu untersuchende Lösung gegeben?*

7. *Welche Masse an Kaliumhydroxid (KOH) ist in einer Lösung vorhanden, wenn bis zur Neutralisation 22,8 ml Salpetersäure mit $c(HNO_3) = 0{,}5$ mol/l verbraucht werden?*

8. *Welche Masse an Natronlauge ist vorhanden, wenn zur vollständigen Neutralisation 24,8 ml einer Schwefelsäure mit $c(H_2SO_4) = 0{,}25$ mol/l verbraucht werden?*

9. *Welche Konzentration in mol/l hat eine Natronlauge, wenn zur Neutralisation von 20,0 ml dieser Lauge 24,5 ml einer Salzsäure mit $c(HCl) = 0{,}2$ mol/l gebraucht werden?*

10. *500 ml einer Salzsäurelösung haben einen pH-Wert von 2. Welches Volumen einer Natronlauge mit c(NaOH) = 0,2 mol/l muss zur vollständigen Neutralisation vorgegeben werden?*

11. *Geben Sie an, ob die Lösungen folgender Salze sauer, neutral oder basisch reagieren.*
    a) CH_3COOK *b)* $NaCl$
    c) K_2CO_3 *d)* NH_4NO_3
    e) $NaCN$ *f)* KNO_3

12. *Vervollständigen Sie die Reaktionsgleichung:*
    $CaCO_3 + ?\ HCl \rightarrow \_\_\_ + \_\_\_$

13. *Das Gift Kaliumcynid KCN verliert nach längerer Aufbewahrung an der Luft (enthält u. a.* CO_2 *und Luftfeuchtigkeit) seine toxische Wirkung. Erklären Sie aufgrund welcher Reaktion dies geschieht.*

Zu 5.6:

1. *Was ist eine Pufferlösung?*

2. *Nennen Sie Anwendungen von Pufferlösungen aus Ihrem Berufsbereich.*

3. *Geben Sie eine Reaktionsgleichung an für den*
   a) Phosphatpuffer (NaH_2PO_4/Na_2HPO_4*),*
   b) Ammoniakpuffer (NH_4Cl/NH_3*),*
   wenn eine Zugabe von Salzsäure bzw. Natronlauge erfolgt.

6 Redoxreaktionen

Im letzten Kapitel wurden die Säure-Base-Reaktionen (Protolysen) behandelt. Bei den **Protolysen** handelt es sich um Reaktionen, bei denen **Protonen übertragen** werden. Dieses Kapitel beschäftigt sich mit den **Redoxreaktionen**, bei denen statt der Protonen **Elektronen übertragen** werden. Zu diesen Reaktionen gehören z. B. die Verbrennung von Holz, aber auch die Vorgänge in einer elektrischen Batterie.

Das Feuer ist in der Geschichte der Menschheit die älteste Erzeugung von Wärme durch Oxidation.

Oxygéne (franz.) = Sauerstoff

6.1 Oxidation und Reduktion

Bei einer Verbrennung verbindet sich ein Stoff mit Sauerstoff. Dies erkannte im 18. Jahrhundert Antoine Lavoisier. Für diese Vorgänge führte er den Begriff **Oxidation** ein. Die Verbrennungsprodukte werden als **Oxide** bezeichnet.

Beispiele:

1. $C + O_2 \rightarrow CO_2$
   Kohlenstoff + Sauerstoff → Kohlenstoffdioxid
2. $SnO_2 + 2\,C \rightarrow Sn + 2\,CO$
   Zinndioxid + Kohlenstoff → Zinn + Kohlenstoffmonoxid

In der ersten Reaktion findet bei einer Verbrennung eine direkte Vereinigung des Kohlenstoffs mit dem Sauerstoff statt. Im zweiten Beispiel laufen zwei Vorgänge gleichzeitig ab: Der Kohlenstoff reagiert mit dem Sauerstoff des Zinndioxids zu Kohlenstoffmonoxid. Dies ist wie die Verbrennung eine Oxidation. Gleichzeitig wird dem Zinndioxid der Sauerstoff entzogen und das Zinn liegt nach der Reaktion als elementares Metall vor. Eine Reaktion, bei der ein Metall aus einem Metalloxid in das entsprechende Metall „zurückgeführt" wird, bezeichnet man als **Reduktion** und ist der Oxidation entgegengesetzt.

Herstellung von Zinn im Schmelzofen aus Georgius Agricola; Vom Bergwerk, 1580

reducere (lat.) = zurückführen

Oxidation: Vereinigung eines Stoffs mit Sauerstoff.

Reduktion: Entzug von Sauerstoff aus einer Verbindung.

Aus der Reaktion des Zinndioxids mit dem Kohlenstoff ist ersichtlich, dass gleichzeitig eine Oxidation und eine Reduktion ablaufen. Solch eine Reaktion wird als **Redoxreaktion** bezeichnet.

Redoxreaktion: gleichzeitiger Ablauf von Oxidation und Reduktion.

Bei diesen Reaktionen wird der Stoff, der den Sauerstoff zur Verfügung stellt, als **Oxidationsmittel** bezeichnet. Der Stoff, der sich mit dem Sauerstoff verbindet, ist das **Reduktionsmittel**.

Bei der Reaktion des Zinndioxids mit dem Kohlenstoff ist das Oxidationsmittel das Zinndioxid. Das Oxidationsmittel (SnO_2) selbst wird dabei zu Zinn reduziert.

Gewinnung von Roheisen im Hochofen – großtechnische Durchführung einer Redoxreaktion

Bei der Gewinnung von Roheisen im Hochofen läuft folgende Redoxreaktion ab:

Reduktion

$$Fe_2O_3 + 3\,CO \rightarrow 2\,Fe + 3\,CO_2$$

Oxidation

Das Eisenoxid wirkt dabei als **Oxidationsmittel** und **wird reduziert**. Das Kohlenstoffmonoxid wirkt als **Reduktionsmittel** und wird **oxidiert**.

Die beiden Begriffe Oxidation bzw. Reduktion werden heute unabhängig vom Element Sauerstoff betrachtet.

Beispiel:
Oxidation von Magnesium

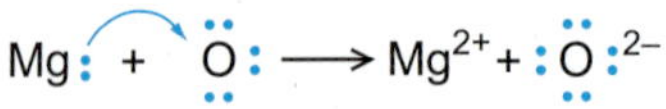

Das Magnesium besitzt zwei Außenelektronen, die bei dieser Reaktion auf den Sauerstoff übertragen werden. Es entsteht eine Ionenbindung (s. Kap. 3.4). Das Magnesium wird zum zweiwertigen Magnesiumion oxidiert. Der Sauerstoff wird zum negativ zweiwertigen Oxidanion O^{2-} reduziert. Die Oxidation wird daher als Elektronenabgabe und die Reduktion als Elektronenaufnahme definiert.

Oxidation = Abgabe von Elektronen

Es gibt viele Reaktionen, an denen kein Sauerstoff beteiligt ist, die sich aber äußerlich nicht von den Verbrennungen unterscheiden. So verbrennen z. B. erhitztes Natrium und Magnesium in einer Chloratmosphäre unter Feuererscheinungen:

Reduktion = Aufnahme von Elektronen

$$\mathbf{2\,Na + Cl_2 \rightarrow 2\,NaCl}$$

Bei der Reaktion des Natriums mit dem Chlor wird das Außenelektron des Natriums an das Chlor abgegeben und es entsteht eine Ionenbindung:

Das Natrium gibt Elektronen ab und wird zum einwertigen Natriumion oxidiert. Das Chlor nimmt ein Elektron auf und wird zum negativ einwertigen Chlorion reduziert. Es werden also auch bei dieser Redoxreaktion – ohne Beteiligung des Elements Sauerstoff – Elektronen abgegeben und aufgenommen.

Redoxreaktion: eine Reaktion, bei der Elektronen übertragen werden.

Auch die Begriffe Oxidationsmittel und Reduktionsmittel lassen sich mithilfe der Elektronenübertragung allgemeiner definieren.

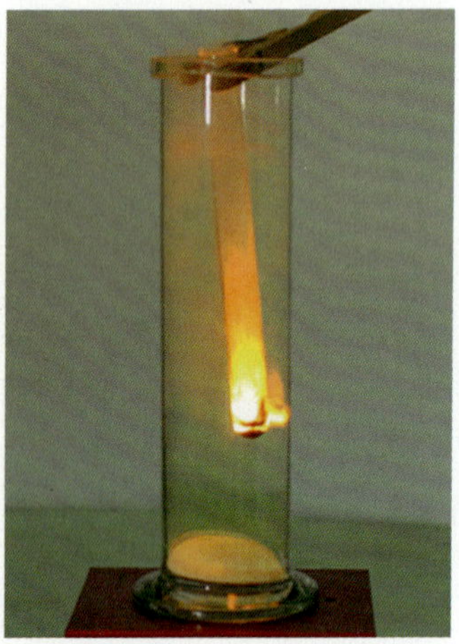

Natrium reagiert mit Chlor

Der Sauerstoff und die Halogene sind stark **elektronegative Elemente** und haben das Bestreben, Elektronen aufzunehmen (Elektronenempfänger, Elektronenakzeptor), um die Außenschale der

Elektronen zu füllen. Sie sind daher **gute Oxidationsmittel**. Sie werden durch die Aufnahme von Elektronen selbst reduziert.

Elemente mit geringer Elektronegativität (wenig Außenelektronen) wie z. B. die Alkali- und Erdalkalielemente, die Elemente Kohlenstoff und Wasserstoff, haben das Bestreben, Elektronen abzugeben (Elektronenspender, Elektronendonator), um ebenfalls eine Edelgasschale zu erhalten (s. Kap. 3.2). Sie sind deshalb **gute Reduktionsmittel** und werden selbst oxidiert.

Oxidationsmittel sind Stoffe, die Elektronen aufnehmen (Elektronenempfänger oder Elektronenakzeptor) und dabei reduziert werden.

Reduktionsmittel sind Stoffe, die Elektronen abgeben (Elektronenspender oder Elektronendonatoren) und dabei oxidiert werden.

Oxidationsmittel und Reduktionsmittel stehen durch die Elektronenübertragung in einer Beziehung (korrespondierendes Redoxpaar):

$$\textbf{Oxidationsmittel} + \textbf{Elektron} \underset{\text{Oxidation}}{\overset{\text{Reduktion}}{\rightleftarrows}} \textbf{Reduktionsmittel}$$

Beispiele:

$$Na^+ + e^- \rightleftarrows Na$$
$$Mg^{2+} + 2\,e^- \rightleftarrows Mg$$
$$Zn^{2+} + 2\,e^- \rightleftarrows Zn$$

Das Natriumion kann ein Elektron aufnehmen und ist damit ein Oxidationsmittel. Das elementare Natrium kann Elektronen abgeben und ist damit ein Reduktionsmittel.

Die korrespondierenden Redoxpaare können hinsichtlich der Stärke als Oxidations- bzw. Reduktionsmittel mithilfe der Standardpotenziale (s. Kap. 6.3) in einer Reihe erfasst werden.

6.2 Oxidationszahlen und Redoxgleichungen

Oxidationszahlen

Die Oxidationszahlen wurden als Hilfsmittel eingeführt, um bei Redoxreaktionen zu erkennen, welcher Stoff oxidiert und welcher reduziert wird. Die Oxidationszahlen werden in römischen Ziffern über das betreffende Element geschrieben und können positiv (Elektronenmangel) oder negativ (Elektronenüberschuss) sein.

Die Oxidationszahl gibt die Ladung eines Elements in einer Formeleinheit an. Dabei wird die Annahme gemacht, dass die Formeleinheit nur aus Ionen aufgebaut ist.

Bei einem Atomion ist die Oxidationszahl also die tatsächliche Ladung.

Beispiel:

Das Natriumatom hat ein Elektron abgegeben und liegt danach einfach positiv geladen vor, also hat es die Oxidationszahl I. Das Chloratom hat ein Elektron aufgenommen und liegt dann einfach negativ vor, also bekommt es die Oxidationszahl –I.

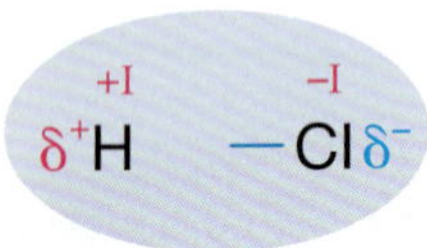

Die polare Atombindung und die Oxidationszahlen im HCl-Molekül

In **polarisierten Atombindungen**, wie z. B. dem Chlorwasserstoff HCl, zieht das elektronegativere Chloratom das bindende Elektronenpaar stärker an sich. Für die Ermittlung der Oxidationszahl wird das bindende Elektronenpaar dem Chloratom ganz zugeordnet und damit einfach negativ.

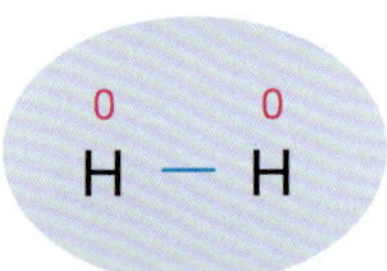

Die unpolare Atombindung und die Oxidationszahlen im Wasserstoff-Molekül

In **unpolaren Atombindungen**, wie z. B. im Wasserstoff-Molekül H_2, liegt das bindende Elektronenpaar genau in der Mitte der Atome und wird von beiden zur Bindung gemeinsam genutzt. Es hat also kein Atom ein Elektron aufgenommen oder abgegeben, daher beträgt die Oxidationszahl null.

Für die **Bestimmung der Oxidationszahlen** gibt es einige Regeln:

1. Atome im elementaren Zustand, auch wenn sie als Molekül vorliegen: Oxidationszahl null.
   0 0 0 0 0
   K Ca Al Cl_2 O_2

2. Atome in Verbindungen
   Metalle: Oxidationszahl stets positiv
   In den ersten drei Hauptgruppen des Periodensystems der Elemente stimmen die Oxidationszahlen mit den Hauptgruppennummern überein.
   Fluor: Oxidationszahl –I
   Wasserstoff: Oxidationszahl +I
   Ausnahme: Metallhydride –I (z.B. Natriumhydrid NaH)

   Sauerstoff: Oxidationszahl –II
   Ausnahme: in Peroxiden ist die Oxidationszahl –I (z. B. Wasserstoffperoxid H_2O_2)

   Alle weiteren Elemente sind den aufgeführten Regeln untergeordnet.

   Außerdem gilt:

- **Neutrale Verbindung:** Summe aller Oxidationszahlen ist null.
  I –I
  HCl $1 \cdot I + 1 \cdot (-I) = \mathbf{0}$
  I VI –II
  H_2SO_4 $2 \cdot I + 1 \cdot VI + 4 \cdot (-II) = \mathbf{0}$

- **Atomion:** Oxidationszahl entspricht der Ladung.
  –I –II
  Cl^-, S^{-2}
- **Molekülion:** Summe aller Oxidationszahlen entspricht der Ladung.
  VI –II
  SO_4^{2-} $1 \cdot VI + 4 \cdot (-II) = \mathbf{-2}$

Bei Säureresten entspricht die Ladung immer der negativen Zahl der Wasserstoffatome der Säure.

Beispiele:

Säure	Name	Säurerest	Name
HCl	Salzsäure	Cl^-	Chlorid
HNO_3	Salpetersäure	NO_3^-	Nitrat
H_2SO_4	Schwefelsäure	SO_4^{2-}	Sulfat
H_2CO_3	Kohlensäure	CO_3^{2-}	Carbonat
H_3PO_4	Phosphorsäure	PO_4^{3-}	Phosphat

Die Elemente können in ihren Verbindungen auch in verschiedenen Oxidationszahlen auftreten, z. B. das Chlor:

Beispiel:

–I I III V VII
KCl KClO $KClO_2$ $KClO_3$ $KClO_4$

Das Kalium als Metall der ersten Hauptgruppe besitzt hier immer die Oxidationszahl I, der Sauerstoff hat die Oxidationszahl –II. Das Chlor hat in der Verbindung KCl ein Elektron aufgenommen, in KClO ein Elektron, in $KClO_2$ drei, in $KClO_3$ fünf und in $KClO_4$ sieben abgegeben. Das Chlor ist also unterschiedlich stark oxidiert worden. Deshalb werden die Oxidationszahlen auch als Oxidationsstufen bezeichnet.
Ein weiteres Beispiel ist der Kohlenstoff, der ebenfalls in unterschiedlichen Oxidationszahlen (Oxidationsstufen) auftreten kann:

IV 0 II IV
CH_4 C CO CO_2
Methan Kohlenstoff Kohlenmonoxid Kohlenstoffdioxid

***Beispiele** zur Ermittlung von Oxidationszahlen:*

1. ***K_2SO_4** Kaliumsulfat*
   Das Kalium ist ein Element der ersten Hauptgruppe und ein Metall und hat deshalb die Oxidationszahl I oder ersetzt den Wasserstoff in der Verbindung H_2SO_4 und hat damit, wie der Wasserstoff auch, die Oxidationszahl I. Der Sauerstoff hat die Oxidationszahl –II.
   Damit liegt die Ladung $2 \cdot I + 4 \cdot (-II) = -6$ vor. Die Verbindung ist nach außen hin neutral, der Schwefel muss diese Ladung ausgleichen und hat deshalb die Oxidationszahl VI.
   Oxidationszahlen: I VI –II
   K_2 S O_4
   Ladung: 2 6 –8

2. *SO_3^{2-} Sulfition*
   Die drei Sauerstoffatome haben zusammen die Ladung –6, das Sulfition ist zweifach negativ geladen, d. h., die Ladung –4 muss vom Schwefel ausgeglichen werden, der Schwefel hat also die Oxidationszahl IV.

Oxidationszahlen:	*IV*	*–II*
	S	*O_3^{2-}*
Ladung:	*4*	*–6*

Mithilfe der Oxidationszahlen lassen sich auch die Begriffe Oxidation und Reduktion erklären.

Beispiel:
In die Redoxreaktion werden die Oxidationszahlen eingetragen:

0		*IV*		*II*		*0*
2 Mg	*+*	*CO_2*	*→*	*2 MgO*	*+*	*C*

Das Magnesium wird oxidiert und es ist erkennbar, dass sich die Oxidationszahl von 0 auf II erhöht hat. Der Kohlenstoff im Kohlenstoffdioxid wird reduziert und erniedrigt seine Oxidationszahl von IV auf 0.

> Bei einer **Oxidation** eines Elements erhöht sich die Oxidationszahl.
> Bei einer **Reduktion** eines Elements erniedrigt sich die Oxidationszahl.
> Eine **Redoxgleichung** liegt vor, wenn sich die Oxidationszahlen der an der Reaktion beteiligten Elemente ändern.

Aufstellen von Redoxgleichungen

Das Aufstellen einer Redoxgleichung lässt sich nicht immer einfach über die Bilanz der beteiligten Atome ermitteln. Es hat sich als vorteilhaft erwiesen, die Koeffizienten der Gleichung (Zahlen vor den an der Reaktion beteiligten Stoffe) mithilfe der Oxidationszahlen zu ermitteln. Die noch fehlenden Koeffizienten werden aus der Gleichung ergänzt.

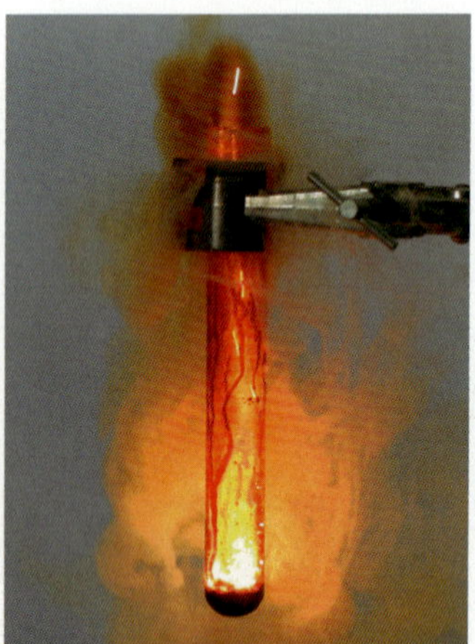

Aluminium reagiert mit Brom

Beispiel 1:
Die direkte Umsetzung von Aluminium mit dem Halogen Brom zu Aluminiumbromid.

1. *Aufstellen der Ausgangsstoffe und Produkte zur Reaktionsgleichung ohne Koeffizienten:*
   $Al + Br_2 \rightarrow AlBr_3$
2. *Ermittlung der Oxidationszahlen:*
   0 0 III I–
   $Al + Br_2 \rightarrow AlBr_3$
3. *Welche Stoffe werden oxidiert, welche reduziert?*
   Oxidation: $-3e^-$
   0 0 III I–
   $Al + Br_2 \rightarrow AlBr_3$
   Reduktion: $+1e^-$
4. *Ausgleich der Elektronenbilanz:*
   Die Zahl der abgegebenen Elektronen muss gleich der Zahl der aufgenommenen Elektronen sein. Das Aluminium gibt drei Elektronen ab, Brom liegt als

Molekül Br_2 vor und Br_2 nimmt zwei Elektronen auf. Das kleinste gemeinsame Vielfache (kgV) von 3 und 2 ist 6, d. h., 6 Elektronen werden ausgetauscht.

$2 \cdot (-3e^-) = -6\ e^-$

$\overset{0}{2\ Al} + \overset{0}{3\ Br_2} \rightarrow \overset{III\ I-}{2\ AlBr_3}$

$3 \cdot 2 \cdot (+1\ e^-) = +6\ e^-$

5. *Ergebnis:*
   $\mathbf{2\ Al + 3\ Br_2 \rightarrow 2\ AlBr_3}$

Beispiel 2:
Im Labor wird häufig Chlorgas (Cl_2) aus Kaliumpermanganat ($KMnO_4$) und Salzsäure (HCl) hergestellt. Weitere Reaktionsprodukte sind Kaliumchlorid (KCl), Mangan(II)-chlorid und Wasser.

1. *Reaktionsgleichung ohne Koeffizienten:*
   $KMnO_4 + HCl \rightarrow Cl_2 + MnCl_2 + KCl + H_2O$
2. *Ermittlung der Oxidationszahlen:*
   $\overset{I}{K}\ \overset{VII}{Mn}\ \overset{-II}{O_4} + \overset{I}{H}\ \overset{-I}{Cl} \rightarrow \overset{0}{Cl_2} + \overset{II}{Mn}\ \overset{-I}{Cl_2} + \overset{I}{K}\ \overset{-I}{Cl} + \overset{I}{H_2}\ \overset{-II}{O}$
3. *Welcher Stoff wird oxidiert, welcher Stoff wird reduziert?*
   Reduktion: $+5\ e^-$
   $\overset{I}{K}\ \overset{VII}{Mn}\ \overset{-II}{O_4} + \overset{I}{H}\ \overset{-I}{Cl} \rightarrow \overset{0}{Cl_2} + \overset{II}{Mn}\ \overset{-I}{Cl_2} + \overset{I}{K}\ \overset{-I}{Cl} + \overset{I}{H_2}\ \overset{-II}{O}$
   Oxidation: $-1e^-$
4. *Ausgleich der Elektronenbilanz:*
   $1 \cdot (+5\ e^-) = 5e^-$
   $\overset{I}{K}\ \overset{VII}{Mn}\ \overset{-II}{O_4} + 5\ \overset{I}{H}\ \overset{-I}{Cl} \rightarrow 2½\ \overset{0}{Cl_2} + \overset{II}{Mn}\ \overset{-I}{Cl_2} + \overset{I}{K}\ \overset{-I}{Cl} + \overset{I}{H_2}\ \overset{-II}{O}$
   $5 \cdot (-1e^-) = -5e^-$
5. *Ausgleichen der Stoffe ohne Änderung der Oxidationszahl:*
   $K\ Mn\ O_4 + 5\ H\ Cl \rightarrow 2½\ Cl_2 + Mn\ Cl_2 + K\ Cl + H_2O$
   K: ausgeglichen
   Mn: ausgeglichen
   O: auf der linken Seite 4, also auf der rechten 4 H_2O
   Cl: auf der linken 5, auf der rechten 8; die Cl-Atome von $MnCl_2$ und KCl sind bisher nicht erfasst, weil sie ihre Oxidationszahl nicht geändert haben, deshalb müssen insgesamt 8 HCl eingesetzt werden
   H: links 8 HCl, also 8 H-Atome; rechts 4 H_2O, ebenfalls 8 H-Atome
6. *Ergebnis:*
   $\mathbf{KMnO_4 + 8\ HCl \rightarrow 2½\ Cl_2 + MnCl_2 + KCl + 4\ H_2O}$ **oder**
   $\mathbf{2\ KMnO_4 + 16\ HCl \rightarrow 5\ Cl_2 + 2\ MnCl_2 + 2\ KCl + 8\ H_2O}$

6.3 Stärke von Oxidations- und Reduktionsmitteln

Galvanische Elemente

Im letzten Abschnitt wurde erläutert, dass der Übergang eines Metalls in den Ionen-Zustand ein Redoxvorgang ist:

$$Zn \rightleftarrows Zn^{2+} + 2e^-$$

Zink taucht in eine $CuSO_4$-Lösung.

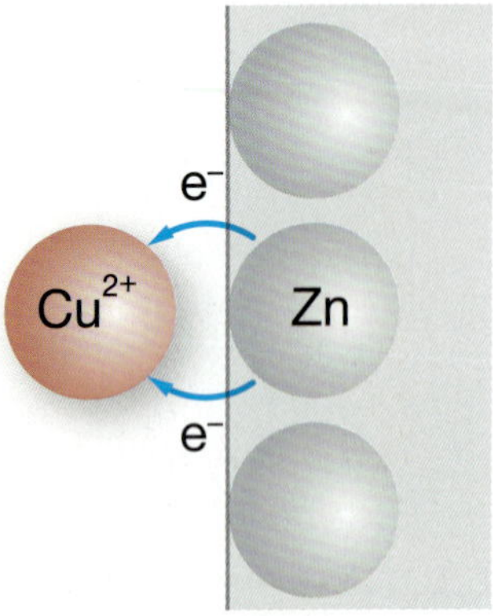

Elektronenübergang an der Metalloberfläche

Kupfer taucht in eine $AgNO_3$-Lösung.

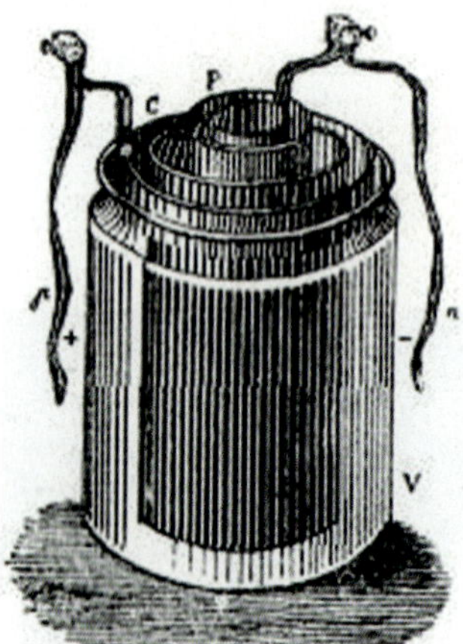

Daniell-Element

Das Zink (Reduktionsmittel) wird oxidiert und das Zn^{2+}-Ion (Oxidationsmittel) reduziert. Um die Wirkung als Oxidations- bzw. als Reduktionsmittel mit anderen Metallen vergleichen zu können, wird z. B.

a) *ein Zinkblech in eine Kupfersulfatlösung ($CuSO_4$) getaucht. Dabei scheidet sich das Kupfer auf dem Zinkblech ab und Zink geht in Lösung:*

$$Cu^{2+} + Zn \xrightarrow{2e^-} Cu + Zn^{2+}$$

Die Cu^{2+}-Ionen haben Elektronen aufgenommen und sind somit reduziert worden, das Zink gibt Elektronen ab und wird oxidiert. Die Cu^{2+}-Ionen haben das Zn oxidiert.

b) *ein Kupferblech in eine Silbersalzlösung getaucht. Dabei scheidet sich Silber ab und Kupfer geht in Lösung:*

$$2\,Ag^+ + Cu \xrightarrow{2e^-} 2\,Ag + Cu^{2+}$$

Bei dieser Reaktion haben die Ag^+-Ionen Elektronen aufgenommen und sind vom Kupfer reduziert und das Kupfer ist von den Ag^+-Ionen oxidiert worden.

Von diesen drei Metallen haben die Ag^+-Ionen das Kupfer und das Cu^{2+}-Ion das Zink oxidiert. Das Ag^+-Ion ist von diesen drei Stoffen das stärkste Oxidationsmittel:

$$Ag^+ > Cu^{2+} > Zn^{2+}$$

So wie diese drei Metalle können alle Metalle nach ihrer Oxidierbarkeit, d. h. dem Bestreben, Elektronen abzugeben und positiv geladene Ionen zu bilden, geordnet werden. Daraus ergibt sich die **Spannungsreihe der Metalle** (s. S. 121). Allgemein ist dies eine Ordnung nach der oxidierenden bzw. reduzierenden Wirkung der Stoffe.

Metalle, die sich leicht oxidieren lassen, werden als unedle Metalle bezeichnet.

Metalle, die sich schwer oxidieren lassen, werden als edle Metalle bezeichnet.

Elektrischer Strom ist bewegte elektrische Ladung. Bei den Redoxvorgängen werden Elektronen übertragen, daher können diese Vorgänge auch zur Strom- bzw. Spannungserzeugung genutzt werden. In den zuvor genannten Beispielen findet der Elektronenaustausch an der Grenzfläche zwischen Metall und Lösung statt und kann nicht zur Spannungserzeugung genutzt werden. Dazu wurde als Erstes das Daniell-Element (Anfang 19. Jahrhundert) verwendet, hier sind Oxidation und Reduktion räumlich voneinander getrennt.
Das Daniell-Element besteht aus zwei Halbzellen, die durch eine poröse Wand getrennt sind und die durch einen elektrischen Leiter miteinander verbunden sind. Die Halbzellen sind jeweils mit einer Kupfersulfatlösung, in die eine Kupferelektrode eintaucht, bzw. mit einer Zinksulfatlösung, in die eine Zinkelektrode eintaucht, gefüllt. Diese Anordnung ist ein galvanisches Element.

Das Zink ist unedler als das Kupfer, deshalb werden in der Halbzelle mit dem Zink als Elektrode mehr Elektronen auf dem Zink abgeschieden als Elektronen auf dem Kupfer in der anderen Halbzelle. Das Zink lädt sich negativ gegenüber dem Kupfer auf und bildet den negativen Pol, das Kupfer den Pluspol. Zwischen beiden Polen herrscht eine Spannung (Symbol *U*) von $U_{Cu/Zn}$ = 1,1 V. Wenn die beiden Elektroden leitend miteinander verbunden werden, fließen die Elektronen vom Zink zum Kupfer. Das Kupfer gibt die Elektronen an Kupferionen aus der Lösung ab, die damit entladen werden und sich abscheiden. Damit der Stromkreis innerhalb des galvanischen Elements geschlossen wird, wandern Sulfationen von der Halbzelle mit dem Kupfer in die Halbzelle mit dem Zink. Die negativ geladenen Sulfationen kompensieren in dieser Halbzelle die positiv geladenen Zinkionen, die in Lösung gehen.

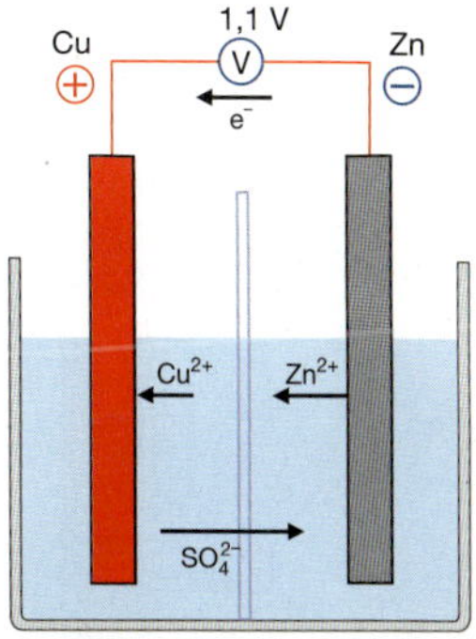

Daniell-Element (schematisch)

Elektronenaustausch an den Elektroden:

(–Pol)	Zink:	Zn	$\rightarrow Zn^{2+} + 2\,e^-$
(+Pol)	Kupfer:	$Cu^{2+} + 2\,e^-$	$\rightarrow Cu$
		$Zn + Cu^{2+}$	$\rightarrow Zn^{2+} + Cu$

Insgesamt ergibt sich bei diesem Vorgang eine Reaktionsgleichung wie beim Eintauchen vom Zink in die Kupfersulfatlösung. Hier werden die Elektronen direkt von den Zinkatomen auf die Kupferionen übertragen und es wird Energie in Form von Wärme frei. Im galvanischen Element fließt durch die leitende Verbindung der beiden Elektroden ein elektrischer Strom, der dazu genutzt werden kann, um z. B. eine Glühlampe oder einen Elektromotor zu betreiben.

Im **galvanischen Element** wird also die **Energie von chemischen Reaktionen in elektrische Energie umgewandelt.**

Galvanisches Element: zwei unterschiedliche Metalle, die in eine Elektrolytlösung tauchen und leitend miteinander verbunden sind.

Das edlere Metall bildet den Pluspol, das unedlere den Minuspol. Am Pluspol scheidet sich das edlere Metall ab und am Minuspol geht das unedlere in Lösung.

Luigi Galvani (1737–1798), italienischer Naturforscher. Er glaubte, die „tierische Elektrizität“ entdeckt zu haben, als frisch präparierte Froschschenkel bei der Berührung mit verschiedenen, miteinander verbundenen Metallen zusammenzuckten.

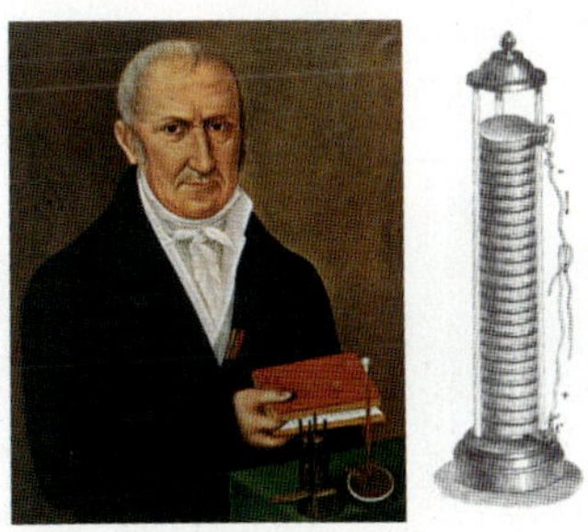

Alessandro Volta (1745–1827), italienischer Physiker. Er schuf um 1800 die erste brauchbare Stromquelle (Voltasche Säule). Sie bestand aus Kupfer- und Zinkplättchen, dazwischen befanden sich mit Schwefelsäure getränkte Filzstücke.
Bis zur Erfindung des Dynamos 1866 durch Werner Siemens bildeten diese einfachen galvanischen Elemente die einzigen Stromquellen für die Telegrafie und für physikalische und chemische Versuche.

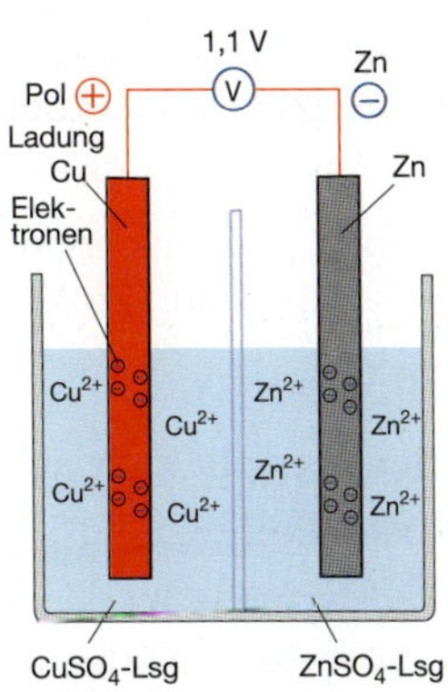

Entstehung der Spannung

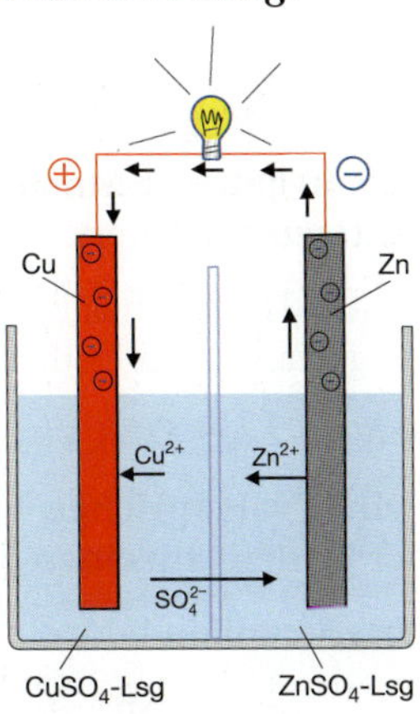

Stromentnahme

Daniell-Element

Standardpotenziale

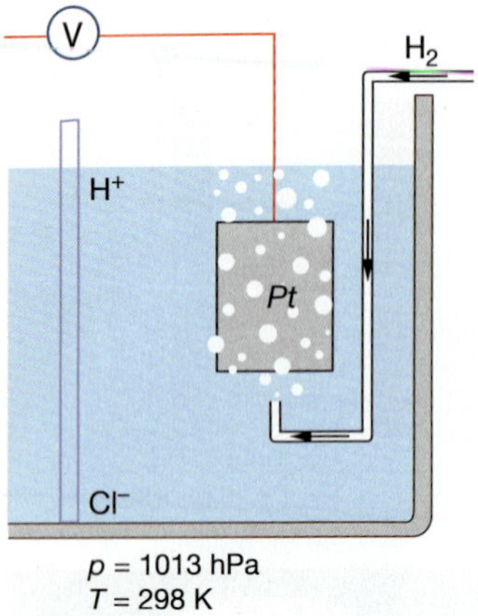

Standardwasserstoffelektrode

Das Abscheiden und Lösen von Kupfer und Zink sind Redoxvorgänge und die dabei auftretende Spannung ist ein Maß für die Stärke der daran beteiligten Oxidations- bzw. Reduktionsmittel. Diese Spannung wird als **Redoxpotenzial** bezeichnet. Damit die Stärke aller Oxidations- bzw. Reduktionsmittel miteinander verglichen werden kann, ist ein Vergleichsmaßstab erforderlich. Für diesen Vergleich wurde als Bezug die **Normalwasserstoffelektrode** eingeführt. Die Normalwasserstoffelektrode besteht aus einer Platinelektrode in einer sauren Lösung mit $c(H_3O^+)$ = 1 mol/l. Die Elektrode wird von gasförmigem Wasserstoff bei 25 °C und 1013 hPa umspült. Das Platin ist in der Lage, den Wasserstoff auf der Oberfläche zu absorbieren.

Gegen diese Normalwasserstoffelektrode werden die Potenziale der anderen Halbzellen gemessen und als **Standardpotenziale** (Symbol E_0) bezeichnet.

Das Standardpotenzial der Normalwasserstoffelektrode wurde willkürlich auf 0 V festgelegt.

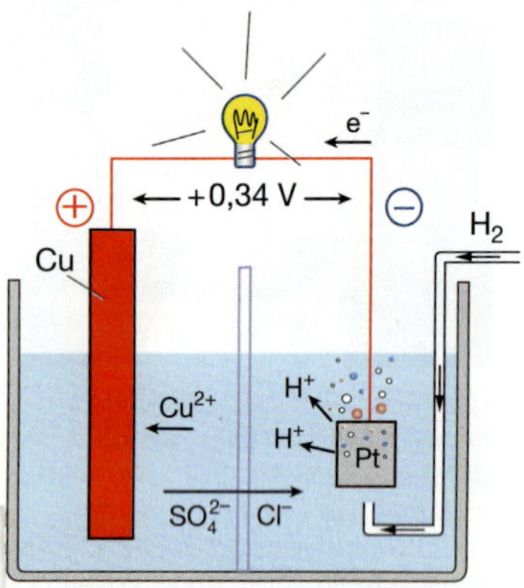

Standardpotenzial von Kupfer

Beispiele:

a) *Bestimmung des Standardpotenzials von Kupfer:*

Pluspol:	$Cu^{2+} + 2\,e^- \rightarrow Cu$	*Reduktion*
Minuspol:	$H_2 \rightarrow 2\,H^+ + 2\,e^-$	*Oxidation*

Die Spannung beträgt 0,34 V → E_0 von Kupfer = 0,34 V.
Das Kupfer scheidet sich ab, der Wasserstoff geht in Lösung, d. h., das Kupfer ist edler als der Wasserstoff.
Die Normalwasserstoffelektrode bildet den Minuspol, das Kupfer den Pluspol, in solchen Fällen ist das Standardpotenzial positiv.

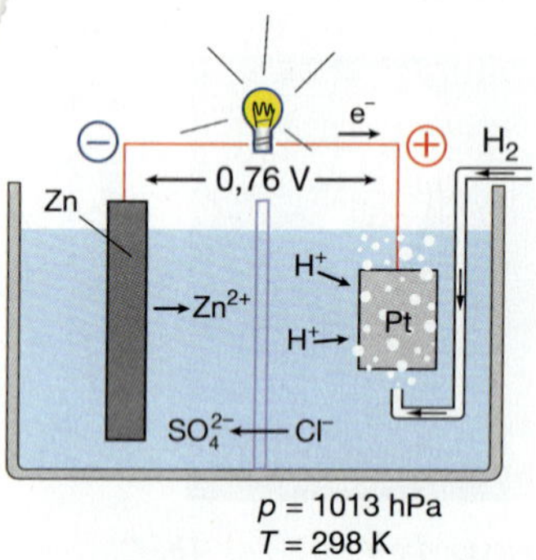

Standardpotenzial von Zink

b) *Bestimmung des Standardpotenzials von Zink:*

Minuspol:	$Zn \rightarrow Zn^{2+} + 2\,e^-$	*Oxidation*
Pluspol:	$2\,H^+ + 2\,e^- \rightarrow H_2$	*Reduktion*

Die Spannung beträgt 0,76 V → E_0 von Zink = –0,76 V.
Das Zink geht in Lösung, der Wasserstoff scheidet sich ab, d. h., der Wasserstoff ist edler als das Zink.
Die Normalwasserstoffelektrode bildet den Pluspol, das Zink den Minuspol, in diesem Fall ist das Standardpotenzial negativ.

Der Stoff, der das negativere Standardpotenzial hat, bildet den Minuspol und wird oxidiert.

Die Differenz des Standardpotenzials von Kupfer und Zink ergibt die Spannung des galvanischen Elements aus Kupfer und Zink:

$$U_{Cu/Zn} = E_{0Cu} - E_{0Zn} = 0{,}34\ V - (-0{,}76\ V) = 1{,}1\ V$$

Die Spannung eines galvanischen Elements ergibt sich aus der Differenz der beiden einzelnen Standardpotenziale.

Das Metall und das Metallion bilden ein Redoxpaar, z. B.:

$$Sn \rightleftarrows \mathbf{Sn^{2+}} + 2\,e^-$$

Die einzelnen Redoxpaare können nach ihren Standardpotenzialen in einer Reihe geordnet werden. Werden nur die Redoxpaare der Metalle aufgeführt, so ergibt sich daraus die **Spannungsreihe der Metalle.**

Es können aber auch solche Redoxpaare wie z. B.:

$$2\,Br^- \rightleftarrows Br_2 + 2\,e$$

mit einbezogen werden, dann liegt die erweiterte Spannungsreihe oder Redoxreihe vor. In dieser sind alle Oxidations- und Reduktionsmittel nach ihrem Standardpotenzial geordnet.

In der folgenden Tabelle sind nur die Metalle aufgeführt:

Stärke des Reduktionsmittels nimmt zu ↑ / Stärke des Oxidationsmittels nimmt zu ↓

				E_0 in V
Li	⇄	Li^+	$+e^-$	−3,03
K	⇄	K^+	$+e^-$	−2,92
Ca	→	Ca^{2+}	$+2\,e^-$	−2,76
Na	→	Na^+	$+e^-$	−2,71
Mg	→	Mg^{2+}	$+2\,e^-$	−2,40
Al	→	Al^{3+}	$+3\,e^-$	−1,69
Zn	→	Zn^{2+}	$+2\,e^-$	−0,76
Cr	→	Cr^{3+}	$+3\,e^-$	−0,74
Fe	→	Fe^{2+}	$+2\,e^-$	−0,44
Ni	→	Ni^{2+}	$+2\,e^-$	−0,23
Sn	→	Sn^{2+}	$+2\,e^-$	−0,14
Pb	→	Pb^{2+}	$+2\,e^-$	−0,13
$H_2 + 2\,H_2O$	→	**$2\,H_3O^+$**	**$+2\,e^-$**	**0,00**
Cu	→	Cu^{2+}	$+2\,e^-$	+0,34
Ag	⇄	Ag^+	$+e^-$	+0,81
Hg	⇄	Hg^{2+}	$+2\,e^-$	+0,86
Au	⇄	Au^{3+}	$+3\,e^-$	+1,42

Oxidation
reduzierte Form ⇄ **oxidierte Form**
Reduktion

Spannungsreihe der Metalle (Standardpotenziale der Metalle)

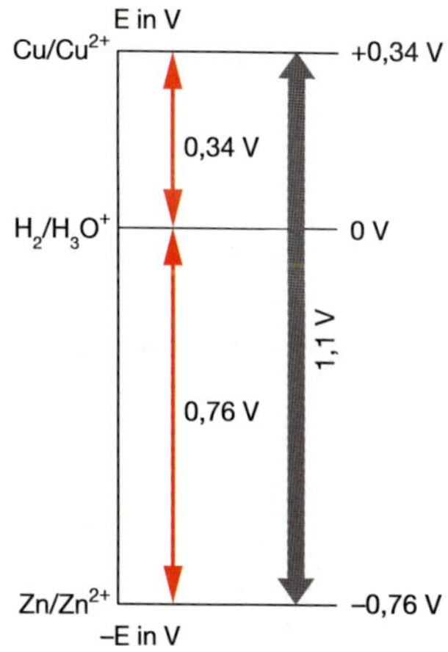

Die Spannung (Potenzialdifferenz) eines galvanischen Elements aus Cu/Cu^{2+} und Zn/Zn^{2+} beträgt 1,1 Volt.

Aus dieser Reihe lassen sich folgende Aussagen ableiten:

- Je negativer das Standardpotenzial ist, umso stärker wirkt ein Metall als Reduktionsmittel, wird also selbst oxidiert.
- Je positiver das Standardpotenzial ist, umso stärker wirkt ein Metall als Oxidationsmittel, wird also selbst reduziert.
- **Oberhalb von Wasserstoff stehende Metalle** reduzieren Wasserstoffionen zu Wasserstoff. Sie verdrängen H_3O^+-Ionen aus der Lösung, d.h., sie lösen sich in Säuren (z.B. HCl) unter H_2-Entwicklung auf[1]. Diese Metalle haben eine stärkere Tendenz zur Elektronenabgabe als der Wasserstoff, deshalb werden sie als **unedle Metalle** bezeichnet.
  Diese Metalle haben ein **negatives Standardpotenzial**.
- **Unterhalb vom Wasserstoff stehende Metalle** können Wasserstoffionen nicht reduzieren, sie verdrängen H_3O^+-

[1] *Bei einigen Metallen wird eine Wasserstoffentwicklung durch Schutzschichten gehemmt.*

Ionen nicht aus der Lösung. Diese Metalle haben eine geringere Tendenz zur Elektronenabgabe als der Wasserstoff, sie werden daher **Edelmetalle** genannt. Sie können nur durch sauerstoffhaltige Säuren (z. B. HNO_3) gelöst werden.
Diese Metalle haben ein **positives Standardpotenzial**.

Mithilfe der Standardpotenziale können Aussagen über den Ablauf von Redoxreaktionen getroffen werden:

- Das Redoxpaar mit dem niedrigeren Standardpotenzial wirkt als Reduktionsmittel und wird selbst oxidiert.
- Das Redoxpaar mit dem höheren Standardpotenzial wirkt als Oxidationsmittel und wird selbst reduziert.

Beispiele:

a) Ein Eisenblech wird in Salzsäure getaucht. Welche Reaktion erfolgt?

I. $Fe \rightleftarrows Fe^{2+} + 2\,e^-$ $\quad E_0 = -0{,}44\ V$

II. $H_2 + 2\,H_2O \rightleftarrows 2\,H_3O^+ + 2\,e^-$ $\quad E_0 = \ 0{,}00\ V$

Da das Standardpotenzial der ersten Reaktion (Fe/Fe^{2+}) kleiner als das der zweiten ist, verläuft die erste Reaktion als Oxidation und die zweite als Reduktion ab:

I. $Fe \rightarrow Fe^{2+} + 2\,e^-$

II. $2\,H_3O^+ + 2\,e^- \rightarrow H_2 + 2\,H_2O$

$$Fe + 2\,H_3O^+ \rightarrow Fe^{2+} + H_2 + 2\,H_2O$$

Das Eisen löst sich und Wasserstoff scheidet sich ab.

b) Ein Kupferblech wird in eine Silbersalzlösung getaucht. Welche Reaktion erfolgt?

I. $Cu \rightleftarrows Cu^{2+} + 2\,e^-$ $\quad E_0 = 0{,}34\ V$

II. $Ag \rightleftarrows Ag^+ + e^-$ $\quad E_0 = 0{,}81\ V$

Das Standardpotenzial der ersten Teilreaktion (Cu/Cu^{2+}) ist geringer als das der zweiten, also verläuft sie als Oxidation und die zweite als Reduktion ab:

I. $Cu \longrightarrow Cu^{2+} + 2\,e^-$

II. $2\,Ag^+ + 2\,e^- \longrightarrow 2\,Ag$

$$2\,Ag^+ + Cu \longrightarrow Cu^{2+} + 2\,Ag$$

Das Kupferblech wird versilbert.

c) Ein Goldblech wird in Silberlösung getaucht. Welche Reaktion erfolgt?

$Ag \rightleftarrows Ag^+ + e^-$ $\quad E_0 = 0{,}81\ V$

$Au \rightleftarrows Au^{3+} + 3\,e^-$ $\quad E_0 = 1{,}42\ V$

Das Standardpotenzial der ersten Teilreaktion (Ag/Ag^+) ist geringer als das der zweiten, also verläuft sie als Oxidation und die zweite als Reduktion ab:

I. $3\,Ag \longrightarrow 3\,Ag^+ + e^-$

II. $Au^{3+} + 3\,e^- \longrightarrow Au$

Aufgrund des Vergleichs der beiden Standardpotenziale können im Prinzip nur diese beiden Reaktionen ablaufen. Da hier aber elementares Gold (Au) und Silberionen (Ag^+) vorliegen, kann es zu keiner Reaktion kommen.

Übungsaufgaben

zu 6.1:

1. *Stellen Sie die Reaktionsgleichung für folgende Vorgänge auf. Welcher Stoff wird jeweils oxidiert und welcher reduziert:*
   a) Thermitreaktion
   b) Eisenwolle mit Chlorgas
   c) Magnesium mit Wasserdampf
   d) Magnesium mit Kohlenstoffdioxid
   e) Kupferoxid (CuO) mit Wasserstoff

Thermit ist eine Mischung von Aluminiumpulver und Eisen(III)-oxid. In einer stark exothermen Redoxreaktion entsteht im Schmelztiegel Aluminiumoxid und flüssiges Eisen, das an Ort und Stelle zum Verschweißen von Eisenbahnschienen dient.

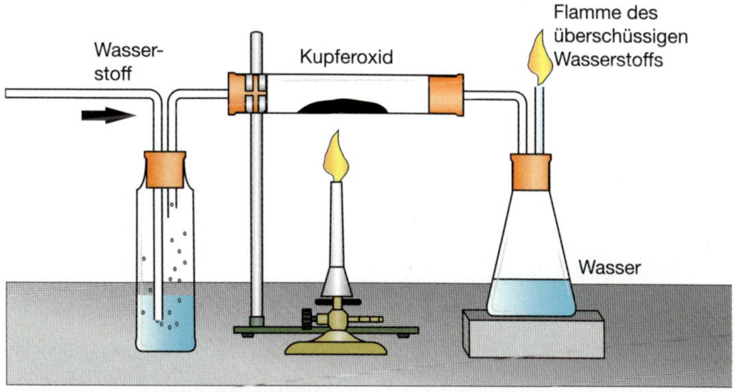

Reaktion von Wasserstoff mit Kupferoxid

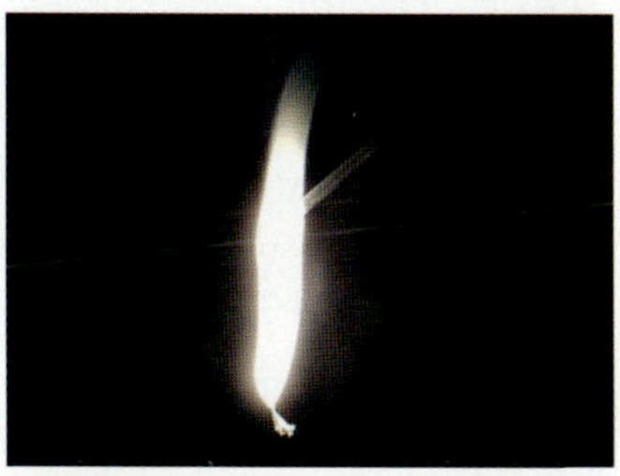

Magnesium ist ein starkes Reduktionsmittel. Es brennt nicht nur an der Luft (links), sondern reagiert auch in Wasserdampf (Mitte) und in Kohlenstoffdioxid (rechts) zu Magnesiumoxid.

zu 6.2:

1. *Ermitteln Sie die Oxidationszahlen aller Atome:*
   NaF, Cl_2, $NaNO_3$, Na_2CO_3, SO_2, Cr_2O_3, $FeSO_4$, $Fe_2(SO_4)_3$, KNO_2, ClO_2, NH_4^+, PO_4^{3-}

2. *Bestimmen Sie die Ionenladung folgender Ionen:*
   HPO_4, H_3O, HSO_4, HCO_3

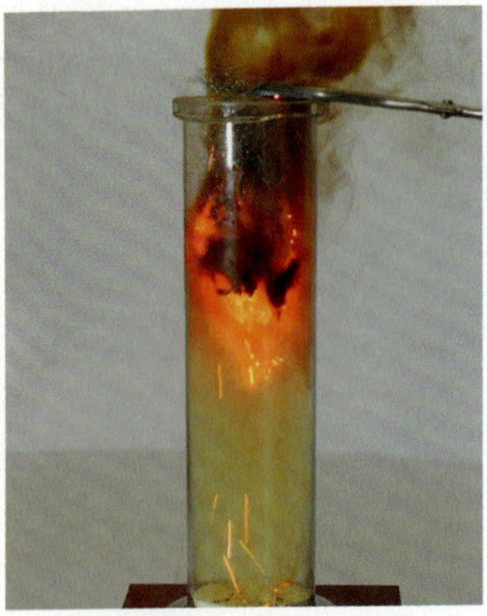

Eisenwolle reagiert mit Chlorgas.

3. *Überprüfen Sie, ob in folgenden Reaktionsgleichungen eine Redoxgleichung vorliegt:*
   a) $CaCO_3 + 2\ HCl \rightarrow CaCl_2 + CO_2 + H_2O$
   b) $2\ Al + 3\ Cl_2 \rightarrow 2\ AlCl_3$
   c) $Cu + 2\ H_2SO_4 \rightarrow CuSO_4 + SO_2 + 2\ H_2O$
   d) $Fe_2O_3 + 3\ H_2SO_4 \rightarrow Fe_2(SO_4)_3 + 3\ H_2O$

4. *Ermitteln Sie folgende Reaktionsgleichungen mithilfe der Änderungen der Oxidationszahlen:*
   Welche Stoffe werden oxidiert, welche reduziert?
   a) *Kupfer(II)-oxid reagiert mit Wasserstoff in der Hitze zu Kupfer und Wasser.*
   b) *Salpetersäure löst unter Gasentwicklung Kupfer, dabei entstehen Kupfer(II)-nitrat, Stickstoff(II)-oxid und Wasser.*
   c) *Schwefel und Kaliumnitrat reagieren in der Hitze zu Kaliumsulfat und Stickstoffmonoxid.*
   d) *Natriumnitrit ($NaNO_2$) und Kaliumpermanganat reagieren in schwefelsaurer Lösung zu Mangan(II)-sulfat, Natriumnitrat, Kaliumsulfat und Wasser.*
   e) *Bromat-Ionen (BrO_3^-) und Eisen(II)-Ionen (Fe^{2+}) reagieren in saurer Lösung (H_3O^+) zu Bromidionen (Br^-), Eisen(III)-Ionen (Fe^{3+}) und Wasser.*
   f) *Sulfitionen (SO_3^{2-}), Iod und Wasser reagieren zu Sulfationen, Iodidionen und Protonen (H_3O^+).*

zu 6.3:

1. *Stellen Sie für folgende vier Vorgänge die Teil- und Gesamtgleichungen auf:*
   a) *Eisen (Fe) wird in eine Chromlösung (Cr^{3+}) eingetaucht.*
   b) *Ein Silberblech (Ag) wird in eine Goldlösung (Au^{3+}) getaucht.*
   c) *Eine Münze aus Kupfer wird in eine Quecksilberlösung ($Hg(NO_3)_2$) getaucht.*
   d) *Bei der Herstellung von gedruckten Schaltungen wird überschüssiges Kupfer auf der Leiterplatte mit einer Lösung von Fe^{3+}-Ionen entfernt.*

2. *Welche elektrischen Spannungen können von folgenden galvanischen Elementen unter Standardbedingungen gemessen werden? Welches Metall bildet den Minus- bzw. Pluspol und welche Teilreaktionen laufen ab?*
   a) $Ag/AgNO_3$ *mit* $Zn/Zn(NO_3)_2$
   b) $Hg/HgCl_2$ *mit* $Ni/NiSO_4$
   Zwischen den beiden Metallen ist ein Verbraucher geschaltet.

3. *Skizzieren und beschriften Sie vollständig (Pole, Richtung der Elektronen und Ionen) ein galvanisches Element aus Silber und Gold.*

4. *Beim Essen von Schokolade kommt versehentlich Aluminiumfolie mit einer Amalgamplombe (u. a. Hg) im Mund in Berührung. Warum ist dies unangenehm?*

5. *Es wird ein Eisennagel in einer verzinkten Regenrinne versehentlich liegen gelassen. Was wird geschehen?*

II Grundlagen der organischen Chemie

7 Grundlagen der organischen Chemie

7.1 Einführung

vis vitalis (lat.) = Lebenskraft

Schon im frühen 18. Jahrhundert unterschied man klar zwischen Stoffen der belebten Natur, die von Menschen, Tieren und Pflanzen hervorgebracht werden, und Stoffen der unbelebten Natur, wie z. B. Mineralien. Da es bis dahin nicht gelungen war, Stoffe der belebten Natur, sogenannte „organisierte" Stoffe, im Labor synthetisch herzustellen, ging man davon aus, dass diesen eine mystische Lebenskraft „vis vitalis" innewohne und nur lebende Organismen solche Stoffe hervorbringen können. Daraus abgeleitet prägte der schwedische Chemiker Jöns Jakob Berzelius den Begriff „organische Chemie". Das Arbeitsgebiet der organischen Chemie umfasste die Erforschung aller Stoffe, Substanzen und Verbindungen, die aus lebender Materie hervorgingen, während alle unbelebten, „unorganisierten" Stoffe der anorganischen Chemie vorbehalten blieben.

Jöns Jakob Berzelius (1779–1848)

Diese Einteilung der Stoffe wurde hinfällig, als im Jahre 1828 der deutsche Chemiker Friedrich Wöhler im Labor Harnstoff aus dem anorganischen Salz Ammoniumcyanat NH_4OCN synthetisierte. Harnstoff wurde bis dahin eindeutig zu den organischen Stoffen gezählt und konnte somit nur vom menschlichen oder tierischen Körper produziert werden.

Friedrich Wöhler (1800–1882)

Harnstoff

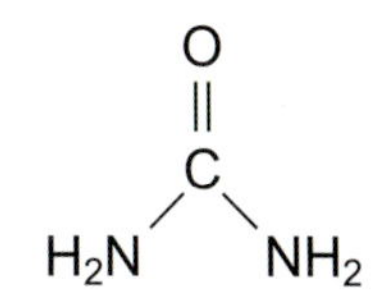

Strukturformel Harnstoff

Die Bezeichnung „organische Chemie" wurde trotzdem beibehalten, da organische Stoffe – auch wenn die Hypothese von der „vis vitalis" damit widerlegt war – doch viele gemeinsame, typische Eigenschaften aufweisen (s. Kap. 7.3). Dabei nimmt das Element Kohlenstoff, das in allen organischen Verbindungen enthalten ist, eine Schlüsselrolle ein.

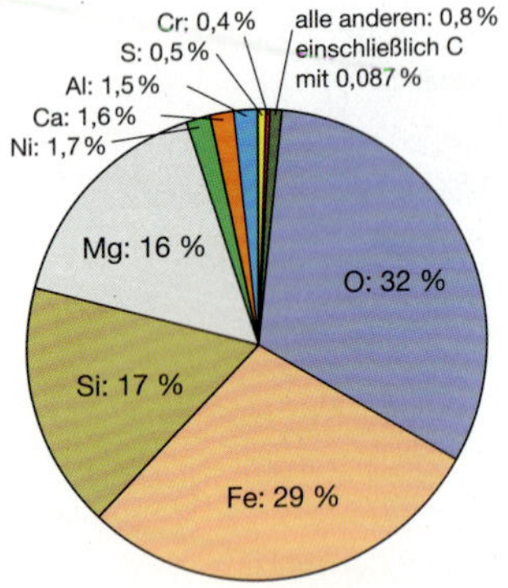

Häufigkeit der Elemente auf der Erde (einschließlich des Erdkerns).

Heute versteht man unter der **organischen Chemie**, als Teilgebiet der Naturwissenschaft Chemie, **die Chemie des Kohlenstoffs und seiner Verbindungen**. Zurzeit sind ca. 19 Millionen organische Verbindungen bekannt. Dazu gehören auch all jene, die am Aufbau, Erhalt und Zerfall natürlichen Lebens beteiligt sind.

Nur sehr wenige Kohlenstoffverbindungen werden aufgrund ihres chemischen Verhaltens zur anorganischen Chemie gezählt.

Dazu gehören:
- Kohlenstoffmonoxid
- Kohlenstoffdioxid
- Kohlensäure
- Carbonate
- Carbide

7.2 Der Kohlenstoff

7.2.1 Vorkommen und Kreislauf des Kohlenstoffs

Der Kohlenstoff zählt mit einer Häufigkeit von 0,087 % zu den eher seltenen Elementen auf der Erde. Er kommt gediegen in den Modifikationen Diamant, Grafit und als Fullerene vor. Der allergrößte Teil des Kohlenstoffs ist jedoch mineralisch gebunden.

Zwischen den einzelnen Geosphären findet ein ständiger Austausch von Kohlenstoff bzw. Kohlenstoffverbindungen statt. Da die Erde ein geschlossenes System darstellt, ist der globale Kohlenstoffgehalt jedoch insgesamt konstant.
Er beträgt 75 Millionen Gt.

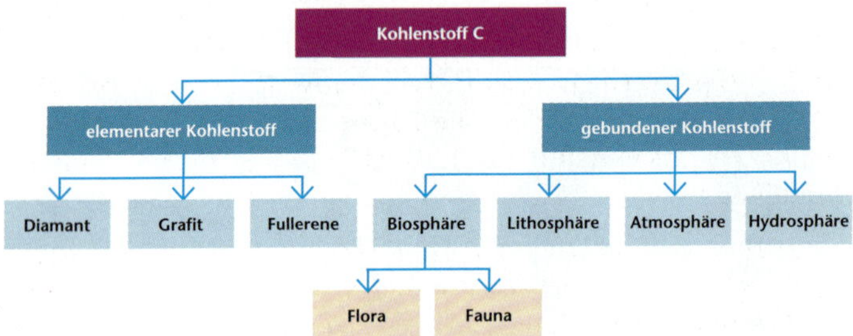

Die Atmosphäre der Erde enthält ca. 0,03 Vol-% Kohlenstoffdioxid, Kohlenstoffmonoxid und Spuren von Methan. Durch anthropogene Emissionen wächst der CO_2-Anteil in der Atmosphäre stetig. Trotzdem entspricht diese Menge – ca. 750 Gt – nur 0,001 % der Gesamtmenge des auf der Erde vorhandenen Kohlenstoffs.

Kohlenstoff ist der Grundbaustein aller organischen Verbindungen und damit wesentlicher Bestandteil der Biosphäre. Zur Biosphäre zählt neben Menschen, Tieren, Pflanzen und Mikroorganismen auch die abgestorbene Biomasse (Humus, Torf).

Atmosphäre = Lufthülle der Erde

Hydrosphäre = Wasservorkommen auf der Erde

Lithosphäre = Mineralreich

Flora = Pflanzenwelt

Fauna = Tierwelt

1 Gt = 1 Gigatonne = 1 Milliarde Tonnen

Sediment = Ablagerungsgestein

anthropogen (griech.) = vom Menschen verursacht

Carbonate = Salze der Kohlensäure H_2CO_3, (z. B. $CaMg(CO_3)_2$, Dolomit)

Kerogen = festes oder wachsartiges organisches Material, das in den Sedimentgesteinen vorliegt. Vorstufe des Erdöls.

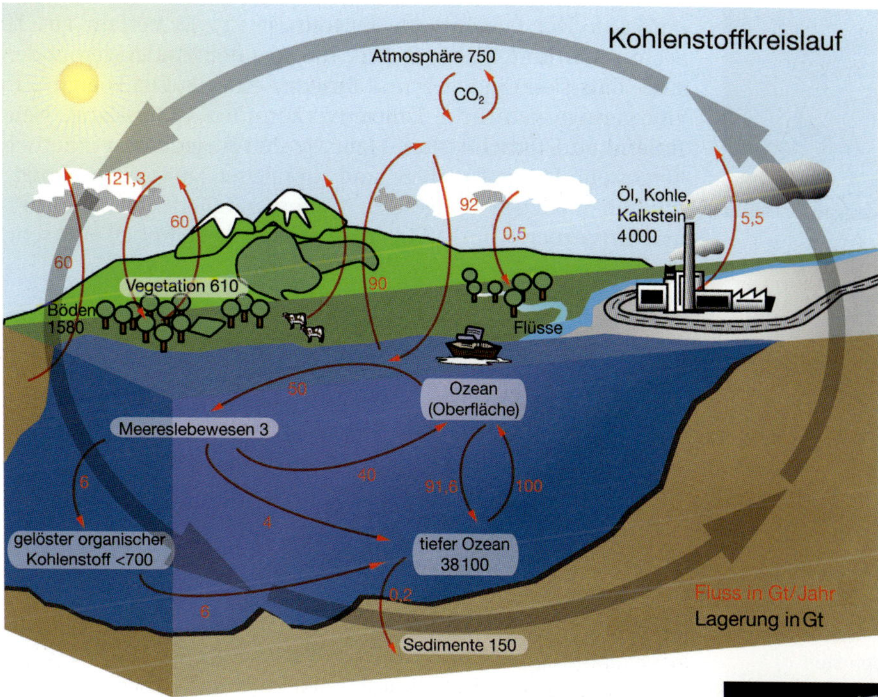

Kreislauf des Kohlenstoffs

Insgesamt enthält die Biosphäre 2203 Gt Kohlenstoff, wovon ca. 1500 Gt auf die tote Biomasse entfallen. Der menschliche Körper besteht zu etwa 10,7 % aus Kohlenstoff.

In der Hydrosphäre, insbesondere in den Weltmeeren, liegt Kohlenstoff in Form von gelöstem Kohlenstoffdioxid, gelösten Carbonaten sowie Spuren von gelöstem Methan vor. Der Kohlenstoffgehalt in der Hydrosphäre summiert sich auf 38 000 Gt. Das entspricht ca. 0,05 % des globalen Kohlenstoffgehalts.

Mit 99,8 % des weltweiten Vorkommens stellt die Lithosphäre den größten Kohlenstoffspeicher dar. So sind in den Sedimenten ca. 60 Millionen Gt Kohlenstoff in Form von Carbonaten und 15 Millionen Gt in Form von Kerogen gespeichert. Außerdem liegen 4100 Gt des lithosphärisch gebundenen Kohlenstoffs als fossile Brennstoffe (Kohle, Erdgas, Erdöl) vor.

7.2.2 Diamant, Grafit und Fullerene

Unter normalen irdischen Bedingungen gibt es drei stabile Kohlenstoff-Modifikationen: Diamant, Grafit und Fullerene.
Während Diamanten und Grafite schon seit Jahrhunderten bekannt sind und für die verschiedensten Zwecke verwendet werden, wurden Fullerene erst im späten 20. Jahrhundert

Dolomit

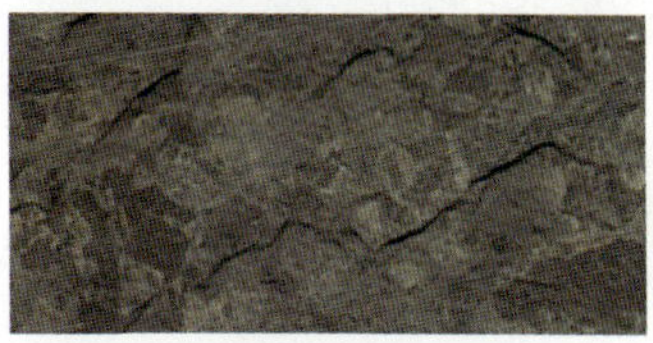

Ölschiefer – der Kerogenanteil liegt je nach Vorkommen zwischen 10 und 30 %.

▸ 2010 erhielten Andre Geim und Konstantin Novoselov den Physik-Nobelpreis für die Darstellung und Untersuchung einer weiteren Kohlenstoffmodifikation: des **Graphen**. Dabei handelt es sich um ein zweidimensionales Netz aus wabenförmig angeordneten C-Atomen.

Rohdiamant

entdeckt. Das bekannteste Fulleren ist C_{60}. Es besteht aus 20 Sechsecken und 12 Fünfecken, die so miteinander verbunden sind, dass sich die Form und Struktur eines Fußballs ergibt. Es gibt geringe natürliche Fullerenvorkommen in Russland, Neuseeland und Tadschikistan. Meist werden sie jedoch synthetisch hergestellt. Einige Fullerene sind Supraleiter. Sie werden in organischen Solarzellen eingesetzt. Weitere mögliche Verwendungs- und Einsatzbereiche der Fullerene werden derzeit noch erforscht.

Fußball

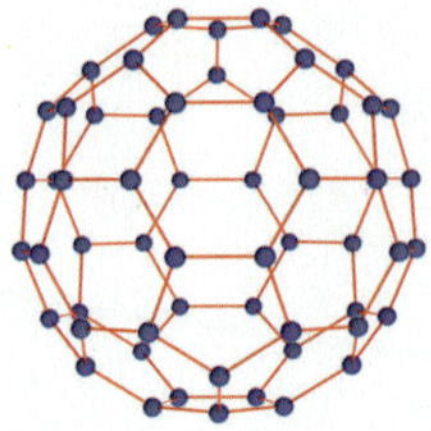

Struktur des Fullerens C_{60}

Mohshärte = einheitslose Härteskala von 1 bis 10, wobei die Oberfläche eines Werkstoffes nur von dem darüberstehenden Stoff eingeritzt werden kann. Die Mohshärte wird hauptsächlich in der Mineralogie eingesetzt.

	Diamant	Grafit
Aussehen	▪ farblos, durchsichtig, stark lichtbrechend	▪ grau-schwarz, metallisch glänzend, matt
Härte	▪ Mohshärte 10, härtestes bekanntes Mineral	▪ Mohshärte 1–2 sehr weich, lässt sich leicht schichtweise abtragen
Schmelzpunkt	▪ 3550 °C, höchster Schmelzpunkt eines Minerals ▪ wandelt sich unter Luftabschluss und Normaldruck oberhalb 1500 °C in Grafit um	▪ 3700 °C bei 127 bar ▪ sublimiert bei 3370 °C und 1 bar
Dichte	▪ 3,52 g/cm³	▪ 2,1–2,3 g/cm³
elektrische Leitfähigkeit	▪ keinerlei elektrische Leitfähigkeit ▪ Isolator	▪ gute elektrische Leitfähigkeit parallel zu den Schichten ▪ senkrecht zu den Schichten nicht leitfähig ▪ Halbleiter
Wärmeleitfähigkeit	▪ sehr guter Wärmeleiter ▪ fünfmal bessere Wärmeleitfähigkeit als Silber	▪ gute Wärmeleitfähigkeit parallel zu den Kohlenstoffschichten ▪ schlechte Wärmeleitfähigkeit senkrecht zu den Schichten

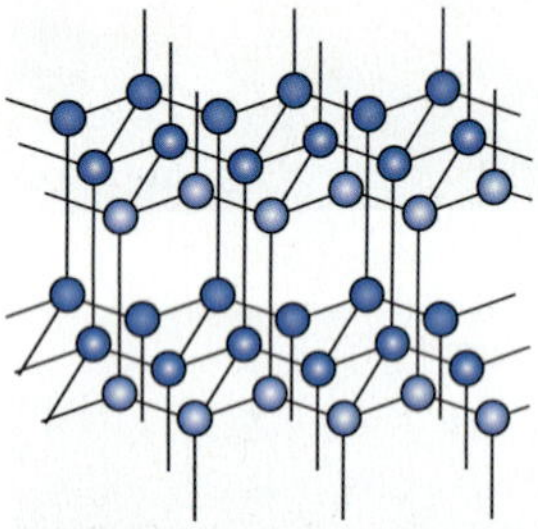

Diamantstruktur

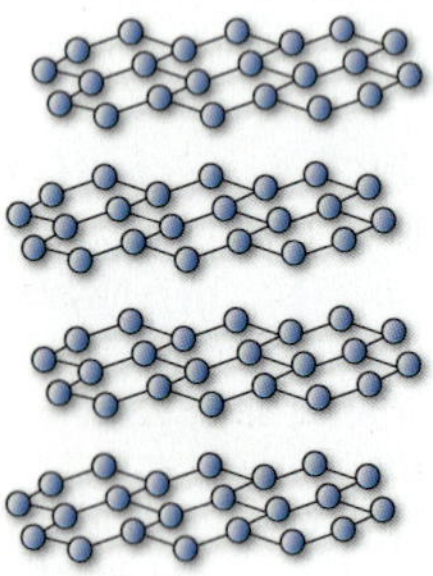

Grafitstruktur

	Diamant	Grafit
Struktur	▪ dreidimensionale, regelmäßige Gitterstruktur ▪ jedes C-Atom mit vier weiteren C-Atomen verbunden, die es tetraedrisch umgeben ▪ Bindungen im Diamantgitter gleich lang und unpolar ▪ Atome im Gitter nicht gegeneinander verschiebbar, sondern durch starke Bindungskräfte starr auf ihren Gitterplätzen fixiert	▪ Schichtstruktur ▪ ebene Schichten, zwischen denen keine chemischen Bindungen, sondern nur schwache Van-der-Waals-Kräfte vorliegen (s. Kap. 3.6) ▪ C-Atom benutzt drei seiner vier Außenelektronen zur Bindung mit drei Nachbaratomen ▪ Bindungen gleich lang, Bindungswinkel beträgt immer 120 ° ▪ C-Atome innerhalb einer Atomschicht ordnen sich zu wabenförmigen regelmäßigen Sechsecken an
Verwendung	▪ Bohrkronen ▪ Diamantstaub als Schleifpulver ▪ Schleifscheiben ▪ Glasschneider ▪ Schmuck	▪ Elektroden ▪ Schmelzwannen ▪ Bleistiftminen ▪ Grafitstaub als Schmiermittel ▪ Moderator in Atomkraftwerken

Vergleich von Diamant und Grafit

Grafit

Künstliche Diamanten: Diamanten können durch sehr hohe Drücke (über 50 000 bar) und Temperaturen (über 1500 °C) und den Einsatz eines Katalysators synthetisch hergestellt werden. Solche Industriediamanten werden hauptsächlich zur Herstellung von Schleifwerkzeugen eingesetzt.

7.3 Kennzeichen organischer Verbindungen

Alle organischen Verbindungen enthalten als hauptsächliches Element Kohlenstoff. Außerdem ist immer auch Wasserstoff vertreten. Die miteinander verbundenen Kohlenstoffatome bilden das Grundgerüst der Verbindung. Die restlichen Valenzelektronen werden dann (meist) durch eine Bindung mit Wasserstoffatomen abgesättigt. Das Kohlenstoffgerüst kann in vielfältigsten Strukturen z. B. Ketten oder Ringen vorliegen.

▸ Oft werden in der Strukturformel einer organischen Verbindung die H-Atome, die an das Kohlenstoffgerüst gebunden sind, weggelassen. Diese Abkürzung wird im Folgenden auch verwendet.

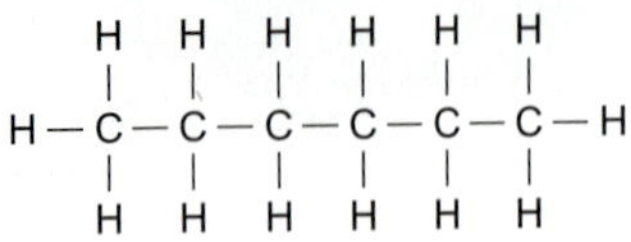
Hexan

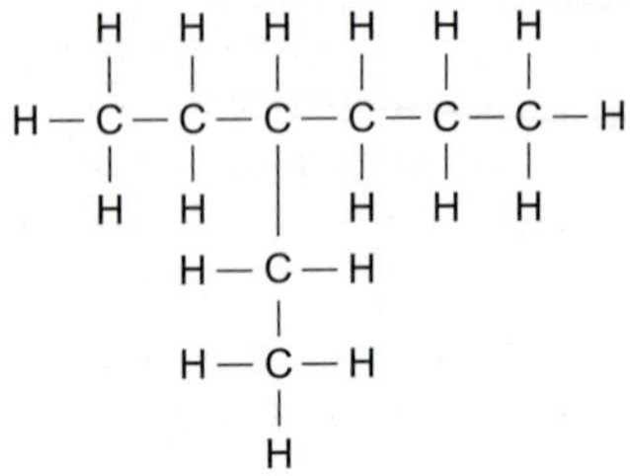
3-Ethylhexan

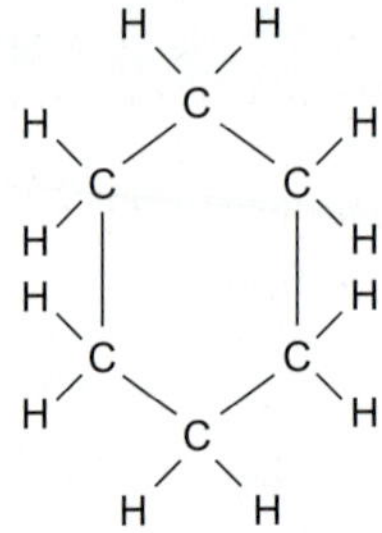
Cyclohexan

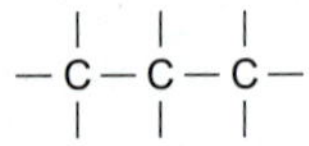
Propan

▸ Als **gesättigt** bezeichnet man eine organische Verbindung, wenn sie zwischen den C-Atomen keine Doppel- oder Dreifachbindungen aufweist. Enthält eine Verbindung jedoch Mehrfachbindungen, so ist sie **ungesättigt**.

Zwischen den Kohlenstoffatomen sind Einfach-, Doppel- und Dreifachbindungen möglich.

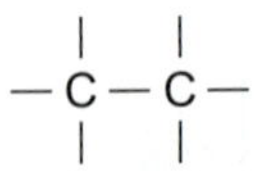
Ethan

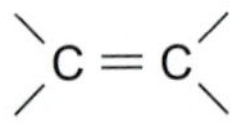
Ethen

Ethin

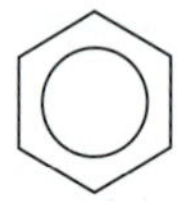
Benzol
(s. Kap. 7.4.1)

Neben Kohlenstoff und Wasserstoff können organische Verbindungen eine begrenzte Anzahl anderer Elemente aufweisen. Dazu gehören: Sauerstoff (O), Stickstoff (N), Phosphor (P) und Schwefel (S). Selten kommen auch Halogene vor. Diese „Heteroatome" können in das Kohlenstoffgerüst eingebaut sein oder als Substituenten anstelle von Wasserstoff vorliegen. Auch hier sind neben Einfach- auch Mehrfachbindungen möglich.

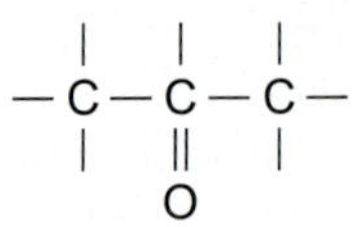
Aceton

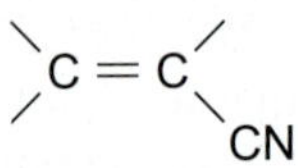
Acrylnitril

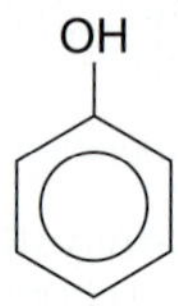
Phenol

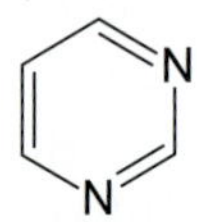
Pyrimidin

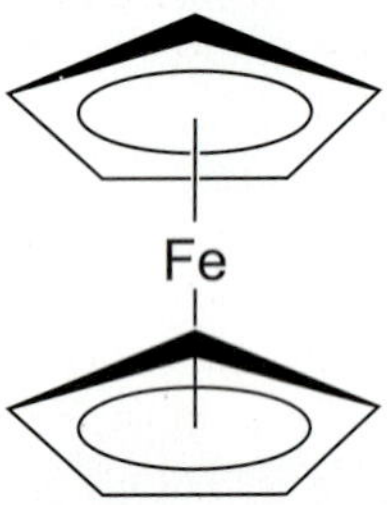
Ferrocen

Organische Moleküle bauen sich (fast) ausschließlich aus kovalenten Bindungen auf. Dabei ist die C-C-Bindung eine reine Atombindung und die C-H-Bindung nur minimal polarisiert. Daraus resultiert ein weiteres typisches Merkmal organischer Verbindungen: Sie sind nur wenig wärmebeständig. Meist verbrennen, verkohlen oder zersetzen sie sich bereits bei wenigen hundert Grad.

Eine Sonderstellung nehmen metallorganische Komplexverbindungen wie z. B. Ferrocen ein. Sie bauen sich aus einem organischen Molekül auf, in dessen Mitte ein Metallatom oder -ion komplex (s. Kap. 3.3.3) gebunden ist.

▸ Die **OH**-Gruppe (Hydroxylgruppe) charakterisiert die homologe Reihe der Alkohole:

CH_3-**OH**	Methan**ol**
C_2H_5-**OH**	Ethan**ol**
C_3H_7-**OH**	Propan**ol**
.	
.	
.	

Organische Verbindungen bilden homologe Reihen. Die Mitglieder einer homologen Reihe weisen jeweils das gleiche typische Strukturmerkmal auf, unterscheiden sich aber durch die Anzahl ihrer Kohlenstoff- und Wasserstoffatome.

Bei den typischen Strukturmerkmalen handelt es sich oft um funktionelle Gruppen – eine typische, immer gleiche Anordnung von bestimmten Atomen, die das chemische und physikalische Verhalten der Moleküle dieser homologen Reihe maßgeblich bestimmen. Innerhalb einer homologen Reihe jedoch ändern sich die Eigenschaften ihrer Mitglieder nur ganz allmählich und regelmäßig. Homologe Reihen werden zur Systematisierung der organischen Verbindungen herangezogen.

homo, von ***homos*** (griech.) = gleich

7.4 Einteilung organischer Stoffe

organische Verbindungen

- **Kohlenwasserstoffe (KW)** (Kap. 7.4.1)
- **organische Verbindungen mit Heteroatomen** (Kap. 7.4.2)
- **biochemische Verbindungen** (Kap. 7.4.3)

7.4.1 Kohlenwasserstoffe

Kohlenwasserstoffe bauen sich ausschließlich aus Kohlenstoff und Wasserstoff auf. Kohlenwasserstoffe (KW) lassen sich in drei Kategorien unterteilen: kettenförmige KW, cyclische KW und aromatische KW.

kettenförmige KW

	Alkane	Alkene	Alkine
typisches Strukturmerkmal:	C-C	C=C	C≡C
allgemeine Summenformel:	C_nH_{2n+2}	C_nH_{2n}	C_nH_{2n-2}
allgemeine Strukturformel:	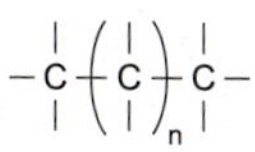	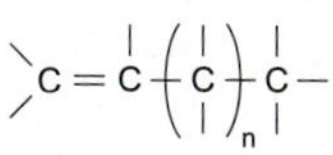	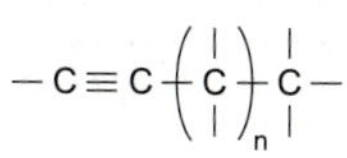

homologe Reihe:

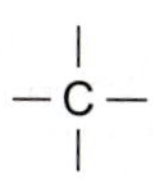

Methan CH_4

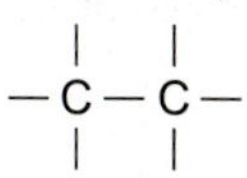

Ethan C_2H_6

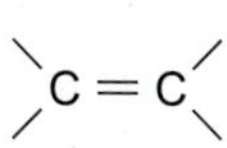

Ethen C_2H_4

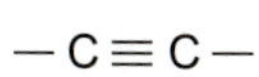

Ethin C_2H_2

▸ Endung:
- ***an*** für Alk***ane***
- ***en*** für Alk***ene***
- ***in*** für Alk***ine***

▸ Kettenförmige KW werden auch als n-KW bezeichnet (n-Alkane, n-Alkene, n-Alkine).

▸ Bei Alkenen und Alkinen ist es, um eine eindeutige Nomenklatur zu gewährleisten, ab Buten und Butin erforderlich, die Position der Doppel- bzw. Dreifachbindung durch eine vorgestellte Ziffer zu benennen. Dabei ist die Kohlenstoffkette immer so durchzunummerieren, dass das mehrfach gebundene Atom die geringste Ziffer erhält.

n = Anzahl der Kohlenstoffatome

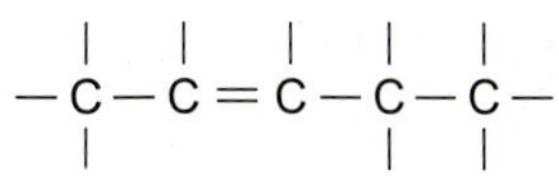

2-Penten

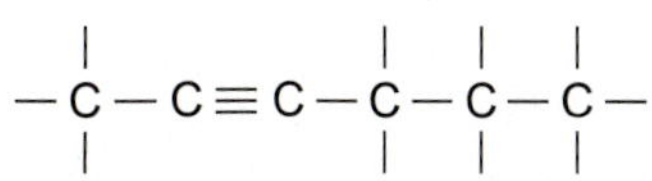

2-Hexin

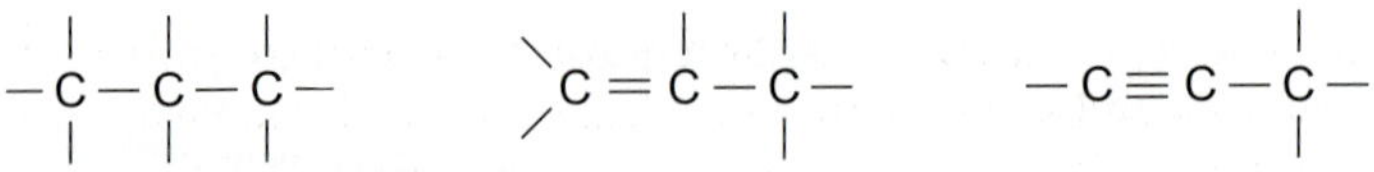

Propan C_3H_8 *Propen C_3H_6* *Propin C_3H_4*

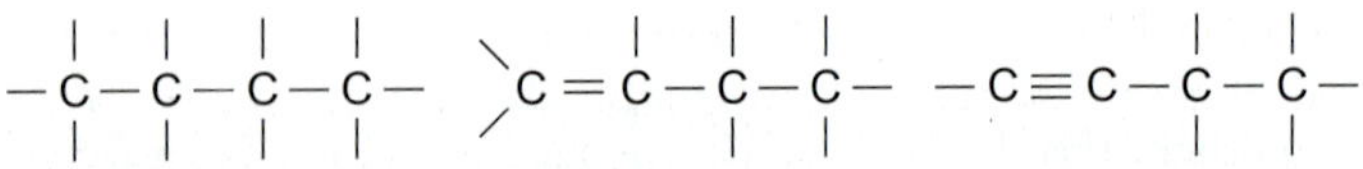

Butan C_4H_{10} *1-Buten C_4H_8* *1-Butin C_4H_6*

Als typisches Strukturmerkmal weisen **Alkane** ausschließlich **C-C-Einfachbindungen** auf. Sonstige funktionelle Gruppen sind nicht vorhanden. Die Kohlenstoffketten können unverzweigt (n-Alkane) oder verzweigt vorliegen. Alkane kommen im Erdgas und im Erdöl vor. Aufgrund ihres gesättigten Charakters zeigen Alkane nur eine geringe Reaktivität, wobei diese Reaktionsträgheit mit wachsender Kettenlänge noch zunimmt. Sie sind unpolar und deshalb nur in unpolaren Lösungsmitteln, nicht aber in Wasser, löslich. Die physikalischen Eigenschaften der Alkane ändern sich innerhalb der homologen Reihe in regelmäßigen Abstufungen.

▸ **Erdöl** ist ein Vielstoffgemisch, wobei den Hauptanteil jedoch Kohlenwasserstoffe verschiedenster Kettenlänge ausmachen.

▸ **Erdgas** besteht überwiegend aus Methan. Es enthält aber auch Ethan, Propan und Butan. Es kommt häufig zusammen mit Erdöl vor.

▸ Alkane kommen nicht nur geradkettig, sondern auch mit Abzweigungen vor. Dabei gibt die längste Kohlenstoffkette dem Alkan den Namen und die abzweigende C-Kette (Alkylrest) erhält bei gleichem Wortstamm die Endung **-yl**. Die Hauptkette ist so durchzunummerieren, dass die Alkylreste im Namen die kleinste Ziffer erhalten.

Name	Summenformel	Schmelzpunkt in °C	Siedepunkt in °C	Aggregatzustand bei 20 °C und 1 bar	Dichte in g/cm³ bei 20 °C
Methan	CH_4	–184	–164	gasförmig	
Ethan	C_2H_6	–172	–89	gasförmig	
Propan	C_3H_8	–190	–45	gasförmig	
n-Butan	C_4H_{10}	–135	–0,5	gasförmig	
n-Petan	C_5H_{12}	–130	36	flüssig	0,6263
n-Hexan	C_6H_{14}	–94	69	flüssig	0,6594
⋮				⋮	
n-Tetradekan	$C_{14}H_{30}$	6	253	flüssig	0,7616
n-Pentadecan	$C_{15}H_{32}$	10	271	flüssig	0,7689
n-Hexadecan	$C_{16}H_{34}$	18	280	wachsartig	0,7751
n-Heptadecan	$C_{17}H_{36}$	19	303	wachsartig	0,7763
n-Octadecan	$C_{18}H_{38}$	28	317	fest	0,7767
n-Nonadecan	$C_{19}H_{40}$	31	330	fest	0,7786
n-Eicosan	$C_{20}H_{42}$	38		fest	0,7788

Physikalische Eigenschaften der Alkane, Auszug

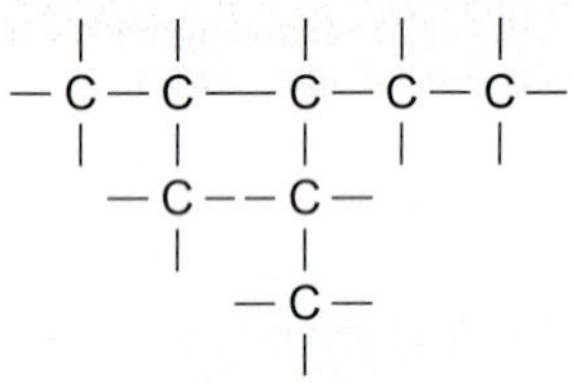

3-Ethyl-2-Methyl-Pentan

▸ Die Alkylreste werden in alphabetischer Reihenfolge genannt (**E**thyl vor **M**ethyl).

Alkane werden größtenteils zur Energiegewinnung als Heizgas und Heizöl sowie zur Herstellung von Kraftstoffen (Benzin, Diesel, Kerosin usw.) verwendet. Darüber hinaus stellen sie wichtige Grundstoffe für die chemische Industrie, insbesondere für die Kunststoffherstellung, dar (s. Kap. 13).

Alkene weisen als typisches Strukturmerkmal eine (oder mehrere) **C=C-Doppelbindung(en)** auf. Alkene sind deutlich reaktiver als Alkane. Typische Reaktionen der Alkene sind Additionen an die Doppelbindung. In ihren physikalischen Eigenschaften ähneln sie den Alkanen.

Diene = Alkene mit zwei Doppelbindungen

,Triene = Alkene mit drei Doppelbindungen

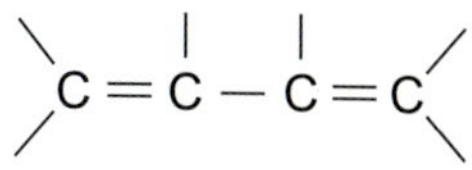

1,3-Butadien

Name	Summenformel	Schmelzpunkt in °C	Siedepunkt in °C	Aggregatzustand bei 20 °C und 1 bar
Ethen	C_4H_4	–170	–104	gasförmig
Propen	C_3H_6	–185	–47	gasförmig
1-Buten	C_4H_8	–190	–6	gasförmig
1-Penten	C_5H_{10}	–166	30	flüssig
1-Hexen	C_6H_{12}	–140	63	flüssig
:				:
1-Hexadeken	$C_{16}H_{32}$			flüssig
1-Heptadeken	$C_{17}H_{34}$			flüssig
1-Octadeken	$C_{18}H_{36}$			wachsartig

Physikalische Eigenschaften der Alkene, Auszug

Alkene werden aus Erdöl hergestellt. Sie sind Ausgangsstoff für viele großtechnische Synthesen, so z. B. Benzinsynthese, Herstellung von Kunststoffen, Epoxidharzen und Waschmittelinhaltsstoffen.

Alkine zeichnen sich durch eine (oder mehrere) **C≡C-Dreifach-bindung(en)** aus. Wie auch bei den Alkenen werden bei chemischen Reaktionen der Alkine bevorzugt die Mehrfachbindungen aufgebrochen und für Additionen von Fremdatomen und/oder Alkylresten genutzt. Das technisch wichtigste Alkin ist das Ethin, auch Acetylen genannt. Es wird aus Erdgas und Erdöl gewonnen. Da bei seiner Verbrennung mit Sauerstoff sehr hohe Temperaturen (ca. 3000 °C) auftreten, wird es zum Schweißen und Schneidbrennen von Stahl verwendet. Außerdem ist es Ausgangsstoff für die Herstellung wichtiger Kunststoffe, wie z. B. Polyvinylchlorid (PVC, s. Kap. 13).

Acetylenschweißen

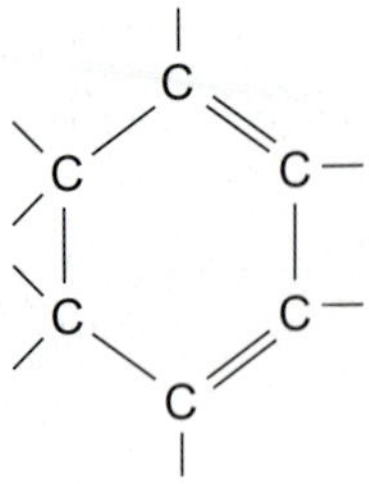

1,3-Cyclohexadien

Nylon = Polyamidfasern (s. Kap. 13)

Nylonfasern

▸ Hier wird eine weitere Vereinfachung der Strukturformel eingeführt: An den „Ecken" des Moleküls befinden sich jeweils Kohlenstoffatome, die durch Wasserstoffatome abgesättigt sind.

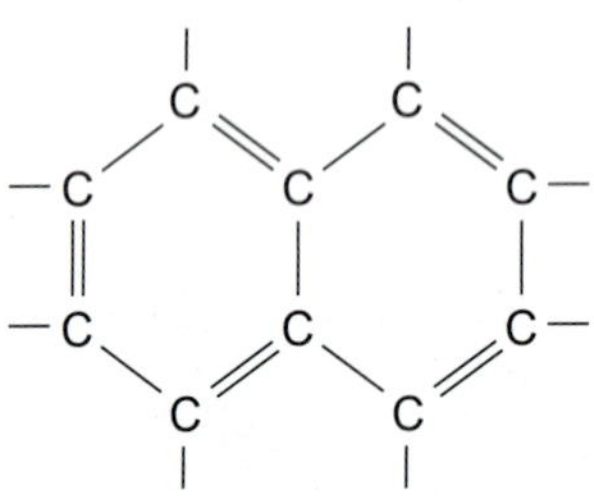

Naphthalin

cyclische KW

	Cycloalkane			Cycloalkene			
Allgemeine Summenformel:	C_nH_{2n}			C_nH_{2n-2}			
Beispiele:	*Cyclobutan*	*Cyclopentan*	*Cyclohexan*	*Cyclopropen*	*Cyclobuten*	*Cyclopenten*	*Cyclohexen*
Summenformel:	C_4H_8	C_5H_{10}	C_6H_{12}	C_3H_4	C_4H_6	C_5H_8	C_6H_{10}

Strukturformel:

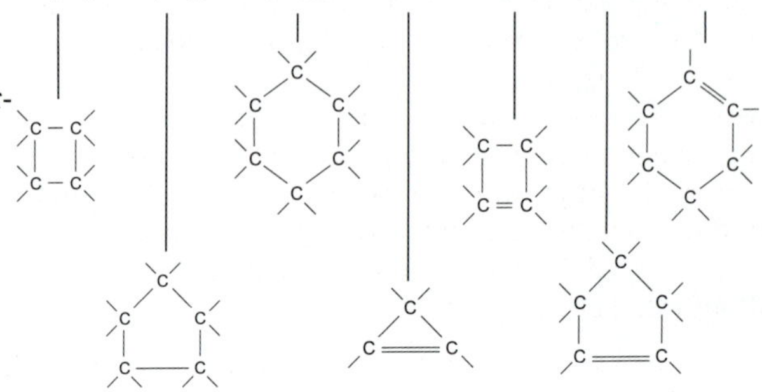

Cycloalkane weisen stets höhere Schmelz- und Siedepunkte auf als die entsprechenden kettenförmigen Alkane. In ihren übrigen physikalischen und chemischen Eigenschaften sind sie den n-Alkanen jedoch sehr ähnlich.

Cyclopentan und **Cyclohexan** werden als Lösungsmittel eingesetzt. Cyclohexan ist außerdem ein wichtiger Ausgangsstoff für viele organische Synthesen und findet u.a. in der Herstellung von Kunstfasern wie z.B. Nylon Verwendung.

Cycloalkene sind im Allgemeinen reaktionsfreudiger als die entsprechenden n-Alkene. Die bevorzugte Reaktionsart ist auch hier die Addition an die Doppelbindungen.

aromatische KW

Beispiele:	Benzol	Naphthalin	Benzpyren
Summenformel:	C_6H_6	$C_{10}H_8$	$C_{20}H_{12}$

Strukturformel:

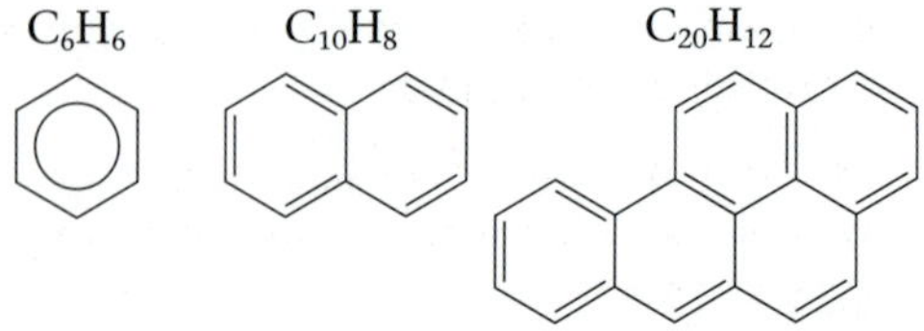

Benzol kommt auf der Erde nicht als Rohstoff vor, sondern wird größtenteils aus Erdöl gewonnen (s. Kap. 14). Ein kleinerer Anteil wird vom Steinkohleteer abgetrennt, der bei der Verkokung von Steinkohle anfällt.

Benzol ist eine wasserähnliche, leicht flüchtige, stark lichtbrechende Flüssigkeit mit einem charakteristischen aromatischen Geruch. Der Siedepunkt liegt bei 80,1 °C und der Gefrierpunkt bei 5,5 °C. Die Dichte von Benzol ist mit 0,875 g/cm³ kleiner als die von Wasser. An der Luft verbrennt es mit einer stark rußenden, leuchtenden Flamme.

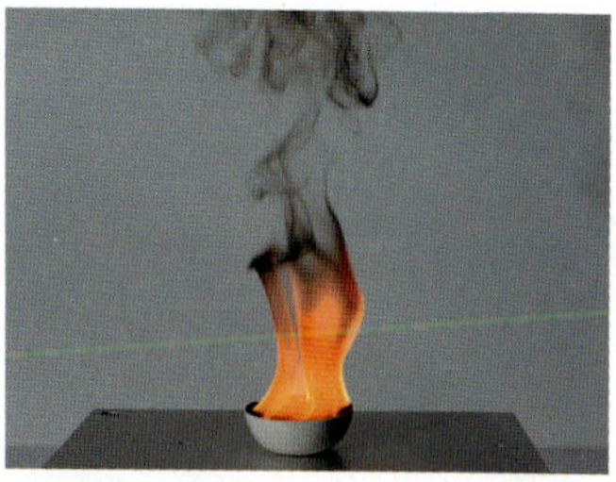

Brennendes Benzol

Beim Umgang mit Benzol sind die entsprechenden Sicherheitshinweise strikt einzuhalten, da es sowohl giftig als auch krebserregend wirkt. Als unpolare Verbindung löst es sich nicht in Wasser, aber vollständig in unpolaren Flüssigkeiten, wie z. B. Benzin.

Benzol ist eine wichtige Grundchemikalie und Ausgangsstoff für viele großtechnische organische Synthesen. Es wird außerdem als Lösungs- und Extraktionsmittel für Fette, Öle, Wachse und Kunststoffe verwendet. Der größte Anteil des gewonnenen Benzols wird jedoch unverbleitem Benzin zur Erhöhung der Klopffestigkeit zugesetzt.

August Kekulé (1829–1896)

Die Struktur des Benzolmoleküls stellte die Wissenschaftler lange Zeit vor ein Rätsel. Erst 40 Jahre nach der Entdeckung des Benzols durch Michael Faraday gelang es 1865 dem deutschen Chemiker August Kekulé eine Strukturformel aufzustellen, die alle vermeintlichen Widersprüche im chemischen Verhalten des Benzols erklärte.

Benzol C_6H_6 ist ein cyclisches Molekül. Anfangs ging Kekulé von jeweils drei sich abwechselnden Einfach- und Doppelbindungen aus, sodass sich zwei mögliche Strukturen ergaben:

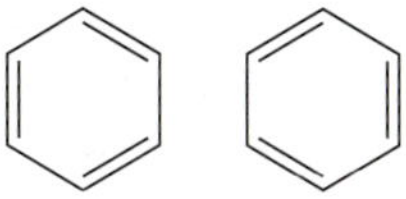

Kekulé-Strukturen des Benzols

Gegen diese Strukturvorschläge sprachen jedoch folgende Fakten:

- Alle C-C-Bindungen im Benzolmolekül haben die gleiche Länge, die zwischen einer Einfach- und einer Doppelbindung liegt.
- Benzol reagiert nicht wie ein typisches Alken, die Doppelbindungen bleiben unangegriffen. Stattdessen werden bei chemischen Reaktionen des Benzols bevorzugt die Wasserstoffatome substituiert.
- Es kann nur ein Monosubstitutionsprodukt nachgewiesen werden, bei lokalisierten Doppelbindungen müsste es jedoch zwei geben.

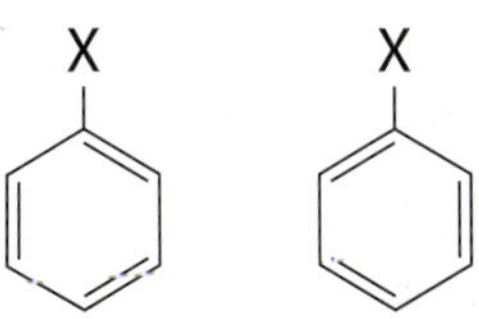

Mögliche Monosubstitutionsprodukte bei lokalisierten Doppelbindungen

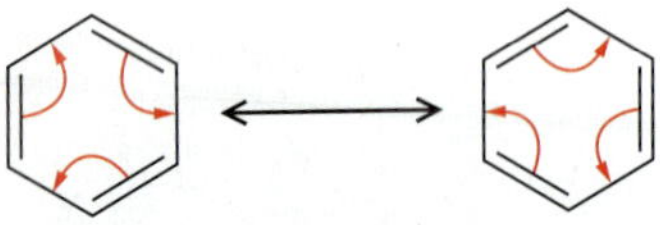

Oszillierende Bindungen im Benzolmolekül

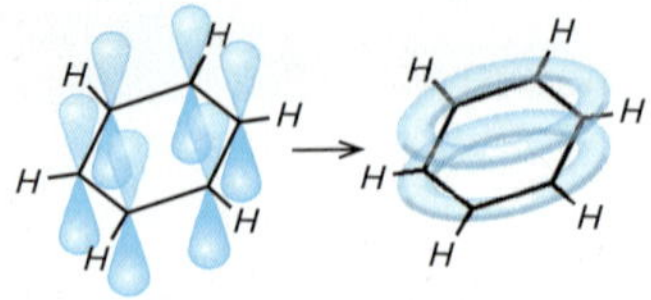

Die nichtbindenden p-Orbitale überlappen oberhalb und unterhalb des planaren Benzolrings.

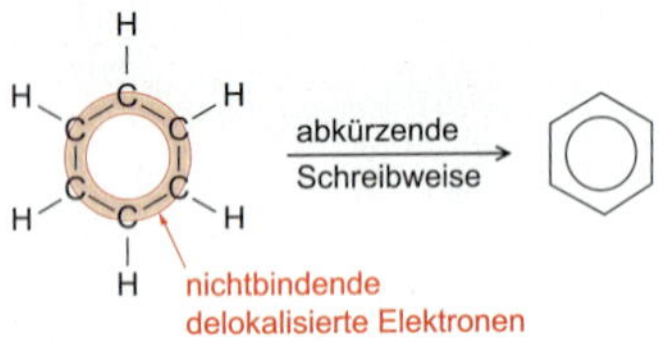

Bindungsverhältnisse im Benzolmolekül, delokalisiertes Elektronensystem

Kekulé erweiterte sein ursprüngliches Modell um die Oszillationstheorie, die davon ausgeht, dass die Doppelbindungen in zeitlich sehr kurzen Abständen umklappen (oszillieren) und sich somit ständig alle C-C-Bindungen in einem Zustand zwischen Einfach- und Doppelbindung befinden.

Mithilfe der modernen Strukturanalyse werden die Bindungsverhältnisse im Benzolmolekül heute so beschrieben:

Das Benzolmolekül bildet ein gleichmäßiges, ebenes Sechseck. Alle C-C-Bindungen sind mit 139 pm gleich lang. Die Bindungswinkel betragen einheitlich 120°. Zwei der vier Außenelektronen, über die jedes C-Atom verfügt, werden für Atombindungen mit den zwei benachbarten C-Atomen verwendet. Das dritte Außenelektron bindet jeweils ein Wasserstoffatom. Das jeweils vierte Elektron der Kohlenstoffatome – insgesamt sind es sechs Elektronen – befindet sich in einem nichtbindenden p-Orbital. Die einzelnen hantelförmigen p-Orbitale überlappen. Die darin befindlichen Elektronen sind ringförmig unterhalb und oberhalb des planaren Benzolrings verteilt. Sie sind delokalisiert, d. h., sie können nicht mehr den einzelnen C-Atomen zugeordnet werden, sondern bilden eine einheitliche Ladungswolke über das gesamte Molekül.

Cyclische organische Moleküle mit delokalisierten Elektronensystemen nennt man **aromatisch**. Benzol ist die einfachste und zugleich wichtigste aromatische Verbindung.

7.4.2 Organische Verbindungen mit Heteroatomen

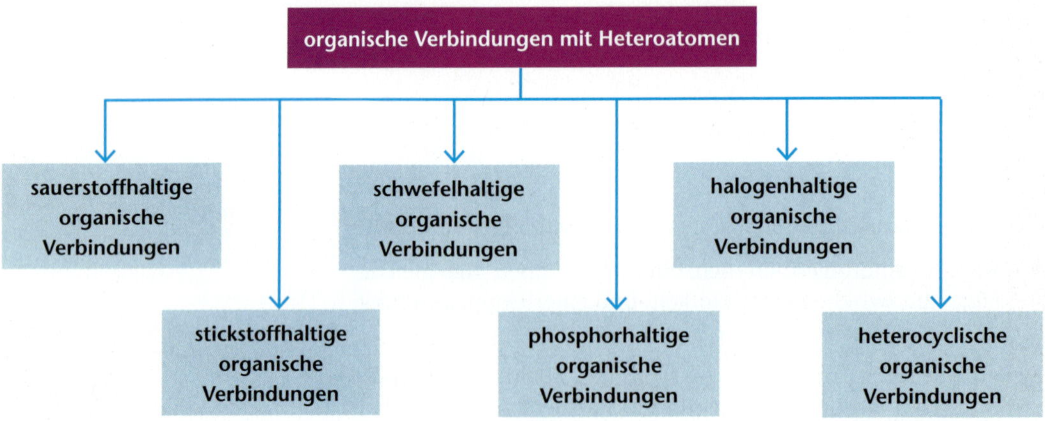

	sauerstoffhaltige organische Verbindungen					
	Alkohole	**Aldehyde**	**Ester**	**Ether**	**Ketone**	**Carbonsäuren**
Typisches Strukturmerkmal:	-OH **Hydroxidgruppe**	-CHO **Aldehydgruppe**	-COO **Estergruppe**	-C-O-C- **Sauerstoffbrücke**	-C=O **Ketogruppe**	-COOH **Carboxylgruppe**
Allgemeine Summen- bzw. Strukturformel:	C_nH_{2n+1}-**OH**	C_nH_{2n+1}-**CHO**	R_1-**COO**-R_2	R_1-**O**-R_2	R_1 — **C** — R_2 mit **=O** am C	R-**COOH**
homologe Reihe/ Beispiele:	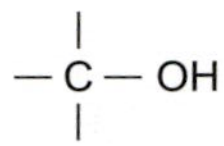	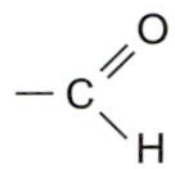	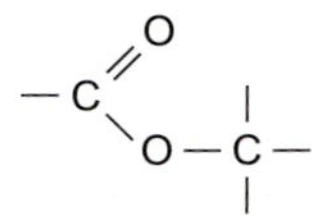	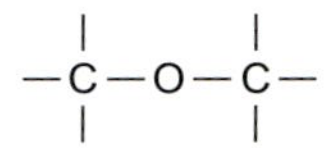		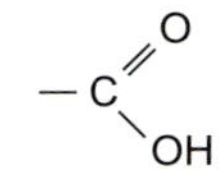
	Methanol *CH_3OH*	*Methanal* *(Formaldehyd)* *HCHO*	*Methansäure-methylester* *$HCOOCH_3$*	*Dimethylther* *CH_3OCH_3*		*Methansäure* *(Ameisensäure)* *HCOOH*
	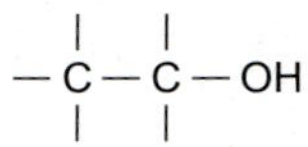	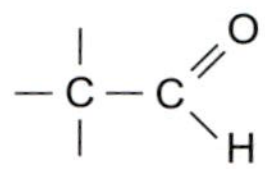	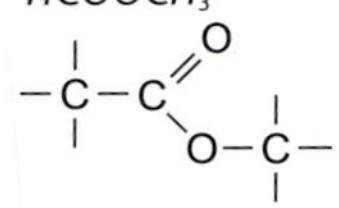	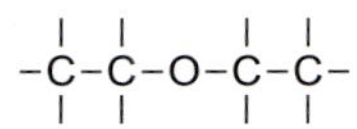		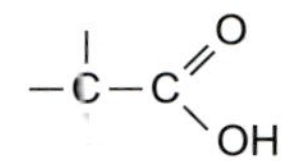
	Ethanol *C_2H_5OH*	*Ethanal* *CH_3CHO*	*Ethansäure-methylester* *CH_3COOCH_3*	*Diethylether* *$C_2H_5OC_2H_5$*		*Ethansäure* *(Essigsäure)* *CH_3COOH*
	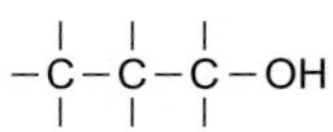	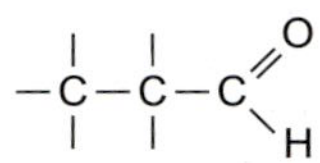	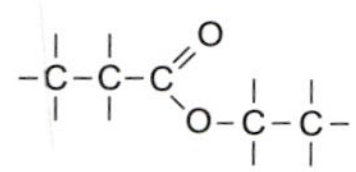	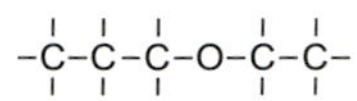	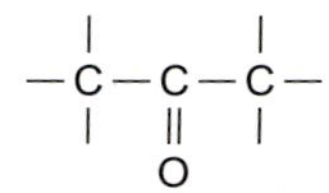	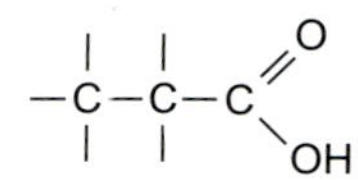
	Propanol *C_3H_7OH*	*Propanal* *C_2H_5CHO*	*Propansäure-ethylester* *$C_2H_5COOC_2H_5$*	*Propylethylether* *$C_3H_7OC_2H_5$*	*Propanon* *(Aceton)* *CH_3COCH_3*	*Propansäure* *(Propionsäure)* *C_2H_5COOH*
	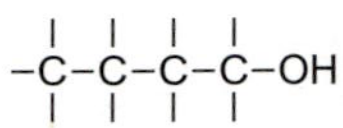	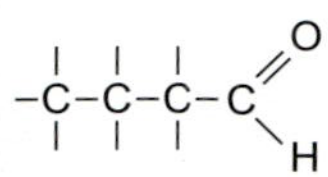	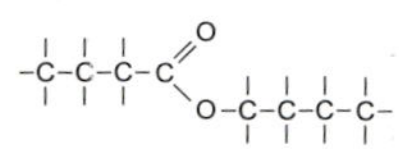	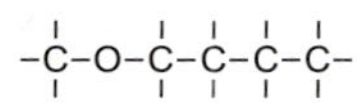	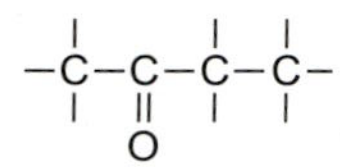	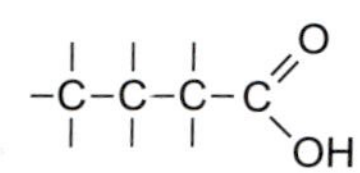
	Butanol *C_4H_9OH*	*Butanal* *C_3H_7CHO*	*Butansäure-butylester* *$C_3H_7COOC_4H_9$*	*Methylbutylether* *$CH_3OC_4H_9$*	*Butanon* *$CH_3COC_2H_5$*	*Butansäure* *(Buttersäure)* *C_3H_7COOH*

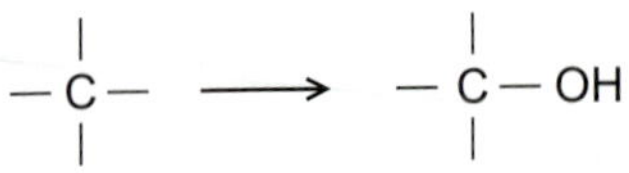

Methan → Methanol

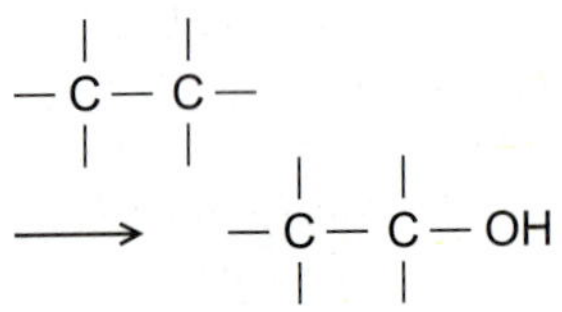

Ethan → Ethanol

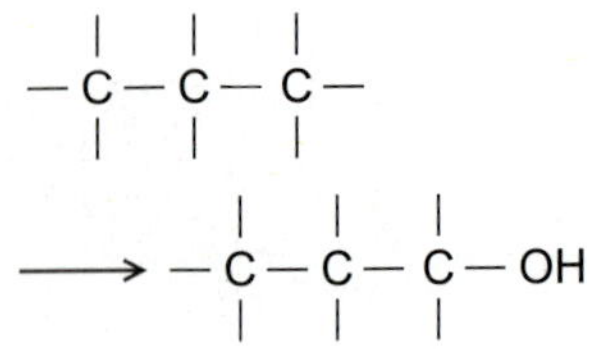

Propan → Propanol

Alkohole leiten sich von den Kohlenwasserstoffen ab, indem ein oder mehrere Wasserstoffatome durch **Hydroxylgruppen** (OH-Gruppe) ersetzt werden. Alle Alkohole tragen die Endung **-ol**. Durch eine vorangestellte Ziffer wird die Position der OH-Gruppe angegeben.

Als Alkanole bezeichnet man die Alkohole, die sich direkt von den Alkanen ableiten. Daneben unterscheidet man auch Alkenole, die sich von den Alkenen, und Alkinole, die sich von den Alkinen ableiten.

Propan-1-ol (Propanol):

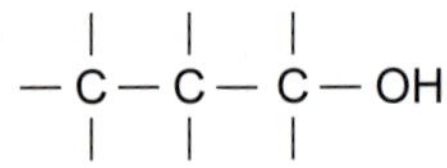

2-Propen-1-ol:

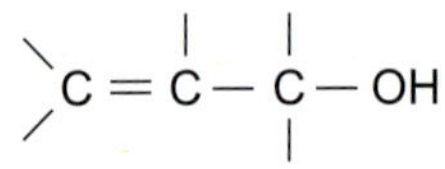

2-Propin-1-ol:

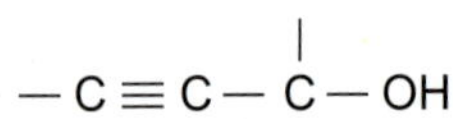

Alkanole werden außerdem in primäre, sekundäre und tertiäre Alkohole eingeteilt, je nachdem wie viele organische Reste das C-Atom, an das die OH-Gruppe gebunden ist, trägt.

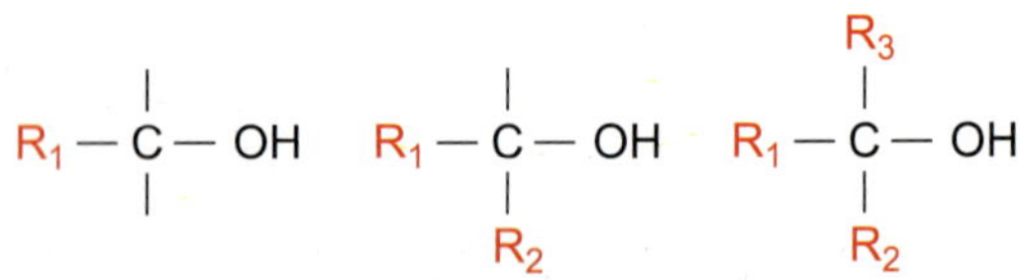

Struktur primärer, sekundärer und tertiärer Alkohole

Enthält ein Alkohol zwei Hydroxylgruppen (zweiwertig), so wird das durch die Endung **-diol** gekennzeichnet, bei drei Hydroxylgruppen (dreiwertig) durch die Endung **-triol** usw.

Beispiele:

Der zweiwertige Alkohol Ethandiol, auch unter dem Trivialnamen Glycol bekannt, wird zur Herstellung von Kunststoff und als Frostschutzmittel verwendet.

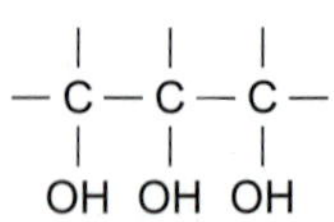

Bei Glycerin handelt es sich um den dreiwertigen Alkohol 1,2,3-Propantriol. Glycerin wird als Bremsflüssigkeit in Autos, als Frostschutzmittel und zur Herstellung von Sprengstoff (Nitroglycerin) eingesetzt.

Im Folgenden werden ausschließlich primäre Alkanole – also Alkohole, die nur C-C-Einfachbindungen enthalten und nur eine endständige OH-Gruppe aufweisen – besprochen.

Die Hydroxylgruppe bestimmt maßgeblich die Eigenschaften der homologen Reihe der Alkohole. Die OH-Bindung weist eine starke Polarität auf, sodass sich kurzkettige Alkohole sehr gut in Wasser lösen. Diese Wasserlöslichkeit nimmt jedoch mit wachsender C-Kettenlänge ab, da der hydrophobe Charakter des Alkylrests ansteigt. So ist Nonanol C_9C_{19}-OH praktisch unlöslich in Wasser.

▸ Der Alkohol Propan-1-ol wird meist einfach **Propanol** genannt.

▸ Die Kohlenstoffkette wird immer so durchnummeriert, dass das C-Atom, welches die Hydroxylgruppe trägt, die kleinste Ziffer erhält.

▸ **Methanol** (R_1 = H) zählt zu den primären Alkoholen.

▸ Verestert man Glycerin mit Salpetersäure, so erhält man den bekannten Sprengstoff **Nitroglycerin**.

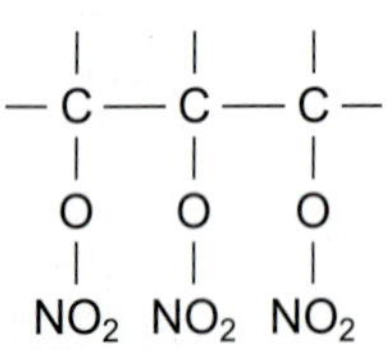

hydrophob = wasserfeindlich

hydrophil = wasserliebend

Name/ Trivialname	Summenformel	Schmelzpunkt in °C	Siedepunkt in °C	Löslichkeit in Wasser in g/l	Verwendung
Methanol Methylalkohol	CH_3-OH	–98	65	∞	Lösungsmittel, Kunststoffherstellung, Motorkraftstoffe
Ethanol Ethylalkohol	C_2H_5-OH	–114	78	∞	Trinkalkohol, Lösungsmittel, Desinfektionsmittel, Kraftstoff
Propanol Propylalkohol	C_3H_7-OH	–126	97	∞	Lösungsmittel, Herstellung von Arzneimitteln, Insektiziden und Herbiziden
Butanol Butylalkohol	C_4H_9-OH	–89	117	79	Lösungs- und Reinigungsmittel, Kraftstoffzusatz
Pentanol, Amylalkohol	C_5H_{11}-OH	–78	138	23	Lösungs- und Desinfektionsmittel
Hexanol Hexylalkohol	C_6H_{13}-OH	45	157	6	Lösungsmittel
Heptanol	C_7H_{15}-OH	–34	75	2	Lösungsmittel, Zusatz in Parfümen
Octanol	C_8H_{17}-OH	–16	195	0,5	Duftstoffherstellung
Nonanol	C_9H_{19}-OH	–6	214	0	Duftstoffherstellung, Weichmacher
⋮	⋮	⋮	⋮	⋮	⋮
Dodecanol Laurylalkohol	$C_{12}H_{25}$-OH	24	261	0	Herstellung von Tensiden
⋮	⋮	⋮	⋮	⋮	⋮
Hexadecanol Cetylalkohol	$C_{16}H_{33}$-OH	49	344	0	Herstellung von Tensiden und Kosmetika

Auszug aus der homologen Reihe der primären Alkohole

▸ **Methanol** ist toxisch. Die letale Dosis liegt bei 100–250 ml. In der Vergangenheit kam es immer wieder zu schweren, teils tödlichen Methanolvergiftungen durch mit Methanol verunreinigte „gepanschte" Spirituosen.

Ethanoltankstelle

▸ **Phenol** ist ein Alkohol, bei dem die Hydroxylgruppe direkt an den Benzolring gebunden ist. Phenol ist stark toxisch.

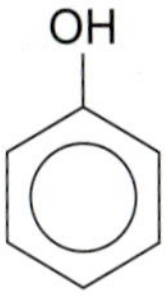

Sudkessel in einer Brauerei

Promille ‰ = Teile von Tausend

1 ‰ = 0,001

Der bekannteste Alkohol ist **Ethanol C_2H_5-OH**, der im Alltag auch einfach als Alkohol bezeichnet wird. Ethanol ist der berauschende Anteil von alkoholischen Getränken wie Wein, Bier, Korn, Weinbrand. Es wird bei der Vergärung verschiedenster Zuckerarten durch Hefe freigesetzt.

Alkoholische Gärung:

$$C_6H_{12}O_6 \xrightarrow{\text{Hefe}} 2\ C_2H_5OH + 2\ CO_2$$

$$\text{Traubenzucker} \xrightarrow{\text{Hefe}} \text{Ethanol} + \text{Kohlenstoffdioxid}$$

Ethanol wirkt toxisch und kann sowohl zu akuten als auch zu chronischen Vergiftungen sowie zu einer Abhängigkeit (Alkoholismus) führen.

Ethanolkonzentration im Blut (Angaben in Promille ‰)	Symptome
0,3	erste Gangstörungen
0,5	leichte Einschränkung des Gesichtsfelds und der Aufmerksamkeit
0,7–0,8	verlängerte Reaktionszeit, erste Sprachstörungen
1,2	mäßiger Rauschzustand
1,4	Koordinationsfähigkeit massiv beeinträchtigt
2,0	stark eingetrübtes Bewusstsein, Verlust des Erinnerungsvermögens
ab 2,4	Bewusstlosigkeit
4–5	tiefe Bewusstlosigkeit, Lebensgefahr, Tod

Verlauf und Symptome einer akuten Alkoholvergiftung

Aldehyd = Kurzwort für Alkoholdehydrierung

▸ Aldehyde, die sich direkt von den Alkanen ableiten und somit nur gesättigte C-C-Bindungen aufweisen, nennt man auch **Alkanale.**

Aldehyde sind an der charakteristischen **CHO-Gruppe** und an der Endung **-al** in ihrem Namen zu erkennen. Sie entstehen bei der Oxidation von primären Alkoholen.

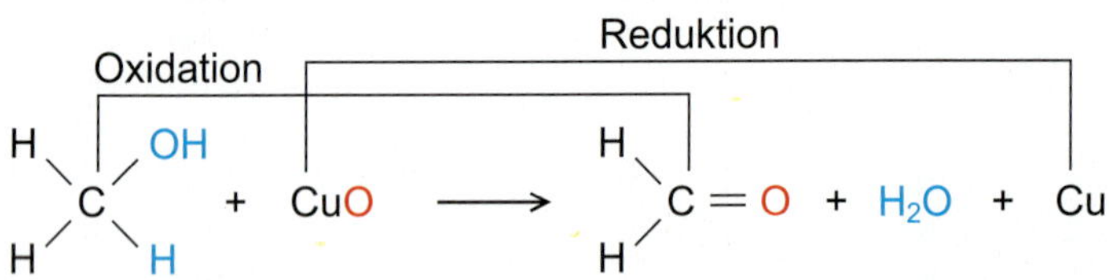

Bildung von Methanal aus Methanol

Dehydratisierung = Abspaltung von Wasser (H_2O)

Dehydrierung = Abspaltung von Wasserstoff (H_2)

Methanal HCHO, auch als Formaldehyd bekannt, ist das für die chemische Industrie bedeutendste Aldehyd und wird mengenmäßig am meisten hergestellt. Es ist eine wichtige Grundchemikalie und Ausgangsstoff für viele organische Synthesen. Eine große Rolle spielt es in der Herstellung von Kunststoffen, wie z. B. Kunstharzen. Formaldehyd hat eine keimabtötende Wirkung, die auf der Denaturierung der Proteine von Mikroorganismen beruht. Es findet deshalb bei der Konservierung von biologischen und anatomischen Präparaten und in der Flächendesinfektion Verwendung. Auch Kosmetika wird es als Konservierungsstoff zugesetzt. Formaldehyd ist jedoch gesundheitsschädigend und krebserregend. Es sollte deshalb nach Möglichkeit durch weniger gefährliche Stoffe ersetzt werden. In Haushaltsprodukten darf es nicht mehr verwendet werden.

Längerkettige Aldehyde werden als Duftstoffe in der Parfümindustrie genutzt. So enthält das bekannte Parfüm Chanel Nr. 5 u. a. die Aldehyde Decanal C_9H_{19}-CHO, Undecanal $C_{10}H_{21}$-CHO und Dodecanal $C_{11}H_{23}$-CHO.

Parfüm

Ketone bilden sich bei der katalytischen Oxidation sekundärer Alkohole. Dabei wird Wasser abgespalten (Dehydratisierung). Alternativ ist oft auch eine direkte katalytische Dehydrierung (Abspaltung von Wasserstoff) möglich.

Als funktionelle Gruppe tragen sie die **Ketogruppe CO**. Ihre Namen enden mit der Silbe **–ol**.

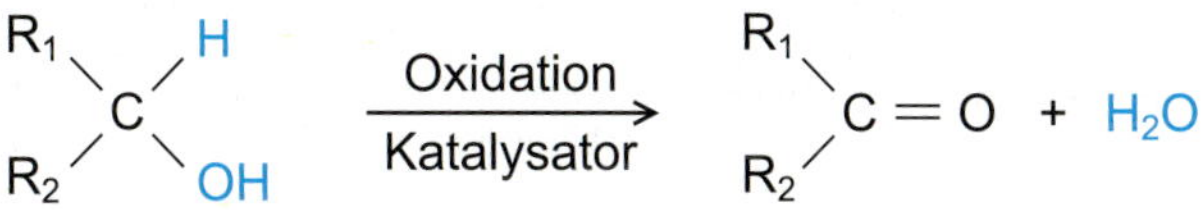

Bildung von Ketonen durch katalytische Oxidation und Dehydratisierung von sekundären Alkoholen

Das bekannteste Keton ist Propanon. Es entsteht bei der Dehydrierung von 2-Propanol und ist unter dem Namen Aceton bekannt.

Aceton

H225	Flüssigkeit und Dampf leicht entzündbar
H319	Verursacht schwere Augenreizungen
H336	Kann Schläfrigkeit und Benommenheit verursachen
EUH066	Wiederholter Kontakt kann zu spröder rissiger Haut führen

Kennzeichnung als Gefahrstoff

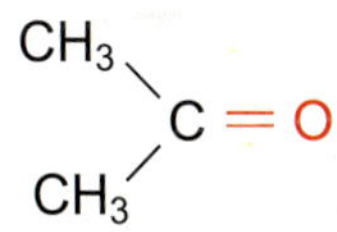

Strukturformel

Aceton ist eine farblose, charakteristisch riechende Flüssigkeit, die als Lösungs- und Extraktionsmittel für Öle, Lacke und Farben verwendet wird. Aceton ist außerdem in vielen Nagellackentfernern enthalten.

Carbonsäuren sind organische Säuren. Ihr Säurecharakter beruht auf der **–COOH-Gruppe, der Carboxylgruppe**. Die Säurestärke nimmt mit steigender Kettenlänge ab. Carbonsäuren kommen in der Natur häufig vor.

▸ Längerkettige Carbonsäuren wie z. B. Palmitinsäure $C_{15}H_{31}$-COOH und Margarinsäure $C_{16}H_{33}$-COOH bezeichnet man aufgrund ihres Vorkommens in tierischen und pflanzlichen Fetten auch als Fettsäuren (s. S. 156).

Carbonsäure	Summenformel	Trivialname	natürliches Vorkommen	Bemerkungen, Eigenschaften, Verwendung
Methansäure	H-COOH	Ameisensäure	Ameisensekret, Bienengift, Nesselhaare von Brennnesseln, Nesselkapseln von Quallen	▪ ist eine stechend riechende, farblose Flüssigkeit, die auf der Haut ätzend wirkt ▪ ist zwar die stärkste Alkansäure, insgesamt zählt sie jedoch nur zu den mittelstarken Säuren ▪ wird zum Entkalken von Waschmaschinen, Spülmaschinen u. Ä. eingesetzt ▪ Salze der Ameisensäure heißen Formiate ▪ Natriumformiat (E 237) und Calciumformiat (E 238) dienen in der Lebensmittelindustrie als Konservierungsstoffe
Ethansäure	CH_3-COOH	Essigsäure	etherische Öle, Bestandteil vieler Pflanzensäfte	▪ ist eine schwache Säure ▪ wirkt in konzentrierter Form ätzend und ihre Dämpfe reizen Atemwege und Augen ▪ ist der saure Bestandteil des Speiseessigs und wird Lebensmitteln (Obst, Gemüse, Fisch) als Konservierungsstoff (E 260) zugesetzt ▪ wichtiger Grundstoff in der chemischen Industrie ▪ wird insbesondere zur Kunststoffherstellung benötigt
Propansäure	CH_3-CH_2-COOH	Propionsäure	etherische Öle, wird durch Propionsäurebakterien im menschlichen Verdauungstrakt freigesetzt	▪ wird zur Herstellung von Kunststoffen, Herbiziden und Arzneimitteln verwendet ▪ wirkt ätzend und reizend auf Haut, Schleimhäute und Augen ▪ propionsäurebildende Bakterien spielen bei der Herstellung von Käse eine wichtige Rolle
Butansäure	CH_3-$(CH_2)_2$-COOH	Buttersäure	entsteht u. a. beim Ranzigwerden von Butter und bei der bakteriellen Zersetzung von menschlichem Schweiß	▪ sehr intensiver unangenehmer Geruch ▪ wird zur Wild- und Maulwurfabwehr eingesetzt
Pentansäure	CH_3-$(CH_2)_3$-COOH	Valeriansäure	wird aus Baldrianwurzeln gewonnen	▪ Herstellung von Beruhigungsmitteln
. . .	. . .	. . .	. . .	. . .

Carbonsäure	Summenformel	Trivialname	natürliches Vorkommen	Bemerkungen, Eigenschaften, Verwendung
Hexadecansäure	CH_3-$(CH_2)_{14}$-COOH	Palmitinsäure	in Ölen und tierischen Fetten, wie z. B. Palmöl, Kakaobutter, Schweineschmalz, Rindertalg	▪ Salze der Palmitinsäure, die Palmiate, werden sehr häufig in Kosmetika verwendet
Heptadecansäure	CH_3-$(CH_2)_{15}$-COOH	Margarinsäure	Butterfett, Rindertalg	▪ gehört zu den Fettsäuren
Octadecansäure	CH_3-$(CH_2)_{16}$-COOH	Stearinsäure	in tierischen und pflanzlichen Fetten und Ölen	▪ wird in der Seifenherstellung verwendet ▪ dient als Grundlage für Cremes, Salben und Tabletten in Kosmetikartikeln und Arzneimitteln
Organische Verbindungen, die zwei Carboxylgruppen aufweisen, nennt man Dicarbonsäuren. Auch aromatische Verbindungen können COOH-Gruppen tragen.				
Ethandisäure	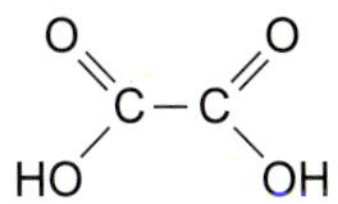	Oxalsäure, Kleesäure	Rhabarber, Mangold, Sauerampfer, Sauerklee, Spinat u. a.	▪ starke Säure durch die benachbarten Carboxylgruppen ▪ Salze heißen Oxalate ▪ Oxalate sind mitverantwortlich für die Bildung von Harnwegssteinen ▪ wird als Beiz- und Bleichmittel sowie zur Rostentfernung verwendet
Butandisäure	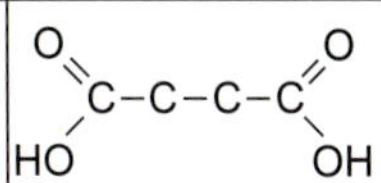	Bernsteinsäure, Succinylsäure	kommt im Stoffwechsel aller Organismen vor	▪ wird als Geschmacksverstärker für Desserts, Trockensuppen und Getränkepulver eingesetzt (E 363) ▪ Herstellung von Polyester- und Alkydharzen
Benzencarbonsäure	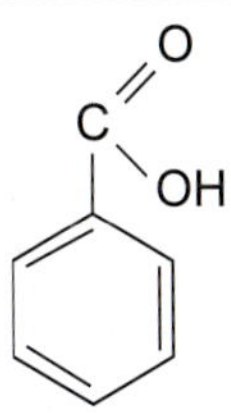	Benzoesäure	Heidelbeeren, Preiselbeeren, Pflaumen, Hauptbestandteil des Baumharzes Benzoe südostasiatischer Bäume	▪ aromatische Carbonsäure ▪ Weihrauch ▪ Konservierungsstoff E 210 ▪ Herstellung von Benzoesäureestern, die als Duftstoffe in Parfümen eingesetzt werden

Carbonsäuren, Auswahl

Ester entstehen bei der Reaktion eines Alkohols mit einer Säure, wobei Wasser abgespalten wird. Diesen Vorgang nennt man Veresterung, die entsprechende Rückreaktion ist die Verseifung.

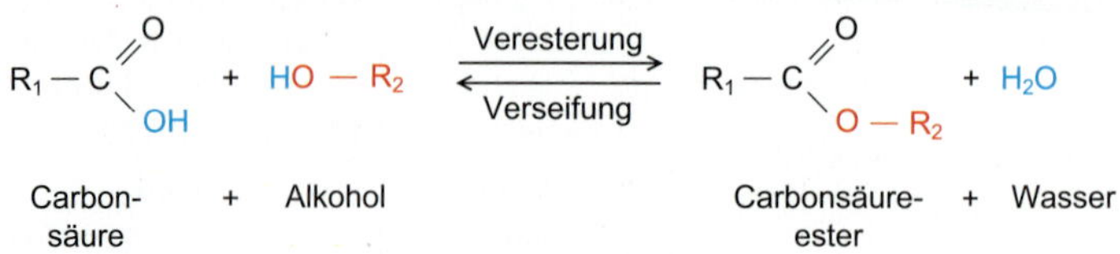

Veresterung, Verseifung

Beispiel:

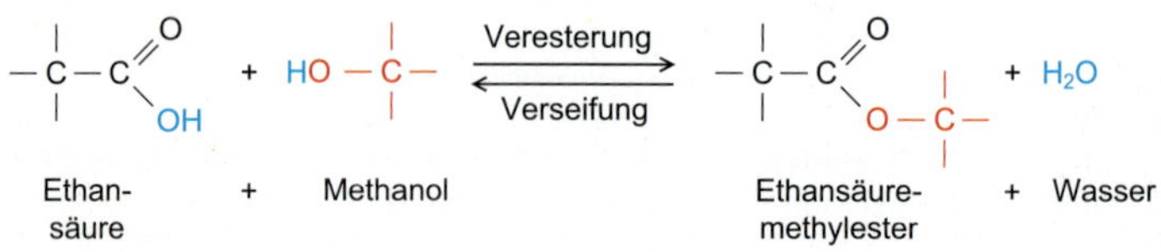

Carbonsäureester kommen in der Natur häufig vor. So sind z. B. natürliche Duft- und Aromastoffe in Früchten häufig Ester von kurz- bis mittelkettigen Carbonsäuren. Sie werden deshalb auch Fruchtester genannt. Ester von längerkettigen Carbonsäuren sind u. a. ätherische Öle und Bienenwachs. Auch in der Ernährung spielen Ester eine wichtige Rolle. Pflanzliche und tierische Fette sind Ester des Triols Glycerin (1,2,3-Propantriol) mit Fettsäuren. Industriell hergestellte Ester werden als Lösungs- und Konservierungsmittel, in der Kunststoffindustrie (s. Kap. 13) und als synthetische Aromen eingesetzt.

Auch anorganische Säuren können mit Alkoholen verestert werden.
Verestert man z. B. Salpetersäure mit 1,2,3-Propantriol (Glycerin), so entsteht der Sprengstoff Trisalpetersäureglycerinester, besser bekannt unter dem Namen Nitroglycerin.

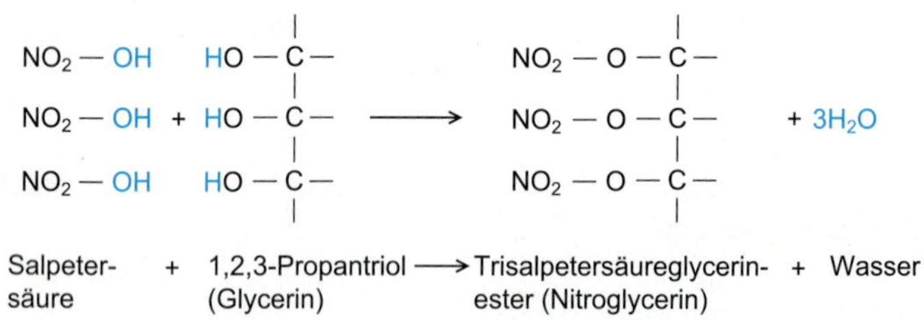

Ether sind organische Verbindungen, die eine Sauerstoffbrücke **R-O-R** aufweisen. Ether werden bei organischen Synthesen oft als Lösungsmittel eingesetzt, da sie eine sehr gute Löslichkeit für Fette, Öle und Harze aufweisen. Daneben finden sie auch als Extraktionsmittel Verwendung. Der bekannteste Vertreter dieser Verbindungsklasse ist der Diethylether C_2H_5-O-C_2H_5, der früher als Narkosemittel verwendet wurde.

▸ Der systematische Name der Ester baut sich aus dem Namen der Carbonsäure, dem Alkylrest des Alkohols und der Endung -ester auf.

▸ Auch bei dem bekannten Schmerzmittel **Aspirin** handelt es sich um einen Ester, gebildet aus Ethansäure und Salicylsäure.

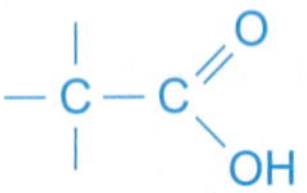

Ethansäure

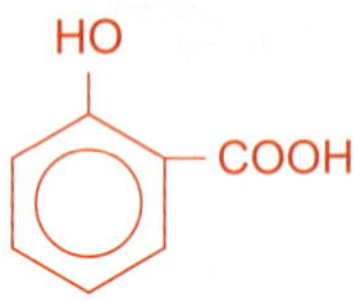

Salicylsäure

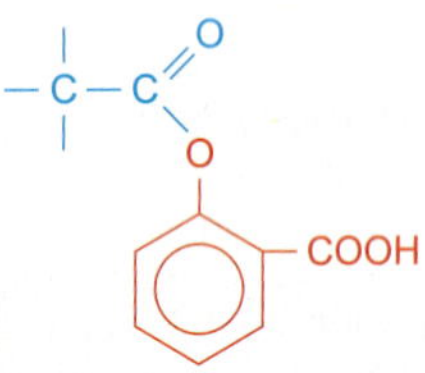

Aspirin (Acetylsalicylsäureester)

▸ Arbeitsschutz:
Etherdämpfe entflammen sehr leicht und bilden mit Luft explosive Gemische.

▸ **Kronenether** sind cyclische Ether, die sich aufgrund ihrer besonderen Struktur sowohl in unpolaren als auch in polaren Flüssigkeiten lösen.

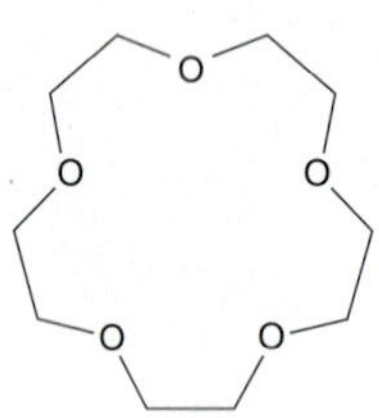

Kronenether 15-Krone-5

stickstoffhaltige organische Verbindungen

	Amine			Amide	Aminocarbonsäuren (Aminosäuren)	Nitroverbindungen	Nitrile
typisches Strukturmerkmal:	NH_x-Gruppe **Aminogruppe**			**CO-NH_2**-Gruppe	**COOH- und NH_2**-Gruppe **Carboxyl- und Aminogruppe**	**NO_2**-Gruppe **Nitrogruppe**	**CN**-Gruppe **Nitrilgruppe**
allgemeine Strukturformel:	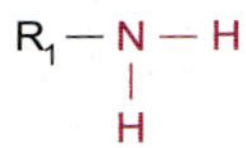 primäre Amine	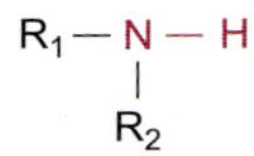 sekundäre Amine	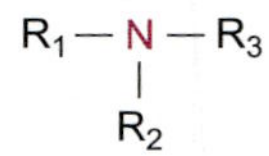 tertiäre Amine	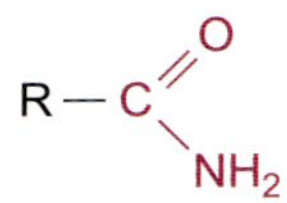	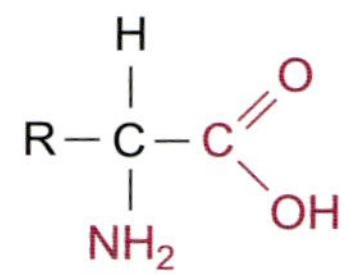	$R-NO_2$	$R-CN$
Beispiele:	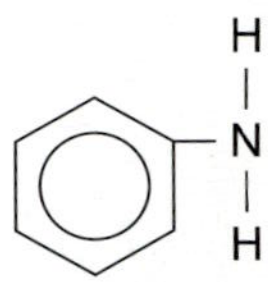 *C_6H_5-NH_2 Aminbenzol (Anilin)*	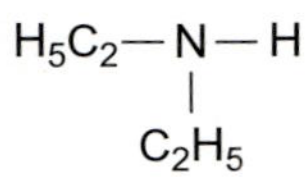 *$(C_2H_5)_2$-NH Diethylamin*	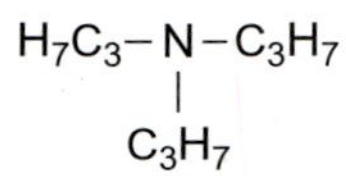 *$(C_3H_7)_3$-N Tripropylamin*	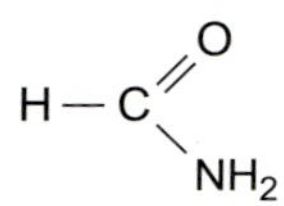 *HCO-NH_2 Formamid*	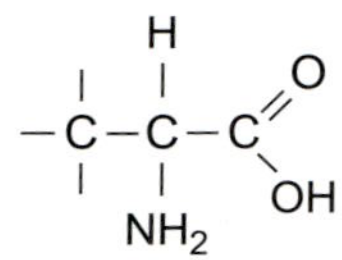 *CH_3-CH-COOH-NH_2 Aminopropansäure (Alanin)*	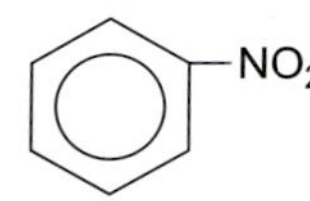 *$C_6H_5NO_2$ Nitrobenzol*	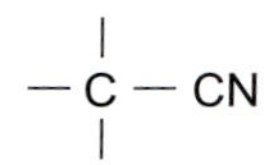 *CH_3-CN Ethannitril (Acetonitril)*

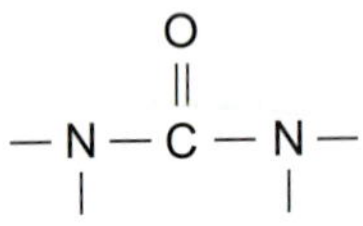

Harnstoff

▸ Auch **Harnstoff** ist ein Amin. Reiner Harnstoff ist ein weißer, kristalliner, nicht toxischer Feststoff. Er wird häufig als Stickstoffdünger eingesetzt.

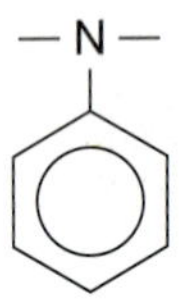

Anilin

▸ **Anilin** ist eine farblose bis gelbliche, ölige Flüssigkeit, die toxisch und umweltgefährdend wirkt.

Amine sind Derivate des Ammoniaks NH_3, wobei ein H-Atom (primäre Amine), zwei H-Atome (sekundäre Amine) oder alle drei H-Atome (tertiäre Amine) durch Alkylreste oder aromatische Reste ersetzt sind. Wie auch Ammoniak reagieren Amine basisch. Amine mit kurzkettigen Alkylresten sind gasförmig. Mit wachsender Kettenlänge gehen sie in den flüssigen und festen Zustand über. Gasförmige und flüssige Amine haben oft einen unangenehmen Geruch nach Fisch und/oder Ammoniak. Amine sind gut wasserlöslich.
Im menschlichen und tierischen Körper treten sehr viele verschiedene Amine auf. Diese werden im Organismus durch eine enzymatische CO_2-Abspaltung aus Aminosäuren gebildet und deshalb auch biogene Amine genannt. Biogene Amine haben verschiedenste, teils essenzielle Funktionen. Z. B. wirken sie als Hormone und Neurotransmitter, sind an der Bildung von Vitaminen beteiligt und spielen eine wichtige Rolle beim Auftreten allergischer Reaktionen.
In der chemischen Industrie spielt vor allem Anilin (Aminobenzol) eine Rolle. Anilin ist Ausgangsstoff für die Herstellung von Farbstoffen und Kunstfasern.

Auch **Amide** sind formal Abkömmlinge des Ammoniaks.

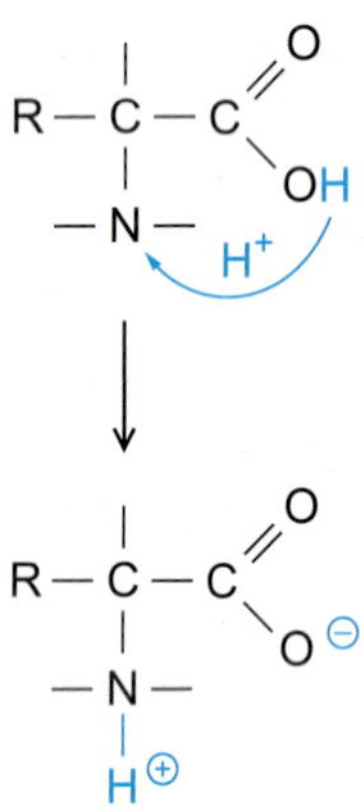

Aminosäuren als Zwitterionen

Aminocarbonsäuren werden meist einfach Aminosäuren genannt. Sie tragen sowohl eine **Aminogruppe (-NH_2)** als auch eine **Carboxylgruppe (-COOH)**.

Aminosäuren sind sogenannte Zwitterionen, was bedeutet, dass sie im selben Molekül sowohl eine positive als auch eine negative Ladung tragen. Diese Ladungen resultieren daraus, dass die als Säure reagierende Carboxylgruppe ein Proton (H^+-Ion) abgibt, welches die als Base reagierende Aminogruppe aufnimmt.

Bei der Verknüpfung mehrerer Aminosäuren durch Kondensation entstehen Peptide, woraus sich wiederum die Eiweiße aufbauen, die wesentlicher Bestandteil unserer Ernährung sind (s. Kap. 7.4.3). In diesem Zusammenhang werden fast ausschließlich die Trivialnamen der Aminosäuren verwendet.

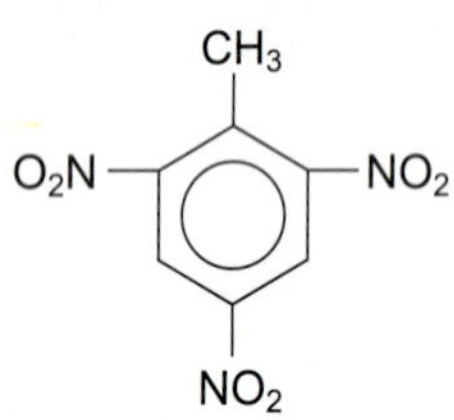

Trinitrotoluol, TNT

Beispiele:

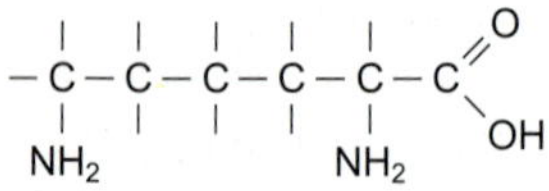

2,6-Diaminohexansäure

Lysin

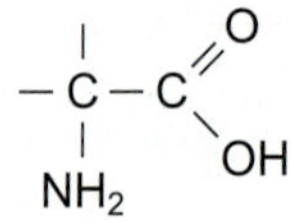

Aminoethansäure

Glysin

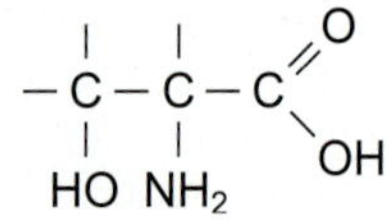

2-Amino-3-Hydroxypropansäure

Serin

▸ **Trinitrotoluol**, TNT, ist eine aromatische Nitroverbindung, die als Sprengstoff verwendet wird.

Nitroverbindungen zeichnen sich durch eine **Nitrogruppe (-NO_2)** aus. Nitroverbindungen sind farblose bis gelbe Feststoffe mit hohem Siedepunkt. Man unterscheidet zwischen aliphatischen und aromatischen Nitroverbindungen. Aromatische Nitroverbindungen, die stabiler sind als aliphatische, werden zur Herstellung von Farbstoffen, Herbiziden und Sprengstoffen verwendet.

Nitrile kann man leicht an ihrer **Nitrilgruppe (-CN)** erkennen. Das einfachste Nitril ist Cyanwasserstoff HCN, besser bekannt unter dem Namen Blausäure. Blausäure und ihre Salze sind stark toxisch. Trotzdem wird sie in der chemischen Industrie als Ausgangsstoff für viele Synthesen eingesetzt. Aus Acrylnitril wird der häufig verwendete Kunststoff Polyacrylnitril (PAN) hergestellt (s. Kap. 13).

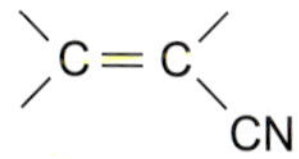

Acrylnitril

schwefelhaltige organische Verbindungen

	Thiole	Thioether	Sulfonsäuren	Sulfone	Sulfoxide
typisches Strukturmerkmal:	**SH-Gruppe Thiolgruppe**	**Schwefelbrücke**	**SOOH-Gruppe Sulfonsäuregruppe**	**SO_2-Gruppe Sulfongruppe**	**SO-Gruppe Sulfoxidgruppe**
allgemeine Strukturformel:	R — SH	R_1 — S — R_2	R — S(=O)OH	R_1 — S(=O)(=O) — R_2	R_1 — S(=O) — R_2
Beispiele:	*C_2H_5-SH* *Ethanthiol*	*CH_3-S-CH_3* *Dimethylthioether (Dimethylsulfid)*	*C_6H_5-SOOH* *Benzolsulfonsäure*	*CH_3-SO_2-CH_3* *Dimethylsulfon*	*CH_3-SO-CH_3* *Dimethylsulfoxid*

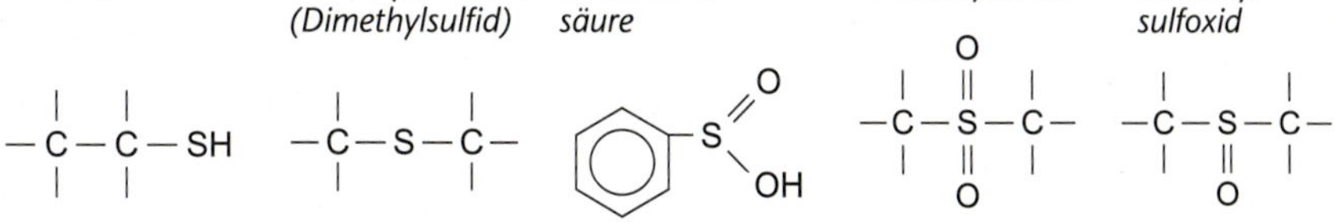

Thiole entsprechen in ihrem Aufbau den Alkoholen, jedoch ist das Sauerstoffatom der Hydroxylgruppe durch Schwefel ersetzt. Thiole zeichnen sich durch einen intensiven, meist sehr unangenehmen Geruch aus. So sind sie u. a. im Drüsensekret des Stinktiers enthalten oder stellen die Aromastoffe in Knoblauch und Zwiebeln. Thiole haben eine hohe Affinität zu Schwermetallen. So bilden sie mit Quecksilber schwerlösliche Verbindungen und werden deshalb auch oft Mercaptane genannt.

Mercaptane (lat.)
= Mercurium captans
= Quecksilber fangend

Thioether stellen das Schwefelanaloge zu Ethern dar: Zwei organische Reste sind über eine Schwefelbrücke miteinander verbunden.

Sulfonsäuren sind stärkere Säuren als die entsprechenden Carbonsäuren. Ihre Salze heißen Sulfonate. Sie werden in Waschmitteln als Tenside und in vielen Farbstoffen eingesetzt.

▸ **Sulfonamide** sind durch eine SO_2-NHR-Gruppe charakterisiert. Sie werden häufig als Antibiotika eingesetzt. So wird z. B. Sulfamethoxazol zur Behandlung bakterieller Atemwegsinfektionen eingesetzt.

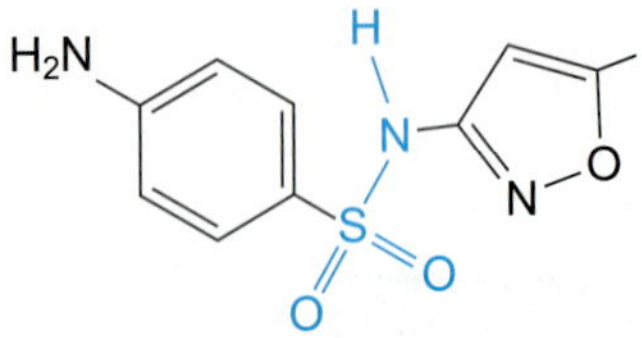

Sulfamethoxazol

▸ Ursprünglich nannte man Phosphane auch Phosphine. Dieser Name entspricht jedoch nicht der IUPAC-Nomenklatur.

▸ Organische Phosphate werden aufgrund ihrer Struktur häufig auch als Phosphorsäureester bezeichnet.

▸ Phosphorsäureester werden bei der Kunststoff- und Lackherstellung und als Weichmacher eingesetzt.

Sulfone sind reaktionsträge, weiße kristalline Feststoffe, die als Weichmacher verwendet werden. Darüber hinaus spielen sie in der pharmazeutischen Industrie eine Rolle.

Sulfoxide gleichen strukturell den Ketonen, wobei das sauerstoffbindende Kohlenstoffatom durch Schwefel ersetzt ist.

phosphorhaltige organische Verbindungen

	Phosphane (Phosphine)	**Phosphate (Phosphorsäureester)**
typisches Strukturmerkmal:	**PH_x-Gruppe** **Phosphinogruppe**	**PO_4-Gruppe** **Phosphatgruppe**
allgemeine Strukturformel:	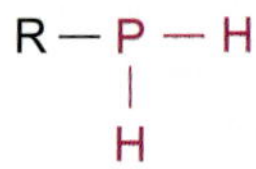 *primäres Phosphan*	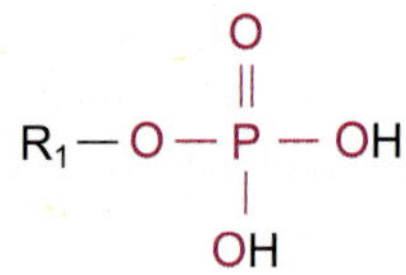 *Monoester*
	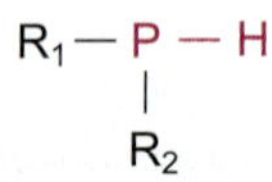 *sekundäres Phosphan*	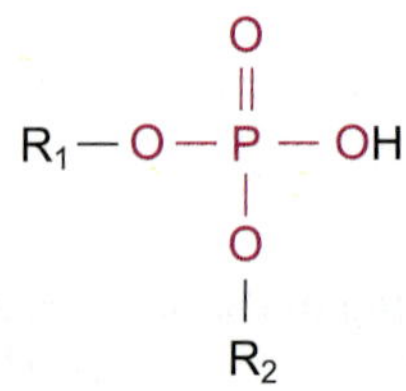 *Diester*
	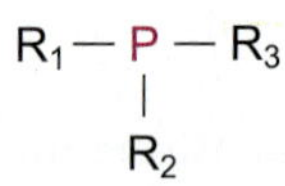 *tertiäres Phosphan*	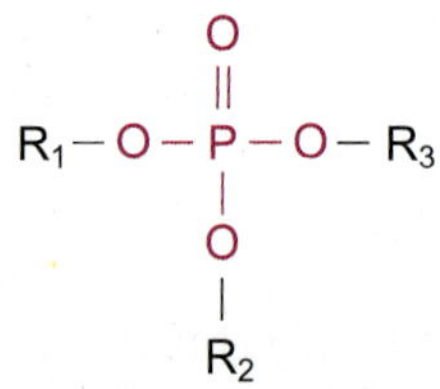 *Triester*
Beispiele:	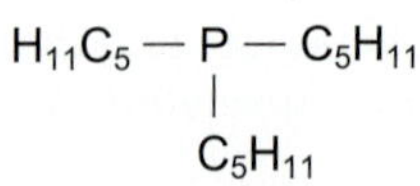 *Tripentylphosphan*	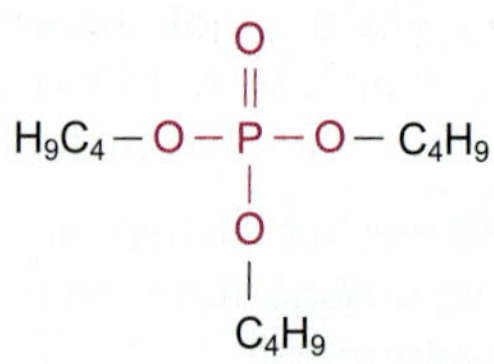 *Tributylphosphat*

halogenhaltige organische Verbindungen[1]

- **Halogenalkane**
- **Halogenalkene**
- **Aromatische Halogenkohlenwasserstoffe**

typisches Strukturmerkmal:	**C-C-X**	**C=C-X**	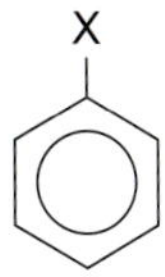
Allgemeine Summenformel:	CH_3-$(CH_2)_n$-**X**	CH_2=CH-$(CH_2)_n$-**X**	C_6H_5-**X**
Beispiele:	CH_3-Br Monobrommethan	CH_2=CH-Cl Monochlorethen (Vinylchlorid)	C_6H_5-Cl Monochlorbenzol
	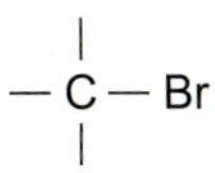	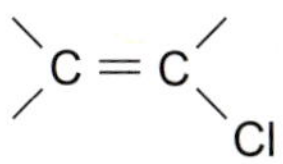	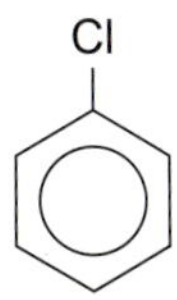

▸ X = F, Cl, Br, I

Halogenalkane entstehen bei der radikalischen Substitution von Alkanen durch Halogene unter dem Einfluss von UV-Licht und Wärme. Halogenalkane sind stabile, unpolare Substanzen, die in Wasser unlöslich, in Fetten und Ölen jedoch sehr gut löslich sind. Sie sind deutlich schwerer als die entsprechenden Alkane und haben einen wesentlich höheren Siedepunkt. Viele Halogenalkane sind toxisch und/oder krebserregend, einige wirken schädigend auf die Ozonschicht. Ihr Einsatz in Industrie und Technik wird deshalb immer stärker reduziert. **Halogenalkene** sind Ausgangstoffe wichtiger Kunststoffe, wie z.B. PVC und Teflon (s. Kap. 13).

Aromatische Halogenkohlenwasserstoffe werden aufgrund ihrer hohen Toxizität häufig als Fungizide und Herbizide eingesetzt.

Halogenierung von Alkanen am Beispiel von Monochlormethan:

Durch Energiezufuhr spaltet sich das Cl_2-Molekül in 2 Cl-Atome auf. Chloratome sind radikalische Teilchen. Sie weisen je ein ungepaartes Elektron auf, was durch einen Punkt gekennzeichnet ist. Da Radikale sehr reaktive, aggressive Teilchen sind, radikalisieren sie ihrerseits benachbarte Moleküle. So kommt es zu einer Kettenreaktion, die viele tausend Zyklen durchlaufen kann, bevor es zu einem Abbruch kommt.

Startreaktion:

$$Cl_2 \xrightarrow[\text{Wärme}]{\text{UV-Licht}} Cl\cdot + Cl\cdot$$

Kettenreaktion:

$$Cl\cdot + CH_4 \longrightarrow HCl + CH_3\cdot$$
$$CH_3\cdot + Cl_2 \longrightarrow CH_3Cl + Cl\cdot$$

usw.

Abbruchreaktionen:

$$2\,Cl\cdot \longrightarrow Cl_2$$
$$CH_3\cdot + Cl\cdot \longrightarrow CH_3Cl$$
$$CH_3\cdot + CH_3\cdot \longrightarrow CH_3-CH_3$$

PVC-Bodenbelag

[1] *In der oben stehenden Einteilung halogenhaltiger organischer Verbindungen wurden aus Gründen der Übersichtlichkeit nur einfach halogenierte Alkane, Alkene und Aromaten erfasst. Natürlich können diese Verbindungen auch mehrere Halogenatome tragen.*

Name/ Summenformel	Strukturformel	Trivialname	Eigenschaften/Verwendung
Trichlormethan $CHCl_3$	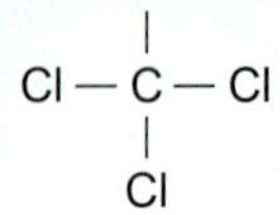	Chloroform	Chloroform ist eine farblose, leicht flüchtige, süßlich riechende Flüssigkeit. Ihre Dämpfe wirken betäubend und verursachen Bewusstlosigkeit. Chloroform ist giftig und steht im Verdacht, krebserregend zu sein. Aus diesem Grund wird es auch nicht mehr als Narkosemittel eingesetzt. Verwendung findet es als Lösungsmittel.
Difluor-dichlormethan CF_2Cl_2	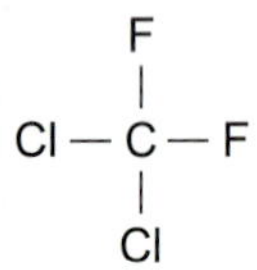	Frigen	Frigen gehört zur Gruppe der FCKW (Fluorchlorkohlenwasserstoffe). FCKW sind nicht brennbar, geruchlos und chemisch außerordentlich stabil. Komprimierte verflüssigte FCKW entziehen bei Entspannung ihrer Umgebung Wärme. Frigen wurde deshalb als Kältemittel, z. B. in Kühlschränken, und als Treibgas verwendet, bevor dies durch die FCKW-Halon-Verbots-Ordnung untersagt wurde. FCKW können aufgrund ihrer chemischen Beständigkeit bis in die stratosphärische Ozonschicht vordringen und sie schädigen. In Deutschland wird seit 1994 vollständig auf den Einsatz von FCKW verzichtet.
Hexachloro-cyclohexan $C_6H_6Cl_6$	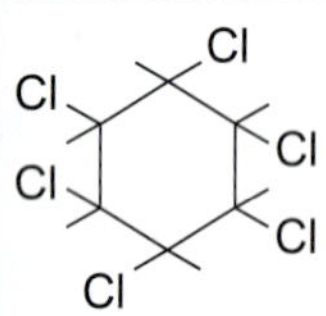	Lindan	Lindan ist ein sehr wirksames Insektizid. Es wird in Holzschutzmitteln, als Ameisengift und zur Mottenbekämpfung eingesetzt. Da es eine sehr gute Fettlöslichkeit aufweist, reichert es sich im Fettgewebe von Menschen und Tieren an und kann zu einer chronischen Vergiftung führen, die sich insbesondere in einer Schädigung des Nervensystems manifestiert. Darüber hinaus wurde Lindan 2015 von der Weltgesundheitsorganisation WHO als krebserregend bei Menschen eingestuft.
Tetrafluorethen C_2F_4	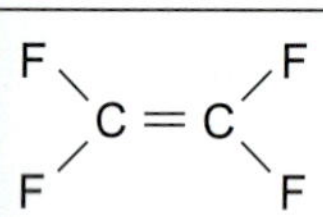	TFE Teflon (s. Kap. 13)	Tetraflourethen ist ein farbloses, süßlich riechendes Gas. Es ist Ausgangstoff zur Herstellung des Kunststoffs Polytetraflourethylen, besser bekannt unter seinem Handelsnamen Teflon.
Monochlorethen C_2H_3Cl	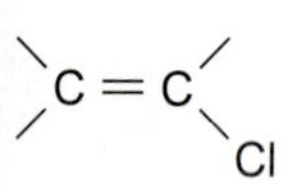	Vinylchlorid (s. Kap. 13)	Vinylchlorid ist ein giftiges, hochentzündliches, farb- und geruchloses Gas, aus dem durch Polymerisation der Kunststoff PVC (Polyvinylchlorid) hergestellt wird.
Chlorbenzol C_6H_5Cl	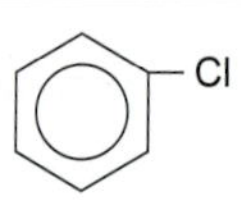		Chlorbenzol dient als Lösungsmittel für Öle, Fette und Harze. Es ist als gesundheitsschädlich und umweltgefährlich eingestuft.

Wichtige Halogenkohlenwasserstoffe

Heterocyclische organische Verbindungen

hetero (griech.) = ungleich

Als Heterocyclen bezeichnet man in der organischen Chemie ringförmige Kohlenwasserstoffe, bei denen mindestens ein Kohlenstoffatom durch ein Heteroatom wie Sauerstoff, Schwefel oder Stickstoff ersetzt ist. Man unterscheidet 3-, 4-, 5-, 6- und 7-gliedrige Heterocyclen. Am häufigsten kommen 5- und 6-gliedrige Ringsysteme vor und Heterocyclen, die aus mehreren Ringen aufgebaut sind. Heterocyclen werden meist mit allgemein anerkannten Trivialnamen bezeichnet.
Sie finden vielfältige Verwendung, so z. B. in der Pharmazie, in der Farbstoff- und Lösungsmittelherstellung, in der Elektrotechnik und in der präparativen Chemie.

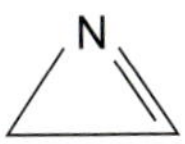

Azirin

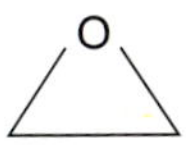

Oxiran

Azetidin

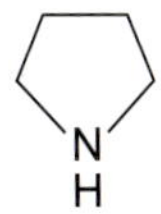

Pyrrolidin

Thiophen

Furan

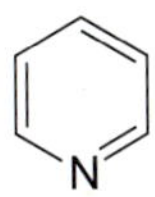

Pyridin

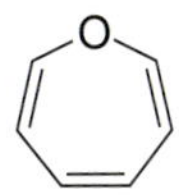

Oxepin

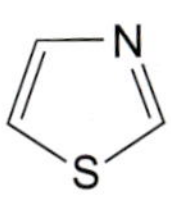

Thiazol

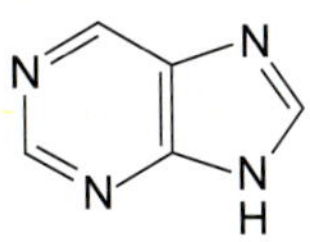

Purin

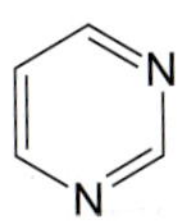

Pyrimidin

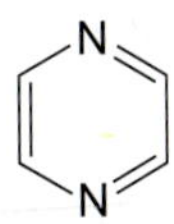

Pyrazin

Heterocyclische Verbindungen sind in der Natur weit verbreitet. Sehr viele biochemische Moleküle weisen eine heterocyclische Struktur auf.

Beispiele:

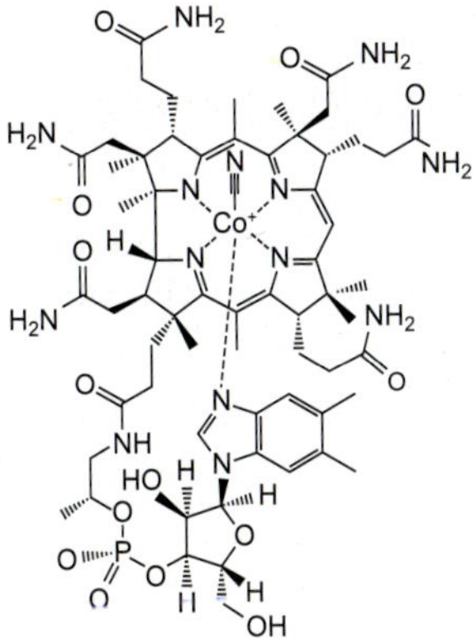

Vitamin B₁₂

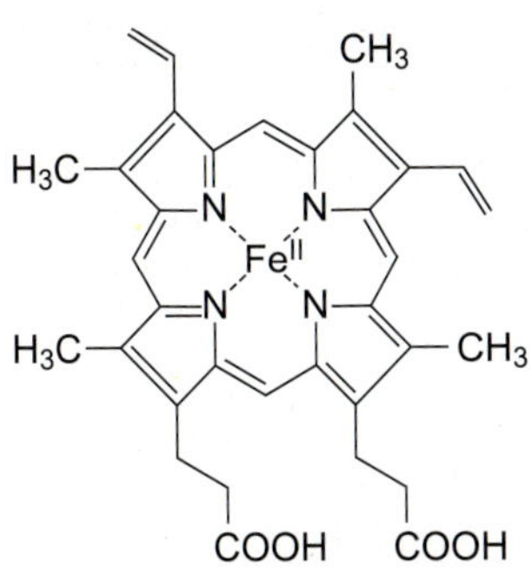

Roter Blutfarbstoff Hämoglobin

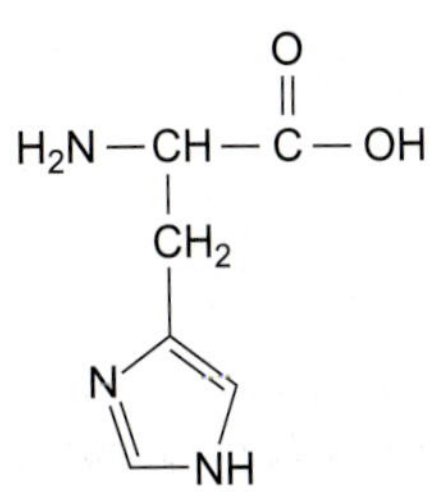

Aminosäure Histidin

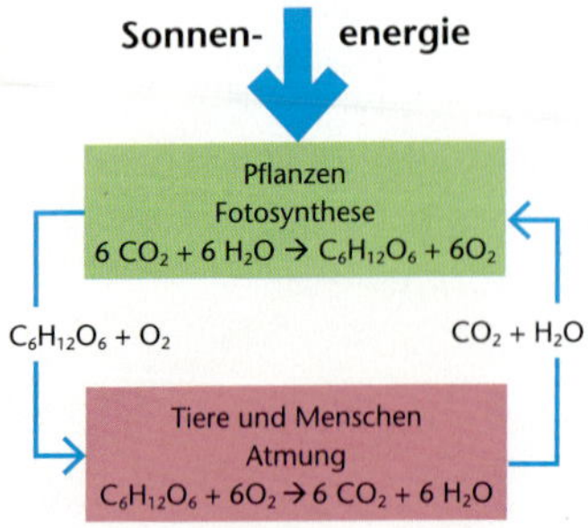

Kreislauf Fotosynthese – Atmung: *Chlorophyllhaltige Pflanzen sind durch die **Fotosynthese** in der Lage, aus den energieärmeren Stoffen Wasser, Kohlenstoffdioxid und Sonnenenergie die energiereichere Verbindung Glukose ($C_6H_{12}O_6$) herzustellen. Dies ist der einzige bekannte Vorgang, bei dem aus anorganischen Stoffen energiereiche organische Verbindungen entstehen. Alle anderen Lebewesen sind auf diese Verbindungen angewiesen und gewinnen für ihre Lebensvorgänge die Energie durch die **Atmung**, d. h. Oxidation der Glukose. Die dabei entstehenden Reaktionsprodukte CO_2 und H_2O werden in der Pflanze für die Fotosynthese wieder eingesetzt.*

7.4.3 Stoffgruppen der Biochemie

Kohlenhydrate, Fette und Eiweiße sind die Hauptbestandteile unserer Ernährung. Sie wird ergänzt durch Vitamine und Mineralien (auch Spurenelemente). Bis auf die Mineralien werden diese Stoffgruppen in diesem Kapitel behandelt. Es folgen die biologisch wichtigen Wirkstoffe der Zellen: Enzyme, Vitamine, Hormone und die Nukleinsäuren.

Kohlenhydrate

Kohlenhydrate gehören zu den am verbreitetsten organischen Naturstoffen. Sie werden in den Pflanzen durch Fotosynthese gebildet:

$$x\,CO_2 + x\,H_2O \xrightarrow{\text{Lichtenergie}} (CH_2O)_x$$

Kohlenhydrate sind von Pflanzen gebildete Zucker.

Sie dienen Organismen als Energielieferant. Tierische Lebewesen sind nicht in der Lage, die Fotosynthese selbst durchzuführen, und sind deshalb auf die Pflanzenwelt angewiesen. Kohlenhydrate werden in der Pflanze selbst über enzymatische Reaktionen von einfachen Zuckern zu polymeren Kohlenhydraten, die als Gerüstsubstanz für die Pflanze dienen, umgesetzt. Bis auf wenige Ausnahmen liegen in den Kohlenhydraten die Elemente Wasserstoff und Sauerstoff wie im Wasser im Verhältnis 2 : 1 vor. Diese Verbindungsgruppe wird durch die **allgemeine Formel $C_mH_{2n}O_n$** beschrieben.
Die **rationellen Namen der Kohlenhydrate** haben die Endung **-ose** erhalten.
Die Moleküle der Kohlenhydrate enthalten eine hohe Anzahl von Hydroxylgruppen -OH, dadurch sind die meisten Kohlenhydrate fest und gut wasserlöslich. Bei Erhitzung zersetzen sich viele, bevor die Schmelztemperatur erreicht wird.
Die Zucker werden auch als **Saccharide** bezeichnet.

saccharon (griech.) = Zucker

Die Saccharide können nach ihrem Aufbau in drei Gruppen aufgeteilt werden:

monos (griech.) = allein

- **Monosaccharide** (Einfachzucker): Sie sind die Grundbausteine aller Saccharide und lassen sich nicht in einfachere Zucker zerlegen.

oligos (griech.) = wenig

- **Oligosaccharide** (Mehrfachzucker): Hier liegen zwei bis sechs Zucker gebunden vor. Die wichtigste Untergruppe der Oligosaccharide sind die **Disaccharide**.

polys (griech.) = viel

- **Polysaccharide** (Vielfachzucker): Es sind hier viele Monosaccharide (Größenordnung 100 bis mehrere 1000) miteinander verbunden.

Die Saccharide enthalten alle -OH-Gruppen und daneben eine Aldehyd- oder eine Ketogruppe (s. Kap. 7.4.2). Nach diesen beiden funktionellen Gruppen lassen sich die Zucker einteilen in:

- **Aldosen:** enthalten eine Aldehydgruppe
- **Ketosen:** enthalten eine Ketogruppe

Die Aldosen reagieren wie andere Aldehyde und reduzieren eine Fehling-Lösung.
Formal können deshalb die Saccharide als **oxidierte Polyalkohole** aufgefasst werden. Wird ein **endständiges C-Atom** oxidiert, so entsteht eine **Aldose**. Erfolgt die Oxidation an einem **mittelständigen C-Atom**, so wird eine Ketose gebildet.

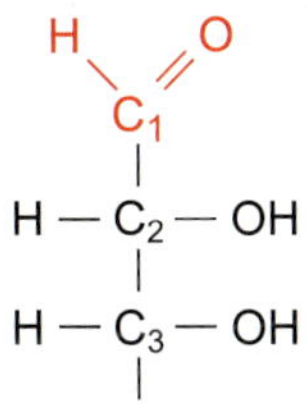
Aldose

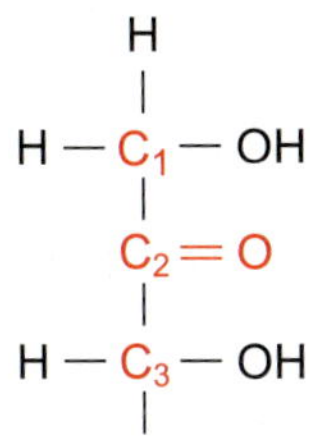
Ketose

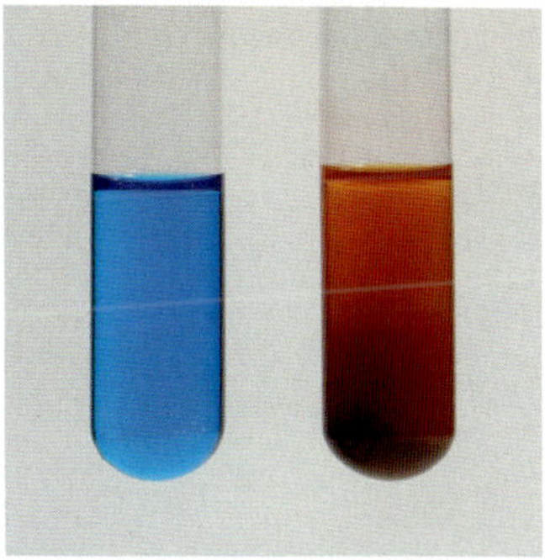
Bei Verwendung der ***Fehling-Lösung****, einem Gemisch aus Kupfersulfat-, Kalium-Natriumtartratlösung und Natronlauge, werden die tief dunkelblau gefärbten Kupfer(II)-Komplexionen durch Aldehyde reduziert, was an der Bildung von ziegelrotem Kupfer(I)-oxid zu erkennen ist. Herrmann Fehling (1811–1885), ein deutscher Chemiker, entwickelte diese Reaktion, um Zucker im Harn zu bestimmen (Nachweis auf Zuckerkrankheit).*

Monosaccharide

In der Natur kommen am häufigsten Monosaccharide mit fünf **(Pentosen, $C_5H_{10}O_5$)** und sechs C-Atomen **(Hexosen, $C_6H_{12}O_6$)** vor.

Die Hexosen liegen frei oder in Oligo- bzw. in Polysacchariden gebunden vor. Weiter finden sie sich in Verbindung mit anderen Stoffklassen (z. B. Eiweiße) als Glykoside.
Die Monosaccharide besitzen asymmetrische C-Atome und sind deshalb optisch aktiv:

> ***Optische Aktivität*** = die Eigenschaft, dass Verbindungen die Ebene des polarisierten Lichts drehen können.

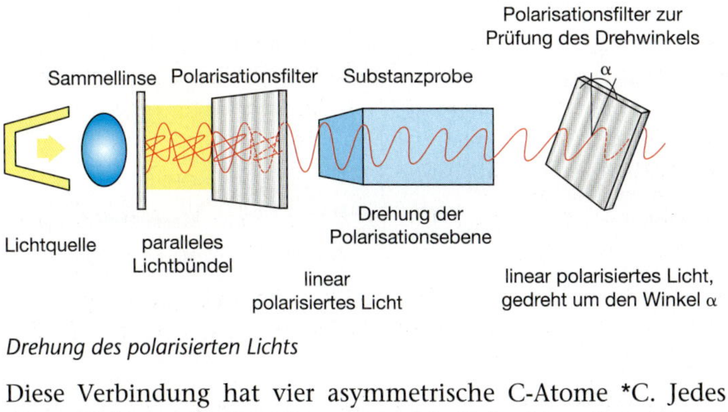

Drehung des polarisierten Lichts

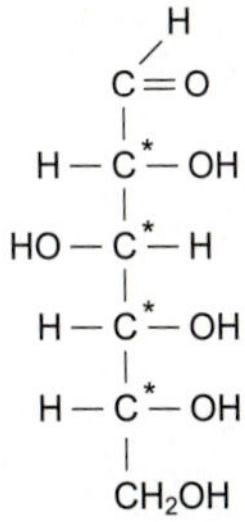
D(+) Glucose (Aldohexose)

Diese Verbindung hat vier asymmetrische C-Atome *C. Jedes dieser C-Atome besitzt vier unterschiedliche Liganden (Atomgruppen). Drehrichtung des polarisierten Lichts:
\+ = rechtsdrehend,
– = linksdrehend.
D und L stehen für die räumliche Anordnung des Zuckers bezogen auf das Glycerinaldehyd.

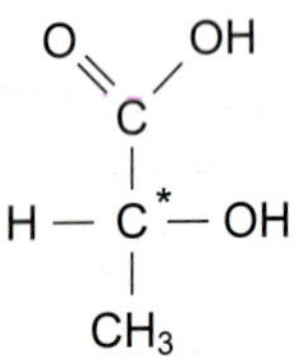
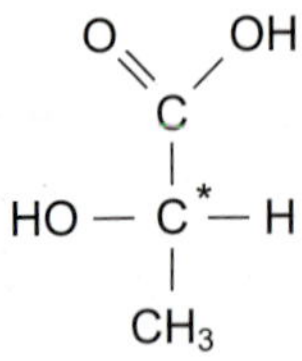

D (–)-Milchsäure *L (+)-Milchsäure*

Die vier unterschiedlichen Liganden des asymmetrischen C-Atoms sind in der Formel der Milchsäure deutlich zu erkennen. In Bezug auf die Stellung der OH-Gruppe am vorletzten C-Atom wird zwischen D- und L-Form unterschieden.

Die **Glucose** (Traubenzucker) ist der am häufigsten vorkommende und auch wichtigste biologische Einfachzucker. Er ist verbreitet in den meisten Früchten und Pflanzen, im Honig, in Mensch und Tier, hier besonders im Blut, und chemisch gebunden in anderen Kohlenhydraten. Die Glucose wirkt im Blut als Energielieferant für die einzelnen Organe und wird durch die Hormone Insulin, Glucagen und Adrenalin konstant auf ca. 0,1 % gehalten. Durch mangelhafte Insulinproduktion kann es zur Störung im Stoffwechselgleichgewicht kommen (Diabetes = Zuckerkrankheit).
Für die Darstellung der Zuckermoleküle wird neben der offenkettigen Formel (Fischer-Formel) eine weitere Formel verwendet, welche 1. die räumlichen Verhältnisse besser wiedergibt und 2. auch berücksichtigt, dass die Aldehydgruppe mit der OH-Gruppe reagiert und es zu einem Ringschluss kommt. Dies ist die Ringformel (Haworth-Formel).

Beispiele für Monosaccharide:

Namen und Vorkommen	offenkettige Form (Fischer-Formel)	Ringform (Haworth-Formel)
D(–)-Ribose Aldopentose; Bestandteil der RNA (Ribonukleinsäuren), einiger Vitamine und Coenzyme	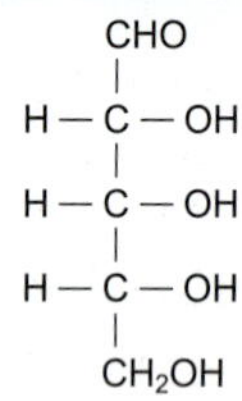	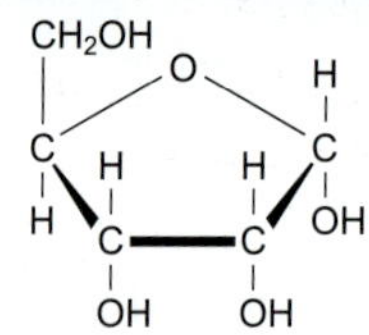 *α-D-Ribose*
D-Desoxyribose Aldopentose; Bestandteil der DNA (Desoxyribonukleinsäure)	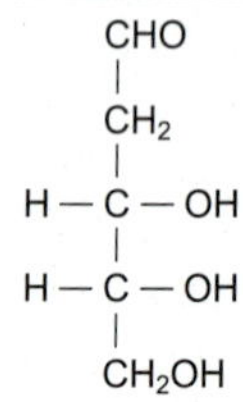	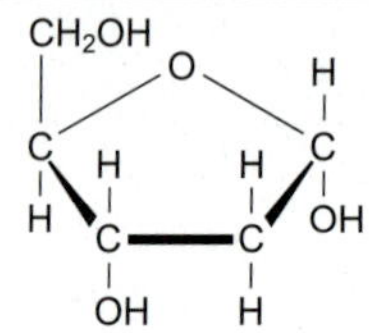 *β-D-Desoxyribose*
D(+)-Galactose Aldohexose; Bestandteil des Milchzuckers und polymerer Pflanzengummi	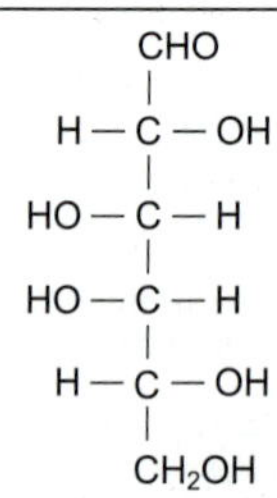	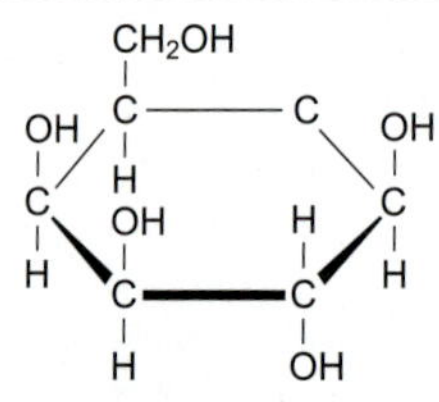 *β-D-Galactose*
D(–)-Fructose Ketohexose; frei in Früchten und Honig, Bestandteil des Rohrzuckers	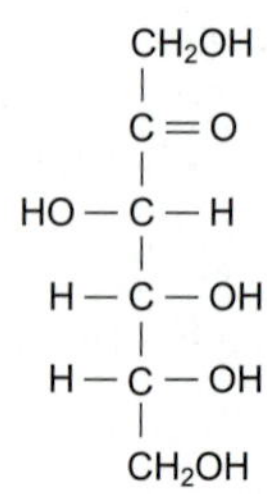	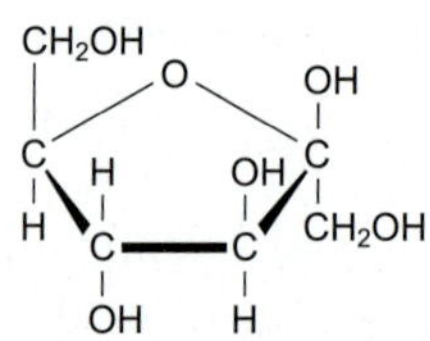 *β-D-Fructose*

Disaccharide

Disaccharide werden aus zwei Monosaccharidmolekülen unter Wasserabspaltung gebildet:

$$C_6H_{12}O_6 + C_6H_{12}O_6 \rightarrow C_{12}H_{22}O_{11} + H_2O$$

Diese Bindung zwischen den beiden Monosaccharidmolekülen wird auch als **Glykosidbindung** bezeichnet.
Das bekannteste **Disaccharid** ist die **Saccharose** oder der Rohrzucker, der sich aus je einem Molekül Fructose und Glucose aufbaut. Er wird im Sprachgebrauch kurz als „Zucker" bezeichnet.
Er kommt in vielen Pflanzen vor und wird technisch aus der Zuckerrübe (bis zu 20 %) und dem Zuckerrohr (bis zu 18 %) gewonnen.
Weitere Disaccharide sind die **Laktose (Milchzucker)** und die **Maltose (Malzzucker)**.

Polysaccharide

Polysaccharide sind Makromoleküle (Riesenmoleküle), die durch den Zusammenschluss glykosidisch gebundener Monosaccharide entstanden sind. Die aus Hexosen aufgebauten Polysaccharide haben die **allgemeine Formel:** $(C_6H_{10}O_5)_n$.

In der Formel fehlt gegenüber der einzelnen Hexose $(C_6H_{12}O_6)$ ein Wassermolekül, das beim Zusammenschluss abgespalten wurde. Die Polysaccharide haben in der Natur eine große Bedeutung als Energiereserve- und Gerüststoffe.
Die **Stärke** ist der wichtigste **pflanzliche Energiereservestoff**. Besonders stark vertreten ist sie in Kartoffeln und in Getreidekörnern. Das Stärkemolekül ist aus einzelnen Glucoseeinheiten aufgebaut und hat eine spiralförmige Struktur.
Neben ihrer Rolle als Bestandteil der Nahrung gewinnt die Stärke eine zunehmende Bedeutung als **nachwachsender Rohstoff** in der chemischen Industrie.
Das **Glycogen** ist der wichtigste tierische **Energiereservestoff**. Es wird in der Leber und in den Muskeln gespeichert und bei Energiebedarf dem Organismus durch Abbau als Glucose zugeführt.
Die **Cellulose (Zellstoff)** ist der am weitesten verbreitete **Gerüststoff** der Natur. In der Biosphäre ist die größte Menge an Kohlenstoff in der Cellulose gespeichert. Sie kommt hauptsächlich im Holz und ähnlichen pflanzlichen Produkten vor.
Die Cellulose besteht aus unverzweigten langen Ketten (bis zu 5000 Glucoseeinheiten), die sich unter Wasserstoffbrückenbindung bündeln und die sogenannten **Micellen** bilden. Diese Micellen besitzen hervorragende mechanische Eigenschaften.

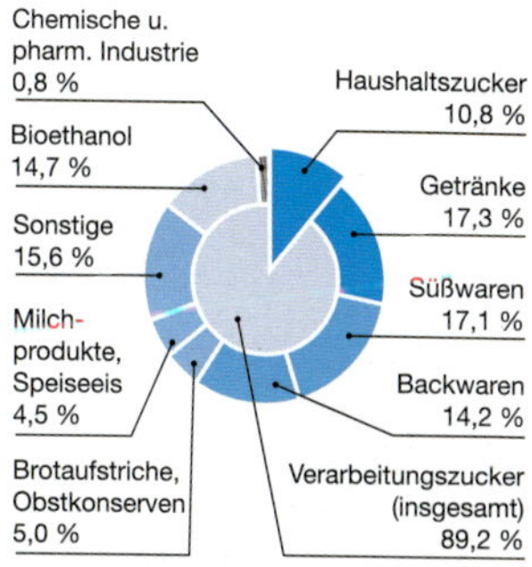

Verwendung von Zucker in der Bundesrepublik Deutschland (2014/2015)

Die Wurzel der Zuckerrübe enthält 16–20 % Saccharose

Zuckerrohr enthält im Mark bis zu 18 % Zucker.

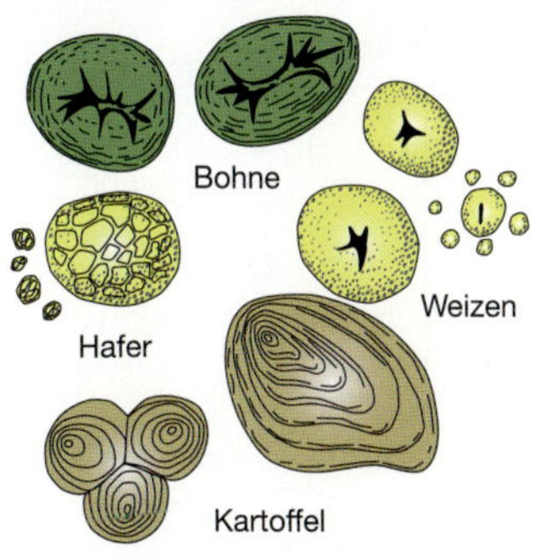

Verschiedene Stärkekörner
Größe und Aussehen sind für jede Pflanze charakteristisch.

Mit unseren heute vorhandenen Materialien und unserem Wissen sind wir nicht in der Lage, ein Bauwerk mit den mechanischen Eigenschaften eines Getreidehalmes zu bauen.

lipos (griech.) = Fett

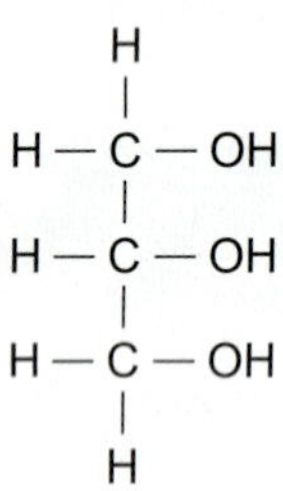

Glycerin

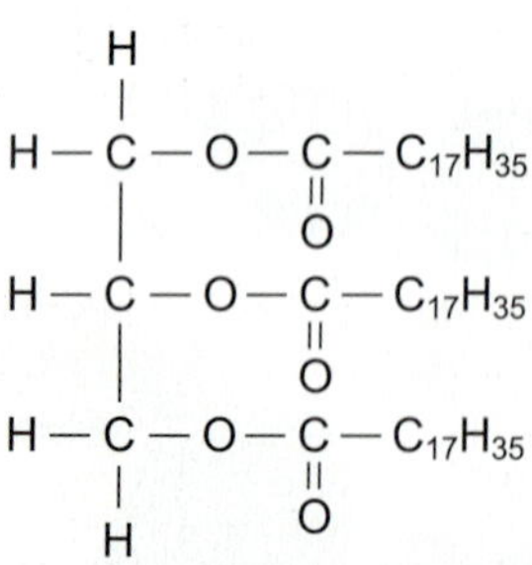

Tristearinsäureglycerinester

Fette

Die Fette gehören zur Gruppe der Lipide. **Lipide** sind Stoffe, die sich mit unpolaren Lösemitteln (z. B. Hexan) aus Zellen und Geweben herauslösen lassen. Es sind Naturstoffe, die chemisch recht unterschiedlich sind: u. a. Fette, Steroide und Terpene. Aufgrund ihres unterschiedlichen chemischen Aufbaus füllen sie in Organismen auch vielfältige Funktionen aus, sie treten auf als Energiereservestoffe und Bestandteile von Zellmembranen, Hormonen und Vitaminen.

Die Fette sind die häufigsten Lipide.
Fette sind Ester des Glycerins mit langkettigen Fettsäuren.

Die **Fettsäuren** liegen meist als langkettige Monocarbonsäuren mit einer geraden Anzahl von Kohlenstoffatomen vor. Dies liegt daran, dass Fettsäuren im Stoffwechsel aus der Essigsäure (zwei C-Atome) gebildet werden. Häufig kommen 12, 14, 16, 18 oder 20 Kohlenstoffatome vor. Jede der drei OH-Gruppen im Glycerin ist mit einer Fettsäure verestert. Die drei Fettsäuren können die gleichen, aber auch unterschiedliche sein. Durch das Kochen von Fetten mit Kali- oder Natronlauge werden die Fette hydrolisiert, d. h., sie werden in Glycerin und Kalium- bzw. Natriumsalze der Fettsäuren gespalten. Dieser Vorgang wird als Verseifung bezeichnet und ist die Umkehrung der Veresterung (s. S. 144).

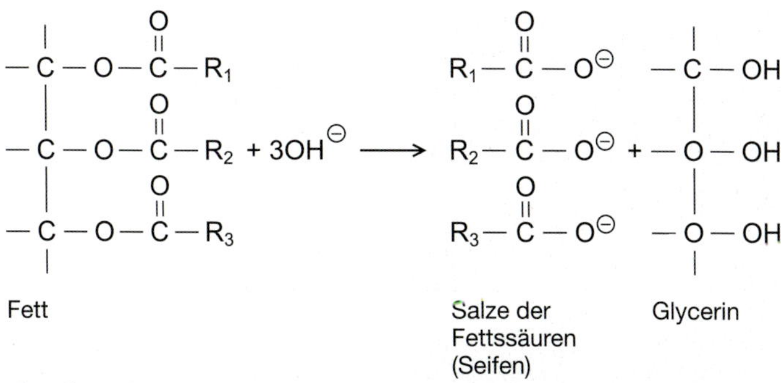

Verseifung der Fette

Fettsäure	Formel	Schmelztemperatur in °C
Laurinsäure	$CH_3(CH_2)_{10}COOH$	45
Myristinsäure	$CH_3(CH_2)_{12}COOH$	54
Palmitinsäure	$CH_3(CH_2)_{14}COOH$	63
Stearinsäure	$CH_3(CH_2)_{16}COOH$	70
Ölsäure	$CH_3(CH_2)_7CH{=}CH(CH_2)_7COOH$	16
Linolsäure	$CH_3(CH_2)_4CH{=}CHCH_2CH{=}CH(CH_2)_7COOH$	–5
Linolensäure	$CH_3CH_2CH{=}CHCH_2CH{=}CHCH_2CH{=}CH(CH_2)_7COOH$	–11
Arachinsäure	$CH_3(CH_2)_{18}COOH$	75

Wichtige Fettsäuren

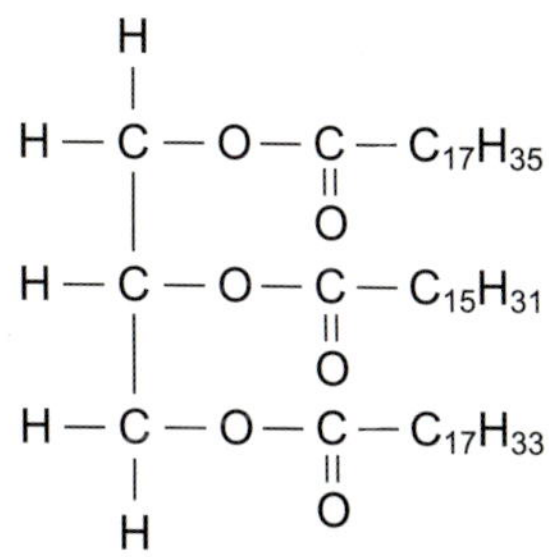

Stearinsäure-Palmitinsäure-Ölsäure-Glycerinester

In den Fetten sind gesättigte wie auch ungesättigte Fettsäuren gebunden. Die ungesättigten leiten sich von der Stearinsäure ab. Die **mehrfach ungesättigten Säuren** (Linolsäure, Linolensäure) sind für den menschlichen Organismus lebensnotwendig, da er sie selbst nicht herstellen kann. Sie müssen deshalb mit der Nahrung aufgenommen werden und man nennt sie daher **essenzielle Fettsäuren**.

essenziell = wesentlich

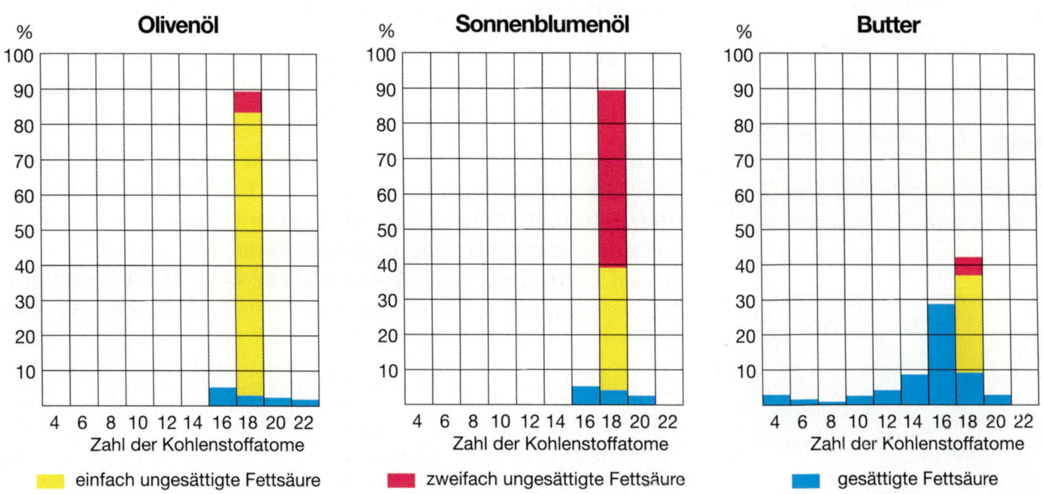

Durchschnittliche Zusammensetzung einiger Fette und Öle

Für ein einzelnes Fett ist der Anteil der Fettsäuren spezifisch und wird deshalb auch zur Identifizierung genutzt.

Fett	gesättigte Fettsäuren	Ölsäuren	Linolsäure
tierische Fette			
Milchfett	60	37	3
Talg	54	43	3
Schmalz	43	49	8
Pflanzenfette			
Sojaöl	14	24	62
Sonnenblumenöl	8	27	65
Maiskeimöl	14	29	57
Baumwollsaatöl	25	25	50
Olivenöl	19	73	8
Rapsöl	6	67	27
Palmkernfett	83	15	2
Kokosfett	92	6	2

Fettsäureanteile in Nahrungsfetten (% aller Fettsäuren)

Tierische und pflanzliche Fette

Die **Fette** bestehen nicht aus einem einheitlichen Molekül und weisen deshalb keine definierte Schmelztemperatur auf, sondern erweichen innerhalb eines Temperaturbereichs. Die Eigenschaften eines Fetts ergeben sich aus den gebundenen Fettsäuren. Je größer der Gehalt an ungesättigten Fettsäuren ist, um so niedriger liegt der Schmelzbereich des Fetts.

Pflanzliche Fette enthalten einen höheren Anteil an ungesättigten Fettsäuren und liegen deshalb häufig bei Raumtemperatur flüssig vor (z. B. Olivenöl). Sie werden auch als **Öle** oder **fette Öle** bezeichnet. Der Name wurde gewählt, um die fetten Öle von den Ölen aus Mineralöl zu unterscheiden.

Tierische Fette besitzen einen höheren Gehalt an gesättigten Fettsäuren und sind bei Raumtemperatur überwiegend fest (z. B. Schmalz).

Raps ist eine bedeutende Ölpflanze.

Bei Lagerung können Fette und fette Öle **ranzig** werden. Dies beruht darauf, dass sich Luftsauerstoff an die Doppelbindungen anlagert.

Fette sind im Tier- und Pflanzenreich so verbreitet, weil sie für den lebendigen Organismus ausgezeichnete **Energiespeicher** sind. Fette haben mit 37 kJ/g einen doppelt so hohen physiologischen Brennwert wie Kohlenhydrate und Eiweiße. Weiter dienen Fettpolster als Wärmeisolation (z. B. bei Walen) und Organe werden vor Stoß und Wärmeverlust (Nierenfett) isoliert.

Ölpresse (Seiherstab-Schneckenpresse)

Pflanzliche Öle werden durch **Auspressen** gewonnen. Kaltgepresste Öle sind für die Ernährung die wertvolleren, weil sie die Geschmacksstoffe der Ölfrüchte (z. B. Oliven) und Vitamine enthalten. Bei einer Erwärmung des Ausgangsmaterials wird die Ausbeute erhöht, aber Geschmacksstoffe und Vitamine werden in Mitleidenschaft gezogen bzw. andere Stoffe gelangen mit in das Öl. Einige Fette und Öle werden auch durch **Extraktion** mit einem organischen Lösemittel (z. B. Hexan) aus pflanzlichem Material herausgelöst.

Ein hoher Anteil der pflanzlichen Fette wird zur **Margarineherstellung** verwendet. Die meisten Fette sind nicht unmittelbar als Speisefette zu gebrauchen, da sie wegen ihres hohen Gehalts an ungesättigten Fettsäuren zu weich sind. Sie werden katalytisch hydriert und anschließend gereinigt. Da bei der Hydrierung der Schmelzbereich des Fetts ansteigt, wird das Verfahren auch **Fetthärtung** genannt.

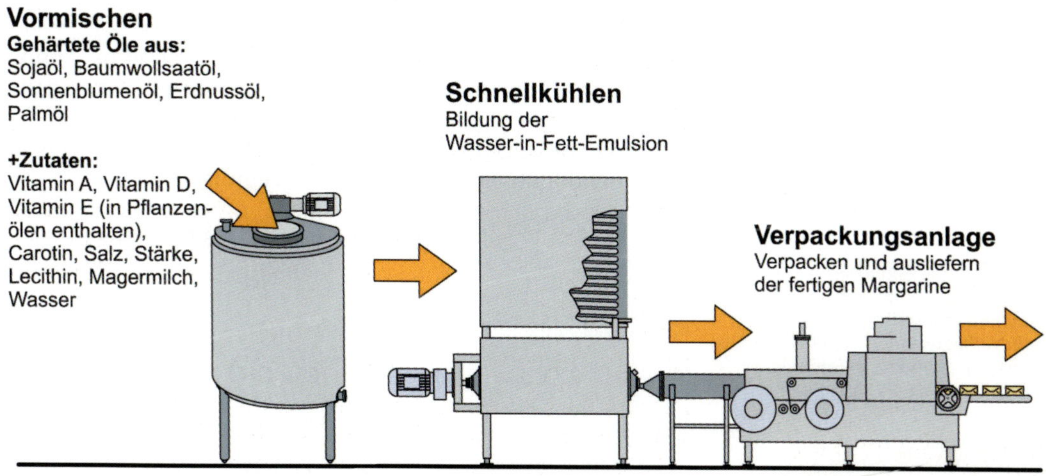

Beispiel für Fetthärtung: Herstellung von Margarine

Aminosäuren und Proteine

Aminosäuren

Aminosäuren sind Carbonsäuren, die gleichzeitig eine -COOH-Gruppe und eine NH_2-Gruppe enthalten.
Die einfachste Aminosäure ist die Aminoessigsäure (Glycin):

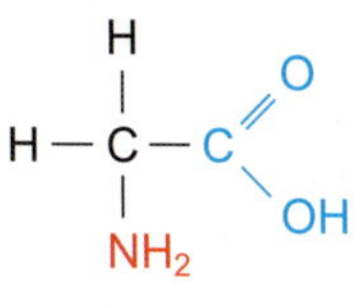

Von der Aminobutansäure gibt es zwei unterschiedliche Strukturen:

2-Aminobutansäure oder α-Aminobutansäure:

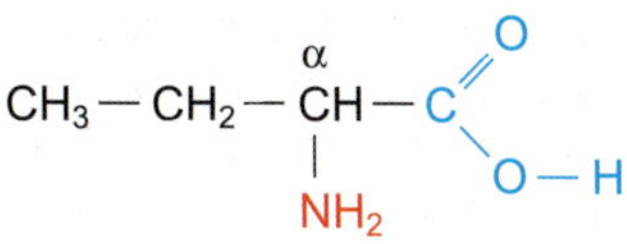

3-Aminobutansäure oder β-Aminobutansäure:

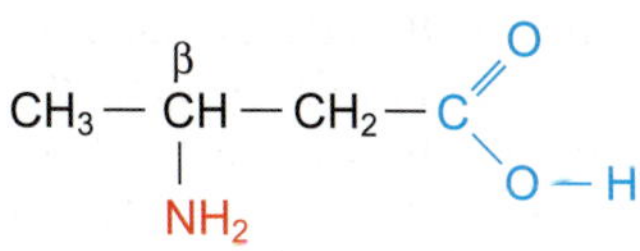

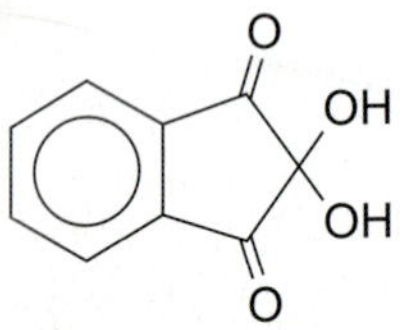

Ninhydrin
Die Substanz dient zum Nachweis von Aminosäuren.

Aminosäuren und Proteine ergeben mit Ninhydrin eine rote bis violette Farbe. So können z. B. Fingerabdrücke auf Papier sichtbar gemacht werden.

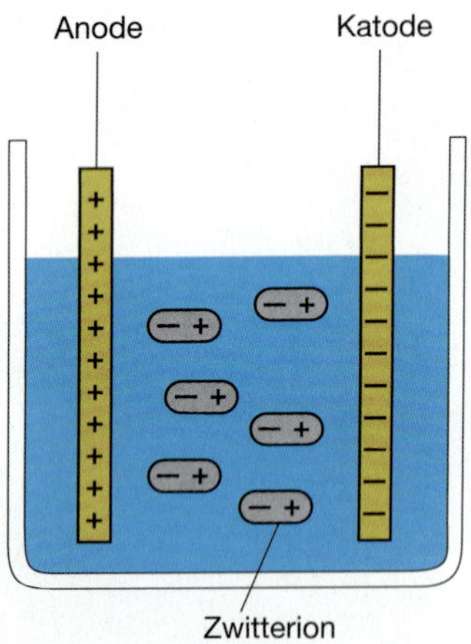

Die Ausrichtung von Zwitterionen im elektrischen Feld

Die NH_2-Gruppe kann sich bei der Aminobutansäure am ersten C-Atom (α-Stellung) neben der COOH-Gruppe befinden oder am zweiten (β-Stellung). Am Aufbau der Eiweißstoffe im menschlichen Organismus sind nur die von Bedeutung, in denen sich die NH_2-Gruppe in der α-Stellung befindet, dies sind die α-**Aminosäuren**.

Struktur der α-Aminosäuren:

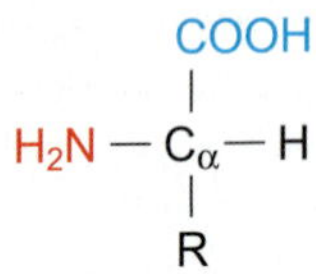

Die Aminosäuren besitzen im Molekül eine basische Aminogruppe (NH_2-) und eine saure Carboxylgruppe (-COOH), daher können sie mit Säuren und mit Basen Salze bilden. Aminosäuren sind also amphoter. Sie wirken je nach Reaktionspartner als Protonendonatoren oder Protonenakzeptoren:

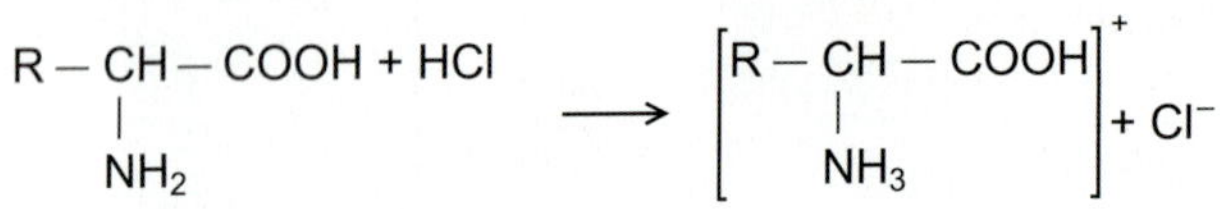

Salzbildung mit Säuren

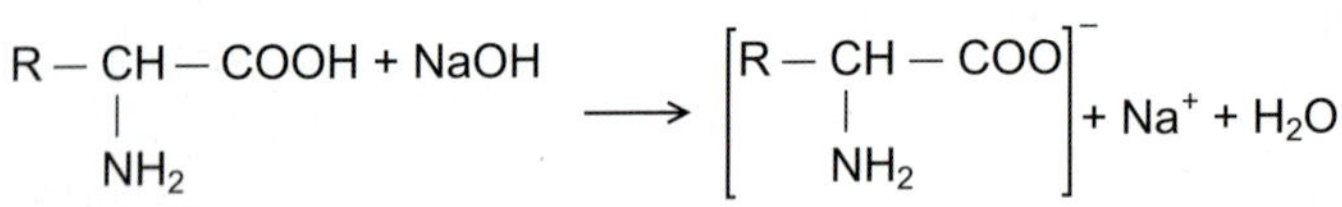

Salzbildung mit Basen

Durch die zwei funktionellen Gruppen sind die Aminosäuren **bifunktionelle Verbindungen** und liegen im festen Zustand als **Zwitterion** vor. Von der sauren -COOH-Gruppe wandert das Proton zur basischen -NH_2-Gruppe, deshalb bildet sich ein sogenanntes inneres Salz:

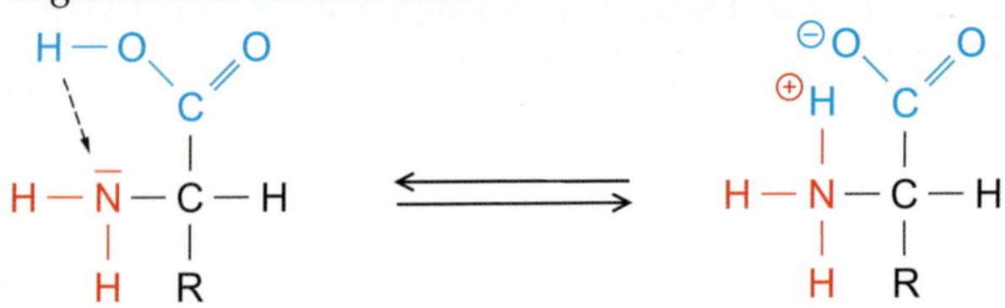

Zwitterion oder inneres Salz

Die Moleküle der Aminosäuren werden durch diese starken zwischenmolekularen Kräfte zusammengehalten. Die Aminosäuren sind, wie die Salze, Feststoffe, die erst bei hohen Temperaturen schmelzen, teilweise unter Zersetzung. Außerdem leiten sie wie Salze im festen Zustand keinen elektrischen Strom.

In einer wässrigen Lösung hängt es vom pH-Wert ab, ob die Aminosäure als reines Zwitterion vorliegt:

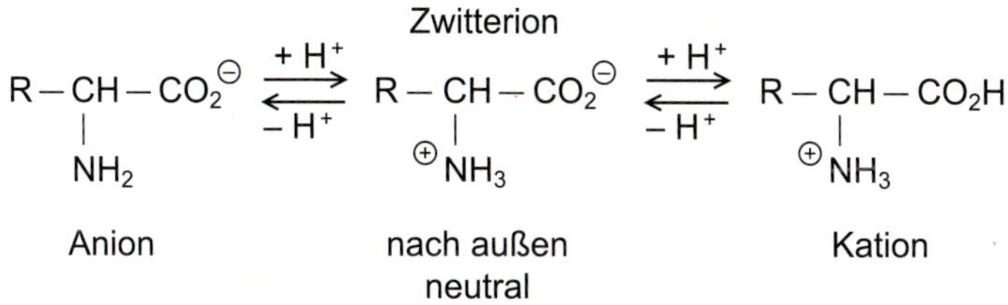

Aminosäure als Protonenakzeptor oder Protonendonator

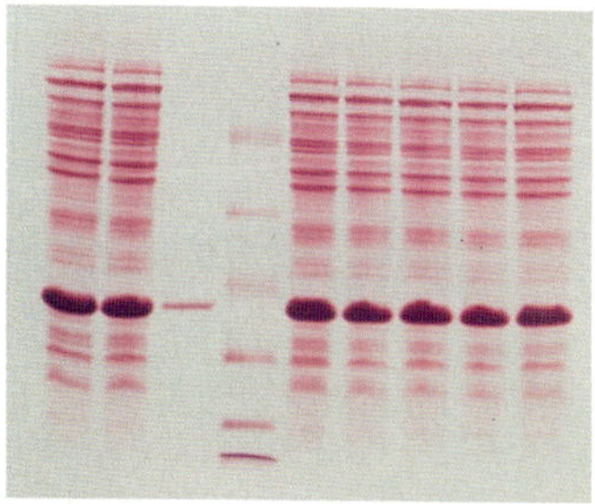

Gel-Elektrophorese verschiedener Eiweißstoffe
Nach dem Anfärben sind die einzelnen Proteine als Bänder sichtbar.

Je nachdem, welcher Zustand der Aminosäure vorliegt, liegt sie als Kation oder Anion vor. In einem elektrischen Gleichspannungsfeld wandern die Ionen entweder zum Pluspol oder Minuspol. Es gibt einen pH-Wert, bei dem die Aminosäure überwiegend als Zwitterion vorliegt. Bei diesem pH-Wert ist die Aminosäure nach außen elektrisch neutral und wandert nicht im elektrischen Feld. Dieser pH-Wert ist der **isoelektrische Punkt**. Dadurch ergeben sich unterschiedliche Wanderungsgeschwindigkeiten der einzelnen Aminosäurenmoleküle in Abhängigkeit vom pH-Wert. Dieses Verhalten wird in der **Elektrophorese** angewendet, um **Aminosäuren bzw. Proteine zu trennen**. Damit auch eine Auftrennung nach Molekülform und -größe stattfindet, wird die Auftrennung in einem Gel durchgeführt. Nach der Trennung liegen die einzelnen Aminosäuren oder Proteine als Streifenmuster vor. Diese **Gel-Elektrophorese** wird in der Molekularbiologie oder Biochemie häufig zur Trennung und Identifikation von Proteingemischen eingesetzt.

Die wichtigsten Aminosäuren

Gruppe 1
(unpolare Seitenketten)

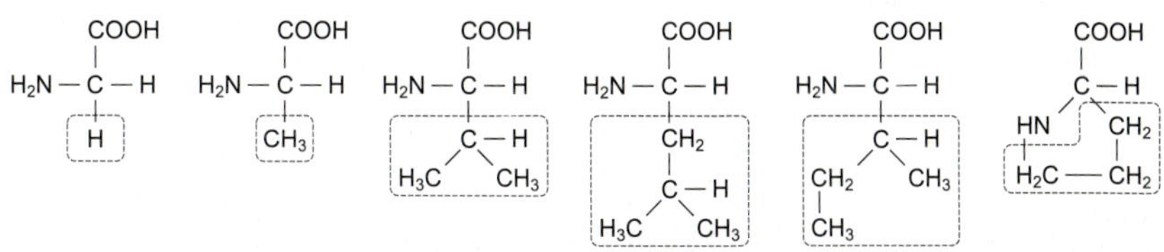

Glycin (Gly) — *L-Alanin (Ala)* — *L-Valin[1] (Val)* — *L-Leucin[1] (Leu)* — *L-Isoleucin[1] (Ile)* — *L-Prolin (Pro)*

Gruppe 2
(aromatische Seitenketten)

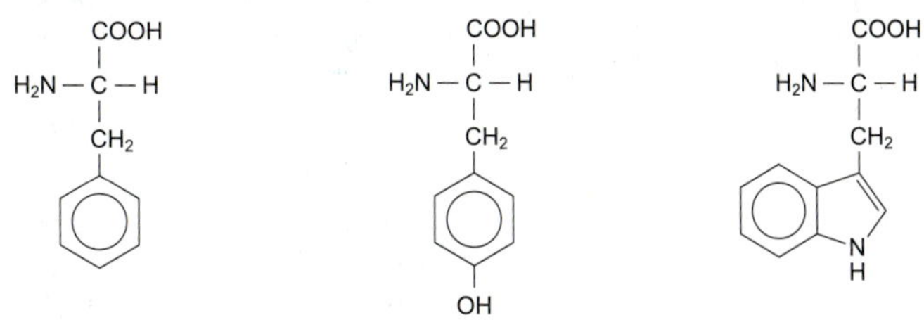

L-Phenylalin[1] (Phe) — *L-Tyrosin (Tyr)* — *L-Tryptophan[*] (Trp)*

[1] *essenzielle Aminosäuren*

Gruppe 3 (polare Seitenketten)

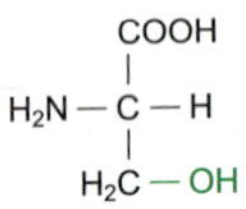

L-Serin (Ser)

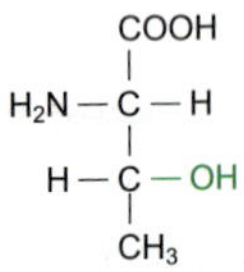

L-Threonin[1] (Thr)

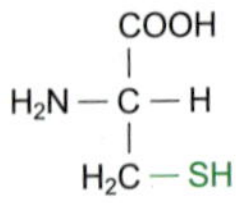

L-Cystein (Cys)

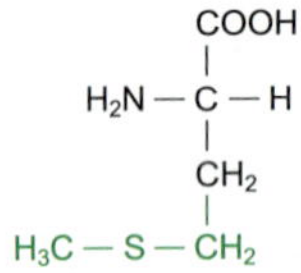

L-Methionin[1] (Met)

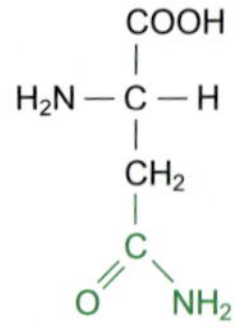

L-Asparagin (Asn, Asp-NH_2)

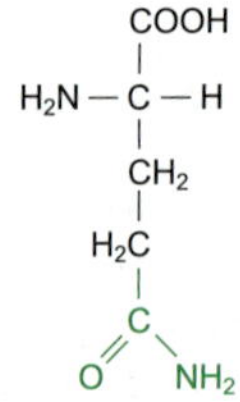

L-Glutamin (Gln, Glu-NH_2)

Gruppe 4 (basische Seitenketten)

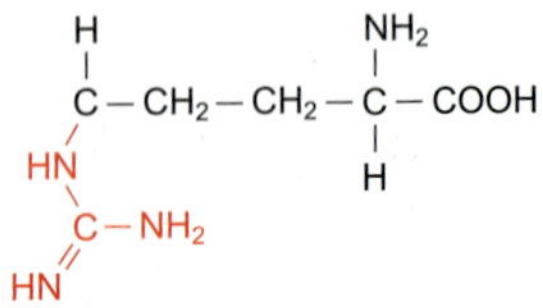

L-Arginin (Arg)

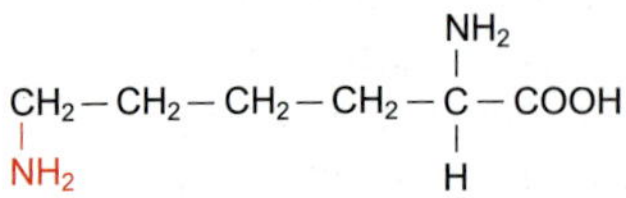

L-Lysin (Lys)

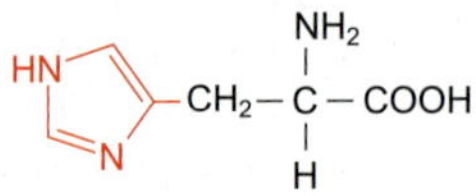

L-Histidin (His)

Gruppe 5 (Saure Seitenketten)

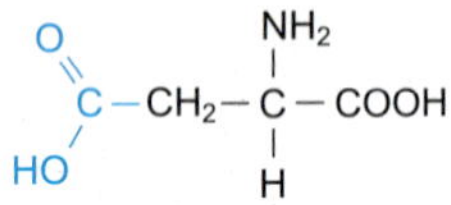

L-Asparaginsäure (Asp)

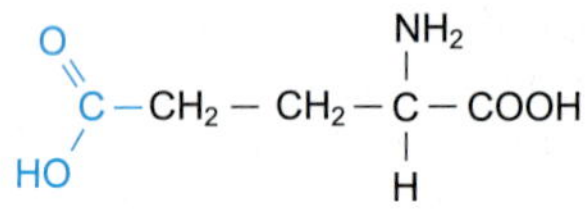

L-Glutaminsäure (Glu)

Proteine

Proteine = einfache Eiweißstoffe
Proteide = zusammengesetzte Eiweißstoffe

Proteine oder Eiweißstoffe sind makromolekulare Verbindungen, die aus α-Aminosäuren aufgebaut sind.
Die Molmassen liegen zwischen 10000 bis 500000, Proteine mit einer geringeren Molmasse werden als Polypeptide bezeichnet.
Neben den Proteinen, die nur aus Aminosäuren aufgebaut sind, gibt es noch die **Proteide. Diese enthalten neben dem Proteinanteil noch andere gebundene Stoffgruppen.** Diese Stoffgruppen können z. B. sein: Zucker, Phosphorsäure, Farbstoffe, Nukleinsäure.
Eiweißstoffe wirken in vielen biochemischen Prozessen mit und werden auch als „Träger des Lebens" bezeichnet.

Beispiele für Prozesse, an denen Eiweißstoffe beteiligt sind:

- *In der Zelle spielen sich die Lebensvorgänge unter Umwandlung der Eiweißstoffe (Vererbung und Proteinbiosynthese) ab, dabei spielen die Nukleinsäuren eine Rolle.*
- *Der Transport des Sauerstoffs im Blut durch das Protein Hämoglobin.*
- *Die biokatalytisch wirkenden Enzyme (z. B. Abbau der Nahrung im Darm) und einige Hormone (z. B. Regulierung des Blutzuckers durch Insulin) gehören zu den Eiweißstoffen.*
- *Faserige Proteine (Kollagene) sind an Stützfunktionen beteiligt (Sehnen, Muskeln).*

[1] *essenzielle Aminosäuren*

- *Die Antikörper des Immunsystems sind sehr spezifische Proteine, die gezielt Fremdsubstanzen wie Bakterien und Viren erkennen und unschädlich machen können.*

▸ Hydrolyse:
Spaltung einer Verbindung durch die Reaktion mit Wasser

▸ Kondensation:
Verbindung von zwei Molekülen unter Abspaltung eines einfachen Moleküls (z. B. Wasser)

Die Eiweißstoffe im Organismus werden ständig erneuert und müssen durch die Nahrungsaufnahme ergänzt werden. Der tierische und menschliche Organismus deckt seinen Bedarf aus Proteinen von Tieren und Pflanzen. Im Körper werden die Eiweiße in Stufen bis zu den Aminosäuren abgebaut, um dort als freie Aminosäuren vom Dünndarm aufgenommen und dann in der Leber zu körpereigenem Eiweiß aufgebaut zu werden. Tierisches Eiweiß ist für die menschliche Ernährung geeigneter als pflanzliches, da die Zusammensetzung der Aminosäure eher dem menschlichen Eiweiß entspricht.

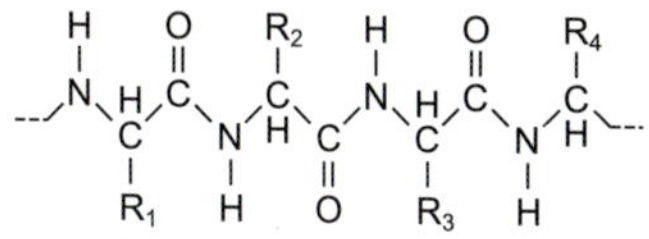

Ausschnitt aus einer Polypeptidkette

In den Proteinen sind die einzelnen Aminosäuren durch die **Peptidbindung** miteinander verknüpft. Bei der Verbindung von zwei Molekülen Aminosäure wird ein Molekül Wasser frei, es handelt sich deshalb bei dieser Bindungsart um eine Kondensation. Das gebildete Dipeptid hat ebenfalls zwei funktionelle Gruppen und es können weitere Kondensationen erfolgen. Es bildet sich dann aus dem Dipeptid ein Tripeptid usw. bis schließlich ein Polypeptid, ein Protein, entsteht.

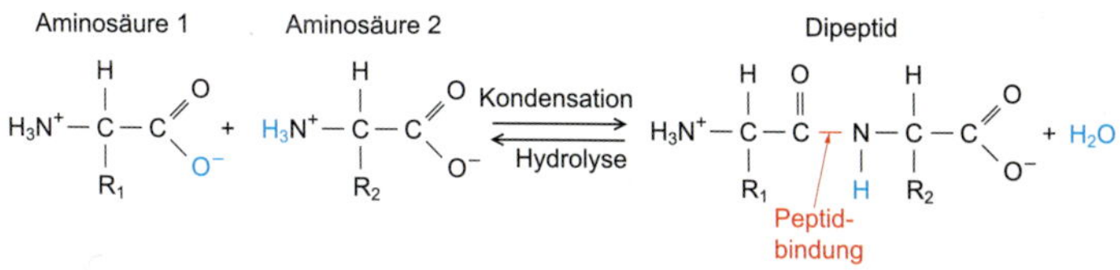

Bildung einer Peptidbindung

Frederick Sanger (1918–2013) erhielt zweimal den Nobelpreis für Chemie: 1958 für seine Arbeiten zur Sequenzbestimmung der Aminosäuren, 1980 für die Sequenzbestimmung der Nucleotide.

Die Reihenfolge der gebundenen Aminosäuren (**Aminosäurensequenz**) ist entscheidend für die Eigenschaften des gebildeten Proteins. Die Aminosäuresequenz wird auch als **Primärstruktur eines Proteins** bezeichnet. Die erste Ermittlung einer Aminosäuresequenz eines größeren Moleküls gelang 1953 dem englischen Biochemiker Frederick Sanger mit dem Insulin.

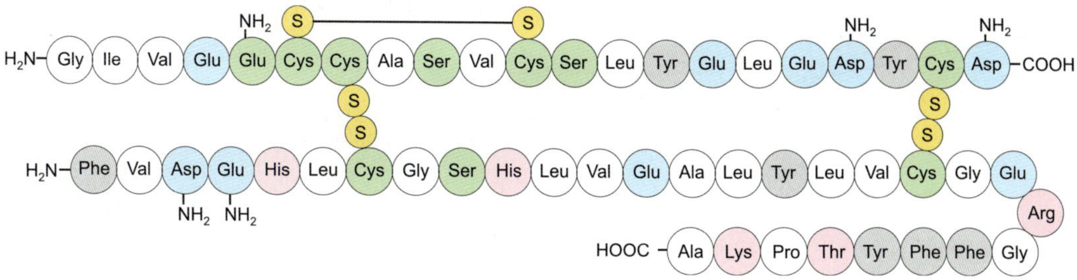

Die Sequenz des Insulins

Heute sind die Aminosäuresequenzen von zahlreichen Eiweißstoffen bekannt. Die Primärstruktur der Proteine ist genetisch bedingt und wird durch die DNA (s. S. 169) festgelegt.

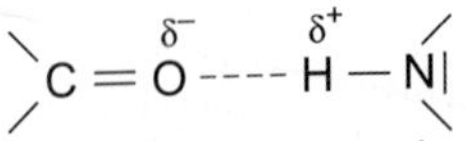

Wasserstoffbrückenbindung

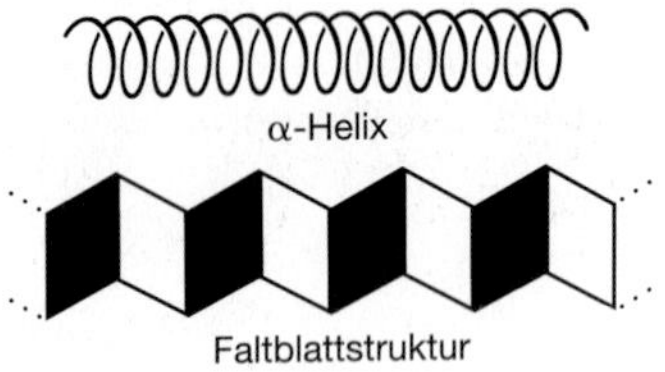

Sekundärstrukturen der Proteine

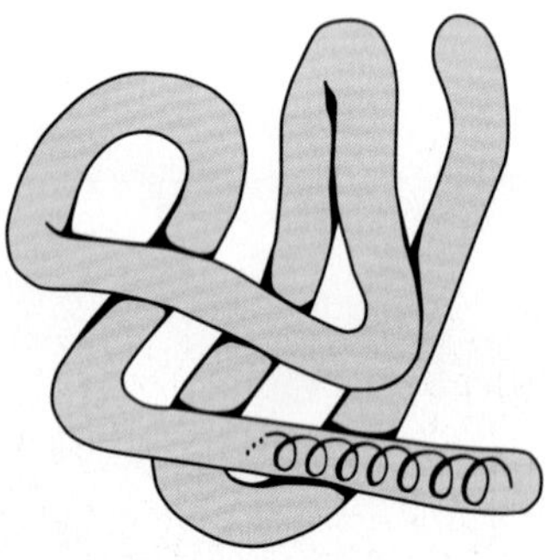

Tertiärstruktur der Proteine

Innerhalb und zwischen den Polypeptidketten können sich **Wasserstoffbrückenbindungen** ausbilden.

Die einzelne Wasserstoffbrückenbindung ist relativ schwach, aber da sie vielfach vorhanden ist, liegt eine starke Wechselwirkung (Anziehungskräfte) vor und die **Sekundärstruktur des Proteins** wird dadurch festgelegt. Es treten überwiegend zwei Strukturen auf: die **Faltblattstruktur** und die **α-Helixstruktur** (Schraubenstruktur).
Wolle hat z.B. einen Aufbau aus einer α-Helixstruktur, dadurch wird ihre Dehnbarkeit und Elastizität erklärt. Seide tritt in der Faltblattstruktur auf und besitzt deshalb nur eine geringe Dehnbarkeit.

Die α-Helix- und Faltblattstrukturen werden durch weitere Bindungsarten zu kugelförmigen Knäueln zusammengefaltet. Diese eigentliche Teilchengestalt des Proteinmoleküls ist die **Tertiärstruktur**. An der Tertiärstruktur sind folgende Bindungsarten beteiligt:

1. **Disulfidbindung** (Atombindung) zwischen zwei Cystein-Molekülen (α-Aminosäuren mit Schwefel in der Seitenkette)
2. **Esterbindung** durch die Reaktion zwischen saurer Aminosäure (z.B. Glutaminsäure) mit Hydroxyaminosäuren (z.B. Tyrosin)
3. **Säureamidbindungen** durch saure und basische Aminosäuren (z.B. Lysin)

Neben den oben stehenden Atombindungen sind noch wirksam:

4. **Ionenbindungen**
5. **Van-der-Waalskräfte** zwischen unpolaren Seitenketten

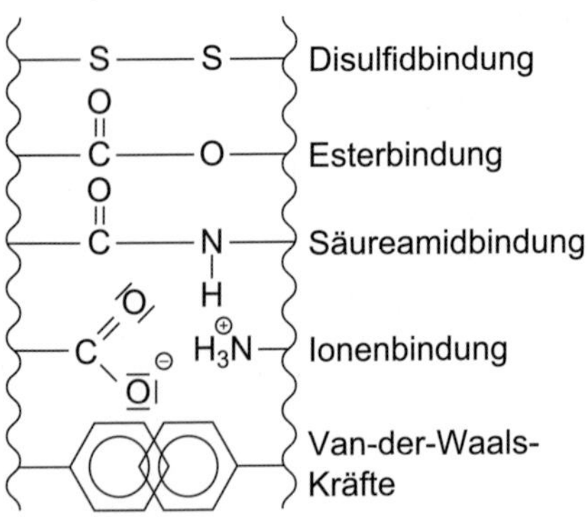

Weitere Bindungen in Proteinen

Viele biologisch aktive Proteine bestehen nicht nur aus einem Molekül, sondern es lagern sich zwei oder mehrere Polypeptidketten durch Wechselwirkung von Seitenketten zusammen: Es entsteht die **Quartärstruktur**.
Das Hämoglobin ist z. B. aus vier gefalteten Polypeptidketten aufgebaut. Jede dieser Ketten beinhaltet eine Hämoglobingruppe mit Eisen (als Fe^{2+}) im Zentrum. Diese Gruppe verursacht die rote Farbe der Blutkörperchen und kann im Zusammenspiel mit der übrigen Polypeptidkette den Sauerstoff binden.
Die Aufklärung der Struktur des Hämoglobins durch den Chemiker Max Ferdinand Perutz gilt als Meilenstein der Molekularbiologie.
Das Hämoglobin gehört wie die Enzyme zu den **globulären Proteinen**, die wichtige **biochemische Funktionen** erfüllen. Durch den verschlungenen Aufbau der Moleküle besitzen sie häufig eine kugelähnliche Gestalt.
Proteine, die in ihrer Quartärstruktur einen **faserförmigen Aufbau** zeigen, sind wichtige **Faser- und Gerüstsubstanzen**. Zu ihnen zählen die Keratine (z. B. Haare, Wolle, Nägel) und die Kollagene (z. B. Sehnen, Bänder).
Bei der Formveränderung der Haare durch Dauerwellen werden die -S-S-Disulfidbrücken durch geeignete Oxidationsmittel zerstört und nach der Formgebung durch Reduktionsmittel wieder zurückgebildet.

Quartärstruktur des Hämoglobins.

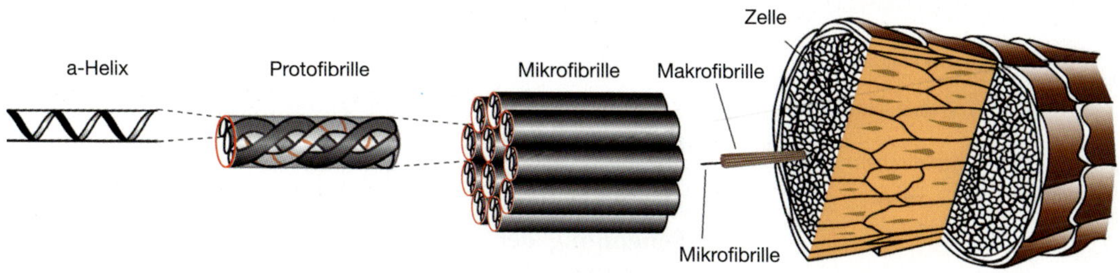

***Die Grundstruktur des Proteins in Haar, Wolle, Klauen und Haut ist eine α-Helix.** Die Wasserstoffbrückenbindung der α-Helix verbinden benachbarte Windungen derselben Proteinkette. Diese Schraubenstrukturen bauen ihrerseits zunehmend komplexere Strukturen auf, die schließlich die vollständige Haarfiber hergeben.*

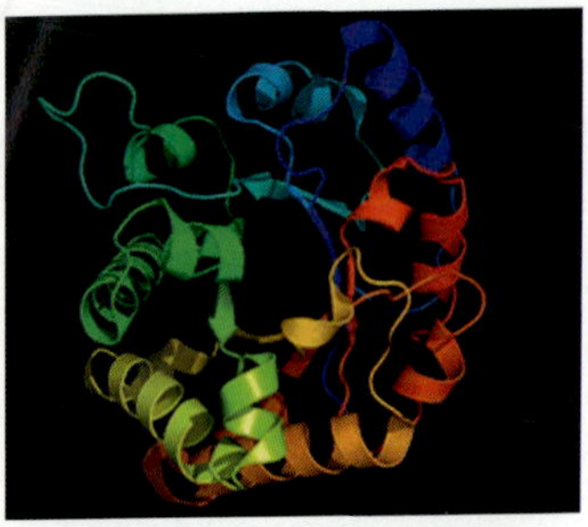

Räumliche Struktur des Enzyms Trisephosphatisomerase (grün) mit Substrat (rot). Dieses Enzym ist am schrittweisen Abbau von Einfachzuckern (z. B. Traubenzucker) beteiligt

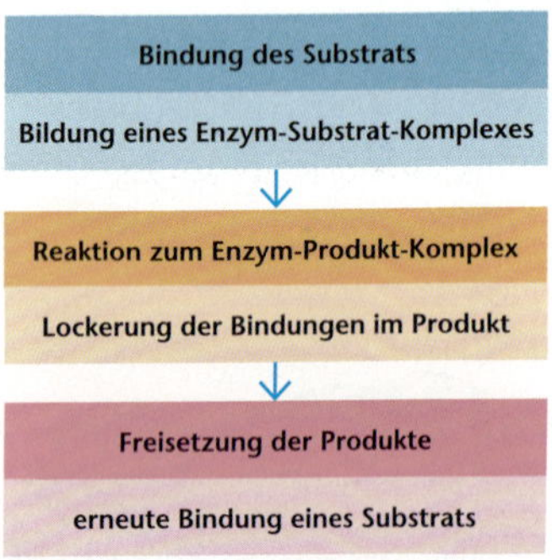

Abfolge einer enzymatischen Katalyse

Enzyme

Enzyme sind Eiweißstoffe, die in der Zelle gebildet werden und als Biokatalysatoren wirken.

Wie in der anorganischen Chemie die Katalysatoren setzen auch die Enzyme die Reaktionsenergie herab. Sie beschleunigen biochemische Reaktionen, die sonst nur sehr langsam ablaufen oder überhaupt nicht stattfinden würden.

Die **Enzymwirkung** beruht auf dem **Schlüssel-Schloss-Prinzip**. Die Enzyme sind globuläre Proteine, die eine dreidimensionale Ausbuchtung (**aktives Zentrum**) haben. Dieses Zentrum ist das **„Schloss"** und das umzusetzende Molekül **(Substrat)** passt dort wie ein **„Schlüssel"** hinein. Durch die katalytisch wirkende Gruppe des aktiven Zentrums wird ein Enzym-Substrat-Komplex gebildet. Innerhalb des Substrates werden Bindungen gelockert und es bildet sich der Enzym-Produkt-Komplex. Das Produkt wird abgegeben und das Enzym steht für eine nachfolgende Reaktion bereit.

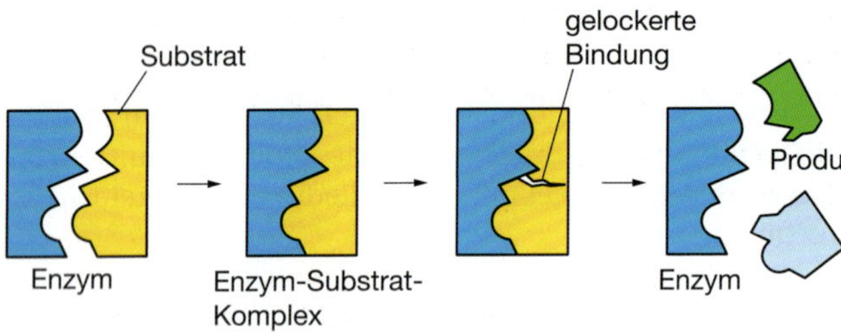

Wirkungsweise eines Enzyms (Schlüssel-Schloss-Prinzip)

Viele Enzyme greifen nur ein bestimmtes Substrat an, sie sind **substratspezifisch**. Enzyme arbeiten alle nur bei einer bestimmten Temperatur und einem bestimmten Druck. Die Zahl der natürlich vorkommenden Enzyme wird auf ca. 10000 geschätzt.

Die **Benennung der Enzyme** erfolgt durch die Endsilbe **-ase** und der Name soll erklärend sein (z. B. sind Proteasen eiweißspaltende Enzyme, Lipasen sind fettspaltende Enzyme, Amylasen sind stärkespaltende Enzyme).

Die Enzyme wirken nicht nur innerhalb der Zellen eines Organismus, sondern werden schon lange von den Menschen genutzt. Bei der alkoholischen Gärung wird z. B. das Enzym Zymase, das in der Hefe vorhanden ist, verwendet. Weitere Beispiele solcher alt bekannten biotechnologischen Verfahren sind das Backen von Brot und die Herstellung von Käse und Joghurt.

Heute werden auch z. B. in der Lebensmitteltechnik (Herstellung von Fruktose aus Mais), Waschmittelherstellung (Zusatz von Proteasen, Lipasen und Amylasen), Zellstoffherstellung (Bleichen) und Medizin (Diagnostik und Therapie) Enzyme eingesetzt.

Es gibt Entwicklungen, bekannte traditionelle chemische Verfahren durch enzymatische zu ersetzen. Dadurch können Produkte in großer Reinheit und mit niedrigem Energieaufwand hergestellt werden (z. B. Acrylamid, Vitamin B2).
Die dafür verwendeten Enzyme werden zum Teil mithilfe gentechnologisch veränderter Mikroorganismen gewonnen.

Vitamine

vita (lat.) = Leben

Vitamine sind Wirkstoffe, die für den Stoffwechsel des Körpers unentbehrlich sind. Sie müssen mit der Nahrung aufgenommen werden, da sie nicht vom Organismus selbst gebildet werden können. Vitamine sind also essenzielle Bestandteile der Nahrung. Es handelt sich dabei um sehr kleine Mengen, die nicht zur Energiezufuhr beitragen. Viele Vitamine wirken im Körper als Bestandteile von Enzymen, andere greifen direkt in den Stoffwechsel ein. Es kann zu Mangelerscheinungen führen, wenn Vitamine fehlen. Einige werden als Provitamine aufgenommen und im Organismus zu Vitaminen umgesetzt.
Die Vitamine haben chemisch einen unterschiedlichen Aufbau. Eingeteilt werden sie in fett- und wasserlösliche Vitamine.

Die fettlöslichen Vitamine kann der Körper speichern, während die wasserlöslichen dem Körper ständig zugeführt werden müssen. Im Allgemeinen reicht eine ausgewogene Ernährung aus, um den Körper ausreichend mit Vitaminen zu versorgen. Der tägliche Bedarf für die einzelnen Vitamine liegt unter 20 mg; eine Ausnahme macht das Vitamin C, hier sind mindestens 75 mg erforderlich.

Zitronen enthalten viel Vitamin C.

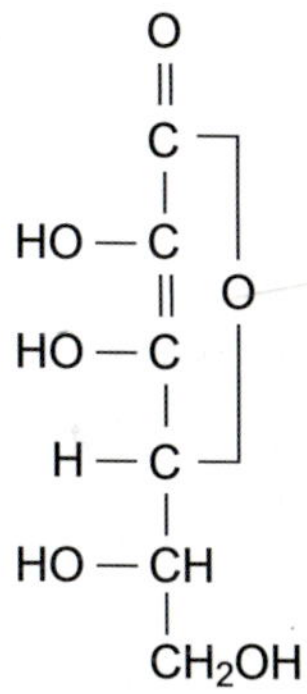

Ascorbinsäure (Vitamin C)

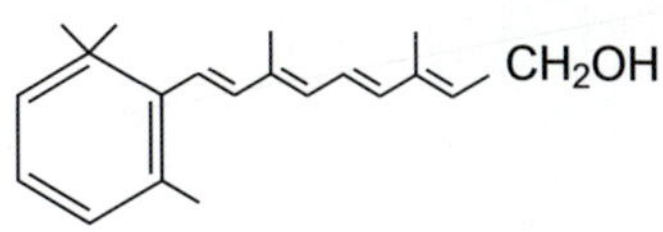

Retinol (Vitamin A)

Name	Abk.	Tagesbedarf eines Erwachsenen nach der DGE	Wirkungen	Vorkommen	Mangelerscheinungen (Beispiel)
fettlösliche Vitamine					
Retinol	A	0,8–1 mg	Beeinflussung der Sehkraft, Beeinflussung des Zellwachstums, Erneuerung der Haut	Leber, Milchfette, Fisch, als Provitamin in vielen Pflanzen	selten
Cholecalciferol	D	5 µg	Förderung der Calciumaufnahme	wird vom Körper bei UV-Einfluss hergestellt; Fischprodukte; in geringerer Menge in Milch	Rachitis
Tocopherole Tocotrienole	E	10–15 mg	dienen der Zellerneuerung, hemmen entzündliche Prozesse, stärken das Immunsystem, wirken als Radikalenfänger	pflanzliche Öle, in geringerer Menge in Blattgemüse, Vollkornprodukten	selten
Phyllochion	K_1	0,001–2,0 mg	Erforderlich für die Bildung der Blutgerinnungsfaktoren 2, 7, 9, und 10 sowie deren Gegenspieler Protein S und C. Auch im Knochen wird es für die Synthese von Osteocalcin benötigt.	Eier, Leber, Grünkohl	Gerinnungsstörungen
Menachinon Famochinon	K_2				
wasserlösliche Vitamine					
Thiamin	B_1	1,3–1,8 mg	beeinflusst den Kohlenhydratstoffwechsel, wichtig für die Schilddrüsenfunktion, wichtig für die Nerven	Fleisch, Erbsen, Haferflocken	Beriberi
Riboflavin	B_2	1,8–2,0 mg	gegen Migräne, fördert die Merkfähigkeit und Konzentration	Fleisch, grünes Blattgemüse, Vollkornprodukte	Pellagra
Niacin auch Nicotinsäureamid, Nicotinsäure	B_3	15–20 mg	Verwertung von Fetten, Eiweiß und Kohlenhydraten, gut für Haut und Nägel	mageres Fleisch, Fisch, Hefe	Pellagra
Pantothensäure	B_5	8–10 mg	fördert die Wundheilung, verbessert die Abwehrreaktion	Leber, Weizenkeime, Gemüse	Anämie
Pyridoxin	B_6	1,6–2,1 mg	schützt vor Nervenschädigung, wirkt mit beim Eiweißstoffwechsel	Leber, Kiwis, Kartoffeln	hypochrome Anämie
Biotin	B_7	0,25 mg	schützt vor Hautentzündungen, gut für Haut, Haare und Nägel	Leber, Blumenkohl, durch Darmbakterien	selten, vor allem durch Verlust der Aufnahmefähigkeit
Folsäure auch Pteroylglutaminsäure	B_{11} (B_9)	0,16–0,40 mg	verhindert Missbildungen bei Ungeborenen, gut für die Haut	Leber, Weizenkeime, Kürbis	perniziöse Anämie
Cobalamin	B_{12}	3 µg	bildet und regeneriert rote Blutkörperchen, appetitfördernd, wichtig für die Nervenfunktion	Leber, Fisch, Milch, Lupinen, Algen	perniziöse Anämie
Ascorbinsäure	C	100 mg	Schutz vor Infektionen, wirkt als Radikalanfänger, stärkt das Bindegewebe	Hagebutten, Acerolakirsche, Zitrusfrüchte, Sanddorn, Kiwis, Paprika	Skorbut

Übersicht der Vitamine
(Vitamin B4 wird nicht mehr den Vitaminen zugeordnet, da diese Substanz (Cholin) vom Organismus selbst gebildet wird.)

Hormone

Hormone sind organische Wirkstoffe, die im Organismus in Drüsen mit innerer Sekretion selbst gebildet werden und die Funktion anderer Organe regulieren.
Sie sind chemische Botenstoffe, die am Zielort gebunden werden und dort die Aktivität des Organs oder der Zellen ändern. Die Wissenschaft, die sich mit der Erforschung von Hormonen beschäftigt, ist die **Endokrinologie**.

Beispiele:
Insulin *wird in der Bauchspeicheldrüse gebildet und reguliert den Blutzuckerspiegel.*
Melatonin *wird im Zwischenhirn in der Zirbeldrüse gebildet und steuert den Tag-Nachtrhythmus.*
Adrenalin *wird in der Nebennierenrinde gebildet und wird bei Angst- und Stresssituationen abgegeben. Es steigert u. a. die Herzfrequenz, den Blutdruck und die Durchblutung.*

Hormone haben einen unterschiedlichen chemischen Aufbau. Es sind Steroide (Abkömmlinge vom Steran), Eiweißstoffe oder Abkömmlinge von Aminosäuren.

hormao (griech.) = ich treibe an

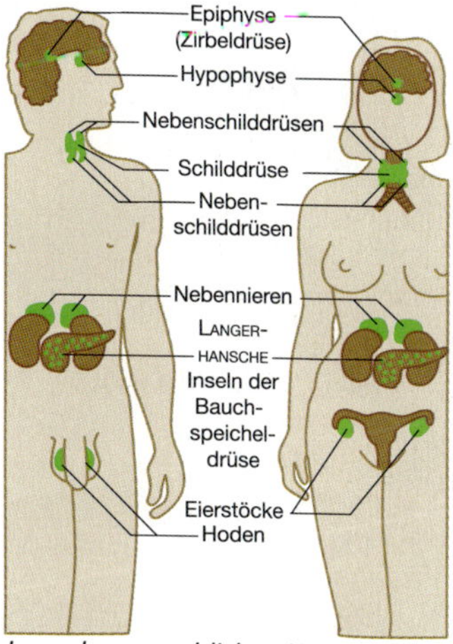

Lage der menschlichen Hormondrüsen

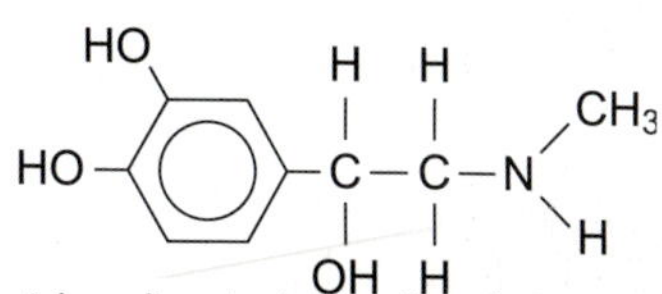
Adrenalin, ein Aminosäurederivat

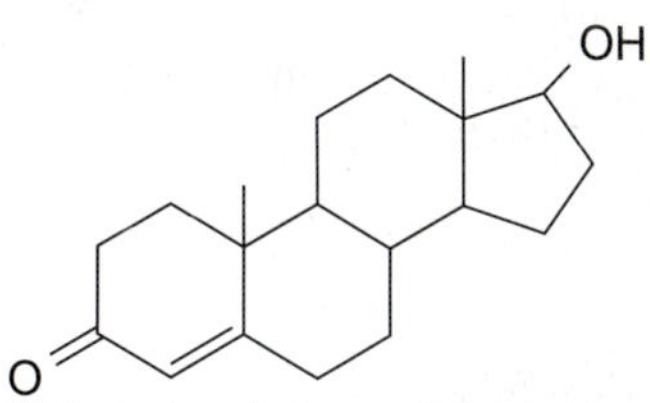
Testosteron, ein Steranderivat

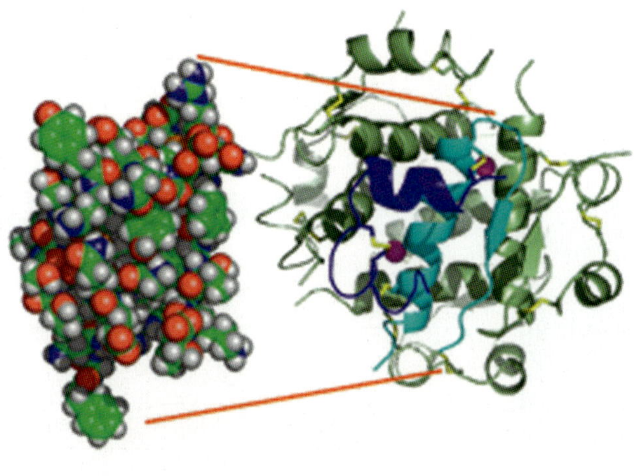
Insulin, ein Eiweißstoff

Nukleinsäuren

Nukleinsäuren befinden sich in allen Zellen und sind Träger der Erbanlagen (Gene) und steuern den Aufbau der Proteine.
Der Name Nukleinsäure kommt daher, weil sie sich überwiegend im Zellkern befinden und dort Protonen abgeben, sich also wie Säuren verhalten. Es gibt die **Desoxyribonukleinsäure (DNA)** und die **Ribonukleinsäure (RNA)**.
Beim Menschen ist der **Bauplan der Proteine** im Zellkern auf den 46 Chromosomen **in Form der DNA gespeichert**. Die RNA befindet sich auch außerhalb des Zellkerns und dient der **Umsetzung der in der DNA vorhandenen Informationen.**

nucleus (lat.) = Kern

acid (engl.) = Säure

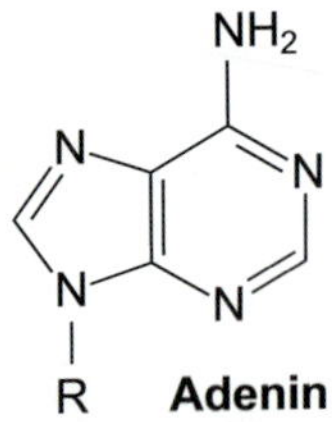

Adenin (A)

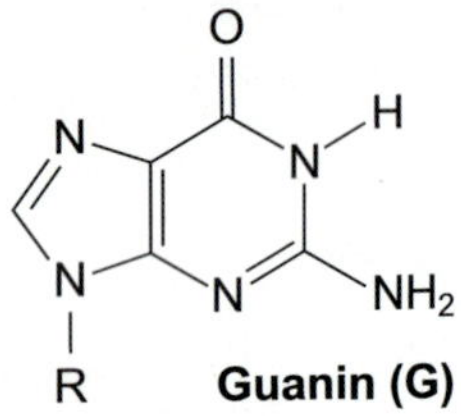

Guanin (G)

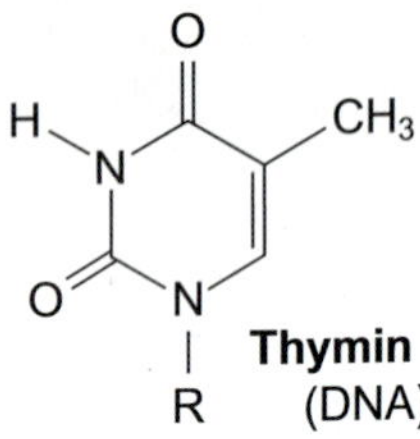

Thymin (T)
(DNA)

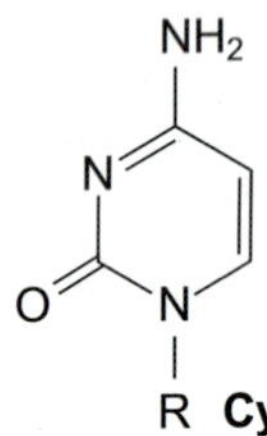

Cytosin (C)

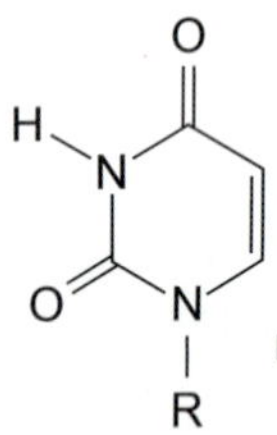

Uracil (U)
(RNA)

Vier organische Basen tragen die genetische Information der DNA. *Die beiden Purine, Adenin und Guanin, haben Doppelringe; die beiden Pyrimidine, Cytosin und Thymin, haben nur einen Ring. In der RNA ist Thymin durch Uracil ersetzt, dem die Thymin-Methylgruppe fehlt.*

DNA und RNA sind damit die molekulare Grundlage für die Informationsspeicherung und Informationsübermittlung. Im übertragenen Sinne liefern die Nukleinsäuren den Bauplan und die Betriebsanleitung für einen Menschen.

Nukleinsäuren sind makromolekulare Verbindungen **(Polynukleotide)**, die aus **Nukleotiden (Nukleinsäurebasen, Zucker und Phosphorsäure)** aufgebaut sind. Die Ketten bilden sich durch Polykondensation:

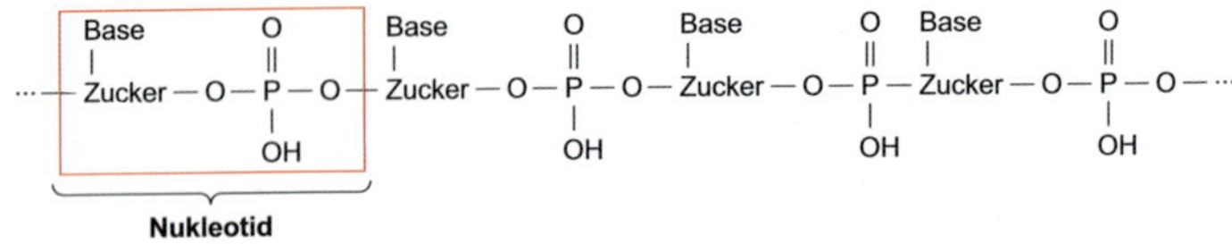

Die Polynukleotide bilden Ketten mit den Basen auf der einen und der Phosphat-Zucker-Gruppe auf der anderen Seite. Zwei Ketten verbinden sich strickleiterartig über Wasserstoffbrückenbindungen der Basen miteinander, dabei sind die Basen die Sprossen und die Phosphat-Zucker-Gruppen die Seiten der Leiter. Aus räumlichen Gründen binden sich nur Adenin (A) mit Thymin (T) und Guanin (G) mit Cytosin (C).

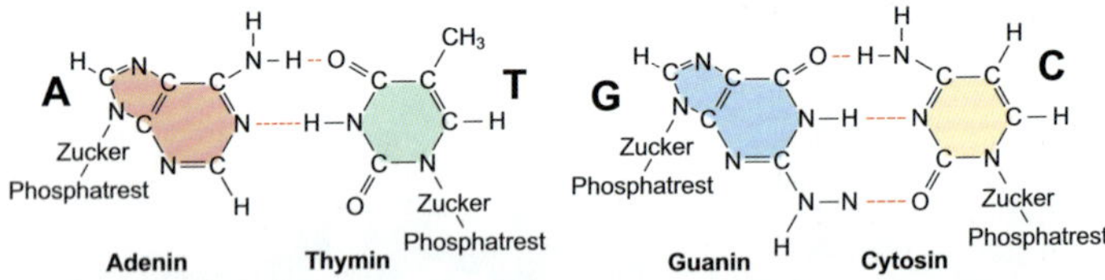

Nukleinsäure	DNA	RNA
Zucker	Desoxyribose	Ribose
Phosphorsäure	Phosphorsäure	Phosphorsäure
Basen	Adenin A Cytosin C Guanin G Thymin T	Adenin A Cytosin C Guanin G Uracil U
Nukleotid		

Grundbausteine der DNA bzw. RNA (Die gestrichelten Linien stellen Wasserstoffbrücken dar.)

Bau der DNA

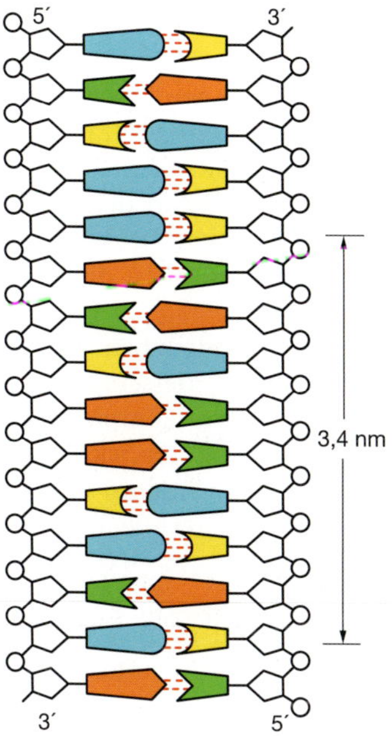

Durch die Wasserstoffbrückenbindungen der Basen werden die beiden Polynukleotidstränge miteinander verbunden.

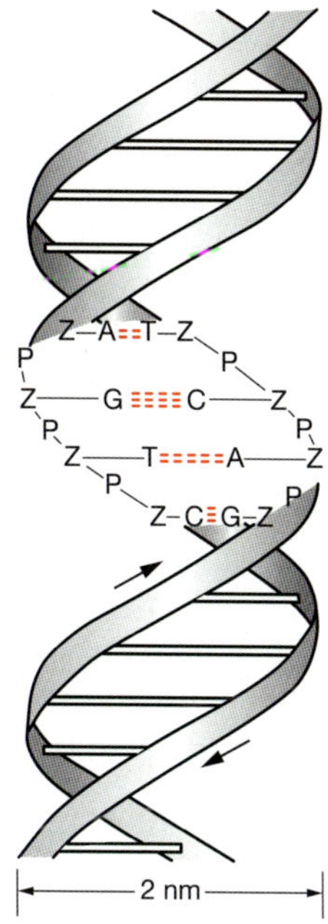

Die schraubenförmige Struktur der DNA-Doppelhelix

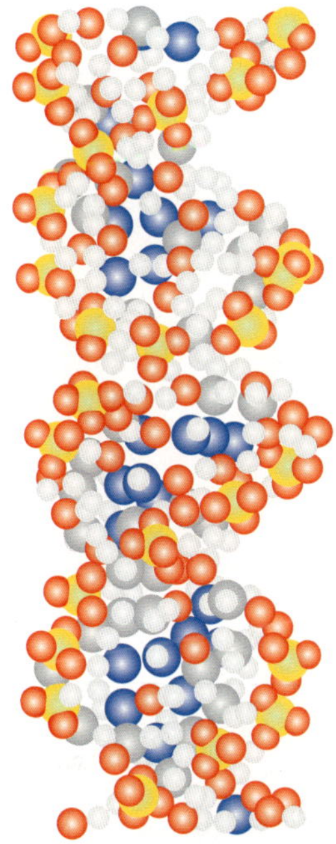

Das Kalottenmodell eines DNA-Ausschnitts (H weiß, O rot, N blau P orange). Durch die N-Atome wird die Lage der Basen erkennbar.

Die beiden Basenpaare werden auch **komplementäre Basenpaare** (ergänzende Basenpaare) genannt. Die beiden Ketten bilden dabei zwei schraubenförmige Polynukleotidstränge, die sich entgegengesetzt um eine gemeinsame Achse winden. Diese Struktur wird als **Doppel-Helix-Struktur** bezeichnet. Die beiden Stränge sind nicht gleich, sondern komplementär aufgebaut. D.h., durch jede Base eines Strangs wird die Base des anderen Strangs festgelegt. Die Stränge verhalten sich wie Positiv und Negativ einer Form.

Die DNA des Menschen aus einer Zelle ist ca. 2 m lang und kann nur im kleinen Zellkern untergebracht werden, weil sie mehrfach gewendelt ist. Sie hat nur eine Masse von 3 pg (3 picogramm $= 3 \cdot 10^{-12}$ Gramm) und enthält einen Informationsgehalt wie 500 Bücher mit je 500 Seiten. Jeder Strang enthält die gesamte Erbinformation. Auf einzelnen **DNA-Abschnitten** befindet sich die Verschlüsselung (Codierung) eines Proteins, das **Gen.** In den Proteinen kommen 20 Aminosäuren vor. Dabei wird durch drei aufeinanderfolgende Basen, ein Basentriplett, eine Aminosäure codiert. Die Basen sind also die Buchstaben des genetischen Codes.

Als genetischer Code wird der Übersetzungsschlüssel zwischen der Basensequenz der DNA und der Aminosäurensequenz eines Proteins bezeichnet.

▸ James Watson (geb. 1928) und Francis Crick (1916–2004) entdeckten 1953 die Helix-Struktur der DNA und erhielten 1962 den Nobelpreis für Medizin.

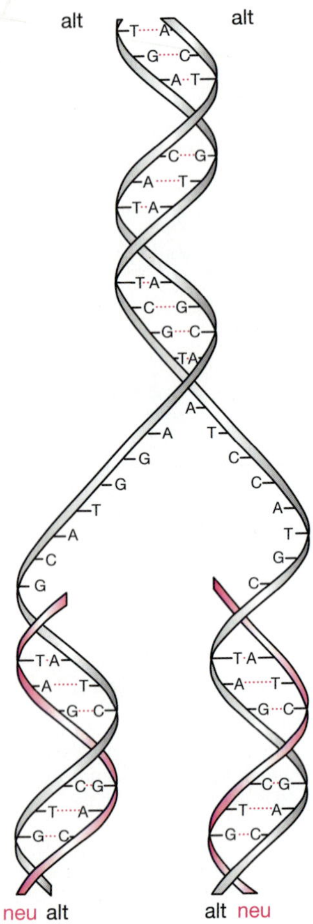

Verdoppelung der DNA (Replikation)

Der genetische Code ist für alle Lebewesen gleich und seine Entschlüsselung zählt zu den wissenschaftlichen Höchstleistungen des 20. Jahrhunderts.

Bei der Zellteilung werden die Wasserstoffbrückenbindungen zwischen den Basen gelöst, die Doppel-Helix-Struktur löst sich auf und es entstehen zwei komplementäre Einzelstränge der DNA. Aus dem Plasma der Zelle lagern sich die entsprechenden Nukleotide (mit der Base A zu T und C zu G) an den Einzelstrang an und es bilden sich zwei komplett neue DNA-Stränge. Diese Art der „gleichartigen Selbstverdoppelung" ist die **Replikation**.

Bei der Herstellung der Eiweißstoffe **(Proteinbiosynthese)** wird im ersten Schritt ein RNA-Molekül gebildet, dessen Basensequenz der Basensequenz eines Genabschnitts komplementär ist. Dieses Kopieren eines Genabschnitts ist die **Transkription**. Dabei entspricht bei der RNA das Uracil dem Adenin und das Cytosin dem Guanin. Das neu gebildete RNA-Molekül ist die Kopie eines Teilstücks der DNA und kann bis zu 5000 Basenpaare enthalten.

Das RNA-Molekül verlässt den Zellkern und gelangt im Zellplasma zu den **Ribosomen**, in denen die Proteinbiosynthese stattfindet. Diese Art der RNA überbringt also die Information zum Bau eines Proteinmoleküls und wird deshalb als **Boten-RNA** oder **m-RNA (messenger-RNA)** bezeichnet. Im zweiten Schritt der Proteinbiosynthese wird in den Ribosomen die Sequenz der Basen in der m-RNA in die Sequenz der Aminosäuren des Proteins übertragen. Dieser Vorgang ist die **Translation**. Maßgeblich daran beteiligt ist die **Überträger-RNA (transfer-RNA, t-RNA)**. Die t-RNA transportiert die jeweiligen Aminosäuren an die entsprechenden Basentripletts der m-RNA, die dort zu den Polypeptidketten (Proteinen) verknüpft werden.

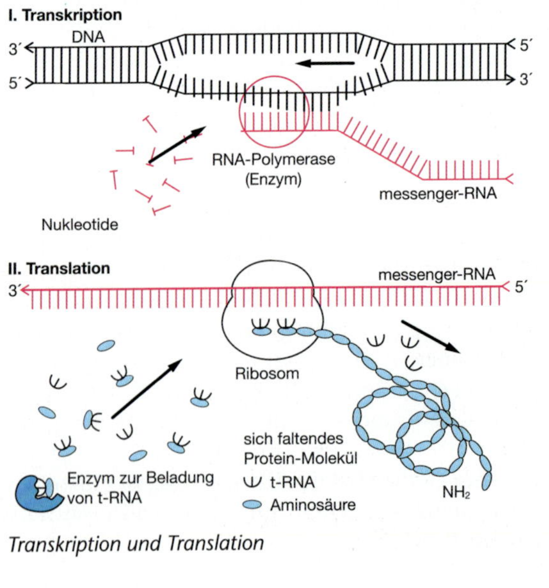

Transkription und Translation

Übungsaufgaben

zu 7.1:

1. *Beschreiben Sie das Arbeitsgebiet der organischen Chemie.*

zu 7.2:

1. *Welche globale Sphäre stellt den größten Kohlenstoffspeicher dar?*
2. *In welchen Modifikationen kommt Kohlenstoff auf der Erde vor?*
3. *Vergleichen Sie Diamant und Grafit bezüglich*
   a) ihres Aussehens,
   b) ihrer Härte,
   c) ihrer Struktur und
   d) ihrer Verwendung.
4. *Wie werden Industriediamanten hergestellt und wofür werden sie verwendet?*

zu 7.3:

1. *Welche Gemeinsamkeiten weisen organische Verbindungen auf?*
2. *Was versteht man unter einer homologen Reihe?*

zu 7.4:

1. *Erklären Sie die Begriffe „gesättigte" und „ungesättigte" Verbindung an je einem Beispiel.*
2. *Zeichnen Sie die Strukturformeln folgender Moleküle:*
   a) 3-Hexen,
   b) 3-Methyl-2-Propyl-Heptan,
   c) Acetylen,
   d) Naphthalin,
   e) Cyclopropen.
3. *Wie wird Benzol gewonnen und wofür wird es verwendet?*
4. *Erläutern Sie die Struktur des Benzolmoleküls. Gehen Sie dabei insbesondere auf den aromatischen Charakter des Moleküls ein.*
5. *Welches typische Strukturmerkmal tragen*
   a) Alkohole,
   b) Ether,
   c) Aldehyde,
   d) Ketone,
   e) Carbonsäuren?

   Wie lautet jeweils die allgemeine Summenformel?
6. *Nennen Sie je ein Beispiel für einen einwertigen, einen zweiwertigen und einen dreiwertigen Alkohol.*
7. *Erläutern Sie die Toxizität von Ethanol.*

8. *Nennen Sie die ersten vier Mitglieder der homologen Reihe der Carbonsäuren und erläutern Sie deren Eigenschaften und Verwendung. Zeichnen Sie die Strukturformeln.*

9. *Carbonsäureester kommen in der Natur häufig vor. Nennen Sie Beispiele.*

10. *In welche Gruppen kann man stickstoffhaltige organische Verbindungen einteilen?*

11. *Welche typischen Strukturmerkmale tragen Aminocarbonsäuren?*

12. *Erklären Sie am Beispiel von Alanin, warum Aminosäuren Zwitterionen sind.*

13. *Zeichnen Sie die Strukturformel von Benzolsulfonsäure.*

14. *Wo bzw. als was werden Phosphorsäureester eingesetzt?*

15. *Erläutern Sie die Umweltgefährdung vieler Halogenalkane, wie z. B. Frigen CF_2Cl_2.*

16. *Formulieren Sie Start-, Ketten- und Abbruchreaktion(en) für die Bromierung von Methan.*

17. *Was versteht man unter einer heterocyclischen Verbindung?*

18. *Nennen Sie Beispiele für natürlich vorkommende heterocyclische Verbindungen.*

zu 7.4.3:

1. *Wie werden Kohlenhydrate gebildet und welche allgemeine Formel haben sie?*

2. *Skizzieren Sie die Formel für eine Aldose und eine Ketose. Mit welcher chemischen Reaktion können Aldosen und Ketosen unterschieden werden?*

3. *Was ist ein asymmetrisches C-Atom?*

4. *Was wird unter optischer Aktivität verstanden?*

5. *Welche der angegebenen Stoffe sind optisch aktiv?*
   a) CH_3CH_2COOH
   b) $CH_3–CH(Cl)–COOH$
   c) $CH_3CH(CH_3)–OH$
   d) $CH_3–CH_2–CH(Cl)–CH_3$

6. *Skizzieren Sie für Glucose die Fischer-Formel.*

7. *Geben Sie die Reaktionsgleichung für die Bildung von Saccharose aus Glucose an.*

8. *Skizzieren Sie die Strukturformel für Tripalmitinsäureglycerinester.*

9. *Geben Sie die Reaktionsgleichung für die Verseifung von Trilaurinsäureglycerin an.*

10. *Welche Strukturunterschiede bestehen zwischen Fetten und fetten Ölen?*
11. *Geben Sie an, warum bei der Margarineherstellung die Fettsäuren nicht vollständig hydriert werden.*
12. *Was sind Aminosäuren?*
13. *Warum gibt es zwei unterschiedliche Strukturformeln für die Aminobutansäure?*
14. *Warum sind Aminosäuren amphoter?*
15. *Was wird unter dem isoelektrischen Punkt verstanden?*
16. *Aminosäurenlösungen sind gute Pufferlösungen. Was ist die Ursache?*
17. *Was sind Proteine? Was ist der Unterschied zwischen einem Protein und einem Proteid?*
18. *Geben Sie die Reaktionsgleichung für die Peptidbindung an.*
19. *Erklären Sie die Unterschiede zwischen Primär-, Sekundär-, Tertiär- und Quartärstruktur eines Proteins.*
20. *Was ist ein Enzym? Geben Sie mit Skizzen die Wirkungsweise eines Enzyms an.*
21. *Was sind Vitamine?*
22. *Wie können Vitamine eingeteilt werden?*
23. *Was wird unter einem Hormon verstanden?*
24. *Was ist eine Nukleinsäure?*
25. *Was versteht man unter einer DNA-Doppelhelix?*
26. *Was wird unter dem Begriff „genetischer Code" verstanden?*
27. *Erläutern Sie den Begriff „Proteinbiosynthese".*

8 Elektrochemie

8.1 Batterie, Akkumulator, Brennstoffzelle

Batterien

Im Kapitel 6.3 wird die Entstehung einer elektrischen Spannung durch galvanische Elemente beschrieben. **Batterien sind im Prinzip galvanische Elemente, die eine bestimmte Menge an elektrischer Energie (Kapazität) speichern können.** Bei Stromentnahme ändern sich die am Aufbau der Batterie beteiligten Stoffe (Elektroden und Elektrolyt) durch die ablaufenden Redoxreaktionen und dadurch „verbraucht" sich die Batterie. Die Redoxreaktion, die den elektrischen Strom bei der Entladung verursacht, ist also nicht umkehrbar. Solche galvanischen Elemente werden auch als **Primärelemente (Batterie)** bezeichnet. Daneben gibt es Elemente, deren Entladungsvorgang umkehrbar ist. Diese wieder aufladbaren Elemente werden als **Sekundärelemente** bezeichnet **(Akkumulatoren)**.

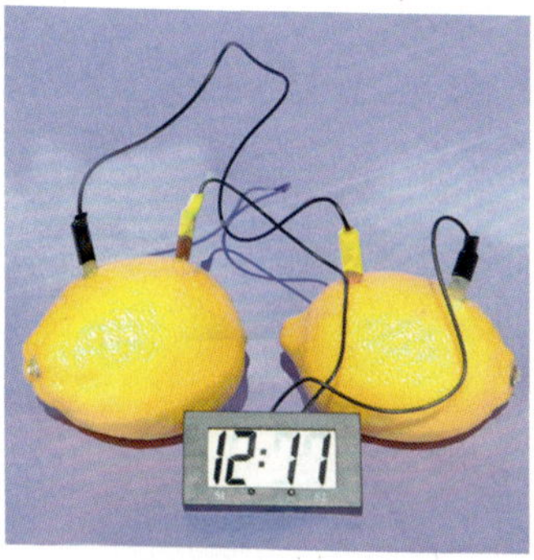

Zwei zusammengeschaltete Bio-Batterien mit Kontakten aus zwei unterschiedlichen Metallen liefern genügend elektrische Spannung zum Betrieb einer Digitaluhr. (Quelle: www.experimentis.de)

Für die entstehende Spannung ist die Wahl der Elektroden entscheidend. Theoretisch kommen für den Aufbau einer Batterie viele Kombinationen von Elektroden (Redoxpaare) infrage, in der Praxis haben sich aber nur einige durchgesetzt.

Die Batterietypen unterscheiden sich durch die verwendeten Materialien für den Minus- und Pluspol (Elektroden) sowie in der Art der verwendeten Elektrolytlösung. Wichtige Kriterien für eine Batterie sind die Kapazität, die Spannung, die Stromstärke, das Volumen und das Gewicht. Weiter soll eine Batterie keine Gase entwickeln und sich nicht von selbst entladen (Lagerfähigkeit, Langlebigkeit).

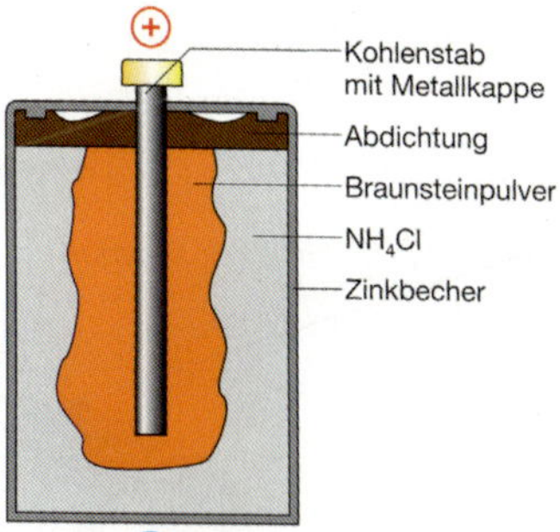

Schema eines Leclanché-Elements

Die erste brauchbare Batterie wurde von Alessandro Volta aus dem Daniell-Element entwickelt (s. S. 119 ff.). 1866 ließ sich Leclanché eine Batterie patentieren, die nach ihm benannt wurde: das **Leclanché-Element**. Diese Batterie, auch Trockenbatterie genannt, war lange Zeit die am häufigsten verwendete Batterie in Taschenlampen, Rundfunkgeräten u. a. Sie liefert eine Spannung von 1,5 V. Der äußere Zinkbecher dient als Gefäß und gleichzeitig als Minuspol. Die zweite Elektrode (Pluspol) ist ein Grafitstab, der mit einem Gemisch aus Braunsteinpulver und Grafit ummantelt ist. Der Elektrolyt besteht aus eingedicktem (gelartigem) Ammoniumchlorid. Bei Stromentnahme wird das

Zink oxidiert, gibt Elektronen ab und geht dabei in Lösung. Der Braunstein nimmt die Elektronen auf und wird vom vierwertigen zum drei-wertigen Mangan reduziert.

Minuspol (Oxidation): $\mathbf{Zn \rightarrow Zn^{2+} + 2\,e^-}$
Pluspol (Reduktion):

$$\mathbf{2\,MnO_2 + 2\,H_3O^+ + 2\,e^- \rightarrow 2\,MnO(OH) + 2\,H_2O}$$

Die Oxoniumionen (H_3O^+) stammen aus dem Elektrolyten:

$$2\,NH_4^+ + 2\,H_2O \rightarrow 2\,NH_3 + 2\,H_3O^+$$

Das entstandene gasförmige NH_3 wird durch die Zinkionen komplex gebunden:

$$Zn^{2+} + 2\,NH_3 \rightarrow [Zn(NH_3)_2]^{2+}$$

Beim Ablauf der Redoxreaktion sammeln sich die Reaktionsprodukte in der Nähe der Elektroden und wirken der galvanischen Spannung entgegen, dadurch sinkt die Entnahmespannung. Im Ruhezustand diffundieren die Produkte von den Elektroden in den Elektrolyten, die Batterie erholt sich etwas und die Entnahmespannung steigt bei Gebrauch wieder an. Dieser Vorgang ist nicht beliebig wiederholbar. Wenn die Kapazität erschöpft ist, wird der Zinkbecher angegriffen und undicht, der Elektolyt läuft aus: Die Batterie ist verbraucht.

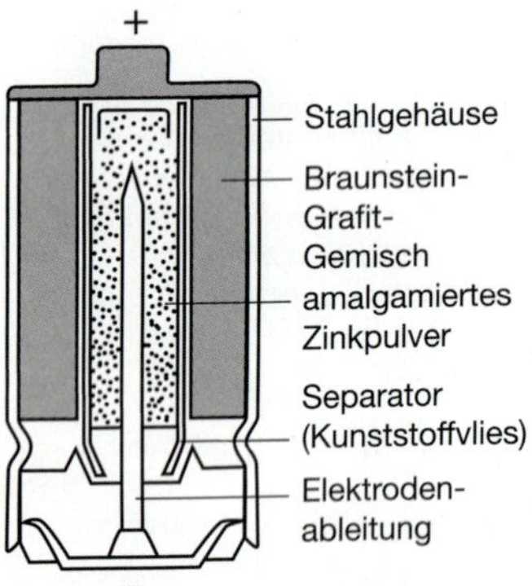

Schnitt durch eine Alkali-Mangan-Batterie

Die Leclanché-Batterie ist heute weitgehend ersetzt worden durch eine Weiterentwicklung: die **Alkali-Mangan-Batterie**. Diese Batterie ist auslaufsicher durch einen Becher aus Stahl, in dem sich die beiden Elektroden und ein basischer Elektrolyt (Kaliumhydroxidlösung) befinden. Der Minuspol ist eine Paste aus Zinkpulver mit Quecksilber vermischt (amalgiertes Zinkpulver), der Pluspol ein Braunstein-Grafit-Gemisch. Auch hier wird bei Stromentnahme das Zink oxidiert, gibt Elektronen ab und geht dabei in Lösung. Der Braunstein nimmt die Elektronen auf und wird vom vierwertigen zum dreiwertigen Mangan reduziert. Dabei treten noch weitere Folgereaktionen auf. Insgesamt wird Wasser gebunden und eine verbrauchte Alkali-Mangan-Batterie ist daher trocken. Die abgegebene Spannung beträgt ebenfalls 1,5 V. Im Vergleich zum Leclanché-Element ist diese Batterie auslaufsicherer, da der Behälter nicht am elektrochemischen Prozess beteiligt ist. Weitere Vorteile sind die höhere Kapazität bei gleicher Spannung und geringere Selbstentladung.

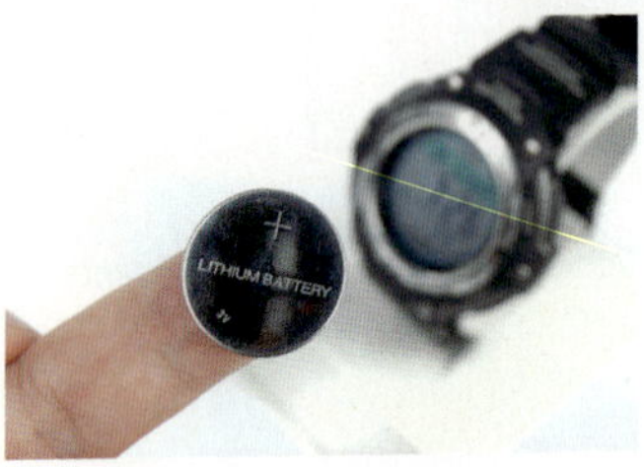

Digitaluhr mit Lithium-Batterie

Neben diesen beiden Batterietypen sind weitere für die unterschiedlichsten Anforderungen entwickelt worden. Hier sei nur die **Lithium-Batterie** erwähnt. Das Lithium ist aufgrund seiner Stellung in der elektrochemischen Spannungsreihe geeignet, höhere Spannungen (3,0–3,6 V) zu liefern, und ist zusätzlich noch sehr leicht. Da Lithium jedoch mit Wasser reagiert, muss der Elektrolyt wasserfrei sein. Als Pluspol werden unterschiedliche Oxidationsmittel eingesetzt, z.B. Braunstein (MnO_2), Chrom (VI)-oxid

(CrO_3), Wismutoxid (Bi_2O_3). Die Selbstentladung ist sehr gering und die Kapazität in Relation zur Masse hoch, daher finden sie vielfach Verwendung in z.B. Uhren, Fotoapparaten, Herzschrittmachern und permanenten elektronischen Datenspeichern (u.a. programmierter Sender im Rundfunkgerät).

Akkumulatoren

Akkumulatoren sind sogenannte Sekundärelemente und haben somit gegenüber den Batterien (Primärelementen) den Vorteil, dass der **Entladungsvorgang** wieder **rückgängig** gemacht werden kann und sie wiederverwendet werden können.

$$\text{elektrische Energie} \underset{\text{Entladung}}{\overset{\text{Aufladung}}{\rightleftarrows}} \text{chemische Energie}$$

Im Prinzip sind auch Akkumulatoren aufgebaut wie ein galvanisches Element: mit zwei Elektroden (Plus- und Minuspol) sowie einem Elektrolyt. Es gibt auch hier, wie bei den Batterien, viele Möglichkeiten, die Elektroden und Elektrolyte zu kombinieren. Im Folgenden werden nur vier wichtige Sekundärelemente vorgestellt.

Der am häufigsten verwendete Akkumulator ist der **Bleiakkumulator** in Kraftfahrzeugen, üblicherweise als „Autobatterie" bezeichnet. Hier wird er u.a. zum Anlassen des Motors verwendet, d.h., es wird kurzfristig ein hoher Strom benötigt. Dazu ist er mit großen Elektrodenoberflächen ausgestattet. Eine geladene Zelle eines Bleiakkumulators besteht aus einer Elektrode aus Blei und einer Elektrode aus Bleidioxid, die in Schwefelsäure (20 %) eintauchen. Jede Zelle liefert ca. 2 V. In einem Bleiakkumulator sind sechs Zellen hintereinander geschaltet, um die Gesamtspannung von 12 V zu liefern.

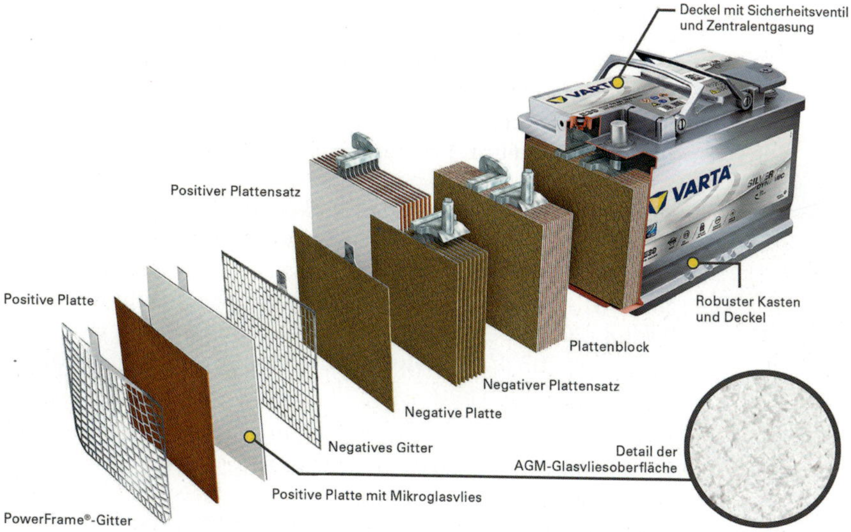

Schema eines Bleiakkumulators

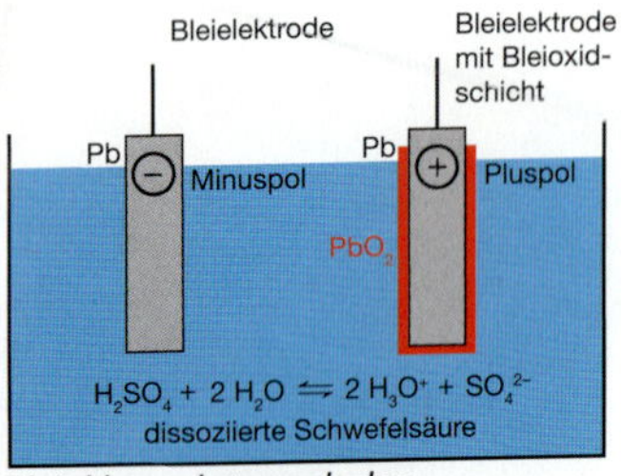

Bleiakkumulator geladen

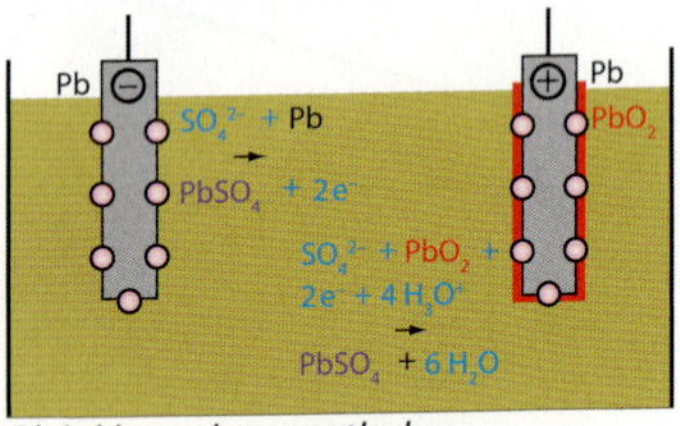

Bleiakkumulator entladen

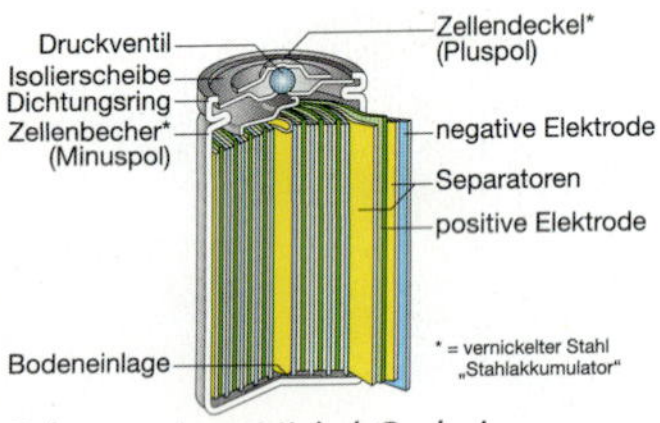

Schema eines Nickel-Cadmium-Akkumulators

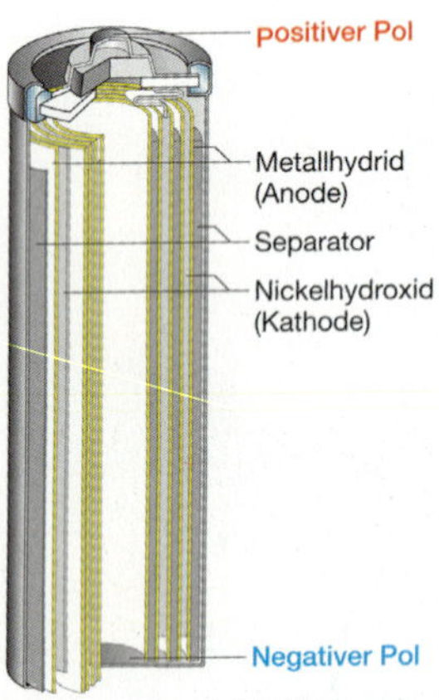

Schema eines Nickel-Metallhydrid-Akkumulators

Beim **Entladen** reagiert das Blei zu Bleisulfat (Oxidation: 0 → II) und das Bleidioxid ebenfalls zu Bleisulfat (Reduktion: IV → II):

$$\textbf{Minuspol:}\quad \overset{0}{Pb} + SO_4^{2-} \rightarrow \overset{II}{PbSO_4} + 2\,e^-$$

$$\textbf{Pluspol:}\quad \overset{IV}{PbO_2} + 4\,H_3O^+ + SO_4^{2-} + 2\,e^- \rightarrow \overset{II}{PbSO_4} + 6\,H_2O$$

Im entladenen Zustand befindet sich an beiden Elektroden Bleisulfat und Schwefelsäure ist verbraucht worden. Diese Vorgänge kehren sich bei der Ladung um, es bilden sich wieder Blei und Bleidioxid sowie Schwefelsäure.

Beide Vorgänge können in einer Gleichung zusammengefasst werden:

$$\overset{0}{Pb} + \overset{IV}{PbO_2} + 2\,H_2SO_4 \underset{\textbf{Laden}}{\overset{\textbf{Entladen}}{\rightleftarrows}} 2\,\overset{II}{PbSO_4} + 2\,H_2O + \textbf{elektrische Energie}$$

Da bei der Entladung Wasser entsteht, nimmt die Konzentration der Schwefelsäure ab. Der Ladungszustand eines Bleiakkumulators kann daher durch die Bestimmung der Dichte (mittels Aräometer) festgestellt werden.

Gegen Ende des Ladungsvorgangs kommt es an den Elektroden zur Zersetzung (Elektrolyse s. Kap. 8.3) des Wassers zu Sauerstoff und Wasserstoff. Daher müssen die Bleiakkumulatoren eine Öffnung zum Entweichen der Gase sowie zum Auffüllen des Wasserstands haben. Durch neu entwickelte antimonarme Bleilegierungen für die Elektrodenplatten kann die Gasentwicklung vermieden werden. Diese Akkumulatoren sind zudem wartungsfrei.

In der Autobatterie sind normalerweise sechs Zellen zusammen geschaltet und 12 V stehen zur Verfügung. Die elektrische Spannung von 12 V ist gering, aber bei Kurzschluss können starke Ströme fließen. Dadurch kann es zu starker Wärmeentwicklung und Funkenbildung kommen (Brandgefahr).

Für kleinere Geräte wird der **Nickel-Cadmium-Akkumulator** (NC-Akku) eingesetzt. Die Elektrodenplatte des Minuspols ist mit fein verteiltem Cadmium umgeben, die des Pluspols mit Nickel(III)-oxidhydroxid. Als Elektrolyt wird Kaliumhydroxidlösung (20 %) verwendet. Diese Anordnung liefert eine Spannung von 1,3 V. Bei Stromentnahme (Entladen) laufen folgende Reaktionen ab:

$$\textbf{Minuspol:}\quad \overset{0}{Cd} + 2\,OH^- \rightarrow + \overset{+II}{Cd(OH)_2} + 2\,e^-$$

$$\textbf{Pluspol:}\quad 2\,\overset{+III}{NiO(OH)} + 2\,H_2O + 2\,e^- \rightarrow 2\,\overset{+II}{Ni(OH)_2} + 2\,OH^-$$

Zusammengefasst ergibt sich:

$$\mathbf{Cd + 2\,NiO(OH) + 2\,H_2O \underset{Laden}{\overset{Entladen}{\rightleftarrows}} Cd(OH)_2 + 2\,Ni(OH)_2 + elektrische\ Energie}$$

Da das Cadmium toxisch ist, wird der Nickel-Cadmium-Akkumulator in Zukunft ersetzt durch den **Nickel-Metallhydrid-Akkumulator**. Weitere Vorteile dieses Akkumulators sind die höhere Lebensdauer und die Kapazität.

Ein Blech mit Nickel(III)-oxidhydroxid bildet den positiven Pol. Der Minuspol besteht aus einer Metalllegierung (Le), die mit Wasserstoff zu einem Hydrid (Metall-Wasserstoffverbindung) reagiert:

$$\textbf{Minuspol:}\quad \overset{+I\ -I}{\mathbf{LeH}} + \mathbf{OH^-} \rightarrow \overset{0}{\mathbf{Le}} + \mathbf{H_2O} + \mathbf{e^-}$$

$$\textbf{Pluspol:}\quad \overset{III}{\mathbf{NiO(OH)}} + \mathbf{H_2O} + \mathbf{e^-} \rightarrow \overset{II}{\mathbf{Ni(OH)_2}} + \mathbf{OH^-}$$

Wenn beide Gleichungen zusammengefasst werden, ergibt sich:

$$\mathbf{LeH + NiO(OH) \underset{Laden}{\overset{Entladen}{\rightleftarrows}} Le + Ni(OH)_2 + elektrische\ Energie}$$

Weiter werden Akkumulatoren auf Basis von Lithium verwendet: der **Lithiumionen-Akku** und der **Lithiumpolymer-Akku**. Aufgrund der Stellung in der elektrochemischen Spannungsreihe liefern diese Akkus eine Spannung von ca. 3,6 V. Das Lithium hat eine niedrige Dichte, zusammen mit der höheren Spannung besitzen diese Akkus die höchste Energiedichte von allen Akkumulatoren. Deshalb werden sie in der Fahrzeug- und Flugzeugindustrie eingesetzt; zzt. sind noch nicht alle Probleme hinsichtlich der thermischen Belastung (Brandgefahr) gelöst.

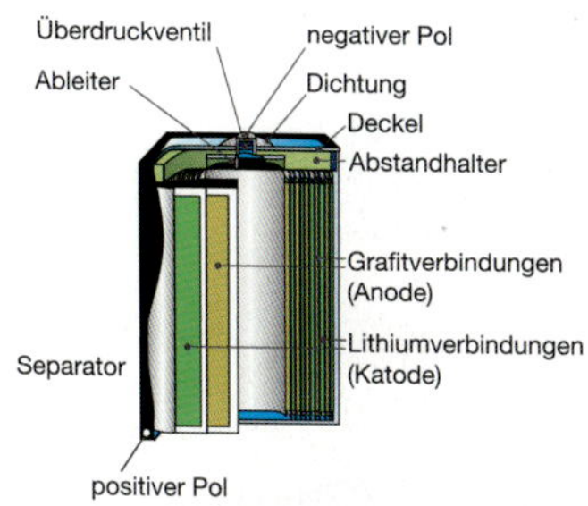

Schema eines Lithiumionen-Akkus

Brennstoffzelle

Wasser kann mithilfe von elektrischem Strom (elektrischer Energie) zerlegt werden in Sauerstoff und Wasserstoff (s. Kap. 8.3). Es ist daher naheliegend, nach einer Umkehrung dieser Reaktion zu suchen, bei der durch die chemische Reaktion von Sauerstoff und Wasserstoff direkt elektrische Energie frei wird.
Eine Vorrichtung (Zelle), welche kontinuierlich die bei einer chemischen Reaktion frei werdende Energie als elektrische Energie abgibt, wird Brennstoffzelle genannt.
Die Brennstoffzelle ist damit ein **Energiewandler** und kein **Energiespeicher** wie die Batterien oder die Akkumulatoren.
Die bekannteste Brennstoffzelle ist die Wasserstoff-Sauerstoff-Brennzelle (Knallgaszelle). Sauerstoff und Wasserstoff reagieren nicht direkt miteinander, sondern die Reaktion wird räumlich getrennt. Als Elektrolyt wird Kalilauge benutzt.

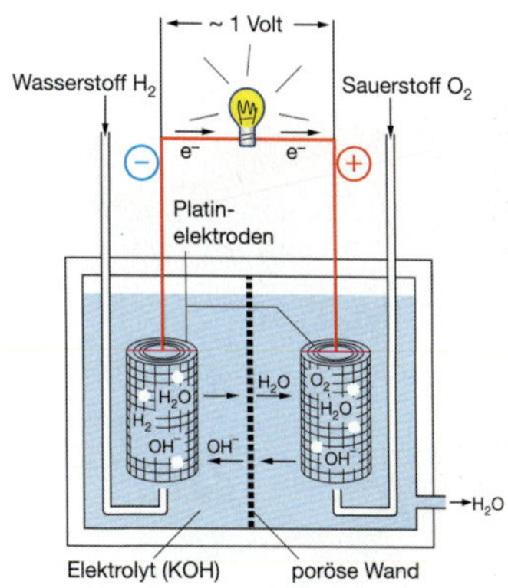

Schema einer Brennstoffzelle

1899 stellt Camille Jenatzy (belg. Elektroingenieur und Rennfahrer) mit seinem Elektroautomobil „La Jamais Contente" bei Achères mit 105,876 km/h einen Geschwindigkeitsrekord auf.

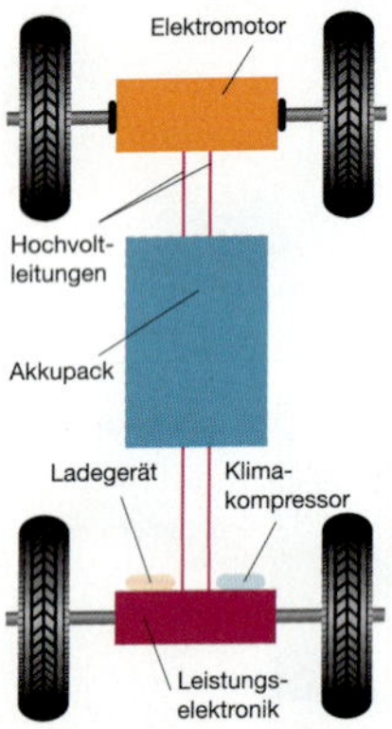

Schema E-Auto mit Akku

Elektroautos zeichnen sich dadurch aus, dass sie nur durch elektrische Energie angetrieben werden. Dank dieser Antriebsart ist es möglich einige Komponenten wegzulassen, die wir von herkömmlichen Kraftfahrzeugen kennen (Diesel oder Benziner).

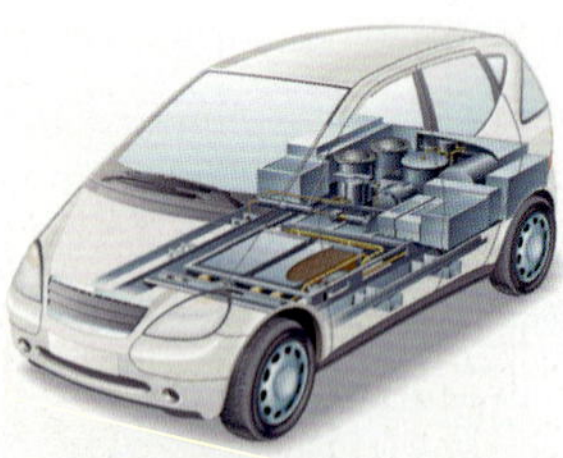

PKW mit Brennstoffzellen-Antrieb

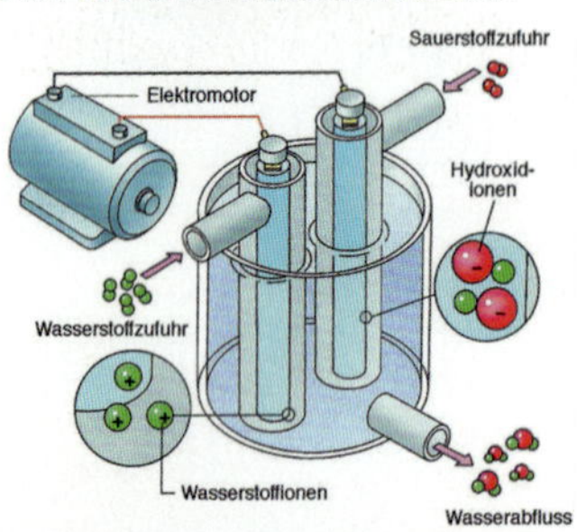

Prinzip des Brennstoffzellen-Antriebs

Es laufen dabei folgende Reaktionen ab:

Minuspol: $2\,H_2 + 4\,OH^- \rightarrow 4\,H_2O + 4\,e^-$ **Oxidation**

Pluspol: $O_2 + 2\,H_2O + 4\,e^- \rightarrow 4\,OH^-$ **Reduktion**

Insgesamt ergibt sich:

$$2\,H_2 + O_2 \rightarrow 2\,H_2O + \textbf{elektrische Energie}$$

Grundsätzlich können für Brennstoffzellen auch andere Reaktionspartner eingesetzt werden wie z.B. Erdgas, Methanol, Ethanol, Brennstoffe aus Mineralöl oder Hydrazin (N_2H_4).

Die Wasserstoff-Sauerstoff-Brennzelle hat sich in den letzten Jahren bewährt. In der Raumfahrt wird die Energie durch diese Zellen geliefert und als Reaktionsprodukt steht Trinkwasser zur Verfügung. Weiter findet sie ihre Anwendung u.a. als Antrieb in Kraftfahrzeugen und Booten (auch in U-Booten). Der Raumbedarf und die Masse für eine Brennstoffzelle einschließlich der Wasserstoffversorgung sind geringer als ein Elektroantrieb mit Akkumulatoren als Energiespeicher.

In der augenblicklichen Diskussion über den Klimawandel gelten die Verbrennungsmotoren in den Kraftfahrzeugen als ein erheblicher Verursacher des Treibhausgases Kohlenstoffdioxid und damit der Erderwärmung. Elektroautos wären eine Alternative, da diese nicht direkt Treibhausgase ausstoßen, nicht an der Smog-Bildung beteiligt sind, eine doppelt so hohe Energieumsetzung (ca. 50 %) haben als Verbrennungsmotoren und auch noch erheblich leiser sind.

Elektroautos mit Akkumulatoren oder mit Oberleitung (Busse) gab es bereits in den Anfängen des Automobilzeitalters. Es gab sogar einen Geschwindigkeitsrekord eines Elektroautos gegenüber denen mit Verbrennungsmotor. Die weitere Entwicklung und Perfektionierung der Otto- und Dieselmotoren und der scheinbar unbegrenzte Vorrat an Mineralöl sind die Gründe, dass sich die Verbrennungsmotoren als Antrieb für die Kraftfahrzeuge durchgesetzt haben.

Als Elektroautos gibt es heute die Versionen mit Akkumulator oder mit der Brennstoffzelle. An der weiteren Entwicklung der beiden wird vonseiten der Automobilindustrie gearbeitet. Die Kraftfahrzeuge mit einem Akkumulator haben den Nachteil, dass es noch keine leichten Akkus gibt, die eine angemessene Reichweite ermöglichen. Weiter sind die Ladezeiten zu lang. Automobilindustrie und Stromkonzerne diskutieren darüber, ob die Akkus geladen oder getauscht werden sollen, d.h., es müsste für alle Hersteller genormte Akkus und Stecker geben. Das Elektroauto mit der Brennstoffzelle hat eine etwas ungünstigere Energieumsetzung als mit Akkumulatoren. Die Lebensdauer der Zellen ist nicht ausreichend. Weiter gibt es Probleme mit der Speicherung des Wasserstoffs und der Versorgung („tanken"). Günstiger sind dann Brennstoffzellen mit flüssigem Treibstoff wie z.B. Methanol, Ethanol. Diese liefern allerdings wieder das Treibhausgas Kohlenstoffdioxid. Beide Typen der Elektroautos tragen auch nur dann zur Reduzierung der Erwärmung bei, wenn der Strom bzw. der Wasserstoff mithilfe von erneuerbaren Energien hergestellt wird. Eine kostengünstige Lösung dieser Probleme der Elektroautos ist in näherer Zukunft nicht in Sicht. Deshalb liegt momentan der Schwerpunkt der Automobilindustrie in der Entwicklung von Hybridautos.

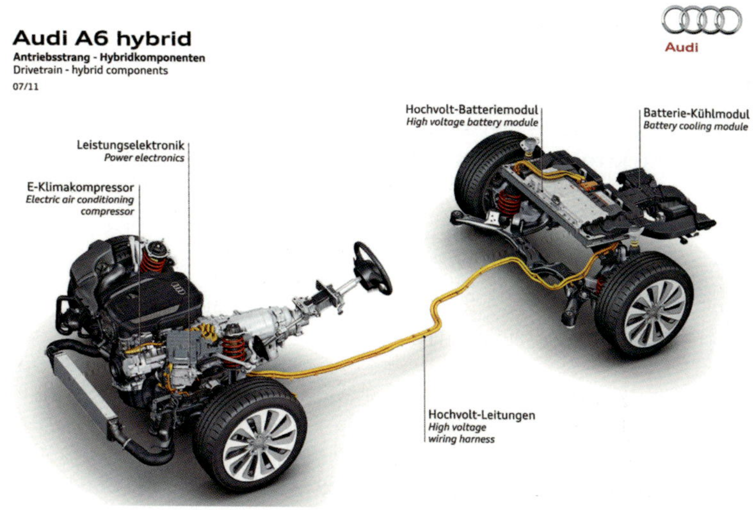

Schema: Hybridauto

Diese Autos sind eine Kombination von Verbrennungsmotor, Generator, Akkumulator und Elektroantrieb. Sie sind bereits auf dem Markt und weisen eine ausreichende Reichweite, einen geringen Kraftstoffverbrauch und damit einen niedrigeren Kohlenstoffdioxid-Ausstoß auf.

8.2 Korrosion und Korrosionsschutz

Korrosion

Korrosion ist allgemein die Zerstörung von Werkstoffen durch Einwirkungen aus der Umgebung.

Die Ursachen können z. B. mechanisch oder chemisch sein. Aus dem Alltag ist bekannt, dass metallisches Eisen an feuchter Luft rostet, d. h., bei Anwesenheit von Luft und Feuchtigkeit bildet sich aus dem leicht oxidierbaren Eisen Eisen(III)-oxidhydrat (Rost):

$$2\,Fe \xrightarrow{H_2O,\ O_2} Fe_2O_3 \cdot xH_2O$$

Korrosion

Rost hat keine hohe Festigkeit, ist locker und hat ein größeres Volumen als Eisen; dadurch platzt der Rost ab. Durch weitere Feuchtigkeit und Sauerstoff setzt sich der Prozess des Rostens fort. Durch diesen Rostvorgang werden jährlich ca. 30 % der Weltproduktion an Eisen „vernichtet".

Eisen enthält aufgrund der Herstellung immer etwas Kohlenstoff. Wird die Oberfläche des Eisens benetzt (Elektrolyt), so bilden sich zwischen dem Kohlenstoff und dem Eisen kleine galvanische Elemente, sogenannte **Lokalelemente**. Das Eisen hat ein negativeres Standardpotenzial als der Kohlenstoff, oder anders ausgedrückt: Das Eisen ist unedler als der Kohlenstoff, wird oxidiert und geht damit in Lösung. Das Eisen bildet also den Minuspol, der Kohlenstoff den Pluspol.

Der Vorgang des Rostens wird durch diesen elektrochemischen Vorgang, der als **elektrochemische Korrosion** bezeichnet wird,

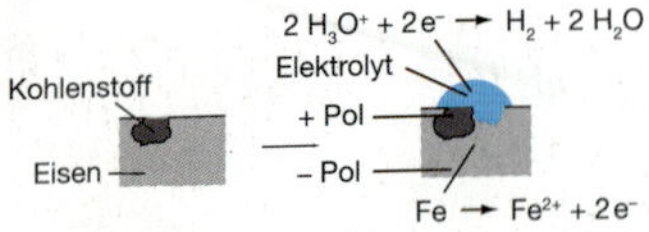

Lokalelement von Kohlenstoff und Eisen

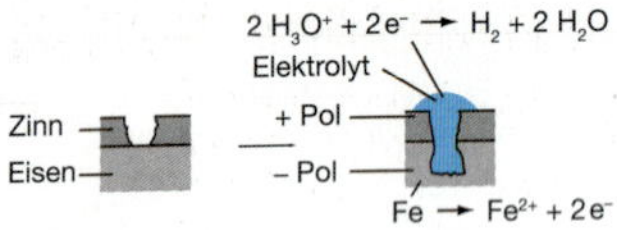

Elektrochemische Korrosion von Zinn und Eisen

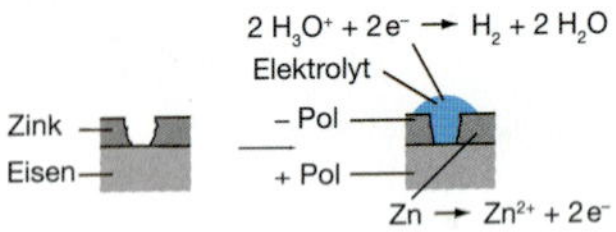

Elektrochemische Korrosion von Zink und Eisen

erheblich beschleunigt. Allgemein vollzieht sich die Auflösung von Metallen mit Verunreinigungen schneller als bei reinen Metallen.

Elektrochemische Korrosion liegt vor, wenn die Kontaktflächen zweier verschiedener Metalle (Elemente) durch einen Elektrolyten verbunden werden. Dabei wird stets das unedlere Metall zerstört.

Als Elektrolytlösung reicht bereits Regenwasser, das durch Aufnahme von Kohlenstoffdioxid oder Schwefeldioxid aus Abgasen leitend wird, z. B.:

$$H_2O + SO_2 \rightleftarrows H_2SO_3$$

$$H_2SO_3 + H_2O \rightleftarrows 2\,H_3O^+ + SO_3^{2-}$$

Beispiele:

1. *Eisen mit einem edlerem Metall als Überzug*
   Ein mit Zinn überzogenes Eisenblech (Weißblech) rostet bei schadhafter Beschichtung schneller als unverzinntes Eisen. Das Eisen ist die elektronenabgebende Elektrode (Minuspol), es wird oxidiert und geht in Lösung.

2. *Eisen mit einem unedlerem Metall als Überzug*
   Verzinktes Eisen zeigt bei einer Beschädigung der Zinkschicht keinerlei Rostspuren. Hier ist das Zink die elektronenabgebende Elektrode, es wird oxidiert und geht in Lösung.

Korrosionsschutz

Durch Korrosion entsteht viel Schaden, daher kommt dem Korrosionsschutz von Metallen eine große Bedeutung zu.

Grundsätzlich gibt es zwei Möglichkeiten, Metalle vor Korrosion zu schützen:

1. **Es werden nur gleiche Metalle oder Metalle, die sich elektrochemisch ähnlich sind, miteinander verbunden oder bei Verwendung von nur einem Metall muss dies möglichst frei von Verunreinigungen sein.**
   Somit kommt es zu keiner Bildung eines Lokalelements. Zum Löten muss z. B. ein Lot verwendet werden, das dem zu lötenden Material entspricht.
   Da dies konstruktiv nicht immer möglich ist, muss der Kontakt mit Wasser und Sauerstoff verhindert werden.

2. **Der Zutritt von Luft und Wasser zum Metall oder der Zutritt von Wasser zur Berührungsstelle der beiden Metalle muss verhindert werden.**
   Dadurch werden die Oxidation des Metalls und die Bildung von Lokalelementen verhindert. In trockenem Klima kommt es bei Eisen kaum zur Rostbildung, während es in feuchter, schadstoffhaltiger Luft verstärkt zur Korrosion kommt. Verhindert wird die Korrosion praktisch durch Schutzüberzüge unterschiedlicher Art, z. B. durch einfaches Einfetten, Lacken, Emaille- oder Metallüberzüge.

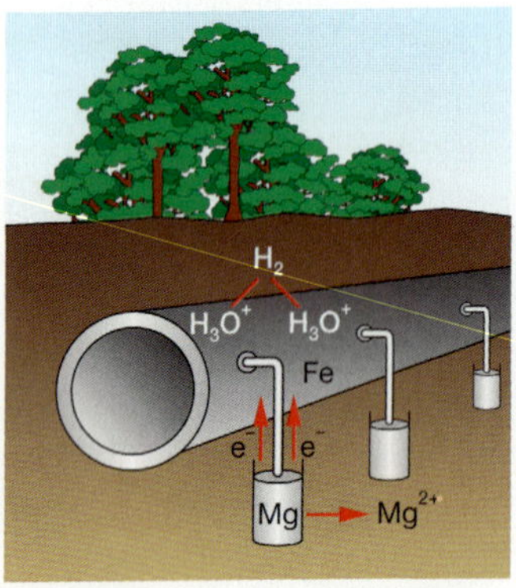

Korrosionsschutz eines Eisenrohrs mit einer Opferelektrode aus Magnesium

Es gibt Metalle, die nach ihrer Stellung in der elektrochemischen Spannungsreihe eigentlich an feuchter Luft nicht beständig sind, die sich aber mit einer harten und festen Schutzschicht überziehen. Dieser Vorgang wird Passivierung genannt. Aluminium bildet eine Schutzschicht aus Aluminiumoxid Al_2O_3, Zink aus Zinkoxid ZnO und Zinkcarbonat $ZnCO_3$. Chrom bildet ebenfalls eine dünne feste Oxidhaut. Aluminium lässt sich elektrolytisch oxidieren (Eloxal-Verfahren: **el**ektrolytische **Ox**idation des **Al**uminiums, s. Kap. 12.2). Diese Oberflächenschicht ist besonders hart und kann eingefärbt werden.

Korrosionsschutz von Schiffspropellern aus Aluminiumbronze mit Opferelektroden aus Zink (Zn)

Kupfer, das aufgrund seiner Stellung in der elektrochemischen Spannungsreihe der Metalle kaum oxidiert, wird an feuchter Luft mit einer Schutzschicht aus basischen Kupfersalzen wie $CuSO_4 \cdot 3\,Cu(OH)_2$ (Patina) überzogen.

Eisen kann wie zuvor beschrieben mit einem Überzug aus dem edleren Metall Zinn geschützt werden. Dies ist der Fall bei Konservendosen (Weißblech). Es sind aber auch galvanische Beschichtungen mit edleren Metallen wie z. B. Nickel möglich (s. S. 188).

Die ebenfalls beschriebene Beschichtung mit einem unedleren Metall wie Zink führt dazu, dass das unedle Metall Zink zersetzt wird und das Eisen dadurch geschützt wird. Diese Art des Korrosionsschutzes wird als **aktiver Korrosionsschutz** bezeichnet. Der Zinküberzug kann galvanisch erfolgen oder durch Eintauchen der Werkstoffe in flüssiges Zink (Feuerverzinken). Ein weiteres Beispiel für aktiven Korrosionsschutz ist der Schutz von unterirdisch verlegten Rohren oder Tankbehältern. Hierzu wird das gefährdete Metall leitend mit einem unedleren Metall aus Zink oder Magnesium, der Opferelektrode, verbunden. Das unedlere Metall wird oxidiert und geht in Lösung, es wird „geopfert“.

▸ Eine Brennstoffzelle liefert elektrische Energie aus der Oxidation des Wasserstoffs mit dem Sauerstoff. Die Zerlegung von Wasser in Wasserstoff und Sauerstoff erfordert elektrische Energie.

8.3 Elektrolyse

Bei den bisher beschriebenen elektrochemischen Reaktionen (Batterie, Entladen eines Akkumulators, Brennstoffzelle, Lokalelemente) handelt es sich um exotherme Vorgänge. Die Reaktionsprodukte haben eine geringere Enthalpie als die Ausgangsstoffe. Diese Differenz, die Reaktionsenthalpie, wird in Form von elektrischer Energie abgegeben.

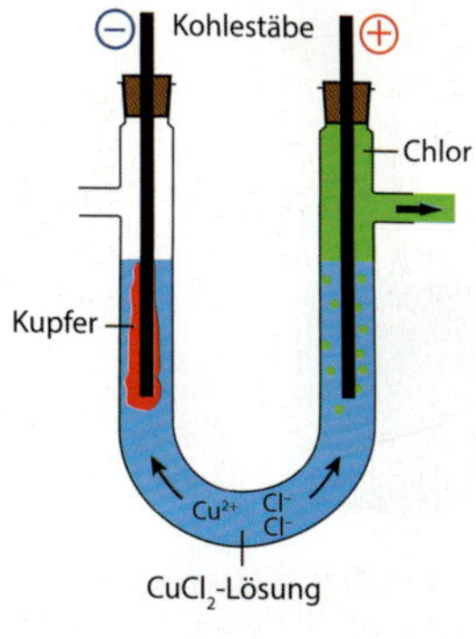

Elektrolyse von Kupfer(II)-chlorid

Die Elektrolyse ist eine Umkehrung dieser Reaktion, also ein endothermer Vorgang. Die Elektrolyse läuft nicht freiwillig ab, es wird Energie in Form von elektrischer Energie zugeführt. Eine Elektrolyse findet beim Stromdurchgang durch einen Stoff, der in Ionen vorliegt, statt. Es kann sich dabei um eine Schmelze oder um eine Elektrolytlösung handeln.

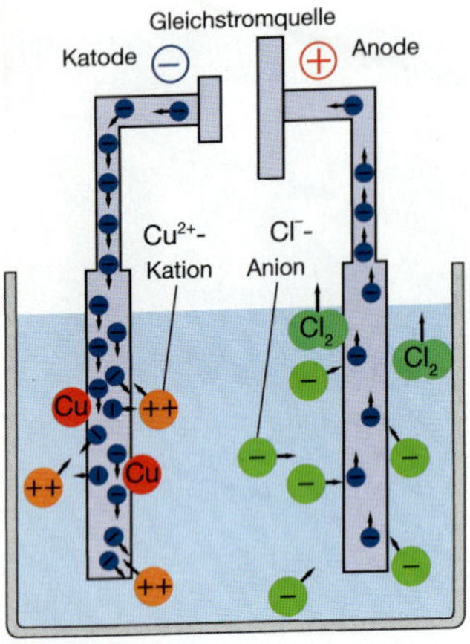

Die Vorgänge an den Elektroden

Beispiel:

Elektrolyse von Kupfer(II)-chlorid ($CuCl_2$)

Die am Anfang blaue Lösung enthält Cu^{2+}-Ionen und Cl^--Ionen. Wird eine Gleichspannung angelegt, so wandern die Cu^{2+}-Ionen (Kationen) an die Katode (Minuspol) und die Cl^--Ionen an die Anode (Pluspol). An den Elektroden werden die Ionen entladen, es entsteht Chlorgas und elementares Kupfer:

Reaktion an der Katode: $Cu^{2+} + 2\,e^- \rightarrow Cu$ *Reduktion*

Reaktion an der Anode: $2\,Cl^- \rightarrow Cl_2 + 2\,e^-$ *Oxidation*

Gesamtreaktion: $Cu^{2+} + 2\,Cl^- \rightarrow Cu + Cl_2$ *Redoxvorgang*

Der Redoxvorgang läuft an der Katode und Anode räumlich getrennt ab. Nach einiger Zeit entfärbt sich die Lösung, die Leitfähigkeit der Kupfer(II)-chloridlösung wird geringer, die Ionen verbrauchen sich. Die Kupfer(II)-chloridlösung hat sich zersetzt.

Elektrolyse ist die Zersetzung einer Schmelze oder eines Elektrolyten durch den elektrischen Strom.

An der Katode werden von den Kationen Elektronen aufgenommen, dieser Vorgang ist eine Reduktion (katodische Reduktion).

An der Anode werden von den Anionen Elektronen abgegeben, dieser Vorgang ist eine Oxidation (anodische Oxidation).

Da sich ein **Elektrolyt** beim Stromdurchgang zersetzt, wird er auch **Leiter 2. Ordnung** genannt. **Metalle** dagegen bleiben beim Stromdurchgang unverändert, es sind **Leiter 1. Ordnung**.

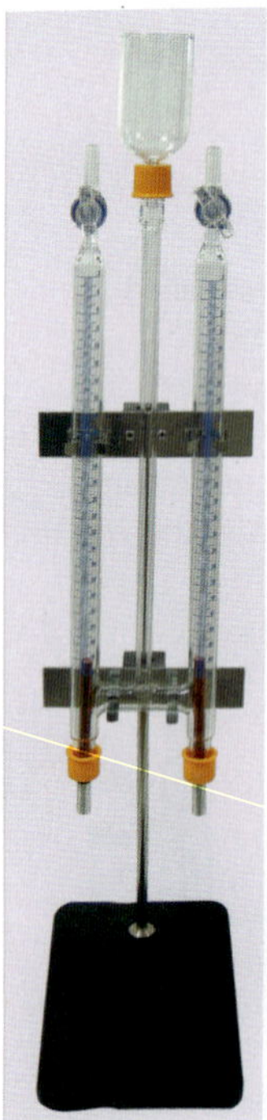
Hoffmannscher Wasserzersetzungsapparat

Beispiele:

1. *Elektrolyse von Wasser*

   Durch die Autoprotolyse des Wassers sind H_3O^+-Ionen und OH^--Ionen vorhanden.

   $$2\,H_2O \rightleftharpoons H_3O^+ + OH^-$$

   Um die Leitfähigkeit zu erhöhen, wird etwas Schwefelsäure zugesetzt. Somit sind auch SO_4^--Ionen in der Lösung.

   Reaktion an der Katode: $4\,H_3O^+ + 4\,e^- \rightarrow 4\,H_2O + 2\,H_2$ *Reduktion*

   Reaktion an der Anode: $4\,OH^- \rightarrow O_2 + 2\,H_2O + 4\,e^-$ *Oxidation*

   Das OH^--Ion ist nach der Spannungsreihe leichter zu entladen als das SO_4^--Ion, da bei einer Elektrolyse stets das Anion oder Kation entladen wird, für dessen Entladung die niedrigste Spannung ausreicht.

Für die Kationen ergibt sich daher eine Reihe für die Entladbarkeit:

← steigende Energie zur Entladung notwendig

Na^+ Mg^{2+} Al^{3+}	H^+ Zn^{2+} Ni^{2+} Pb^{2+}	Cu^{2+} Ag^+ Au^{2+}
aus wässrigen Lösungen nicht entladbar	aus wässrigen Lösungen werden Metallionen und Wasserstoffionen entladen	aus wässrigen Lösungen werden Metallionen entladen

Bei unedlen Metallen (z. B. Natrium) werden deshalb die H_3O^+-Ionen zuerst abgeschieden.

An der Anode werden die Anionen durch Abgabe von Elektronen entladen. Auch hier ist es so, dass bei mehreren Anionen in der Lösung erst das leichter zu entladende Anion seine Elektronen abgibt. In der Regel wird das OH^--Ion entladen. Es gibt ebenfalls eine Reihe der Entladbarkeit für die Anionen:

steigende Energie zur Entladung notwendig ←

komplexe Anionen (z. B. SO_4^{2-}, NO_3^-, PO_4^{3-} … OH^- Cl^- Br^- J^-

2. *Elektrolyse einer Natriumchloridlösung*
   In der Lösung sind durch die Protolyse Na^+-Ionen und Cl^--Ionen vorhanden.
   Reaktion an der Katode: $2\,H_3O^+ + 2\,e^- \rightarrow 2\,H_2O + H_2$ *Reduktion*
   Reaktion an der Anode: $2\,Cl^- \rightarrow Cl_2 + 2\,e^-$ *Oxidation*

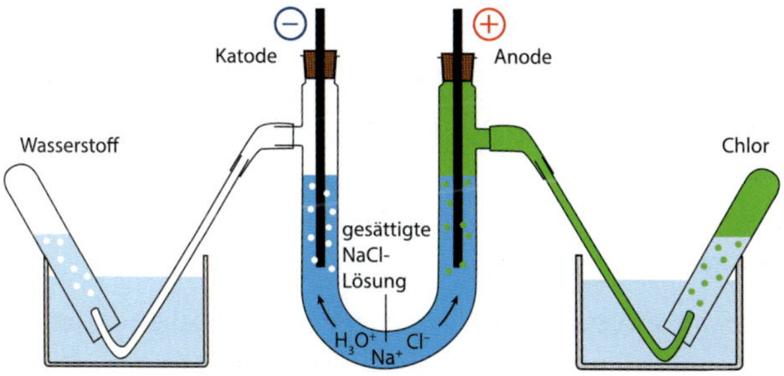

Elektrolyse einer wässrigen NaCl-Lösung

3. *Elektrolyse einer Natriumchloridschmelze*
   In der Schmelze liegen nur die Ionen Na^+ und Cl^- vor.
   Reaktion an der Katode: $2\,Na^+ + 2\,e^- \rightarrow 2\,Na$ *Reduktion*
   Reaktion an der Anode: $2\,Cl^- \rightarrow Cl_2 + 2\,e^-$ *Oxidation*

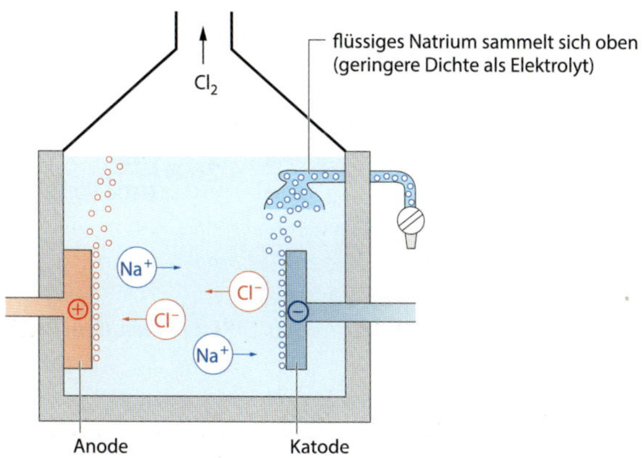

Schmelzflusselektrolyse

Galvanisiert werden auch Turbinenachsen bei Flugzeugen.

Technische Anwendungen der Elektrolyse

Die Elektrolyse wird in der Technik häufig zur Herstellung zahlreicher Stoffe und zur Herstellung von Metallüberzügen (Galvanisieren) eingesetzt:

- Gewinnung von Metallen aus einer Lösung, z. B. Kupfer (s. Kap. 12.3), Zink, Zinn
- Gewinnung unedler Metalle aus der Schmelze, z. B. Aluminium (s. Kap. 12.2), Natrium, Kalium, Magnesium
- Herstellung von Metallüberzügen, z. B. Vernickeln, Verchromen, Vergolden (Galvansieren)

Beim Galvanisieren wird das mit einem Metallüberzug zu versehende Werkstück in ein Bad mit den Ionen des Überzugmetalls getaucht und als Katode geschaltet. Aus der Lösung scheidet sich dann das Metall auf dem Werkstück ab. Häufig wird als Anode das Metall verwendet, welches als Überzug dient. Die Anode löst sich während des Galvanisierens auf und die Ionenkonzentration im Bad bleibt konstant.

Quantitative Betrachtung der Elektrolyse (Faraday'sche Gesetze)

Ein Elektron kann ein Ion eines einwertiges Metall entladen, z. B.:

$$Na^+\text{-Ion} + 1\,e^- \rightarrow 1\ \text{Na-Atom}$$

D. h., ein Mol Elektronen können ein Mol eines einwertigen Metallions entladen.

Ein Elektron hat die Ladungsmenge von $1{,}6021892 \cdot 10^{-19}$ As (Elementarladung), wenn ein Mol Elektronen vorliegt, beträgt die Ladung:

$$1{,}6021892 \cdot 10^{-19}\ \text{As} \cdot 6{,}022045 \cdot 10^{23}\ \frac{1}{\text{mol}}$$
$$= 96\,485\ \frac{\text{As}}{\text{mol}} = 26{,}8\ \frac{\text{Ah}}{\text{mol}}$$

Diese Ladung von 1 Mol Elektronen wird 1 Faraday genannt:

$$\mathbf{1\ Faraday\ (F) = 96\,485\ \frac{As}{mol} = 26{,}8\ \frac{Ah}{mol}}$$

Begriffe aus der Elektrotechnik

Spannung: entspricht dem „Druck" der Elektronen, Einheit Volt (V).

Stromstärke: entspricht der „Durchflussmenge" der Elektronen, Einheit Ampere (A).

Ladungsmenge: entspricht der Gesamtzahl der Elektronen, Einheit Amperesekunden (As). Die Ladungsmenge 1 As wird übertragen, wenn ein Strom von 1 A eine Sekunde lang fließt.

Leistung: Ist das Produkt von Spannung mal Stromstärke. Einheit Watt (W).

Beispiel:

Welche Masse an Nickel wird aus einer Nickelsulfatlösung ($NiSO_4$) abgeschieden, wenn ein Strom von 5,1 A 4 Stunden (h) und 30 Minuten fließt?

M(Ni) = 58,69 g/mol.

Zum Abscheiden eines Ni-Atoms werden zwei Elektronen benötigt, also kann mit 1 F 1/2 Mol Ni abgeschieden werden:

$$26{,}8\ \frac{Ah}{mol} \triangleq 58{,}69\ \frac{g}{2\ mol}$$

$$5{,}1\ A \cdot 4{,}3\ h \triangleq x$$

$$x = \frac{58{,}69\ g \cdot 5{,}1\ As \cdot 4{,}3\ h \cdot mol}{2 \cdot 26{,}8\ Ah \cdot mol} = \mathbf{24{,}0\ g}$$

In der Realität gibt es bei der Elektrolyse Verluste, die Ausbeute beträgt nicht 100 %, also wird der Wert in der Praxis niedriger sein.

Übungsaufgaben

Zu 8.1:

1. *Was ist der Unterschied zwischen einer Batterie und einem Akkumulator?*
2. *Welche Redoxreaktion läuft beim galvanischen Element an der Anode ab?*
3. *Warum dürfen verbrauchte NC-Akkus nicht im normalen Hausmüll entsorgt werden?*
4. *Warum kann mithilfe der Dichte der Schwefelsäure die Ladung eines Bleiakkus erkannt werden?*
5. *Geben Sie die Erklärungen für die abgebildeten Symbole auf einem Bleiakku an.*

Gefahrensymbole auf einem Bleiakkumulator

Zu 8.2:

1. *Nennen Sie zwei Arten der Korrosion.*
2. *Was ist ein Lokalelement?*
3. *Warum ist im Winter an Automobilen erhöhter Rostbefall zu beobachten?*
4. *Warum korrodieren Metallteile in Meeresnähe schneller?*
5. *Wie kann Korrosion verhindert werden?*
6. *Aluminium ist unedler als Eisen. Aluminium ist aber korrosionsbeständiger. Geben Sie eine Erklärung dafür.*

Zu 8.3:

1. *Liegt bei der Elektrolyse ein exothermer oder endothermer Prozess vor?*
2. *Formulieren Sie die Gleichungen für die Reaktionen, die an der Anode und Katode während der Elektrolyse ablaufen:*
   a) $NiCl_2$-Lösung
   b) $CaCl_2$-Lösung
   c) $CaCl_2$-Schmelze
   d) Gemisch aus einer KCl- und $Cu(NO_3)_2$-Lösung
3. *Welche Masse an Kupfer wird abgeschieden, wenn ein Strom von 7,5 A 3 Stunden und 15 Minuten fließt und die Ausbeute der Elektrolyse 90 % beträgt? M(Cu) = 63,5 g/mol.*
4. *a) Welche Zeit wird benötigt, um 1 kg Silber (einwertig) durch eine Elektrolyse abzuscheiden? Die Stromstärke beträgt 20,5 A und die Ausbeute 95,0 %. M(Ag) = 107,9 g/mol.*
   b) Welche elektrische Arbeit muss bei einer Elektrolysebadspannung von 25,0 V aufgewendet werden?
5. *Welche Stromstärke ist erforderlich, wenn in 150 min 38,9 g Zink aus einer Zinksulfatlösung ($ZnSO_4$) abgeschieden werden sollen? Die Ausbeute beträgt dabei 92,5 %? M(Zn) = 65,4 g/mol.*

Elektr. Arbeit oder Energie
= Spannung · Stromstärke · Zeit

$W_{elektr} = U \cdot I \cdot t$

Einheit: VAs = Ws oder kWh

9 Die Luft

9.1 Die Luft und ihre Zusammensetzung

Carl Scheele (1742–1786); schwedischer Chemiker und Apotheker

Joseph Priestley (1733–1804); englischer Theologe, Philosoph und Chemiker.

▸ Lavoisier nannte das Gas „Oxygéne“ (deutsch Sauerstoff), da er es irrtümlicherweise als einen wichtigen Bestandteil der Säuren hielt.

Luft ist ein Gasgemisch aus ca. 20 Vol.-% Sauerstoff und 80 Vol.-% Stickstoff.

Luft ist für unser Leben ein wichtiger – elementarer – Stoff. Für die alten griechischen Philosophen waren Luft, Feuer, Wasser und Erde die Elemente, aus denen unsere gesamte Umwelt aufgebaut ist. Diese Vorstellung wurde bis zum Ende des 18. Jahrhunderts aufrechterhalten. 1774 erkannte der englische Naturforscher Joseph Priestley, dass beim Erhitzen von Quecksilberoxid ein die Verbrennung unterstützendes Gas entsteht. Das entstandene Gas brachte einen glimmenden Holzspan zum Aufflammen. Gleichzeitig entdeckte auch der schwedische Chemiker und Apotheker Carl Wilhelm Scheele diese „Feuerluft“. Aber erst der Franzose Antoine Lavoisier formulierte als erster 1777, dass dieses Gas, der Sauerstoff, für die Verbrennung notwendig ist. Er wies nach, dass bei der Verbrennung eine Massenzunahme und nicht eine Massenabnahme stattfindet.

Versuch von Lavoisier zur Entfernung des Sauerstoffs aus der Luft durch Bildung von Quecksilberoxid

Zur Untersuchung der Luft wurde von Lavoisier eine mit Quecksilber gefüllte Retorte, die mit einem abgesperrten Luftraum in Verbindung stand, erhitzt. Das Volumen des Luftraums nahm um ca. 1/5 ab und auf dem Quecksilber bildete sich eine Schicht Quecksilberoxid. Der Luftrest unterstütze die Verbrennung nicht, er nannte dieses Gas „Azote“ (deutsch: „das Leben nicht erhaltend“). Lavoisier schloss aus diesen Versuchen, dass die Luft kein einheitlicher Stoff, sondern ein Gemisch aus den Elementen Stickstoff (ca. 80 %) und Sauerstoff (ca. 20 %) ist.

Durch neuere Untersuchungsmethoden wurden weitere Bestandteile (z. B. die Edelgase) in der Luft festgestellt. Die Luft kann bis zu vier Vol.-% Wasser aufnehmen. Die Zusammensetzung der

Luft ändert sich kaum, obwohl in der Natur zahlreiche Reaktionen mithilfe von Sauerstoff und Stickstoff ablaufen. Dies wird darauf zurückgeführt, dass der Sauerstoff (gekoppelt mit Kohlenstoffdioxid) und der Stickstoff einem Kreislauf unterliegen.

Bestandteil	Symbol (Formel)	Volumprozente
Stickstoff	N_2	78,10
Sauerstoff	O_2	20,93
Argon	Ar	0,9325
Kohlenstoffdioxid	CO_2	0,035
Neon	Ne	0,0018
Helium	He	0,0005
Krypton	Kr	0,0001
Xenon	Xe	0,000009

Die Zusammensetzung trockener Luft

Als Nachweis für Sauerstoff kann man seine Fähigkeit nutzen, einen glimmenden Holzspan zu entflammen.

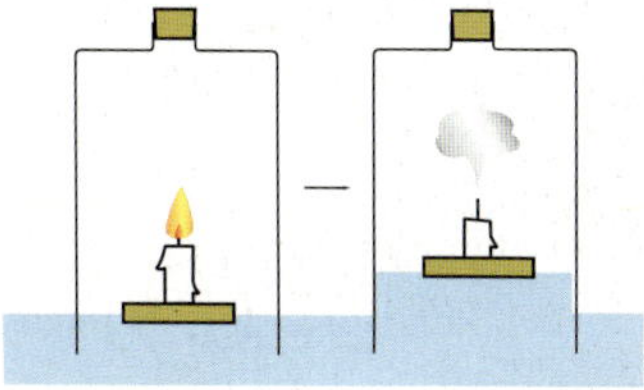

Verbrennung in einem abgeschlossenen Luftvolumen

Kreislauf des Sauerstoffs

Die ausgeatmete Luft des Menschen enthält nur noch 16 Vol.-% Sauerstoff, aber 4,4 Vol.-% Kohlenstoffdioxid. Die **Atmung** von Mensch und Tier verbraucht also ständig Sauerstoff, während Kohlenstoffdioxid gebildet wird. Dies geschieht auch bei der Verwesung von organischen Stoffen. In beiden Fällen werden Kohlenstoffverbindungen (z. B. Kohlenhydrate) durch den Luftsauerstoff zu Kohlenstoffdioxid und Wasser umgesetzt und dabei wird Energie frei. Die Lebewesen würden ersticken, wenn nicht in der Natur ein gegenläufiger Prozess stattfinden würde: die **Assimilation** der Pflanzen. Hierbei wird das Kohlenstoffdioxid unter Einwirkung des Blattgrüns (Chlorophyll) und des eingestrahlten Sonnenlichts (Energie) in Kohlenhydrate umgesetzt und der Sauerstoff wird frei.

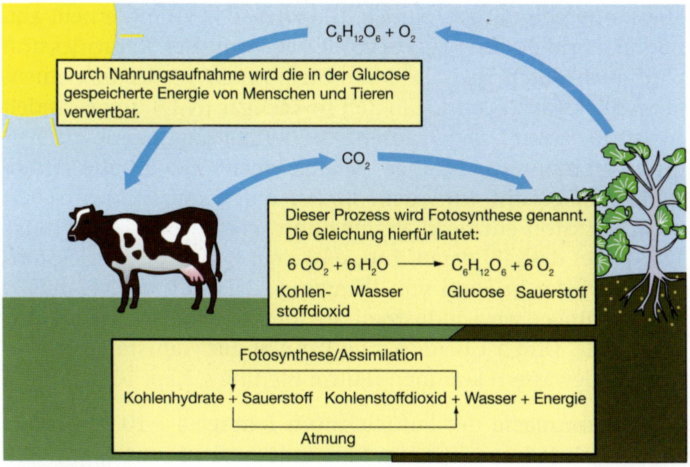

Sauerstoffkreislauf

Die Masse des Sauerstoffs in der Atmosphäre beträgt ca. 10^{15} t, davon durchlaufen jährlich 10^{11} t (0,01 Vol.-%) den Kreislauf Atmung-Assimilation.

▸ Durch die intensive Landwirtschaft entsteht neben dem N_2O auch Methan, beides sind Treibhausgase.

Kreislauf des Stickstoffs

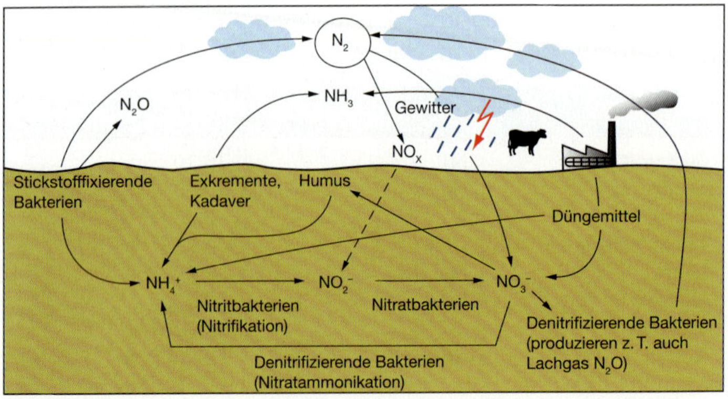

Stickstoffkreislauf

Stickstoffdünger:
- anorganische Verbindungen $(NH_4)_2SO_4$; NH4NO_3; $Ca(NO_3)_2$; KNO_3
- organische Verbindungen Harnstoff ($CO(NH_2)$); Kalkstickstoff ($CaCn_2$)
- organische (natürliche) Dünger Gülle; Mist; Hornspäne; Blutmehl

Stickstoff ist ein wichtiger Bestandteil des Eiweißes von Pflanzen und Tieren. Der Stickstoff der Luft wird von den Tieren und den meisten Pflanzen nicht aufgenommen, da er zu reaktionsträge ist. Es gibt allerdings einige Bakterien und Mikroorganismen, die in der Lage sind, den Stickstoff der Luft in Nitrat- und Ammoniumstickstoff umzuwandeln. Dem Boden wird weiter Stickstoff durch Oxidationen aus der Atmosphäre (Gewitter, Vulkanausbrüche) als Nitrit zugeführt. Die Pflanze nimmt diese Verbindungen aus dem Boden auf und baut daraus ihre Zellen. Menschen und Tiere besitzen diese Eigenschaft nicht und können ihren Stickstoffbedarf nur über die Zufuhr von pflanzlichem Eiweiß decken. Beim Abbau des Eiweißes wird der größte Teil als Harnstoff mit dem Harn ausgeschieden. Durch die Verwesung erhält der Boden den Stickstoff in Form von Nitraten, Ammoniumsalzen und anderen Stickstoffverbindungen zurück. Die Pflanze kann ihn erneut aufnehmen und der Kreislauf beginnt von vorn. Der Nitratstickstoff wird auch durch spezielle Mikroorganismen wieder in elementaren Stickstoff N_2 und zum Teil in Lachgas (N_2O) umgewandelt (Denitrifizierung). Durch intensive Viehhaltung, Landwirtschaft und Verbrennungsvorgänge gelangt auch N_2O in die Atmosphäre. Insgesamt wird dem Boden durch die Landwirtschaft mehr Stickstoff entzogen als zugeführt. Justus von Liebig (1803–1873) wies deshalb darauf hin, dass dem Boden diese Stickstoffmenge wieder in Form von Düngung zugeführt werden müsse. Dieser Dünger wird industriell aus dem Stickstoff aus der Luft hergestellt. Durch Überdüngung kann es zur Nährstoffanreicherung in Gewässern kommen (Eutrophierung s. Kap. 10.6.2).

Die Gesamtmasse des Luftstickstoffs beträgt $4 \cdot 10^{15}$ t, davon werden jährlich nur 10^8 t im Stickstoffkreislauf umgesetzt.

Die **Zerlegung der Luft** in ihre einzelnen Bestandteile erfolgt durch starke Abkühlung und anschließende fraktionierte Destillation (Linde-Verfahren). Nach diesem Verfahren werden **Sauerstoff, Stickstoff und die Edelgase** technisch hergestellt.

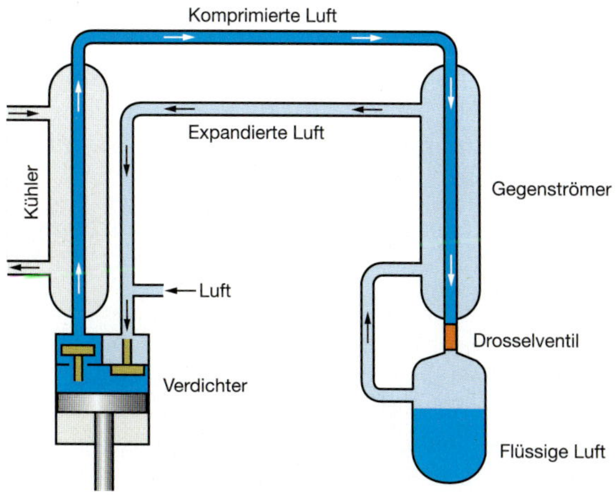

Linde-Verfahren

Der Sauerstoff kommt zu 49 Massen-% in der Erdkruste vor. Der meiste Sauerstoff ist in Form von Wasser, Silikaten, Quarz und anderen Mineralien sowie in Organismen gebunden. Als Element findet man ihn in der Luft und gelöst im Wasser (Selbstreinigung der Gewässer) vor.

Es ist ein farb-, geruch- und geschmackloses Gas und in Wasser nur mäßig, aber besser als Stickstoff, löslich.

Bei gewöhnlichen Temperaturen ist er verhältnismäßig reaktionsträge, bei höheren sehr reaktionsfähig. Die chemischen Reaktionen mit Sauerstoff sind die Oxidationen, die langsam (z. B. Rosten) und rasch (z. B. Verbrennungen) ablaufen können.

Der Sauerstoff wird unter einem Druck von 200 bar in Druckgasflaschen („Bomben“) abgefüllt und kommt so in den Handel (weiße Schulter und blauer Mantel zur Kennzeichnung).

Verwendet wird er zum Schweißen und Schneiden von Metallen, für Atmungsgeräte, viele chemisch technische Prozesse (Oxidationen), metallurgische Verfahren (Stahlerzeugung, LD-Vefahren, s. Kap. 12.1) und in flüssiger Form als Treibstoff für Raketen.

Der **Stickstoff** kommt elementar in der Atmosphäre als Hauptbestandteil der Luft (78 Vol.-%) vor. Zu 99 % ist der auf der Erde vorhandene Stickstoff in der Atmosphäre der Luft vorhanden. Trotzdem ist er nur zu 0,03 % am Aufbau der Erdkruste beteiligt. Weiter ist er am häufigsten gebunden in Nitraten (z. B. Chilesalpeter $NaNO_3$) und tritt im Ammoniak (NH_3) als Fäulnisprodukt auf. Er ist ein wichtiger Bestandteil der Eiweißstoffe und Nukleinsäuren in pflanzlichen und tierischen Organismen und ist damit ein lebenswichtiges Element. Als Endprodukt des Stoffwechsels liegt er als Harnstoff und Harnsäure vor.

Stickstoff ist ein farb-, geruch- und geschmackloses Gas. Er ist aufgrund der Dreifachbindung sehr **reaktionsträge** und wird

Sauerstoff	
Symbol	O
Ordnungszahl	8
Atommasse	15,9994 u
Schmelztemperatur	–218,76 °C
Siedetemperatur	–182,97 °C
Dichte	1,42895 g/dm³
Oxidationszahl fast immer	–II

Oxygenium = Sauerstoff
oxys (griech.) = sauer
geneo (griech.) = bilden

Druckgasflasche Sauerstoff

Stickstoff	
Symbol	N
Ordnungszahl	7
Atommasse	14,0067 u
Schmelztemperatur	–209,86 °C
Siedetemperatur	–195,82 °C
Dichte	1,2506 g/dm³
Oxidationszahl	+I bis +V; –III

Symbol N, von lat.:
nitrogenium = Salpeterbildner

Dreifachbindung im N_2-Molekül

Lord Rayleigh (John William Strutt, 1842–1916), englischer Physiker

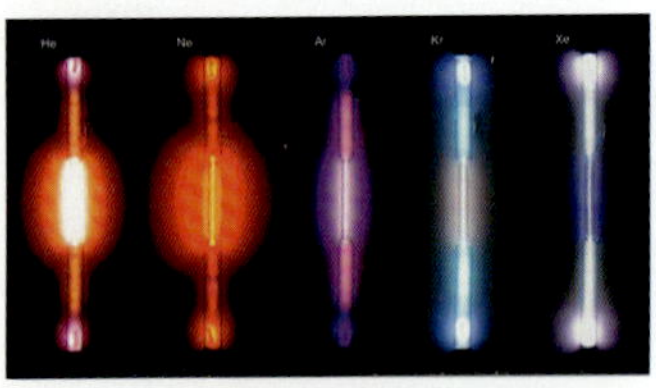

Gasentladungsröhren mit den Edelgasen Helium (gelb), Neon (rot), Argon (violett), Krypton (gelbgrün) und Xenon (blaugrün) gefüllt.

Supraleitendes Beschleunigermodul von DESY, Hamburg

deshalb als Schutzgas bei chemischen Reaktionen mit feuergefährlichen Substanzen verwendet. Trotz der Reaktionsträgheit wird der Luftstickstoff für die Herstellung von Stickstoffverbindungen eingesetzt. Als erster Schritt für die Darstellung der meisten Stickstoffverbindungen gilt die Ammoniaksynthese nach Haber-Bosch (s. S. 84).

Stickstoff kommt heute in Druckgasflaschen mit schwarzer Schulter und grünem Mantel unter einem Druck von 200 bar in den Handel.

Von den **Edelgasen** kommt überwiegend das Argon in der Luft vor. Es wurde 1894 von Rayleigh festgestellt, dass der aus der Luft isolierte Stickstoff eine höhere Dichte hat als der aus Stickstoffverbindungen hergestellte. Danach mussten sich in der Luft noch andere spezifisch schwerere Gase befinden. Dies führte zur Entdeckung der Edelgase.

Die Edelgase zeichnen sich dadurch aus, dass sie äußerst reaktionsträge sind. Alle Edelgase befinden sich in der achten Hauptgruppe des PSE und haben daher eine besonders stabile äußere Elektronenhülle (Edelgaskonfiguration).

Sie selbst sind farb-, geruch- und geschmacklos. In mit Edelgas gefüllten Gasentladungsröhren senden sie charakteristisches Licht aus.

	Helium	Neon	Argon	Krypton	Xenon	Radon
Symbol	He	Ne	Ar	Kr	Xe	Rn
Ordnungszahl	2	10	18	36	54	86
Atommasse	4,0026 u	20,183 u	39,984 u	83,8 u	131,3 u	222 u
Schmelztemperatur	–272,2 °C	–248,7 °C	–189,4 °C	–157,2 °C	–111,9 °C	–71 °C
Siedetemperatur	–268,9 °C	–245,9 °C	–185,9 °C	–153,2 °C	–108,1 °C	–61,8 °C
Dichte g/dm^3	0,17845	0,9002	1,7824	3,744	5,851	9,73

Physikalische Daten der Edelgase

Helium wird aufgrund seiner geringen Dichte und Unbrennbarkeit als Füllgas für Ballons eingesetzt. Da es knapp über dem absoluten Nullpunkt (Temperatur von –273,16 °C) erst flüssig wird, wird es in der Tieftemperaturtechnik für supraleitende Magneten verwendet, z. B. in Beschleunigern oder in der Kernfusion.

Argon dient als Schutzgas zur Herstellung bestimmter Metalle und beim Schweißen.

Xenon befindet sich in Elektronenblitzgeräten für die Fotografie, weil das ausgesendete Licht dem Sonnenlicht entspricht.

9.2 Die Atmosphäre und das Klima

Aufbau und Entstehung der Atmosphäre

Die Lufthülle der Erde bildet die Atmosphäre. Ihre Masse von $5 \cdot 10^{15}$ t macht gerade ein Millionstel der Erdmasse aus und im Vergleich zum Erdradius beträgt die Höhe weniger als 1 % des Erdradius. Die Teilchen der Atmosphäre werden von der Gravitation der Erde angezogen. Diese nimmt mit der Höhe ab, so auch die Dichte der Luft und der Luftdruck. Die Atmosphäre kann in mehrere klar unterscheidbare „Stockwerke" gegliedert werden.

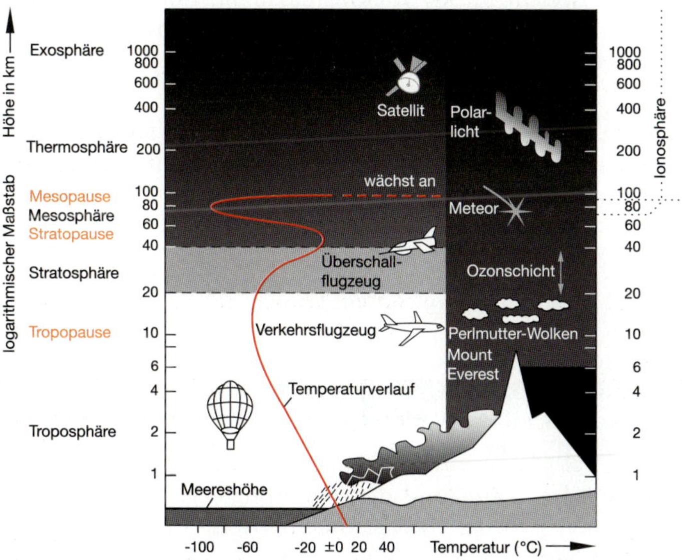

Unterteilung der Atmosphäre

Troposphäre

Troposphäre (von gr. Tropein) = wenden

Diese Schicht hat eine Höhe von bis zu 12 km. Im unteren Teil leben wir Menschen und dort spielen sich auch die Wettervorgänge ab. Die darüberliegenden Schichten sind kälter und es kommt kaum zu einem Austausch mit den darunterliegenden Schichten. In der Troposphäre fällt die Temperatur von ca. 20 °C am Erdboden bis –60 °C ab. Dieser Abfall erfolgt linear, ungefähr alle 1000 m um 6 °C.

Stratosphäre

Diese Schicht reicht bis 50 km Höhe und die Temperaturen steigen von –60 °C wieder auf 0 °C an. Der Anstieg der Temperatur wird verursacht durch die Reaktionen des Ozons, das sich unter dem Einfluss der ultravioletten Strahlung aus Sauerstoff bildet und wieder zerfällt. Aus der Troposphäre gelangt keine

Feuchtigkeit in die Stratosphäre, deshalb existieren hier praktisch keine Wolken. Das Ozon schirmt die Erdoberfläche zum Teil vor ultravioletter Strahlung (UV-Strahlung) ab.

Mesosphäre

Sie reicht von 50 bis 85 km Höhe und die Temperatur sinkt bis auf –100 °C.

Thermosphäre

Diese Schicht reicht von 85 bis 500 km. Durch die Absorption des Sonnenlichts liegt ein Teil der Luft ionisiert vor. Diese Ionisierung erreicht in 300 km ein Maximum (Ionosphäre). Eine Temperatur lässt sich wegen der geringen Teilchendichte nicht angeben.

Exosphäre

Die Schicht liegt oberhalb von 500 km. Hier ist der Einfluss der Gravitation so gering, dass die Luftteilchen in den Weltraum strömen können. Gleichzeitig findet ein Zustrom von kosmischer Materie (Meteorstaub, Sonnenteilchen, interplanetarische Gase) statt. Darüber geht die Atmosphäre in den Weltraum über.

Zwischen diesen Stockwerken befinden sich jeweils **Grenzschichten** (**Tropo-**, **Strato-**, **Mesopause**) mit konstanter Temperatur, welche die Vermischung der Gase erheblich behindern.

homo (griech.) = gleichartig
hetero (griech.) = anders, verschieden

Neben dieser Einteilung der Atmosphäre gibt es auch eine Einteilung nach der Gaszusammensetzung. Es lassen sich die **Homosphäre** und die **Heterosphäre** unterscheiden. In der Homosphäre (bis 80 km) liegen die Gase in gleicher Zusammensetzung vor, oberhalb dieser Grenze reichern sich die leichteren Gase an, während die schwereren durch die Erdanziehung stärker zur Erde angezogen werden.

Urweltähnliche Bedingungen

Die Erde hat sich seit ihrer Entstehung stark gewandelt, somit auch die Atmosphäre. Diese bestand am Anfang überwiegend aus Wasserdampf, Kohlenstoffdioxid und Schwefelwasserstoff sowie geringeren Mengen an Stickstoff, Kohlenstoffmonoxid, Helium und Methan. Erst im Laufe von Milliarden von Jahren reicherte sich die Atmosphäre mit Sauerstoff an. Dieser entstand durch die Fotosynthese der Cyanobakterien in den Ozeanen und konnte aus dem Meer aufsteigen. Gleichzeitig reduzierte sich der Gehalt an giftigen Verbindungen und die heutige Atmosphäre bildete sich heraus. Durch den aus den Meeren nach oben gelangenden Sauerstoff entwickelte sich auch die Ozonschicht (O_3) am oberen Rande der Stratosphäre. Diese vor ultravioletter Strahlung schützende Schicht ermöglichte erst die Lebensformen außerhalb des Wassers.

Klima

Als **Klima** wird der **durchschnittliche Zustand der Atmosphäre über einem Teil (z. B. Ort, Landschaft) der Erdoberfläche** verstanden. Es hängt ab von den Jahreszeiten, der Sonneneinstrahlung, der Temperatur, dem Luftdruck, den Niederschlägen und der Beschaffenheit der Erdoberfläche (z. B. Wald, Wüste, Ozean, Schneefläche). Die Erde wird also nicht gleichmäßig erwärmt, es entstehen Luftdruckunterschiede. Dadurch kommt es zu Luftströmungen, die zusätzlich zu den Strömungen vorhanden sind, welche die Erdrotation hervorruft.

Im Laufe der Zeit war das Klima nicht immer konstant, sondern es gab verschiedene Klimazeiträume, die sich zwischen 100 und mehreren Millionen Jahren erstreckten. Naturkatastrophen (Vulkanausbrüche) trugen ebenfalls zu Schwankungen bei. Unsere heutige mittlere Temperatur in der bodennahen Atmosphäre liegt mit 15 °C durchaus im Rahmen der Klimazeiträume der letzten zwei Millionen Jahre. In diesem Zeitabschnitt gab es Warmzeiten mit 16 °C und Kaltzeiten mit 6 °C mittleren Temperaturen.

Die Klimaveränderungen sind immer hervorgerufen worden durch die Schwankungen in der Zusammensetzung der Atmosphäre. Neu sind die Klimaveränderungen, die aufgrund des ansteigenden Gehalts an Kohlenstoffdioxid und anderen Spurengasen zu erwarten bzw. bereits eingetreten sind. Es ist schwierig, für längerfristige Klimavorhersagen (Klimamodelle) die natürlichen von den menschlichen Einflüssen zu trennen, da die Beobachtungen über den Einfluss der menschlichen Aktivitäten erst seit relativ kurzer Zeit möglich sind.

Wenn die Erdatmosphäre nicht vorhanden wäre, läge die mittlere Erdtemperatur nicht bei 15 °C, sondern bei –18 °C. Die Energie, welche die Sonne in Form von elektromagnetischen Wellen zur Erde sendet, wird von der Erdoberfläche zum Teil absorbiert und reflektiert. Ohne Atmosphäre würde der reflektierte Teil (Wärmestrahlung) wieder in den Weltraum gelangen. Daher ist die Erdoberfläche um 33 °C wärmer als ohne Atmosphäre. In diesem Zusammenhang wird von einem **natürlichen Treibhauseffekt** gesprochen. Dieser Vorgang lässt sich mit einer Glasscheibe, wie sie als Dach für Treibhäuser eingesetzt wird, verdeutlichen:

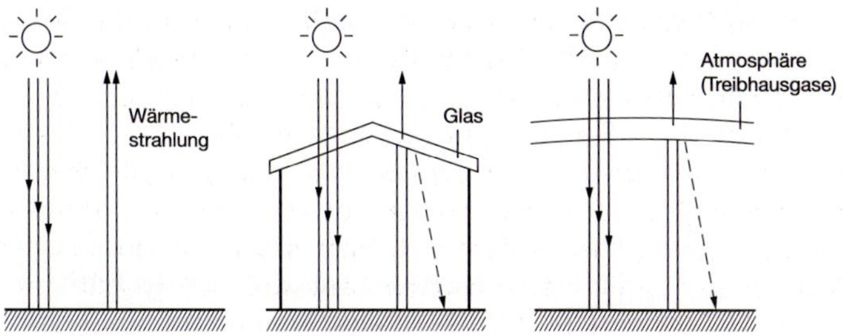

Treibhauseffekt: 1. Ungehinderte Sonneneinstrahlung und Wärmeabstrahlung, 2. Veranschaulichung mithilfe von Glasscheiben, 3. Wirkung der Atmosphäre

▸ Das Aussterben der Saurier wird z. B. erklärt durch Vulkanausbrüche oder Meteoriteneinschläge. Beides führte zu einer Klimaveränderung (Abkühlung) auf der Erdoberfläche.

Seit dem Beginn der Industrialisierung in der Mitte des 19. Jh. und dem Aufkommen der Verbrennungsmotoren in den Automobilen in den 30er Jahren des letzten Jahrhunderts verstärkte sich der Gehalt an Kohlenstoffdioxid sowie anderen Gasen und Schadstoffen in der Luft.

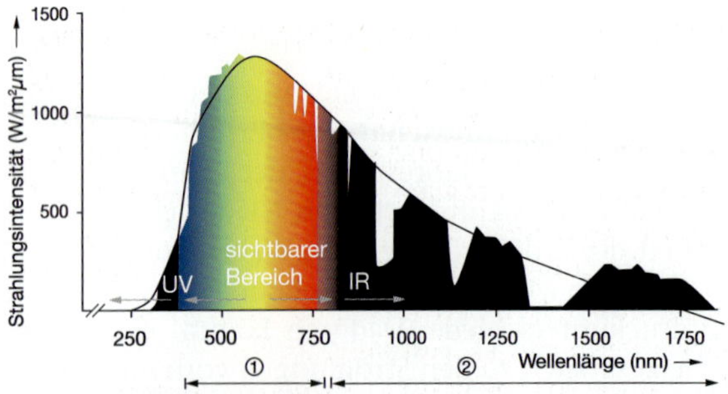

Spektrum des Sonnenlichts
① sichtbarer Bereich: 390 nm–770 nm ② Wärmestrahlung: 800 nm–1 mm

Die Sonnenstrahlen gelangen durch das Glas auf den Boden, werden dort zum Teil absorbiert bzw. reflektiert und gelangen wieder zum Glasdach. Hier wird ein Teil dieser Wärmestrahlung durchgelassen und ein anderer zum Boden zurückgeworfen. Letzteres führt zu einer Erhöhung der mittleren Temperatur auf dem Boden. Diese Funktion des Glasdachs in einem Treibhaus entspricht der Funktion der Atmosphäre für die Erde. Die Gase in der Atmosphäre, die für den Treibhauseffekt verantwortlich sind, werden als Treibhausgase bezeichnet. Sie tragen nicht alle gleich mit zur Erwärmung bei, sondern sind in unterschiedlichem Maße daran beteiligt: der Wasserdampf mit 62 %, Kohlenstoffdioxid mit 22 % und die übrigen Gase, wie Distickstoffmonoxid (N_2O) und Methan, mit 14 %.

anthropogen (griech.) = durch den Menschen entstanden

Die Erhöhung der Konzentration der Treibhausgase, die durch den Menschen verursacht wird, ist die Ursache für den **anthropogenen Treibhauseffekt**. Für diese Zunahme sind zu 50 % die Verbrennung von Kohle, Erdöl und Erdgas (CO_2, H_2O, N_2O), zu 20 % landwirtschaftliche Aktivitäten (CH_4) und zu 30 % die Industrie verantwortlich.

9.3 Luftschadstoffe

Die von den Menschen erzeugten Stoffe, die in die Luft gelangen, können nicht nur einen Einfluss auf das Klima haben, sondern auch schädigende Wirkungen auf lebende Organismen. Dabei handelt es sich um drei Gruppen von **Luftschadstoffen**:

VOC (volatile organic compounds) = flüchtige organische Verbindungen

1. gasförmige anorganische Stoffe (z. B. Kohlenstoffmonoxid, Stickstoffoxide, Schwefeldioxid)
2. flüchtige organische Verbindungen VOC (z. B. Kohlenwasserstoffe, Aldehyde)
3. Stäube (z. B. Ruß, Flugasche, Zementstaub)

Wenn diese **Schadstoffe** erst einmal in der Luft sind, können sie nicht mehr beseitigt werden. Es kommt also darauf an, dass die Quellen der Luftverschmutzung weniger Schadstoffe ausstoßen.

emittere (lat.) = aussenden

immittere (lat.) = hineinschicken

Die in die Luft gelangten Schadstoffe werden auch als **Emissionen** bezeichnet. Es gibt **natürliche** und vom **Menschen verursachte Emissionen (anthropogene)**. Vulkanausbrüche sind die häufigsten natürlichen Emittenten von Schadstoffen. Riesige

Massen von Asche, Chlorwasserstoff und Schwefeldioxid gelangen dadurch bis in die Stratosphäre. Die Schadstoffe verteilen sich in der Luft, werden transportiert, eventuell umgewandelt oder durch Regen ausgewaschen und wirken auf die belebte und unbelebte Natur ein. Dieser Vorgang wird **Immission** genannt.
Die Konzentration der Schadstoffe verdünnt sich während des Transports und hängt daher von der Höhe der Emissionsquelle ab. Abgase aus hohen Schornsteinen sind in Atemhöhe wesentlich stärker verdünnt als Autoabgase.
Normalerweise hat die Atmosphäre in Höhenlagen eine niedrigere Temperatur und die wärmere (spezifisch leichtere) Bodenluft steigt auf, es kommt also zu einem **Luftaustausch**. Die Wetterlage hat auf die Ausbreitung von Schadstoffen einen großen Einfluss. Durch **Wind** werden die Schadstoffe schneller von der Emissionsquelle verteilt als in sogenannten **Inversionswetterlagen**. Hier liegt insbesondere in Beckenlagen über einer kühleren Luftschicht am Boden eine wärmere Luftmasse und es wird damit der Austausch der Luft verhindert.
Für unser Leben ist reine Luft eine Notwendigkeit und auch nur geringe Konzentrationen von Schadstoffen können Schädigungen hervorrufen. Wir benötigen durchschnittlich am Tag ca. 6 m³ Luft, bei höherer Belastung kann dieser Wert sich vervielfachen. Aufgrund des hohen Luftumsatzes können sich Schadstoffe im Körper über die Lunge, trotz geringer Konzentration, anreichern.
Schadstoffe in der Luft können gesundheitliche Gefährdungen am **Arbeitsplatz** oder in der **Wohnung** verursachen. Da sich die Quellen der Schadstoffe hier meist in unmittelbarer Nähe befinden, lassen sich die Konzentrationen der Schadstoffe durch lokale Maßnahmen senken.
Luftschadstoffe in der **freien Atmosphäre**, die durch Verbrennungsvorgänge erzeugt werden, werden weit transportiert und verursachen dadurch Schäden in Regionen, die weit von der Quelle entfernt liegen. Bekannt ist u. a. die Versauerung skandinavischer Seen durch schwefeldioxidhaltige Luft aus Großbritannien. Diese Schäden können nur durch internationale Regelungen (Grenzwerte für Emissionen) erfolgreich vermindert bzw. vermieden werden.
Um die Arbeitnehmer an ihrem Arbeitsplatz zu schützen, wurden die **„Maximalen Arbeitsplatz-Konzentrationen“ (MAK-Werte)** festgelegt. Es sind die Grenzwerte für den durchschnittlichen Gehalt an Luftschadstoffen für die Dauer eines Arbeitstags von acht Stunden, bei denen im Allgemeinen eine Gesundheitsgefährdung oder unangemessene Belästigung nicht zu erwarten ist.
Für die Luftverunreinigungen in der freien Atmosphäre gelten die **„Maximalen Immissions-Konzentrationen“ (MIK-Werte)**. Dies sind die Konzentrationen von Schadstoffen in bodennahen Schichten der freien Atmosphäre, die nach derzeitigen Erfahrungen im Allgemeinen für Mensch, Tier und Pflanze bei Einwirkung von bestimmter Dauer und Häufigkeit als unbedenklich gelten können.

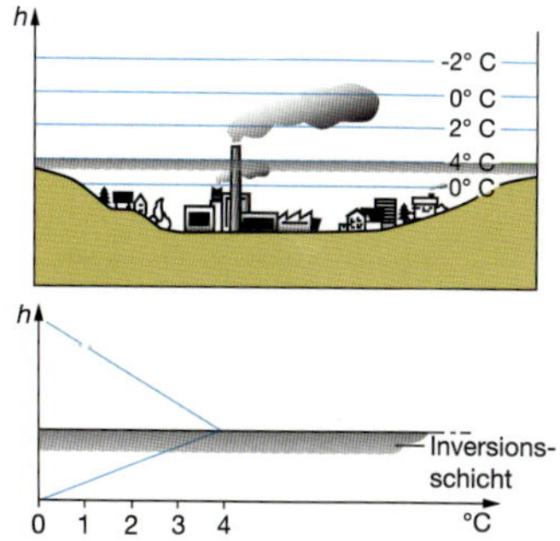

Inversionswetterlage

Absaugen von lungengängigem Holzstaub in einer Tischlerei

Kontinuierliche Messung von Luftschadstoffen und Feinstaub

Schadstoff	1990	2000	2007
Kohlenstoffmonoxid	12 182	5080	3763
Stickstoffoxide	2863	1803	1294
Schwefeldioxid	5311	626	494
flüchtige organische Verbindungen	3759	1593	1280
Stäube	1875	358	296

Emissionsentwicklung 1990–2007 in Deutschland in kt/Jahr (Quelle: Umweltbundesamt, Treibhausgase und klassische Luftschadstoffe, Endstand 20.02.2009)

Waldsterben

Vom sauren Regen zerstörte Kalksteinfigur

MAK- und MIK-Werte sind noch gebräuchlich, aber seit dem Inkrafttreten der deutschen Gefahrstoffverordnung werden nun die gesundheitsbasierten Grenzwerte – Arbeitsplatzgrenzwert (AGW) und Biologischer Grenzwert (BWG) – verwendet.
Damit die Behörden ein Instrument zur Reinhaltung der Luft bei Genehmigungsverfahren in der Hand haben, wurde 1986 die **„Technische Anleitung zur Reinhaltung der Luft“ (TA Luft)** erlassen und 2002 überarbeitet. Es sind darin Grenzwerte für die Emission und Immission enthalten und gleichzeitig Verfahren beschrieben, um diese Werte zu ermitteln. Diese Vorschrift wird laufend dem europäischen Recht angepasst.
Das **Bundes-Immissionsschutzgesetz** (Neufassung 2002), auch als Gesetz zum Schutz vor schädlichen Umwelteinwirkungen bezeichnet, schreibt den Behörden der Bundesländer vor, die Luftverunreinigungen in Ballungsgebieten kontinuierlich zu messen und aufzuzeichnen. Es werden dabei Spurengase und Schwebstoffe sowie die allgemeinen Wetterdaten (Temperatur, Luftfeuchtigkeit, Windrichtung und Windgeschwindigkeit) erfasst und zentral ausgewertet, um bei eventueller **Überschreitung von Grenzwerten** Schutzmaßnahmen (z. B. Fahrverbot) zu ergreifen.
Heizungsanlagen in Wohnhäusern werden nach diesem Gesetz jährlich vom Schornsteinfeger auf Ruß und Ölrückstände, Abgastemperatur und Konzentration an Kohlenstoffdioxid untersucht.
Fast der gesamte Anteil der **Luftschadstoffe** entsteht durch **Verbrennungen** in Verbrennungsmotoren, Kraftwerken und Heizungen. Bei all diesen Vorgängen entsteht als Verbrennungsprodukt das Kohlenstoffdioxid, das als Treibhausgas wirkt. Die wichtigsten Emissionen, die als **Luftschadstoffe** wirken, sind das **Kohlenstoffmonoxid, die Stickstoffoxide, organische Verbindungen und staubförmige Verunreinigungen**.

Kohlenstoffmonoxid CO

Das Kohlenstoffmonoxid bildet sich bei unvollständiger Verbrennung von Kohlenstoff oder kohlenstoffhaltigen Verbindungen. Es blockiert den Sauerstofftransport im Blut, indem es sich an das Hämoglobin im Blut bindet. Durch die Einführung des Katalysators in Ottomotoren hat sich die Belastung durch Kohlenstoffmonoxid stark verringert.

Schwefeldioxid SO_2

In der Natur wird Schwefeldioxid durch Vulkane freigesetzt. Schwefeldioxid bildet sich bei der Verbrennung von Kohle und Erdölprodukten als Nebenprodukt, da diese Stoffe einen gewissen Anteil an Schwefelverbindungen enthalten. Das Schwefeldioxid in der Luft kann beim Menschen zu Atemwegserkrankungen führen. In der Luft reagiert es mit der Feuchtigkeit zu schwefliger Säure:

$$SO_2 + H_2O \rightarrow H_2SO_3$$

Diese kann weiter zur Schwefelsäure H_2SO_4 oxidiert werden.

Daher bildet das **Schwefeldioxid** zusammen mit den **Stickstoffoxiden** den **sauren Regen**. Dieser führt zu Schäden an Pflanzen

(Waldsterben), Bauwerken und Stahlkonstruktionen (Korrosion). Durch die Herabsetzung des Schwefels in Erdölprodukten und bessere Verbrennungstechniken in Kohlekraftwerken sowie Rauchgasentschwefelung konnte die schädigende Wirkung des Schwefeldioxids erheblich gesenkt werden.

Stickstoffoxide NO, NO_2

Bei allen Verbrennungen unter hohen Temperaturen (über 1000 °C) entstehen aus dem Stickstoff und dem Sauerstoff der Luft die Stickoxide NO und NO_2, kurz zusammengefasst als **Stickoxide NO_x**. Durch Blitzschlag bei Gewitter und durch Waldbrände bilden sich die Stickoxide in der Natur und wirken im Stickstoffkreislauf mit (Dünger für Pflanzen). Die technischen Verbrennungsvorgänge (Wärmekraftwerke, Verbrennungsmotoren und Heizungsanlagen) liefern den Hauptanteil der Stickoxide. Mit der Feuchtigkeit der Luft bilden sie salpetrige Säure HNO_2 und Salpetersäure HNO_3 und tragen ebenfalls zur Entstehung des sauren Regens bei.

Abgasreinigung im Kraftwerk, vereinfacht:
$6\ NO + 4\ NH_3 \rightarrow 5\ N_2 + 6\ H_2O$

Abgasreinigung im Ottomotor, vereinfacht:
$2\ NO + 2\ CO \rightarrow N_2 + CO_2$

Der Ausstoß der Stickoxide konnte in den letzten Jahren erheblich verringert werden. Dazu trugen die Senkung der Verbrennungstemperaturen und die anschließende Reinigung der Abgase durch Zusatz von Ammoniak in Kraftwerken (Entstickung) bei.

Bei Ottomotoren reagieren die Stickoxide der Autoabgase im Katalysator mit dem im Abgas vorhandenen Kohlenstoffmonoxid. Bei Dieselmotoren gibt es zurzeit bei einigen Modellen Probleme, die Grenzwerte für Stickoxide einzuhalten.

Die Stickoxide sind in den Sommermonaten mit daran beteiligt, dass in den Luftschichten am Boden das für Menschen und Pflanzen schädliche **Ozon O_3** entsteht.

Ozon O_3, Smog, Ozonloch

In der unteren Schicht der Atmosphäre, der **Troposphäre**, befinden sich neben dem Stickstoff und Sauerstoff und den Spurengasen auch Stickoxide, Schwefeldioxid, organische (u. a. unverbrannte Kohlenwasserstoffe) und andere Verbindungen. Unter dem Einfluss von Sonnenstrahlung (UV-Strahlung) bei hohen Temperaturen bildet sich aus dem Sauerstoff und dem Stickstoffdioxid in mehreren Stufen das **Ozon**. Diese Ozonbildung ist in der Troposphäre abhängig von der geografischen Lage, Tages- und Jahreszeit. In längeren Schönwetterperioden im Sommer ist die Ozonkonzentration am höchsten. Sie hat in der Mittagszeit ihre höchste Konzentration. Das gebildete Ozon wird danach wieder in der Atmosphäre abgebaut.

Ozonbildung, vereinfacht:
$NO_2 + O_2 \rightarrow NO + O_3$

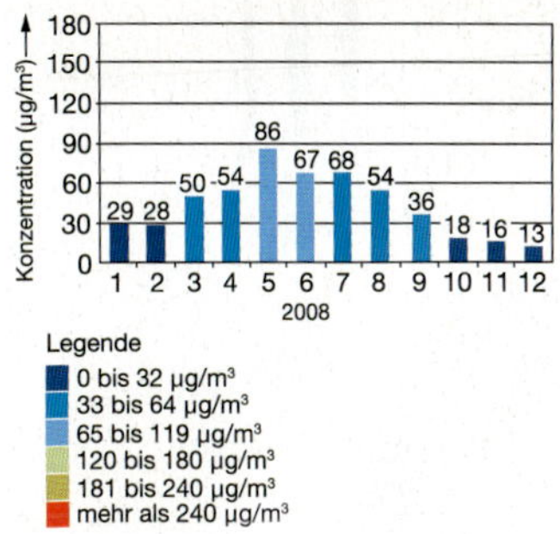

In Ballungsräumen kann es in den Sommermonaten, insbesondere bei Inversionslagen, bei erhöhter Konzentration von Autoabgasen neben der Bildung von Ozon auch zur Bildung von weiteren gesundheitsschädlichen Verbindungen kommen, diese ergeben den **Smog**.

Smog, aus dem Englischen: von smoke = Rauch und fog = Nebel

Das Ozon gefährdet Atemwege und Lunge und beeinträchtigt die körperliche Leistungsfähigkeit. Deshalb wird bei einer Über-

Ozonbildung:
O_2 + Energie → 2 O
2 O + O_2 → 2 O_3

Gleichgewicht:
$2\,O + O_2 \rightleftarrows 2\,O_3$

▸ Ein einzelnes Chloratom kann bis zu 100 000 Ozonmoleküle zerstören.

schreitung von 180 µg/m³ die Bevölkerung von den Behörden informiert, bei Werten über 240 µg/µm³ wird die Alarmschwelle überschritten, es wird vor körperlichen Anstrengungen im Freien gewarnt und Kleinkinder, Herz- und Atemwegserkrankte (Asthmatiker) sollten sich in Innenräumen aufhalten.
Das bodennahe Ozon ist auch mit am Waldsterben beteiligt.
Neben diesem „schlechten" Ozon gibt es noch in den höheren Schichten der Atmosphäre, in der Stratosphäre (20 bis 40 km Höhe), das „gute" Ozon, das die Erdoberfläche vor energiereicher UV-Strahlung der Sonne schützt. Diese Ozonschicht wird gebildet durch den Einfluss energiereicher UV-Strahlung.
Es werden Sauerstoffmoleküle zu Sauerstoffatomen gespalten, diese Sauerstoffatome reagieren mit den Sauerstoffmolekülen zu Ozon. Die Ozonmoleküle können ebenfalls durch UV-Strahlung oder Stoß mit anderen Molekülen wieder zerfallen. Im Laufe der Entwicklung der Atmosphäre hat sich in der mittleren Stratosphäre ein Gleichgewicht zwischen Zerfall und Entstehung von Ozon gebildet. Seit Ende der 1970er Jahre wird eine Abnahme der Konzentration des Ozons, erst in der Südpolarregion und danach in der Nordpolarregion, beobachtet **(Ozonloch)**. Dabei handelt es sich keineswegs um ein Loch, sondern um eine teilweise Ausdünnung der Ozonschicht. Der Abbau des Ozons wird durch gasförmige Halogenverbindungen verursacht. Diese gasförmigen Halogenverbindungen sind überwiegend Fluorkohlenwasserstoffe (FCKW), die aus Kältemitteln und Spraydosen stammen.
Da die Folgen der Ausdünnung der Ozonschicht für Menschen und andere Lebewesen schädlich sind (Zerstörung der Zellen, z. B. Hautkrebs), kam es 1990 zu einem internationalen Beschluss, zu einem FCKW-Verbot. 1994 wurde der Höhepunkt des Ozonabbaus festgestellt und seitdem steigt aufgrund des FCKW-Verbots die Konzentration des Ozons in der Stratosphäre wieder.

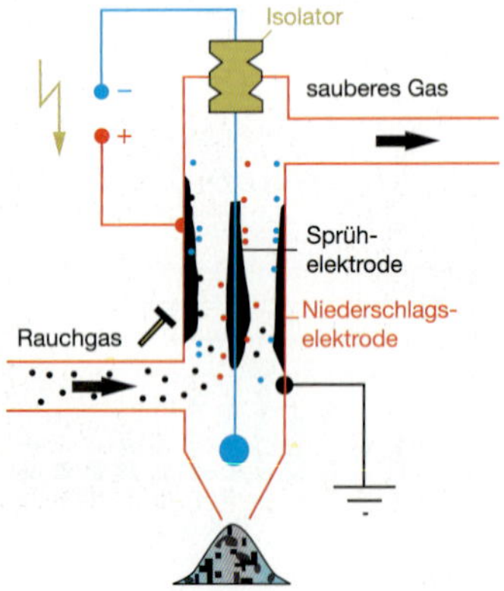

Elektrostatische Rauchgas-entstaubung

Staubförmige Verunreinigungen

Staubförmige Verunreinigungen entstehen z. B. beim Betrieb von Kohlekraftwerken, Müllverbrennungsanlagen und Hüttenwerken.
Diese Stäube können als Kondensationskeime wirken und zu vermehrter Dunst- und Wolkenbildung führen. Durch technische Maßnahmen in Industrieanlagen, wie z. B. elektrostatische Filter, durch die Verdrängung der Kohle zu Heizungszwecken im Haushalt und die Einführung der Partikelfilter für Dieselfahrzeuge gelang es, den Staubanteil erheblich zu reduzieren.
Probleme bereiteten weiter die Anteile der Stäube, die nicht durch die Nase (Schleimhäute, Haare) zurückgehalten werden, sondern in die Lunge gelangen. Dieser gesundheitsschädliche Anteil des Staubs wird als **Feinstaub** bezeichnet. Im Jahre 2001 fielen durch Industrieanlagen, Verkehr und Haushalte in Deutschland 162 000 t Feinstaub an. In der Europäischen Union wurden deshalb 2005 Grenzwerte für den Feinstaub eingeführt.

Flüchtige organische Verbindungen VOC

Diese Verbindungen gelangen als unverbrannte Kraftstoffe durch den Verkehr in die Atmosphäre, es handelt sich dabei vorwiegend um Kohlenwasserstoffe (C_xH_y). Weiter tragen Verdunstungsverluste beim Tanken, in der mineralölverarbeitenden- und Lackindustrie dazu bei.

Durch strengere Auflagen in der Industrie, den Katalysator im Automobil und durch die Verwendung von Lacken auf Wasserbas konnte die Konzentration dieser Luftschadstoffe vermindert werden. Wichtig sind auch die Innenraumquellen für VOC, da wir uns in Mitteleuropa überwiegend in Räumen aufhalten.

Quellen für VOC

außen	innen
Technische Prozesse, Biologische Prozesse	Farben, Klebstoffe, Boden-, Wand- und Deckenmaterialien, Möbel, Pflege- und Reinigungsmittel, Tabakrauch

9.4 Klimawandel

Im Kapital 9.2 wurde der natürliche und vom Menschen verursachte Treibhauseffekt beschrieben.

In den letzten 200 Jahren stieg der weltweite CO_2-Gehalt von 0,028 % auf 0,038 % an.

Verantwortlich dafür ist der Eingriff des Menschen in den natürlichen CO_2-Kreislauf (Entstehung von CO_2 durch Atmung und biologische Zersetzungsprozesse und Verbrauch von CO_2 durch Fotosynthese). Mit Beginn der Industrialisierung wurde dieses Gleichgewicht durch die Verwendung von fossilen Brennstoffen (Kohle, Mineralölprodukte, Gas) sowie durch die Intensivierung der Landwirtschaft (Abholzung riesiger Waldflächen) erheblich gestört. Als Folge davon stieg die Durchschnittstemperatur auf der Erdoberfläche seit 1860 um 1 °C. Diese Temperaturerhöhung bewirkt z. B. ein verstärktes Abschmelzen des Polareises.

Gletscherschwund in den Alpen

Mit sogenannten **Klimamodellen** versuchen Wissenschaftler, die Auswirkungen der Konzentrationszunahme der Treibhausgase vorherzusagen. Diese Berechnungen ergeben für das 21. Jahrhundert einen Temperaturanstieg um 3 °C. Diese Erhöhung könnte zu einem dramatischen **Klimawandel** führen, d. h. extreme Wetterlagen mit Hitze und Unwettern sowie ein Anstieg des Meeresspiegels um 30 bis 50 cm. Diese Prognosen sind nicht immer eindeutig, z. B. kann ein Anstieg der Wasserdampfkonzentration eventuell zu einer Erhöhung des Treibhauseffekts führen, aber auch durch vermehrte Wolkenbildung zu einer verstärkten Reflexion des Sonnenlichts in den Weltraum (Absenkung der Temperatur). Die momentanen Ergebnisse der Klimamodelle bestätigen den Trend zur Erhöhung der Temperatur, liegen aber auch noch innerhalb der natürlichen Temperaturschwankungen.

Abschmelzen des Polareises

Im Prinzip sind sich alle einig, dass für den Klimaschutz der Ausstoß der Treibhausgase (insbesondere CO_2) weiter vermindert werden muss.

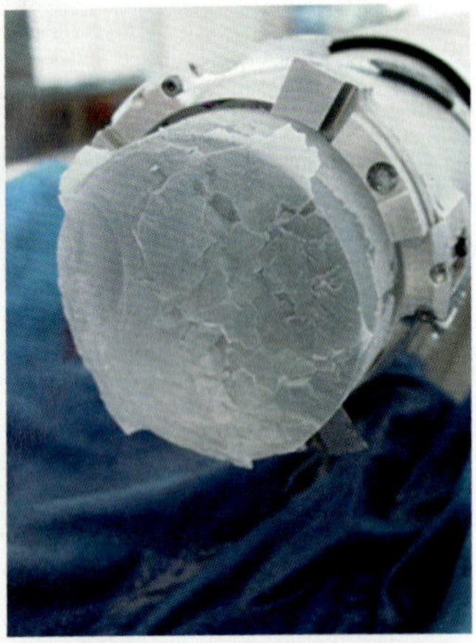

Eisbohrkerne *(Quelle: Laurent Augustin, LGGE, Grenoble, Universität Bern) liefern Informationen über das Klima längst vergangener Zeiten. Sommer- und Winterschnee lagert sich mit unterschiedlicher Struktur ab, sodass sich aus der Abfolge der Schichten das Alter einer Eisprobe bestimmen lässt. Die bis zu 3000 m langen Bohrkerne reichen auf Grönland über 120 000 Jahre, in der Arktis rund 900 000 Jahre zurück.*

Querschnitt durch einen Eisbohrkern, unter dem Mikroskop mit polarisiertem Licht. *(Quelle: Werner Berner, Universität Bern) Eingelagerte Staubschichten weisen auf Vulkanausbrüche hin, eingeschlossene Luftbläschen liefern Informationen über die Zusammensetzung der Atmosphäre und aus dem $^{16}O/^{18}O$ Isotopenverhältnis des Wassers lässt sich auf die damalige Temperatur schließen.*

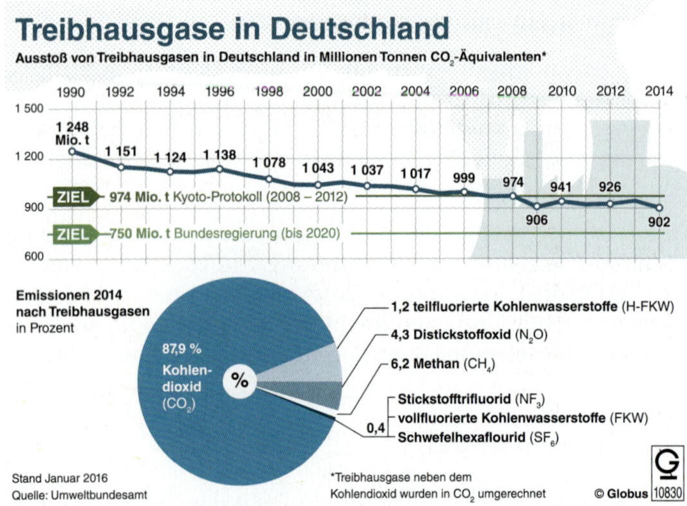

Emissionen von Treibhausgasen in Deutschland (1990–2014)

1997 verpflichteten sich in Kyoto die Mehrzahl der Industrienationen dazu, ihren Ausstoß an Treibhausgasen jährlich von durchschnittlich 5,2 % gegenüber dem Stand von 1990 zu vermindern. Diese Vereinbarung – das Kyoto-Protokoll – trat 2005 in Kraft. Da ein Teil der Staaten die Ziele nicht erreichen wird und einige Staaten das Protokoll nicht unterzeichnet haben, werden diese Vereinbarungen wohl nicht zur Reduzierung des CO_2 in der Atmosphäre führen. Weil das Kyoto-Protokoll 2012 ausläuft, hat es Ende 2009 einen Klimagipfel in Kopenhagen gegeben. Leider sind dort von vielen Staaten nur unverbindliche Erklärungen abgegeben worden, wie auch 2010 auf der Nachfolgekonferenz in Mexiko (Cancún). Auf dem Weltklimagipfel 2012 in Doha ist es zu keinem Durchbruch gekommen. Das Kyotoprotokoll wurde bis 2020 verlängert. Die Notwendigkeit eines weltweit organisierten, verbindlichen Klimaschutzes wird allgemein akzeptiert. Es ist auch vorauszusehen, dass der Energiebedarf in Zukunft nicht mehr durch fossile Energieträger (Erdöl, Kohle und Gas) gedeckt werden kann. Aufgrund des weiter ansteigenden Kohlenstoffdioxidgehalts der Luft und damit auch der Erwärmung der Atmosphäre kam es im Dezember 2015 auf der 21. UN-Klimakonferenz in Paris zu einem Klimaabkommen. Das Abkommen soll die globale Erwärmung durch Reduzierung des Kohlendioxidausstosses auf deutlich unter 2 °C, möglichst 1,5 °C, in Bezug zum vorindustriellen Zeitalter senken. Im April 2016 in New York unterzeichneten 171 Staaten dieses Abkommen. USA und China wollen in diesem Jahr ebenfalls beitreten.

Darüber hinaus setzen bereits heute zunehmend Staaten auf „grüne" Technologien (Nutzen regenerativer Energien wie z. B. Wind, Wasser und Sonne), um die Ressourcen zu schonen. Weltweit agierende Finanzinvestoren ziehen sich aus dem Geschäft mit fossilen Brennstoffen zurück.

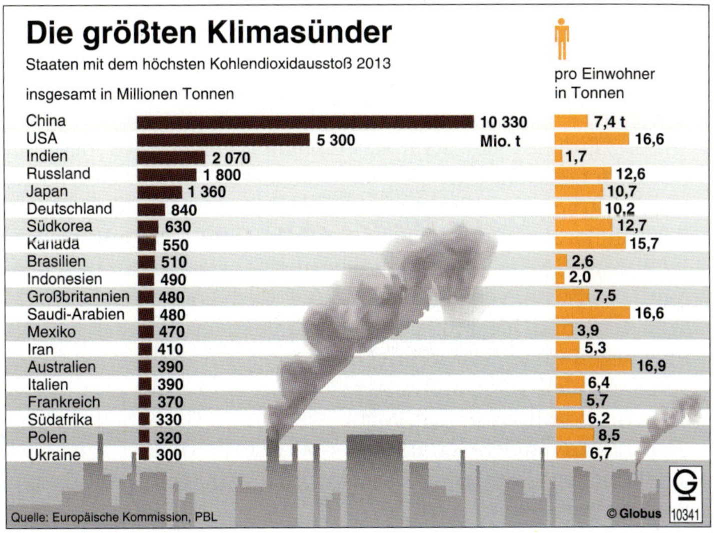

Übungsaufgaben

1. *Wie kann Sauerstoff nachgewiesen werden?*
2. *Wie kam es zur Entdeckung der Zusammensetzung der Luft?*
3. *Was wird unter dem Kreislauf des Sauerstoffs und dem des Stickstoffs verstanden?*
4. *Warum wird Helium als Füllgas für Ballons verwendet?*
5. *Warum gibt es nur einen geringen Austausch zwischen den Schichten in der Atmosphäre?*
6. *Welche Bedeutung für das Leben auf der Erde hat die Ozonschicht in der Stratosphäre?*
7. *Warum ist die Fotosynthese eine Voraussetzung für das Leben außerhalb des Wassers?*
8. *Welchen Einfluss haben Vulkane auf das Klima?*
9. *Erklären Sie den Unterschied zwischen dem natürlichen und anthropogenen Treibhauseffekt.*
10. *Begründen Sie, warum der CO_2-Gehalt auf der Nordhalbkugel der Erde höher ist als auf der Südhalbkugel.*
11. *Warum reichen nationale Vorschriften zur Begrenzung der Luftschadstoffe nicht vollständig zur Reduzierung der Schadstoffe aus?*
12. *Welche Maßnahmen trugen zur Reduzierung von Luftschadstoffen bei?*
13. *Erklären Sie den Unterschied zwischen dem erwünschten und dem unerwünschten Ozon.*
14. *Warum ist der Feinstaub gesundheitsschädlicher als der normale Staub?*
15. *Was können Sie persönlich dazu beitragen, um den Ausstoß von Treibhausgasen zu reduzieren?*

10 Das Wasser

10.1 Vorkommen und Verbrauch

Blauer Planet Erde

Wasserknappheit in Afrika

Land	täglicher Wasserverbrauch pro Person in l
USA	295
Japan	278
Groß-britannien	149
Ungarn	107
Albanien	9
Gambia	3

Wasserverbrauch einiger Länder

▸ Die Weltgesundheitsorganisation WHO hat errechnet, das der Mindestwasserbedarf zum Trinken, Kochen und für hygienische Zwecke bei 25 Liter/Person/Tag liegt.

Unsere Erde ist ein sehr wasserreicher Planet. Aus dem All betrachtet erscheint die Erde blau, da über 70 % ihrer Oberfläche von Weltmeeren bedeckt sind. Trotzdem sind von den zurzeit 7,39 Milliarden Menschen auf der Welt (Stand zum Jahreswechsel 2015/2016) ca. vier Milliarden nicht ausreichend mit sauberem Trinkwasser versorgt. Wie kann es dazu kommen?

Von den rund 1,4 Milliarden Kubikkilometern Wasser auf der Erde liegen ca. 96,5 % als ungenießbares Salzwasser vor. Von den verbleibenden 3,5 % Süßwasser sind wiederum über zwei Drittel als Schnee und Eis in den Polargebieten und Gletschern gebunden. Effektiv stehen „nur" 100 000 Kubikkilometer nutzbares Süßwasser zur Verfügung. Das entspricht 0,0009 % der Gesamtwassermenge.

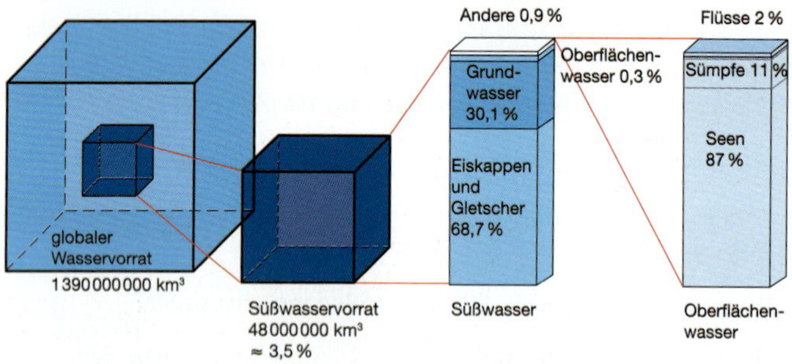

Wasservorkommen auf der Erde

Der globale Süßwasservorrat ist sehr ungleich verteilt. So sind große Teile Afrikas von ständiger Wasserknappheit betroffen, während Länder wie Deutschland, die Schweiz oder die Niederlande ausreichend Wasser zur Verfügung haben. Das zeigt sich auch am Wasserverbrauch. Der tägliche Wasserverbrauch in Deutschland liegt bei durchschnittlich 122 Litern pro Person. Im Vergleich dazu werden in den afrikanischen Trockengebieten nur ca. 20 Liter pro Person und Tag verbraucht.

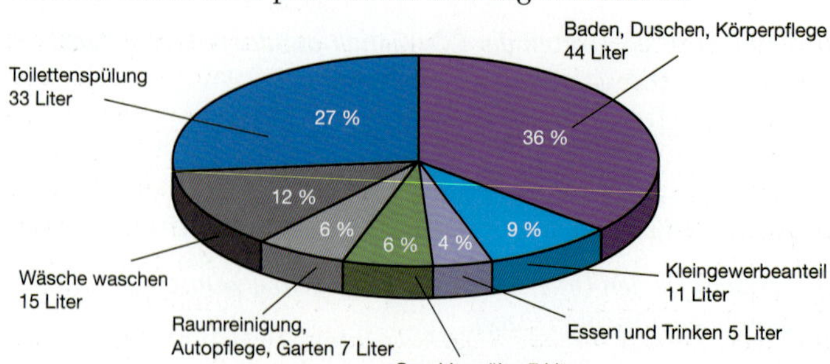

Anteilige Zusammensetzung des täglichen Wasserverbrauchs pro Person in Deutschland

Dieser persönliche Wasserbedarf macht aber nur ca. 9 % der Wassermenge aus, die täglich gebraucht wird. Ein weitaus größeres Volumen an Wasser wird in der Industrie und für das Betreiben von Kraftwerken verwendet. So werden beispielsweise für die Produktion eines Autos 450000 Liter Wasser benötigt.

Produkt	1 kg Rindfleisch	1 kg Weizen	200 ml Milch	1 Paar Lederschuhe	1 Glas Apfelsaft
Benötigte Wasser-Menge in l	16000	1334	200	8000	190

Benötigte Wassermengen zur Herstellung ausgewählter Produkte

▸ Während in den Industrienationen die Industrie den größten Wasserbedarf aufweist, wird in den Entwicklungsländern das meiste Wasser in der Landwirtschaft benötigt.

10.2 Der natürliche Kreislauf des Wassers

Zwischen der Hydrosphäre, der Atmosphäre, der Biosphäre und der Lithosphäre findet ein ständiger Wasseraustausch statt. Die Verweilzeiten des Wassers in den einzelnen Sphären sind sehr unterschiedlich (s. nebenstehende Tabelle) und das Wasser wechselt dabei mehrmals seinen Aggregatzustand.

Atmosphäre	9,5 d
Flusswasser	16 d
Seewasser	17 a
Grundwasser	1400 a
Weltmeere	2500 a
Polkappen	9700 a

Mittlere Verweilzeiten des Wassers

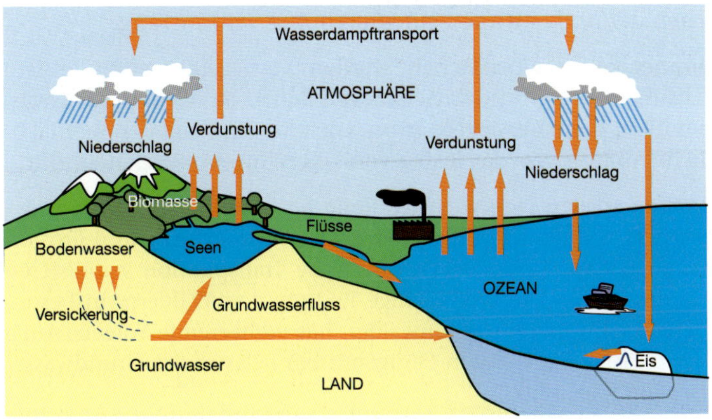

Der Kreislauf des Wassers

Von der Sonne erwärmt, verdunsten an den Oberflächen der Weltmeere riesige Wassermengen. Der Wasserdampf steigt nach oben, kühlt sich dabei ab und kondensiert in den höheren, kälteren Luftschichten. Es bilden sich Wolken. Der größte Anteil des darin gespeicherten Wassers geht bereits über den Ozeanen in Form von Regen oder Nebel nieder. Damit ist der Wasserkreislauf geschlossen und beginnt von Neuem. Ein Teil der Wolken wird jedoch durch den Wind über das Festland getrieben und das Wasser fällt als Regen, Schnee, Hagel oder Nebel auf die Erde. Teilweise versickert das Niederschlagswasser und speist den Grundwasserfluss, der wiederum mit dem Meer verbunden ist. Die restlichen Niederschläge bilden Oberflächenwasser, wovon ein Teil verdunstet und neue Wolken bildet und der andere Teil über Bäche, Seen und Flüsse ins Meer zurückfließt.

Regenbogen entstehen, wenn sich das Sonnenlicht in den Regentropfen spiegelt und gebrochen wird.

10.3 Eingriff des Menschen in den Wasserkreislauf

Begradigter Fluss

Rodung eines Regenwalds

Düngemitteleinsatz

Transpiration = Verdunstung von Wasser über Pflanzen, Tiere und Menschen

Der Mensch greift auf vielfältige Weise in den natürlichen Kreislauf des Wassers ein.

Das zur Versorgung der Bevölkerung benötigte Trinkwasser wird größtenteils dem Grundwasserfluss entnommen, während das von der Industrie benötigte Prozess- und Kühlwasser meist aus Seen oder Flüssen stammt. Sowohl Haushaltsabwässer als auch Industrieabwässer werden in Deutschland gereinigt, bevor sie wieder in den Wasserkreislauf eingeschleust werden. Oft ist das Wasser dann jedoch bis zu 4 °C wärmer als zum Zeitpunkt seiner Entnahme, was das ökologische Gleichgewicht in den betroffenen Gebieten beeinträchtigt.

Staudämme werden errichtet, Flussläufe begradigt, Deiche gebaut und Feuchtgebiete zur Erschließung neuen Baulands trockengelegt. Solche anthropogenen Maßnahmen beeinflussen den natürlichen Wasserkreislauf auf vielfältige Art. So weisen z. B. begradigte Flüsse eine höhere Fließgeschwindigkeit auf, was sich negativ auf Verdunstung, Versickerung und Sedimentation der mitgeführten Mineralien auswirkt. Talsperren, Staudämme und Schifffahrtskanäle stellen künstliche Wasserflächen dar und bewirken eine überhöhte Verdunstung.

Immer mehr Oberflächen werden versiegelt, was zu einem Absinken des Grundwasserspiegels führt, da Niederschlagswasser nicht mehr versickern kann. Gleichzeitig steigt der oberflächliche Abfluss, was das Risiko von Überschwemmungen erhöht.

Wälder spielen eine wichtige Rolle im natürlichen Kreislauf des Wassers. Sie schützen den Boden vor Austrocknung und Erosion (s. auch Kap. 11.6). Durch ihre hohe Transpiration stabilisieren sie das Klima. Die großflächige Rodung von Wäldern, insbesondere der tropischen Regenwälder, hat verheerende Folgen. Auch der massive Einsatz von Düngemitteln belastet das Grundwasser (s. auch Kap. 10.6.2).

10.4 Aufbau des Wassermoleküls

Elektronegativitätsdifferenz ΔEN zwischen Sauerstoff und Wasserstoff:
EN (O): 3,5
EN (H): 1,4
ΔEN (O-H): 2,1

Das Wassermolekül baut sich aus einem Sauerstoffatom und zwei Wasserstoffatomen auf. Das Molekül ist gewinkelt, wobei die Wasserstoffatome und die beiden nichtbindenden Elektronenpaare des Sauerstoffs die Ecken eines Tetraeders bilden. Der Bindungswinkel zwischen den Wasserstoffatomen ist mit 104,4° etwas kleiner als der ideale Tetraederwinkel (109,5°), was mit dem größeren Platzbedarf der nichtbindenden Orbitale begründet werden kann.

Die kovalenten Bindungen zwischen den Wasserstoffatomen und dem Sauerstoffatom sind stark polar, sodass sich in Kombination mit der gewinkelten Anordnung der Atome ein permanentes Dipolmoment ergibt. Das Wassermolekül weist je einen positiven Ladungsschwerpunkt an den Wasserstoffatomen und einen negativen Ladungsschwerpunkt am Sauerstoffatom auf.

Das Dipolmoment im Wassermolekül beträgt 1,84 Debye.

Aufgrund dieses permanenten Dipols wirken zwischen den einzelnen Wassermolekülen starke Dipol-Dipol-Kräfte. Es bilden sich Wasserstoffbrückenbindungen (WBB) aus (s. Kap. 3.6). Diese zusätzlichen intermolekularen Kräfte sind verantwortlich für viele außergewöhnliche Eigenschaften des Wassers.

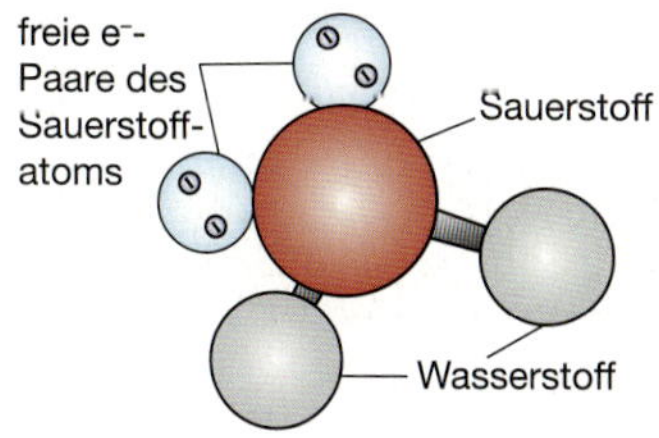

Struktur des Wassermoleküls

10.5 Eigenschaften des Wassers

Wasser ist die einzige Verbindung, die in der Natur gleichzeitig in allen drei Aggregatzuständen vorkommt. Unter Normbedingungen erstarrt Wasser bei 0 °C und siedet bei 100 °C.

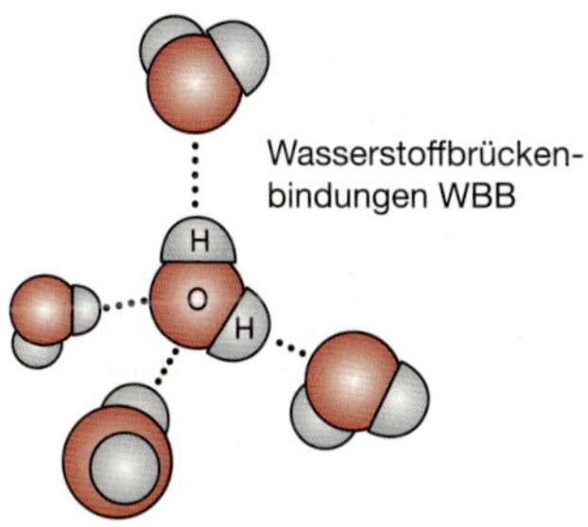

Wasserstoffbrückenbindungen zwischen Wassermolekülen

Im Vergleich zu seinen Homologen H_2S und H_2Se liegen Schmelz- und Siedepunkt von Wasser damit außergewöhnlich hoch (siehe Tabelle nächste Seite). Ursache hierfür sind die Wasserstoffbrückenbindungen zwischen den Wassermolekülen, die bei Phasenübergängen zusätzlich überwunden werden müssen.

Wasser ist eine geruch- und farblose Flüssigkeit. Ab einigen Metern Schichtdicke erscheint es jedoch blau, da Wasser elektromagnetische Strahlung hauptsächlich im roten und infraroten Frequenzbereich absorbiert.

Kühlt man warmes Wasser immer weiter ab, so steigt, wie bei anderen Stoffen auch, seine Dichte. Bei 4 °C erreicht Wasser sein Dichtemaximum. Die Dichte beträgt dann 1,0 g/cm³.

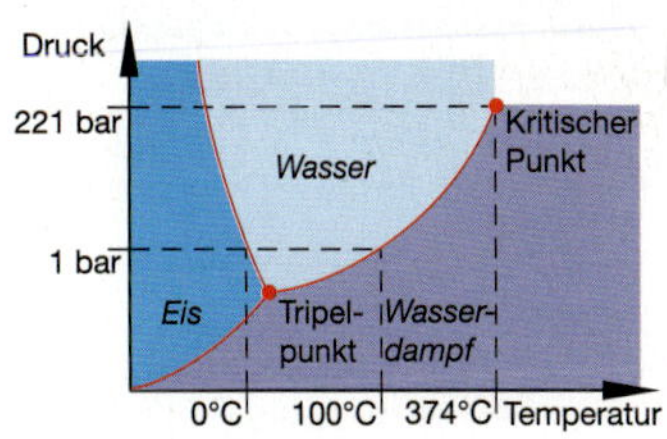

Phasendiagramm des Wassers

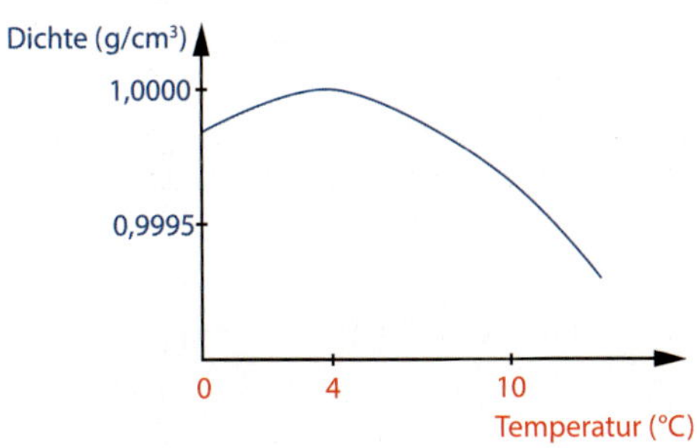

Dichte des Wassers

Kühlt man das Wasser dann noch weiter ab, so nimmt seine Dichte wieder ab. Eis hat eine geringere Dichte als Wasser. Das stellt gegenüber anderen Stoffen eine Anomalie dar. In der Praxis bedeutet das, Eis ist leichter als Wasser und schwimmt oben. Eis nimmt außerdem ein größeres Volumen ein als flüssiges Wasser, weshalb z. B. Wasserrohre im Winter platzen können. Die Dichteanomalie des Wassers sichert Wassertieren und -pflanzen das Überleben im Winter.

Normbedingungen:
T_n = 0 °C p_n = 1 bar
Tripelpunkt:
T = 0,01 °C; p = 0,006 bar
Kritischer Punkt:
T = 374,12 °C; p = 221 bar

	Schmelzpunkt in °C	Siedepunkt in °C
H_2O	0	100
H_2S	–86	–61
H_2Se	–66	–41

Schmelz- und Siedepunkte von Wasser, Schwefel- und Selenwasserstoff

▸ Gefrier- und Siedepunkt von reinem Wasser dienten dem schwedischen Astronom Anders Celsius (1701–1744) als Fixpunkte für die nach ihm benannten °C-Temperaturskala.

▸ Im Frühling und im Herbst kommt es temperaturbedingt zu einer Umschichtung des Wassers, was sich günstig auf das ökologische Gleichgewicht des Gewässers auswirkt.

	spezifische Wärmekapazität in kJ/kgK
Wasser	4,182
Benzol	1,738
Ethanol	2,428

Spezifische Wärmekapazitäten einiger Flüssigkeiten bei 20 °C

Um 1 Liter Wasser um 1 °C zu erwärmen, muss man 4187 J aufbringen.
Dieser Energiebetrag entspricht 1 Kilokalorie.
4,187 kJ = 1 kcal
Obwohl die Kalorie keine SI-Einheit ist, wird sie im Alltag noch sehr häufig verwendet.

Temperaturschichtung eines Sees im Winter

Temperaturschichtung eines Sees im Sommer

4 °C kaltes Wasser hat die größte Dichte und bildet deshalb immer die unterste Temperaturschicht eines Gewässers. Tiere und Pflanzen können hier überwintern. Seen und Flüsse frieren von oben zu. Das Eis lässt genügend Licht und Sauerstoff hindurch und wirkt zusätzlich isolierend. Ursache der Dichteanomalie des Wassers sind die in 3.6 beschriebenen Wasserstoffbrückenbindungen. Diese sind im flüssigen Zustand kurzfristig und flexibel, da die Moleküle über genügend Wärmeenergie verfügen. Kühlt man das Wasser jedoch ab und es gefriert zu Eis, „erstarren" auch die Wasserstoffbrückenbindungen. Sie halten die einzelnen Moleküle auf Abstand zueinander, woraus eine großporige Eisstruktur mit vielen Hohlräumen resultiert. Bei 4 °C existieren schon bzw. noch kleinste Bereiche mit einer solchen Eisgitterstruktur (sog. Cluster), die sich wie Eisschollen untereinander schieben, so dass die Dichte hier ihr Maximum erreicht.

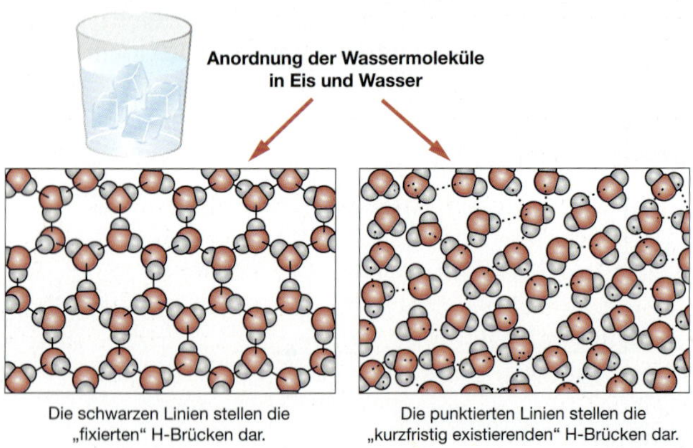

Anordnung der Wassermoleküle in Eis und Wasser

Wasser weist die höchste spezifische Wärmekapazität aller Flüssigkeiten auf. Das ist für das globale Klima von großer Bedeutung. Im Sommer können die Ozeane große Mengen Sonnenenergie aufnehmen und speichern, ohne sich dabei wesentlich zu erwärmen. Im Winter wird die gespeicherte Wärmeenergie dann ganz allmählich wieder an die Umgebung abgegeben. In Küstengebieten herrscht deshalb ganzjährig ein mildes, ausgeglichenes Klima (Meeresklima).

Neben Quecksilber ist Wasser die Flüssigkeit mit der größten Oberflächenspannung. Auch das ist auf die zwischen den Wassermolekülen wirkenden Anziehungskräfte zurückzuführen. Wassermoleküle, die sich im Inneren der Flüssigkeit befinden, gehen allseitig Wasserstoffbrückenbindungen mit den Nachbarmolekülen ein.

Erklärung der Oberflächenspannung des Wassers

Moleküle, die sich an der Wasseroberfläche befinden, haben keine Nachbarn nach oben und werden stärker nach innen in das Wasser gezogen. Wasser ist deshalb immer bestrebt, eine möglichst kleine Oberfläche einzunehmen.

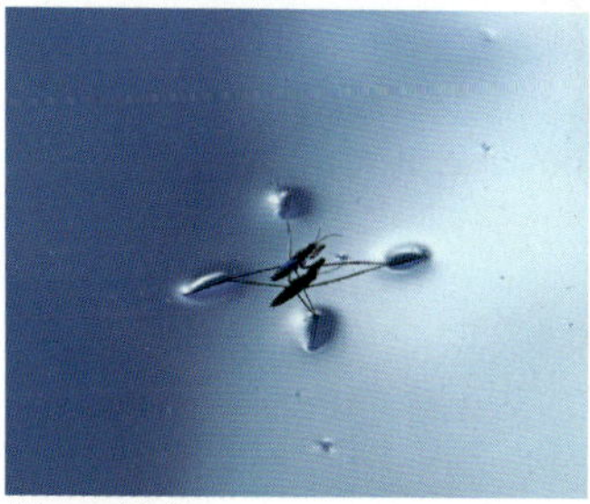

Wasserläufer

Wasser bildet daher Tropfen, denn eine Kugel hat bei einem bestimmten Volumen die kleinste Oberfläche. Die hohe Oberflächenspannung des Wassers machen sich auch Insekten wie z. B. der Wasserläufer zunutze.

Wassertropfen

Wasser ist ein sehr gutes Lösungsmittel. Da die Wassermoleküle Dipole sind, lösen sich Salze (aufgebaut aus Kationen und Anionen) meist besonders gut in Wasser (s. Kap. 3.4). Aber auch viele Gase sind in Wasser löslich.

Stoff	Natriumchlorid NaCl	Chlor Cl_2	Kohlenstoffdioxid CO_2	Sauerstoff O_2
Löslichkeit in 1 l Wasser bei 20 °C	359 g	7,25 g	1,69 g	0,0434 g

Löslichkeit einiger Stoffe in Wasser

Wasser ist für Menschen, Tiere und Pflanzen unentbehrlich. Es ist die Grundlage allen Lebens. Der menschliche Körper besteht zu über 70 % aus Wasser. Alle physiologischen Vorgänge, wie z. B. Nährstofftransport, Stoffwechsel, Zellaufbau, Herz-Kreislauf-Funktion und Wärmeregulierung, sind untrennbar an das Lösungs-, Transport-, Kühl- und Reinigungsmittel Wasser gebunden.

Natürliche Gewässer (Grundwasser, Quellwasser, Flusswasser usw.) enthalten immer auch gelöste Salze, die beim Durchsickern von Bodenschichten aufgenommen werden. Von Bedeutung sind dabei insbesondere die Hydrogencarbonate, Chloride, Sulfate und Nitrate der Erdalkalimetalle Calcium und Magnesium. Diese Salze gelten als Härtebildner. Unter der Wasserhärte versteht man die Stoffmengenkonzentration an Ca^{2+}- und Mg^{2+}-Ionen im Wasser. Hartes Wasser tritt besonders in Gegenden mit Kalk- und Sandsteinböden auf. Es mindert die Waschleistung von Seifen beträchtlich, da sich schwerlösliche

▸ Im Gegensatz zu Salzen, deren Wasserlöslichkeit mit steigender Temperatur zunimmt, sinkt die Löslichkeit von Gasen beim Erwärmen.

▸ Wasser hat im Vergleich zu anderen Flüssigkeiten eine hohe Verdunstungskälte. Durch Schwitzen kann der menschliche Körper so überschüssige Wärme abgeben und die Zellen vor Überhitzung schützen.

▸ Menschliches Blut setzt sich zu 45 % aus Blutzellen und zu 55 % aus Blutplasma zusammen. Das Blutplasma wiederum besteht zu über 90 % aus Wasser.

Verkalkter Wasserhahn

In Deutschland wird zur Angabe der Wasserhärte häufig noch die veraltete Einheit **Grad deutsche Härte °dH** verwendet.

Dabei gilt:
$c(Ca^{2+} + Mg^{2+}) = 1$ mmol/l
$= 5{,}6$ °dH

Calcium- und Magnesiumseifen, sogenannte Kalkseifen, bilden. Beim Erwärmen von hartem Wasser kommt es zur Ablagerung von Kesselstein ($CaCO_3$); Waschmaschinen, Wasserkocher und Wasserhähne verkalken. Die Wasserhärte hat auch Einfluss auf den Geschmack von Tee, Kaffee u. Ä.

Mit Inkrafttreten der Neufassung des Wasch- und Reinigungsmittelgesetzes im Mai 2007 wurde die bis dahin verwendete Angabe der Wasserhärte als Gesamthärte $c(Ca^{2+} + Mg^{2+})$ durch die (chemisch unsinnige) Angabe der Konzentration von Calciumcarbonat ($c(CaCO_3)$) ersetzt und somit dem europäischen Standard angepasst. Gemessen wird aber weiterhin die Ca^{2+}- und Mg^{2+}-Ionenkonzentration in einer Wasserprobe.

$c(CaCO_3)$ in mmol/l	Wasserhärte in °dH	Härtebereich
< 1,5	< 8,4	weich
1,5–2,5	8,4–14	mittel
> 2,5	> 14	hart

Wasserhärtebereiche

Wasserhärten:

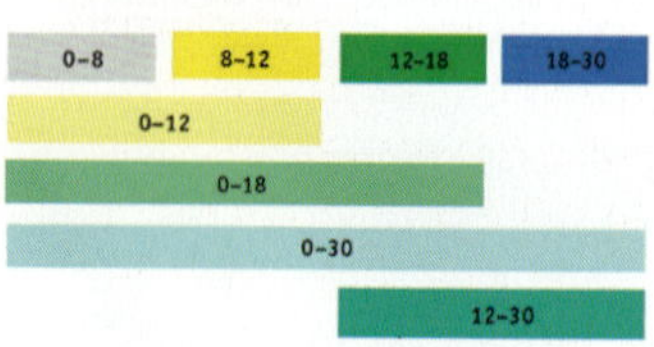

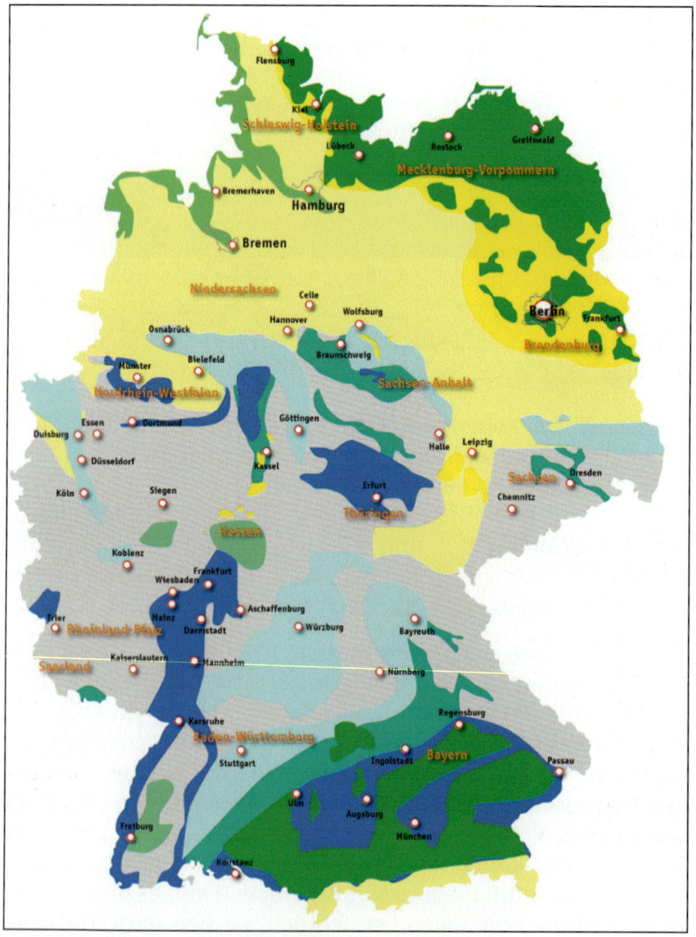

Wasserhärten in Deutschland

Wasser ist ein Ampholyt, d.h., in Abhängigkeit vom Reaktionspartner kann Wasser sowohl als Säure als auch als Base reagieren (s. Kap. 5).

$H_2O + HCl \longrightarrow H_3O^+ + Cl^-$
(Säure)

$H_2O + NH_3 \longrightarrow OH^- + NH_4^+$
(Base)

Wasser betreibt Autoprotolyse.

$H_2O + H_2O \longrightarrow OH^- + H_3O^+$

Auf dem Autoprotolysegleichgewicht des Wassers beruht die Berechnung des pH-Werts (s. Kap. 5).

10.6 Gewässerverschmutzungen

Die Ursachen für die zunehmende Verschmutzung unserer Gewässer sind so vielfältig wie deren Folgen. Zwar verfügen natürliche Gewässer über ein gewisses Selbstreinigungs- und Regenerationsvermögen, dessen Kapazität ist jedoch begrenzt. Zusammenfassend kann man sagen, dass der weltweite Vorrat an sauberem Trinkwasser sinkt. Im Folgenden sind einige wichtige Aspekte der Gewässerverschmutzung aufgeführt.

Als ***Eutrophierung*** bezeichnet man den Übergang eines Gewässers von einem nährstoffarmen (oligotrophen) in einen nährstoffreichen (eutrophen) Zustand.

10.6.1 Gewässerverschmutzung durch den Haushalt

Haushaltsabwasser besteht im Wesentlichen aus Fäkalien, Essensresten, Badewasser und Waschlauge. Aber auch Lösungsmittel, Altöl, Lacke und Farben sowie Medikamente sind darin zu finden. In Deutschland (und anderen EU-Staaten) werden nahezu alle Haushaltsabwässer durch die Kanalisation in Kläranlagen geleitet und dort gereinigt, weltweit jedoch nur ca. 5 %.

Eutropher See

Eine besonders wasser- und umweltschädigende Wirkung weist Waschlauge auf. Waschmittel, aber auch Spülmittel, Shampoos, Duschgels usw. enthalten Tenside. Tenside sind waschaktive Substanzen, die das Ablösen von Fett- und Schmutzpartikeln aus der Wäsche oder von der Haut unterstützen. Sie wirken toxisch auf Wasserorganismen, wie Fische und Algen, schädigen aber auch die übrige Flora und Fauna.

▸ Eutrophe Gewässer kann man leicht an dem großflächigen Algenbewuchs, der sogenannten Algenblüte erkennen. Außerdem ist ein fauliger Geruch, verursacht durch die aufsteigenden Fäulnisgase NH_3, CH_4 und H_2S, wahrnehmbar.

Waschmittel enthalten immer auch Substanzen zur Wasserenthärtung. Dafür wurden früher ausschließlich Phosphate, wie z.B. Pentanatriumtriphosphat, verwendet. Heute werden diese meist durch umweltfreundliche Zeolithe ersetzt.

▸ Die Folgen der Eutrophierung werden bei höheren Wassertemperaturen, also im Sommer, verstärkt, da warmes Wasser weniger Sauerstoff lösen kann als kaltes, gleichzeitig aber das Pflanzenwachstum an sich zunimmt.

Gelangen Phosphate in natürliche Gewässer, können sie dort eine **Eutrophierung** verursachen. Das Überangebot an Phosphaten bewirkt ein rasantes Wachstum der Wasserpflanzen. In dem See oder dem Fluss bildet sich eine große Menge an Biomasse.

aerob = Sauerstoff benötigend
anaerob = keinen Sauerstoff benötigend

Bei der Zersetzung dieser Biomasse durch aerobe Bakterien und Pilze wird viel Sauerstoff verbraucht. Hinzu kommt, dass bei einem eutrophen Gewässer die Oberfläche meist großflächig mit Planktonalgen bedeckt ist, sodass das Sonnenlicht nicht bis in tiefere Gewässerschichten vordringen kann. Infolgedessen kann auch nur die oberste Pflanzenschicht sauerstofffreisetzende Fotosynthese betreiben. Der Sauerstoffgehalt sinkt in Bodennähe des Gewässers stark ab und die unteren Pflanzenschichten zersetzen sich unter anaeroben Bedingungen. Dabei werden Methan CH_4 und die giftigen Gase Schwefelwasserstoff H_2S und Ammoniak NH_3 freigesetzt. Diese kausalen Prozesse können im Extremfall – vom Boden beginnend – das gesamte Gewässer erfassen. Der (dann hypertrophe, s. S. 220) See bzw. Fluss „kippt" um, was ein Absterben und Verfaulen aller Wasserpflanzen und -tiere nach sich zieht.

Ausbringen von Gülle

▸ Nitrate an sich sind für den Menschen ungiftig. Eine Gefahr liegt jedoch in der Reduzierung des Nitrats zu Nitrit während des Verdauungsvorgangs. Nitrite sind toxisch und können u. a. zur Ausbildung einer lebensbedrohlichen Zyanose (Blausucht) führen. Davon sind besonders Babys bis zu einem Alter von 6 Monaten betroffen, da deren Verdauungsenzyme noch nicht voll ausgebildet sind. Nitrite sind außerdem an der Bildung von krebserregenden Nitrosaminen beteiligt.

▸ Der Grenzwert für Nitrat im Trinkwasser liegt laut Trinkwasserverordnung bei 50 mg/l.

10.6.2 Gewässerverschmutzung durch die Landwirtschaft

Die Landwirtschaft trägt einen großen Anteil an der zunehmenden Verschmutzung unserer Gewässer, wobei primär das Grundwasser betroffen ist. Durch das übermäßige Ausbringen von Dünger und Gülle auf landwirtschaftliche Nutzflächen kann der Nitratgehalt im Grundwasser bis auf gesundheitlich bedenkliche Konzentrationen ansteigen und dadurch die Qualität unseres Trinkwassers gefährden. Da lösliche Nitrate sehr mobile Substanzen sind, gelangen sie auch in die Oberflächengewässer und ins Meer. Dort bewirken sie, ähnlich wie Phosphate, eine Eutrophierung, die u. a. an riesigen Blaualgenteppichen zu erkennen ist.
Eine weitere Gefährdung der Wasserqualität stellen Pestizide bzw. Pestizidrückstände dar. Obwohl in Deutschland größtenteils biologisch leicht abbaubare Pestizide eingesetzt werden, sind viele davon doch im Grundwasser nachweisbar und somit in den natürlichen Wasserkreislauf eingeschleust. Die Grenzwerte im Trinkwasser liegen bei 0,1 µg/l für einen Einzelstoff und 0,5 µ/l für die Summe aller Pestizidrückstände. Pestizide wirken oft stark giftig auf Wasserorganismen. Beim Menschen können sie das Immunsystem und den Hormonhaushalt beeinträchtigen, Allergien auslösen und die Entstehung bestimmter Krebsarten fördern. Unklar ist die komplexe Wirkung beim Zusammentreffen verschiedener Pestizide, da entsprechende Langzeitstudien derzeit noch nicht vorliegen.

Pestizide = allgemeine Bezeichnung für Pflanzenschutz- und Schädlingsbekämpfungsmittel

10.6.3 Gewässerverschmutzung durch die Industrie

Die industrielle Verschmutzung unserer Gewässer erfolgt auf vielfältige Art und Weise, wie z. B. durch:
- direkte Einleitung von Produktionsnebenstoffen,
- falsche Lagerung/Entsorgung toxischer Stoffe,

- Lecks in Rohrleitungen, Tanks,
- Tankerunfälle/Unfälle auf Ölplattformen,
- illegale Müllentsorgung.

Bei den Verunreinigungen selbst kann unterschieden werden zwischen:
- anorganischen Stoffen, wie z. B. Salzen, Säuren, Schwermetallen,
- organischen Stoffen, wie z. B. Erdöl, Plastik, Lösungsmittel und
- radioaktiven Stoffen, wie sie z. B. beim Abbau und der Verarbeitung von Uranerzen auftreten.

All diese Verunreinigungen haben vielfältigste Auswirkungen, nicht nur auf Wassertiere und -pflanzen, sondern auf das gesamte Ökosystem, einschließlich uns Menschen. Einige Beispiele werden im Folgenden näher erläutert.

Schwermetalle wirken nicht nur toxisch auf Wasserlebewesen, sondern gelangen über das Wasser oder indem sie sich im Fettgewebe der Fische anreichern auch in unsere Nahrungskette, was zu einer chronischen (oder seltener einer akuten) Schwermetallvergiftung führen kann. Ein trauriges Beispiel hierfür ist die Minamata-Krankheit. In den 50er Jahren des vorigen Jahrhunderts wiesen in der japanischen Küstenstadt Minamata viele Menschen Symptome wie Mattigkeit, Kopf- und Gliederschmerzen, aber auch Koordinationsstörungen und schwere Nervenschädigungen auf. Oft endete die Erkrankung tödlich. Die Zahl der Kinder, die mit körperlichen und/oder geistigen Schäden zur Welt kamen, stieg drastisch an. Als Ursache für diese Symptome konnte eine chronische Quecksilbervergiftung diagnostiziert werden. Ein ansässiger Chemiekonzern hatte quecksilberbelastetes Abwasser in die Bucht von Minamata geleitet.

▸ Nach heutigen Schätzungen starben an der Minamata-Krankheit ca. 3000 Menschen, 1700 trugen Schädigungen davon.

Die Werra gehört zu den am stärksten belasteten Flüssen Deutschlands. Ursache für die starke **Versalzung** des Flusses ist das Einleiten von salzhaltigen Abwässern aus den anliegenden Kalisalzwerken in Hessen und Thüringen. Besonders in der ehemaligen DDR wurden von den Thüringer Salzbergwerken verantwortungslos große Mengen der Kaliaufbereitungsrückstände eingeleitet, sodass der Fluss streckenweise einen Salzgehalt wie die Ostsee aufwies. Infolgedessen brach das Süßwasserökosystem des Flusses fast völlig zusammen, viele Wassertierarten starben aus, typische Pflanzen verschwanden fast vollständig. Im Zuge der Wiedervereinigung Deutschlands und der Schließung großer Kalibergwerke in Thüringen erholte sich der Fluss, gilt aber immer noch als gefährdet.

Einleitung giftiger Stoffe in einen Fluss

Nach einem Großbrand und mehreren Explosionen versank am 22. April 2010 die Ölplattform Deepwater Horizon im Golf von Mexiko. Sicherheitsvorrichtungen, die das Bohrloch am Meeresgrund schließen sollten, versagten und so flossen nach Schätzungen täglich drei bis neun Millionen Liter **Erdöl** ins Meer und verursachten die bisher schwerste Ölkatastrophe. Erst am 16. Juli 2010 gelang es den Technikern, das Bohrloch zu schließen.

Brennende Ölplattform

Ölteppich

Verschmierter Vogel

Müllstrudel

Die Folgen einer solchen Ölpest sind verheerend. Das ökologische Gleichgewicht in der betroffenen Region ist auf Jahre massiv gestört. Fische, Austern, Muscheln, Krabben und andere Lebewesen nehmen aus dem Öl gelöste toxische Substanzen auf und verenden. Wasservögel verkennen die Gefahr und landen auf den Ölteppichen. Ist ihr Gefieder mit Öl verklebt, können sie nicht mehr starten und versuchen panisch, die Federn wieder zu reinigen. So vergiften sie sich mit dem toxischen Rohöl. Mit dem ölverklebten Gefieder können die Tiere ihre Körpertemperatur nicht mehr regulieren und erfrieren. Andere verhungern oder ertrinken. Auch Meeresschildkröten, Robben, Seehunde usw. sind hiervon betroffen. Ebenso trägt die Meeresflora schwere Schädigungen davon.

Länder der dritten Welt, verantwortungslose Firmen, aber auch Privatpersonen entsorgen ihren Müll einfach im Meer oder in Flüssen. Aufgrund von Meeresströmungen haben sich auf den Ozeanen riesige Müllstrudel gebildet, die vorwiegend aus leichtem (oben schwimmenden) **Plastikabfällen** bestehen. Schadstoffe und giftige Chemikalien werden mit der Zeit herausgewaschen und schädigen die Meersflora und -fauna. Viele dieser Plastikgegenstände werden durch Wellen und Wind in kleine Partikel zerrieben, die dann von Meeresvögeln und Fischen irrtümlich für Nahrung gehalten werden. Nicht wenige Tiere verenden daran.

10.7 Abwasserreinigung

In Deutschland werden nahezu alle Abwässer in Kläranlagen gereinigt, bevor sie wieder in den natürlichen Wasserkreislauf eingespeist werden. Kommunale Abwässer werden über die Kanalisation direkt in Kläranlagen geleitet, während Industrieabwässer in speziellen Anlagen vorgereinigt werden.

In der Kläranlage durchläuft das Abwasser drei Reinigungsstufen:

1. mechanische Reinigung
2. biologische Reinigung
3. chemische Reinigung

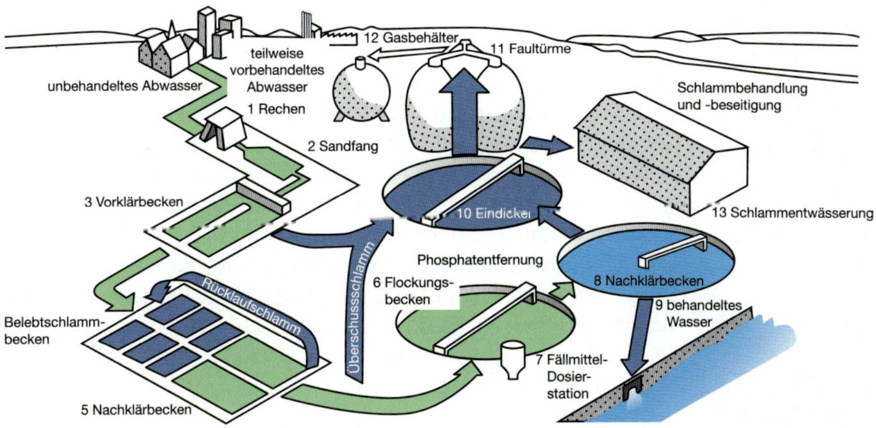

Aufbau einer Kläranlage

Als Erstes passiert das Abwasser die **mechanische Reinigungsstufe**. Mit dem Rechen wird grober Unrat wie Papier, Flaschen, Äste, Laub usw. entfernt. Im Sandfang wird durch die Vergrößerung der Fläche eine Reduzierung der Fließgeschwindigkeit des Abwassers erreicht und grobe, absetzbare Verunreinigungen wie Sand, Steine, Glassplitter oder Gemüsereste setzen sich am Boden des Beckens ab und werden entfernt. Kleine Schwimm- und Schwebstoffe werden dann im Vorklärbecken beseitigt. In diesem sehr großen Becken verweilt das Wasser ca. zwei Stunden, sodass sich auch solche Verunreinigungen am Beckenboden absetzen. Sie werden als Vorklärschlamm entzogen und der Schlammbearbeitung bzw. -entsorgung zugeführt.

Rechen in einer Kläranlage

In der **biologischen Reinigungsstufe** werden gelöste organische Verunreinigungen in anorganische Stoffe wie Kohlenstoffdioxid CO_2, Wasser H_2O, Stickstoff N_2, Phosphate PO_4^{3-}, Sulfate SO_4^{2-} und Nitrate NO_3^- umgewandelt. Dazu wird das vorgereinigte Abwasser in das Belebungsbecken überführt, welches Belebtschlamm enthält. Dabei handelt es sich um locker miteinander verbundene Kolonien von Kleinstlebewesen wie Bakterien, Pilze und Protozoen. In das Belebungsbecken wird Sauerstoff eingeblasen. Unter diesen Bedingungen bauen die Mikroorganismen gelöste organische Stoffe zu den oben genannten Stoffwechselprodukten ab und vermehren sich. Dabei entsteht neuer Belebtschlamm. Ein Teil des Schlamms wird als Rücklaufschlamm wieder dem Belebungsbecken zugeführt, der Rest (Überschussschlamm) wird entsorgt. Im Belebungsbecken erfolgt insbesondere auch die Entfernung von Nitrat und anderen Stickstoffverbindungen. Dazu ist das Becken in Zonen mit unterschiedlicher Sauerstoffzufuhr eingeteilt. In sauerstoffreichen Zonen erfolgt der mikrobielle Abbau von organischen Stickstoffverbindungen zu Nitrat. Diesen Vorgang nennt man Nitrifikation. Das Nitrat wiederum wird in sauerstoffarmen Regionen von den Mikroorganismen zu Stickstoff N_2 veratmet, der in die Atmosphäre entweicht (Denitrifikation).

Protozoen = heterotroph lebende tierische Einzeller

▸ Nach der mechanischen und der biologischen Reinigungsstufe sind aus dem Abwasser ca. 90–95 % der Verunreinigungen beseitigt.

Die **chemische Reinigungsstufe** dient der Entfernung von anorganischen Phosphaten, um eine Eutrophierung der natürlichen Gewässer zu vermeiden. Dazu werden dem Wasser im Flockungsbecken unter ständiger Durchmischung Fe^{3+}- und Al^{3+}-Verbindungen zugesetzt, sodass Phosphat PO_4^{3-} als schwer lösliches Eisenphosphat $FePO_4$ und Aluminiumphosphat $AlPO_4$ „ausflockt". Im Nachklärbecken setzen sich die ausgeflockten Phosphate am Boden ab, werden abgetrennt und dann ebenfalls der Schlammbehandlung und -entsorgung zugeführt. Das gereinigte Wasser kann anschließend über den Vorfluter wieder in den natürlichen Wasserkreislauf eingeschleust werden.

Schlammbehandlung

Faulturm einer Kläranlage

Dem abgetrennten Klärschlamm wird mithilfe von Eindickern Wasser entzogen und so das Schlammvolumen auf ungefähr die Hälfte reduziert. Der Schlamm wird nun in Faultürme transportiert, wo er unter anaeroben Bedingungen von Fäulnisbakterien zu Faulgas und Faulschlamm abgebaut wird. Dieser Prozess dauert ungefähr vier Wochen. Faulgas setzt sich aus ca. zwei Dritteln brennbarem Methan, einem Drittel Kohlenstoffdioxid sowie geringen Anteilen von Wasserstoff und Schwefelwasserstoff zusammen. Das Gas wird in Behältern gelagert und zur Deckung des Energiebedarfs der Kläranlage herangezogen. Aufgrund seines hohen Heizwerts wird es auch in Heizkraftwerken eingesetzt. Der ausgefaulte und nun geruchlose Schlamm wird durch Filtrieren, Zentrifugieren oder indem er auf Trockenbeeten ausgebreitet wird weiter entwässert. Teilweise wird der Schlamm dann als Dünger in der Landwirtschaft eingesetzt. Voraussetzung hierfür ist jedoch, dass er frei von Schwermetallrückständen oder anderen Schadstoffen ist. Der restliche Schlamm wird in Müllverbrennungsanlagen oder Wärmekraftwerken verbrannt.

10.8 Gewässergüte

Zur Beurteilung der Gewässergüte wird bei Fließgewässern das **Saprobiensystem** und bei stehenden Gewässern das **Trophiensystem** herangezogen.

Zu den ***Saprobien*** gehören verschiedene Arten von Pilzen und Bakterien, Kleinkrebsen, Insektenlarven u. a.

Saprobien sind Organismen, die in Gewässern leben, die fäulnisfähige organische Stoffe enthalten. Je stärker die Verschmutzung eines Flusses mit biologisch abbaubaren organischem Material ist, desto größer sind auch die Populationen dieser Indikatororganismen. Aus dieser Kausalität wurde das Saprobiensystem entwickelt, mit dem man den biologischen Verschmutzungsgrad eines Fließgewässers bestimmen kann. Dabei gilt: Je kleiner der ermittelte Saprobienindex, desto sauberer und unbelasteter ist das Gewässer. Das Saprobiensystem definiert vier Gewässergüteklassen und drei Zwischenstufen.

Güte-klasse	Beschreibung
I	unbelastet bis sehr gering belastet, Saprobienindex < 1,5
I–II	gering belastet, Saprobienindex zwischen 1,5 und 1,8
II	mäßig belastet, Saprobienindex zwischen 1,8 und 2,3
II–III	kritisch belastet, Saprobienindex zwischen 2,3 und 2,7
III	stark verschmutzt, Saprobienindex zwischen 2,7 und 3,2
III–IV	sehr stark verschmutzt, Saprobienindex zwischen 3,2 und 3,5
IV	übermäßig verschmutzt, Saprobienindex > 3,5

Güteklassen zur Beurteilung von Fließgewässern

Biologischer Sauerstoffbedarf (BSB)
= Kenngröße für die Menge an im Wasser gelöstem Sauerstoff, der zum biologischen Abbau organischer Verbindungen in Gewässern benötigt wird.

Auch physikalisch-chemische Parameter wie pH-Wert, Leitfähigkeit, Temperatur, Ionenkonzentration, chemischer Sauerstoffbedarf (CSB) und biologischer Sauerstoffbedarf (BSB) werden zur Qualitätsbestimmung eines Gewässers herangezogen. Allerdings erlauben diese Werte nur eine Aussage über die momentane Belastung des Gewässers, während der Saprobienindex eine über einen längeren Zeitraum gemittelte Größe darstellt.

Chemischer Sauerstoffbedarf (CSB)
= Kenngröße für die Menge an gelöstem Sauerstoff, der zur Oxidation aller im Wasser enthaltenen organischen Stoffe benötigt wird.

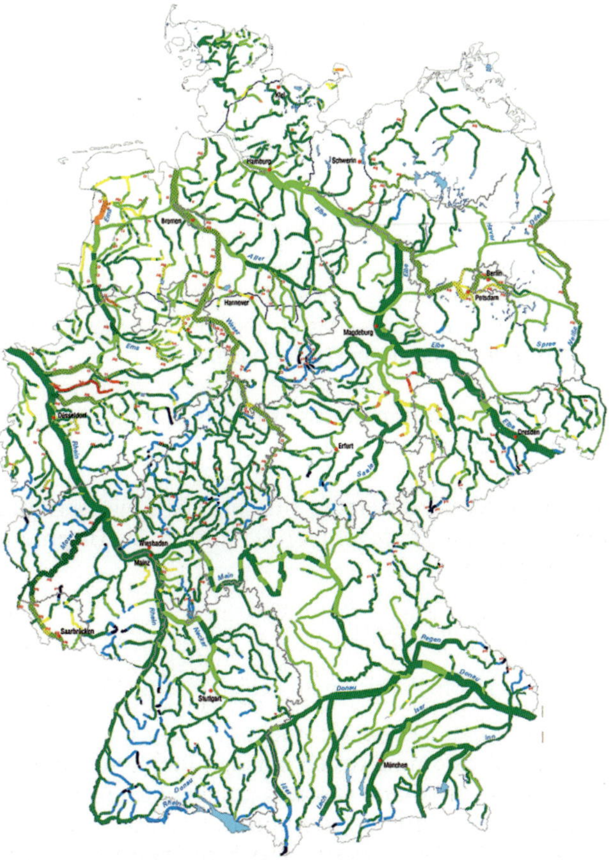

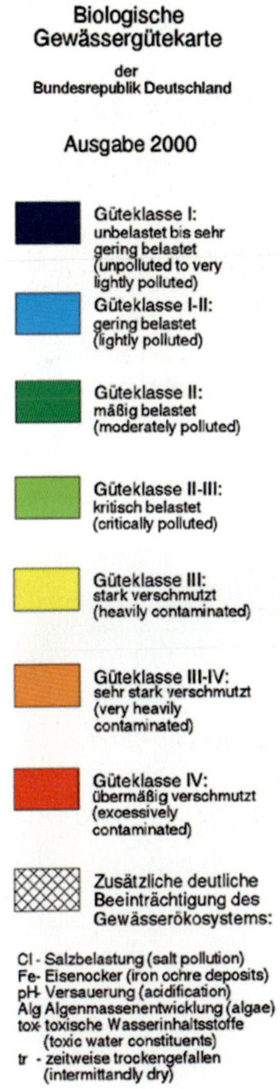

Gewässergütekarte der Flüsse in Deutschland

Da stehende Gewässer verschiedene Zonen wie z. B. Uferzonen, Badezonen oder Tiefenzonen aufweisen, die nicht am Weitertransport von organischem Material beteiligt sind, ist das Saprobiensystem hier nicht geeignet. Zur Gütebestimmung stehender Gewässer wird das Trophiensystem verwendet. Beurteilt wird hierbei der Gehalt an Pflanzennährstoffen im Gewässer. Auch hier gibt es vier Güteklassen, die Trophiestufen.

Umgekippter See

Trophiestufe	Beschreibung
I oligotroph	wenig Nährstoffe, begrenztes Pflanzen- und Algenwachstum durch geringe Phosphatzufuhr, nur geringe Anzahl von Fischen, sehr klares Wasser, Sichttiefe mindestens 3 m, oft aber mehr als 6 m
II mesotroph	Übergangsstadium zur Eutrophie, höherer Nährstoffgehalt, verstärktes Algenwachstum, Eindringtiefe des Lichts sinkt, Sichttiefe noch mehr als 2 m
III eutroph	hoher Phosphatgehalt, hohe Produktion an Biomasse, Gewässergrund ist von einer Faulschlammschicht bedeckt, Wasser ist trüb und durch zahlreiche Algen grünlich bis gelbbraun, Sichttiefe unter 2 m
IV hypertroph	sehr hoher Phosphatgehalt, sehr hohe Produktion an Biomasse, Sichttiefe unter 1 m, häufig Fischsterben, Gewässer kann umkippen

Trophiestufen zur Beurteilung stehender Gewässer

10.9 Trinkwasser

10.9.1 Anforderungen an Trinkwasser

▸ Im deutschsprachigen Raum gelten für Trinkwasser höhere Qualitätsanforderungen als für industriell abgepacktes Mineralwasser.

Laut Trinkwasserverordnung muss Trinkwasser folgende Qualitätsanforderungen erfüllen. Es soll:

- farblos,
- klar,
- kühl,
- geruchlos,
- geschmacklich einwandfrei,
- frei von Krankheitserregern,
- ohne gesundheitsschädigende Eigenschaften,
- mit definierter Konzentration an gelösten Mineralien und
- keimarm sein.

Sprudelnder Wasserhahn

Die Trinkwasserverordnung basiert auf dem Bundes-Infektionsschutzgesetz und enthält u. a. die verbindlichen Grenzwerte für Wasserinhaltsstoffe. Trinkwasser gehört in Deutschland zu den bestkontrollierten Lebensmitteln und kann jederzeit bedenkenlos konsumiert werden.

10.9.2 Trinkwassergewinnung

Zur Versorgung der Bevölkerung mit Trinkwasser wird dem natürlichen Wasserkreislauf an verschiedenen Stellen Wasser entnommen. Dieses Rohwasser wird dann durch verschiedene Aufbereitungsmaßnahmen auf Trinkwasserqualität gebracht (s. Kap. 10.9.3). In der wasserreichen Bundesrepublik Deutschland wird Trinkwasser aus Grundwasser, Quellwasser, Talsperren und aus Uferfiltrat gewonnen. Die Entsalzung von Meerwasser, wie sie in Regionen mit geringem Süßwasseraufkommen betrieben wird, spielt in Deutschland keine Rolle.

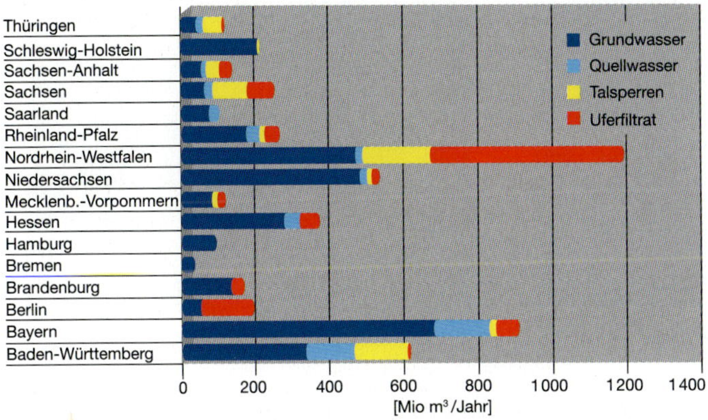

Trinkwasserversorgung der einzelnen Bundesländer

Mineralwasserflaschen

▸ Insgesamt werden ca. 62 % des Trinkwasserbedarfs in Deutschland aus dem Grundwasser abgedeckt und ca. 8 % aus Quellen.

Grundwasser bildet sich aus versickertem Niederschlagswasser. Die Passage des Niederschlagswassers bis in den Grundwasserfluss dauert mitunter mehrere Jahrzehnte. Die durchdrungenen Boden- und Gesteinsschichten haben dabei eine natürliche reinigende Wirkung auf das Wasser. So hat vielerorts das geförderte Grundwasser schon Trinkwasserqualität oder es muss lediglich der Kalkgehalt des Wassers korrigiert werden. Oberflächennahes Grundwasser (8–10 m Tiefe) wird aus Schachtbrunnen entnommen, während bei einem tiefer gelegenen Grundwasserspiegel (bis 400 m Tiefe) die Wasserentnahme über Rohrbrunnen erfolgt.

Quellen entstehen dort, wo der Grundwasserfluss die Erdoberfläche durchbricht. Sie sind der Ausgangspunkt der oberirdischen Fließgewässer (Bäche, Flüsse). In der Umgebung von Quellen hat sich meist eine vielfältige Flora und Fauna angesiedelt. Man unterscheidet Schicht- und Überlaufquellen. Jede Quelle, die zur Trinkwasserversorgung herangezogen wird, ist eingebettet in eine Trinkwasserschutzzone.

Quelle der Ruhr

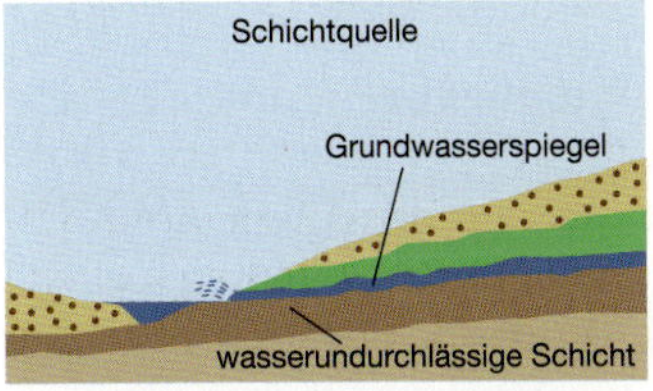

Querschnitt durch eine Schichtquelle

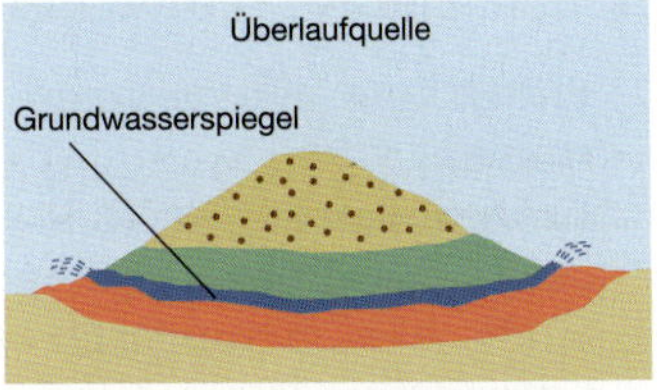

Querschnitt durch eine Überlaufquelle

Zur Gewinnung von **Uferfiltrat** werden in der Nähe von Fluss- oder Seeufern Brunnen gebohrt. Das Fluss- oder Seewasser versickert und fließt untergründig in die Brunnen. Der Boden wirkt dabei als natürlicher Filter und reinigt das Wasser auf der mehrere Monate bis Jahre dauernden Untergrundpassage. Uferfiltrat enthält neben versickertem Fluss- oder Seewasser meist auch Grundwasser. Wie hoch der Grundwasseranteil ist, hängt von verschiedenen Faktoren wie z. B. der Entfernung der Brunnen vom Ufer ab.

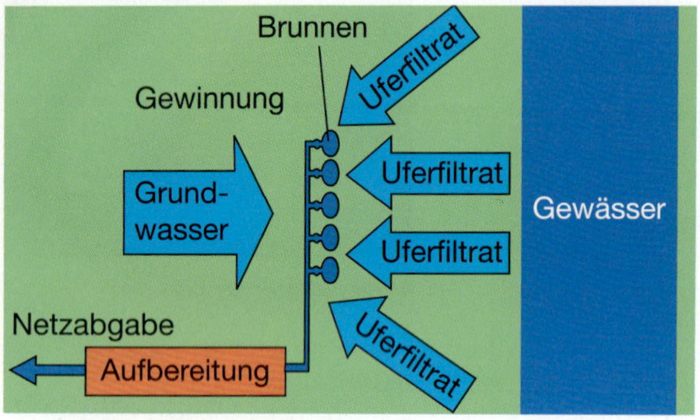

Schema der Trinkwassergewinnung aus Uferfiltrat

Bau von Uferfiltratbrunnen

Oleftalsperre in der Eifel

Staudämme und Talsperren dienen neben Zwecken wie der Energieerzeugung, dem Hochwasserschutz und der Erholung auch der Trinkwassergewinnung. Ihr Wasser ist jedoch, wie bei allen anderen Oberflächengewässern auch, viel stärker verunreinigt als Grund- oder Quellwasser. Es muss deshalb in einer Trinkwasseraufbereitungsanlage auf die entsprechende Qualität gebracht werden.

10.9.3 Trinkwasseraufbereitung

In Trinkwasseraufbereitungsanlagen wird aus Rohwasser, das dem natürlichen Wasserkreislauf entnommen wurde, Trinkwasser hergestellt. Trinkwasseraufbereitungsanlagen sind in Wasserwerke integriert, die für die Bereitstellung und Verteilung von Trinkwasser verantwortlich sind.

Die Aufbereitung von Rohwasser kann in drei Stufen eingeteilt werden. Je nach der Qualität des verwendeten Rohwassers sind nicht immer alle Verfahrensschritte erforderlich.

1. Entfernung von gelösten Verunreinigungen und Schwebstoffen
   Größere Partikel, wie z. B. Sand, werden in einem Absetzbecken sedimentiert und als Absetzschlamm abgetrennt. Gelöste Stoffe werden ausgefällt und ebenfalls abgetrennt. Feine Schmutzpartikel werden durch Zugabe eines Flockungsmittels

ausgeflockt und dann wiederum durch Sedimentation entfernt. Zur Beseitigung von Schwebstoffen wird das Rohwasser außerdem durch einen Quarzsandfilter und durch einen Aktivkohlefilter geleitet, an dem auch kleinste Partikel adsorbieren.

2. Einstellung von Trinkwasserparametern
   Trinkwasserparameter wie der pH-Wert und die Wasserhärte werden reguliert. Überschüssige Kohlensäure sowie Eisen- und Manganionen werden aus dem Wasser entfernt.

3. Desinfektion und Entkeimung des Wassers
   Die Desinfektion und Entkeimung des Wassers wird durch die Zugabe der starken Oxidationsmittel Chlor, Chlordioxid und/oder Ozon erreicht. Eine keimabtötende Wirkung hat auch die Bestrahlung des Wassers mit UV-Licht. Eine Alternative bietet die Ultrafiltration. Dabei wird das Wasser durch Membranen gepresst, die auch feinste Partikel bzw. Mikroorganismen abtrennen.

Entkeimung = chemische oder physikalische Zerstörung aller Mikroorganismen

Desinfektion = Abtöten von Erregern übertragbarer Krankheiten

Trinkwasseraufbereitung – Ultrafiltration

Übungsaufgaben

1. *Beschreiben Sie den natürlichen Kreislauf des Wassers.*
2. *Wie und wo greift der Mensch in den Wasserkreislauf ein? Nennen Sie Beispiele.*
3. *Erläutern Sie den Aufbau und die Bindungsverhältnisse des Wassermoleküls.*
4. *Was versteht man unter der Dichteanomalie des Wassers?*
5. *Welche Bedeutung hat diese Anomalie für die Tier- und Pflanzenwelt?*
6. *Erklären Sie, warum Wasser ein Ampholyt ist.*
7. *Nennen Sie gravierende Gewässerverschmutzungen und erläutern Sie deren Schadwirkung. Erklären Sie in diesem Zusammenhang auch den ökologischen Fachbegriff „Eutrophierung".*
8. *Welche Stufen durchläuft das Abwasser in einer Kläranlage? Beschreiben Sie jeweils das Reinigungsprinzip.*
9. *Was passiert mit dem in einer Kläranlage anfallenden Klärschlamm?*
10. *Erläutern Sie das Saprobiensytem zur Beurteilung der Gewässergüte.*
11. *Beschreiben Sie die Möglichkeiten der Rohwasserentnahme aus dem natürlichen Wasserkreislauf zur Versorgung der Bevölkerung mit Trinkwasser.*
12. *Welche Qualitätsanforderungen muss Trinkwasser erfüllen?*

11 Der Boden

11.1 Begriffsdefinition

▸ Die Hohlräume im Boden, **Poren** genannt, sind mit Luft oder Wasser gefüllt. Auch diese Stoffe zählen zum Boden.

Als Boden bezeichnet man die oberste Schicht der Erdkruste. Er wird nach oben durch die Atmosphäre und eine (großenteils vollständige) Vegetationsdecke und nach unten durch eine unverwitterte Gesteinsschicht begrenzt. Der Boden ist vielfältig belebt und stellt ein eigenes ökologisches System dar.

11.2 Aufbau des Bodens

Der Boden weist ein deutlich erkennbares Gefüge auf. Aufgrund dessen wird der Boden in vier Schichten eingeteilt. Diese Schichten werden Horizonte genannt. Man unterscheidet den O-, den A-, den B- und den C-Horizont.

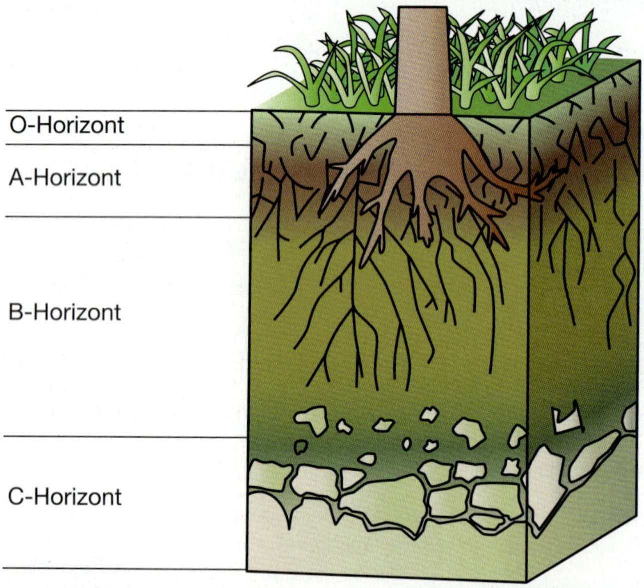

Bodenhorizonte

▸ Ein normaler Ackerboden weist einen Humusgehalt von 1,5 bis 4 % auf. Den größten Anteil des Bodens – ca. 45 % – machen jedoch mineralische Bodenteilchen aus. Der Rest sind mit Wasser und Luft gefüllte Poren.

Der **O-Horizont** ist eine dünne Schicht aus abgestorbenem, aber noch unzersetztem organischem Material, wie Laub- oder Nadelstreu. Der O-Horizont enthält keine mineralischen Anteile.

Der **A-Horizont**, auch Oberboden genannt, besteht aus Humus. Bei Humus handelt es sich um tote Biomasse (Pflanzen und Tiere), die von Bodenlebewesen bereits unterschiedlich stark zersetzt worden ist. Der A-Horizont enthält sowohl organische als auch mineralische Anteile. Er ist dunkelbraun bis schwarz gefärbt und stark durchwurzelt. Die Aktivität der Bodenorganismen ist in dieser Schicht am höchsten.

Der **B-Horizont**, der auch als Unterboden bezeichnet wird, stellt eine Übergangsschicht zwischen der Humusschicht (A-Horizont) und der Gesteinsschicht (C-Horizont) dar. Der rötliche oder rotbraun gefärbte B-Horizont ist weniger stark durchwurzelt und schwächer belebt. Durch den Einfluss von Wasser, wechselnden Temperaturen und Säuren kommt es in dieser Schicht zur langsamen Verwitterung des Gesteins. Der Unterboden ist deshalb besonders reich an Mineralien, aber arm an Humus.

Großlaufkäfer

Den **C-Horizont** bildet eine unverwitterte, unbelebte Gesteinsschicht.

11.3 Bodenlebewesen

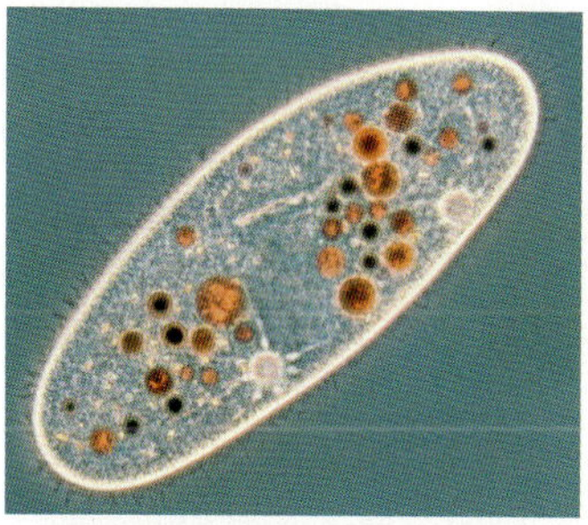

Wimpertierchen

Bodenlebewesen sind für das Funktionieren des Ökosystems Boden unentbehrlich. In einem gesunden Boden kommen sie in großer Zahl vor. So sind in einer Hand voll Erde mehr Bodenlebewesen enthalten als Menschen auf der Erde leben. Die Aufgaben der Bodenlebewesen sind vielfältig. Z. B. setzen sie tote Biomasse in Humus und anorganische Mineralien um, die von den Pflanzen als Nährstoffe benötigt werden. Damit erhalten sie die Fruchtbarkeit des Bodens. Außerdem sorgen sie für eine Durchlüftung des Bodens und stabilisieren dessen Struktur. Nach ihrer Größe können Bodenlebewesen in fünf Gruppen eingeteilt werden:

Regenwurm

- **Mikroflora:** Bakterien, Pilze, Algen
- **Mikrofauna:** Lebewesen mit einer Größe von 0,01 bis 0,2 mm z. B. Geißeltierchen, Wurzelfüsser, Wimpertierchen
- **Mesofauna:** Tiere mit einer Größe von 0,2 bis 2 mm, dazu gehören Milben, Springschwänze und Fadenwürmer
- **Makrofauna:** 2 bis 20 mm große Lebewesen, z. B. Schnecken, Spinnen, Käfer, Asseln, Larven
- **Megafauna:** umfasst alle Säugetiere mit einer Größe von 80 bis 300 mm
  Tiere können ständig im Boden leben, wie z. B. Maulwürfe, oder sich nur periodisch dort aufhalten, wie z. B. Mäuse, Hamster, Kaninchen

Feldmaus

11.4 Bodenbildung

Der komplexe Prozess der Bodenbildung kann formal eingeteilt werden in:
- Verwitterung,
- Zersetzung,
- Humifizierung,
- Mineralneubildung.

Verwitterter Felsen

Dabei spielen folgende Faktoren und deren Zusammenspiel eine wesentliche Rolle:

- Klima
- Wasser
- Vegetation
- Ausgangsgestein
- Bodenlebewesen
- anthropogene Einflüsse

Bei der **Verwitterung** wird das Ausgangsgestein zu kleineren Partikeln zerlegt. Dies geschieht durch physikalische Prozesse beispielsweise durch Frost- oder Wurzelsprengung. Daneben kommt es zu vielfältigen chemischen Verwitterungen. So lösen Bodenwasser und eindringendes Regenwasser Calcium- und Hydrogencarbonationen aus Kalkstein und Marmor.

▸ Bei der Zersetzung organischen Materials kann zwischen **Verwesung** und **Fäulnis** unterschieden werden. Während bei einer Verwesung ausreichend Sauerstoff vorhanden ist, findet Fäulnis unter Sauerstoffmangel statt.

Unter **Zersetzung** versteht man den Abbau abgestorbener, pflanzlicher und tierischer Stoffe durch Bodenlebewesen. Als Abbauprodukt entsteht dunkler bis schwarzer Humus. Die darin enthaltenen **Huminstoffe** – hochpolymere, amorphe Verbindungen – verbessern die Bodenfruchtbarkeit wesentlich und wirken sich positiv auf den Wasserhaushalt und die Durchlüftung des Bodens aus.

Humus

Teilweise werden die organischen Substanzen aber auch komplett in Wasser, Kohlenstoffdioxid und in anorganische Mineralstoffe wie Ammoniumsalze, Phosphate, Nitrate und Nitrite abgebaut. Es findet somit eine **Mineralneubildung** statt. Die freigesetzten Mineralsalze dienen als Pflanzennahrung.

Die Entstehung unseres mitteleuropäischen Bodens begann vor ca. 10 000 Jahren. Die nach der letzten Eiszeit abschmelzenden Gletscher legten nackte Felsen, Sand- und Schotterflächen frei und die oben genannten Bodenbildungsprozesse nahmen ihren Anfang. Insgesamt geht die Bodenneubildung nur sehr langsam voran. In gemäßigtem Klima beträgt sie 1 cm in 200 Jahren.

Neben diesen bodenbildenden Vorgängen kommt es auch innerhalb des Bodens zu Verschiebungen, Verwerfungen u. Ä., was die Struktur und Schichtung des Bodens merklich beeinflusst.

Kleiner Stoffkreislauf

11.5 Funktionen des Bodens

Unser Boden ist ein wahres Multitalent. Nach dem Bundes-Bodenschutzgesetz werden seine mannigfachen Funktionen in drei große Gruppen eingeteilt:

1. Natürliche Funktionen des Bodens

- Der Boden ist Lebensgrundlage und Lebensraum für Menschen, Tiere, Pflanzen und Bodenorganismen.
- Er ist Bestandteil des komplexen Haushalts der Natur, insbesondere des Wasserkreislaufs und der Nährstoffkreisläufe.

- Aufgrund seiner Filter-, Puffer- und Umwandlungseigenschaften dient er als Abbau-, Ausgleichs- und Aufbaumedium für stoffliche Einwirkungen. Der Boden ist damit auch insbesondere für den Schutz des Grundwassers verantwortlich.

2. **Nutzungsfunktionen des Bodens**
- Der Boden ist Lagerstätte wichtiger Rohstoffe.
- Die Menschen nutzen den Boden seit jeher als Siedlungsfläche und zur Erholung.
- Der Boden wird land- und forstwirtschaftlich genutzt.
- Er ist Verkehrsfläche und Standort für sonstige wirtschaftliche und öffentliche Nutzungen.
- Der Boden dient der Entsorgung von Abfällen aus Haushalt, Gewerbe und Industrie (s. Kap. 11.7).

3. **Funktion des Bodens als Archiv der Natur- und Kulturgeschichte**
- Der Boden gibt Auskunft über die Abfolge seiner natürlichen Entwicklung.
- Er konserviert geschichtliche Spuren menschlichen Lebens und Handelns.

Tagebau

Afrikanische Siedlung

11.6 Gefährdung des Ökosystems Boden

Durch das rasante Anwachsen der Erdbevölkerung, durch zunehmende Industrialisierung und Globalisierung nehmen auch die anthropogenen Eingriffe in das komplexe Ökosystem Boden derart zu, dass diese vom Boden selbst nicht mehr abgefangen und ausgeglichen werden können.

Unter **Bodenerosion** versteht man den übermäßigen Abtrag von Boden. Natürliche Auslöser von Bodenerosionen sind Wind und Wasser. Die Abtragung des Bodens wird aber auch durch das unsachgemäße Bewirtschaften des Bodens durch den Menschen verursacht. So wird durch das Abholzen von Wäldern, das Zusammenlegen von Feldern zu riesigen geraden Ackerflächen und das Verdichten des Bodens mittels schwerer Maschinen die Erosionsrate deutlich erhöht.

Durch Versauerung der Niederschläge (s. Kap. 9.3) kann es – obwohl der Boden ein ausgezeichneter Puffer ist – zu einer **pH-Wert-Senkung des Bodens** kommen. Sinkt der pH-Wert unter 5, werden die Prozesse der Bodenbildung negativ beeinflusst und die Bodenlebewesen geschädigt. Auch Pflanzen reagieren sensibel auf die erhöhte H^+-Ionenkonzentration und stellen ab einem pH-Wert von 3 ihr Wachstum gänzlich ein. Zusätzlich können durch die pH-Wert-Senkung Metallionen aus den Gesteinen gelöst werden, die auf Bodenlebewesen und Pflanzen toxisch wirken. Durch das Aufbringen von Kalk (CaO, $CaCO_3$, $Ca(OH)_2$) versucht man, der Versauerung des Bodens entgegenzuwirken.

Abgase und Stäube aus Industrieanlagen, Verkehr und Haushalten gelangen mit dem Regen in den Boden oder setzen sich auf ihm ab. Das führt zu Schädigungen der Bodenflora und -fauna, zumal viele dieser Stoffe schwer abbaubar sind.

Archäologische Ausgrabung

Bodenerosion

Illegale Müllhalde

▸ Siedlungsabfälle bestehen aus:
28 % kompostierbarem Material
18 % Verbundwaren
16 % Papier
15 % Kunststoffen
4 % Mineralien
4 % Glas
4 % Karton
3 % Textilien
2 % Eisen
1 % Nichteisen-Metallen
1 % organischen Naturprodukten
1 % Sonderabfällen

Durch den übermäßigen Einsatz von **Dünge- und Pflanzenschutzmitteln** wird der Boden belastet. Über das Grundwasser und pflanzliche Nahrung gefährden diese Stoffe auch die menschliche Gesundheit. **Toxische Schwermetalle** können auf verschiedene Weise in den Boden eingetragen werden. Zum einen wird der Boden durch sedimentierte schwermetallhaltige Stäube aus Industrieanlagen kontaminiert, zum anderen durch **unsachgemäße Müllentsorgung**. Nicht zuletzt werden Schwermetalle bei einer pH-Wert-Senkung des Bodens aus den Sedimenten freigesetzt.

11.7 Müllentsorgung und -deponierung

Obwohl die anfallende Müllmenge seit dem Jahr 2000 reduziert wurde, müssen in Deutschland jährlich mehrere Hundert Millionen Tonnen Müll aufgearbeitet, verbrannt oder deponiert werden. So fielen im Jahr 2008 344,6 Millionen Tonnen Müll an.

Die Entwicklung und Zusammensetzung dieses gigantischen Müllbergs zeigt folgendes Schaubild:

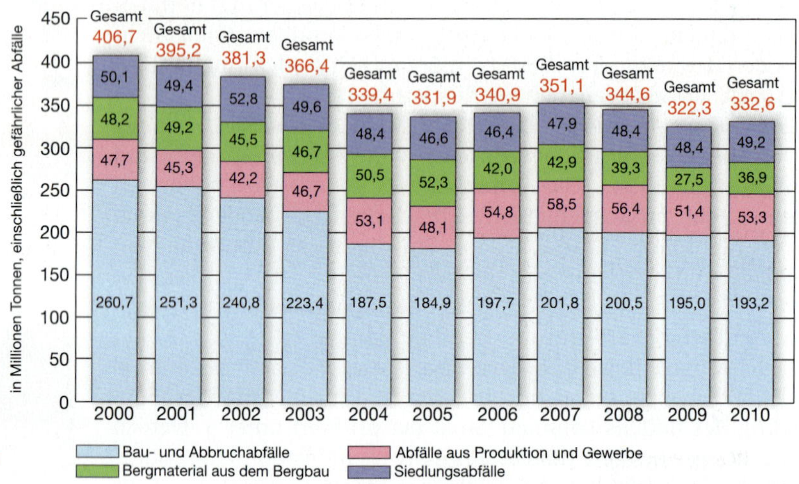

Quelle: Statistisches Bundesamt 2012, ohne Abfälle aus Abfallbehandlungsanlagen

Zusammensetzung des Abfallaufkommens in den Jahren 2000 bis 2010

▸ In Deutschland ist das Deponieren nicht vorbehandelter Abfälle verboten. So darf Hausmüll nur noch nach seiner Verbrennung in Form von Schlacke deponiert werden. International ist der Anteil des Mülls, der in Müllverbrennungs-anlagen verbrannt wirdsehr unterschiedlich. So wurden innerhalb der EU von dem im Jahr 2013 angefallenen Müll 43 % recycelt oder kompostiert, 31 % unbe-handelt deponiert und 26 % verbrannt.

Durch konsequente Abfalltrennung konnten von den im Jahr 2008 angefallenen 344,6 Millionen Tonen Müll ca. 66 % recycelt werden. 10,4 Millionen Tonnen wurden in Müllverbrennungsanlagen verfeuert. Müllverbrennungsanlagen dienen neben der Reduzierung der Müllmenge insbesondere der Energiegewinnung. Die bei der Müllverbrennung anfallende Schlacke wird dann mit dem restlichen Müll auf einer Mülldeponie abgelagert und entsorgt.

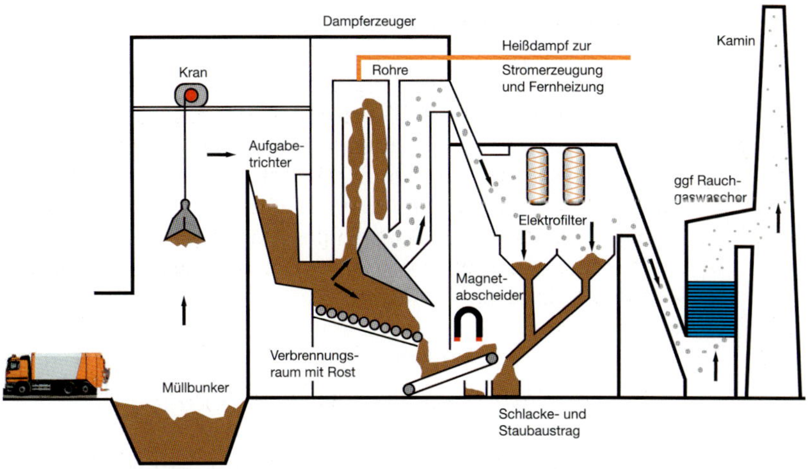

Schematischer Aufbau einer Müllverbrennungsanlage

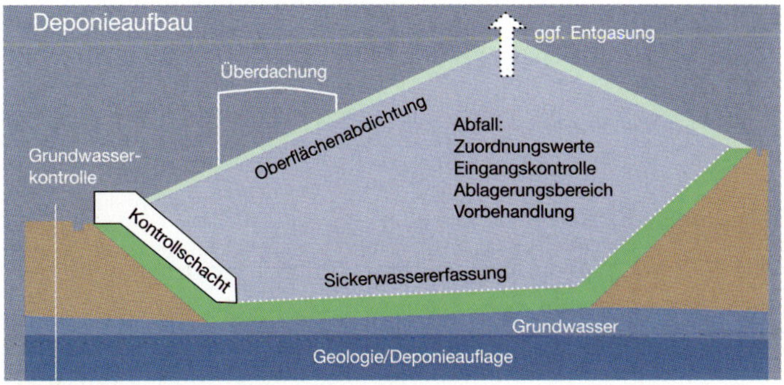

Schematischer Aufbau einer Hausmülldeponie

Um das Einsickern von Schadstoffen in das Grundwasser auszuschließen, werden Mülldeponien nur auf geologisch untersuchten Flächen errichtet, die wasserundurchlässige Bodenschichten aufweisen. Trotzdem wird das Sickerwasser aufgefangen. Zusätzlich ist der Deponiekörper nach allen Seiten abgedichtet.

▸ Das bei der Müllverbrennung entstehende Rauchgas wird aufwendig gereinigt, bevor es über hohe Schornsteine in die Atmosphäre entlassen wird.

▸ Bei der Deponierung des Mülls bildet sich **Deponiegas**, was sich hauptsächlich aus Methan CH_4 und Kohlenstoffdioxid CO_2 zusammensetzt. Die Gase entstehen bei der bakteriellen Zersetzung der organischen Bestandteile des Mülls.

Übungsaufgaben

1. *Wie ist der Begriff „Boden“ definiert?*
2. *Aus welchen Schichten baut sich der Boden auf? Beschreiben Sie die einzelnen Schichten.*
3. *Erläutern Sie die Prozesse der Bodenbildung.*
4. *Nennen Sie einige Bodenlebewesen. Welche Rolle spielen diese bei der Bodenneubildung und welche Funktionen übernehmen sie außerdem?*
5. *Beschreiben Sie drei natürliche Funktionen des Bodens.*
6. *Wo und in welcher Weise nutzt der Mensch den Boden.*
7. *Diskutieren Sie die anthropogenen Belastungen des Bodens.*
8. *Durch welche Maßnahmen kann die Gesamtmüllmenge reduziert werden?*

12 Metallische Werkstoffe

Mineral = natürlich vorkommende Metallverbindung, die chemisch eindeutig definiert ist und eine kristalline Struktur hat.

Die meisten Metalle liegen in der Erdkruste als Verbindungen vor. Diese Verbindungen **(Mineralien)** sind in der Regel mit Gestein vermischt und werden als **Erze** bezeichnet, wenn sich der Abbau wirtschaftlich lohnt. Die Metalle liegen am häufigsten als Oxide, Sulfide und Carbonate in den Erzen vor. Ausnahme sind die beiden Edelmetalle Gold und Platin, die auch als Element (gediegen) vorkommen. Es bestehen große Unterschiede hinsichtlich der Konzentration und der Größe der Vorkommen von Erzen.
So lohnt es sich, Kupfererze bereits ab ca. 1 % Kupfer abzubauen, während Eisenerz ein Eisengehalt von mindestens 20 % Eisen aufweisen muss.

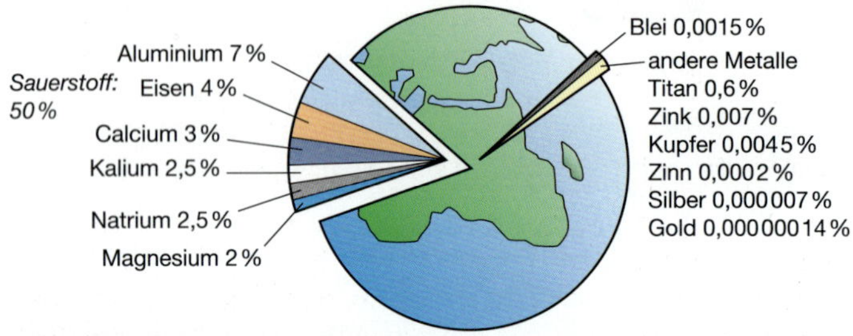

Vorkommen der Metalle in der Erdkruste

Schachtofen

Der Gebrauch der Metalle durch die Menschen hing ab von dem Geschick, aus den Erzen das Metall zu gewinnen. Elementares Gold wurde bereits ca. 5000 v. Chr. als Schmuck verwendet. Die Gewinnung von Kupfer und Zinn ist bereits seit 5000 Jahren bekannt. Ihre Legierung, die Bronze, nutzte man zur Herstellung von Töpfen, Pfannen und Schmuck. Eisen verwendet man seit ca. 1000 v. Chr. für Messer, Schwerter und Werkzeuge. Die Herstellung von Aluminium ist erst seit der Anwendung der Elektrizität im Jahre 1870 möglich.

Schritte zur Herstellung von Metallen aus Erzen

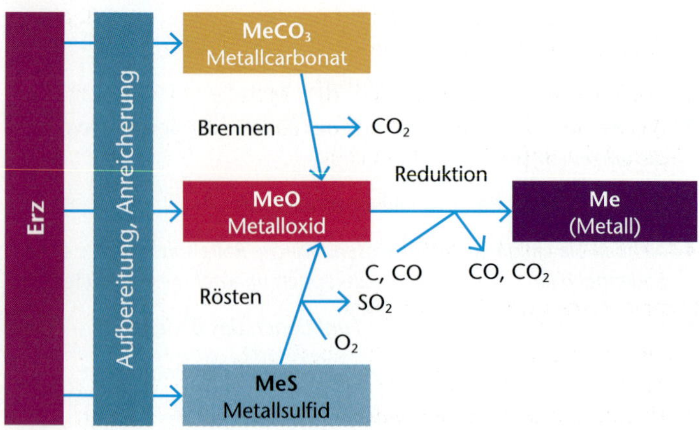

Verhüttung = Gewinnung von Metall
Rösten = Erhitzen sulfidischer Erze unter Luftzutritt, z. B.:
$2\ ZnS + 3\ O_2 \rightarrow 2\ ZnO + 2\ SO_2$
Brennen = Abspaltung von CO_2 durch Erhitzen von Carbonaten, z. B.: $FeCO_3 \rightarrow FeO + CO_2$

1. Die **Aufbereitung** oder die Konzentration der metallhaltigen Verbindung durch Abtrennung des sogenannten tauben Gesteins. Dies erfolgt vor dem Transport zur Verhüttung.
2. Während der Verhüttung wird das Metall durch **Reduktion aus den Oxiden** gewonnen. Sulfide werden vorher durch **Rösten** und Carbonate durch **Brennen** in Oxide umgewandelt.

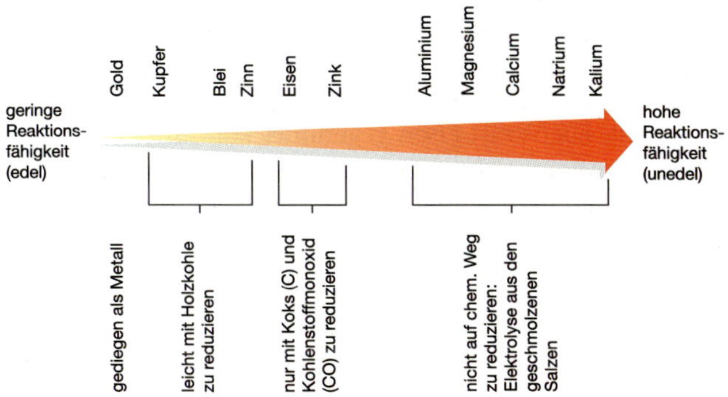

Reaktionsfähigkeit der Metalle und ihre Gewinnung durch Reaktion

Die Reduktion der Oxide erfolgt je nach Reaktionsfähigkeit der herzustellenden Metalle mit unterschiedlichen Reduktionsmitteln und bei unterschiedlichen Temperaturen. Die am häufigsten verwendeten und auch preiswertesten Reduktionsmittel sind Koks und Kohlenstoffmonoxid. Nachteilig ist es, dass sich die reduzierten Metalle mit dem Kohlenstoff legieren und keine reinen Metalle hergestellt werden können. Unedle Metalle lassen sich nicht chemisch reduzieren, sie müssen durch Elektrolyse aus ihren geschmolzenen Salzen hergestellt werden.
Da Kupferoxide relativ leicht bei nicht so hohen Temperaturen und mit Holzkohle reduziert werden können, war Kupfer das erste Gebrauchsmetall ab ca. 3000 v. Chr.

3. Das durch die Verhüttung gewonnene Metall ist das Rohmetall, dies wird noch in einem weiteren Schritt gereinigt **(Raffination)**. Gegebenenfalls wird das noch flüssige Metall nach der Reinigung mit anderen Metallen versetzt (legiert), um die Eigenschaften zu verbessern.

raffinieren (frz.) = reinigen

	1991	2010
Rohstahl	734	1419
Al	20	41
Cu	8	19
Zn	7	12
Ni	0,85	1,6
Mg	0,34	0,9

Weltproduktion an Metallen (in Mio. t)

Es wird heute ein großer Teil der Metalle wiederverwendet (recycelt). Es wird z.B. Stahl-, Aluminium- und Kupferschrott während der Raffination zugegeben.

12.1 Eisen und Stahl

Eigenschaften und Vorkommen

Eisen

Symbol	Fe
Ordnungszahl	26
Atommasse	55,847 u
Schmelztemperatur	1535 °C
Siedetemperatur	3070 °C
Dichte	7,86 kg/dm³
Oxidationszahl	+II, +III

ferrum (lat.) = Eisen

Chemisch reines Eisen ist silberweiß und ein relativ weiches Metall und findet in diesem Zustand wenig Verwendung als Werkstoff (außer z. B. als Blumendraht). Eisen als Gusseisen

Magneteisenstein

Roteisenstein (Hämatit)

Brauneisenstein

Spateisenstein

Pyrit

Bändereisenerz

oder Stahl ist durch seine vielfältige Verwendungsfähigkeit der gebräuchlichste metallische Werkstoff.

Das Element Eisen steht im Periodensystem in der 7. Nebengruppe und gehört zusammen mit Kobalt und Nickel zur sogenannten Eisengruppe. Diese drei Metalle zeigen aufgrund des Aufbaus der Elektronenschalen ähnliches chemisches Verhalten und sind ferromagnetisch.

An trockener Luft und in luft- und kohlenstoffdioxidfreiem Wasser verändert sich Eisen nicht. Es bildet sich eine feste Oxid-Schutzhaut. Ebenso ist Eisen gegenüber konzentrierter Schwefel- und Salpetersäure durch Bildung einer Deckschicht beständig. An feuchter Luft wird Eisen sofort oxidiert: Es rostet (s. Kap. 8.2).

Eisen gehört nicht nur zu den verbreitetsten Metallen, sondern ist auch am Aufbau der Erdkruste mit 4,7 % beteiligt. Gediegen kommt es nur in Meteoriten vor. Eisenerze sind Mischungen aus eisenhaltigen Mineralien mit Gestein. Ein bekanntes Eisenerz ist das Bändereisenerz (überwiegend bestehend aus Magneteisenstein und Hämatit). Die wichtigsten eisenhaltigen Mineralien sind:

Verbindungen	allgemeine Bezeichnung	chemische Formel	chemische Bezeichnung
Oxide	Magneteisenstein Roteisenstein Brauneisenstein	Fe_3O_4 Fe_2O_3 $Fe_2O_3 \cdot H_2O$	Eisen(II,III)-oxid Eisen(III)-oxid Eisen(III)-oxid mit Kristallwasser
Carbonate	Spateisenstein	$FeCO_3$	Eisen(II)-carbonat
Sulfide	Pyrit	FeS_2	Eisen(II)-sulfid

Eisenverbindungen in Eisenerzen

Zur Verhüttung kommen überwiegend die Oxide des Eisens, in geringem Umfang auch die Sulfide und Carbonate infrage.

In der belebten Natur kommt Eisen im Hämoglobin des Bluts als Sauerstoffüberträger vor.

Hochofen mit Winderhitzern

Hochofenprozess

Die Reduktion von Eisenoxiden durch Kohlenstoff und Kohlenstoffmonoxid erfolgt im Hochofen. Eisencarbonate und Eisensulfide müssen vorher durch Rösten oder Brennen in Oxide überführt werden.

Ein Hochofen ist ein Gebläseofen von ca. 100 m Höhe. Er besteht im Prinzip aus zwei mit den stumpfen Enden zusammenstoßenden Kegeln. Von oben werden dem Hochofen in Schichten Koks und Erz plus Zuschläge (Möller) zugeführt.

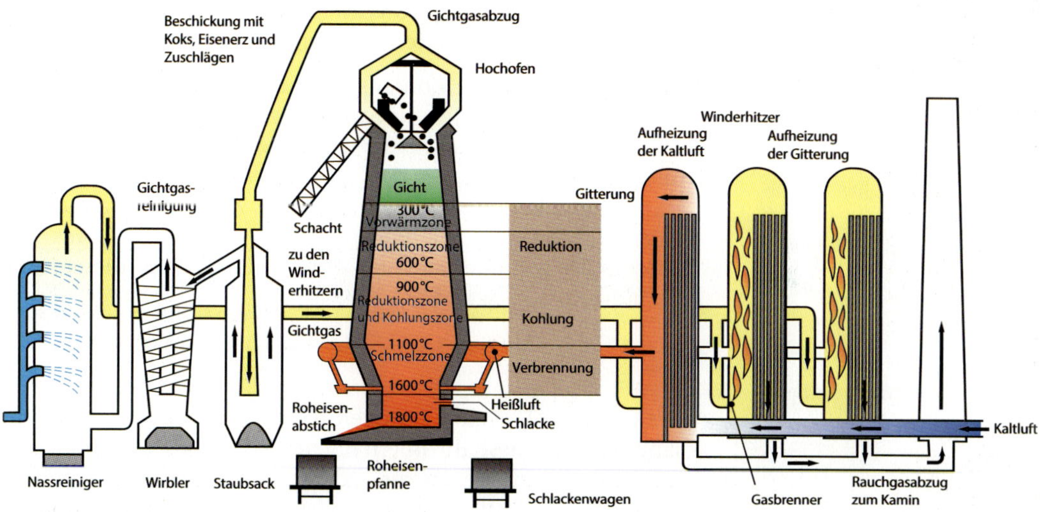

Schema einer Hochofenanlage

Der Koks sorgt für die erforderliche Reaktions- und Schmelztemperatur. Die Zuschläge haben die Aufgabe, die Schmelztemperatur des tauben Gesteins der Erze zu senken, damit die entstehende Schlacke flüssig abgeführt werden kann. Bei basischen Erzen werden saure (quarz- und tonhaltige) und bei sauren Erzen kalkhaltige Zuschläge verwendet.

Erze, Zuschläge und Koks sinken langsam nach unten und werden vorgewärmt und getrocknet (Vorwärmzone).

Im unteren Teil wird der sogenannte Heißwind eingeblasen und durch die Verbrennung der Kohle:

$$C + O_2 \rightarrow CO_2 \quad \Delta H = -393{,}5\ \text{kJ}$$

steigt die Temperatur hier auf 1600 °C. Der Hochofen zieht wie ein Schornstein. In der heißen Koksschicht (C) wandelt sich das Kohlenstoffdioxid in Kohlenstoffmonoxid um:

$$CO_2 + C \underset{\text{niedrige Temperatur}}{\overset{\text{hohe Temperatur}}{\rightleftarrows}} 2\,CO \quad \Delta H = +172{,}5\ \text{kJ}$$

Dieses heiße Kohlenstoffmonoxid wirkt als Reduktionsmittel und reduziert das Eisenoxid zum Metall:

$$\mathbf{Fe_2O_3 + 3\,CO \rightarrow 2\,Fe + 3\,CO_2}$$

indirekte Reduktionswirkung des Kohlenstoffs

In den weniger heißen höheren Schichten (500 bis 900 °C) zerfällt das Kohlenstoffmonoxid teilweise nach dem Boudouardschen Gleichgewicht (s. Kap. 4.3) zu Kohlenstoff und Kohlenstoffdioxid. Dieser Kohlenstoff liegt jetzt sehr fein verteilt vor und ist gegenüber dem groben Koks in der Lage, Eisenoxid direkt zu reduzieren:

$$\mathbf{Fe_2O_3 + 3\,C \rightarrow 2\,Fe + 3\,CO}$$

direkte Reduktionswirkung des Kohlenstoffs

Andererseits wird der Kohlenstoff auch vom Eisen gelöst (Kohlungszone). Durch die Aufnahme des Kohlenstoffs sinkt die Schmelztemperatur des Eisens von 1539 °C auf 1100 bis 1200 °C und tropft flüssig durch den glühenden Koks (Schmelzzone). Das flüssige Roheisen nimmt in dieser Zone auch reduziertes Silizium, Mangan sowie Phosphor und Schwefel auf. Aus den Zuschlägen und dem tauben Gestein bildet sich in dieser Zone auch die flüssige Schlacke.

$SiO_2 + CaO + Al_2O_3 \rightarrow CaAl_2SiO_4$ Calcium-Aluminium-Silikat (Schlacke)

Die Schlacke hat eine geringere Dichte als das Roheisen und sammelt sich deshalb oberhalb des Roheisens an und wirkt somit als Schutz gegen die oxidierende Wirkung der heißen eingeblasenen Luft. Roheisen und Schlacke werden im Abstand von einigen Stunden abgelassen.

Als Produkte des Hochofens werden erhalten:

1. **Roheisen:** Es enthält 3 bis 5 % Kohlenstoff, daneben noch kleinere Mengen an Silizium, Mangan, Phosphor und Schwefel. Roheisen mit einem höheren Siliziumgehalt (graues Roheisen) wird wegen seiner dünnflüssigen Beschaffenheit überwiegend als **Gusseisen** verwendet. Ein Roheisen mit einem höheren Mangangehalt dient zur Erzeugung von **Stahl**.
2. **Hochofenschlacke:** Die Schlacke besteht aus Calcium-Aluminium-Silikat. Sie wird je nach Zusammensetzung als Wegebaumaterial, Schlackesteinsand, -zement und -wolle weiterverarbeitet.
3. **Gichtgas:** Das Gichtgas enthält 25 bis 30 % CO und wird deshalb nach Reinigung (Entstaubung) zu Heizzwecken (überwiegend für den Hochofenprozess) verwendet.

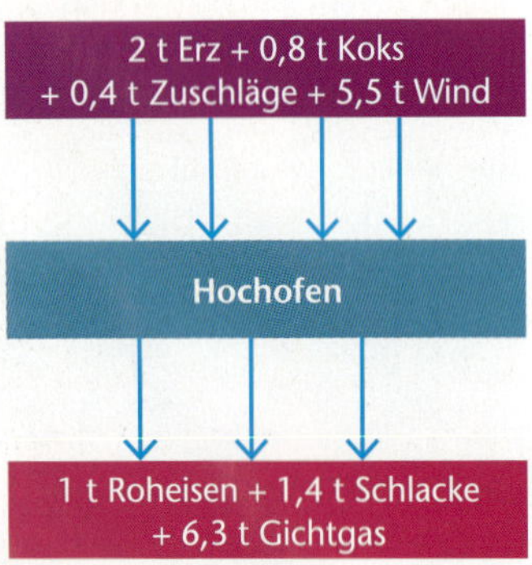

Produkte des Hochofens

Zur Erzeugung von **1 t Roheisen** werden 2 t Erz, 0,8 t Koks, 0,4 t Zuschläge und 5,5 t Wind benötigt. Außer dem Roheisen entstehen 1,4 t Schlacke und 6,3 t Gichtgas.

Ein Hochofen produziert heute täglich bis zu 5000 t Roheisen.

Neben dem Hochofenprozess gibt es noch ein neueres Verfahren zur Herstellung von Roheisen, das **Corex-Verfahren**. Das Corex-Verfahren hat die Vorteile, dass erstens nicht verkokte und minderwertige Kohle eingesetzt werden kann und es zweitens umweltfreundlich ist. Das Verfahren wurde in Deutschland und Österreich entwickelt und ist ein zweistufiges Schmelzreduktionsverfahren. In einem Einschmelzvergaser wird das Kohlenmonoxid erzeugt und in der ersten Stufe werden die Erze im Reduktionsofen zu festem Eisenschwamm vorreduziert. Dieser gelangt in den Einschmelzvergaser, dort erfolgen eine Endreduktion und das Schmelzen zu Roheisen.

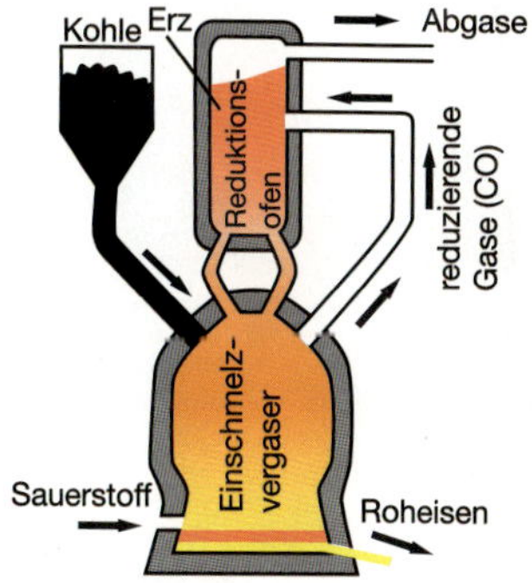

Corex-Anlage

Gewinnung von Stahl

Wegen des hohen Kohlenstoffgehalts ist das Roheisen relativ spröde und erweicht beim Erhitzen nicht allmählich, sondern sehr rasch. Es kann daher weder geschmiedet noch geschweißt werden. Damit das Roheisen für diese Verarbeitungen geeignet und zu Stahl wird, müssen der Kohlenstoff und andere Verunreinigungen entfernt werden. Dies geschieht durch eine Oxidation, das sogenannte Frischen.

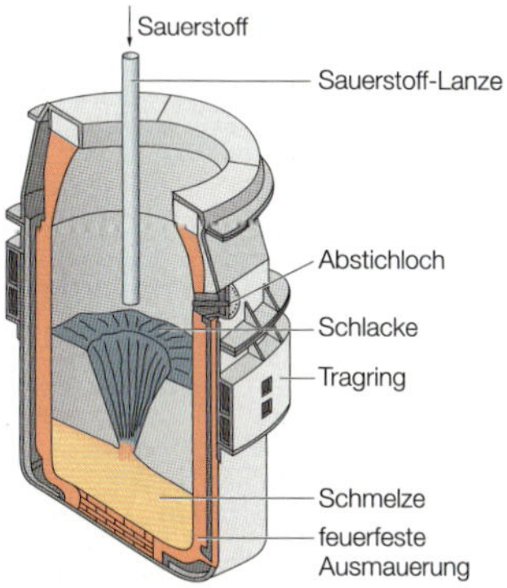

Linz-Donawitz-Verfahren

Heute ist das sogenannte **Linz-Donawitz-Verfahren** auch **LD-Verfahren** genannt, am gebräuchlichsten, es hat das Thomas- bzw. Bessemer-Verfahren abgelöst. Bei diesen älteren Verfahren wurde Luft durch Bodendüsen durch das flüssige Roheisen gepresst und die Begleitstoffe des Roheisens wurden oxidiert.

Seit 1930 steht durch das Linde-Verfahren Sauerstoff zu wirtschaftlichen Preisen zur Verfügung, daher wurde beim Frischen die Luft durch den Sauerstoff ersetzt. Im LD-Verfahren wird mithilfe einer Lanze Sauerstoff auf das geschmolzene Roheisen geblasen und das entstehende Eisenoxid oxidiert die unerwünschten Begleitstoffe:

LD-Verfahren, Konverter im Stahlwerk

1. Eisen wird zu Eisenoxid oxidiert:
   $$2\,Fe + O_2 \rightarrow 2\,FeO$$
2. Das FeO reagiert mit den Begleitstoffen:

Kohlenstoff:	$FeO + C$	$\rightarrow CO + Fe$
Silizium:	$2\,FeO + Si$	$\rightarrow SiO_2 + 2\,Fe$
Mangan:	$FeO + Mn$	$\rightarrow MnO + Fe$
Phosphor:	$5\,FeO + 2\,P$	$\rightarrow P_2O_5 + 5\,Fe$

Die Wärme, die bei dieser Oxidation entsteht, wird zum Einschmelzen von Schrott genutzt. Die Konverter haben ein Fassungsvermögen von bis zu 400 t und das Frischen ist in 20 Minuten beendet.

Die Oxidationsprodukte werden als Schlacke abgestochen bzw. das CO entweicht als Gas.

Lichtbogenofen

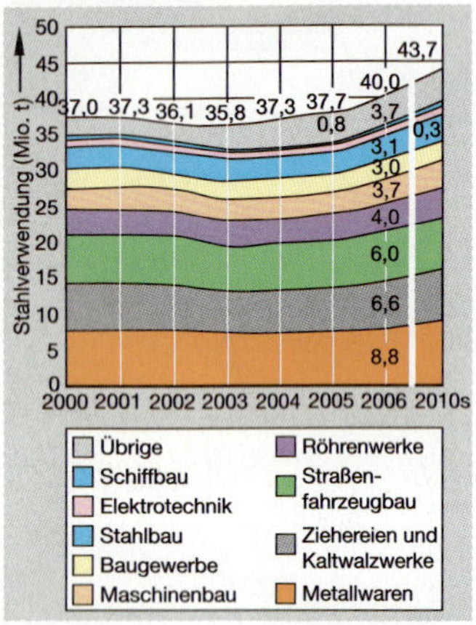

Verwendung von Stahl in Deutschland

Eine weitere Möglichkeit zur Herstellung von Stahl ist das **Elektrostahlverfahren**. Die zum Schmelzen notwendige Energie wird durch Lichtbogen oder Induktion erzeugt. Die Schmelze wird bis zu 3500 °C erhitzt, daher ist es auch möglich, schwer schmelzbare Legierungsmetalle wie Wolfram und Molybdän hinzuzugeben.

In diesen Öfen wird auch ein hoher Anteil von Schrott eingesetzt. 2006 betrug der Anteil des Schrotts an der Stahlherstellung in Deutschland 45 % (21,6 Mio. Tonnen). Weltweit liegt dieser Anteil bei 38 %. Durch diesen Kreislauf werden Energie sowie Rohstoffe gespart und die Umwelt geschont.

Stahl und seine Eigenschaften

Gegenüber dem Roheisen enthält Stahl nur noch unter 1,7 % Kohlenstoff.

Beträgt der Kohlenstoffgehalt zwischen 0,5 bis 1,7 %, so lässt sich der Stahl durch Erhitzen auf ca. 800 °C und anschließendes rasches Abkühlen härten.

Die Eigenschaften des Stahls hängen ab vom Anteil des Kohlenstoffs und dem Zusatz von Legierungsmetallen. Durch Veränderungen in der Zusammensetzung der Begleitstoffe kann der jeweilige Stahl dem entsprechenden Verwendungszweck angepasst werden.

Der Einfluss von Kohlenstoff und einigen Legierungsmetallen:

Begleitelement →	C	Si	Mn	Ni	Cr	W	Mo	V	Co
Eigenschaft ↓									
Zugfestigkeit	+	+	+	+	+	+		+	
Zähigkeit	–	–	+	+				+	–
chemische Widerstandsfähigkeit			+	+	+	–		+	
Härte bei hohen Temperaturen				+		+	+	+	+

Autoblech

Eisenbahnschienen

Der bekannte nicht rostende und chemisch widerstandsfähige V2A-Stahl enthält als Legierungsmetalle 20 % Chrom und 8 % Nickel. Er wird z. B. verwendet für Waschmaschinentrommeln und Küchenausgüsse. Stähle mit einem hohen Wolframanteil enthärten auch bei höheren Temperaturen nicht und sind geeignet als Material für schnell laufende und damit heiß werdende Werkzeuge (z. B. Drehstahl für Drehmaschinen).

Im Allgemeinen steigt die Härte des Stahls mit dem Kohlenstoffgehalt und die Elastizität nimmt ab. Daraus ergeben sich unterschiedliche Anwendungsmöglichkeiten:

Gehalt an Kohlenstoff	Eigenschaft	Verwendung
< 0,5 %	sehr elastisch	Bleche für Automobile, Schiffe und Gefäße sowie Stahlfedern
0,5–1,0 %	mittlere Elastizität und Härte	Eisenbahnschienen, Stahlträger, Hämmer
1,0–1,5 %	sehr hart	Messer, Scheren, Rasierklingen, Bohrer

Bohrer

12.2 Aluminium

Eigenschaften und Vorkommen

Aluminium ist das dritthäufigste Element in der Erdkruste (7,5 %). Es steht in der 3. Hauptgruppe des PSE und ist ein silbrig glänzendes Leichtmetall. Aluminium lässt sich leicht verformen, ist sehr dehnbar und kann durch Zusatzmetalle wie z. B. Magnesium, Kupfer und Silizium in seinen Eigenschaften stark verändert werden. Dadurch erfahren Aluminium und seine Legierungen eine vielfältige Anwendung: im Baugewerbe (Fassadenverkleidungen, Fenster, Türgriffe), im Verkehrswesen (Flugzeug-, Wagon- und Motorenbau), in der Elektrotechnik (leichtes Leitermaterial für Hochspannungsleitungen) und als Verpackungsmaterial (Folien, Tuben und Dosen). Es ist nach dem Eisen der wichtigste metallische Werkstoff.

Aluminium	
Symbol	Al
Ordnungszahl	13
Atommasse	26,9825 u
Schmelztemperatur	660,1 °C
Siedetemperatur	2450 °C
Dichte	2,7 kg/dm³
Oxidationszahl	+III

Der Name ***Aluminium*** leitet sich vom lat. alumen = Alaun, $KAl(SO_4)_2$, her.

Leichtmetall = Dichte liegt unter 5,0 g/cm³

Aus der Spannungsreihe (s. Kap. 6.3) kann entnommen werden, dass Aluminium sehr **unedel** ist. An Luft überzieht es sich mit einer **Oxidschicht**. Diese Schicht ist gegenüber einer lockeren Eisenoxidschicht (Rost) sehr fest und schützt das Aluminium vor weiterer Oxidation. Dieser Vorgang wird **Passivierung** genannt und bewirkt, dass Aluminium ein besonders beständiger Werkstoff ist.

Das unedle Aluminium reagiert mit nicht sauerstoffhaltigen Säuren zu den entsprechenden Salzen und Wasserstoff, z. B.:

$$2\,Al + 6\,HCl \rightarrow 2\,AlCl_3 + 3\,H_2$$

Je stärker die oxidierende Wirkung einer sauerstoffhaltigen Säure ist, desto stärker kommt es zur Bildung einer passivierenden Schutzschicht. Salpetersäure (HNO_3) bildet mit Aluminium sofort eine Oxidschicht, während die Reaktion mit Schwefelsäure langsam verläuft.

Da das Aluminium ein amphoteres Element (s. Kap. 2.5 und 5.1) ist, kommt es auch zur Reaktion mit Laugen, z. B.:

$$2\,Al + 6\,NaOH + 6\,H_2O \rightarrow 2\,Na_3[Al(OH)_6] + 3\,H_2$$

Beim Schmelzen von Aluminium ist die Oxidschicht gut zu erkennen – sie hält das flüssige Metall.

HNO$_3$ HCl NaOH

Gegen Salpetersäure wird Aluminium durch seine Oxidschicht geschützt und reagiert. Die Chloridionen der Salzsäure und die Hydroxidionen der Natronlauge dagegen unterwandern die Oxidschicht bzw. lösen sie auf – das Aluminium reagiert heftig.

Bauxit

Bei diesen Reaktionen nimmt Aluminium Elektronen auf und wirkt selbst als Reduktionsmittel. Aluminium-Grieß reduziert nach Zündung viele Metalle, z. B.:

$$Cr_2O_3 + 2\,Al \rightarrow 2\,Cr + Al_2O_3$$

Diese Reaktion wird zur Darstellung von besonders reinen kohlenstofffreien Metallen (z. B. V, Ni, Co) genutzt. Es ist ein stark exothermer Vorgang (hohe Temperaturen: 2500 bis 3000 °C), die Metalle schmelzen dabei und sammeln sich unter der Schlacke am Boden. Bei der Thermitreaktion (s. Kap. 6.3) entsteht nach einer Zündung von Eisen(III)-oxid und Aluminiumpulver (Thermitmischung) flüssiges Eisen.

Wegen des **unedlen Charakters** kommt **Aluminium** in der Natur nur **gebunden** vor, dabei tritt es immer dreiwertig positiv auf. Als wichtigstes Vorkommen zur Herstellung von Aluminium gilt das **Bauxit**: AlO(OH) + SiO_2, Fe_2O_3 und TiO_2.

Weiter findet es sich in vielen Gesteinen als Silikat (u. a. Feldspat, Glimmer). Bekannt ist noch die Tonerde (Al_2O_3). Diese Verbindung gibt es in kristalliner Form als Korund. Durch kleine Mengen von Verunreinigungen im Korund entstehen Edelsteine: Rubin (mit ca. 1 % Chromoxid) und Saphir (mit Titan- und Eisenoxid).

Diese Edelsteine können heute auch künstlich hergestellt werden, indem Korund geschmolzen wird und die entsprechenden Metalloxide addiert werden. Künstliche Rubine werden in der Lasertechnik genutzt. Wegen der hohen Bildungsenthalpie des Aluminiumoxids ist es nicht leicht, dieses zu elementarem Aluminium zu reduzieren.

Korund (Rubin)

Saphir

Im 19. Jahrhundert gelang es, geringe Mengen von Aluminium aus Aluminiumchlorid mit elementarem Kalium herzustellen. Aluminium kann aufgrund seiner Stellung in der elektrochemischen Spannungsreihe nicht aus wässrigen Lösungen elektrolysiert werden, es würde sich Wasserstoff abscheiden.

Erst mit dem Aufkommen der Elektrizität wurde es 1886 möglich, Aluminium mithilfe der Schmelzflusselektrolyse großtechnisch herzustellen. Damit begann die Verbreitung von Aluminium als metallischer Werkstoff.

Herstellung

Zur Schmelzflusselektrolyse kann nur sehr reines Aluminiumoxid eingesetzt werden. Daher wird das Bauxit erst aufgearbeitet und dabei von den Eisenverbindungen befreit. Da Eisen edler als Aluminium ist, würde sich bei der Schmelzflusselektrolyse an der Katode das Eisen abscheiden. Für die Aufbereitung wird heute das Bayer-Verfahren genutzt:

1. **Lösen und Trennen**
   Gemahlener und getrockneter Bauxit wird mit heißer Natronlauge versetzt, gemischt und unter Druck (5–7 bar) erwärmt (ca. 180 °C). Es entsteht Aluminiumhydroxid $Al(OH)_3$, das sich mit der Natronlauge zu Natriumaluminat $Na[Al(OH)_4]$ löst. Die unlöslichen Stoffe (Eisenhydroxid $Fe(OH)_3$) und Silikate werden als Rotschlamm abfiltriert.

2. **Ausfällen**
   Das gelöste Natriumaluminat wird abgekühlt und es fällt Aluminiumhydroxid $Al(OH)_3$ aus:

   $$Na[Al(OH)_4] \rightarrow Al(OH)_3 + NaOH$$

   Durch Filtration wird das Aluminiumhydroxid $Al(OH)_3$ von der Natronlauge NaOH getrennt. Die Lauge wird wieder in den Prozess gegeben.

3. **Erhitzen**
   Durch Erhitzen bei 1300 °C in einem Brennofen (Calzinierung) wird das Wasser abgespalten und es entsteht reines Aluminiumoxid Al_2O_3:

   $$2\ Al(OH)_3 \rightarrow Al_2O_3 + H_2O$$

Schmelzflusselektrolyse

Es wird nicht das reine Al_2O_3 elektrolysiert, da es eine hohe Schmelztemperatur (2045 °C) besitzt. Daher wird Kryolith Na_3AlF_6 zugesetzt. Der Kryolith bewirkt eine Herabsetzung der Schmelztemperatur auf ca. 950 °C. Die Elektrolyse wird durchgeführt in einer mit Kohleplatten ausgefüllten Wanne (Elektrolysenzelle), diese bildet die Katode. Die Anode besteht aus dicken Kohlestäben oder Blöcken, die in die Schmelze hineintauchen. In der Schmelze befinden sich freibewegliche Al^{3+}-Ionen und O^--Ionen. Die Al^{3+}-Ionen wandern zur Katode, die O^--Ionen zur Anode und werden dort jeweils entladen:

Katode (Minuspol): $2\ Al^{3+} + 6\ e^- \rightarrow 2\ Al$
Anode (Pluspol): $3\ O^- - 6\ e^- \rightarrow 3\ O$

Aluminium hat eine Schmelztemperatur von 660 °C und liegt deshalb flüssig vor. Das geschmolzene Aluminium hat eine höhere

Paul Héroult begründete die moderne Aluminium-Industrie und konstruierte auch den elektrischen Schmelzofen zur Elektrostrahlerzeugung im Tonnenmaßstab. Die von ihm entwickelte großtechnische Schmelzflusselektrolyse verläuft nach folgendem Schema:

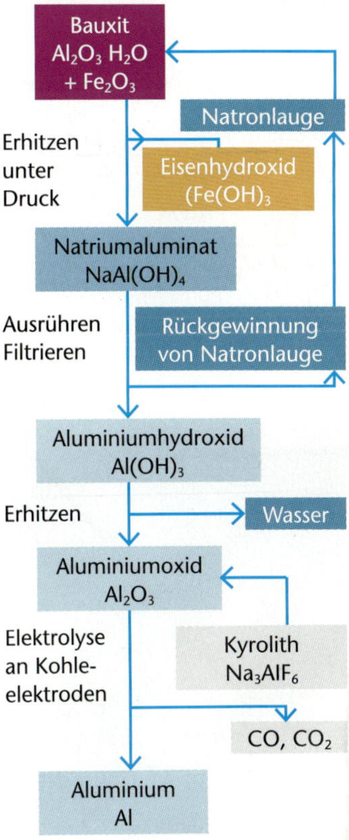

Prozessfolge der Aluminiumproduktion

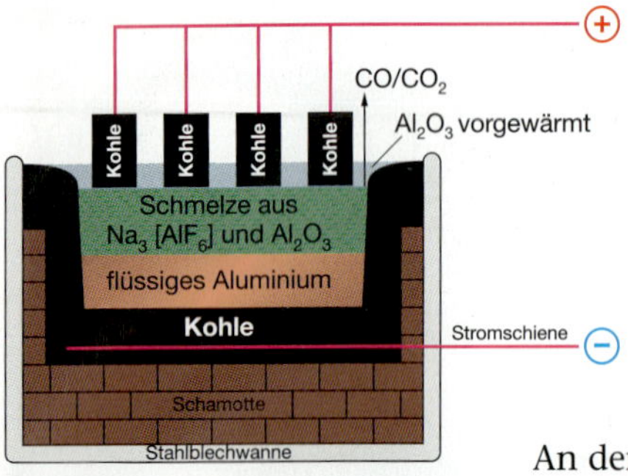

Schematischer Querschnitt durch einen Elektrolyseofen

Dichte als die Schmelze aus Bauxit und Kryolith und befindet sich deshalb in der Zelle auf dem Boden, wird dort alle 2–4 Tage abgezogen und in Barren gegossen. Das Aluminium wird dadurch auch vor Oxidation geschützt. Dieses so gewonnene Aluminium enthält noch etwa 0,1 % bis 1,0 % Verunreinigungen. Der an der Anode entstandene elementare Sauerstoff reagiert mit dem Kohlenstoff der Elektrode sofort zu CO und CO_2. Dies hat zur Folge, dass die Anode während der Elektrolyse verbraucht wird.

An den Zellen liegt eine Spannung von 4 V und es werden hohe Stromstärken (bis zu 200 000 A) genutzt. Ein Teil der elektrischen Energie wird in Wärmeenergie umgewandelt, sodass die Schmelze flüssig bleibt.

Zur Herstellung von 1 t Aluminium sind 4 t Bauxit erforderlich. Zur Umwandlung dieser 4 t Bauxit zu 2 t Aluminiumoxid sind 7000 kWh elektrische Energie erforderlich. Für die Schmelzflusselektrolyse werden noch 50 kg Kryolith, 0,5 t Elektrodenkohle und 14 000 kWh benötigt. Da die Gewinnung von Aluminium sehr energieintensiv ist, liegen Aluminiumhütten häufig in der Nähe von Kraftwerken. Etwa 2 % der Elektrizität, die in Deutschland erzeugt wird, geht in die Aluminiumindustrie.

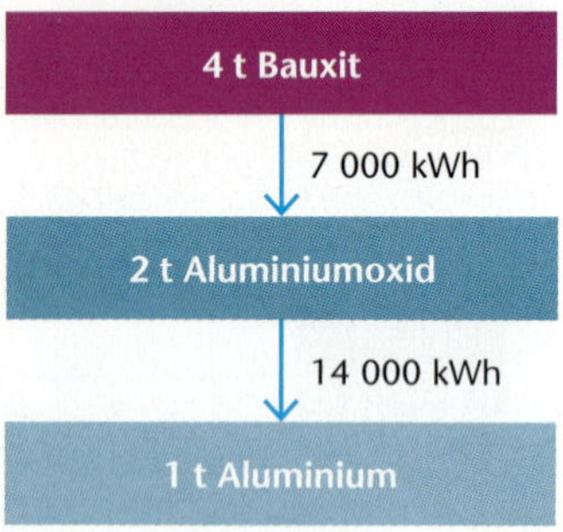

Energieaufwand

Primärproduktion:
1 t Al ca. 21 000 kWh
Sekundärproduktion (Recycling):
1 t Al ca. 800 kWh

Gewinnung von Aluminium

Wie auch beim Eisen wird eine Wiederverwendung von Aluminiumschrott angestrebt. Beim Einschmelzen von Aluminiumschrott wird weniger als 10 % der Energie im Vergleich zur Herstellung für die Schmelzflusselektrolyse benötigt. Die Wiederverwendung von Aluminium ist je nach Einsatz unterschiedlich. Im Verkehr- und Bauwesen, in der Elektrotechnik und im Maschinenbau betragen die Wiederverwertungsraten bis zu 70 %, während sie im Bereich der Verpackungen und Haushaltswaren erheblich niedriger liegen. Hier könnte eine bessere Mülltrennung bzw. Vermeidung von vermischten Abfällen mit Aluminium (z. B. Getränkeboxen aus Pappe mit Aluminiumbeschichtung) die Situation verbessern.

Aluminiumfassade

Industriezweig	Anteil am Gesamt-Aluverbrauch (in %)	Lebensdauer (Jahre)	Anteil des Recyclings (in %)
Verkehr	25–30	10	50–75
Bauwesen	18–22	10–30	50–70
Verpackung	10–12	1	3–20
Elektrotechnik	8–10	10–30	60–70
Haushaltswaren	6–9	4–12	25–30
Maschinenbau	6–9	10	50–70

Verwendung des Aluminiums in der Industrie Westeuropas (Auswahl)

Aluminium wird für die meisten Zwecke direkt verwendet. Zur Erhöhung der Festigkeit wird Aluminium häufig mit anderen Metallen legiert. So enthält das Duraluminium ca. 2–5 % Kupfer und 0,5–1,5 % Magnesium. Es wird im Flugzeug- und Fahrzeugbau eingesetzt. Durch Zusatz von 3–8 % Magnesium entsteht Hydronalium, dies ist besonders gegenüber Seewasser beständig und ist deshalb für den Schiffbau geeignet.

Um besonders harte Oberflächen zu erzeugen, wird die natürliche Aluminiumschutzschicht in der Technik durch **el**ektrolytische **Ox**idation des **Al**uminiums (Eloxal-Verfahren) verstärkt. Der zu eloxierende Gegenstand wird in einer Elektrolysezelle als Anode geschaltet. Als Elektrolyt dient dabei verdünnte Schwefelsäure. Die entstandene Schicht kann durch weitere Behandlungen eingefärbt werden.

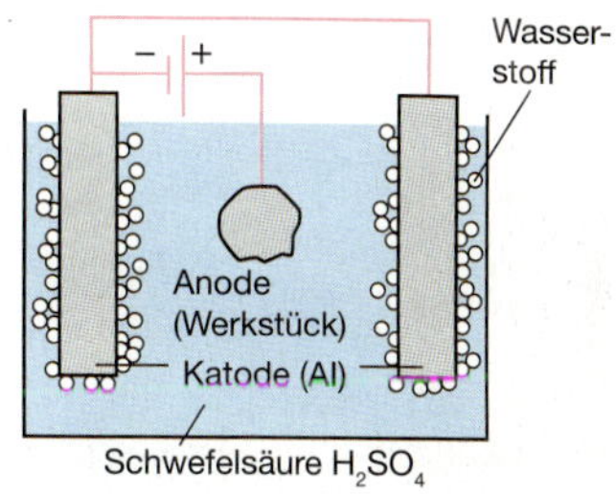

Eloxal-Verfahren

Katode:
$6\ H_3O^+ + 6\ e^- \rightarrow 3\ H_2 + 6\ H_2O$
Anode:
1. $2\ Al \rightarrow 2\ Al^{3+} + 6\ e^-$
2. $2\ Al^{3+} + 9\ H_2O \rightarrow Al_2O_3 + 6\ H_3O^+$

12.3 Kupfer

Eigenschaften und Vorkommen

Kupfer gehört zu den sogenannten Buntmetallen. Die Buntmetalle sind Schwermetalle, die im PSE in den Nebengruppen stehen und selbst oder in ihren Verbindungen farbig vorkommen. Zu den Ausnahmen gehören die Edelmetalle und das Eisen.

Schwermetall = Dichte ist größer als 5,0 g/cm³

	Kupfer	Zink	Blei	Zinn	Cadmium	Chrom	Nickel	Kobalt	Wolfram	Mangan	Titan
Symbol	Cu	Zn	Pb	Sn	Cd	Cr	Ni	Co	W	Mn	Ti
Ordnungszahl	29	30	82	50	48	24	28	27	74	25	22
Atommasse	63,55 u	65,37 u	207,19 u	118,69 u	112,41 u	51,996 u	58,69 u	58,93 u	183,85 u	54,938 u	47,88 u
Schmelztemperatur	1083 °C	419,5 °C	327,3 °C	231,9 °C	321 °C	1920 °C	1455 °C	1490 °C	3380 °C	1247 °C	1670 °C
Siedetemperatur	2582 °C	907 °C	1750 °C	2337 °C	767 °C	2480 °C	3350 °C	3185 °C	6000 °C	2090 °C	3262 °C
Dichte kg/dm³	8,92	7,13	11,37	7,31	8,6	7,2	8,9	8,8	19,3	7,3	4,49
Oxidationszahlen	+II, (+I)	+II	+II, +IV	+II, +IV	+II	+II, +III, +VI	+II	+II, +III	+VI	+II, +IV, +VII	+IV

Buntmetalle und ihre Eigenschaften

Kupfer ist ein rötlich glänzendes, weiches aber zähes Metall mit sehr guter elektrischer Leitfähigkeit. Nach Silber ist es der beste elektrische Leiter und der beste Wärmeleiter.

An der Luft oxidiert Kupfer langsam an der Oberfläche und es bildet sich Kupfer(I)-oxid Cu_2O, das dem Kupfer die bekannte rotbraune Färbung verleiht. Bei Anwesenheit von Kohlenstoffdioxid, Schwefeldioxid oder chloridhaltigem Sprühnebel (Küste) bildet sich allmählich ein Überzug von basischem Kup-

Einige Buntmetallsalze in ihren Lösungen

Münzmetalle: *Für Kleinmünzen werden auch Buntmetalle und ihre Legierungen benutzt, aber auch Eisen, Edelstahl, Zink und Aluminium kommen in Notzeiten zum Einsatz.*

Auflösung von Kupfer durch HNO_3 und Bildung von nitrosen Gasen

Eisennagel in $CuSO_4$-Lösung

fercarbonat, Sulfat oder Chlorid. Dieser Überzug (die Patina) schützt das Kupfer vor weiterer Zerstörung (s. Kap. 8.2).

Aufgrund seiner Stellung im PSE wird Kupfer nicht von nicht oxidierenden Säuren zersetzt (z. B. Salzsäure), sondern nur von oxidierenden Säuren, wie z. B. Salpetersäure unter Bildung nitroser Gase:

$$3\ Cu + 8\ HNO_3 \rightarrow 3\ Cu(NO_3)_2 + 2\ NO + 4\ H_2O$$

Aus seinen Salzlösungen wird es durch unedlere Metalle (z. B. Eisen) abgeschieden (s. Kap. 6.3).

Verwendet wird Kupfer überwiegend als Leiter in der Elektro-technik, für Heiz- und Kühlrohre, als Gefäßmaterial (z. B. Braupfannen), für Dächer (Regenrinnen und -rohre) und zur Herstellung von Legierungen. Die wichtigsten Legierungen des Kupfers sind:
- Messing: Kupfer + Zink
- Bronze: Kupfer + Zinn
- Konstantan: Kupfer + Nickel (Bei dieser Legierung hängt der elektrische Widerstand nicht von der Temperatur ab.)

Kupfer kommt sehr selten elementar vor. In Erzen liegt es als Sulfid, Oxid und Carbonat vor. Die wichtigsten Mineralien sind:

Kupferglanz (Cu_2S), Kupferkies ($CuFeS_2$), Rotkupfererz (Cu_2O) und der Malachit ($CuCO_3 \cdot Cu(OH)_2$).

Da Kupfer leicht aus den Erzen herzustellen ist, war es der erste metallische Werkstoff der Menschheit. Durch Zusatz von Zinnerzen bei der Gewinnung konnten die ersten Geräte aus Bronze gefertigt werden. Diese waren härter als die aus Kupfer. Neuartige Gegenstände wie Schwerter, Helme, Zangen und Nadeln wurden nun verwendet.

In der belebten Natur kommt Kupfer in den Pflanzen als Spurenelement und in Weichtieren als kupferhaltiger Blutfarbstoff Hämocyanin (analog dem Hämoglobin) vor.

Herstellung

Die Herstellung von reinem Kupfer erfolgt in fünf Schritten: der Anreicherung, der Röstung, Abtrennung des Eisens, der Reduktion und der Raffination des Rohkupfers.

Kupfererze haben häufig einen geringen Kupfergehalt, sodass als Erstes eine **Erzanreicherung** stattfindet. Es werden bereits Erze mit einem Kupfergehalt von 0,5–1,0 % eingesetzt. Die Anreicherung erfolgt durch eine Flotation (Schwimmaufbereitung). Dabei wird das Erz fein zerteilt und mit Wasser und einer geringen Menge eines speziellen Öls versetzt. Das Öl benetzt das Mineral besser als das taube Gestein. Durch Einblasen von Luft bildet sich am Mineral ein Schaum, es steigt nach oben und kann dort abgeschöpft werden. Das taube Gestein sinkt dabei nach unten.

Beim anschließenden ersten **Rösten** im Röstofen wird das am häufigsten eingesetzte $CuFeS_2$ mit dem Sauerstoff oxidiert:

$$6\,CuFeS_2 + 10\,O_2 \rightarrow \mathbf{3\,Cu_2S} + \mathbf{2\,FeS} + 2\,Fe_2O_3 + 7\,SO_2$$

Das Schwefeldioxid wird weiterverarbeitet zur Schwefelsäure. Das Röstgut wird nun in einen Flammenofen mit Koks und einem Zusatz von Quarzsand gegeben. Aus dem Eisenoxid entsteht Eisensilikat (Fe_2SiO_4):

$$Fe_2O_3 + C + SiO_2 \rightarrow Fe_2SiO_4 + CO$$

Das Eisensilikat bildet die Schlacke, weiter entsteht der **Kupferstein (Cu_2S + FeS)**. Bei ca. 900 °C sind Schlacke und Kupferstein flüssig und können aufgrund der Dichte voneinander getrennt werden **(1. Abtrennung)**. Der Kupferstein wird in einen Konverter gegeben. In diese Schmelze wird Luft eingeblasen und das Eisensulfid FeS wird zu Fe_2O_3 geröstet, mit dem zugegebenen Quarzsand verschlackt und abgezogen **(2. Abtrennung)**. Das Kupfersulfid wird in einem ersten Schritt zu Kupferoxid umgesetzt:

$$2\,Cu_2S + 3\,O_2 \rightarrow 2\,Cu_2O + 2\,SO_2$$

Gegenstand aus der Bronzezeit

Der Name ***Kupfer*** leitet sich von der Insel Cypern ab. Cuprum (lat., ursprünglich aes. Cyprium) = zyprisches Erz

▸ Erz: $CuFeS_2$

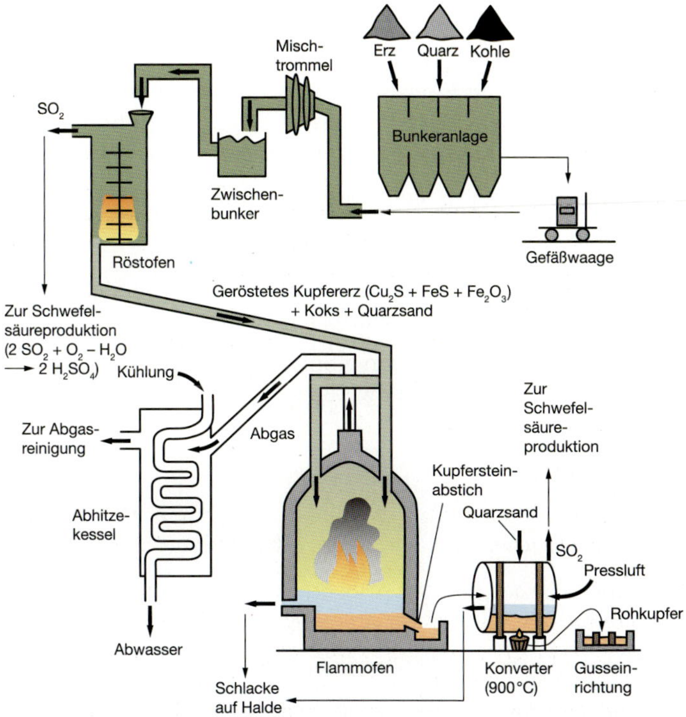

Standard-Rohkupfergewinnung: *Kupfer ist das preiswerteste Edelmetall, hat nach Silber die höchste elektrische Leitfähigkeit und ist nach Eisen und Aluminium das wichtigste Gebrauchsmetall. Von dem erzeugten Kupfer gehen über 50 % als Leitungsmaterial in die Elektrotechnik und Elektronik, weitere Anteile in die Galvanotechnik, die Münzprägung, den Rohre- und Apparaturenbau sowie – als Messing – in Munitionsfabriken.*

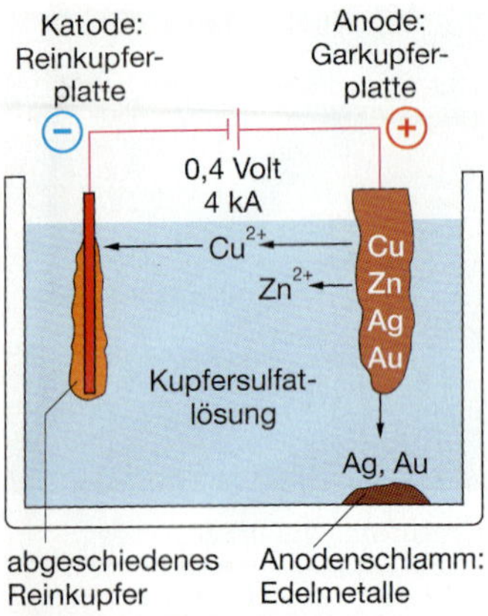

Elektrolytische Kupferraffination

Katoden werden aus der Elektrolyse-Zelle gezogen

Im zweiten Schritt erfolgt die **Reduktion zu Kupfer**. Das übrig gebliebene Kupfersulfid reagiert mit dem entstandenen Kupferoxid:

$$Cu_2S + 2\,CuO \rightarrow \mathbf{4\,Cu} + SO_2$$

Das entstandene Rohkupfer hat einen Kupferanteil von 98 %. Im Rest sind neben unedlen Metallen wie Eisen, Zink und Arsen auch Edelmetalle wie Silber und Gold enthalten. Durch diese Verunreinigungen (insbesondere Arsen) ist die Leitfähigkeit des Rohkupfers noch erheblich geringer als beim Reinkupfer, es muss daher noch gereinigt werden. Das Rohkupfer wird in Platten gegossen und als Anode in der **elektrolytischen Raffination** des Kupfers eingesetzt.

Die Elektrolyse wird durchgeführt in einer schwefelsäurehaltigen Kupfer(II)-sulfatlösung mit einer Anode aus Rohkupfer und einer Reinkupferkatode.

An der Anode geht das Kupfer und andere unedlere Metalle in Lösung:

$$Cu \rightarrow Cu^{2+} + 2\,e^-$$
$$Fe \rightarrow Fe^{2+} + 2\,e^-$$
$$Zn \rightarrow Zn^{2+} + 2\,e^-$$

Die edleren Metalle lösen sich nicht und fallen als **Anodenschlamm** zu Boden. Der Schlamm wird gesammelt und daraus werden Silber, Gold und Platin gewonnen.

An der Katode scheidet sich das reine Kupfer ab:

$$Cu^{2+} + 2e^- \rightarrow Cu$$

Das Elektrolytkupfer hat einen Anteil von 99,99 % Kupfer und kann anschließend direkt verarbeitet werden.

Durch das Einschmelzen von Kupferschrott können ca. 40 % des Kupfers wiederverwertet werden.

Übungsaufgaben

Zu 12.1:

1. *Warum liegen die meisten Metalle gebunden vor?*
2. *Nennen Sie den Unterschied zwischen einem Erz und einem Mineral.*
3. *Nennen Sie die drei Schritte zur Gewinnung eines Metalls.*
4. *Warum ist die Herstellung von Blei einfacher als die von Aluminium?*
5. *Warum ist es sinnvoll, Metallschrott zu recyceln?*
6. *Berechnen Sie den Eisengehalt in Prozent von FeO, Fe_2O_3 und Fe_3O_4.*
7. *Berechnen Sie die Masse an Eisen, die aus 10 t Eisenerz mit 25 % Fe_2O_3 hergestellt werden kann.*

8. *Welches Volumen an Schwefeldioxid entsteht unter Normalbedingungen beim Rösten von 1 t Pyrit mit 32 % FeS_2?*
9. *Warum wird reines Eisen kaum als metallischer Werkstoff gebraucht?*
10. *Wie können eisenhaltige Karbonate (z.B. $FeCO_3$) und Sulfide (FeS_2) in reduzierbare Oxide umgesetzt werden?*
11. *Was ist der Unterschied zwischen direkter und indirekter Reduktion?*
12. *Welche Funktionen erfüllt der Koks im Hochofenprozess?*
13. *Welche Funktion erfüllen die Zuschläge im Hochofenprozess?*
14. *Was ist der Unterschied (chemisch und physikalisch) zwischen Roheisen und Stahl?*
15. *Warum hat Gusseisen eine niedrigere Schmelztemperatur als das reine Eisen?*
16. *Was geschieht bei der Umwandlung von Roheisen in Stahl?*
17. *Geben Sie die Reaktionsgleichungen für die Oxidation von Kohlenstoff, Silizium, Mangan und Phosphor im LD-Konverter an.*

Zu 12.2:

1. *Warum kann Aluminium nicht durch Reduktion mit Kohlenstoff gewonnen werden?*
2. *Warum kommt Aluminium nicht elementar vor?*
3. *Warum kann Aluminium nicht durch Elektrolyse einer Aluminiumchloridlösung gewonnen werden?*
4. *Ein Bauxit enthält 60,0 % Al_2O_3. Berechnen Sie den prozentualen Anteil an Aluminium.*
5. *Warum muss das Bauxit vor der Schmelzflusselektrolyse aufbereitet werden?*
6. *Welche Aufgabe hat der Kryolith bei der Schmelzflusselektrolyse?*
7. *Formulieren Sie die Entladungsvorgänge an der Katode und Anode während der Schmelzflusselektrolyse.*
8. *Welche Energie ist erforderlich, um eine Getränkedose von 20,0 g Aluminium aus Bauxit herzustellen?*
9. *Berechnen Sie die Zeit, um in der Schmelzflusselektrolyse 1 t elementares Aluminium abzuscheiden. Es fließt ein Strom von 200 000 A.*
10. *Berechnen Sie die Masse an Aluminium, die aus 1 t Bauxit mit 38 % AlO(OH) gewonnen werden kann.*
11. *Beschreiben Sie die Herstellung des Aluminiums vom Erzaufschluss bis zur Elektrolyse.*
12. *Warum ist die Wiederverwertungsrate von Aluminium bei Verpackungen erheblich niedriger als z. B. im Bereich des Bauwesens? Wie könnte dies verbessert werden?*

Zu 12.3:

1. *Zu welcher Gruppe von Metallen gehört Kupfer?*
2. *Warum zersetzt sich Kupfer nicht an der Luft?*
3. *Warum wurde Kupfer schon früh von der Menschheit als metallischer Werkstoff genutzt?*
4. *Wozu dient die Flotation?*
5. a) *Berechnen Sie die Masse Kupfer in kg, die in 1,0 t Erz (taubes Gestein + Mineral) Kupferkies* $CuFeS_2$ *vorliegt. Das Erz hat einen Anteil von 5,0 %* $CuFeS_2$.
   b) *Berechnen Sie das Volumen an Schwefeldioxid (unter Normalbedingungen) das entsteht, wenn dieses Erz geröstet wird.*
   c) *Berechnen Sie die Masse an Schwefelsäure, die aus diesem Schwefeldioxid gewonnen werden kann.*
6. *Warum wird das Rohkupfer noch elektrolytisch raffiniert?*

13 Kunststoffe

Kunststoffe sind in unserem Leben allgegenwärtig. Denkt man sich z. B. alle Kunststoffe weg, die uns in einem Wohnraum umgeben, so bleibt nicht viel übrig. Aber auch in Industrie und Technik sind Kunststoffe unentbehrlich.

▸ Kunststoffe werden umgangssprachlich auch als **Plaste** bzw. **Plastik** bezeichnet.

13.1 Eigenschaften der Kunststoffe

Ihren Einzug in alle Bereiche des Lebens verdanken die Kunststoffe ihren vielen günstigen Gebrauchseigenschaften, von denen die wesentlichsten im Folgenden genannt werden. Kunststoffe:

- weisen eine geringe Dichte auf. Mit einer Dichte von 0,8 bis 2,2 kg/dm³ sind sie wesentlich leichter als metallische oder keramische Werkstoffe;
- zeigen keine elektrische Leitfähigkeit und können deshalb als Isolatoren verwendet werden;
- sind schlechte Wärmeleiter. Sie werden deshalb zur Wärmedämmung eingesetzt;
- sind (meist) korrosionsbeständig gegen Umwelteinflüsse und Chemikalien wie Säuren, Laugen und Salze;
- haben verschiedenste mechanische Eigenschaften. Sie können hart, fest, weich oder elastisch sein;
- lassen sich gut verarbeiten. Sie können verformt und eingefärbt werden;
- können glatte, glänzende , aber auch raue, matte oder körnige, geschäumte Oberflächen besitzen.

Kunststoffisoliertes Kabel

▸ Die Verarbeitungstemperaturen von Kunststoffen sind mit 250–300 °C vergleichsweise niedrig.

Fahrradschlauch

Neben dieser langen Palette an Vorteilen weisen Kunststoffe aber auch einige ungünstige und bedenkliche Eigenschaften auf. Kunststoffe:

- sind wenig wärmebeständig. Eine Ausnahme bildet hier Teflon;
- verfügen nur über eine geringe mechanische Festigkeit;
- sind teilweise brennbar und unbeständig gegen bestimmte Lösungsmittel;
- können beim Verbrennen toxische Gase freisetzen;
- können nicht biologisch abgebaut werden. Nicht recycelte Kunststoffe müssen also aufwendig entsorgt werden;
- enthalten zugesetzte Additive wie Farbstoffe und Weichmacher, die die menschliche Gesundheit gefährden können.

Teflonbeschichtete Pfanne

13.2 Kunststoffherstellung

Bei Kunststoffen handelt es sich um organische Makromoleküle. Sie bauen sich aus kleinen Ausgangsmolekülen – den Monomeren – auf, die während des Herstellungsprozesses miteinander verbunden werden. Dabei unterscheidet man drei Verfahren:

- Polymerisation
- Polykondensation
- Polyaddition

Plastikmüll

13.2.1 Polymerisation

▸ Der Aufbau von Kunststoffen aus Monomeren bietet einen großen Vorteil: Durch chemische Variationen der Monomere lassen sich „maßgeschneiderte" Kunststoffe mit spezifischen Eigenschaften herstellen.

Bei der Polymerisation werden als Monomere ungesättigte Moleküle eingesetzt. Durch Zufuhr von Wärme und Licht und/ oder durch Zugabe einer geeigneten Startersubstanz wird eine Kettenreaktion initiiert. Dabei brechen die Doppelbindungen der Ausgangsmoleküle auf und ermöglichen so das Verbinden der Monomere zu einem kettenförmigen Makromolekül. Die resultierenden Makromolekülketten sind unverzweigt oder nur wenig verzweigt. Als Monomere werden häufig Ethen und Ethenderivate eingesetzt

▸ Die Kunststoffnamen werden häufig abgekürzt, z. B. PE für **Polyethylen**.

1. Beispiel: Herstellung von Polyethylen (PE)

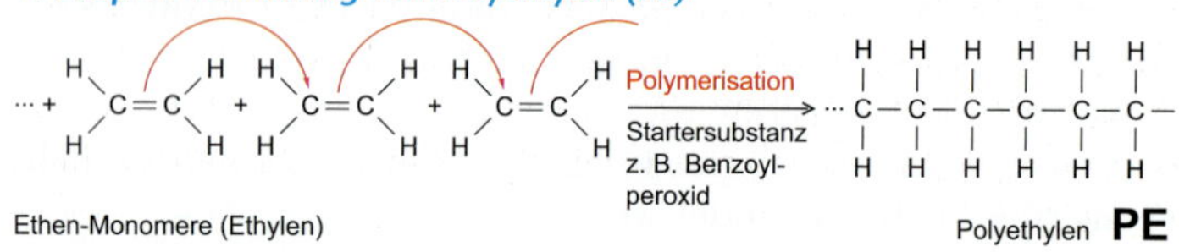

▸ Die durch Polymerisation entstandenen Kunststoffe nennt man **Polymerisate**.

2. Beispiel: Herstellung von Polytetrafluoretylen (PTFE)

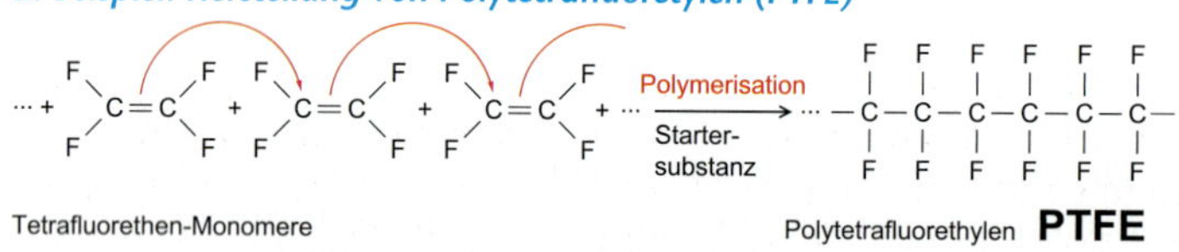

▸ Polymerisationen sind exotherme Reaktionen. Die frei werdende Reaktionswärme muss abgeführt werden, um einen Wärmestau und die Zersetzung der Polymerisate zu vermeiden.

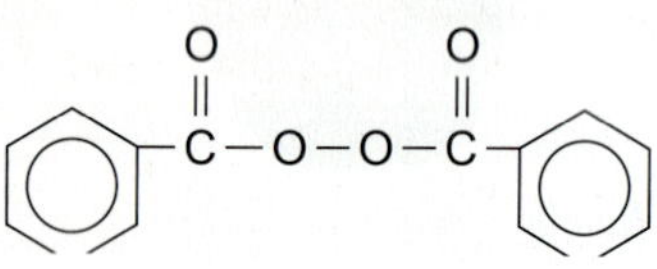

Benzoylperoxid

Um die Eigenschaften eines Kunststoffs noch weiter zu spezifizieren und zu verbessern, können auch verschiedene Monomere gemischt und gemeinsam polymerisiert werden. Dieses Herstellungsverfahren nennt man Copolymerisation, das Produkt Copolymerisat.

▸ Der Kunststoff **Polytetrafluorethylen** ist besser unter seinem Handelsnamen **Teflon** bekannt.

3. Beispiel: Herstellung von Acrylnitril-Butadien-Styrol-Copolymerisat (ABS)

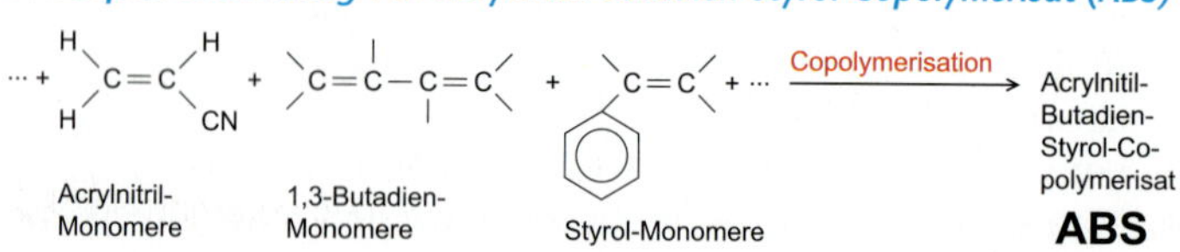

▸ **ABS** ist ein sehr harter, kratz- und schlagfester, chemikalienbeständiger Kunststoff.

13.2.2 Polykondensation

Bei der Polykondensation erfolgt die Verknüpfung der Monomere über die Abspaltung einfacher Moleküle, wie Wasser, Ammoniak oder Alkohol. Voraussetzung ist jedoch, dass die Monomermoleküle über mindestens zwei funktionelle Gruppen verfügen.

Beispiel: Herstellung von Polyester (PET)

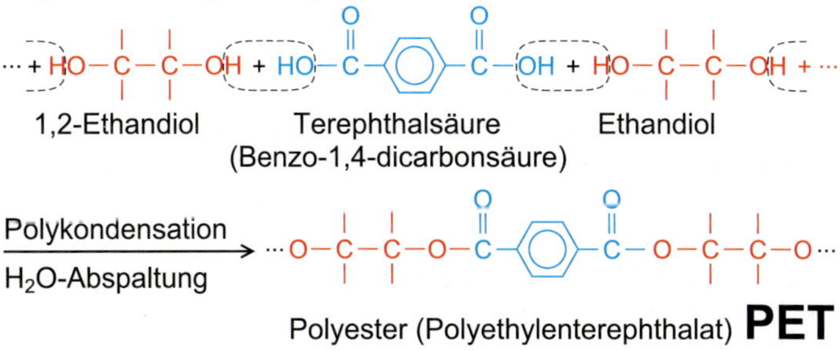

Rucksack aus Polyester

PET ist ein lineares Makromolekül. Lineare Polykondensate bilden sich, wenn die Monomere nur über zwei funktionelle Gruppen verfügen, über die sie sich verbinden. Besitzen die Ausgangsmonomere jedoch mehr als zwei reaktionsfreudige Gruppen, entstehen räumlich vernetzte Makromoleküle (Duroplaste).

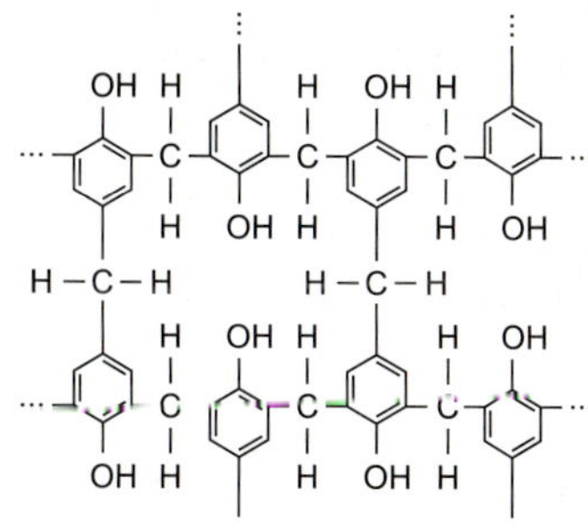

Phenoplast, räumlich vernetztes Polykondensat

13.2.3 Polyaddition

Bei der Polyaddition verbinden sich verschiedenartige Monomermoleküle, die mindestens zwei funktionelle Gruppen aufweisen, miteinander. Im Gegensatz zur Polykondensation kommt es bei der Polyaddition nicht zur Abspaltung niedrigmolekularer Verbindungen, sondern zur Übertragung von Wasserstoffatomen von der einen Monomerart zur anderen.

Beispiel: Herstellung von Polyurethan (PU)

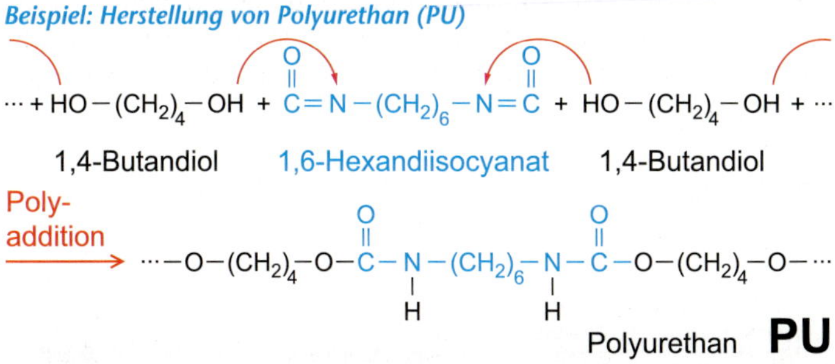

Bei einer Polyaddition von **Di**olen und **Di**isocyanaten entstehen lineare PU-Makromoleküle. Werden jedoch **Poly**ole mit **Tri**isocyanaten umgesetzt, bildet sich räumlich vernetztes PU.

▸ Um die Materialeigenschaften eines Kunststoffes präzise einzustellen, werden ihm während des Herstellungsprozesses Additive zugesetzt wie z.B.:
- Weichmacher
- Stabilisatoren
- Farbmittel
- Füllstoffe
- Verstärkungsstoffe

▸ Beim Einsatz von Additiven können gesundheitliche Einschränkungen nicht völlig ausgeschlossen werden. Insbesondere die Wechselwirkungen zwischen verschiedenen Additiven sind noch nicht vollständig erforscht.

13.3 Einteilung der Kunststoffe

Die technologische Einteilung der Kunststoffe erfolgt nach ihren Eigenschaften. Insbesondere nach ihrem thermischen Verhalten werden die Kunststoffe eingeteilt in: **Thermoplaste**, **Duroplaste** und **Elastomere**.

Schwämme aus Polyurethan

13.3.1 Thermoplaste

▸ Der größte Teil der produzierten Kunststoffe sind Thermoplaste. Sie können sowohl durch Polymerisation, durch Polykondensation als auch durch Polyaddition hergestellt werden.

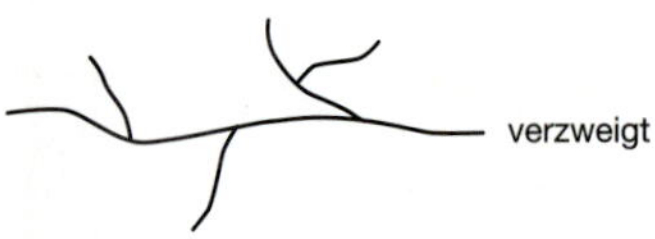

Makromolekülstrukturen in Thermoplasten

▸ Die Umformbarkeit von Thermoplasten ist reversibel, d. h., sie können immer wieder erwärmt und in neue Formen gebracht werden. Thermoplastische Kunststoffe sind auch schweißbar.

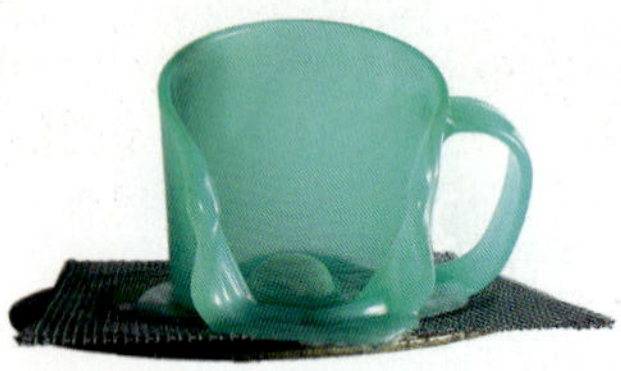

Zerfließen von Thermoplasten bei Erwärmung

Bei Thermoplasten handelt es sich um linear kettenförmige oder wenig verzweigte Makromoleküle. Zwischen den Molekülketten wirken nur zwischenmolekulare Anziehungskräfte (s. Kap. 3.6); sie sind nicht miteinander vernetzt. Bei Zufuhr von Wärme können die Makromolekülketten deshalb leicht gegeneinander verschoben werden. Daraus resultiert das charakteristische thermische Verhalten thermoplastischer Kunststoffe: Bei stetiger Erwärmung werden sie zunächst weich und zerfließen schließlich. In diesem Zustand sind Thermoplaste **umformbar**. Erhitzt man sie jedoch zu stark, zersetzen sie sich.

Die Festigkeit eines thermoplastischen Werkstoffs ist abhängig von seiner inneren Struktur. Liegen die Molekülketten völlig ungeordnet vor, so spricht man von einer **amorphen inneren Struktur**. Eine teilweise parallele Anordnung nennt man **teilkristallin**. Da bei einer parallelen Anordnung die zwischen den Kettenmolekülen wirkenden zwischenmolekularen Kräfte stärker sind, weisen teilkristalline Thermoplaste eine höhere Festigkeit auf.

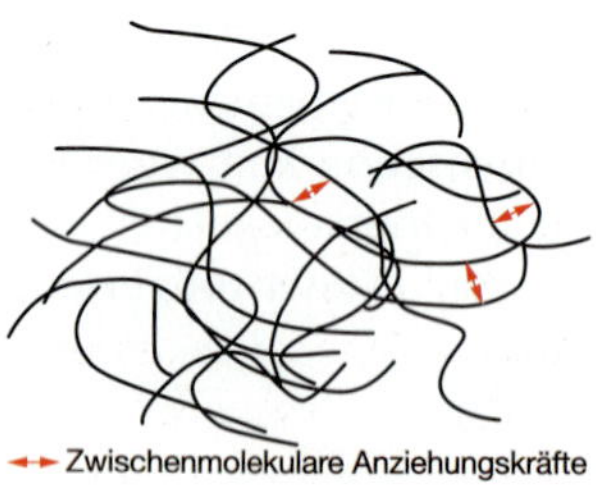

Amorphe innere Struktur

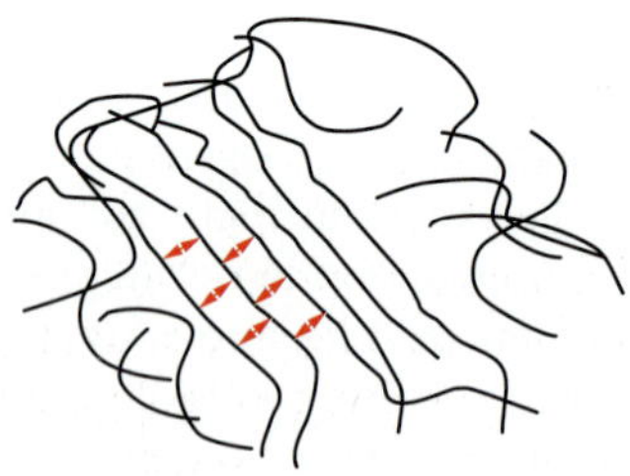

Teilkristalline innere Struktur

13.3.2 Duroplaste

In duroplastischen Kunststoffen sind die Makromoleküle über chemische Bindungen eng miteinander vernetzt. Sie sind deshalb deutlich härter und spröder als Thermoplaste. Erwärmt man Duroplaste, zersetzen sie sich. Sie sind **nicht verformbar**.

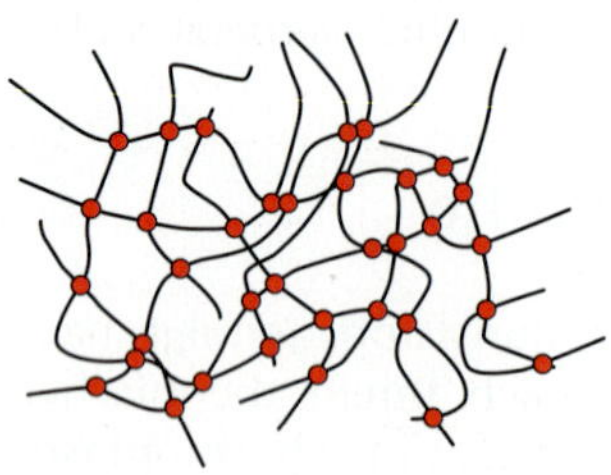

Innere Struktur von Duroplasten

Schutzhelm aus Duroplast

13.3.3 Elastomere

Elastomere zeigen ein gummielastisches Verhalten. Sie können um mehrere hundert bis tausend Prozent ihrer ursprünglichen Länge gedehnt werden und federn bei Entlastung in den Urzustand zurück. Begründet liegt dieses Verhalten in der inneren Struktur der Elastomere. Sie bauen sich aus weitmaschig quervernetzten Makromolekülen auf. Das bekannteste Elastomer ist Kautschuk – fadenförmig amorph verknäulte Makromoleküle. Ein häufig eingesetzter synthetischer Kautschuk ist Styrol-Butadien-Gummi SBR, ein Copolymerisat aus Butadien und Styrol.

▸ Elastomere werden auch als **Elaste** oder allgemein als **Gummi** bezeichnet wobei der Begriff Gummi eigentlich nur Kautschuk und kautschukähnlichen Verbindungen vorbehalten ist.

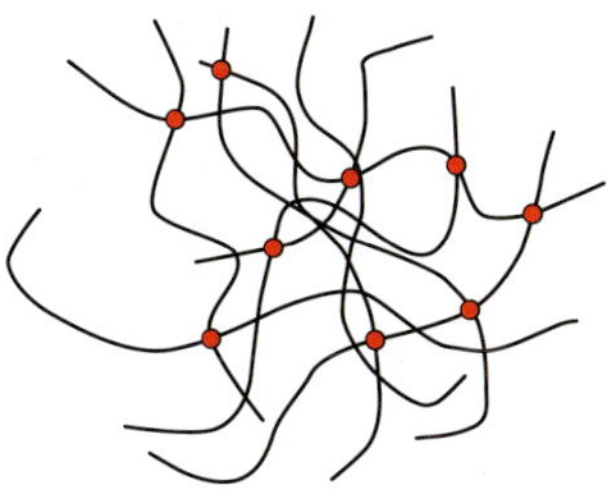

Innere Struktur eines Elastomers

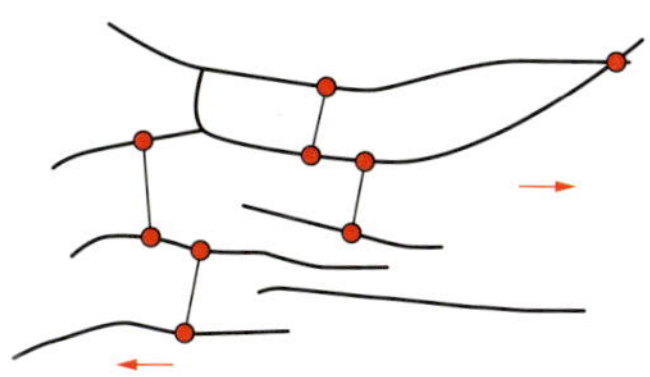

Gedehntes Elastomer

Schutzanzug aus Butylgummi

Gewinnung von Naturkautschuk

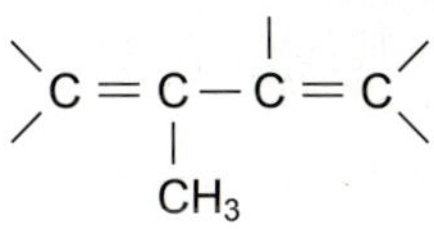

2-Methyl-1,3-butadien, Isopren

Während des Herstellungsprozesses werden die Kautschukmolekülketten durch die Zugabe von Schwefel bzw. schwefelhaltigen Verbindungen weiträumig miteinander vernetzt. Dieses chemisch-technische Verfahren nennt man Vulkanisieren. Dabei werden durch den zugesetzten Schwefel C-C-Doppelbindungen in den Ausgangsmolekülen aufgebrochen und diese dann über S-S-Brücken miteinander verbunden. Je mehr Schwefel zugegeben wird, desto härter wird der Gummi. 0,25 % bis 5 % zugesetzter Schwefel ergeben Weichgummi, 20 % bis 50 % Hartgummi.

Elastomere sind nicht schmelzbar, nicht schweißbar und nach dem Vulkanisieren nicht mehr umformbar.

Natürlicher Kautschuk ist ein fadenförmiges Polymer des Isoprens (2-Methyl-1,3-butadien). Er wird aus tropischen Gummibäumen gewonnen. Naturkautschuk ist strapazierfähiger als die meisten synthetischen Varianten, zeigt jedoch eine beschleunigte Alterung bei Einfluss von UV- bzw. Sonnenlicht.

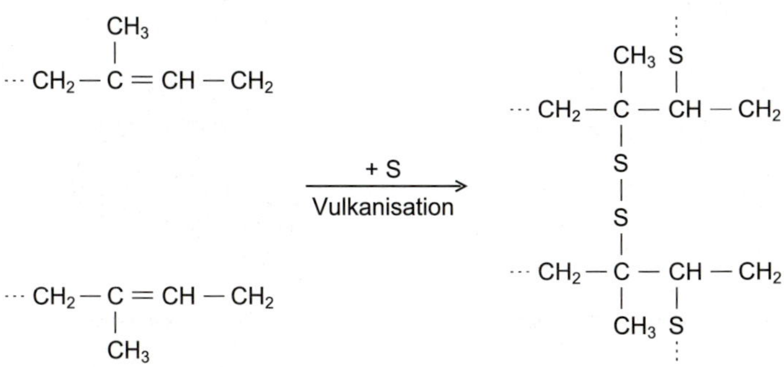

Grundeinheit des Kautschuk-Polymers

Vernetzung der Moleküle über Schwefelbrücken

▸ **Silikone** sind wasserabweisend, elektrisch isolierend sowie witterungs-, alterungs- und temperaturbeständig von −90 °C bis +200 °C.

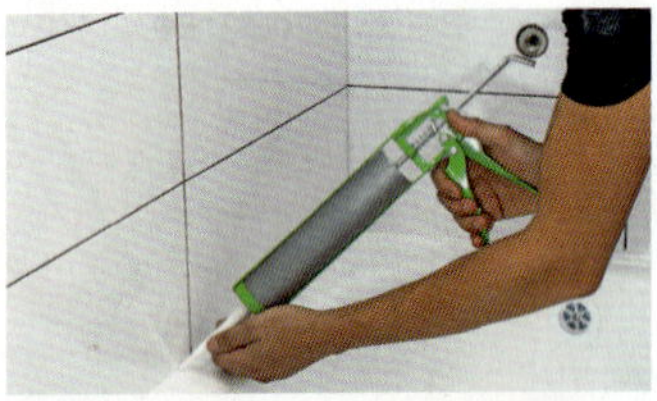

Sanitärsilikon

Backform aus Silikon

13.4 Silikone

Silikone unterscheiden sich in ihrem Aufbau grundsätzlich von herkömmlichen Kunststoffen. Das Grundgerüst bilden hier Siliciumatome, die jeweils über ein Sauerstoffatom miteinander verbunden sind. Freie Bindungskapazitäten des Siliciums sind durch organische Gruppen (häufig Methylgruppen) abgesättigt. Die Makromoleküle können eine fadenförmige oder eine vernetzte Struktur aufweisen. Die Viskosität der Silikone ist abhängig von der Größe der Moleküle und dem Vernetzungsgrad. So ergeben fadenförmige, unvernetzte Makromoleküle Silikon öl, schwach vernetzte Moleküle gummielastischen Silikonkautschuk und stark vernetzte Moleküle Silikonharz.

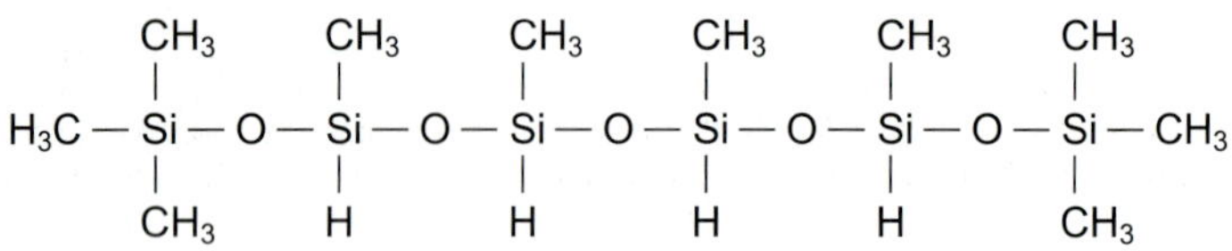

Silikonöl, unvernetzte fadenförmige Struktur

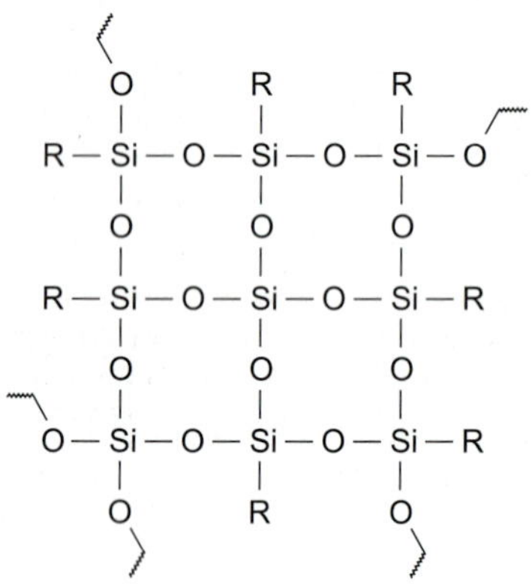

Silikonharz, vernetzte Struktur, R = CH_3, OH oder H

13.5 Wichtige Kunststoffe

Name, Abkürzung	Handelsnamen	Monomere	Herstellungsverfahren	Eigenschaften	Verwendung
wichtige Thermoplaste					
Polyethylen, PE	Lupolen, Hostalen, Vestolen A, Supralen	Ethen (Ethylen)	Polymerisation	durchscheinend bis milchig weiß, einfärbbar, chemikalienbeständig, geringe Dichte	Kannen, Eimer, Flaschen, Kanister, Schläuche, Folien
Polyamid, PA	Nylon, Perlon, Ultramid, Vestamid	Carbonsäure und Amin	Polykondensation	milchig weißer Kunststoff mit glatter Oberfläche, hohe Verschleiß- und Abriebfestigkeit, hohe Härte und Zähigkeit, beständig gegen Kraftstoffe und Öle, verspinnbar	Zahnräder, Lagerschalen, Gleitelemente, Kraftstofftanks, Schutzhelme; Nylon und Perlon sind PA-Fasern für Textilien, Angelschnüre, Seile, Reißverschlüsse

Name, Abkürzung	Handels-namen	Monomere	Herstellungs-verfahren	Eigenschaften	Verwendung
wichtige Thermoplaste					
Polyvinylchlorid, PVC	Hostalit, Vinoflex, Vinidur, Vestolit	Chlorethen (Vinylchlorid)	Polymerisation	zäh, beständig gegen die meisten Chemikalien, Hart-PVC: hart, Weich-PVC: durch die Zugabe von Weichmachern weicher	Fußbodenbeläge, Kunstleder, Gehäuse, Lebensmittelbehälter, Abwasserrohre, Folien
Polypropylen, PP	Hostalen PP, Trespaphan, Vestolen P, Luparen	Propen (Propylen)	Polymerisation	ähnliche Eigenschaften wie PE, aber härter und hitzebeständiger; formstabile, glatte Oberfläche	Abwasserrohre, Gehäuse elektrischer Haushaltsgeräte, Folien, Schüsseln, Wannen, Behälter
Polystyrol, PS	Hostyren, Luran, Styropor	Phenylethen (Styrol)	Polymerisation	hart, spröde; glatte, glänzende Oberfläche; chemikalienbeständig mit Ausnahme von organischen Lösungsmitteln, aufschäumbar	Haushaltsartikel, Haushaltsgeräte, Abdeckplatten, Polystyrolschaum als Dämmmaterial
Polytetrafluorethylen, PTFE	Hostaflon TF, Teflon	Tetrafluorethen (Tetrafluorethylen)	Polymerisation	temperaturbeständig von –150 °C bis 280 °C, abriebfest, sehr chemikalienbeständig	wärmebeständige Beschichtungen, Dichtungen, wartungsfreie Lager
Polyacrylnitril, PAN	Dralon, Acrilan, Orlon	Acrylnitril	Polymerisation	verspinnbar zu wollähnlichen Fasern, hohe Reißfestigkeit und Dehnung	Kunstfaser für Kleidung, Strümpfe, Zelte, Flaggen, Fischernetze
Polycarbonat, PC	Macrolon	Bisphenol, Phosgen	Polykondensation	klare, glänzende Oberfläche, hohe Festigkeit und Schlagzähigkeit, witterungsbeständig	bruch- und splitterfeste Scheiben in Türen, Duschkabinen u. Ä., Armaturen, Geländer, Werkzeuggriffe
Polymethylacrylsäuremethylester, PMMA	Acrylglas, Plexiglas	Methylacrylsäuremethylester	Polymerisation	glasklare lichtdurchlässige glänzende Oberfläche, hohe Bruchfestigkeit, witterungsbeständig	Sicherheitsglas, Schutzbrillen, Verglasungen, Gehäuse, Haushaltswaren, Leuchten
Polyethylenterephthalat, PET	Polyester, Fleece, Polyguard, Vestan, Trevira	1,2-Ethandiol, Terephthalsäure	Polykondensation	hohe Bruch- und Formbeständigkeit	Kunststoffflaschen, Folien, Textilfasern
Acrylnitril-Butadien-Styrol-Copolymere, ABS	Novodur, Terulan, Lustran	Acrylnitril, Butadien, Styrol	Polymerisation	hohe Zähfestigkeit, hohe Oberflächenhärte, chemikalienbeständig	Automobilteile, Spielzeug, Sturzhelme, Gehäuse, Getränkekisten
Polyurethane, PU	Kunstharz, Vulkollan, Elastollan, Lycra-Fasern	Alkandiol, Diisocyanat	Polyaddition	gute Klebefähigkeit; je nach Vernetzungsgrad hart, weich elastisch; chemikalienbeständig, schäumbar, verspinnbar	Matratzen, Schuhsohlen, Dichtungen, Schläuche, Fußböden, Lacke, Klebstoffe, Dichtstoffe, Autositze, Schaumstoff
Phenoplaste, PF	Bakelit	Phenol, Formaldehyd	Polykondensation	hart, sehr bruchfest, hohe thermische und chemische Beständigkeit	mit Füllstoffen (Holzmehl, Ruß, Grafit): Kunstgießharz, Bindemittel für Holz, Papier, Lacke, Elektroteile, Wandverkleidungen
Aminoplaste, HF	Resopal, Meladur, Iporka	Harnstoff, Formaldehyd	Polykondensation	hart und bruchfest, lichtecht, geruch- und farblos, nicht brennbar	Klebstoff für Holzwerkstoffe (Spanplatten), Isoliermaterial, Haushaltsartikel, Verpackungsmaterial, Karosserieteile, Tischtennisplatten

Name, Abkürzung	Handelsnamen	Monomere	Herstellungsverfahren	Eigenschaften	Verwendung
wichtige Duroplaste					
Epoxidharz, EP	Araldit, Uhu Plus	Epichlorhydrin, Bisphenol	Polykondensation (Vorprodukt) Polyaddition (Vernetzung, Aushärtung)	gute Klebefähigkeit, gut vergießbar, hart, schlagzäh, abriebfest, korrosions- und chemikalienbeständig	Gieß- und Klebeharz, Metall- und Betonkleber, glasfaserverstärkt für Boote und Karosserien, Lackrohstoff
ungesättigte Polyesterharze, UP	Vestopal, Ultradur, Palatal, Leguval	Ethandicarbonsäure, Ethandiol	Polykondensation	vergießbar, verspinnbar, glasklare glänzende Oberfläche, hervorragende mechanische Eigenschaften durch Verstärken mit Glasfasern, hohe Klebefähigkeit	faserverstärkte Kunststoffe, Gieß-, Klebe- und Lackharz, Spachtelmassen, Bootskörper
wichtige Elastomere					
Styrol-Butadien-Gummi, SBR		Butadien, Styrol	Copolymerisation	höhere Abriebfestigkeit, bessere Hitze- und Altersbeständigkeit, aber geringere Elastizität als Naturkautschuk	Reifen, Dichtungen, Transportbänder, Dichtungen, Membranen
Acrylnitril-Butadien-Gummi, NBR	Buna-N, Perbunan	Acrylnitril, Butadien	Copolymerisation	beständig gegen Kohlenwasserstoffe, Kraftstoffe und Mineralöle, geringer Abrieb, alterungsbeständig	Dichtungen, Schläuche, Gummihandschuhe, Gummifäden
Butylgummi, IIR		Isobuten, Isopren	Copolymerisation	nahezu luft- und gasundurchlässig, sehr gute Witterungsbeständigkeit, elektrisch isolierend	Fahrrad- und Autoschläuche, Dichtungen, gasdichte Membranen

Auswahl wichtiger Kunststoffe

Übungsaufgaben

1. *Vergleichen Sie die Eigenschaften von Kunststoffen und metallischen Werkstoffen.*
2. *Welche ökologischen Aspekte sind bei der Verwendung von Kunststoffen zu bedenken?*
3. *Durch welche Verfahren werden monomere Kleinmoleküle zu Makromolekülen verknüpft? Nennen Sie je ein Beispiel.*
4. *Welche Voraussetzungen müssen bei den einzelnen Verfahren erfüllt sein?*
5. *Beschreiben Sie die Herstellung von Polyethylen (PE).*
6. *Was versteht man unter Copolymerisation?*
7. *Vergleichen und begründen Sie das thermische Verhalten von Thermoplasten, Duroplasten und Elastomeren.*
8. *Nennen Sie Beispiele für Themoplaste, Duroplaste und Elastomere.*
9. *Elastomere sind gummielastisch. Was versteht man darunter?*
10. *Was passiert beim Vulkanisieren von Kautschuken?*
11. *Beschreiben Sie die Herstellung und die besonderen Eigenschaften von Polytetrafluorethylen.*
12. *Woraus besteht Butylgummi und wofür wird es verwendet?*
13. *Skizzieren Sie die Grundstruktur von Silikonen.*

14 Erdöl und Erdgas

Das Erdöl ist in unserer heutigen Zeit der wichtigste Rohstoff der Industriegesellschaften. Es ist, wie auch Kohle und Erdgas, ein **fossiler Energieträger**. Diese Energieträger sind teilweise vor über 300 Millionen Jahren aus pflanzlichen bzw. tierischen Lebewesen entstanden.

fossil (von lat. Fossa: Grab)
= Rest eines Lebewesens der erdgeschichtlichen Vergangenheit

Erdöl wird eingesetzt zur Erzeugung von Elektrizität und Wärme sowie als Treibstoff für fast alle Verkehrs- und Transportmittel. Nur ein geringer Teil wird in der chemischen Industrie zur Herstellung von Kunststoffen, Chemieprodukten und Arzneimitteln verwendet.

14.1 Rohöl

Erdöl ist ein in der Natur vorkommendes Gemisch aus sehr vielen verschiedenen Kohlenwasserstoffen. Die Kohlenwasserstoffe sind hauptsächlich gesättigt und enthalten bis zu 2 % schwefel- und stickstoffhaltige Verbindungen. Frisch gefördertes Erdöl (Rohöl) besitzt je nach Fundort eine schwarzbraune Farbe und ist eine leicht bewegliche Flüssigkeit, die gelöstes Gas, Wasser und Mineralstoffe enthält. Es riecht unangenehm (Benzin) und ist leicht entflammbar. Je nach Fundort werden drei verschiedene Arten von Rohöl unterschieden:

Verschiedenfarbige Rohöle

1. **Paraffinbasisches Rohöl** setzt sich überwiegend aus geraden und verzweigten Kohlenwasserstoffen zusammen.

basisch (hier von Basis)
= Grundlage

2. **Naphtenbasisches Rohöl** besteht zum großen Teil aus gesättigten ringförmigen Kohlenwasserstoffen.

3. **Gemischtbasische Rohöle** kommen am häufigsten vor.

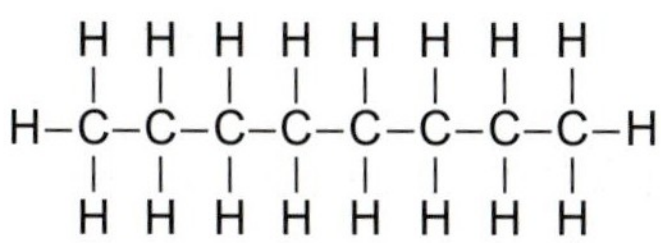

Octan

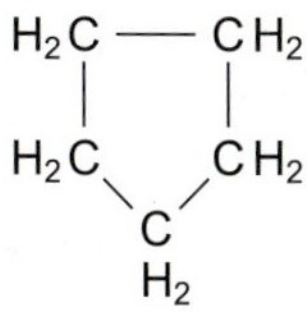

Cyclopentan

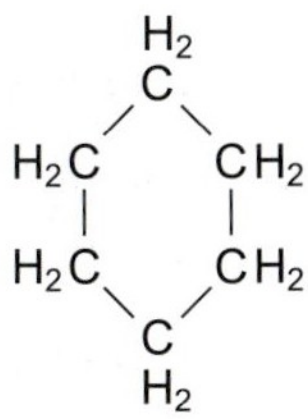

Cyclohexan

▸ Cyclopentan und Cyclohexan sind Naphtene.

Die naphtenbasischen Rohöle enthalten einen höheren Anteil an aromatischen Kohlenwasserstoffen (s. Kap. 7.4.1).

Entstehung und Förderung

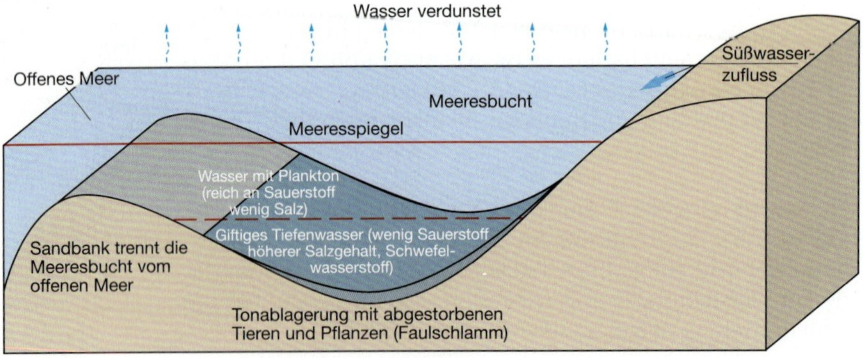

Entstehung von Erdöl und Erdgas

Es wird heute angenommen, dass sich das Erdöl in vom offenen Meer abgeschlossenen Meeresbuchten und küstennahen Gewässern aus abgestorbenen Meeresorganismen bildete. Diese sanken zusammen mit mineralischen Bestandteilen zu Boden. Unter Sauerstoffabschluss bildete sich unter dem Einfluss von Bakterien ein Faulschlamm, der sich zersetzte und von Meeresablagerungen überdeckt wurde. Durch Druck und Temperatur entstanden allmählich die Bestandteile des Erdöls und des Erdgases und der Schlamm verfestigte sich zu einem porösen Gestein. Diese Lagerstätten sind alle mit einer für Öl und Gas undurchlässigen Gesteinsschicht bedeckt. Unter dieser Schicht sammelt sich ein Teil der gasförmigen Bestandteile des Erdöls und es entsteht eine Gaskappe.

Da sich das Erdöl in den Lagerstätten unter hohem Druck befindet, genügt es häufig, diese anzubohren. Das durch Sand und Wasser verunreinigte Rohöl steigt dann an die Erdoberfläche. Fällt der Druck ab, so wird es nach oben gepumpt bzw. Wasser oder Gas (Gaslift) eingepresst. Mit diesen Verfahren lassen sich die Lagerstätten bis zu ca. 30 % ausbeuten. Heute wird versucht, durch Einpressen von Heißdampf oder geeigneten Chemikalien die Ausbeuten zu steigern.

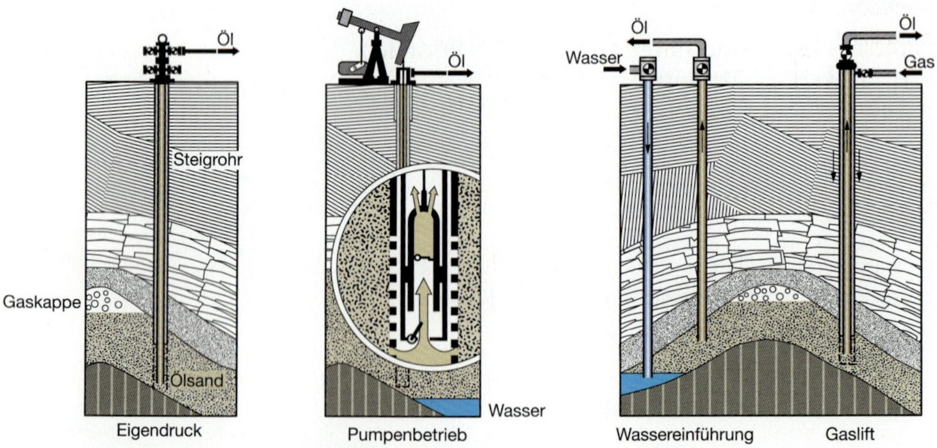

Erdölförderung

Nach der Förderung erfolgt eine Trennung von Wasser, Salz und Sand sowie von Erdöl und Erdgas. Dieses sogenannte **reine Rohöl** wird per Schiff oder Pipeline den Raffinerien zugeführt.

Raffinerie = Veredelungsbetrieb (Zucker, Erdöl)

14.2 Erdölverarbeitung

Die Aufarbeitung des Rohöls erfolgt in einer Raffinerie in zahlreichen Stufen. Ziel ist es, schwefelfreie Gemische von Kohlenwasserstoffen bestimmter physikalischer und chemischer Eigenschaften zu gewinnen. Unter Berücksichtigung der Marktlage kann dabei der Schwerpunkt auf unterschiedliche Produkte gelegt werden. Hauptprodukte sind: Benzin, Dieselkraftstoff, Flugkraftstoff, Heizöl, Schmieröl und Bitumen für den Straßenbau.

Erdölraffinerie

Fraktionierte Destillation

Das wichtigste Trennverfahren für das Rohöl ist die **fraktionierte Destillation** oder **Rektifikation**.

Rektifikation = wiederholte fraktionierte Destillation

Damit alle Stoffe verdampfen, wird das Rohöl auf ca. 350 °C erhitzt und in den unteren Teil der bis zu 50 m hohen Destillationskolonnen eingespritzt. In der Destillationskolonne nimmt die Temperatur von oben nach unten ab. Sie enthält Glockenböden, die einen ständigen Kontakt zwischen Flüssigkeit und Gas ermöglichen. Der Wärmeaustausch zwischen Gas und Flüssigkeit wird dadurch erhöht und damit auch die Trennung in die Bestandteile des Rohöls. Die gasförmigen Bestandteile steigen in der Kolonne auf, kondensieren auf den Glockenböden, werden durch aufsteigende gasförmige Bestandteile wieder verdampft oder fließen auf einem Boden darunter wieder zurück. Auf jedem Boden werden also Kohlenwasserstoffe kondensiert und verdampft. Eine gewisse Zeit nach dem Anfahren der Kolonne stellt sich ein Gleichgewicht ein: Es reichern sich die Kohlenwasserstoffe entsprechend ihrer Siedetemperatur (Fraktionen) auf den einzelnen Böden der Kolonne an und werden entnommen.

Destillationsanlage

Bei dieser **Destillation unter Normaldruck** entweicht das Gas oben aus der Destillationskolonne, seitlich werden Rohbenzin, Kerosin und Gasöl abgezogen. Diese Fraktionen werden durch folgende Destillationen noch weiter aufgetrennt.

Der **Destillationsrückstand wird unter Vakuum** ebenfalls fraktioniert destilliert. Unter Vakuum wird gearbeitet, weil die Siedetemperaturen dadurch gesenkt werden und es nicht zum thermischen Zerfall von Molekülen kommt. Als Fraktionen werden erhalten: Spindelöl, Maschinenöl und Motorenöl. Der undestillierbare Rückstand besteht überwiegend aus Bitumen.

Die bei der fraktionierten Destillation anfallenden Fraktionen werden zum Teil noch einmal destilliert und aufgearbeitet.

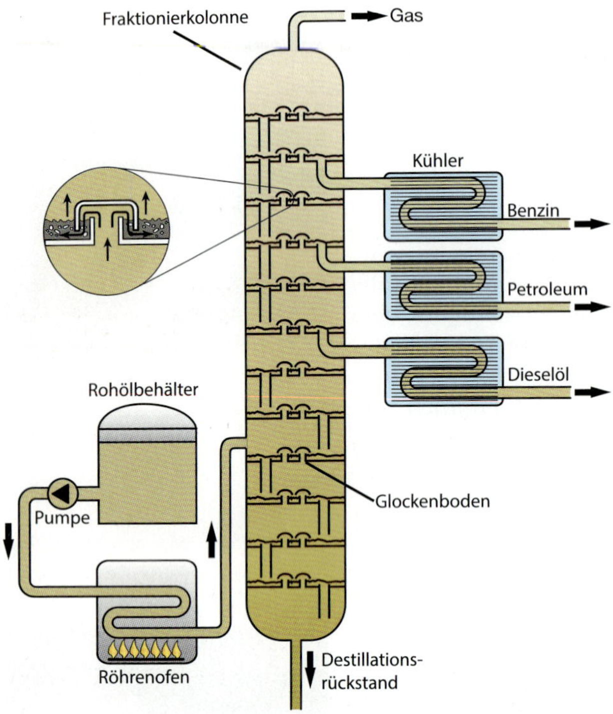

Die Destillation des Rohöls unter Normaldruck

Druck	Fraktion	Siedebereich in °C	Verwendung
Normaldruck	Gas	<20	Heizgas Flüssiggas
Normaldruck	Leichtbenzin	20–80	Lösungsmittel
Normaldruck	Schwerbenzin	80–175	Vergaserkraftstoff
Normaldruck	Petroleum	175–260	Turbinenkraftstoff (Kerosin)
Normaldruck	Heizöl Dieselöl	220–320	Dieselkraftstoff
Normaldruck	leichtes Gasöl	250–350	Heizöl
Normaldruck	Rückstand schweres Gasöl	>350	
Vakuum	Spindelöl Maschinenöl Zylinderöl	400–500	Spindelöl Motorenöl
Vakuum	Vakuumrückstand	>500	Bitumen

Fraktionen des Mineralöles

Entschwefelung

Durch die Entstehung des Erdöls aus Organismen sind in den höher siedenden Destillaten Schwefelverbindungen vorhanden. Bei der Verbrennung entsteht das für die Umwelt schädliche Schwefeldioxid (SO_2). Durch Auflagen wurde die Mineralölindustrie verpflichtet, den Schwefelanteil in allen Produkten zu senken. Dabei werden die Fraktionen mithilfe eines Katalysators bei einer Temperatur von 350 °C und einem Druck von 60 hPa mit Wasserstoff zur Reaktion gebracht und es entsteht das giftige Schwefelwasserstoffgas H_2S.

Beispielreaktion:

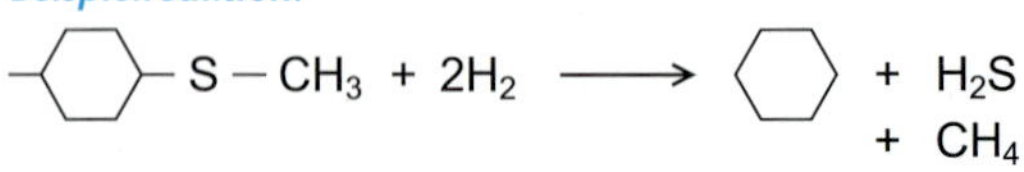

Claus-Anlage

Der Schwefelwasserstoff wird durch Oxidation in zwei Schritten (Claus-Verfahren) in elementaren Schwefel überführt und in weiterverarbeitenden Industrien überwiegend zu Schwefelsäure verarbeitet. Dabei decken die Raffinerien einen hohen Anteil am Weltbedarf an Schwefel ab.

Reaktionen des Claus-Verfahrens:

$$2\,H_2S + 3\,O_2 \rightarrow 2\,SO_2 + 2\,H_2O$$
$$SO_2 + 2\,H_2S \rightarrow 3\,S + 2\,H_2O$$

Höhersiedende Fraktionen (Heizöl) können aus technischen Gründen nicht so gut entschwefelt werden wie die leichter siedenden (Benzin, Diesel). Daher wird bei der großtechnischen Verbrennung dieser Produkte das Abgas einer Rauchgasreinigung unterzogen (s. Kap. 9.3)

Cracken

to crack (engl.) = zerbrechen

Cracken = Aufspaltung von langkettigen in kurzkettige Kohlenwasserstoffe.

Für die Herstellung von Vergaserkraftstoffen werden niedrig siedende Kohlenwasserstoffe benötigt. Im Erdöl befinden sich davon nicht genügend, um den Markt ausreichend mit Benzin zu versorgen. Deshalb wird der im Erdöl vorhandene höhere Anteil an langkettigen Kohlenwasserstoffen durch Cracken in kleinere Moleküle umgewandelt. Neben der Erhöhung der Benzinproduktion dient das Cracken auch zur Gewinnung von Ausgangsstoffen für die Petrochemie.

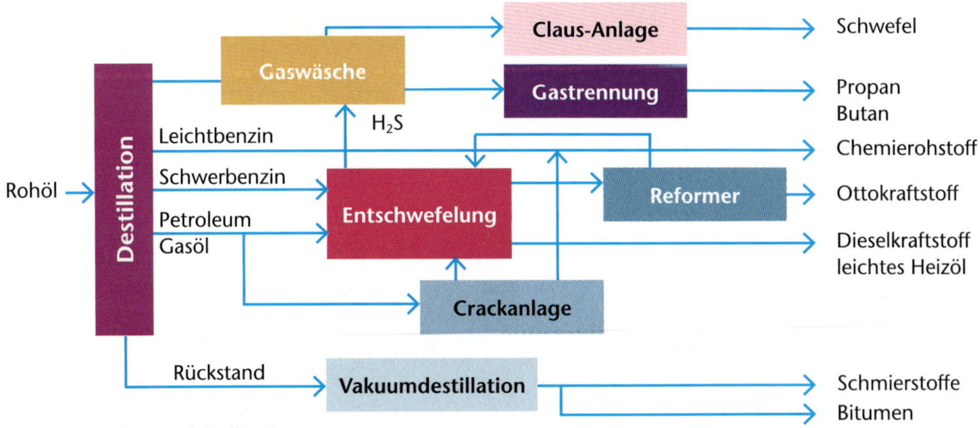

Fließschema einer Erdölraffinerie

Es wird unterschieden zwischen dem **thermischen und katalytischen Cracken.**

Beim **thermischen Cracken** wird bei Temperaturen bis 800 °C und Drücken von 20 bar gearbeitet. Dabei entstehen neben den kurzkettigen Kohlenwasserstoffen auch immer ungesättigte Kohlenwasserstoffe bzw. Wasserstoff. Es laufen zwei Primärreaktionen ab:

1. Reaktion

langkettiges Alkan	→	kürzerkettiges Alkan + Alken
$C_{12}H_{26}$	→	C_9H_{20} + C_3H_6
Dodekan	→	Nonan + Propen

Die kurzkettigen ungesättigten Kohlenwasserstoffe (Ethen, Propen, Butene) dienen als Ausgangsstoffe in der Petrochemie.

2. Reaktion

langkettiges Alkan	→	Alkadien + Wasserstoff
C_7H_{16}	→	$CH_2 = CH - CH_2 - CH_2 - CH_2 - CH = CH_2 + H_2$
n-Heptan	→	Heptadien-(1,6) + Wasserstoff

Als zweites Crackverfahren wird das **katalytische Cracken** eingesetzt. Hier sind Temperaturen von 400 bis 500 °C erforderlich. Es entstehen neben den ungesättigten Kohlenwasserstoffen auch verzweigte (Isomerisierung) und ringförmige aromatische Verbindungen (Cyclisierung), wie z. B. Benzol, Toluen, Xylene. Die isomeren und cyclischen Kohlenwasserstoffe verbessern die Qualität der aus der Destillation gewonnenen Benzinfraktion hinsichtlich der Klopffestigkeit.

Reformieren

Reformieren = Umwandlung von Normalalkanen und Cycloalkanen in verzweigte Alkane und Aromaten

Das Reformieren dient ebenfalls der Erhöhung der Klopffestigkeit von Vergaserkraftstoffen. Normalalkane werden im gasförmigen Zustand über einen Katalysator geleitet und es laufen dabei Isomerisierung, Cyclisierung und Dehydrierungen ab.

Beispiele:

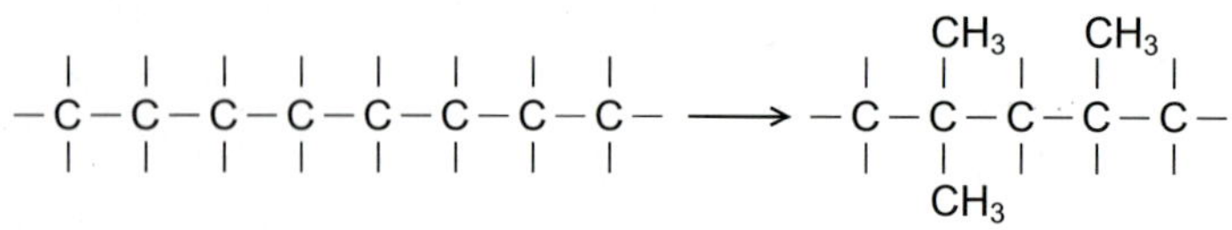

n-Octan 2,2,4-Trimethylpentan

Isomerisierung

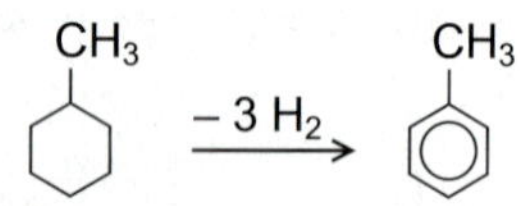

Methylcyclohexan Toluol

Dehydrierung (Aromatisierung)

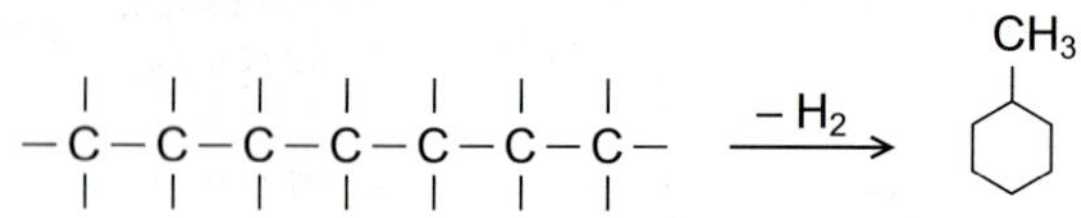

n-Heptan Methylcyclohexan

Cyclisierung

Benzin ist weltweit der am meisten eingesetzte Treibstoff, daneben wird es noch in geringeren Mengen als Lösemittel verwendet. Das Benzin-Luft-Gemisch soll im Ottomotor nicht beim Verdichten, sondern nur durch den Funken der Zündkerze gezündet werden. Das durch die Destillation erhaltene Benzin (Rohbenzin) erfüllt diese Anforderung nicht, es entzündet sich bereits vorher (Frühzündung) und neigt deshalb zum **Klopfen**. Der Motor läuft unruhiger, verschleißt früher durch die ungleichmäßige mechanische Belastung und verbraucht mehr Benzin. Für die Qualität eines Benzins ist deshalb die **Klopffestigkeit** eine wichtige Eigenschaft. Als **Maß für die Klopffestigkeit** wurde die **Oktanzahl (OZ)** eingeführt. Unverzweigte Kohlenwasserstoffe neigen stärker zum Klopfen als verzweigte oder ringförmige. **Dem n-Heptan wurde die Oktanzahl 0, dem Isooktan (2,2,4,-Trimethylpentan) die Oktanzahl 100 zugeordnet.**

Durch Vergleich eines Ottokraftstoffs in einem genormten Motor mit einem Gemisch aus n-Heptan und Isooktan kann die Oktanzahl bestimmt werden. So besitzt z. B. ein Benzin mit dem gleichen Klopfverhalten wie ein Gemisch aus 98 % Isooktan und 2 % n-Heptan die Oktanzahl 98.

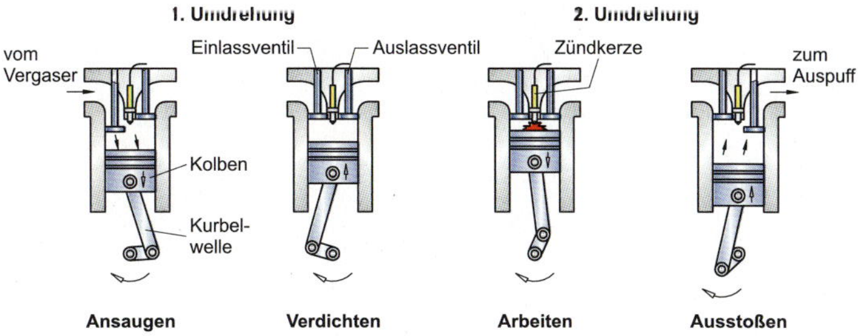

Funktionsweise eines Viertakt-Benzinmotors

Die Klopffestigkeit des Rohbenzins wird verbessert durch Zugabe von Benzin aus dem Crackverfahren, dem Reforming-Prozess und **Antiklopfmittel**.

Als Antiklopfmittel kommen infrage:

- **Alkohole:** Es wird Ethanol aus landwirtschaftlichen Produkten oder Methanol und Propanol aus petrochemischer Produktion verwendet.
- **Methyltertiärbuthylether (MTBE):** Es ist zurzeit der optimale Zusatz. Er wird in den Raffinerien aus Methanol und 2-Methylpropen gewonnen und bis zu 10 % zugesetzt.
- **Aromatische Verbindungen (Benzol, Toluen, Xylene):** Diese Verbindungen sind durch das katalytische Cracken im Benzin enthalten, dabei aber nicht in größeren Konzentrationen erwünscht. Sie sind teilweise krebserregend bzw. es entstehen durch unvollständige Verbrennung karzinogene Verbindungen (kondensierte Aromaten).
- **Bleitetraethyl ($Pb(C_2H_5)_4$):** Es hat sehr gute Eigenschaften als Antiklopfmittel, wird aber aufgrund seiner eigenen und der Giftigkeit der Verbrennungsprodukte nicht mehr eingesetzt. Außerdem zerstört es die Abgaskatalysatoren.

Dieselöl stammt, wie auch das **extra leichte Heizöl**, aus der Mitteldestillatfraktion. Die Verwendung von extra leichtem Heizöl, das steuerlich begünstigt ist, ist als Treibstoff verboten. Es wird daher auch rot gefärbt.

Dieselöl wird als Treibstoff für Lastwagen und Personenkraftwagen eingesetzt. Dieselmotoren zeichnen sich durch einen höheren Wirkungsgrad gegenüber den Ottomotoren und damit durch einen geringeren Verbrauch aus. Der Dieselmotor saugt reine Luft an, die stark verdichtet und erwärmt wird. An der obersten Position des Kolbens wird Diesel eingespritzt und entzündet sich von selbst. Um die Zündeigenschaften des Dieselöl-Luftgemischs zu verbessern, werden dem Dieselöl Zusätze beigemischt. Da das Dieselöl aus Verbindungen besteht, die langkettiger als die der

▸ Im Ottomotor gilt:
Verdichtungsverhältnis: ca. 9 : 1
Temperatur: ca. 550 °C

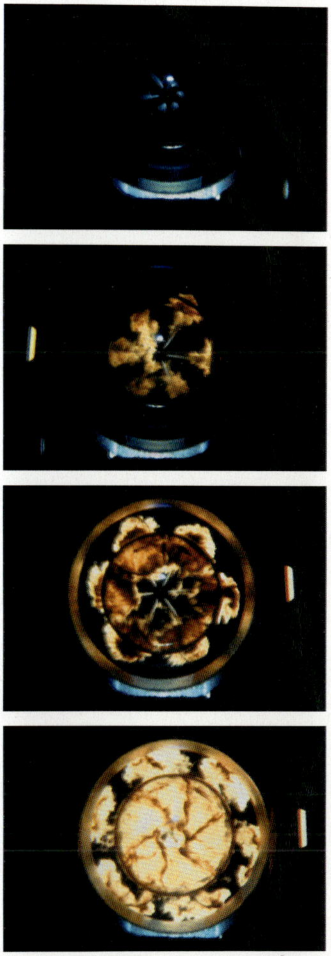
***Verbrennungsvorgänge im Zylinder:** Voreinspritzung, Selbstzündung, (Haupteinspritzbeginn), Entflammung der Haupteinspritzung, Verbrennung*

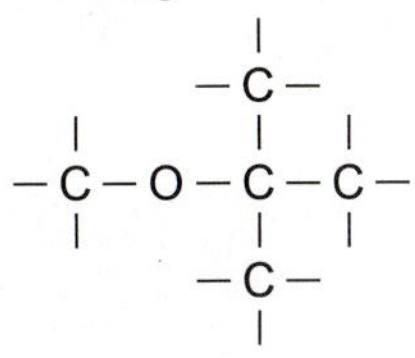
MTBE

Benzine sind, kann es im Winter zu Paraffinausscheidungen kommen. Die Raffinerien liefern deshalb eine Winter- und eine Sommerqualität. Die Winterqualität besteht aus Kohlenwasserstoffen, die etwas kurzkettiger sind, und es werden Zusätze hinzugegeben, welche die Paraffinausscheidungen verhindern.

▸ Im Dieselmotor gilt:
Verdichtungsverhältnis: ca. 22 : 1
Temperatur: 700 °C bis 900 °C

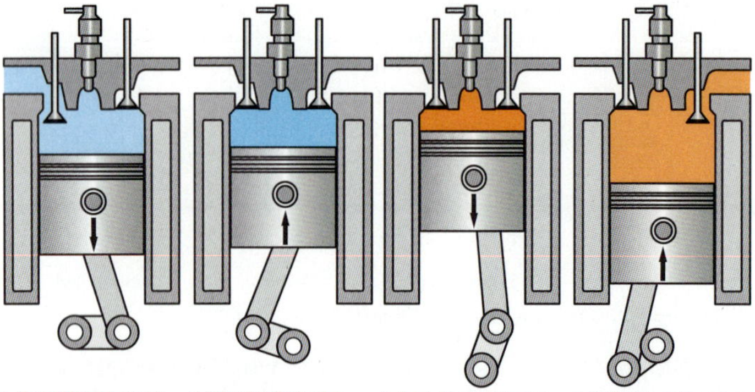

Funktionsweise eines Dieselmotors

14.3 Erdgas

▸ Entschwefeltes Erdgas ist geruchlos, deshalb wird es mit geruchsintensiven Stoffen in geringer Konzentration versetzt.

Erdgas wird häufig gemeinsam in Lagerstätten mit Erdöl gefunden, es gibt aber auch Lagerstätten ohne Erdöl. Das Erdgas kann leicht durch Bohrungen an die Oberfläche gebracht und in unterirdischen Hohlräumen (Salzkavernen) gelagert werden. Weiter ist es leicht zu verflüssigen und kann damit in Flüssiggastankern oder Flüssiggas-Tanklastwagen transportiert werden. Erdgas wird aber auch unter Druck in Rohren befördert und steht in Ballungsräumen vielen Verbrauchern zum Heizen zur Verfügung. Es hat in den letzten Jahrzehnten das Leuchtgas aus Kokereien, das aufgrund des Kohlenstoffmonoxidgehalts CO giftig ist, vollständig verdrängt. Das geförderte Erdgas wird getrocknet und von Hydrogensulfid H_2S sowie Kohlenstoffdioxid CO_2 befreit.

Erdgas ist ein ungiftiges, brennbares und in der Regel geruchloses Gas. Seine Zündtemperatur liegt bei 600 °C. Zur Erkennung von eventuell austretendem Gas wird es mit Duftstoffen versetzt. Es ist leichter als Luft und zur Verbrennung von 1 m^3 Erdgas werden rund 10 m^3 Luft benötigt.

Erdgas kommt in unterschiedlichen Zusammensetzungen vor und wird deshalb nach dem **Brennwert** in zwei Typen eingeteilt:

Erdgas Typ H: ca. 11,5 KWh/m^3
und
Erdgas Typ L: ca. 10 KWh/m^3

Erdgas H hat einen Methan-Gehalt von 87 bis 99 % Methan. Erdgas L enthält 80 bis 87 % Methan sowie größere Mengen an Stickstoff und Kohlenstoffdioxid.

- Erdgas H aus der Nordsee besteht aus ca. 89 % Methan, 8 % weiteren Alkanen (Ethan, Propan, Butan, Pentan) und 3 % Stickstoff.
- Erdgas H aus der GUS besteht aus ca. 98 % Methan, 1 % weiteren Alkanen (Ethan, Propan, Butan, Pentan) und 1 % Stickstoff.
- Erdgas L besteht aus ca. 85 % Methan, 4 % weiteren Alkanen (Ethan, Propan, Butan, Pentan) und 11 % Stickstoff.

Typ H: H von engl. **high** (=„hoch")
Typ L: L von engl. **low** (=„niedrig")

Neben der Verwendung zur Energieversorgung wird Erdgas auch als Ausgangsstoff in der chemischen Industrie eingesetzt. Es werden u.a. die drei Grundstoffe Methanol CH_3OH, Ethen C_2H_4 und Ethin C_2H_2 hergestellt. In den letzten Jahren wird Erdgas zunehmend auch als Treibstoff in Ottomotoren eingesetzt.

14.4 Erdöl und Erdgas als Energieträger und Rohstoff

Erdöl als Energieträger und Treibstoff

Die Reserven an Erdöl und Erdgas sind begrenzt. Ölfirmen investieren viel Kapital in das Aufspüren neuer Vorkommen. Doch das Aufsuchen und die Förderung von Erdgas und Erdöl erweisen sich zunehmend als schwieriger. Ungünstige geologische

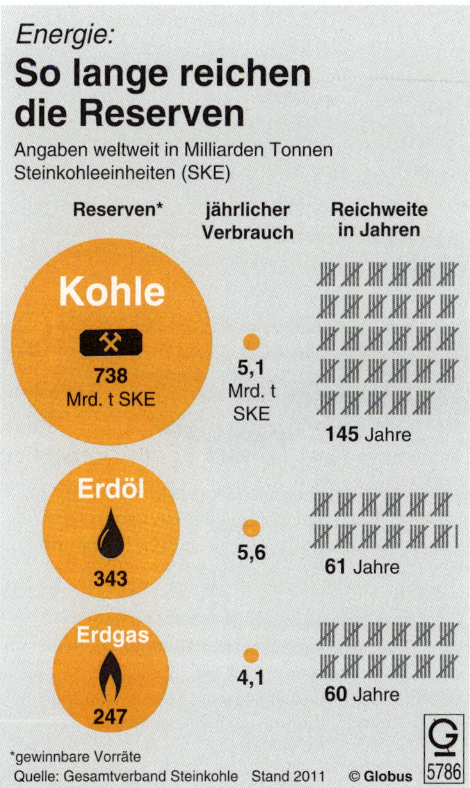

Kohle-, Erdöl- und Erdgasreserven

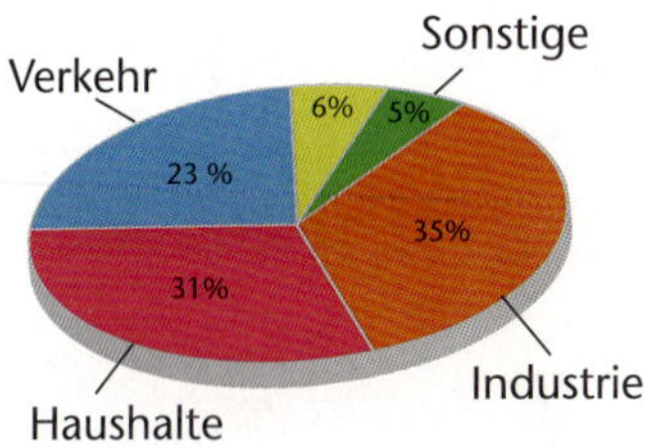

Verbrauch von Erdölprodukten

Ausmaß der Ölkatastrophe im Golf von Mexiko am 24. Mai 2010

Verhältnisse, wie u.a. Vorkommen in sehr großen Tiefen, unter dem Meeresboden, im andauernd gefrorenen Boden oder gebunden im Schiefer, erschweren zunehmend die Förderung. Die Ölkatastrophe im Golf von Mexiko (Frühjahr 2010) hat gezeigt, dass auch noch so komplizierte und hochwertige Technik nicht ausreicht, um ohne Risiko an die letzten Ölreserven zu gelangen. In diesem Fall sind über Monate täglich bis zu 9 Millionen Liter Öl in das Meer gelangt. Den Förderfirmen werden höhere Sicherheitsauflagen auferlegt und damit steigt der Preis des Rohöls.

In den letzten Jahren ist eine neue Fördertechnologie **Hydraulic Fracturing (kurz: Fracking)** für Öl- und Gasvorkommen, die fest im Gestein eingeschlossen sind, entwickelt worden. Diese Technologie

Erdgasgewinnung durch Fracking

Das umstrittene Fracking wird zur Gewinnung von Erdgas aus Gesteinsporen eingesetzt. In Deutschland wird das Gas in unkonventionellen Lagerstätten vor allem in Nordrhein-Westfalen, Niedersachsen, Nord-Hessen und dem Oberrheingraben vermutet.

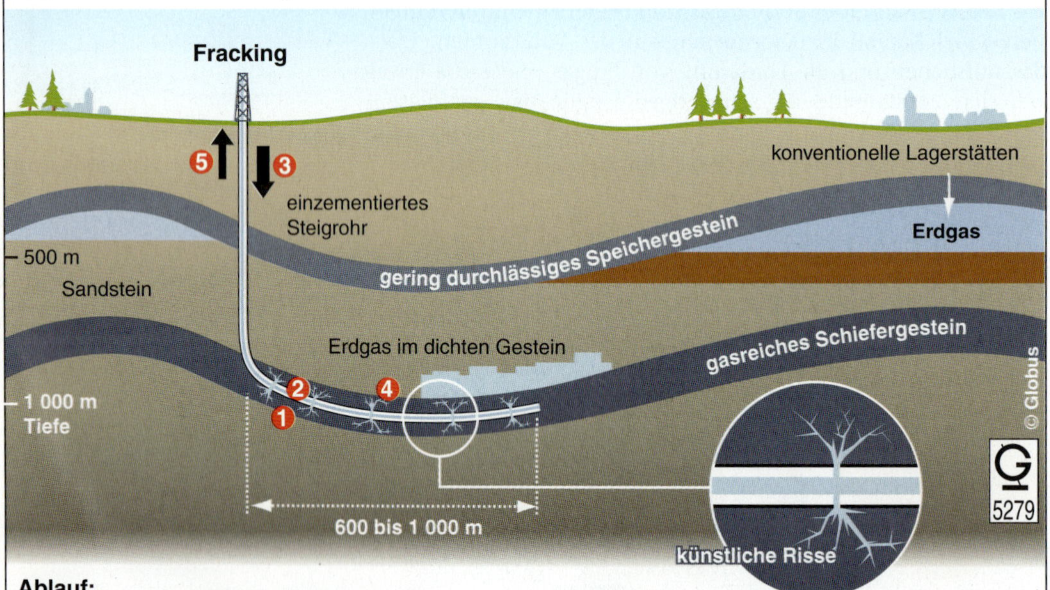

Ablauf:

1. Horizontalbohrung: In die Lagerstätte werden lange Strecken gebohrt.
2. Das Steigrohr wird unten mit Löchern perforiert (Durchmesser 30 bis 40 cm).
3. Unter hohem Druck wird ein Gemisch aus Wasser, Quarzsand und Chemikalien durch die Löcher in das umliegende Gestein gepresst.
4. Durch den hydraulischen Druck entstehen Risse im Gestein, durch die das Gas fließen kann. Die Risse können sich horizontal bis zu 100 Meter und vertikal bis zu 10 Meter ausdehnen.
5. Das eingepresste Gemisch (Frack-Fluid) wird bis auf den Quarzsand und Chemikalienreste zurückgepumpt. Der Quarzsand hält die künstlichen Risse offen. Das eingeschlossene Gas strömt dem Bohrloch zu und kann nun gefördert werden.

Quelle: Umweltbundesamt

Funktionsweise von Fracking

ermöglicht es, Vorkommen, die mit den bisherigen Fördermethoden unerreichbar waren, zu erschließen. Dabei wird ein Gemisch aus Wasser, Sand und Chemikalien (zum Teil sehr giftig) unter hohem Druck in die tief liegenden Gesteinsschichten gepresst, sodass diese regelrecht aufgebrochen werden. Diese Technik erweitert die Öl- und Gasreserven beträchtlich. In den USA wird die Technik bereits angewendet und man erhofft sich davon eine Unabhängigkeit vom Öl aus dem Nahen Osten. Der Nachteil dieser Methode ist es, dass ein Teil der giftigen Chemikalien im Boden bleibt und negative Auswirkung auf die Umwelt (z. B. Trinkwasservorkommen) hat.

Der Bedarf der europäischen Länder sowie der USA und in Zukunft auch die Nachfrage der Schwellenländer (z. B. China, Indien und Brasilien) nach Energie treibt die Kosten für das Öl nach oben. Das Zeitalter des billigen Öls geht mit Sicherheit zu Ende. Obwohl es zwischenzeitlich auf dem Rohölmarkt entspannt aussieht hinsichtlich der Preise aufgrund einer weltweiten Konjunktur. Zum Teil ist die Gewinnung von Erdgas bzw. Erdöl durch Fracking dann nicht wirtschaftlich.

Unter Experten ist es noch nicht ganz klar, ob die Erdölförderung in diesem Jahrzehnt ihr Maximum („Peak Oil") erreicht hat. Grundsätzlich gilt auch für die anderen fossilen Energieträger, dass die Vorräte begrenzt sind und bei dem heutigen Energiebedarf und der Verwendung als Treibstoff Kohlenstoffdioxid frei wird (s. Kap. 9).

Damit die Erdölvorräte möglichst lange reichen und um den Kohlenstoffdioxidausstoß zu reduzieren, sind Verbrennungsmotoren entwickelt worden, die mit alternativen Treibstoffen betrieben werden.

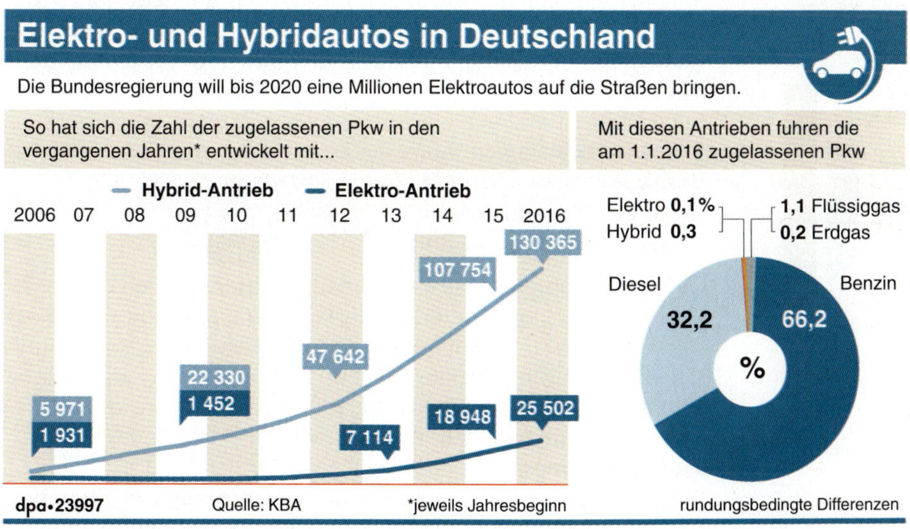

Pkws mit alternativen Antrieben

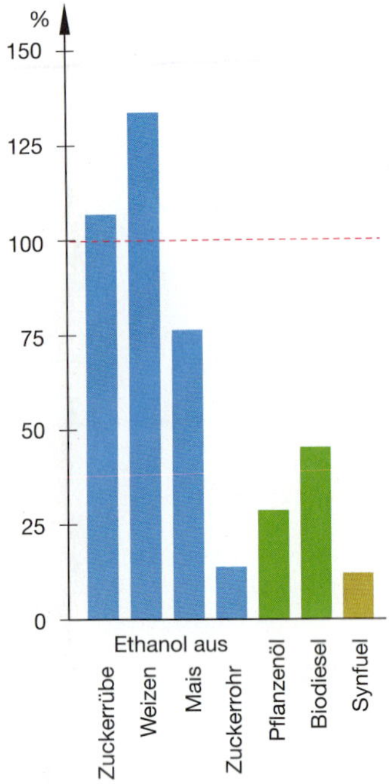

CO_2-Bilanz nachwachsender Rohstoffe: *für die Herstellung nötige Energie im Verhältnis zu der im Treibstoff enthaltenen Energie (Synfuel = Treibstoff aus Holz)*

Ökobilanz = Gesamtbetrachtung des Energieaufwands bei der Herstellung eines Produkts

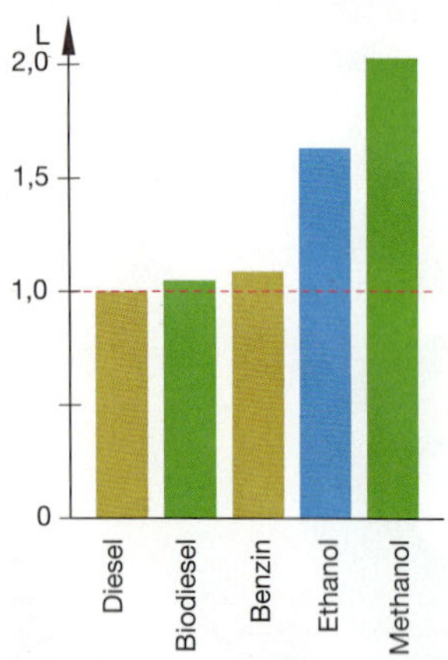

Energieinhalt verschiedener Treibstoffe: *Um die gleiche Energiemenge wie mit einem Liter Diesel oder Benzin zu erhalten, muss entsprechend mehr getankt werden.*

Ottomotoren können grundsätzlich mit einem brennbaren Gas oder mit einer verdampf- und verbrennbaren Flüssigkeit benutzt werden. Infrage kommen Methan aus Erd- oder Biogas, Flüssiggas oder Wasserstoff.

Treibstoffe aus Kohle und Erdgas sind unabhängig vom Öl, tragen aber nicht zur Kohlenstoffdioxidreduzierung bei.

Treibstoffe aus nachwachsenden Rohstoffen zeigen in ihrer Gesamt-Ökobilanz keine CO_2-Neutralität. Obwohl es auf den ersten Blick so scheint, als ob diese Treibstoffe genauso viel Kohlenstoffdioxid abgeben, wie die Pflanze zum Wachsen an Kohlenstoffdioxid aufgenommen hat. Die Düngung und Verarbeitung der Pflanze erfordert aber den Einsatz fossiler Energieträger. Unabhängig davon ist die Bereitstellung der Flächen, denn z. B. Biodiesel aus abgeholzten Wäldern hilft dem Klima nicht.

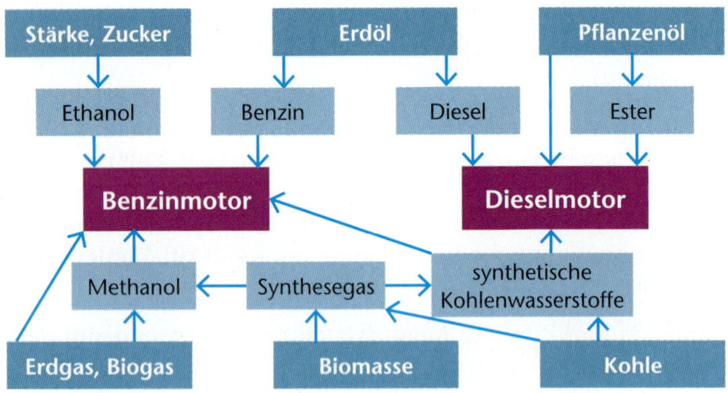

Verschiedene Möglichkeiten zur Herstellung von Treibstoffen

Bei der Verwendung von Wasserstoff als Treibstoff bzw. zur weiteren Energiebedarfsdeckung entsteht kein Kohlenstoffdioxid. Verfahren zur Herstellung von Wasserstoff sind noch nicht wirtschaftlich bzw. ökologisch nicht einwandfrei. Der Strom zur Gewinnung von Wasserstoff durch Elektrolyse sollte z. B. nicht aus einem Kohlekraftwerk stammen. Auch die Entwicklung von Elektromobilen soll zur Reduktion der CO_2-Emmission führen (S. Kap. 8.1).

Erdöl und Erdgas als Rohstoff

Vor ca. 60 Jahren hat sich die chemische Industrie von der Kohlebasis auf das Erdöl und Erdgas als Rohstoff umgestellt. Es ist möglich, aus diesen beiden Stoffen über die Gewinnung von Grundchemikalien (ungesättigte, z. B. Ethen, Propylen, und aromatische Kohlenwasserstoffe, z. B. Benzol, Toluol) fast jedes organische chemische Produkt wie z. B. Farben und Lacke, Arzneimittel, Wasch- und Reinigungsmittel herzustellen. Dieser Bereich der Chemie ist die **Petrochemie, die sich mit der Gewinnung von Chemikalien aus Erdöl und Erdgas beschäftigt**. Sie ist damit ein Bindeglied zwischen Mineralölindustrie und chemischer Industrie.

In der Petrochemie werden ca. 7 % der weltweiten Fördermenge des Erdöls verarbeitet. Wenn die Vorräte an Erdöl und Erdgas in Kraftwerken, Heizungen und Motoren „verbrannt“

sind, müssen die Grundchemikalien der Petrochemie über komplizierte energieintensive Verfahren hergestellt werden.

Der am häufigsten in der **Petrochemie** eingesetzte Grundstoff ist **Ethen** (C_2H_4). Da es im Erdöl und Erdgas nur in geringer Konzentration vorkommt, wird es überwiegend durch thermisches Cracken von Leichtbenzin und Gasöl hergestellt:

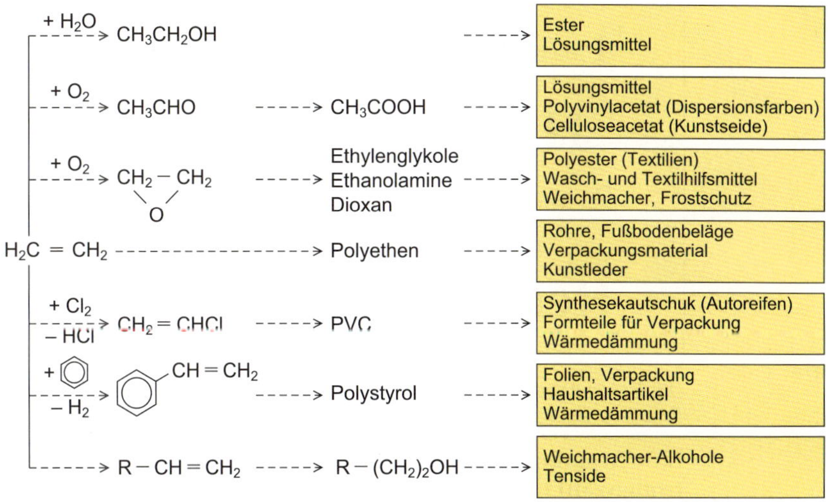

Herstellung von Folgeprodukten aus Ethen

Nicht nur aus Klima-Schutzgründen sollte mit Erdöl und Erdgas schonend umgegangen werden, sondern damit auch die Grundlage für die Herstellung vieler organischer Verbindungen noch lange erhalten bleibt. Es könnte sonst sein, dass in wenigen Jahrhunderten so viele Stoffe verbraucht werden, wie die Sonne in vielen Millionen Jahren gespeichert hat.

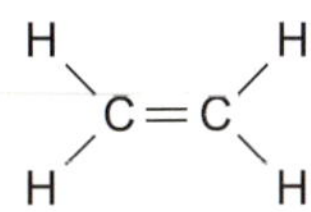

$H_2C=CH_2$

C_2H_4

Ethen

Übungsaufgaben

1. *Warum gibt es unterschiedliche Rohölarten?*
2. *Warum ist es aufwendig, den letzten Rest Erdöl aus dem Boden zu bekommen?*
3. *Warum werden die Bestandteile des Rohöls mithilfe der Destillation unter Normaldruck und der Destillation unter Vakuum getrennt?*
4. *Warum müssen die durch die Destillation erhaltenen Bestandteile des Rohöls noch aufgearbeitet werden?*
5. *Warum sollte Superbenzin nicht als Reinigungsbenzin verwendet werden?*
6. *Erklären Sie den wesentlichen Unterschied zwischen Otto- und Dieselmotor.*
7. *Was können Ihre persönlichen Beiträge sein, um den Ausstoß an Kohlenstoffdioxid zu begrenzen?*
8. *Berechnen Sie den Verbrauch an Luft (Sauerstoff 21 Vol-%) bei der vollständigen Verbrennung von 1 m^3*
   a) Methan (CH_4),
   b) Ethan (C_2H_6).

15 Kernchemie

u = atomare Masseneinheit
1 u = 1/12 der Masse des Kohlenstoffisotops C12
1 u = 1,66054 · 10^{-27} kg

Jedes Element, jedes Atom ist eindeutig durch die Anzahl der Protonen in seinem Atomkern identifiziert. So sind auch die Elemente im Periodensystem nach ihrer Protonenanzahl – der Ordnungszahl – geordnet.

● = Proton
○ = Neutron

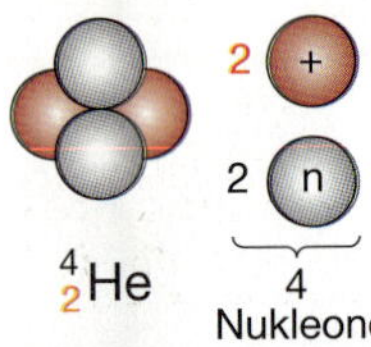

Kern eines Heliumatoms

4 Massenzahl

He

2 Ordnungszahl

Helium

Das Element Helium im Periodensystem

Ordnungszahl:

- Anzahl der Protonen
- Anzahl der Elektronen (da in einem ungeladenen Atom die Anzahl der positiven Protonen gleich der Anzahl der negativen Elektronen ist)

Massenzahl:

- relative Atommasse in u
- Nukleonenzahl (Protonen und Neutronen)

nucleus (griech.) = der Kern

Eine Atomkernart mit einer definierten Protonen- und Neutronenzahl nennt man Nuklid.

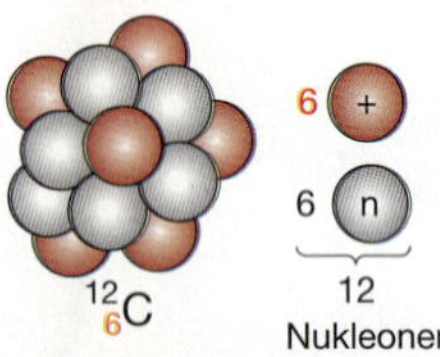

Kern eines Kohlenstoffatoms

15.1 Isotope

Während die Protonenzahl eines Elements immer konstant ist, kann die Neutronenzahl variieren. Man spricht dann von den **Isotopen** des Elements.

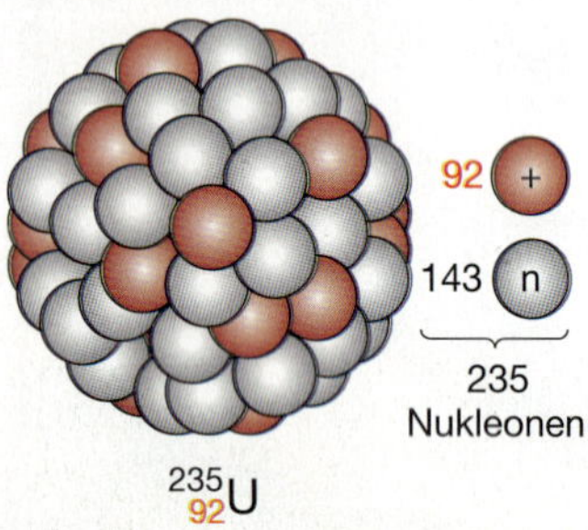

Kern eines Uranatoms

Isotope sind Atome des gleichen Elements, aber mit unterschiedlicher Neutronenzahl. Die allermeisten Elemente kommen in der Natur als Isotopengemisch vor, was auf die physikalischen und chemischen Eigenschaften des Stoffs nur einen minimalen Einfluss hat, bei Kernreaktionen aber von Bedeutung ist. Von den über einhundert im Periodensystem aufgelisteten Elementen sind nur 22 Reinelemente, d. h., sie treten nur mit einer konstanten Neutronenzahl auf. Dazu gehören:

isos (griech.) = gleich

topos (griech.) = Platz

Beryllium	$^{9}_{4}Be$	4 Protonen; 5 Neutronen
Gold	$^{197}_{79}Au$	79 Protonen; 118 Neutronen
Phosphor	$^{31}_{15}P$	15 Protonen, 16 Neutronen

Element	Isotop	Kurzschreibweise	Anzahl der Protonen	Anzahl der Neutronen	relative Häufigkeit in %	Bemerkungen/Besonderheiten
Wasserstoff H	$^{1}_{1}H$	H 1, H	1	0	99,985	leichter Wasserstoff
	$^{2}_{1}H$	H 2, D	1	1	0,0115	schwerer Wasserstoff, Deuterium
	$^{3}_{1}H$	H 3, T	1	2	kleinste Mengen	überschwerer Wasserstoff, Tritium
Kohlenstoff C	$^{12}_{6}C$	C 12	6	6	98,90	
	$^{13}_{6}C$	C 13	6	7	1,10	
	$^{14}_{6}C$	C 14	6	8	Spuren	dient zur Altersbestimmung fossiler Fundstücke mittels der C14- bzw. Radiocarbon-Methode
Uran U	$^{234}_{92}U$	U 234	92	142	0,0055	
	$^{235}_{92}U$	U 235	92	143	0,72	wird in Kernkraftwerken zur Energiegewinnung durch Kernspaltung eingesetzt, muss dafür auf 2–4 % angereichert werden
	$^{236}_{92}U$	U 236	92	144	Spuren	
	$^{238}_{92}U$	U 238	92	146	99,27	

Isotope des Wasserstoffs, Kohlenstoffs und Urans

Die C14-Methode

Die C14- oder Radiocarbon-Methode dient Archäologen als wichtige Analyse zur Altersbestimmung fossiler kohlenstoffhaltiger Fundstücke wie z.B. Knochen oder Holz. In der Atmosphäre werden durch kosmische Höhenstrahlung aus dem Stickstoffisotop N14 ständig kleine Mengen des radioaktiven Kohlenstoffisotops C14 gebildet. C14 ist ein β-Strahler mit einer Halbwertszeit von 5730 Jahren, d.h., nach dieser Zeitspanne hat sich eine definierte Menge C14 auf die Hälfte radioaktiv abgebaut, nach nochmals 5730 Jahren auf ein Viertel usw. Das atmosphärisch gebildete C14 reagiert mit dem Luftsauerstoff weiter zu Kohlenstoffdioxid CO_2. Ein sehr kleiner Anteil des natürlichen CO_2-Gehalts der Luft enthält also das Isotop C14 (auf ein $^{14}CO_2$-Molekül kommen 10^{12} $^{12}CO_2$-Moleküle). Durch die Fotosynthese der Pflanzen wird das radioaktive CO_2 in den normalen Stoffwechsel von Menschen, Tieren und Pflanzen eingebunden. Solange ein Organismus lebt, ist daher der C14-Gehalt in ihm genauso hoch wie in seiner Umgebung. Mit dem Tod des Organismus kommt der Stoffwechsel zum Erliegen und der C14-Anteil nimmt durch den radioaktiven Zerfall kontinuierlich ab. Je geringer der C14-Gehalt eines fossilen Fundes, desto älter ist er. Auf der Grundlage der Halbwertszeit des C14-Isotops kann somit der Zeitpunkt des Absterbens der organischen Substanz ermittelt werden.

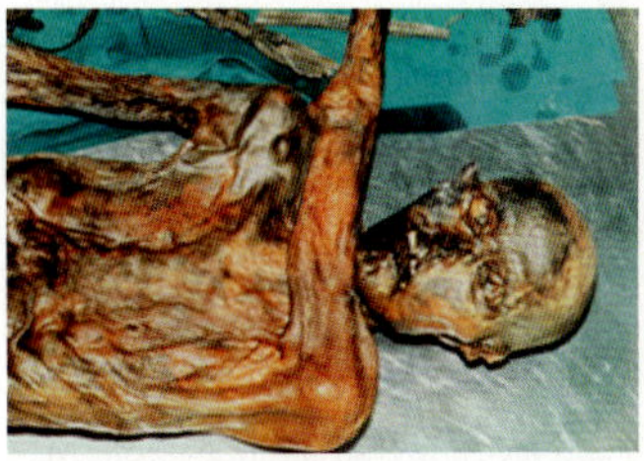

Gletschermumie Ötzi

▸ Auch das Alter der berühmten Gletschermumie Ötzi, die 1991 in den Ötztaler Alpen geborgen wurde, konnte mithilfe der C14-Methode auf 3252 v. Chr. bestimmt werden (± 102 Jahre).

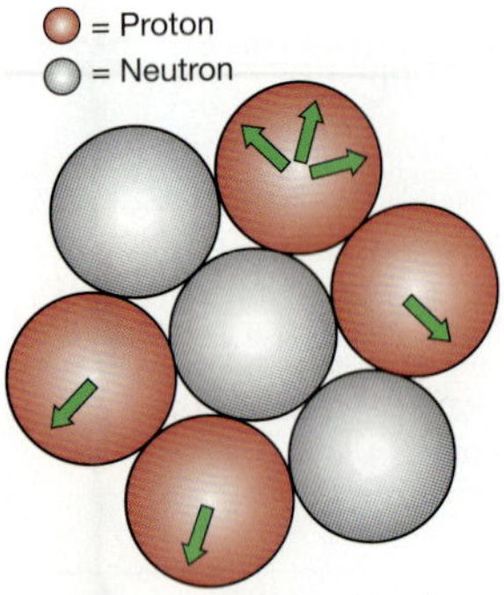

Die elektrostatischen Abstoßungskräfte zwischen den Protonen wirken auch über größere Entfernungen.

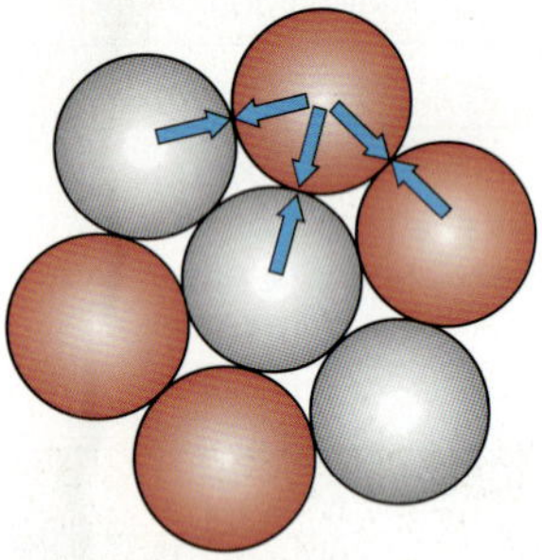

Die anziehenden Kernkräfte sind nur zwischen direkten Nachbarn vorhanden.

▸ Im Jahre 1896 entdeckte der französische Physiker H. Becquerel, dass von Uransalzen eine permanente unsichtbare Strahlung ausgeht.

Antoine Henri Becquerel (1852–1908)

15.2 Kernkräfte

In einem Atomkern sind Protonen und Neutronen auf kleinstem Raum zusammengedrängt. Zwischen den positiv geladenen Protonen herrschen starke elektrostatische Abstoßungskräfte (Coulombkräfte). Nur durch noch stärkere entgegengesetzt wirkende Kräfte – die Kernkräfte – erlangt der Kern Stabilität. Die Erforschung der Kernkräfte ist Gegenstand der Kernphysik.

elektrostatische Abstoßungskräfte (Coulombkräfte)	Kernkräfte
▪ wirken nur zwischen den gleich geladenen Protonen	▪ wirken zwischen allen Teilchen, unabhängig von ihrer Ladung
▪ haben im Prinzip eine unendliche Reichweite; Stärke nimmt jedoch mit steigender Entfernung ab	▪ haben eine sehr geringe Reichweite
▪ Abstoßung zwischen den Protonen ist noch über die Entfernung vieler anderer Kernteilchen hinweg wirksam	▪ wirken nur zwischen unmittelbar benachbarten Teilchen

Bei steigender Nukleonenzahl nehmen die Kernkräfte in einem Atomkern zwar insgesamt zu, wirken aber nur auf sehr kurze Distanz zwischen Nachbarteilchen. Die abstoßenden elektrostatischen Kräfte zwischen den Protonen nehmen ebenfalls zu. Sie wirken jedoch zwischen allen Protonen über den ganzen Atomkern hinweg. Ab einer bestimmten Protonenzahl (ca. 84) sind Atomkerne deshalb nicht mehr stabil, sondern zerfallen unter Emission radioaktiver Strahlung. Solche Atomkerne nennt man **Radionuklide**.

15.3 Radioaktivität

Unter natürlicher Radioaktivität versteht man den spontanen Zerfall instabiler Atomkerne, wobei sowohl materiedurchdringende Strahlung als auch Energie emittiert wird. Die Strahlung erfolgt ohne zeitliche Unterbrechung allseitig in alle Raumrichtungen. Sie wird nach ihrer steigenden Fähigkeit, Materie zu durchdringen, in **α-, β- und γ-Strahlung** eingeteilt.

15.3.1 α-Strahlung

α-Strahlung ist eine Teilchenstrahlung. Bei α-Teilchen handelt es sich um Heliumkerne $^{4}_{2}He^{2+}$ (2 Protonen und 2 Neutronen), die vom radioaktiven Mutternuklid mit einer Anfangsgeschwindigkeit von 15 000 bis 20 000 km/s – das entspricht ca. 6 % der Lichtgeschwindigkeit – emittiert werden.

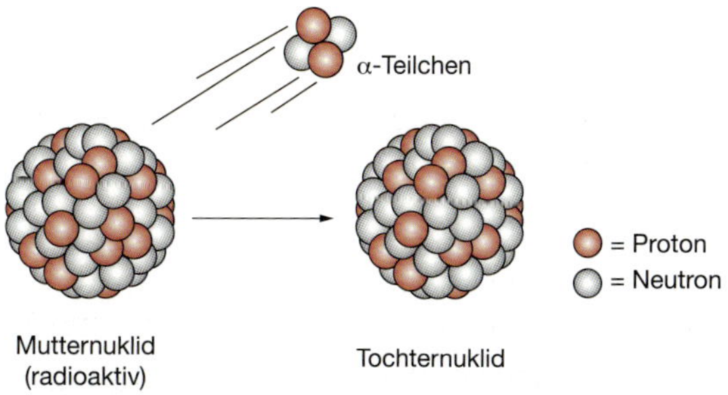

Modell eines α-Zerfalls

Die resultierenden Tochternuklide haben eine um zwei verringerte Protonenzahl und eine um vier verringerte Massenzahl. Sie stehen im Periodensystem zwei Stellen vor dem Mutternuklid. α-Teichen übernehmen sofort, nachdem sie aus dem Atomkern geschleudert wurden, Elektronen von Umgebungsatomen und werden so zu neutralen Heliumatomen. Die entstehenden Tochternuklide sind primär zweifach negativ geladene Ionen. Sie geben jedoch zwei Hüllenelektronen an Nachbaratome ab. Bei kernchemischen Reaktionsgleichungen werden die Ladungen deshalb nicht angegeben.

Beispiele:

$^{226}_{88}Ra \rightarrow ^{222}_{86}Rn + ^{4}_{2}He$

$^{210}_{84}Po \rightarrow ^{206}_{82}Pb + ^{4}_{2}He$

Die Energie der emittierten α-Teilchen beträgt durchschnittlich 5 MeV. Ihre Wechselwirkung mit der Umgebung ist sehr stark. Da α-Teilchen aber relativ groß und schwer sind, ist ihre Reichweite und ihre Eindringtiefe in Stoffe nur gering. So werden sie von einem Blatt Papier komplett abgeschirmt. In der Luft beträgt ihre Reichweite nur wenige Zentimeter. Von außen können sie nur minimal in den menschlichen Körper eindringen, da sie bereits von den oberen Hautschichten abgeschirmt werden. Werden α-Teilchen jedoch mit der Nahrung oder mit der Atemluft in den Körper aufgenommen, wirken sie auf die Zellen stark schädigend.

15.3.2 β-Strahlung

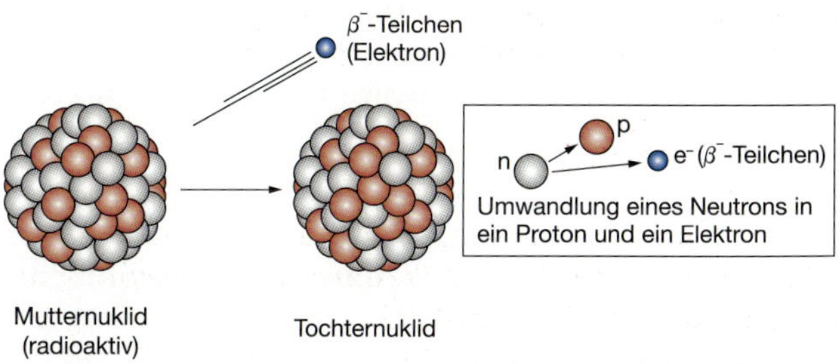

Modell eines β-Zerfalls

Lichtgeschwindigkeit im Vakuum:
c = 299 792,458 km/s

1 eV = 1,602 · 10^{-19} J
1 MeV = 10^6 eV

Pierre und Marie Curie

▸ Das Ehepaar Pierre und Marie Curie entdeckte 1898 Polonium und Radium, von denen eine noch viel stärkere Strahlung als von Uran ausging.

▸ Marie Curie prägte den Begriff **Radioaktivität**.

radius (lat.) = der Strahl

- Da die herausgeschleuderten Elektronen eine negative Ladung tragen, wird diese Strahlungsart auch als **β^--Strahlung** bezeichnet.
- β^- Strahlung tritt bei neutronenreichen Kernen auf.
- Bei protonenreichen Kernen kann es stattdessen zu einem β^+-Zerfall kommen. Dabei zerfällt ein Proton in ein Positron e^+ und ein Neutrino. Positronen e^+ haben die gleichen Eigenschaften wie Elektronen e^-, tragen jedoch eine positive Elementarladung. Die Positronen werden emittiert und die Strahlung als β^+-Strahlung bezeichnet.
- β^+-Strahlung tritt seltener auf als β^--Strahlung.

β-Strahlung ist eine Teilchenstrahlung. In dem radioaktiven Atomkern zerfallen Neutronen in Elektronen und Protonen. Die Elektronen werden dann als β^--Strahlung emittiert.

Beispiele:

$^{127}_{55}Cs \rightarrow {}^{127}_{56}Ba + e^-$

$^{14}_{6}C \rightarrow {}^{14}_{7}N + e^-$

Die Elektronen werden mit einer Geschwindigkeit von bis zu 94 % der Lichtgeschwindigkeit aus dem Kern geschleudert. Ihre Energie beträgt durchschnittlich 1 MeV. Das entstehende Tochternuklid besitzt ein Proton mehr und steht im PSE eine Stelle hinter dem Mutternuklid. Die Nukleonenzahl ist unverändert. Die Reichweite von β-Strahlen kann in der Luft bis zu einigen Metern betragen. In die Haut dringen sie nur wenige Millimeter ein, können dort jedoch schwere Verbrennungen und Hautkrebs verursachen. Besonders gefährdet sind die Augen. Hier kann es zu einer Linsentrübung kommen. β-Strahlung wird von einer 1 mm dicken Bleiplatte oder einer 1 cm dicken Plexiglasplatte vollständig abgeschirmt.

15.3.3 γ-Strahlung

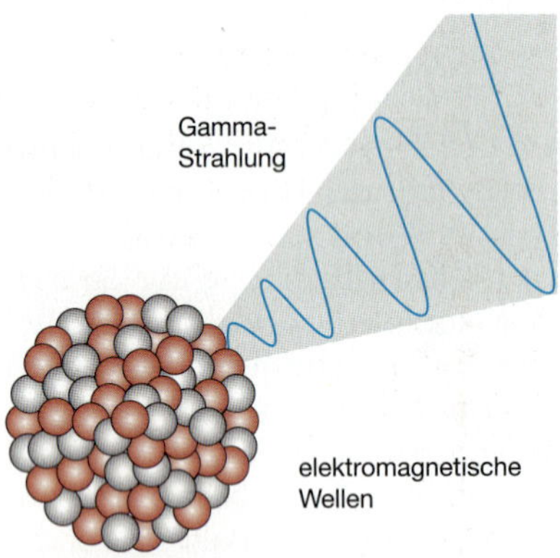

Gammastrahlung

γ-Strahlung ist eine reine Energiestrahlung. Es werden im Gegensatz zur α- und β-Strahlung keinerlei Teilchen emittiert. γ-Strahlung tritt häufig als Begleitstrahlung von α- und β-Zerfällen auf. Nach dem Ausschleudern eines α- oder β-Teilchens befindet sich das Tochternuklid noch in einem angeregten Zustand. Die überschüssige Energie wird in Form von γ-Strahlung abgegeben.

Beispiele:

$^{226}_{88}Ra \rightarrow {}^{222}_{86}Rn^* + {}^{4}_{2}He$

angeregter Zustand

$\rightarrow {}^{222}_{86}Rn + \gamma$

Grundzustand

$^{234}_{90}Th \rightarrow\ ^{234}_{91}Pa^{*} + e^{-}$

angeregter Zustand

$\rightarrow\ ^{234}_{91}Pa + \gamma$

Grundzustand

γ-Strahlen sind elektromagnetische Wellen und vergleichbar mit Röntgenstrahlung. Sie sind jedoch kurzwelliger und damit energiereicher. So beträgt der Energiegehalt eines γ-Quants ca. 1 MeV. γ-Strahlen breiten sich mit Lichtgeschwindigkeit aus. Ihre Reichweite ist in der Luft praktisch unbegrenzt. Sie werden von Absorptionsmaterialien wie z. B. Bleiplatten abgeschwächt. Den menschlichen Körper durchdringen γ-Strahlen ungehindert.

15.4 Kernspaltung

Durch Beschuss mit energiereichen Elementarteilchen können Atomkerne in kleinere Fragmente gespalten werden. Besonders leicht lassen sich das Uranisotop U 235 und das Plutoniumisotop Pu 239 spalten, da hierbei mehr Energie frei wird, als zur Spaltung aufgewendet werden muss.

Beschießt man U 235-Atomkerne mit langsamen (thermischen) Neutronen, so kommt es bei ca. 85 % der Kerne zu einer Kernspaltung. Die Spaltung läuft in vier Schritten ab.

▸ Bei der Spaltung von Atomkernen werden große Energiebeträge freigesetzt. So werden bei der vollständigen Spaltung von 1 kg U 235-Atomkernen ca. $2 \cdot 10^{7}$ kWh Energie frei, während die Verbrennung von 1 kg Steinkohle nur eine Energie von ca. 10 kWh liefert.

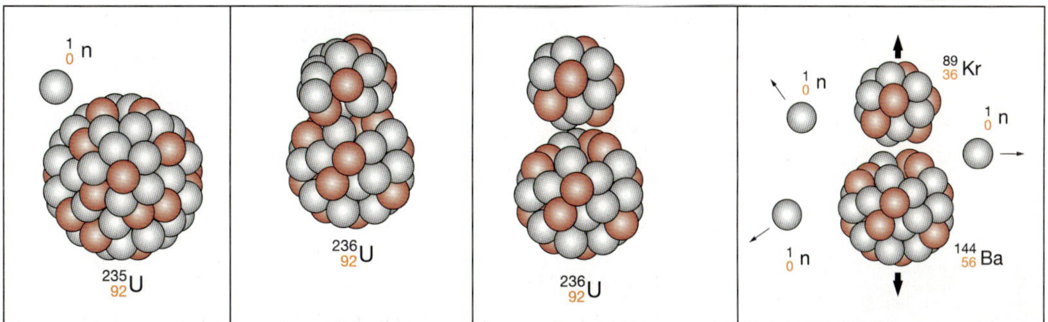

1. Der Urankern U 235 wird von einem langsamen (thermischen) Neutron getroffen und nimmt dieses auf.	**2.** Der resultierende Urankern U 236 befindet sich in einem energetisch hoch angeregten Zustand. Er beginnt zu schwingen, verformt sich zu einer Ellipse und schnürt sich schließlich hantelförmig ein.	**3.** An der Einschnürungsstelle berühren sich nur noch wenige Nukleonen. Die anziehenden Kernkräfte sind hier – da sie nur zwischen unmittelbar benachbarten Teilchen wirken – gering. Die abstoßenden Kräfte zwischen den Protonen, die auch auf die Distanz wirken, überwiegen.	**4.** Der Urankern zerfällt in zwei mittelschwere Trümmerkerne, wie z. B. Ba 144 und Kr 89. Außerdem werden zwei bis drei Neutronen frei, die mit großer Geschwindigkeit weggeschleudert werden. Überschüssige Energie wird in Form von γ-Strahlung emittiert.

Die vier Phasen der Kernspaltung am Beispiel U 235

Werden die bei der U 235-Kernspaltung weggeschleuderten schnellen Neutronen durch geeignete Moderatoren (Bremssubstanzen) abgebremst, können sie wiederum U 235-Kerne spalten und so eine **sich selbst erhaltende Kettenreaktion** auslösen. Dieser Prozess wird in Kernkraftwerken zur Energiegewinnung genutzt.

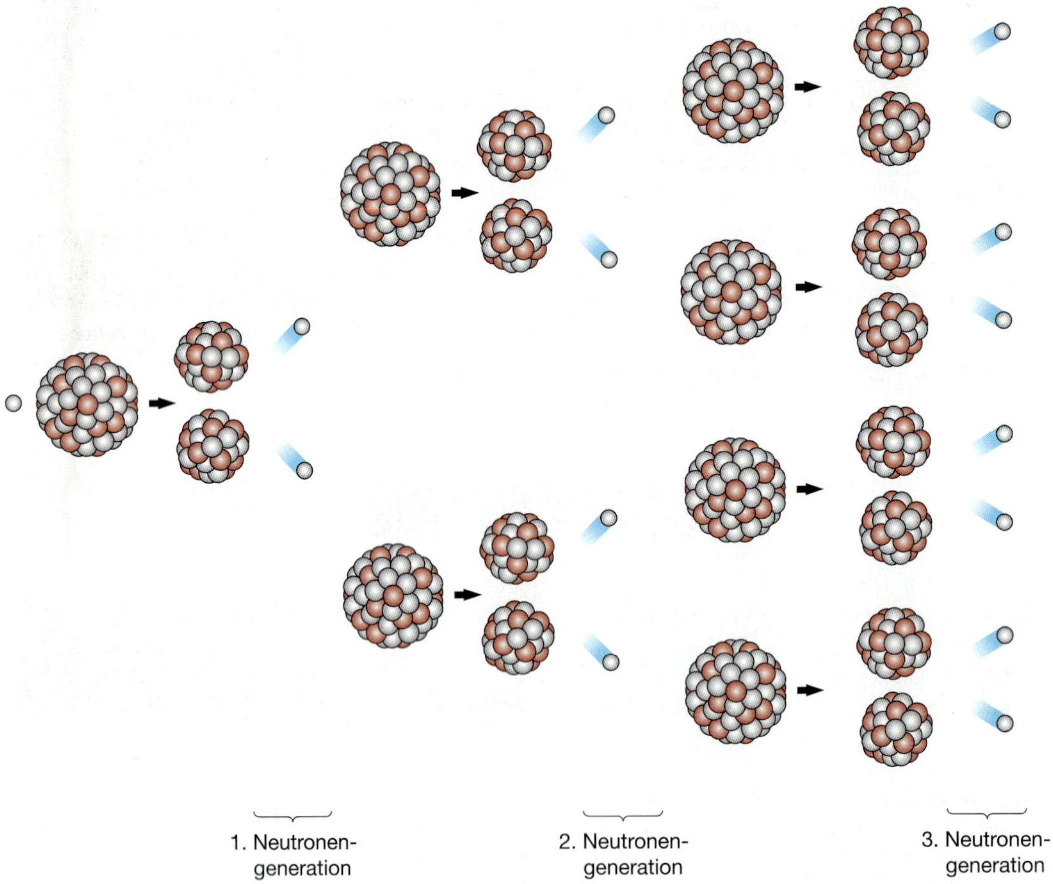

Kettenreaktion bei der U 235-Kernspaltung

15.5 Aufbau und Arbeitsweise von Kernkraftwerken

Allgemeine Arbeitsweise eines Kernkraftwerks

In Kernkraftwerken werden kontrollierte, gesteuerte Kernspaltungskettenreaktionen durchgeführt. Die bei der Kettenreaktion frei werdenden Spaltprodukte werden mit großer Geschwindigkeit weggeschleudert. Durch Zusammenstöße mit anderen Spaltprodukten oder durch das Aufprallen auf umgebende Materialien werden die Teilchen abgebremst und ihre

Bewegungsenergie in thermische Energie umgewandelt. Es kommt zu einer starken Erwärmung. Diese Wärme wird von einem Kühlmittel aufgenommen und zur Erzeugung von Wasserdampf verwendet. Analog zu einem Dampfkraftwerk werden durch den heißen Wasserdampf Turbinen angetrieben und elektrische Energie gewonnen.

Kernkraftwerk Isar, Abschaltung Reaktorblock 1 März 2011; Reaktorblock 2 bis 2022

Je nach Verwendungszweck werden drei Reaktorarten unterschieden:

- Bei den meisten Reaktoren handelt es sich um **Leistungsreaktoren**. Sie dienen der Energiegewinnung. Dabei wird die in Form von Wärme frei werdende Energie in elektrische Energie umgewandelt.
- **Brutreaktoren (schnelle Brüter)** werden ebenfalls zur Energiegewinnung eingesetzt. Spaltbares Pu 239 wird aus U 238 „erbrütet". Zurzeit sind nur zwei Brutreaktoren - beide befinden sich in Russland - in Betrieb (Stand 2015).
- **Forschungsreaktoren** werden zu Forschungs- und Trainingszwecken verwendet. Auch Kernfusionsreaktoren befinden sich noch im Forschungs- bzw. Entwicklungsstadium.

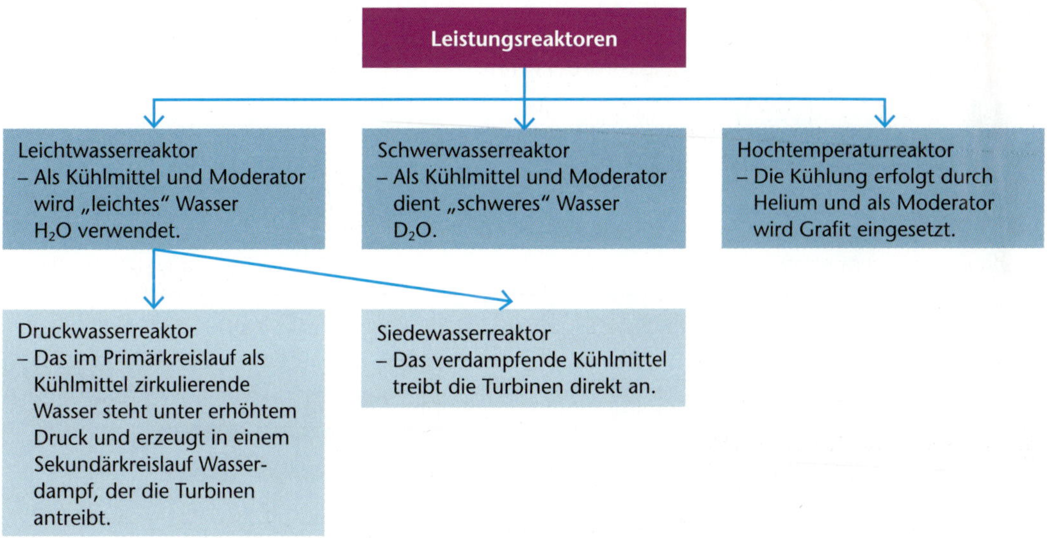

Aufbau eines Kernreaktors

Reaktorkern „Core":
- besteht aus einer Vielzahl von Brennelementen

Brennelement:
- bündelt mehrere Dutzend bis mehrere Hundert Brennstäbe

Brennstab:
- verschweißtes Metallrohr, das den Kernbrennstoff (meist Urandioxid UO_2) in Tablettenform enthält
- Die Brennstäbe erwärmen sich stark.

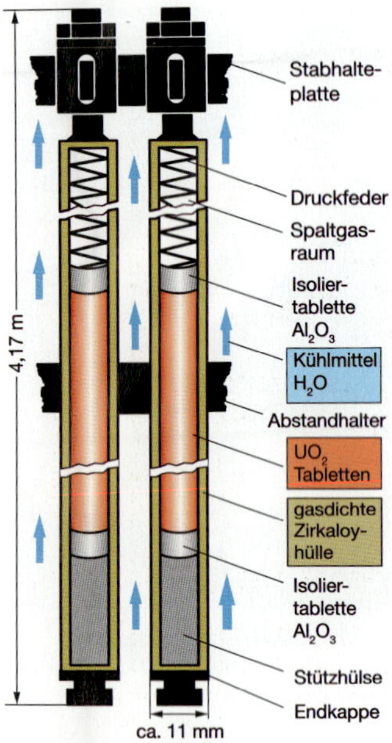

Aufbau von Brennstäben

Brennstäbe in einem Kernkraftwerk

Steuerelement:
- setzt sich aus Steuerstäben zusammen
- Steuerstäbe bestehen aus neutronenabsorbierenden Materialien wie Borcarbid oder Cadmiumlegierungen.
- Durch Herausziehen oder Hineinfahren der Steuerstäbe kann die Kettenreaktion kontrolliert und gesteuert und der Reaktor gegebenenfalls abgeschaltet werden.

Moderator:
- dient der Abbremsung der schnellen Neutronen auf thermisches Niveau
- Oft wird der Moderator gleichzeitig als Kühlmittel verwendet.

Wärmeabführung:
- Das Kühlmittel nimmt die Wärme der Brennstäbe auf.
- Im Druckwasserreaktor steht das Kühlmittel (Wasser H_2O) unter erhöhtem Druck, sodass es auch bei Temperaturen weit über 100 °C nicht siedet.
- Über Wärmeaustauscher wird in einem Sekundärkreislauf Wasserdampf erzeugt, der die Turbinen antreibt.

Reaktordruckgefäß:
- zylindrischer Stahlbehälter aus speziellem Feinkornstahl
- Wandstärke beträgt ca. 25 cm

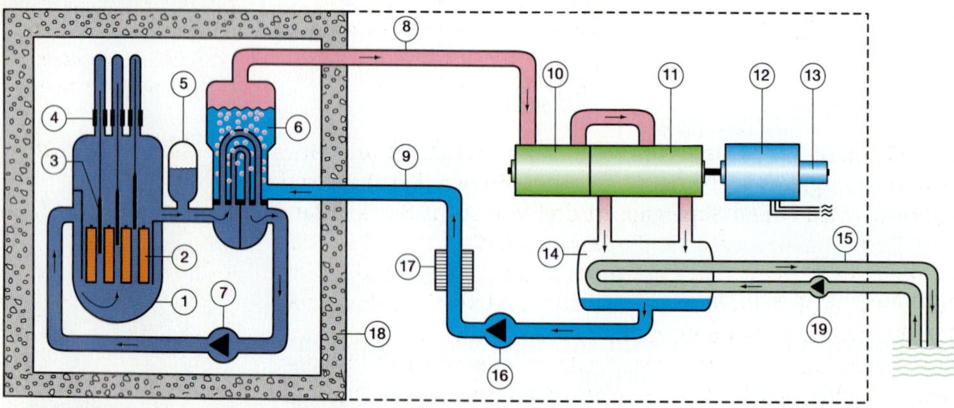

1 Reaktordruckbehälter
2 Uranbrennelemente
3 Steuerstäbe
4 Steuerstabantriebe
5 Druckhalter
6 Dampferzeuger
7 Kühlmittelpumpe
8 Frischdampf
9 Speisewasser
10 Hochdruckteil der Turbine
11 Niederdruckteil der Turbine
12 Generator
13 Erregermaschine
14 Kondensator
15 Flusswasser
16 Speisewasserpumpe
17 Vorwärmanlage
18 Betonabschirmung
19 Kühlwasserpumpe

Schematischer Aufbau eines Kernkraftwerks mit Druckwasserreaktor

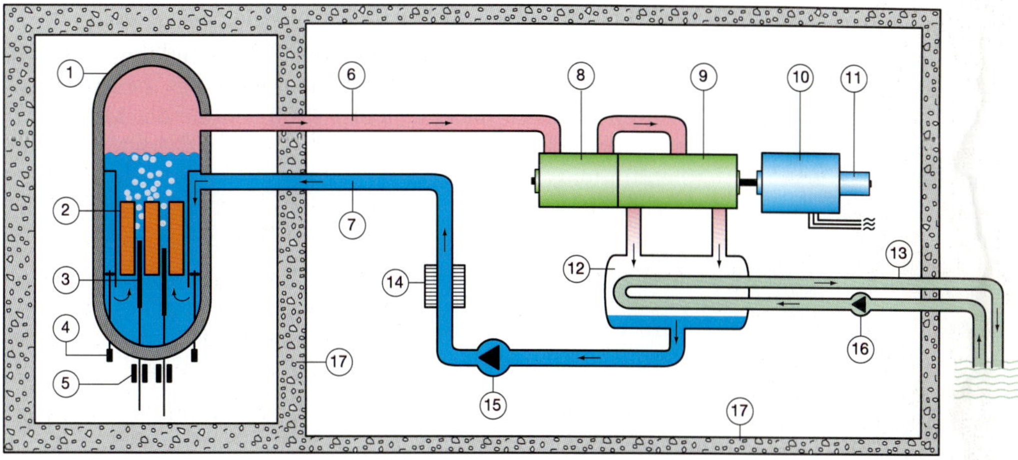

1 Reaktordruckbehälter
2 Brennelemente
3 Steuerstäbe
4 Umwälzpumpen
5 Steuerstabantriebe
6 Frischdampf
7 Speisewasser
8 Hochdruckteil der Turbine
9 Niederdruckteil der Turbine
10 Generator
11 Erregermaschine
12 Kondensator
13 Flusswasser
14 Vorwärmanlage
15 Speisewasserpumpe
16 Kühlwasserpumpe
17 Betonabschirmung

Schematischer Aufbau eines Kernkraftwerks mit Siedewasserreaktor

Technische Daten des Kernkraftwerks Emsland

Inbetriebnahme: 1988
Reaktortyp: Druckwasserreaktor
Kernbrennstoff: Uran 235
Brennelemente: 193
Brennstoffgewicht: 103 t
Reaktordruck: 157 bar
Dampftemperatur: 280 °C
Leistung, netto: 1335 MW

Kernkraftwerk Emsland, Abschaltung bis spätestens Ende 2022

Kernkraftwerk Fukushima nach Bränden und Explosionen

Am 11. März 2011 kam es als Folge eines Erdbebens und eines dadurch ausgelösten Tsunamis im japanischen Kernkraftwerk Fukushima zu einem Supergau. In drei von sechs Blöcken fand eine Kernschmelze statt. Große Mengen radioaktiven Materials wurden emittiert und kontaminierten Luft, Wasser und Böden. Mehr als 170000 Menschen mussten evakuiert werden. Über 100000 können bis heute nicht in ihre Heimat zurückkehren. Durch den Unfall wurden vier Reaktorblöcke zerstört, die restlichen beiden Blöcke dauerhaft abgeschaltet. Die Entsorgungsarbeiten werden voraussichtlich 30 bis 40 Jahre in Anspruch nehmen.

Als Konsequenz daraus unterzog die Bundesrepublik alle 17 deutschen Kernkraftwerke einer dreimonatigen Sicherheitskontrolle und beschloss im Juni 2011, acht Kraftwerke sofort abzuschalten und die restlichen bis 2022 stillzulegen.

Radioaktivitätsmessungen nach Reaktorunfall in Fukushima

15.6 Kernfusion

Bei Kernfusionsreaktionen werden leichte Atomkerne zu einem größeren Kern verschmolzen. Die Masse des neuen, fusionierten Kerns ist dabei kleiner als die Summe der Massen der einzelnen Elementarteilchen (Massendefekt). Nach Einsteins berühmter Gleichung:

$$E = m \cdot c^2$$

E = Energie
m = Masse
c = Lichtgeschwindigkeit

wird ein Teil der Masse in Energie umgewandelt, die bei der Kernfusion freigesetzt wird.

▸ Ein Heliumatomkern enthält zwei Protonen und zwei Neutronen. Die Massen dieser Elementarteilchen summieren sich auf eine Gesamtmasse von $6{,}69510 \cdot 10^{-27}$ kg. Eine sehr genaue Wägung eines Heliumatomkerns ergab jedoch nur eine Gesamtmasse von $6{,}644656 \cdot 10^{-27}$ kg. Es zeigt sich eine Differenz von $0{,}050444 \cdot 10^{-27}$ kg, was ca. 0,8 % entspricht. Dieser **Massendefekt** (Massenverlust) wurde beim Zusammenschluss der zwei Protonen und zwei Neutronen zu einem Heliumatomkern in Energie umgewandelt.

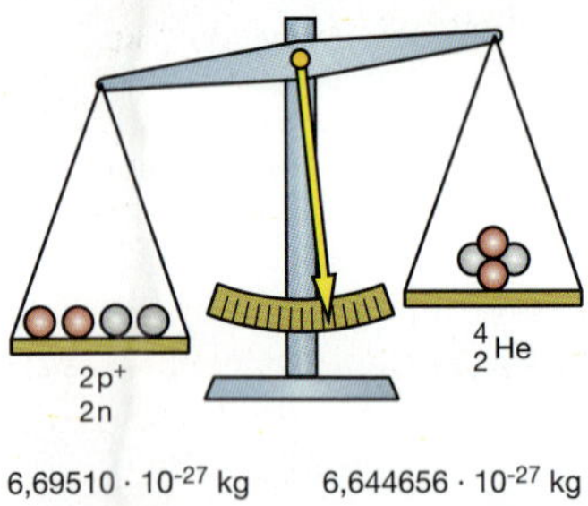

▸ Auch auf der Sonne, als größtem Energiespender und Garant für das Leben auf der Erde, verschmelzen Wasserstoffkerne zu Helium.

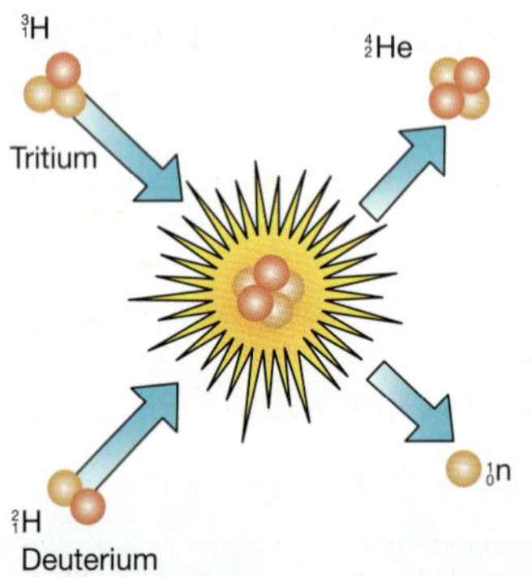

$$^{3}_{1}H + ^{2}_{1}H \longrightarrow ^{4}_{2}He + ^{1}_{0}n + 17{,}6\ \text{MeV}$$

Kernfusionsreaktion

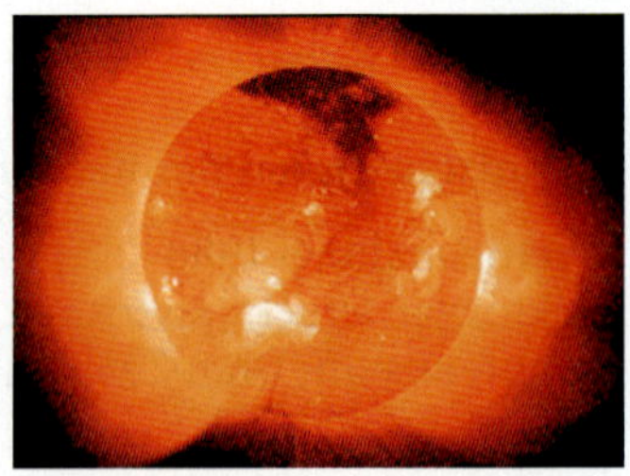

Oberfläche der Sonne

Zur kommerziellen Energiegewinnung können Kernfusionsreaktionen bisher noch nicht eingesetzt werden, da – bevor es zur Verschmelzung der Kerne kommt – die starken elektrostatischen Abstoßungskräfte zwischen den positiv geladenen Protonen überwunden werden müssen. Das kann nur durch sehr hohe Temperaturen und/oder Drücke erreicht werden.

Die freigesetzte Energiemenge ist bei Kernfusionen größer als bei Kernspaltungen.

	freigesetzte Energie in kWh
vollständige Verbrennung von 1 kg Steinkohle	10
vollständige Spaltung von 1 kg U 235	$2 \cdot 10^7$
Bildung von 1 kg Helium durch Kernfusion	$2 \cdot 10^8$

Energiebilanz: Verbrennung von Steinkohle, Kernspaltung, Kernfusion

15.7 Einheiten der Radioaktivität

$$\textbf{Aktivität } A = \frac{\text{Anzahl der Kernumwandlungen}}{\text{Zeit}}$$

$$[A] = \frac{1}{1\ \text{s}} = 1\ \text{Bq} = 1\ \text{Bequerel}$$

Je größer die Aktivität einer Strahlungsquelle ist, desto größer ist auch die von einem Körper aufgenommene Energiedosis.

$$\textbf{Energiedosis } D = \frac{\text{absorbierte Strahlungsenergie}}{\text{Masse des Körpers}}$$

$$[D] = \frac{1\ \text{J}}{1\ \text{kg}} = 1\ \text{Gy} = 1\ \text{Gray}$$

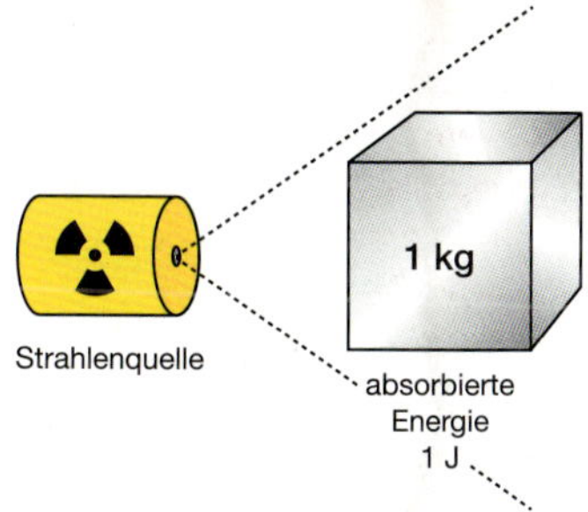

Über die Energiedosis allein kann die biologische Wirkung der Strahlung nicht beurteilt werden, da diese auch von der Strahlenart und der Strahlungsempfindlichkeit der einzelnen Organe und Gewebe abhängig ist.

Organdosis H_T = Organenergiedosis · Strahlungswichtungsfaktor
$$H_T = D_T \cdot W_R$$

▸ Der Strahlungswichtungsfaktor W_R berücksichtigt die Strahlungsart.

Die Strahlungsempfindlichkeit einzelner Organe und Gewebe weist große Unterschiede auf. Die einzelnen Organdosen liefern deshalb unterschiedliche Beiträge zum Gesamtrisiko eines Menschen.

Effektive Dosis E = ∑Organdosen · Gewebewichtungsfaktor
$$E = \sum H_T \cdot W_T$$

$$[H_T], [E] = \frac{1\ \text{J}}{1\ \text{kg}} = 1\ \text{Sv} = 1\ \text{Sievert}$$

▸ Der Gewebewichtungsfaktor W_T berücksichtig die Gewebe- bzw. Organart.

Gewebe oder Organe	Gewebewichtungsfaktor W_T
Gonaden	0,20
Dickdarm	0,12
Knochenmark	0,12
Lunge	0,12
Magen	0,12
Blase	0,05
Brust	0,05
Leber	0,05
Schilddrüse	0,05
Speiseröhre	0,05
Haut	0,01
Knochenoberfläche	0,01
andere Organe und Gewebe	0,05

$$[H] = \frac{1\,\text{J}}{1\,\text{kg}} = 1\,\text{Sv} = 1\,\text{Sievert}$$

Äquivalentdosis H = Qualitätsfaktor · Energiedosis
$$H = q \cdot D$$

Im Strahlenschutz wird meist die Äquivalentdosis H angegeben.

Die Äquivalentdosis kennzeichnet die von einem Körper aufgenommene Energiedosis unter Berücksichtigung biologischer Wirkungen. Der Qualitätsfaktor ist ein aus Experimenten gewonnener Erfahrungswert und hängt von der Strahlungsart ab.

$q(\alpha) = 20$
$q(\beta) = 1$
$q(\gamma) = 1$

15.8 Biologische Auswirkungen radioaktiver Strahlung

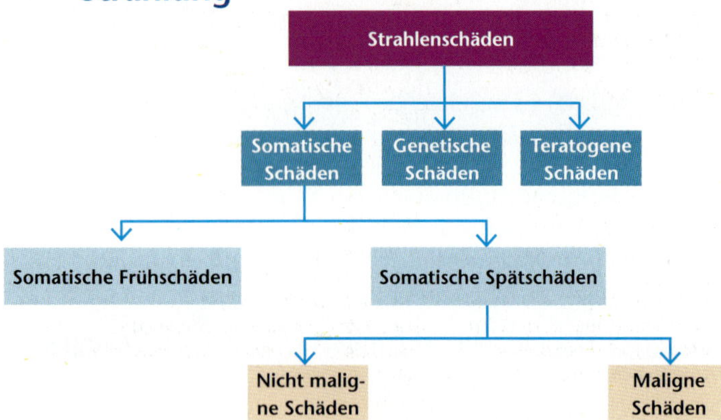

▸ Emittierte radioaktive Strahlen ionisieren Atome und Moleküle. Dadurch schädigen sie Zellen, Organe und Gewebe.

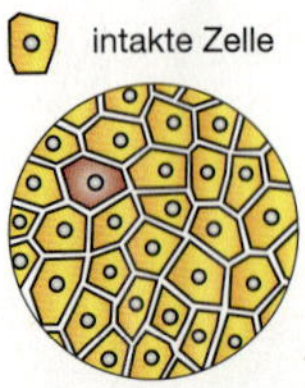

Menschliches Gewebe mit Betastrahlen bestrahlt. Angenommene Energiedosis 0,1 Gy

Menschliches Gewebe mit Alphastrahlen bestrahlt. Angenommene Energiedosis 0,1 Gy

▸ Bei gleicher Energiedosis verursacht Alphastrahlung eine 20-mal größere biologische Wirkung als Betastrahlung.

Somatische Schäden:
- Körperschäden
- treten nur beim bestrahlten Individuum auf

Somatische Frühschäden:
- der Organismus muss von einer Mindeststrahlungsmenge getroffen werden
- Schwellendosis liegt bei Menschen bei 200-300 mSv

Somatische Spätschäden:
- treten erst nach Jahren oder Jahrzehnten auf

Genetische Schäden:
- vererbbare Schäden
- Veränderungen an den Chromosomen der Keimzellen (Mutationen)
- betroffen sind nicht nur die direkten Nachkommen, sondern auch spätere Generationen

Maligne Spätschäden:
- bösartig wuchernde Erkrankungen, z. B. Leukämie

Nicht maligne Spätschäden:
- z. B. Sterilität, Trübung der Augenlinse

Teratogene Schäden:
- Schädigung des Embryos während einer Schwangerschaft

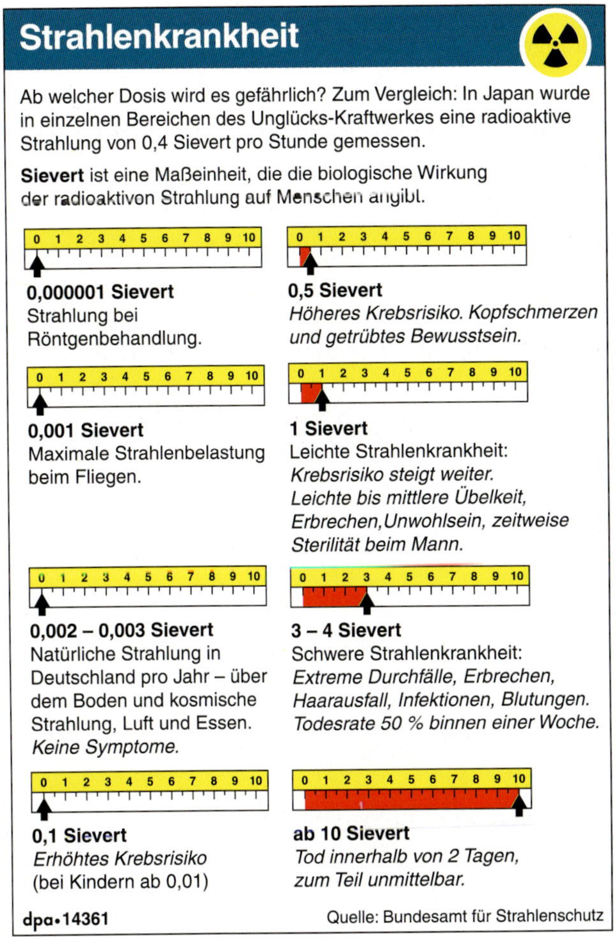

15.9 Anwendung radioaktiver Strahlung

Radioaktivität und radioaktive Strahlung werden – neben der Energiegewinnung in Kernkraftwerken – auch anderweitig vielfältig eingesetzt und genutzt. Im Folgenden sind einige Einsatzbeispiele aufgelistet.

Technische Anwendungen:

- Füllstandsmessung in Großbehältern mit Schüttgut oder Granulaten
- Dichtemessung und Materialprüfung
- Bestrahlung von Lebensmitteln zur Konservierung (In Deutschland ist ausschließlich die Bestrahlung von getrockneten Kräutern und Gewürzen erlaubt.)

Medizinische Anwendungen:

- nuklearmedizinische Diagnostik, z. B. Szintigrafie

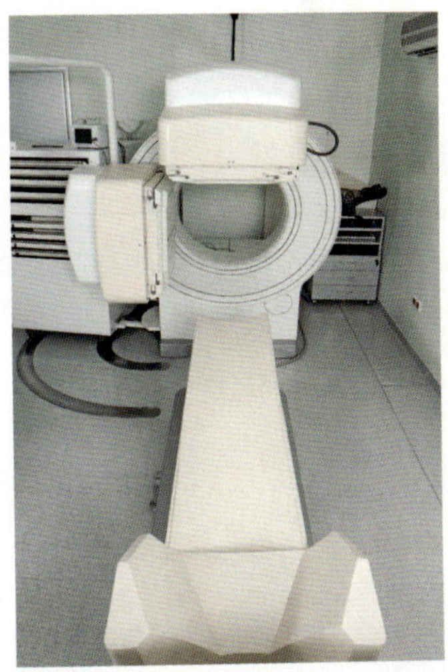

Szintigrafische Untersuchung

- nuklearmedizinische Therapie, z. B. Radioiodtherapie bei Erkrankungen der Schilddrüse

Anwendungen in der Forschung:
- Radionuklide werden in der Raumfahrt zur Stromversorgung und zum Heizen eingesetzt.
- Altersbestimmung fossiler Fundstücke durch die C14-Methode (s. Kap. 15.1)
- Einsatz von radioaktiven Substanzen als Tracer um z. B. das Fließverhalten von Blut in Geweben oder von Grundwasser im Boden zu untersuchen

Übungsaufgaben

1. *Wie viele Protonen und wie viele Neutronen enthalten die Kerne der folgenden Elemente:*
   a) $^{200}_{80}Hg$
   b) $^{35}_{17}Cl$
   c) $^{59}_{27}Co$
2. *Definieren Sie den Begriff Isotop an einem Beispiel.*
3. *Erläutern Sie die C14-Methode.*
4. *Welche gegenläufigen Kräfte wirken in Atomkernen? Vergleichen Sie diese Kräfte.*
5. *Warum neigen Kerne mit mehr als 84 Protonen zu radioaktivem Zerfall?*
6. *Vergleichen Sie* α-, β- *und* γ-*Strahlen bezüglich:*
   a) der Strahlungsart,
   b) ihrer Energie,
   c) ihrer Geschwindigkeit,
   d) ihrer Reichweite in der Luft.
7. *Erläutern Sie die vier Phasen einer Kernspaltung.*
8. *Unter welchen Bedingungen kann es bei einer Kernspaltung zu einer sich selbst erhaltenden Kettenreaktion kommen?*
9. *Erklären Sie die allgemeine Arbeitsweise eines Kernkraftwerks.*
10. *Welche anlagentechnischen Unterschiede bestehen zwischen einem Siedewasserreaktor und einem Druckwasserreaktor?*
11. *Skizzieren Sie den Aufbau eines Kernbrennstabs.*
12. *Wozu dient der Moderator in einem Kernreaktor?*
13. *Wie kann die Kettenreaktion kontrolliert und gesteuert werden?*
14. *Warum wird bei Kernfusionen Energie frei?*
15. *Nennen Sie Beispiele für den Einsatz von Radioaktivität bzw. radioaktiver Strahlung.*

16 Chemie und Sicherheit

Sicherheit beim Arbeiten mit Chemikalien

Alle Stoffe sind im Prinzip giftig. Koffein ist in einer Tasse Kaffee völlig harmlos, weil es verdünnt ist und in äußerst geringer Konzentration aufgenommen wird. Wenn es aber als Reinsubstanz in nur geringen Mengen dem Körper zugeführt wird, kann es tödlich sein. Weiter ist z. B. Kochsalz NaCl ein normaler Bestandteil unserer Ernährung, kann aber in hohen Dosen zu schweren körperlichen Schäden führen.

Die Erkenntnis, dass alle Stoffe giftig sind und es nur auf die Dosis ankommt, die der Körper aufnimmt, formulierte vor ca. 500 Jahren der Arzt Paracelsus. Das heißt, beim Umgang mit Substanzen, auch toxischen, muss gewährleistet sein, dass der Körper keine oder nur so geringe Mengen aufnimmt, dass eine schädigende Wirkung ausgeschlossen werden kann.

Daher ist das Arbeiten mit chemischen Substanzen (Gefahrstoffen) bei Beachtung entsprechender Sicherheitsvorschriften nicht gefährlicher als z. B. das Arbeiten mit elektrischem Strom. Die Untersuchung von Tausenden von Unfällen mit Chemikalien in chemischen und anderen Betrieben, in Haushalten sowie in Schullaboratorien hat ergeben, dass in etwa 85 % der Fälle die **Ursachen in menschlichem Fehlverhalten** zu finden sind. Dabei spielen sehr häufig **Unkenntnis über die Gefahreneigenschaften der eingesetzten Stoffe** eine Rolle. Weiter trägt ein **Gewöhnungseffekt** gegenüber einer gefährlichen Substanz zu den Unfallursachen bei. Personen neigen nach einer gewissen Erfahrung dazu, Sicherheitsvorkehrungen zu vernachlässigen (z. B. Umgang in einer Gärtnerei mit Pflanzenschutzmitteln).

In diesen Bereich gehören auch die **Unfälle im Alltag**, verursacht durch Aufbewahren von Chemikalien in Gefäßen, die üblicherweise für Lebensmittel verwendet werden, und die fehlenden Kenntnisse über die Gefahren von Haushaltschemikalien. Abbeizmittel, Abfluss- und Backrohrreiniger enthalten starke Basen, deshalb sollten Augen durch Schutzbrillen und Hände durch Handschuhe geschützt werden. Weiter kann der unsachgemäße Umgang mit leicht entzündlichen Stoffen (Reinigungsbenzin, Brennspiritus) zu Bränden und Explosionen führen. Beachtet werden sollten deshalb das Lagern dieser Stoffe weit entfernt von einer Zündquelle (offene Flamme, brennende Zigarette, Funken in elektrischen Schaltern) sowie das vorsichtige Nachschütten von Benzin und Brennspiritus in schlecht brennenden Öfen oder Holzkohlegrills.

Jugendlicher Leichtsinn ist häufig die Ursache für Verletzungen durch Feuerwerkskörper.

Daher gilt für das Arbeiten mit Chemikalien im Haushalt, Schule und Arbeitsleben:

Theophrastus Bombastus von Hohenheim, genannt Paracelsus (1493–1541), berühmter Arzt seiner Zeit, wirkte unter anderem in Villach und Salzburg. Er prägte den Satz: „Alle Ding' sind Gift und nichts ohn' Gift; allein die Dosis macht, dass ein Ding kein Gift ist."

Toxikologie (griech.)
= die Lehre von den Giften und ihren Wirkungen

Vor Beginn der Arbeit müssen die Substanzeigenschaften bekannt sein!

Wichtige Hinweise auf die Substanzeigenschaften liefern die Etiketten der Originalherstellerverpackungen. Weitere Informationen können den Chemikalienkatalogen und den Sicherheitsdatenblättern der Hersteller entnommen werden. Zudem sind im Internet Gefahrstoff-Datenbanken zugänglich. Unter dem Stichwort „Gefahrstoff-Datenbank" erhält man Zugang z.B. zu den Datenbanken der Deutschen Gesetzlichen Unfallversicherung, der deutschen Bundesländer oder einiger Universitäten. Dort können auch die Sicherheitsdatenblätter (ICSC: International Chemical Safety Cards) der einzelnen Stoffe eingesehen werden.

Beim **Arbeiten im Schullabor** sind die Anweisungen des Lehrpersonals und die geltende Laborordnung zu beachten.

Wird am **Arbeitsplatz** mit Chemikalien gearbeitet, gelten umfangreiche Vorschriften, um die Gesundheit der Arbeitnehmer zu schützen. So ist z.B. das Tragen von Schutzbrillen und Schutzkleidung beim Umgang mit gefährlichen Stoffen vorgeschrieben. Da Menschen am Arbeitsplatz oft über längere Zeiträume bestimmten gesundheitsgefährdenden Stoffen ausgesetzt sind, sind aus arbeitsmedizinischen Gründen die Arbeitsplatzgrenzwerte AGW (früher MAK: maximale Arbeitsplatzkonzentration) und die Biologischen Grenzwerte BGW (früher BTA: Biologischer Arbeitsstoff-Toleranzwert) festgelegt worden (s. Kap. 9.3). Diese werden ständig den neuesten Erkenntnissen angepasst.

Am 20. Januar 2009 trat die EG) Nr. 1272/2008 des Europäischen Parlaments über die Einstufung und Verpackung von Stoffen und Gemischen in Kraft. Sie beinhaltet die Aufhebung älterer Richtlinien. Zudem soll sie den Wissensstand über die Gefährdungsmöglichkeiten von allen im Handel erhältlichen Chemikalien verbessern.

Es gilt von nun an das Global Harmonisierte System – **GHS** (**G**lobally **H**armonized **S**ystem of Classification and Labelling of Chemicals).

Mit dem GHS soll eine weltweite Vereinheitlichung der Kennzeichnung und Einstufung von Chemikalien (Stoffen und Gemischen) erreicht werden.

Dies hat zur Folge, dass über einen gewissen Zeitraum die alte sowie die neue Kennzeichnung und Einstufung der Chemikalien vorgefunden wird.

Die Fristen für die Umstellung sind folgende:

- Ab 1. Dezember 2010 müssen Stoffe nach CLP (Classification, Labelling and Packaging) gekennzeichnet werden.

- Kennzeichnung der Gemische ab dem 1. Juni 2015
- Die Einstufung, Kennzeichnung und Verpackung für Stoffe und Gemische können bereits vor dem 1. Dezember 2010 bzw. 1. Juni 2015 nach den Vorschriften der GHS-Verordnung erfolgen.

Da wir uns in einer Übergangsphase befinden, soll an dieser Stelle eine Möglichkeit der Übersetzung der alten Symbolik einschließlich der R- und S-Sätze in die neue Kennzeichnung mit H- und P-Sätzen gegeben werden.

Die Etikettierung wird nach neuen Gesichtspunkten vollzogen.

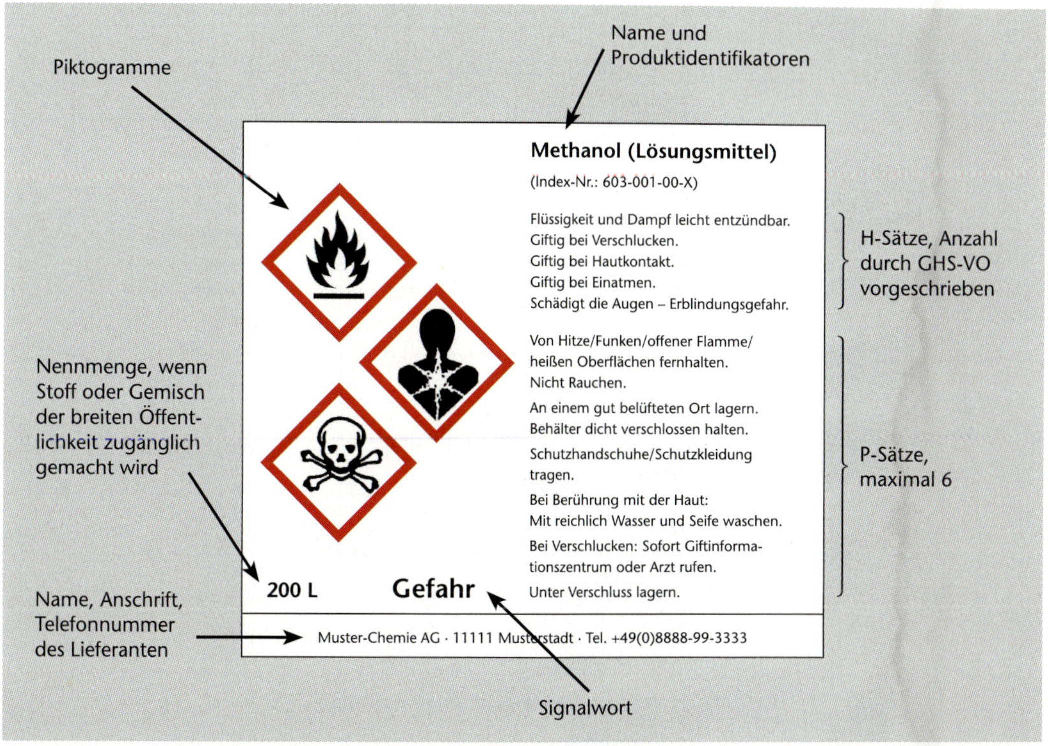

Die folgenden Übersichten zeigen grundlegende Informationen sowie die Zuordnung alt und neu.[1]

GHS

Global harmonisiertes System zur Einstufung und Kennzeichnung

... führt diese neuen Kennzeichnungselemente ein:
☞ Gefahrenpiktogramme, Signalwörter, Gefahren- und Sicherheitshinweise

Gefahrenpiktogramme
... lösen Gefahrensymbole, wie in der Entsprechungstabelle dargestellt, ab.

Kennbuchstabe und Gefahrenbezeichnung	Gefahrensymbol	Codierung und Bezeichnung des Symbols	Piktogramm
E Explosionsgefährlich		GHS01 Explodierende Bombe	
F+ Hochentzündlich		GHS02 Flamme	
F Leichtentzündlich			
O Brandfördernd		GHS03 Flamme über einem Kreis	
Kein absoluter Vergleich möglich.		GHS04 Gasflasche	
C Ätzend		GHS05 Ätzwirkung	
T+ Sehr giftig		GHS06 Totenkopf mit gekreuzten Knochen *(nicht für CMR-Stoffe)*	
T Giftig			
Xn Gesundheitsschädlich		Kein absoluter Vergleich möglich.	
Xi Reizend			
Kein absoluter Vergleich möglich.		GHS07 Ausrufezeichen	
Kein absoluter Vergleich möglich.		GHS08 Gesundheitsgefahr	
N Umweltgefährlich		GHS09 Umwelt	

Weitere Kennzeichnungselemente:

Signalwörter
... geben Auskunft über das Ausmaß der Gefahr.
Sie lösen die Gefahrenbezeichnung ab.
GEFAHR ☞ Für schwerwiegende Gefahrenkategorien
ACHTUNG ☞ Für weniger schwerwiegende Gefahrenkategorien

1 *Auszug aus der Wandtafel „Gefahrstoff-Kennzeichnung nach GHS/CLP" von G. Janssen, erschienen bei ecomed SICHERHEIT, ISBN 978-3-609-65617-5 (www.ecomed-storck.de)*

Gefahrenhinweise
... beschreiben Art und gegebenenfalls den Schweregrad der Gefährdung.
Sie sind mit R-Sätzen vergleichbar und werden wie folgt nummeriert (Beispiel):

H 2 2 6
- Laufende Nummer
- Gruppierung: 2 = Physikalische Gefahren; 3 = Gesundheitsgefahren; 4 = Umweltgefahren
- Abkürzung für „Hazard Statement" (Gefahrenhinweis)
- H226 steht für „Flüssigkeit und Dampf entzündbar."

Sicherheitshinweise
... beschreiben die empfohlenen Maßnahmen zur Vermeidung schädlicher Wirkungen.
Sie sind mit S-Sätzen vergleichbar und werden wie folgt nummeriert (Beispiel):

P 3 6 3
- Laufende Nummer
- Gruppierung: 1 = Allgemeines; 2 = Prävention; 3 = Reaktion; 4 = Lagerung; 5 = Entsorgung
- Abkürzung für „Precautionary Statement" (Sicherheitshinweis)
- P363 steht für „Kontaminierte Kleidung vor erneutem Tragen waschen."

Entsorgung von Chemikalien

Neben dem sicheren Lagern und Arbeiten mit Gefahrstoffen ist auch die Entsorgung zu beachten. Durch eine sachgerechte Entsorgung soll sichergestellt werden, dass es keine Gefährdung für die Gesundheit von Menschen und keine Schädigung der Umwelt gibt. Es ist daher nicht statthaft, Lösemittel in den Ausguss zu geben oder einfach auf den Boden zu schütten.

Reste von **Chemikalien im Haushalt** müssen auf jeden Fall zu einem Recycling-Hof gebracht werden.

In Betrieben, in denen Reste von Gefahrstoffen anfallen, müssen für jeden einzelnen Stoff Sammelbehälter aufgestellt werden, die dann sachgerecht von speziellen Firmen entsorgt werden.

Diese Maßnahmen dienen auch dazu, dass die entsorgten Stoffe zum Teil wieder aufgearbeitet und wieder eingesetzt werden können (Kreislaufwirtschaft).

Alle Regeln zum Umgang beim Arbeiten mit Gefahrstoffen und zur Entsorgung dienen letztlich dem Schutz der Gesundheit und der Umwelt.

Übungsaufgaben

1. *Welche Vorbereitungen sind zu treffen, bevor Sie mit Chemikalien arbeiten?*
2. *Was gehört zu einer persönlichen Schutzausrüstung?*
3. *Finden Sie mithilfe entsprechender Literatur heraus, was beim Umgang mit Säuren und Basen zu beachten ist.*

Anhang

Umsteigehilfe GHS-Kennzeichnung[1]

RL 67/548/EWG				UN-GHS / EU-GHS [CLP-VO = VO (EG) 1272/2008				ADR
R	Text	Piktogramm	Bezeichnung	H	Text	Piktogramm	Signalwort	Gefahrzettel
1	In trockenem Zustand explosionsgefährlich	–	–	EUH001	In trockenem Zustand explosionsgefährlich	–	–	–
2, 3	Durch Schlag, Reibung, Feuer oder andere Zündquellen (besonders) explosionsgefährlich		Explosionsgefährlich	200	**Instabil, explosiv**		Gefahr	(verboten)
				201	**Explosiv, Gefahr der Massenexplosion**			
				202	**Explosiv; große Gefahr durch Splitter, Spreng- und Wurfstücke**			
				203	**Explosiv; Gefahr durch Feuer, Luftdruck oder Splitter, Spreng- und Wurfstücke**			
				204	**Gefahr durch Feuer oder Splitter, Spreng- und Wurfstücke**		Achtung	1.4
				205	**Gefahr der Massenexplosion bei Feuer**	–	Gefahr	1.5
4	Bildet hochempfindliche explosionsgefährliche Metallverbindungen	–	–	–	–	–	–	–
5	Beim Erwärmen explosionsfähig	–	–	240	**Erwärmung kann Explosion verursachen**		Gefahr	(verboten)
				241	**Erwärmung kann Brand oder Explosion verursachen**			
6	Mit und ohne Luft explosionsfähig	–	–	EUH006	Mit und ohne Luft explosionsfähig	–	–	–
7	Kann Brand verursachen		Brandfördernd	242	**Erwärmung kann Brand verursachen**		Gefahr / Achtung	
8	Feuergefahr bei Berührung mit brennbaren Stoffen		Brandfördernd	270	**Kann Brand verursachen oder verstärken; Oxidationsmittel** [für Gase]		Gefahr	
				271	**Kann Brand oder Explosion verursachen; starkes Oxidationsmittel** [für Flüssigkeiten und Feststoffe]			
				272	**Kann Brand verstärken; Oxidationsmittel** [für Flüssigkeiten und Feststoffe]		Achtung	
9	Explosionsgefahr bei Mischung mit brennbaren Stoffen		Brandfördernd	271	**Kann Brand oder Explosion verursachen; starkes Oxidationsmittel** [für Flüssigkeiten und Feststoffe]		Gefahr	
10	Entzündlich	–	–	225	**Flüssigkeit und Dampf leicht entzündbar** (falls Flammpunkt < 23 °C)		Gefahr	
				226	**Flüssigkeit und Dampf entzündbar** (falls Flammpunkt ≥ 23 °C)		Achtung	
11	Leichtentzündlich		Leichtentzündlich	225	**Flüssigkeit und Dampf leicht entzündbar**		Gefahr	
				228	**Entzündbarer Feststoff**		Achtung	
12	Hochentzündlich		Hochentzündlich	220	**Extrem entzündbares Gas**		Gefahr	
				222	**Extrem entzündbares Aerosol**			
				221	**Entzündbares Gas**	–	Achtung	–
				223	**Entzündbares Aerosol**			
				224	**Flüssigkeit und Dampf extrem entzündbar**		Gefahr	
14	Reagiert heftig mit Wasser	–	–	EUH014	Reagiert heftig mit Wasser	–	–	–

1 Genehmigter Abdruck der Wandtafel „Umsteigehilfe GHS-Kennzeichnung" von Prof. Dr. N. Müller, erschienen bei ecomed SICHERHEIT, ecomed MEDIZIN, STORCK Verlag Hamburg ISBN 978-3-609-65128-6 (www.ecomed-storck.de)

15	Reagiert mit Wasser unter Bildung hochentzündlicher Gase		Leichtentzündlich	260	**In Berührung mit Wasser entstehen entzündbare Gase, die sich spontan entzünden können**		Gefahr	
				261	**In Berührung mit Wasser entstehen entzündbare Gase**		Achtung	
16	Explosionsgefährlich in Mischung mit brandfördernden Stoffen	–	–	–	–	–	–	–
17	Selbstentzündlich an der Luft		Leichtentzündlich	250	**Entzündet sich in Berührung mit Luft von selbst**		Gefahr	
18	Bei Gebrauch Bildung explosionsfähiger/leichtentzündlicher Dampf/Luft-Gemische möglich	–	–	EUH018	Kann bei Verwendung explosionsfähige/entzündbare Dampf/Luft-Gemische bilden	–	–	–
19	Kann explosionsfähige Peroxide bilden	–	–	EUH019	Kann explosionsfähige Peroxide bilden	–	–	–
20	Gesundheitsschädlich beim Einatmen		Gesundheitsschädlich	331	**Giftig beim Einatmen** [Bem. = möglich bei Dämpfen]		Gefahr	–
				332	**Gesundheitsschädlich bei Einatmen**		Achtung	–
21	Gesundheitsschädlich bei Berührung mit der Haut			311	**Giftig bei Hautkontakt**		Gefahr	
				312	**Gesundheitsschädlich bei Hautkontakt**		Achtung	–
22	Gesundheitsschädlich beim Verschlucken			301	**Giftig bei Verschlucken**		Gefahr	
				302	**Gesundheitsschädlich bei Verschlucken**		Achtung	–
23	Giftig beim Einatmen		Giftig	330	**Lebensgefahr bei Einatmen**		Gefahr	* 2 gasförmig 6 fest/flüssig
				331	**Giftig bei Einatmen**			
24	Giftig bei Berührung mit der Haut			310	**Lebensgefahr bei Hautkontakt**			
				311	**Giftig bei Hautkontakt**			
25	Giftig beim Verschlucken			300	**Lebensgefahr bei Verschlucken**			
				301	**Giftig bei Verschlucken**			
26	Sehr giftig beim Einatmen		Sehr giftig	330	**Lebensgefahr bei Einatmen**		Gefahr	* 2 gasförmig 6 fest/flüssig
27	Sehr giftig bei Berührung mit der Haut			310	**Lebensgefahr bei Hautkontakt**			
28	Sehr giftig beim Verschlucken			300	**Lebensgefahr bei Verschlucken**			
29	Entwickelt bei Berührung mit Wasser giftige Gase	–	–	EUH029[2] [3??][1]	Entwickelt bei Berührung mit Wasser giftige Gase[1]	–[1]	–[1]	–
30	Kann bei Gebrauch leicht entzündlich werden	–	–	–	–	–	–	–
31	Entwickelt bei Berührung mit Säure giftige Gase	–	–	EUH031	Entwickelt bei Berührung mit Säure giftige Gase	–	–	–
32	Entwickelt bei Berührung mit Säure sehr giftige Gase			EUH032	Entwickelt bei Berührung mit Säure sehr giftige Gase			
33	Gefahr kumulativer Wirkungen	–	–	H 373	Kann die Organe schädigen bei längerer oder wiederholter Exposition		Achtung	–
34	Verursacht Verätzungen		Ätzend	314	**Verursacht schwere Verätzungen der Haut** und schwere Augenschäden		Gefahr	
35	Verursacht schwere Verätzungen							
36	Reizt die Augen		Reizend	319	Verursacht schwere Augenreizung		Achtung	–
				320	*Causes eye irritation*	–		
37	Reizt die Atmungsorgane			335	Kann die Atemwege reizen			
38	Reizt die Haut			315	Verursacht Hautreizungen			
39	Ernste Gefahr irreversiblen Schadens		Sehr giftig	370	Schädigt die Organe		Gefahr	–
			Giftig					

40	Verdacht auf krebserzeugende Wirkung	Xn	–	351	Kann vermutlich Krebs erzeugen		Achtung	–
41	Gefahr ernster Augenschäden	Xi	Reizend	318	Verursacht schwere Augenschäden		Gefahr	–
		–	–	EUH070	Giftig bei Kontakt mit den Augen	–	–	–
42	Sensibilisierung durch Einatmen möglich	Xn	Gesundheits-schädlich	334	Kann bei Einatmen Allergie, asthmaartige Symptome oder Atembeschwerden verursachen		Gefahr	–
43	Sensibilisierung durch Hautkontakt möglich	Xi	Reizend	317	Kann allergische Hautreaktionen verursachen		Achtung	–
44	Explosionsgefahr beim Erhitzen unter Einschluss	–	–	EUH044	Explosionsgefahr bei Erhitzen unter Einschluss	–	–	
45	Kann Krebs erzeugen	T	–	350	Kann Krebs erzeugen		Gefahr	–
46	Kann vererbbare Schäden verursachen			340	Kann genetische Defekte verursachen			
47	–	–	–	–	–	–	–	–
48	Gefahr ernster Gesundheitsschäden bei längerer Exposition	T	Giftig	372	Schädigt die Organe bei längerer oder wiederholter Exposition		Gefahr	–
		Xn	Gesundheits-schädlich	373	Kann die Organe schädigen bei längerer oder wiederholter Exposition		Achtung	
49	Kann Krebs erzeugen beim Einatmen	T	–	350i	Kann Krebs erzeugen bei Einatmen		Gefahr	
50	Sehr giftig für Wasserorganismen	N	Umwelt-gefährlich	400	**Sehr giftig für Wasserorganismen**		Achtung	
50/ 53	Sehr giftig für Wasserorganismen, kann in Gewässern längerfristig schädliche Wirkungen haben			410	**Sehr giftig für Wasserorganismen, mit langfristiger Wirkung**			
(51)	(Giftig für Wasserorganismen)	–	–	*401*	*Toxic to aquatic life*	–	–	–
51/ 53	Giftig für Wasserorganismen, kann in Gewässern längerfristig schädliche Wirkungen haben	N	Umwelt-gefährlich	411	**Giftig für Wasserorganismen, mit langfristiger Wirkung**		–	
52	Schädlich für Wasserorganismen	–	–	*402*	*Harmful to aquatic life*	–	–	–
52/ 53	Schädlich für Wasserorganismen, kann in Gewässern längerfristig schädliche Wirkungen haben			412	Schädlich für Wasserorganismen, mit langfristiger Wirkung			
53	Kann in Gewässern längerfristig schädliche Wirkungen haben			413	Kann für Wasserorganismen langfristig schädlich sein			
54	Giftig für Pflanzen	N	Umwelt-gefährlich	–	–	–	–	–
55	Giftig für Tiere							
56	Giftig für Bodenorganismen			[430] 1)	1)	1)	1)	
57	Giftig für Bienen			–	–	–	–	
58	Kann längerfristig schädliche Wirkungen auf die Umwelt haben							
59	Gefährlich für die Ozonschicht	N	Umwelt-gefährlich	420	Schädigt die öffentliche Gesundheit und die Umwelt durch Ozonabbau in der äußeren Atmosphäre		Achtung	–
60	Kann die Fortpflanzungsfähigkeit beeinträchtigen	T	–	360F	Kann die Fruchtbarkeit beeinträchtigen		Gefahr	–
61	Kann das Kind im Mutterleib schädigen			360D	Kann das Kind im Mutterleib schädigen			
62	Kann möglicherweise die Fortpflanzungsfähigkeit beeinträchtigen	Xn		361f	Kann vermutlich die Fruchtbarkeit beeinträchtigen		Achtung	
63	Kann das Kind im Mutterleib möglicherweise schädigen			361d	Kann vermutlich das Kind im Mutterleib schädigen			
64	Kann Säuglinge über die Muttermilch schädigen	–		362	Kann Säuglinge über die Muttermilch schädigen	–	–	
65	Gesundheitsschädlich: Kann beim Verschlucken Lungenschäden verursachen	Xn	Gesundheits-schädlich	304	Kann bei Verschlucken und Eindringen in die Atemwege tödlich sein		Gefahr	
66	Wiederholter Kontakt kann zu spröder oder rissiger Haut führen	–	–	EUH066	Wiederholter Kontakt kann zu spröder oder rissiger Haut führen	–	–	–
67	Dämpfe können Schläfrigkeit und Benommenheit verursachen	–	–	336	Kann Schläfrigkeit und Benommenheit verursachen		Achtung	–
68	Irreversibler Schaden möglich	Xn	Gesundheits-schädlich	371	Kann die Organe schädigen		Achtung	–
68	Irreversibler Schaden möglich (erbgutverändernd Kategorie 3)		–	341	Kann vermutlich genetische Defekte verursachen			
–	–	–	–	230	**Kann auch in Abwesenheit von Luft explosionsartig reagieren**	–	–	(verboten)
				231	**Kann auch in Abwesenheit von Luft bei erhöhtem Druck und/oder erhöhter Temperatur explosionsartig reagieren**			

–	–	–	–	280	**Enthält Gas unter Druck; kann bei Erwärmung explodieren** [für verdichtete, verflüssigte oder unter Druck gelöste Gase]		Achtung	
				281	**Enthält tiefgekühltes Gas; kann Kälteverbrennungen oder -verletzungen verursachen** [für tiefgekühlt verflüssigte Gase]			
				229	**Behälter steht unter Druck; kann bei Erwärmung bersten**	–		
–	–	–	–	*227*	*Combustible liquid [= Flammpunkt 60–93 °C]*	–	*Warning*	–
–	–	–	–	242	**Erwärmung kann Brand verursachen**		Gefahr Achtung	
				251	**Selbsterhitzungsfähig; kann in Brand geraten**		Gefahr	
				252	**In großen Mengen selbsterhitzungsfähig; kann in Brand geraten**		Warnung	
–	–	–	–	290	**Kann gegenüber Metallen korrosiv sein**		Warnung	
–	–	–	–	*303*	*May be harmful if swallowed*	–	*Warning*	–
				313	*May be harmful in contact with skin*			
				333	*May be harmful if inhaled*			
				316	*Causes mild skin irritation*			
				305	*May be harmful if swallowed and enters airways*			
–	–	–	–	EUH071	Wirkt ätzend auf die Atemwege	–	–	–

Fettdruck = Gefahrgut, *Kursivdruck* = vorläufig keine Übernahme durch EU, unterstrichen = nur EU
[1]) bei UN beschlossen [2]) entfällt bei Übernahme von UN- in EU-GHS

Bildquellenverzeichnis

Abwasserverband Obere Iller, Sonthofen: S. 217
akg-images, Berlin: S. 7 o. (akg/North Wind Picture Archiv), 7 M. (akg/Erich Lessing), 7 u., 84 M., 190 M. r. (IAM), 194 o. (IAM)
Andrew Lambert Photography/Science Photo Library/Agentur Focus: S. 33 u. l., 34 u., 103
Angelika Brauner/Bildungsverlag EINS: S. 57 M., 89 u., 187 u., 235 M.
asbl Atomium, Brüssel: S. 56
AUDI AG, Ingolstadt: S. 183 o.
Aurubis AG, Hamburg: S. 244
BP Europa SE, Bochum: S. 255, 257 M.
CONATEX-DIDACTIC Lehrmittel GmbH, Neunkirchen: S. 186
Daimler AG, Stuttgart: S. 261
Deutsches Elektronen-Synchroton DESY, Hamburg; Fotograf Reimo Schaaf: S. 194 u.
dpa Picture-Alliance GmbH: S. 43 (Everett Collection), 182 2. v.u. (dieKLEINERT.de/Claus Fritzmann), 182 u. (Wissen Media Verlag), 216 o. (Everett Collection), 265 (dpa-infografik GmbH), 269, 277 M. r. (TEPCO), 277 u. (Kyodo), 281 o. (dpa-infografik GmbH)
dpa-infografik GmbH: S. 204 o. r., 205, 263, 264 u.
Dr. David Patterson/Science Photo Library/Agentur Focus: S. 225 o. M.
Dr. Holger Hofmann/www.experimentis.de, Tübingen: S. 177
DVGW – Technologiezentrum Wasser (TZW), Karlsruhe: S. 222 o. r.
ecomed SICHERHEIT, ecomed MEDIZIN, STORCK Verlag Hamburg: S. 286–291
Elisabeth Galas/Bildungsverlag EINS: S. 26, 55, 76 u., 78 o., 79 u., 103 o., 177 u., 180 (3. und 4.), 181 u., 184 u., 244 o.
Festool Group GmbH & Co. KG, Wendlingen: S. 199 M.
fotolia.com: S. 13 M. r. (Michael Rolands), 14 M. l. (Jörg Hackemann), 15 M. (runzelkorn), 21 (Nadel, valdis torms), 21 r. (Phoenixpix), 34 M. (B. Wylezich), 35 M. (Dmitriy Raykin), 35 u. (Johanna Mühlbauer), 42 o. (openlens), 42 M. (Eduard Härkönen), 52 (tbcgfoto), 59 o. (Angelika Möthrath), 59 M. (Kaarsten), 59 u. l. (pepsiundhans), 59 u. 2. v. l. (Findus2000), 60 u. 2. v. r. (Nik), 59 u. r. (Guy Pracros), 74 (Bryan Busovicki), 99 (Sabine), 105 (H-J Paulsen), 111 o. (Petro Feketa), 112 o. (fotomamahase), 125 u. M. (ashadrov), 128 M. (Paul W. Brian), 128 r. (laufer), 129 (Tyler Boyes), 133 (Thor Jorgen Udvang), 134 (shaga), 139 (PackShot), 140 (Rainer Schmittchen), 149 (rossler), 155 M. o. (Heino Pattschull), 155 M. u. (lnzyx), 156 o. l. (dv76), 156 o. r. (SibylleMohn), 158 o. (Dušan Zidar), 158 M. (Melastmohican), 158 u. (Ironical Photos), 167 (Christian Jung), 178 (Xuejun li), 183 u. (Part-Time-Explorer), 185 (Dieter Groth), 188 (Steve Mann), 193 (Lichtmaler), 196 (Reprografiker), 197 (Jean-Paul Bounine), 199 u. (LE image), 200 M. (vom), 203 M. (Kalle Kolodziej), 203 u. (psd photography), 206 o. (Tyler Olson), 206 M. l. (Miriam Böttner), 207 (Samantha ROCHE), 208 o. (photolars), 208 M. (guentermanaus), 208 u. (CHG), 211 o. r. (focus finder), 211 u. r. (Nico Armbrust), 212 o. (Angela Shirinov), 213 (PRILL Mediendesign), 214 (Netzer Johannes), 215 (Dmitry Vereshchagin), 216 2. v. u. (mystock), 216 u. (think4photop), 218 (47media), 220 o. (WoGi), 220 u. (Carmen Steiner), 221 o. r. (Martina Berg), 221 u. r. (Norbert Dörnbach), 222 u. l. (corky46), 225 o. (M.R. Swadzba), 225 M. (Bernd Lang), 225 M. u. (elvira gerecht), 225 u. (LianeM), 226 (photophonie), 227 o. (lorhelm), 227 o. M. (robinheal), 227 M. (Sebastian Corneanu), 228 (thongsee), 232 (2. v. u., Matthias Egger), 232 u. r. (odluap), 236 M. (LVDESIGN), 236 u. (cameraw), 237 o. (martintu), 238 u. M. (Edith Ochs), 238 u. r. (Svenja98), 240 (nosha), 242 o. (Stefan Balk), 247 o. (Birgit Reitz-Hofmann), 247 M. (isarpic), 247 M. u. (GOL), 249 o. (zakaz), 249 u. (UMA), 251 u. r. (styf), 252 o. (kuchina), 252 u. (Daniela Stärk), 257 o. (Wolfgang Jargstorff), 275 (Christa Eder)
HANNA instruments Deutschland GmbH, Kehl am Rhein: S. 106
Helmut Feldtmann KG, Buchholz: S. 251 o. r.
HJS Emission Technology GmbH & Co. KG, Menden/Sauerland: S. 14 u. r.

Hydro-Shop fbw GmbH, Hamburg: S. 212 u.
Istockphoto: S. 235 (zhaojiankang), 247 u. (Sablin), 281 u. (ersinkisacik)
Johnson Controls Power Solutions EMEA: S. 179
Jürgen Neumann/Bildungsverlag EINS: S. 49 l., 93 o., 136 o. l. und u. l., 139 u., 148 o. l., 151, 154, 170,
Laurent Augustin, LGGE, Grenoble, Universität Bern: S. 204 o. l.
Lilly Pharma/Verband Forschender Arzneimittelhersteller e.V., Berlin: S. 9 u.
Martyn F. Chillmaid/Science Photo Library/Agentur Focus: S. 33 M., 33 u. r.
mauritius images (ib/Jochen Tack): S. 141 u. l.
MEV Verlags GmbH, Augsburg: S. 14 o. (Holzmann Susanne), 160 (GEWA Fotostudio)
Michele Di Gaspare/Bildungverlag EINS: S. 71 o., 78 u., 81, 84 u., 96 o., 159, 240 o., 261 l.
panthermedia (cobalt88): S. 258 u. l.
PHYWE Systeme GmbH & Co. KG, Göttingen: S. 13 o. r., 98
RWE AG, Essen: S. 277 M. l.
Schmidt + Haensch GmbH & Co., Berlin: S. 15 u. M.
Schuberth GmbH, Magdeburg: S. 250 u. r.
Science Photo Library/Agentur Focus: S. 33 u. M., 34 o., 35 o.
Sebastian Wypych/Max-Planck-Institut für Chemie, Mainz: S. 200 u.
shutterstock (Scanrail1): S. 236 o.
Sperling Info Design/Bildungsverlag EINS: S. 28 u., 39 o., 50 r. (3x), 53 l., 61 u. r., 97, 136 2. von o., 193 o., 210 u., 228 M., 278 l., 279, 280
Staatliches Veterinäruntersuchungsamt Arnsberg: S. 24 o. l.
Thomas Seilnacht, Bern: S. 11, 89, 90 o. l., 91, 104, 112 u., 116, 117, 118 M., 123 u., 124, 135 o., 153, 191, 232 (beide mittleren), 237 u., 238 o. l., 238 l., 242 M., 242 u., 250 l.
tiff.any /Bildungsverlag EINS: S. 57 r. u., 58 o., 69, 75 M. (2x), 182 2. von o.
Umweltbundesamt, Dessau-Roßlau: S. 219
Verband Forschender Arzneimittelhersteller e.V., Berlin: S. 161
Werner Berner, Universität Bern: S. 204 u.
Wikimedia Commons: S. 8, 9 o., 9 M. (Luca Frediani), 15 u. r. (Supermartl), 17 (Solid State), 19 o. (Frank Trixler), 19 M. (Web Gallery of Art), 20, 22, 25 (Bundesarchiv, Bild 183-R57262/ CC-BY-SA),31 o. (Serge Lachinov), 31 M., 49, 60, 64, 67, 70 (Stahlkocher), 82, 84 o.(Deutsches Bundesarchiv, Bild 183-S13651), 90 o. r. (MarkusZi), 93, 111 M. (Deutsche Fotothek, Georgius Agricola, 1580), 118 u. (Armando-Martin), 119, 123 o., 125 o., 125 u. l., 127 M. (Didier Descouens), 127 u., 128 o. l. (Parent Géry), 135 M., 141 o. (Arz), 163, 165 (Tim Barrél), 169 (Isaac Yonemoto), 182 o., 190 o., 190 M. l., 194 M. (Alchemist-hp), 216 2. v. o., 223 (W.E.T. GmbH/Benreis), 227 u. (Jack Dykinga), 230 (Steffen Zahn), 232 (Rob Lavinsky, beide oberen), 232 u. l. (Siim Sepp), 239, 241, 243, 264 o. (NASA), 270, 271, 276, 278 (NASA), 283
Yellow Hand/Bildungsverlag EINS: S. 12 m., 13 l. o. und l. u., 14 r. M. und l. u., 15 o. (3x), 19 u., 20 r., 22 u., 23 alle, 24 M., 27, 28 o., 29 u., 30 u., 32 l., 39 u., 42 u., 44 u., 45 o. l. und u. l., 46 o. r. und M. r., 47 u. l. und o. r., 48 M. (3x), 52 r., 53 r. o. und r. u., 54 (alle), 55 u. l., 56 o. und u. r., 58 u. (2x), 60 r., 61 o., 63 (alle), 65 (2x), 68 (alle), 71 u. (2x), 72, 73, 74 u. l., 75 u., 76 o., 77 o. und M., 78 o., 80 (alle), 90 l. M. bis u. (3x), 91 u., 92 M. l., 95, 96 u., 98 o. und u., 99 M., 104 u., 114 l. (2x), 118 o., 119 u. l. (2x), 121 r., 123 (Zeichnung), 126 l., 127 o., 128 u. l. (2x), 153 u. l., 155 o. und u., 157 u. (3x), 160 u. l., 164 l. (2. und 3.), 165, 166 r., 169 o. r., 171, 178 M., 180 o. l. (2x), 181 M., 184 o. l. (3x), 185 u., 186 o. l., 187 M., 191 M. und u., 192, 193 o. und u., 195, 197 u., 198, 199 o., 201, 202, 206 M. r. und u., 207 M., 209 r. (3x), 210 o. (2x), 211 l., 217 o., 221 l. (3x), 222 l. o., 224, 226 u., 229, 230 M. r., 231, 233, 235 o., 241 o., 243 u., 250 (alle Zeichnungen), 251 l. o. (2x), 256, 258 o., 262, 266, 270 l. o. (2x), 271 o. und u., 272, 273, 274, 276 o. und u., 277 o., 278 M.

Cover: links fotolia.com (DX), rechts fotolia.com (Sebastian Kaulitzki)

Sachwortverzeichnis

A

Absorptionsspektrum 24
Abwasserreinigung 216
Acetonitril 145
Acetylsalicylsäureester 144
Acrylglas 253
Acrylniril-Butadien-Gummi, NBR 254
Acrylnitril 147
Acrylnitril-Butadien-Styrol-Copolymer, ABS 253
Actinoide 29, 55
Adenin 170
Aggregatzustand 12
A-Horizont 224
Akkumulator 177, 179
aktives Zentrum 166
aktivierter Komplex 77
Aktivierungsenergie 76
Aktivität 279
Alanin 145
Albert Einstein 64
Aldehyd 137, 140
Aldose 153
Alessandro Volta 119, 177
Alfred Werner 49
Alkali-Mangan-Batterie 178
Alkalimetalle 33
alkalisch 89
Alkane 131
Alkene 131, 133
Alkine 131, 133
Alkohole 137, 138
Alkoholvergiftung 140
Alkylrest 132
Amedeo Avogadro 67
Amide 145, 146
Aminbenzol 145
Amine 145, 146
Aminocarbonsäuren 145, 146
Aminogruppe 145, 146
Aminopropansäure 145
Aminosäuren 159
Aminosäurensequenz 163, 171
Ammoniakgleichgewicht 84
Ammoniakpuffer 107
Ampholyt 213
amphoter 91
Amylalkohol 139
Analyse 11
Anders Celsius 210
Anhydrid 91
Anilin 146
Anion 52, 89
Anionenkomplex 50
Anode 186
Anodenschlamm 244
Antikörper 163
Antoine Henri Becquerel 270
Antoine Lavoisier 8, 64, 190
Äquivalentdosis 280
Äquivalenzpunkt 104
Argon 194
aromatische Halogenkohlenwasserstoffe 149
aromatische Kohlenwasserstoffe 134
Aspirin 144
Assimilation 191
asymmetrisches C-Atom 153
Atmosphäre 195
Atmung 191
Atom 19, 21
atomare Masseneinheit 21, 66
Atombindung 44
Atomhülle 21
Atomhypothese 65
Atomkern 21
Atomradius 36
Atomrumpf 56
August Kekulé 135
Ausgangsstoff 63
Autoprotolyse 95
Avogadro 68
Avogadro-Konstante 67
avogadrosche Hypothese 68
Azetidin 151
Azirin 151

B

Bakelit 253
Bändermodell 57
Base 89
Basenkonstante 101
Basensequenz 171
Batterie 177
Benzencarbonsäure 143
Benzin 260
Benzoesäure 143
Benzol 134, 135
Benzolsulfonsäure 147
Benzpyren 134
Bernsteinsäure 143
B-Horizont 224, 225
Bildungskurve 77
binäre Verbindung 17
Bindungsart 44
Bindungselektronenpaar 44
Bindungsenergie 46
Biokatalysator 79
biologische Reinigungsstufe 217
biologischer Sauerstoffbedarf (BSB) 219
Bleiakkumulator 179
Boden 224
Bodenbildung 225
Bodenerosion 227
Bodenhorizont 224
Bodenlebewesen 225
bohrsches Atommodell 21
Boten-RNA 172
Boudouard-Gleichgewicht 84, 234
Braunstein 178
Brennelement 275
Brennen 231
Brennstab 275
Brennstoffzelle 181
Brennwertkessel 73
Bronze 59, 230, 242
Brutreaktor (schneller Brüter) 275
Butan 132
Butanal 137
Butandisäure 143
Butanol 137, 139
Butanon 137
Butansäure 137
Butansäurebutylester 137

Butylalkohol 139
Butylgummi, IIR 254

C
C_{14}-Methode 269
Calciumfluorid 53
Carbonsäure 137, 141
Carbonsäureester 144
Carboxylgruppe 141, 145, 146
Carl Bosch 84
Cäsiumchlorid 53
Cellulose 155
Cetylalkohol 139
chemische Bindung 42
chemische Eigenschaft 11
chemische Formel 16
chemische Reaktion 11
chemische Reinigungsstufe 218
chemischer Sauerstoffbedarf (CSB) 219
Chlor 44
Chlorbenzol 150
Chloroform 150
Chlorwasserstoff 44
C-Horizont 224, 225
Claus-Verfahren 258
Clemens Winkler 31
Corex-Verfahren 235
Cracken 259
cyclische KW 134
Cyclisierung 260
Cycloalkane 134
Cyclobutan 134
Cyclobuten 134
Cyclohexan 134, 255
Cyclohexen 134
Cyclopentan 134, 255
Cyclopenten 134
Cyclopropen 134
Cytosin 170

D
Dalton 8
Daniell-Element 118, 177
Demokrit von Abdera 19
Desoxyribose 154
Destillation 15
Deuterium 269
Diamantstruktur 128
Diamintetrachloroplatin(IV) 50
Dichte des Wassers 209
Dien 133
Dieselöl 261
Diethylamin 145
Diethylether 137
Difluordichlormethan 150
Dimethylsulfon 147
Dimethylsulfoxid 147
Dimethylther 137
Dimitri Mendelejew 31
Dipol 48
Dipol-Dipol-Kräfte 60, 61
Dipolmolekül 92
Dipolmoment 48
Disaccharid 155
DNA 169
DNA-Abschnitte 171
Dodecanol 139
Doppelbindung 45
Doppel-Helix-Struktur 171
Dreifachbindung 46
Druckwasserreaktor 275
Duroplast 250
dynamisches Gleichgewicht 80

E
Edelgase 35, 194
Edelmetalle 118, 122
Edukt 63
effektive Dosis 279
Eindampfen 14
Einfachbindung 44
Eisen 56
Eisengruppe 232
Eiweiß 152
Elastomer 251
elektrische Elementarladung 21
elektrische Leitfähigkeit 58
Elektroauto 182
elektrochemische Korrosion 183, 184
Elektrolyse 71
Elektrolyt 89, 186
elektrolytische Dissoziation 89
elektrolytische Raffination 244
Elektron 21, 56
Elektronegativität 32, 38, 43, 113
Elektronegativitätsdifferenz ΔEN 43
Elektronengas 56
Elektronenspin 26
Elektronenvolt 24
Elektrophorese 161
Elektrostahlverfahren 236
Element 16
Elementsymbol 16, 32
Eloxal-Verfahren 241
Emission 198
Emissionsspektrum 24
Empedokles 7
endotherme Reaktion 70
endständiges C-Atom 153
energetische Überlappung 28
energieärmster Zustand 42
Energiedosis 279
Energieminimum 70
Energieniveau 22, 28
Entropie 74
Entropiemaximum 70
Enzym 79, 152, 166
Epoxidharz, EP 254
Erdalkalimetalle 33
Erdgas 132, 262
Erdmetalle 34
Erdöl 132, 255
Ernest Rutherford 20
Erstarren 12
Erz 230
Ester 137, 144
Ethan 130, 131
Ethanal 137
Ethandiol 147
Ethandisäure 143
Ethannitril 145
Ethanol 137, 139, 140
Ethansäure 137
Ethansäuremethylester 137
Ethen 130, 131, 133
Ether 137
Ethin 130
Ethylalkohol 139

Eutrophierung 213
Exosphäre 196
exotherme Reaktion 70
Experiment 8
Extraktion 15

F
Faltblattstruktur 164
Farbindikator 98
Feinstaub 202
Fett 152, 156
Fetthärtung 159
Fettsäure 156
Filtration 15
Fischer-Formel 154
Flotation 242
Formamid 145
Formelmasse 67
Forschungsreaktor 275
fossiler Energieträger 255
Fracking 264
fraktionierte Destillation 257
Francis Crick 171
Frederick Sanger 163
Friedrich Wöhler 125
Frigen 150
Fritz Haber 84
Fructose 154
Fukushima 277
Furan 151

G
Galactose 154
galvanisches Element 117
Galvanisieren 188
Gefahrstoffe 283
Gel-Elektrophorese 161
Gen 169, 171
genetischer Code 171
Germanium 31
gesättigt 130
Gesetz der konstanten und multiplen Proportion 64
Gesetz von der Erhaltung der Masse 63
Gewässergütekarte 219
Gewässerverschmutzung 213
Gewebewichtungsfaktor 279
Gibbs-Helmholtz-Gleichung 75
Gichtgas 234
Gleichgewichtskonstante 81
Glucose 154
Glycerin 144, 156
Glycogen 155
Glykosidbindung 155
Glysin 146
Grafitstruktur 128
Graphen 127
Grundwasser 221
Guanin 170
Gusseisen 234
Güteklasse 219

H
Halogenalkane 149
Halogenalkene 149
Halogene 35, 60
halogenhaltige organische Verbindungen 136, 149
Hämoglobin 151, 165
Harnstoff 146
Härtebildner 211
Hauptgruppen im PSE 35
Hauptquantenzahl 26
Haworth-Formel 154
heisenbergsche Unschärferelation 25
Helium 194, 268
Henry Le Chatelier 82
Heptadecansäure 143
Heptanol 139
Hess 72
Heteroatome 130
heterocyclische organische Verbindungen 136, 151
heterogene Gemische 13
heterogene Katalyse 79
Heterosphäre 196
Hexaaminkobalt(III)-chlorid 50
Hexachlorocyclohexan 150
Hexadecanol 139
Hexadecansäure 143
Hexanol 139
Hexose 153
Hexylalkohol 139
Hinreaktion 80
Histidin 151
Hochofenschlacke 234
Hochtemperaturreaktor 275
homogene Gemische 13
homogene Katalyse 79
Homosphäre 196
Hormon 152, 169
Humus 224
hydrophil 138
hydrophob 138
Hydroxidion 92
Hydroxylgruppe 138
Hypothese 8

I
Immission 199
Immunsystem 163
Impuls 25
Indikator 89
Inversionswetterlage 199
Ion-Dipol-Kräfte 60, 61
Ionen 52, 65, 67
Ionenbindung 44, 52
Ionengittertyp 54
Ionenprodukt des Wassers 95
Ionisierungsenergie 37
isoelektrischer Punkt 161
Isomer 52
Isomerisierung 260
Isotop 268

J
James Watson 171
J. D. van der Waal 60
John Dalton 19
Jöns Jakob Berzelius 125
Joseph John Thomson 19
Joseph Loschmidt 67
Joseph Priestley 190

K
Katalysator 78
Katalyse 79
katalytisches Cracken 259
Kation 52, 89
Kationengitter 56
Kationenkomplex 50

Katode 186
Kekulé-Strukturen des Benzols 135
Kennzeichen organischer Verbindungen 129
Kernchemie 268
Kernfusion 278
Kernkraft 270
Kernkraftwerk 274
Kernspaltung 273
Ketogruppe 141
Ketone 137
Ketose 153
kettenförmige Kohlenwasserstoffe 131
Kettenreaktion 274
Kläranlage 216
Kleesäure 143
Klima 197
Klimamodelle 203
Klimaschutz 203
Klimawandel 203
Klopffestigkeit 260
Koeffizient 64
Kohlenhydrate 152
Kohlenstoff 268
Kohlenstoffdioxid 63
Kohlenstoffgruppe 34
Kohlenstoffmonoxid 200
Kohlungszone 234
komplementäre Basenpaare 171
Komplex-Anion 50
Komplexbindung 44, 49
Komplex-Kation 50
Komplexsalz 50
Kondensieren 12
Konstantan 59, 242
Koordinationszahl 50, 53
koordinative Bindung 49
Korrosion 183
Korrosionsschutz 184
Kreisbahn 22
Kreislauf des Wassers 207
Kristall 54
Kronenether 144
Kronenether 15-Krone-5 144
Kryolith 239
Kunststoff 247
Kunststoffherstellung 247
Kupfer 59
Kupferstein 243
Kyoto 204

L

Lackmus 89
Ladungsschwerpunkt 47
Laktose 155
Lanthanoide 29, 55
Laurylalkohol 139
Lavoisier 190
LD-Verfahren 235
Leclanché-Element 177
Legierung 59
Legierungsmetalle 236
leichter Wasserstoff 269
Leichtwasserreaktor 275
Leistungsreaktor 275
Leiter 1. Ordnung 186
Leiter 2. Ordnung 186
Leitungsband 57
Leitungselektron 57
Ligand 50
Lindan 150
Linienspektrum 24
Linz-Donawitz-Verfahren 235
Lithium-Batterie 178
Lithiumionen-Akku 181
Lithiumpolymer-Akku 181
Lokalelement 183
Lothar Meyer 31
Luft 190
Luftaustausch 199
Luftschadstoffe 198
Luigi Galvani 119
Lycra-Faser 253
Lysin 146

M

Magnesium 23
Magnetquantenzahl 26
Makrofauna 225
Makromolekül 155
MAK-Wert 199
Maltose 155
Malzzucker 155
Margarineherstellung 159
Margarinsäure 143
Massendefekt 278
Massenwirkungsgesetz 80
Massenzahl 32, 268
mechanische Festigkeit 58
mechanische Reinigungsstufe 217
Megafauna 225
Mehrfachbindung 46
mehrprotonige Säure 94
Mercaptane 147
Mesofauna 225
Mesopause 196
Mesosphäre 196
messenger-RNA 172
Messing 59, 242
Metall 58, 230
Metallbindung 44, 55
Metallcharakter 39, 55
metallische Gitterstrukturen 57
metallischer Glanz 58
Metallkationen 56
metallorganische Komplexverbindung 130
Methanal 137
Methanol 137, 138, 139
Methansäure 137
Methansäuremethylester 137
Methyl 132
Methylalkohol 139
Methylbutylether 137
Mikrofauna 225
Mikroflora 225
MIK-Wert 199
Milchsäure 154
Milchzucker 155
Minamata 215
Mineralien 230
Mineralneubildung 226
Mohshärte 128
Mol 67
molare Masse 67
Molekül 16
Molekülmasse 66
Molvolumen 69
momentaner Dipol 60
Monochlorethen 150

Monosaccharid 152
m-RNA 172
Müllentsorgung 228
Mutternuklid 271

N
Naphtenbasis 255
Naphthalin 134
Natriumchlorid 53
Natrium-tetrahydroxoaluminat(III) 50
Nebenquantenzahl 26
Neutralisation 102
Neutralisationstitration 104
Neutralkomplex 50
Neutron 21
nichtbindendes Elektronenpaar 45
Nickel-Cadmium-Akkumulator 180
Nickel-Metallhydrid-Akkumulator 181
Niels Bohr 22
Nikolaus Brønsted 93
Nitril 145, 147
Nitrilgruppe 145, 147
Nitrobenzol 145
Nitrogruppe 145, 146
Nitroverbindungen 145, 146
Nonanol 139
Normalwasserstoffelektrode 120
Normbedingungen 68, 69
nucleus 21
Nukleinsäure 169
Nukleon 21
Nukleotid 170
Nuklid 268
Nylon 134, 252

O
Oberflächenspannung des Wassers 211
Octadecansäure 143
Octan 255
Octanol 139
O-Horizont 224
Ökobilanz 266
Oktanzahl 260
Oktettregel 42
Oligosaccharid 152
Orbital 26
Ordnungszahl 32, 268
Organdosis 279
organische Chemie 126
organische Verbindungen 131
organische Verbindungen mit Heteroatomen 136
Oxalsäure 143
Oxepin 151
Oxidation 111
Oxidationsmittel 111
Oxidationsstufe 115
Oxidationszahl 113
Oxiran 151
Oxoniumion 93
Ozon 201
Ozonloch 202

P
Palmitinsäure 143
Paracelsus 283
Paraffinbasis 255
Partialladung 47
Passivierung 237
Patina 242
Paul Héroult 239
Pauling-Schreibweise 30
Pauli-Prinzip 26
Pentanol 139
Pentose 153
Peptidbindung 163
Periodensystem der Elemente 23, 91
periodische Eigenschaften der Hauptgruppenelemente 39
Perlon 252
permanenter Dipol 48
Pestizid 214
Petrochemie 266
Phenol 139
Phenoplaste, PF 249, 253
pH-Meter 98
Phosphan 148
Phosphat 148
Phosphatpuffer 107
phosphorhaltige organische Verbindungen 136, 148
Phosphorsäureester 148
pH-Wert 96
pH-Wert-Senkung des Bodens 227
physikalische Eigenschaft 15
physikalischer Vorgang 11
physiologischer Brennwert 74
Pierre und Marie Curie 271
Plaste 247
Plastik 247
Plexiglas 253
Plumpudding-Modell 19
polare Atombindung 44, 47, 114
polarisiertes Licht 153
Polyacrylnitril, PAN 253
Polyaddition 247, 249
Polyalkohol 153
Polyamid, PA 252
Polycarbonat, PC 253
Polyester 253
Polyethylen, PE 252
Polyethylentherephthalat, PET 253
Polykondensation 247, 248
Polymerisation 247
Polymethylacrylsäuremethylester, PMMA 253
Polypropylen, PP 253
Polysaccharid 152, 155
Polystyrol, PS 253
Polytetrafluorethylen, PTFE 253
Polyurethan, PU 253
Polyvinylchlorid, PVC 253
p-Orbital 27
Primärelement 177
Primärstruktur 163
Prinzip des Energieminimums 42
Prinzip des Entropiemaximums 42
Prinzip des kleinsten Zwangs 82
Prinzip von Le Chatelier 82
Produkt 63
Promille 140
Propan 132

Propanal 137
Propanol 137, 138, 139
Propanon 137
Propansäure 137
Propansäureethylester 137
Propen 132
Propin 132
Propylalkohol 139
Propylethylether 137
Proteide 162
Proteinbiosynthese 172
Proteine 162
Protolyse 94
Protolysegrad (Dissoziationsgrad) 99
Proton 21, 93
Protonenakzeptor 93
Protonendonator 93
Protozoen 217
Pufferlösung 106
Puffersystem 107
Purin 151
Pyrazin 151
Pyridin 151
Pyrimidin 151
Pyrrolidin 151

Q
qualitativ 17
Quantensprung 23
Quantenzahl 26
quantitativ 17
Quarks 21
Quartärstruktur 165
Quelle 221

R
Radioaktivität 270, 271
Radiocarbon-Methode 269
Radionuklid 270
Raffination 231
Rayleigh 194
Reaktionsenthalpie 71
Reaktionsgeschwindigkeit 77
Reaktionsgleichung 63
Reaktionsprodukt 63
Reaktordruckgefäß 276
Reaktorkern „Core“ 275
Redoxpotenzial 120
Redoxreaktion 89, 111
Reduktion 111
Reduktionsmittel 111
Reformieren 260
Reinstoff 13
Rektifikation 257
relative Atommasse 66
relative Molekülmasse 66
Replikation 172
Resublimieren 12
Ribose 154
Ribosom 172
Richard Boyle 8
Roheisen 234
Rohöl 255
Rösten 231, 243
Rotschlamm 239
Rückreaktion 80
rutherfordscher Streuversuch 20

S
Saccharid 152
Saccharose 155
Salicylsäure 144
Salz 54, 55
Saprobienindex 218
Saprobiensystem 218
Satz von Hess 72
sauer 89
Sauerstoff 46, 193
Sauerstoffgruppe 35
sauerstoffhaltige organische Verbindungen 136
Säure 89
Säureanhydrid 91
Säure-Base-Paar 94
Säure-Base-Reaktion 89
Säurekonstante 101
Säurerest 90
saurer Regen 200
Schlammbehandlung 218
Schlüssel-Schloss-Prinzip 166
Schmelzen 12
Schmelzflusselektrolyse 187, 239
Schmelztemperatur 12
Schmelzzone 234
Schwefelbrücke 147
Schwefeldioxid 200
schwefelhaltige organische Verbindungen 136, 147
schwerer Wasserstoff 269
Schwermetall 215
Schwerwasserreaktor 275
Sekundärelement 177
Sekundärstruktur 164
Serin 146
Sieden 12
Siedetemperatur 13
Siedewasserreaktor 275
Smog 201
Spannungsreihe der Metalle 118, 121
Spektrallinie 24
spezifischer Brennwert Hs 72
spezifischer Heizwert Hi 72
Spinquantenzahl s 26
Sprödigkeit von Salzen 54
Spurenelement 152
Stahl 234, 235
Standard-Bildungsenthalpie 71
Standardpotenzial 120
Stärke 155
Staudamm 222
Steuerelement 276
Stickstoff 46, 193
Stickstoffgruppe 34
stickstoffhaltige organische Verbindungen 136, 145
Stickstoffoxide 201
Stoff 12
Stoffgemenge 13
Stoffkonstante 15
Stoffmenge 67
Strahlenschäden 280
Stratopause 196
Stratosphäre 195
Styrol-Butadien-Gummi, SBR 254
Styropor 253
Sublimieren 12
substratspezifisch 166
Succinylsäure 143
Sulfamethahoxazol 148
Sulfone 147, 148
Sulfongruppe 147

Sulfonsäuregruppe 147
Sulfonsäuren 147
Sulfoxide 147, 148
Sulfoxidgruppe 147
Synthese 11

T
Talsperre 222
Teflon 150, 248, 253
Teilladung 47
Temperaturschichtung 210
Tertiärstruktur 164
Tetrafluorethen, TFE 150
thermisches Cracken 259
Thermoplast 250
Thermosphäre 196
Thiazol 151
Thioether 147
Thiole 147
Thiolgruppe 147
Thiophen 151
Thymin 170
Tochternuklid 271
Toxikologie 283
toxische Schwermetalle 228
Transkription 172
Translation 172
Transpiration 208
Traubenzucker 154
Treibhauseffekt 197
Treibhausgas 203
Tribtylphosphat 148
Trichlormethan 150
Trien 133
Trinkwasser 220
Trinkwassergewinnung 221
Tripentylphosphan 148
Tripropylamin 145
Trophiensystem 218
Tropopause 196
Troposphäre 195

U
Übergangszustand 77
Uferfiltrat 222
Uhu Plus 254
unedle Metalle 118
ungesättigt 130
Universalindikator 99
UN-Klimakonferenz in Paris 204
unpolare Atombindung 44, 114
Uracil 170
Uran 268

V
V2A-Stahl 236
Valenzband 57
Van-der-Waals-Kräfte 60
Van't hoffsche Regel 78
Verbindung 16
Verdrängung 106
Verformbarkeit 58
Verhüttung 231
Versalzung 215
Verseifung 156
Verwitterung 226
Vinylchlorid 150
Vitamin 152
Vitamin B12 151

W
Wärmeabführung 276
Wärmeleitfähigkeit 58
Wasser 206
Wasserhärte 212
Wasserhärtebereiche 212
Wasserstoff 44
Wasserstoffbrückenbindung (WBB) 61
Wasserverbrauch 206
Wasservorkommen 206
Werner Heisenberg 25
Wertigkeit 17
wissenschaftliches Modell 19

X
Xenon 194

Z
Zellstoff 155
Zentralteilchen 50
Zerfallskurve 77
Zersetzung 226
Zinkblende-Typ 53
Zusammenstoß 77
Zustand größter Unordnung 42
Zustandsgröße 72
zwischenmolekulare Kräfte 48, 60
Zwitterion 160